Kohlhammer

Kohlhammer
Standards Psychologie

Begründet von
Theo W. Herrmann
Werner H. Tack
Franz E. Weinert (†)

Herausgegeben von
Herbert Heuer
Frank Rösler
Werner H. Tack

Diether Gebert
Lutz von Rosenstiel

Organisationspsychologie

Person und Organisation

5., aktualisierte und erweiterte Auflage

Verlag W. Kohlhammer

Die Deutsche Bibliothek – CIP-Einheitsaufnahme

Gebert, Diether:
Organisationspsychologie : Person und Organisation / Diether Gebert ; Lutz von Rosenstiel. –
5., aktualisierte und erw. Aufl.. – Stuttgart ; Berlin ; Köln : Kohlhammer, 2002
(Kohlhammer-Standards Psychologie)
ISBN 3-17-016648-4

5., aktualisierte und erweiterte Auflage 2002

Umschlag: Gestaltungskonzept Peter Horlacher
Gesamtherstellung:
W. Kohlhammer Druckerei GmbH + Co. Stuttgart
Printed in Germany

Inhalt

Vorwort zur ersten Auflage

Es hat den Anschein, daß sich die Organisationspsychologie eines zunehmendes Interesses erfreut; dies nicht nur bei Psychologen, sondern auch bei Wirtschafts- und Verwaltungswissenschaftlern. Da allerdings in den letzten Jahren bereits einige Arbeiten zur Organisationspsychologie auch im deutschen Sprachraum erschienen sind, stellte sich für uns zunächst einmal ein Problem der Stoffauswahl: Was sollte behandelt werden und was nicht? Gemäß der Konzeption der Basisbücher innerhalb der Reihe »Kohlhammer Standards Psychologie« haben wir versucht, einen einführenden Text zu schreiben, der in etwa das abdeckt, was in diesem Gebiet als »Standard« gilt und insofern von einem Studenten der Organisationspsychologie (z.B. im Rahmen einer Prüfung) erwartet werden kann.

Dieser Lehrbuch-Zielsetzung gemäß finden sich ergänzend nach den jeweiligen Hauptabschnitten u.a. kommentierte Literaturhinweise, die es dem interessierten Leser erleichtern sollen, sich selbstständig mit weiterführender Spezialliteratur auseinanderzusetzen.

Zugleich haben wir eine perspektivische Schwerpunktsetzung angestrebt, die bereits im Untertitel dieser Arbeit zum Ausdruck kommt. Nachdem – wie in der Psychologie allgemein – auch in der Organisationspsychologie immer die Gefahr vorhanden war, das Erleben und Verhalten von Personen in Organisationen primär und damit einseitig als Funktion personaler Eigenheiten zu betrachten, haben wir uns bemüht, stärker als bisher ergänzend auf die situationalen Bedingungen des Erlebens und Verhaltens zu verweisen. Dies haben wir auch durch unsere Kapitelgliederung zum Ausdruck zu bringen versucht, wobei explizit Prozesse und Ergebnisse der Wechselwirkungen zwischen Person und Situation thematisiert sind.

Die Rechtfertigung für diesen evtl. als »interaktionistisch« zu bezeichnenden Ansatz sehen wir im Prinzip darin, daß die Organisationspsychologie in normativer Hinsicht auch eine gestaltende Aufgabenstellung hat und damit weder an den personalen noch an den situativen Bedingungen des Erlebens und Verhaltens vorbeisehen kann. Um darüber hinaus eine Brücke zum Handeln zu schlagen, reicht es nicht hin, das Wechselspiel von Person und Situation im organisationalen Kontext darzustellen; ein begründetes veränderndes Handeln setzt außerdem ein »Veränderungswissen« voraus, mit dessen Hilfe der Status quo analysiert und modifiziert werden kann. Vor diesem Hintergrund wird ausführlicher auch auf Fragen der Messung und Intervention – sowohl in Hinblick auf die Person als auch in Hinblick auf die Situation eingegangen. Gesichertes Veränderungswissen ist bekanntlich noch rar; um dennoch vor allem dem in der Organisationspraxis Tätigen zumindest Denkanregungen zu vermitteln, haben wir gelegentlich Hintergrundwissen miteingestreut, das mehr anekdotischer Einzelbeobachtung als systematischer Forschung entspringt. Die vorliegende Arbeit wendet sich damit an Studierende der Psychologie, aber auch an alle anderen, die sich in der Theorie oder Praxis mit dem Verhalten von Personen in Organisationen auseinanderzusetzen haben.

Schließlich möchten wir unseren Dank sagen: Frau Warns, Frau Kneffel, Frau Berngehrer und Frau Hahn für das Schreiben der nicht immer einfach zu entziffernden Manuskripte und Frau Anita Rick für die sorgfältige Durchsicht der Fahnen und für die Hilfen bei der Erstellung der Register sowie Frau Kneffel für das Anfertigen der graphischen Darstellungen.

Diether Gebert
Lutz von Rosenstiel

Vorwort zur zweiten Auflage

Das vorliegende Buch hat sich ein komplexes Ziel gesetzt. Es will einerseits den Studierenden im Hauptfach Psychologie den für die Diplomprüfung relevanten Stoff vermitteln, andererseits aber auch Studierende im Nebenfach, insbesondere Wirtschafts- und Verwaltungswissenschaftler, Kommunikationswissenschaftler und Soziologen, in das Fachgebiet einführen und schließlich auch dem Praktiker Anregungen bieten. Es bestand bei der Erstellung der ersten Auflage die Gefahr, daß wir uns »zwischen die Stühle setzen«. Offensichtlich ist dies aber nicht geschehen, denn das Buch hat eine so freundliche Aufnahme gefunden, daß nun eine zweite Auflage erforderlich wird.

Wir haben dabei den Grundaufbau und das didaktische Konzept beibehalten, allerdings im Detail eine Reihe von Verbesserungen vorgenommen, die nach der Durchsicht erforderlich erschienen. Da aber der wissenschaftliche Fortschritt und die fachinterne Diskussion neue Themenfelder in den Blickpunkt gerückt hat, haben wir auch dem Rechnung getragen. So finden sich Abschnitte, die sich mit dem Wertwandel in der Gesellschaft, mit der symbolischen Führung, der Organisationskultur, dem Konzept der Qualitätszirkel- und Lernstattgruppen und mit den neuen Technologien auseinandersetzen. Das Buch ist dadurch etwas umfangreicher, aber auch aktueller geworden.

Unser Dank gilt unseren Mitarbeitern und Studenten für eine Vielzahl hilfreicher und kritischer Hinweise. Er gilt Frau Petra Hammon und Frau Susanne Bögel-Fischer für ihr kreatives Mitdenken beim Schreiben der Einschübe, und er gilt schließlich Herrn Dr. Beyer vom Kohlhammer Verlag für seine freundliche Kooperation beim Erarbeiten der zweiten Auflage.

Diether Gebert
Lutz von Rosenstiel

Vorwort zur vierten Auflage

Nur drei Jahre nach dem Erscheinen der 3. Auflage dieses Buches ist die 4. fällig. Wir sahen keine Notwendigkeit zu einer tiefgreifenden Umstrukturierung, wohl aber Anlaß für eine Reihe von Ergänzungen. Diese beziehen sich in erster Linie auf die Sozialisation von Wertorientierungen in der Organisation, auf Kommunikationsprozesse außerhalb geplanter Kanäle, auf die Bearbeitung von Konflikten, auf konkret beobachtbare Führungsverhaltensweisen und die visionär/charismatische (transformationale) Führung, auf die Führung durch Zielvereinbarung, auf das multimodale Interview im Rahmen der Eignungsdiagnostik sowie auf das eignungsdiagnostische Vorgehen auf der Basis komplexer, dynamischer Szenarios sowie schließlich auf Verfahren zum Aufbau interkultureller Kompetenz. Dazu kommen eine Reihe kleinerer Ergänzungen und Modifikationen sowie neu erarbeitete Register. Für die Hilfe dabei danken wir Frau Nicola Netzer-Lücke herzlich. Unser Dank gilt aber auch Frau Susanne Bögel-Fischer für Koordination und Texterstellung sowie dem Kohlhammer-Verlag und hier besonders Herrn Dr. Beyer für die Förderung dieses Werkes sowie das höfliche, aber bestimmte Anmahnen der Überarbeitungen.

Diether Gebert
Lutz von Rosenstiel

Vorwort zur fünften Auflage

Seit mehr als 20 Jahren befindet sich dieses grundlegende Lehrbuch der Organisationspsychologie auf dem Markt. Es wurde nun zum fünften Mal aktualisiert und erweitert.
Eine Besonderheit dieses Werkes besteht darin, daß es zum einen um eine theoretische Fundierung der Organisationspsychologie bemüht ist, indem es grundlegende Variablen und Prozesse beschreibt, sodann auf dieser Grundlage erarbeitet, wie die für den arbeitenden Menschen relevante Situation – die Organisationsumwelt – gestaltet werden kann, um schließlich konkret an Hand vieler Beispiele aufzuzeigen, wo bei der Person in der Organisation sowie innerhalb der Aufgaben, der Arbeitsgruppen und des organisationalen Rahmens Ansatzpunkte zum Handeln bestehen.
Das Werk beinhaltet entsprechend relevante Informationen für Studierende im Haupt- und Nebenfach Psychologie, die sich grundlegendes organisationspsychologisches Wissen aneignen wollen; es vermittelt aber auch dem Praktiker insbesondere Personalfachleuten und Führungskräften – Hinweise darauf, wie sie ihre tägliche Arbeit optimieren können.
In der nun vorliegenden – deutlich erweiterten und aktualisierten – 5. Auflage erfährt man zusätzlich etwas über neuere Entwicklungen der Motivationspsychologie, so z.B. über das »Flow Erleben« bei Übereinstimmung der Anforderungen mit den Fähigkeiten und Neigungen der Person, über die Zerstörung intrinsischer Motivation durch extrinsische Anreize, über die große Bedeutung persönlicher beruflicher Ziele für die Arbeitszufriedenheit und die Bindung an die Organisation, aber auch über die Wichtigkeit des Willens, der sogenannten Volition, für den engagierten Einsatz auf Handlungsfeldern, für deren Bewältigung die Motivation nicht ausreicht. Man wird auf neuere Wege der Gestaltung von Arbeit in innovativen Organisationen und über aktuelle Kriterien der Arbeitsbewertung hingewiesen und erfährt etwas darüber, welche Arbeitshandlungen gesundheitsförderlich bzw. gesundheitsgefährdend sein können. Breiteren Raum nimmt die Darstellung der Führung und der sozialen Einflußprozesse ein. Dabei wird auf Theorien des Vertrauens, der Macht und der Mikropolitik ebenso eingegangen wie auf spezifische Bedingungen des Führungserfolgs, soweit diese in überdauernden Merkmalen der Person und erfolgskritischen Führungsverhaltensweisen liegen. Eine differenzierte Analyse von Situationstheorien der Führung schließt sich an.
Angesichts der wachsenden Bedeutung der Gruppen- bzw. Teamarbeit werden neuere Methoden der Teamdiagnostik und -entwicklung vorgestellt. Dabei wird aufgezeigt, von welchen Bedingungen der Erfolg von Teamarbeit abhängig ist. Als einem weiteren wichtigen Feld wird der Gestaltung von Veränderungsprozessen in Organisationen (»Change Management«) besondere Aufmerksamkeit gewidmet.
Die 5. Auflage des Lehrbuchs »Organisationspsychologie – Person und Organisation« ist so – bei einem Festhalten an der bewährten Grundstruktur – ein theoretisch anspruchsvolles und in seinem praxisorientierten Teil aktuelles Lehrbuch geworden, das demjenigen, der sich vertieft mit der Organisationspsychologie auseinandersetzt, differenzierte theo-

riebezogene Information und wissenschaftliche Anregung bietet und zugleich jenem, der praktisch in Organisationen handelt, wissenschaftlich fundierte Anleitung gibt.

Unser besonderer Dank gilt Frau Dipl.-Psych. Monika Wastian, die für den Verlag in arbeitsintensiver Detailarbeit auf dem PC eine alle Änderungen integrierende inhaltlich fertige Druckvorlage erstellte. Des weiteren danken wir dem Kohlhammer-Verlag und hier Herrn Dr. Poensgen sowie insbesondere Frau Stefanie Reutter für die Förderung dieses Werkes.

Winter 2002

Diether Gebert
Lutz von Rosenstiel

1. Einführung

1.1. Zum Gegenstand der Organisationspsychologie – Skizzenhafte Ausdifferenzierung der Inhalte

1.1.1. Ziele – Kriterien organisationswissenschaftlichen Handelns

Anliegen der Organisationspsychologie ist die Beschreibung und Erklärung des Erlebens und Verhaltens von Personen in Organisationen. Der Begriff »Organisationspsychologie« wurde dabei erst Anfang der 60er Jahre eingeführt. Der historische Vorläufer der Organisationspsychologie ist in der »Betriebspsychologie« (Hofstätter u.a., 1967) zu sehen.

Damit ist bereits deutlich, daß sich die Organisationspsychologie – zumindest bisher – schwerpunktmäßig mit dem Erleben und Verhalten von Personen in Wirtschaftsorganisationen, speziell dem Industriebetrieb, auseinandersetzte; andere Arten von Organisationen, etwa Krankenhäuser, Schulen und Gefängnisse, waren bisher seltener Betrachtungsgegenstand.

Diskutiert wurde in jüngster Zeit vielfach, wie eine Abgrenzung der Organisations- von der Arbeitspsychologie möglich und ob eine derartige Abgrenzung überhaupt notwendig ist. Tatsächlich sind Annäherungen unübersehbar, etwa daran, daß das Prüfungsfach in den Prüfungsordnungen vieler Universitäten als »Arbeits- und Organisationspsychologie« bezeichnet wird, auch aktuelle Lehrbücher (Wiendick, 1994) oder Nachschlagewerke (Greif u.a., 1989) den gleichen Titel tragen und auch die entsprechende Fachgruppe innerhalb der Deutschen Gesellschaft für Psychologie (DGfP) sowie die parallele Sektion im Berufsverband Deutscher Psychologen (BDP) sich gleichermaßen der Arbeits- wie der Organisationspsychologie widmen.

Warum wird dann überhaupt differenziert, warum heißt der Titel des hier vorliegenden Buches »Organisationspsychologie«? Es ist eine Widerspiegelung der Realität. Schuler (1993, S. 6) schreibt dazu »... die Arbeitspsychologie hat sich nach dem Kanon unseres Faches als eine eigenständige Teildisziplin etabliert, wird von anderen Personen mit anderen Methoden und teilweise auch anderen Einstellungen betrieben als die Organisationspsychologie. Dem Verständnis von Zusammenhängen in Arbeitsorganisationen ist diese Trennung freilich hinderlich, denn dort tritt die Arbeitstätigkeit nicht getrennt von Personen, Gruppen und anderen Aspekten der Organisation auf. Auch wären viele Funktionen des Handelns in Organisationen, die Zugehörigkeit ihrer Mitglieder überhaupt nicht verständlich ohne die Thematik ›Arbeit‹«. Dies trifft den Sachverhalt. Die Trennung der Organisations- von der Arbeitspsychologie ist systematisch kaum zu rechtfertigen, aber faktisch doch immer unübersehbar.

Ulich (1994) weist in seinem Lehrbuch der »Arbeitspsychologie« einleitend darauf hin, daß sich der Text auf abhängige Erwerbsarbeit in betrieblichen Organisationen beziehe. Genau mit diesem Thema setzen sich die meisten organisationspsychologischen Textbücher auseinander; auch das hier vorliegende. Daraus wird verständlich, daß einerseits die Arbeitspsychologen (Greif, 1983; Udris u. Grote, 1991) dazu neigen, die Organisationspsychologie unter den nach ihrer Auffassung breiteren Begriff der Arbeitspsychologie zu subsumieren oder gar in der Organisationspsychologie nur eine spezielle Arbeitspsychologie zu sehen (Hacker, 1986). Auch Organisationspsychologen (v. Rosenstiel, 1992) tendieren dazu, in der Psychologie der Arbeit einen spezifischen Aspekt des Erlebens und Verhaltens in Organisationen zu sehen. Tatsächlich sind vom Gegenstandsbereich her die Arbeits- und Organisationspsychologie weit überlappende Gebiete, die eine systematische Unterscheidung schwierig oder gar willkürlich erscheinen lassen. Die Trennung der beiden Felder wird am ehesten durch die Überlegung plausibel, daß keineswegs nur in Organisationen gearbeitet, in Organisationen aber auch keineswegs nur gearbeitet wird (v. Rosenstiel, 1991). Ulich (1994) betont dann auch, daß psychologische Beschäftigung mit Arbeitstätigkeiten wie Hausarbeit, Erziehungsarbeit, Gemeinwesenarbeit oder Eigenarbeit sehr wohl zur Arbeitspsychologie zählt, doch läßt sich eine Beschäftigung mit diesen Themen innerhalb der Arbeitspsychologie kaum aufzeigen.

Andererseits gibt es vielfältige Erlebens- und Verhaltensweisen in Organisationen, die dem Begriff der Arbeit nicht entsprechen; man denke an die dort vielfältigen Spiele von Erwachsenen (Neuberger, 1986), an die firmenspezifischen Witze, Anekdoten und Legenden (Neuberger u. Kompa, 1987; Neuberger, 1988) und an sich in Organisationen entwickelnde romantische Beziehungen zwischen den Geschlechtern (Friedel-Howe, 1990; Mainiero, 1994, Raststetter, 1994). Diese und ähnliche Themen, die letztlich alle Bestandteile einer spezifischen Organisationskultur (Schein, 1984) sind, können als legitime Felder der Organisationspsychologie, nicht aber der Arbeitspsychologie interpretiert werden, scheinen jedoch innerhalb der organisationspsychologischen Fachliteratur zumindest deutlich unterrepräsentiert zu sein. Programmatisch läßt sich die Beziehung zwischen der Arbeits- und der Organisationspsychologie so darstellen, wie es Abbildung 1 zeigt. Faktisch aber beschäftigen sich beide Felder in erster Linie mit dem Überlappungsbereich: der Psychologie der Erwerbsarbeit in Organisationen. Um diese Erwerbsarbeit in Organisationen geht es auch zumeist in diesem Buch, allerdings in erster Linie aus der Tradition der gewachsenen Organisationspsychologie heraus, d.h. unter Nutzung der dort entwickelten Theorien, bei Zitation der dort etablierten Autoren und bei Sichtweisen, die stärker von Nachbarwissenschaften wie der Betriebswirtschaftslehre oder der Industriesoziologie als von den der Arbeitspsychologie näherstehenden Ingenieurswissenschaften oder der Arbeitsmedizin geprägt sind.

Gegenstand der Organisationspsychologie ist also nicht – wie gelegentlich vermutet – das »Organisieren« als Tätigkeit oder das organisatorische Verhalten (vgl. jedoch Franke, 1978).

Die Organisationspsychologie will von ihrem Selbstverständnis her nicht nur beschreibend, sondern gegebenenfalls auch gestaltend tätig sein. Damit stellt sich unausweichlich die Frage nach den Gestaltungszielen und die Frage nach dem diesen Zielen zugrundeliegenden Normengefüge:

Geht es letztlich um die Herstellung von Arbeitszufriedenheit, um eine Senkung der Produktionskosten, um die Verbesserung der Produktqualität, um eine Senkung des Krankenstandes, um eine Steigerung des leistungsbezogenen Engagements der Mitarbeiter oder worum geht es? Bemühungen um eine Zielexplizierung sind in der Organisationspsychologie eher selten (dies gilt auch für das zur Zeit renommierteste amerikanische Lehrbuch, das von M. D. Dunnette 1976 herausgegebene »Handbook of industrial and organizational psychology«). Daß damit auch das Problem möglicher Zielunverträglichkeiten unerörtert bleibt, versteht sich zwar von selbst, ist aber gerade unter dem Gestaltungsanspruch der Organisationspsychologie bedenklich.

Der Verweis auf das traditionelle Kriterienpaar »Leistung und Zufriedenheit« trägt dabei zur Klärung dieser Zielfrage wenig bei. Der Begriff »Leistung« hat hier sogar eher verschleiernden Charakter insofern, als »Leistung« formal definiert ist. Darüber hinaus suggeriert das Kriterien-Paar harmonische Ausgewogenheit in der Beachtung von Leistungsanforderungen einerseits und personellen Bedürfnissen andererseits, obwohl nach Meinung der Verfasser kein Zweifel daran bestehen kann, daß es um diese »Ausgewogenheit« fragwürdig bestellt ist.

Die Notwendigkeit, hier präziser zu werden, zeichnet sich aber bereits ab, da nach dem geltenden Betriebsverfassungsgesetz Arbeitgeber und Betriebsrat für eine »menschengerechte Gestaltung der Arbeit« zu sorgen haben (siehe § 90 im BetrVG). Es wird sich also die Frage stellen, was unter diesem »menschengerecht« verstanden werden soll; um einige Überlegungen hierzu geht es bei den folgenden Ausführungen.

Als ein Kriterium für den Grad, in dem die Arbeit »menschengerecht« gestaltet ist, könnte man die Subjekte *Zufriedenheit* der Arbeitenden mit eben dieser Gestaltung heranziehen (Neuberger, 1974a, S. 9). Dieser Ansatz ist plausibel und erklärt zugleich das wachsende Interesse an einer Messung der Arbeitszufriedenheit. Dennoch verweisen Bartölke u.a. zu Recht darauf, daß in diesem Merkmal zumindest kein hinreichendes Kriterium für »menschengerecht« zu sehen ist (Bartölke u.a., 1978, S. 365): Wie speziell durch die Analysen von Bruggemann unterstrichen wird (Bruggemann, 1974), kann der jeweilige Grad an Zufriedenheit auch das Ausmaß resignativer Senkung des Anspruchsniveaus widerspiegeln; zufrieden ist dann (im Extremfall), wer seine Unzufriedenheit erfolgreich verdrängt

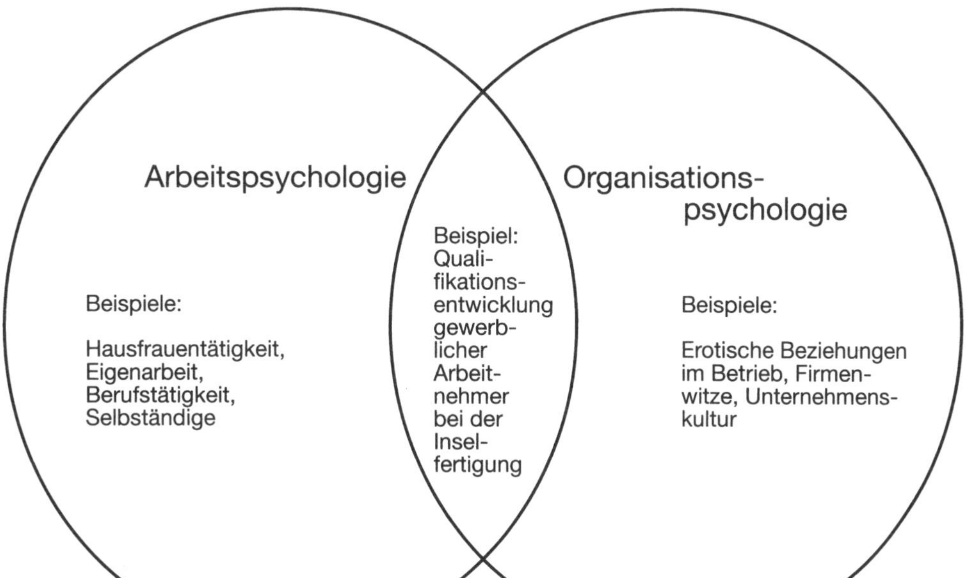

Abb. 1 Die Beziehung zwischen der Arbeits- und Organisationspsychologie

hat. Da die Existenz derartiger Prozesse zumindest auf introspektiv-phänomenologischem Wege unmittelbar evident ist, wird die Validität des Kriteriums Arbeitszufriedenheit begründet in Frage gestellt (v. Rosenstiel, 1977, S. 111). Vor diesem Hintergrund erklärt sich das Bemühen, Kriterien für »menschengerecht« bzw. allgemeiner für »Arbeitsqualität« nicht mehr im subjektiven Bereich, also im Erleben der Person, sondern in den objektiven Bedingungen der Arbeitssituation selbst zu suchen. Diese Bedingungen sprechen aber nicht von sich aus für »mehr« oder »weniger« Arbeitsqualität bzw. für mehr oder weniger »menschengerechte« Arbeit; die Feststellung dieses »Mehr« oder »Weniger« impliziert vielmehr Bewertungen bzw. Deutungen vor dem Hintergrund von Annahmen zur »Natur« des Menschen – unausweichlich wird als Bezugsraster eine wie auch immer geartete Anthropologie herangezogen werden müssen. Und eben dies wirft neue Schwierigkeiten auf: Da anthropologisch-philosophische Deutungen des Sinns menschlicher Arbeit bzw. menschlicher Existenz auf schwankendem Boden stehen, sind Eiferern und Predigern, die in elitärer Selbstüberschätzung glauben, anderen vorschreiben zu dürfen, was sie unter Arbeitsqualität zu verstehen haben, Tür und Tor geöffnet. Daß in diesem Fall Fremdbestimmung nicht ab-, sondern aufgebaut würde, liegt auf der Hand (vgl. hierzu auch Brandstätter, 1978, S. 50, und Doerken, 1978, S. 76).

Um hier vorzubeugen, wäre »Diskurs«-Fähigkeit auch auf seiten der Arbeitnehmer erforderlich: Primäres Ziel müßte sein, die Betroffenen zunächst mit (kognitiven) Alternativen vertraut zu machen, um so ihre Beurteilungskompetenz zu erhöhen, damit sie anschließend *selbst* bestimmen können, welche Qualität sie ihrer Arbeit zubilligen (vgl. hierzu auch Argyris, 1976, S. 172). Nur: Der Übergang von Aufklärung zu Indoktrination ist fließend: Groskurth diskutiert diesen Problemkreis aus marxistischer Sicht. Bezugnehmend auf den vorher genannten Umstand, daß die subjektive Arbeitszufriedenheit im Gefolge einer resignativen Anspruchsniveausenkung u. U. steigen kann, stellte er die Frage, inwieweit eine von derartigen subjektiven Verarbeitungsformen »bereinigte« Arbeitszufriedenheit einen brauchbaren Indikator für »Humanisierung« abgeben könne; der Autor hält einen derartigen Indikator nicht für geeignet (Groskurth, 1975, S. 253): dies im wesentlichen, da man zwischen den subjektiven Bedürfnissen und den objektiven Interessen der Arbeitenden zu unterscheiden habe und diese objektiven Interessen dem Arbeitenden aufgrund einer Vielzahl gesellschaftlicher Bedingungen nicht unbedingt bekannt sein müßten und damit in sein Zufriedenheitsmaß auch nicht mit eingehen könnten.

Die Schwierigkeiten liegen nun aber in der Abklärung des *Inhalts* dieser objektiven Interessen: Worin bestehen sie, und unter welchen objektiven Bedingungen der Situation können sie als realisiert betrachtet werden? Hierzu Groskurth (1975, S. 257): »Innerhalb der Klassengesellschaft wird das Ineinanderfallen von »Humanisierung« und Arbeitszufriedenheit erst möglich durch das Auseinanderfallen von subjektiven Bedürfnissen und objektiven Interessen. Oder andersherum: Das Ineinanderfallen von Humanisierung und Arbeitszufriedenheit ist nur in einer *klassenlosen* Gesellschaft möglich«. *Dies* – die klassenlose Gesellschaft – hat ein Arbeitnehmer also zu wollen bzw. *hier* liegen seine »objektiven« Interessen?

Ein Konsens hierzu wird schwerlich herstellbar sein. Es scheint aber noch einen anderen, ideologisch weniger befrachteten Aspekt der objektiven Situation zu geben, der von vielen Autoren als brauchbarer (wenn auch nicht unbedingt als hinreichender) Maßstab für Arbeitsqualität akzeptiert wird: Die Größe des Handlungs- bzw. Entfaltungsspielraums (siehe z. B. bei Porter u. a., 1975, S. 511).

Dieser meist auf das Selbstverwirklichungskonzept der Humanistischen Psychologie zurückgeführte Ansatz wird bei den verschiedenen Autoren im einzelnen allerdings unterschiedlich interpretiert und operationalisiert. Fricke geht es darum, »industrielle Arbeit als

Lernprozeß zu organisieren, der die Anwendung und Entfaltung vorhandener sowie den Erwerb neuer Qualifikationen im Arbeitsprozeß ermöglicht«, (Fricke, 1975, S. 27), wobei der Begriff Qualifikation nicht nur auf die Fähigkeit zur Bewältigung der gegebenen Aufgaben, sondern auch auf die Befähigung zur kritisch-innovativen Auseinandersetzung mit den Arbeitsbedingungen abzielt (Fricke, 1975, S. 35). Dieser Ansatz dürfte z.B. weiter gehen als die Forderung nach komplexerer, stimulierenderer und weniger monotoner Tätigkeit, wie sie in der traditionellen Arbeitspsychologie im Vordergrund steht.
Problematisch an diesen Konzepten ist, daß über den *Inhalt* der erhöhten Aufgabenkomplexität bzw. des erhöhten Handlungsspielraums und Autonomiebereichs meist keine Angaben gemacht werden. Es wird – nur formal – die Erweiterung von Freiheitsgraden betont, ohne zu benennen, worauf sich diese Freiheiten inhaltlich beziehen. Als Kriterium für Arbeitsqualität herangezogen, ist das Konzept »Handlungsspielraum« demnach insofern unbefriedigend, als es vom *Sinn* bzw. der Vernünftigkeit dessen, was einer tut, abstrahiert (Volpert, 1975, S. 159 ff.; Bartölke u.a., 1978, S. 357 ff.). Neben dem »Gestaltungsinteresse« des Arbeitenden (und einem entsprechend zuzuordnenden Autonomie-Bereich) ist nach Fürstenberg schließlich auch noch ein »Erhaltungsinteresse« des Arbeitenden bei der Diskussion um die Arbeitsqualität zu bedenken: Es müssen Bedingungen hergestellt werden, die die Erhaltung der *psycho-physischen Arbeitsfähigkeit* bzw. Arbeitskraft des einzelnen sicherstellen (Fürstenberg, 1978, S. 65). Damit ist der gesamte Themenkomplex Gesundheit, Wohlbefinden (mental health) usw. – und zwar jenseits der enger definierten Arbeitszufriedenheit – angesprochen. Daß es sich hierbei um eine Fundamentalkategorie von »Arbeitsqualität« handelt, braucht nicht näher erläutert zu werden. Die Ergebnisse der Streß-Forschung unter arbeitsmedizinischen und arbeitspsychologischen Gesichtspunkten (siehe Kasi, 1978, S. 15–35) unterstreichen dies. Bedenkt man ferner, daß nicht einmal jeder zweite Arbeitnehmer in der Bundesrepublik Deutschland das Rentenalter bei Gesundheit erreicht und die volkswirtschaftlichen Gesamtkosten der amtlich anerkannten Fälle von Frühinvalidität jährlich ca. 25 Milliarden DM betragen (Klee, 1977, S. 9), so wird deutlich, daß mit dem Kriterium »Gesundheit/Wohlbefinden« Fragen von erheblicher Tragweite angesprochen werden.
Damit sind zumindest die Kriterien umrissen, auf die hin bezogen die Darstellung der Organisationspsychologie in den folgenden Kapiteln schwerpunktmäßig erfolgen soll (daß diese Kriterienauswahl dabei willkürlich ist und mehr auf »common sense« denn auf systematischer Analyse beruht, braucht nicht extra betont zu werden): Im Vordergrund werden neben Leistungsindizes die Kriterien Arbeitszufriedenheit, Autonomie, Qualifizierungschance und Wohlbefinden/Gesundheit stehen.

1.1.2. Situation und Person – Bedingungen organisationswissenschaftlichen Handelns (zugleich: Übersicht über die weiteren Kapitel)

Nachdem lange Zeit als Ausdruck des personalistischen Ansatzes Verhalten primär als Funktion der Person interpretiert wurde, ist in den letzten Jahren die Tendenz verstärkt erkennbar, das Erleben und Verhalten als Funktion von Person *und* Situation zu betrachten.
Diese Aussage spiegelt zunächst einmal nur die Annahme wider, daß das Erleben und Verhalten besser erklärbar sei, wenn man beide Variablen (Person und Situation) und nicht nur eine der beiden Variablen allein berücksichtigt. Darüber hinausgehend formulieren viele Autoren (z.B. Holahan, 1978, S. 171) die Annahme, daß das Erleben/Verhalten einer Person als Funktion der *Interaktion* von Person und Situation zu betrachten sei; das Mo-

dell einer additiven Verknüpfung von Person und Situation sei entsprechend unzureichend. Um diesen Aspekt der Interaktion bzw. Wechselwirkung, bezogen auf den organisationspsychologischen Kontext, geht es im folgenden. Die Abbildung 2 soll diese Wechselwirkung veranschaulichen:

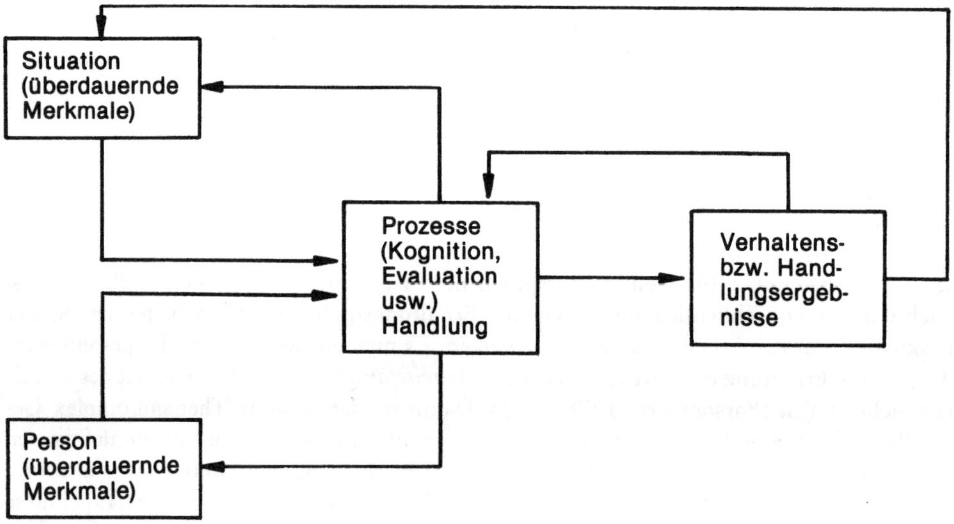

Abb. 2 Interaktion von Person und Situation

Die Abbildung illustriert zunächst einmal, daß das aktuelle zielgerichtete Handeln einer Person sowohl von Merkmalen der Situation (z.B.: Inhalt und Spezifizierungsgrad von Arbeitsrichtlinien) als auch von Merkmalen der Person (z.B.: Grad ihrer Leistungsmotivation, Struktur ihrer Fähigkeiten) abhängt. Darüber hinaus sind Rückkoppelungspfeile zur Person und Situation eingetragen: Damit soll zum Ausdruck gebracht werden, daß das aktuelle Verhalten einer Person (verändernd) auf die *Situation* zurückwirken kann; zugleich soll verdeutlicht werden, daß aktuelle Prozesse im Rahmen einer Handlung (z.B. Lernprozesse) verändernd auch auf die *Person* zurückwirken können (etwa im Sinne einer Erweiterung der Fähigkeitsstruktur).

> Über das aktuelle Erleben und Verhalten bzw. über die Kategorie *Handlung* sind Person und Situation demnach miteinander verbunden und zwar *wechselseitig* (Tomaszewski, 1978, S. 17).

Überdauernde Aspekte der Person übermitteln sich über das aktuelle Erleben und Verhalten im Rahmen einer Handlung u.U. in eine Veränderung der Situation, wie auch umgekehrt die Situation im Zuge aktiver Situations-Deutungsprozesse auf seiten der Person sowie anschließender Handlungen und Erfahrungsbildungen auf überdauernde Aspekte der Person zurückwirken kann. *Hierauf* bezieht sich der obige Begriff »Interaktion« (Tomaszewski, 1978, S. 11–21, Altman, 1976, S. 109; Lazarus u.a., 1977, S. 113).

Daraus folgt nicht nur, daß die Charakteristiken der hier und heute zu bestimmenden *Situation* – historisch betrachtet – als Ergebnis einer vorausgegangenen Wechselwirkung

Abb. 3 Handlung als Vermittler zwischen Person und Situation

zwischen Situation und Person zu interpretieren sind. Daraus folgt zugleich, daß auch die Charakteristiken der hier und heute gegebenen *Person* als Ergebnis vorausgegangener Wechselwirkungen zwischen Person und Situation zu erklären sind.

Dieser Sachverhalt einer Wechselwirkung zwischen Situation und Person ist nach Meinung der Verfasser so grundlegend, daß sie versucht haben, die Darstellung der organisationspsychologischen Probleme und Resultate in diesem Buch eben nach diesem Person-Situations-Bezug zu untergliedern; hierauf wird nun im Sinne eines Ausblicks auf die weiteren Kapitel näher eingegangen.

Im Kapitel 2.1. werden zunächst Eigenheiten der Situation dargestellt, mit der die Person in Organisationen konfrontiert ist. Dabei wird auch die Genese der Situation dargestellt und gefragt, welche Variablen ihrerseits auf die Situationscharakteristika Einfluß nehmen, um so die »Hebel« zu präzisieren, an denen Situationsveränderungen gegebenenfalls anzusetzen haben. Ergänzend werden die Restriktionen zu bestimmen versucht, die den Handlungsspielraum bei der Situationsgestaltung einengen; es wird aber auch auf bestehende Freiräume aufmerksam gemacht.

Nach der Darstellung der überdauernden Merkmale der Situation wird unter 2.2. auf überdauernde Merkmale der Person eingegangen. Hier wird vor allem auf die sehr umfangreiche Motivationsforschung in der Organisationspsychologie Bezug genommen; es werden Inhalts- und Prozeß-Theorien der Motivation dargestellt. Ergänzend werden Fragen der Qualifikation der Person (Fähigkeiten und Fertigkeiten) angesprochen. Entsprechend der Abbildung 2 werden in dem folgenden Kapitel 2.3. die aktuellen Prozesse erörtert, in denen sich die Wechselbeziehung zwischen Person und Situation konkretisiert. Es wird der Prozeß der Arbeitstätigkeit diskutiert sowie die subjektive Erklärung und Bewertung der Handlungsergebnisse erläutert. Ausführlich wird auf die Dynamik und Dimensionalität von Arbeitszufriedenheit eingegangen und die Beziehung zwischen Zufriedenheit und Leistung dargelegt.

Mit der Frage der Interaktion zwischen Situation und Person ist zugleich die Frage der Sozialisation angesprochen; sie vollzieht sich im Rahmen dieser Interaktion (Porter u.a., 1975, S. 161). Dieser Fragenkreis, also die längerfristigen Prozesse der Interaktion von Person und Situation, wird unter 2.4. abgehandelt. Es werden die Bedingungen zu präzisieren versucht, unter denen im Rahmen der Sozialisation Qualifikationen und Motivationen vermittelt werden; dabei wird auch auf relevante Einschnitte für die einzelne Person im zeitlichen Längsschnitt aufmerksam gemacht.

Während im gesamten zweiten Abschnitt »grundlegende« Variablen und Prozesse (nämlich Merkmale der Person, Situation und deren Interaktion) behandelt werden, steht der dritte Abschnitt stärker unter der Fragestellung, wie die Situation gestaltet sein *sollte,* um den (unter 1.1.1.) genannten Ziel-Kriterien besser als bisher entsprechen zu können.

Hierzu wird im Kapitel 3.1. zunächst auf die Gestaltung der Tätigkeitsbedingungen bzw. der Arbeit selbst eingegangen. Ausführlicher werden dabei auch Streßkonzepte dargestellt. Unter dem Gesichtspunkt der Situationsgestaltung wird speziell gefragt, welche Belastun-

gen (einschließlich psychosomatischer Folgen) sich aus einer hohen Ungewißheit und einer stark eingeschränkten Situationskontrolle am Arbeitsplatz ergeben.
Nach den Tätigkeitsbedingungen (unter 3.1.) werden als weiterer Situationsaspekt die sozialpsychologischen Bedingungen erörtert. Im Kapitel 3.2. wird dabei die Struktur von Arbeitsgruppen problematisiert. Zunächst werden Bedingungen und Folgen von Kohäsion und Konformität dargelegt. Anschließend werden Problemlöse-Prozesse in Gruppen analysiert, und es wird gefragt, unter welchen Bedingungen die so oft behauptete Überlegenheit der Gruppe gegenüber dem einzelnen Realität werden kann. Des weiteren werden Kennzeichen der Kommunikation in Arbeitsgruppen beleuchtet; dabei wird erörtert, unter welchen Voraussetzungen und mit welchen Folgen sich Vertrauen und wechselseitige soziale Unterstützung entwickeln können. Anschließend werden in diesem Kapitel Fragen des Konflikts behandelt; es werden Ursachen, Verlaufsformen und Lösungsansätze diskutiert.
Im Kapitel 3.3. werden die sozialpsychologischen Bedingungen primär unter vertikaler Hinsicht dargestellt: Im Mittelpunkt stehen Fragen der Führung und Machtverteilung. Ausführlich wird dabei vor allem auf die Führungsstilforschung Bezug genommen. Nach dem dritten Abschnitt, in dem im wesentlichen gefragt wurde, wie die Situation im Hinblick auf bestimmte Ziel-Kriterien gestaltet sein *sollte* (wie also die Arbeit bzw. die Tätigkeitsbedingungen gestaltet sein sollten und welche Merkmale die sozialpsychologischen Bedingungen – horizontal unter dem Gesichtspunkt »Gruppe« und vertikal unter dem Gesichtspunkt »Führung« analysiert – aufweisen sollten), wird im vierten Abschnitt ein Brückenschlag zum organisationswissenschaftlichen Handeln versucht:
Es wird im wesentlichen gefragt, welches *Instrumentarium* in der Organisationspsychologie vorhanden ist (oder auch nicht vorhanden ist), um einen Ist-Zustand in einen Sollzustand zu überführen.
Da Veränderungen – wenn sie gezielt erfolgen sollen – Messungen des Status quo voraussetzen, werden im vierten Abschnitt sowohl Meß-Instrumente als auch Veränderungsinstrumente diskutiert. Entsprechend der bisherigen Systematik werden die Messungen und Veränderungsinterventionen dabei sowohl auf die einzelne Person als auch auf die sie umgebende Situation bezogen.
Zunächst seien jedoch einige allgemeine Kennzeichen der Organisationspsychologie herausgearbeitet.

1.2. Allgemeine Merkmale der Organisationspsychologie

1.2.1. Zum Ort der Organisationspsychologie – Nachbardisziplinen

Wenn in der einleitenden Gegenstandsbestimmung zur Organisationspsychologie gesagt wurde, es gehe in dieser Disziplin um die Beschreibung und Erklärung des Erlebens und Verhaltens von Personen in Organisationen, so sei zunächst dieses »in Organisationen« zu präzisieren versucht. Was ist hiermit eigentlich gemeint? Und was versteht man überhaupt unter »Organisation«? Porter u.a. arbeiten vor allem folgende Definitionskriterien heraus (Porter u.a., 1975, S. 68 ff.): Organisationen seien

- zeitlich stabile,
- gegenüber ihrer Umwelt offene,

- aus Individuen und Gruppen zusammengesetzte,
- zielgerichtete bzw. zweckrational agierende und
- strukturierte Systeme.

Die Autoren zeigen zugleich aber auch, daß alle der von ihnen herangezogenen Definitionskriterien *mehrdeutig* sind (Einzelheiten hierzu siehe bei Porter u.a., 1975, S. 68–101). Schon das kleine Wörtchen »in« (Organisationen) macht hier auf ein Problem aufmerksam: Was trennt eigentlich das »Innen« vom »Außen« einer Organisation, bzw. was konstituiert die Grenze von innen nach außen, damit entscheidbar wird, was *nicht* als »in« (Organisationen) zu betrachten ist?

Führt man sich vor Augen, daß Organisationen zweckmäßigerweise nicht verdinglicht werden sollten, also nicht durch ihre (möglichen) physikalisch-materialen Korrelate (Gebäude, Zimmer, Tische, Stühle ...) *definiert* werden können, so daß auch die angesprochene »Grenze« zwischen »Innen« und »Außen« nicht in dem Zaun um das Grundstück der jeweiligen Organisation zu suchen ist (Türk, 1978, S. 2), so werden die Schwierigkeiten einer näheren Bestimmung des Gegenstandes »Organisation« sichtbar. Starbuck (1976, S. 1070) vergleicht entsprechend Organisationen mit Wolken, deren Konturen sich in Abhängigkeit vom Betrachtungsstandpunkt ständig verändern und schließlich sogar verschwimmen, wenn man ihnen nur nahe genug gekommen ist.

Weil dem so ist, ist die Bestimmung des organisationspsychologischen Objektbereichs durch die Spezifizierung des Erlebens und Verhaltens auf solches »in Organisationen« nur in Grenzen tauglich: Da das – als *spezielle* Klasse situativer Bedingungen gedachte – »in Organisationen« nicht eindeutig definiert werden kann, ist bei dieser Gegenstandsbestimmung auch nicht klar bestimmt, was *nicht* zum Objektbereich der Organisationspsychologie gehört. Welcher Gegenstandsbereich wird also *ausgeschlossen?* Welches Erleben und Verhalten steht *nicht* zur Debatte?

Eine eindeutige Abgrenzung des Objektbereichs »Organisationspsychologie« ist bisher nicht gelungen; die Organisationspsychologie überlappt sich als Teildisziplin der Psychologie nicht nur mit anderen Gebieten der Psychologie, sondern auch mit weiteren Disziplinen wie der Soziologie, Betriebswirtschaftslehre usw. Bevor diese Überlappungen näher aufgezeigt werden, sei noch eine Bemerkung zum Begriff »Organisation« selbst gemacht:

Selbst wenn es gelänge, *eindeutige* Kriterien für »Organisation« zu finden, so daß »Organisation« von »Nicht-Organisation« abgrenzbar wäre, ist immer noch zu fragen, ob der Begriff Organisation nicht viel zu allgemein ausfallen würde: Zu fragen ist, welchen Sinn es hat, über Organisationen wie Kirchen, Parteien, Industriebetriebe, Gefängnisse und Gesundheitsämter *zugleich* Aussagen machen zu wollen (Mayntz u. Ziegler, 1977, S. 21 ff.), wenn die Annahme nicht von der Hand zu weisen ist, daß die Varianz *innerhalb* der Gegenstandsklasse »Organisation« zur Erklärung der Unterschiede im Erleben und Verhalten vielleicht mehr beitragen kann, als die Varianz *zwischen* den Gegenstandsklassen »Organisation« und »Nicht-Organisation« (ähnlich argumentieren Katz u. Kahn, 1978, S. 148 ff.)

Insofern sind Unklarheiten zum Begriff Organisation (und damit auch zum Objektbereich der Organisationspsychologie) auch von Vorteil, weil sie dazu anhalten, sich jeweils *neu* zu vergegenwärtigen, auf *welchen* Objektbereich sich die jeweils getroffenen Aussagen eigentlich beziehen.

Im folgenden seien nun die Beziehungen zu einigen Nachbardisziplinen verdeutlicht. Abbildung 4 mag dabei hilfreich sein.

Es werden demnach vier Variablenklassen unterschieden, denen sich die bekannten, von Kanfer u.a. (1977) herausgestellten Komponenten der Verhaltenstheorie in der angegebenen Weise zuordnen lassen.

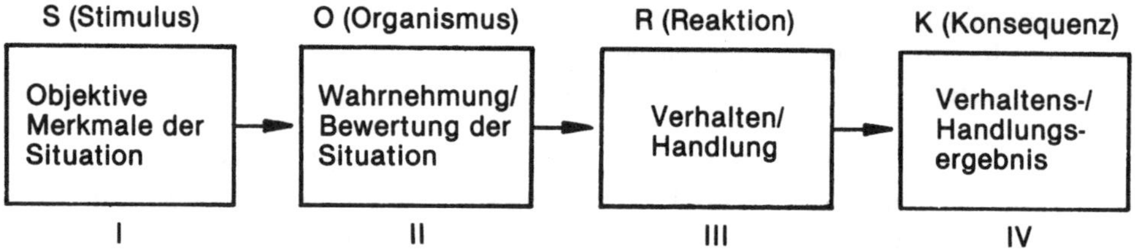

Abb. 4 S→O→R→K-Paradigma

Werden Gesetze innerhalb einer Wissenschaft als Wenn-Dann-Aussagen formuliert, so ließe sich die objektive Situation (I) – willkürlich – als Wenn-Komponente (bzw. unabhängige Variable) deuten; man könnte in diesem Fall das Erleben (Wahrnehmen/Bewerten) der Situation bzw. ihre subjektive Widerspiegelung (II) sowie die anschließende Handlung (III) – wiederum willkürlich – als intervenierende Variable interpretieren und in dem Handlungsergebnis (IV) schließlich die Dann-Komponente (als abhängige Variable) sehen. Dabei sind selbstverständlich auch Rückkoppelungen speziell vom Handlungsergebnis (IV) auf das Verhalten (III) sowie auf die objektive Situation (I) mitzubedenken (vgl. Abbildung 4).

Bezüglich welcher Variablenklassen formuliert nun die Organisationspsychologie ihre Gesetzesaussagen? Geradezu »klassisch« dürfte die Analyse der Beziehung zwischen den Komponenten II und III, also zwischen dem »Erleben« (der Situation) und dem »Verhalten« sein; als Beispiel kann hierzu die sehr traditionsreiche Forschung zur Frage nach der Beziehung zwischen der Arbeitszufriedenheit (satisfaction, Wenn-Komponente) auf der einen Seite und dem leistungsbezogenen Verhalten (effort, Dann-Komponente) auf der anderen Seite herausgestellt werden.

Zumindest prinzipiell ließe sich natürlich auch – umgekehrt – das leistungsbezogene Verhalten (effort) als Wenn-Komponente (bzw. unbedingte Variable) und die Arbeitszufriedenheit als Dann-Komponente (bedingte Variable) deuten. Daß diese Analyserichtung, historisch gesehen, die seltenere Betrachtungsperspektive widerspiegelt, ist natürlich kein Zufall, sondern drückt ein bestimmtes Erkenntnisinteresse aus, nämlich das der Human-Relations-Philosophie, nach der man über die Steigerung der Arbeitszufriedenheit (kausal) auf eine Steigerung des Leistungs-Einsatzes hinwirken zu können hoffte.

Im Hinblick auf welche Variablen-Klassen formuliert nun demgegenüber die Organisations*soziologie* ihre Gesetzes-Aussagen? Zumindest nach traditionellem Wissenschaftsverständnis wäre hier an die Analyse der Beziehung zwischen den Variablenklassen I und IV zu denken: Betrachtet man die objektiven Merkmale der Situation (z. B.: die Taktgeschwindigkeit bei einem Fließband) in ihrer Beziehung zu den (objektiven) Handlungs- bzw. Arbeitsergebnissen der Person, ohne daß vor allem auf das Erleben der Person (II) Bezug genommen wird, so handelt es sich nach gängigem Verständnis um eine soziologische Betrachtungsweise.

In den letzten Jahren überlappt sich die organisationspsychologische mit der organisationssoziologischen Betrachtungsweise zunehmend insofern, als auch in der Organisationspsychologie (wieder) stärker die Kategorie »Situation« (I) in den Mittelpunkt gerückt wird. Das im Augenblick favorisierte (wenngleich nicht immer realisierte) Analyse-Schema der Organisationspsychologie – die Beziehungen zwischen den verschiedenen Variablenklassen immer unter Einschluß der Variablen-Klasse I abzuklären – versucht damit auch dem Umstand Rechnung zu tragen, daß – historisch gesehen – der Organisationspsychologie der Vorwurf der *Manipulation* gemacht werden konnte: Dies insofern, als im Zuge der

Human-Relations-Bewegung nicht die Menschenunwürdigkeit der (objektiven) Arbeitsbedingungen (I) an sich, sondern lediglich deren Wahrnehmung bzw. *Bewertung* (II) zu verändern versucht wurde (Volpert, 1975, S. 34 ff.).

Eine der Kernaussagen der Human-Relations-Bewegung (z.B. im Sinne von E. Mayo, der die berühmt gewordenen Untersuchungen im Werk Hawthorne der Western Electric Company in den Jahren 1927 bis 1932 leitete) besteht ja darin, daß der einzelne Arbeitnehmer im Zuge der modernen Industrie-Gesellschaft und im Gefolge der extremen Arbeitsteilung sozial isoliert werde und infolge dessen eines besonderen Schutzes bedürfe, der ihm durch gute zwischenmenschliche Beziehungen gewährt werden kann und ihn zugleich seine objektive Situation anders erleben läßt. Mit anderen Worten: Die Unveränderlichkeit der Arbeitssituation (Fließband) wird bereits *vorausgesetzt,* so daß sich dann natürlich nur noch das Problem stellte, diese Situation günstiger bzw. erträglicher wahrnehmen bzw. in günstigerem Lichte erscheinen zu lassen (aus der schützenden Geborgenheit der Gruppe heraus).
An der Hypothek der Human-Relations-Bewegung bzw. an der Hypothek ihres Psychologismus (Groskurth, 1975, S. 263 ff.) leidet die Organisationspsychologie auch heute noch; dies gilt auch für den Bereich der Arbeitspsychologie (Hoyos, 1974, S. 13 ff.). Dennoch kann nicht geleugnet werden, daß sich das Bewußtsein für die Gefahren eines »Psychologismus« erheblich geschärft hat. Zugleich wird die Situation nicht mehr als unveränderlich betrachtet: Es wird klar gesehen, daß die konkrete betriebliche Arbeitsorganisation nicht als Sachzwang interpretiert werden kann, d.h.: mitnichten logisch-deduktiv aus der (ohnehin höchst diffusen) Zielstruktur einer Wirtschaftsorganisation ableitbar ist; vielmehr wird anerkannt, daß die jeweils gewählten Formen der Arbeitsorganisation *Hypothesen* darstellen bzw. im Sinne materialisierter *Theorien* zur optimalen Arbeitsgestaltung zu interpretieren sind (Miles u.a., 1974, S. 244 ff.; Davis u.a., 1976, S. 379 ff.; Gohl, 1977).

> Im Gegensatz zu früher nimmt heute die Analyse der Beziehungen zwischen den objektiven Merkmalen der Situation und dem Erleben dieser Situation wieder einen zunehmend stärkeren Raum ein. Die Klärung der Beziehung ist wesentlicher Gegenstandsbereich der Organisationspsychologie und muß dies auch sein, wenn die Organisationspsychologie – ihrem Gestaltungsanspruch entsprechend – gegebenenfalls situationsverändernd wirken will.

Außer zur Soziologie steht die Organisationspsychologie schließlich noch in besonders enger Beziehung zur Sozial-Psychologie (Franke, 1978, S. 340 ff.): Dies insofern, als das Phänomen »Interaktion« den zentralen Gegenstand beider Disziplinen ausmacht. Im Rahmen der Organisationspsychologie ist das Phänomen Interaktion bisher speziell unter der Perspektive »Führung« untersucht worden (auch dieser Umstand, daß Interaktionen unter dem Gesichtspunkt »Führung« und nicht unter der Perspektive »Kooperation, Solidarität« usw. beleuchtet wurden, spiegelt natürlich keine Zufälle, sondern spezifische Erkenntnis-Interessen der Organisationspsychologie wider). Die außerordentlich umfangreiche, in ihren Resultaten allerdings höchst widersprüchliche Führungsstilforschung (Vroom, 1976, S. 1531) stellt Interaktionsforschung dar. Die Organisationspsychologie kann insofern in weiten Bereichen auch als Sozialpsychologie angesprochen werden. Löst sich die Organisationspsychologie damit nun in eine »Sozialpsychologie in Organisationen« auf? Untersucht sie sozialpsychologische Phänomene lediglich in einem spezifischen (wenngleich unscharf abgegrenzten) situativen Kontext? Stellt die Sozialpsychologie insofern die Basisdisziplin für die Organisationspsychologie dar? Oder ist die Organisationspsychologie durch Eigenheiten ihres Gegenstandes gekennzeichnet, die in der Sozialpsychologie grundsätzlich nicht zu finden sind – beispielsweise im Rahmen der Analyse sog. Mensch-Maschine-Systeme (Hoyos, 1974, S. 39–46) und der dabei ablaufenden Prozesse? Die Beantwortung dieser Fragen ist schwierig und kann hier nicht geleistet werden (siehe in jüngerer Zeit hierzu bei Franke, 1978, S. 332 ff.). Zugleich ist ein Nachdenken hierüber aber wichtig: In dem Umfang, in dem sich die Objektbereiche von Organisations- und Sozialpsychologie überschneiden, können organisationspsychologische Gesetzmäßigkeiten bzw. Wenn-Dann-Aussagen in die sehr umfangreiche und traditionsreichere Theorien-Bildung der Sozialpsychologie integriert werden.

Wenngleich anzunehmen ist, daß sich die Organisationspsychologie mit dem Objektbereich der Sozialpsychologie in *besonderem* Maße überschneidet, darf dies nicht darüber hinwegtäuschen, daß sich die Organisationspsychologie mit einer *Vielzahl* von Nachbardisziplinen überschneidet: Stehen z. B. Fragen nach den Bedingungen von Angst und Streß sowie deren Auswirkungen auch auf das physische Wohlbefinden von Personen im Vordergrund, so sind dies Fragen, die sich mit medizinischen bzw. klinisch-psychologischen Problemstellungen überschneiden. Geht es um die Analyse von dynamischen Prozessen im Rahmen von Mensch-Maschine-Systemen, so werden Fragen aktualisiert, die der Ergonomie bzw. traditionellen Arbeitswissenschaft nahestehen. Werden als abhängige Variable Leistungsindizes untersucht, so werden damit zugleich betriebswirtschaftliche Probleme angeschnitten usw. (v. Rosenstiel, 1980a). Diese Überschneidungen werfen natürlich auch methodische Schwierigkeiten auf: Die verschiedenen genannten Disziplinen formulieren ihre Wenn-Dann-Aussagen über ihren jeweiligen Objektbereich in unterschiedlicher Sprache mit voneinander abweichenden Begriffen. Aussagen, der verwandten Disziplinen sind von daher nicht unmittelbar aufeinander beziehbar, was zu vielerlei Mißverständnissen Anlaß geben kann.

1.2.2. Ausgewählte methodische Implikationen – das Problem »Komplexität«

Ein Kennzeichen des organisationspsychologischen Objektbereichs wird von vielen Autoren in der Komplexität der zu untersuchenden Variablen gesehen (Franke, 1978, S. 344 f.). So sei z. B. der Tätigkeitsvollzug ein hochkomplexer Vorgang, den man auch nicht als »Verhalten«, sondern besser als »Handlung« bezeichnen sollte: In Anlehnung an Hacker (1976, S. 22 ff.) werden Arbeitstätigkeiten über bestimmte kognitive Modelle zweckmäßigen Agierens gesteuert, wobei derartige Modelle u. a. die Repräsentation der zeitlichen Abfolge einzelner Tätigkeiten auf der Basis der angenommenen Zweck-Mittel-Relation dieser Tätigkeiten untereinander beinhalten. Zugleich werden jeweils spezifische Handlungsergebnisse antizipiert und mit den Defacto-Ergebnissen verglichen und bewertet, so daß ein zeitlich gestaffeltes, durch logische Unterordnungen hierarchisch gestuftes und durch spezifische Vergleichsprozesse kognitiv gesteuertes Tätigkeiten-Gefüge entsteht. Ein in diesem Sinne absichtsgeleitetes Tun, für das das Merkmal »Planung« konstituierend ist, wird von vielen Autoren als »Handlung« bezeichnet (so z. B. Kaplan, 1972, S. 142). Handlung hat vor diesem Hintergrund *definitionsgemäß* einen höheren Komplexitätsgrad als Verhalten. »Handlung« wird dabei zu einer das klassische Reiz-Reaktions-Modell übergreifenden Kategorie; »Handlung« ist nicht das Ergebnis aufsummierter, über klassische Konditionierungsprozesse mehr oder weniger reflexhaft ablaufender Reiz-Reaktions-Koppelungen. Für »Handlung« ist vielmehr gerade die Unterbrechung dieser reflektorischen Koppelungen durch eine zwischengeschaltete *Interpretation* der Situation vor dem Hintergrund kognitiv repräsentierter Handlungsmodelle konstitutiv.

Vor diesem Hintergrund der postulierten Komplexität organisatorischen Handelns wird in jüngster Zeit verstärkt die Frage diskutiert, inwieweit mit den hohen Komplexitätsgraden des Untersuchungsgegenstandes nicht auch eine entsprechend komplexe Analyse-Methodik korrespondieren müsse (siehe hierzu Franke, 1978, S. 345 ff.).

Im Hinblick auf die Psychologie generell (nicht explizit für die Organisationspsychologie) wird dieser Standpunkt sehr forciert von der Umwelt- bzw. Ökopsychologie vertreten. Sie hat sich mit der von ihr geforderten »Ethnomethodologie« die Auseinandersetzung mit diesem Komplexitätsproblem zum Programm gemacht.

Nach Kaminski (1976) befaßt sich die Ökopsychologie mit dem Menschen in seiner natürlichen *alltagsmäßigen* Lebenswirklichkeit (Kaminski, 1976, S. 238). Dies heißt vor allem auch, daß man die für die experimentelle Psychologie und die Laborforschung kennzeichnende Aspekteinengung bzw. Perspektivenreduktion vermeiden möchte. Der Untersuchungsgegenstand wird nicht – in reduzierter Form – im Experiment erst hergestellt, sondern in der Alltagsrealität »vorgefunden« und – von der Absicht her – in dem Komplexitätsgrad seiner natürlichen Entstehungsbedingungen belassen. Wie man sieht, ist die Umweltpsychologie bzw. Ökopsychologie nicht (oder zumindest nicht primär) durch einen bestimmten Inhalt bzw. Objektbereich gekennzeichnet. Konstitutiv für diesen Ansatz scheint vielmehr eine spezifische *Methodologie* sozialwissenschaftlichen Forschens zu sein: nämlich Komplexität zu erhalten. Hinter diesem Anliegen steht eine Erfahrung, die Schmale (1976) mit etwas bitteren Worten wie folgt umschreibt (Schmale, 1976, S. 100):

»Am Ende jahrelanger intensiver Forschung steht meist das Eingeständnis, daß man sich weit von der eigentlichen Frage entfernt hat – zum Beispiel menschengerechte Arbeitsplätze zu entwickeln – und tief in einen Einzelaspekt verstrickt ist, zum Beispiel den Fluß monochromatischen Lichts bei fovealem Sehen und atropinisiertem Auge zu untersuchen. Die induktive Forschungsstrategie steht den Anforderungen der Praxis hilflos gegenüber«.

Ein deutliches Unbehagen im Hinblick auf die Frage der Angemessenheit der bisher vorwiegend eingesetzten Methoden ist auch im organisationspsychologischen Kontext inzwischen nicht mehr zu übersehen (siehe etwa bei Argyris, 1976, S. 164 ff. sowie bei Holahan, 1978, S. 172f.). Ob man dabei zu einer so pessimistischen Sicht wie Schmale gelangen muß, sei allerdings dahingestellt; die von ihm dargestellte Perspektivenreduktion stellt eine Möglichkeit, aber sicher keine zwangsläufige Entwicklung dar.

Cook und Campbell (1976, S. 308 ff.) sowie Fromkin und Streufert (1976, S. 415 ff.) z.B. zeigen, daß es durchaus Bedingungen zu geben scheint, unter denen experimentähnliche Untersuchungen im Feld mit hinreichender interner *und* externer Validität – also ohne deformierende Perspektiven-Reduktion – möglich sind.

Vor allem ist den Ethnomethodologen aber vorzuwerfen, daß es bisher offenbar nicht gelungen ist, die Dimensionen der vielzitierten Komplexität im einzelnen zu beschreiben (Kaminski, 1976, S. 243), so daß man nach Regeln des *Umgangs* mit dieser Komplexität suchen könnte.

Anders formuliert:

Es wird in der Ethnomethodologie bisher nicht erkenntlich, *wie* komplexes Alltagshandeln untersucht werden soll, um solches Handeln anschließend *besser* als bisher erklären und vorhersagen zu können. Insofern sollte man auf die u.a. bei Cook und Campbell (1976) dargestellten Untersuchungsmethoden, die sich bei vielen Fragestellungen unter dem Gesichtspunkt der Prognose ja schon *bewährt* (!) haben, auch in Zukunft nicht voreilig verzichten (siehe vertiefend hierzu auch die Überlegungen unter 4.1.1.). In diesem Zusammenhang wird gelegentlich auf die Aktionsforschung verwiesen. Sie stellt nicht unter dem Gesichtspunkt der Komplexität, sondern in anderer Hinsicht ein interessantes Forschungsparadigma insofern dar, als die Aktionsforschung von einer anderen Kooperationsform zwischen Wissenschaft und Praxis ausgeht und die noch häufig vertretene Ingenieurs-Mentalität der Forschung überwinden helfen kann (Argyris, 1976, S. 168 ff.).

Ein zentrales Kennzeichen der Aktionsforschung liegt darin, daß immer zwei Ziele zugleich verfolgt werden, nämlich einen Beitrag zur Theorienbildung zu leisten *und* ein konkretes Problem in dem jeweiligen sozialen Feld zu lösen (Sievers, 1978, S. 212). Eine solche Strategie hat Folgen: Bestimmt nicht mehr primär die Wissenschaft das in der jeweiligen Organisation zu untersuchende Problem bzw. geht die Organisationspsychologie nicht mehr so vor, daß sie Organisationen sucht, die ihren Problemen gegenüber offen sind, sondern geht sie auch von den Problemen der *Organisation* aus, so fragt sich, von *wessen* Problemen sie ausgehen will – »die« Probleme »der« Organisation gibt es nicht.

Mit anderen Worten: Das in der Aktionsforschung implizierte spezifische Kooperationsmodell zwischen Wissenschaft und Praxis – konkret: die Ablösung der die Relation zwischen Wissenschaft und Praxis bisher überwiegend kennzeichnenden Objekt-Subjekt-Beziehung durch eine *Subjekt*-Subjekt-Beziehung (Sievers, 1978, S. 213; Moser, 1977, S. 53 ff.) – dürfte im Gefolge der *Praktizierung* dieser Subjekt-Subjekt-Beziehung für die Organisationspsychologie die Frage nach ihrer *Parteilichkeit* neu aktualisieren: *Wessen* Problem will sie einer Lösung zuzuführen versuchen? In dem Umfang, in dem dabei gilt, daß die bisher von ihr untersuchten Fragestellungen vor allem ihre eigenen und/oder die Probleme der jeweiligen Kapitaleigner waren (Conradi u. Frieling, 1978, S. 96), wird dann auch gelten, daß über die Praktizierung einer Subjekt-Subjekt-Beziehung neue Fragestellungen in den Status eines zu untersuchenden Problems gehoben werden, und dies heißt: Es verändert sich der organisationspsychologische *Objektbereich*.

Der Gegenstand der Organisationspsychologie erweist sich insofern – wie andere Teildisziplinen der Psychologie auch (Herrmann, 1973, S. 294) – als *historisch:* Er drückt variable Interessen variabler Gruppierungen aus.

Für die Organisationspsychologie besteht allerdings besonderer Anlaß dies zu überdenken, da ihre Interessenorientierung häufig sehr einseitig war.

Weiterführende Literatur

1. Zur Bestimmung des Gegenstandsbereichs der Organisationspsychologie siehe einführend Gebert, D.: Organisationspsychologie – Einige einführende Überlegungen. In: Mayer, A. (ed.): Organisationspsychologie. Stuttgart 1978, S. 16–42.
2. Vertiefend in die Geschichte der Organisationspsychologie führt A. Mayer ein: »Die Betriebspsychologie in einer technisierten Welt«, in: Mayer, A., Herwig, B.: Handbuch der Psychologie. Band 9, Betriebspsychologie. Göttingen 1970, S. 3–55.
3. Die historischen Phasen der Betriebssoziologie werden vertiefend dargestellt bei Wachtier, G.: Humanisierung der Arbeit und Industriesoziologie. Stuttgart 1979, S. 32–126.
4. Eine knappe, einführende und anregend geschriebene Auseinandersetzung mit dem Problem der Kriterien für Arbeitsqualität findet sich bei: Bartölke, K., Kappler, E., Laske, S., Nieder, P.: Qualitäten von Arbeitsqualität. In: die gleichen Autoren (ed.): Arbeitsqualität in Organisationen. Wiesbaden 1978, S. 357–379.
5. Die Human-Relations-Bewegung wird aus marxistischer Sicht einführend einer kritischen Analyse unterzogen bei: Volpert, W.: Die Lohnarbeitswissenschaft und die Psychologie der Arbeitsfähigkeit. In: Groskurth, P., Volpert, W.: »Lohnarbeitspsychologie«. Frankfurt a. M. 1975, S. 33–51.

6. Eine provokative, radikal kritisierende Auseinandersetzung mit Gegenstand und Ort der Organisationspsychologie findet sich (als vertiefende Literatur) bei Franke, H.: »Organisationspsychologie als wissenschaftliche Disziplin«. In: Mayer, A. (ed.): Organisationspsychologie. Stuttgart 1978, S. 332–349.
7. Eine Einführung in die begrifflichen Schwierigkeiten des Konzepts »Organisation« gibt Gebert, D.: Organisation und Umwelt. Stuttgart 1978, S. 11–19.
8. Eine vertiefende und sehr grundlegende Auseinandersetzung mit Schwierigkeiten, vor allem aber auch mit Möglichkeiten der experimentellen Feldforschung findet sich bei: Cook, T. D., Campbell, D. T.: »The Design and conduct of quasi-experiments and true experiments in field settings« in: Dunnette, M. D. (ed.): Handbook of industrial and organizational psychology. Chicago 1976, S. 223–326.

Fragen

1. Die (subjektive) Zufriedenheit mit der Arbeit als Kriterium für die Arbeitsqualität heranzuziehen ließe sich mit welchen Argumenten kritisieren? Objektive Charakteristika der Arbeitssituation (z. B.: Taktgeschwindigkeit am Fließband, Größe des Handlungsspielraums) als Kriterien für Arbeitsqualität zu verwenden ist in welcher Hinsicht problematisch?
2. Die Kategorie »Handlung« vermittelt nach Tomaszewski, 1978, in welchem Sinne zwischen Person und Situation?
3. Die Organisationspsychologie überlappt sich in der neueren Zeit in der Analyse welcher Variablen-Klasse(n) zunehmend stärker mit der Organisationssoziologie?
4. Das Programm der Umwelt/Ökopsychologie (bzw. das Programm der Ethnomethodologie) ist inwiefern für die Organisationspsychologie von Interesse?
5. Das Paradigma der Aktionsforschung könnte für die Bestimmung des Objektbereichs der Organisationspsychologie zukünftig inwiefern wichtig werden?

2. Organisationspsychologie – Grundlegende Variablen und Prozesse

2.1. Überdauernde Merkmale der Situation

2.1.1. Zum Problem des Gestaltungsspielraums

Wie unter 1.2.1. schon ausgeführt wurde, muß gegebenenfalls auf die jeweilige *Situation* der Organisationsmitglieder verändernd eingewirkt werden, um bestimmten Zielen besser als bisher zu entsprechen. Die Mehrzahl der einschlägigen Lehrbücher beinhaltet dabei im wesentlichen Aussagen zu den Folgen unterschiedlicher Formen der Situationsgestaltung (Aufgabengestaltung usw.). Selten wird dagegen die Frage nach den *Bedingungen* bzw. Voraussetzungen einer Situationsgestaltung thematisiert: Welche Möglichkeiten der Situationsgestaltung bestehen in der Praxis, und welche Restriktionen sind hier zu berücksichtigen? Welchen Gestaltungsspielraum haben Organisationsgestalter?

Wie sofort einsichtig ist, handelt es sich bei dieser Frage nicht um irgendeine beliebige Fragestellung, sondern um ein Problem, das leicht zur Existenzfrage der Organisationspsychologie werden kann, sofern sie den Anspruch erhebt, nicht nur beschreiben und erklären, sondern gegebenenfalls auch verändern zu wollen.

Bevor auf dieses Problem näher eingegangen wird, muß die Kategorie »Situation« aber noch in *inhaltlicher* Hinsicht spezifiziert werden: Was ist eigentlich mit »Situation« gemeint?

Situationen sind prinzipiell im Hinblick auf beliebig viele Aspekte beschreibbar: Die Situation, in der ein Mitarbeiter steht, kann z.B. durch den Entscheidungsspielraum charakterisiert werden, über den der Mitarbeiter verfügt. Zur Charakterisierung der Situation kann man aber auch auf den Grad des Zeitdrucks bei der Arbeitserfüllung, auf die Abhängigkeit von maschinellen Gegebenheiten, auf den Lärm usw. verweisen; es stellt sich damit zunächst ein Problem der Selektion.

Diese Frage – *welche* Merkmale der Situation sollen berücksichtigt werden? – kann im Grunde nur theoriegeleitet beantwortet werden, wenn man sich nicht dem Vorwurf der Willkürlichkeit aussetzen will: Erforderlich ist eine Theorie zur Erklärung des jeweils interessierenden Erfolgskriteriums (Wohlbefinden, Qualität der Leistung usw.), da nur vor dem Hintergrund einer solchen Theorie die Merkmalsselektion innerhalb der Kategorie Situation *begründet* erfolgen kann.

Eine so begründete Merkmalsauswahl würde dabei in die Bildung einer Situationstaxonomie einmünden: Man gelangt zu einer theoretisch begründeten Klassifikation von Situationsvariablen, die gegenüber dem jeweiligen Erfolgskriterium Erklärungsrelevanz aufweist. Bei der Entwicklung einer solchen Taxonomie wird man feststellen, daß für unterschiedliche Ziele/Kriterien *unterschiedliche* Situationsaspekte bedeutsam sein können. Was für die Arbeitszufriedenheit von Mitarbeitern wichtig sein mag, ist für die Frage der Förderung von Innovativität und Kreativität eventuell belanglos usw. Und dies wiederum heißt: Es gibt nicht »die« Situation bzw. »die« Situationstaxonomie; Situationstaxonomien haben vielmehr immer nur ziel- bzw. kriterien*spezifische* Gültigkeit. Entsprechend müssen auch Analysen zum Spielraum der Situationsgestaltung im Grunde mit einer inhaltlichen Festlegung der Ziele/Kriterien beginnen, damit die Frage nach dem Gestaltungsspielraum im Hinblick auf kriterienrelevante Situationsaspekte (und nicht im Hinblick auf beliebige Merkmale) untersucht wird. Bei einer derartigen Analyse konnten nun bestimmte Zusammenhänge deutlich werden, die in der Abbildung 5 veranschaulicht werden:

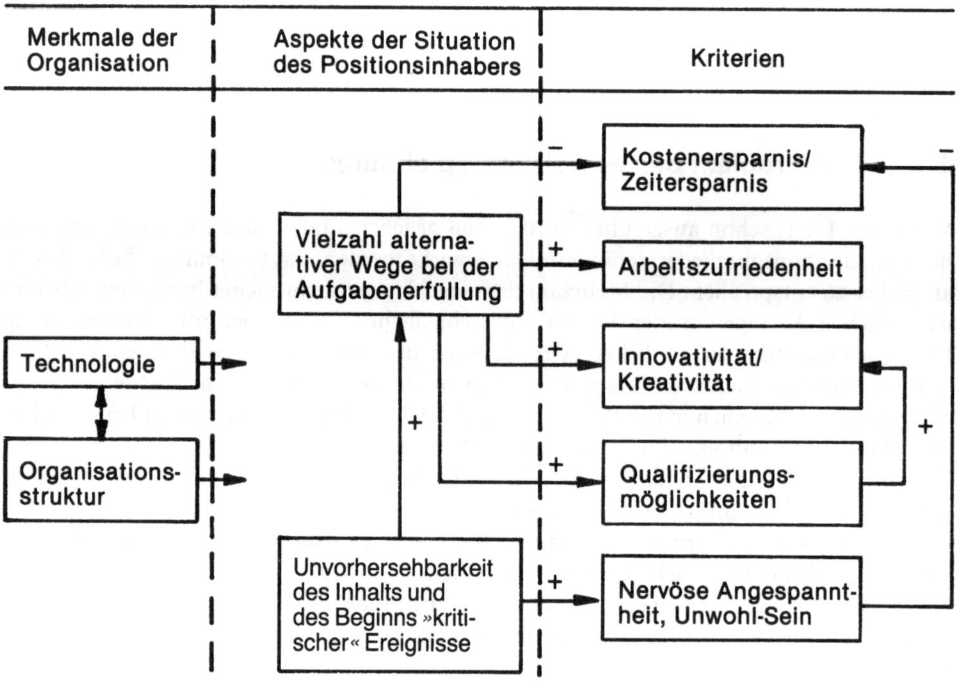

Abb. 5 Multifunktionalität der Organisationsgestaltung

In der Abbildung 5 sind einige (willkürlich ausgewählte) Kriterien wiedergegeben, die man im Sinne von Bewertungsmaßstäben gegenüber Gestaltungsalternativen interpretieren kann. Diesen Kriterien sind (wiederum willkürlich ausgewählt) einige Situationsaspekte zugeordnet, die für diese Kriterien vermutlich bedeutsam sind: Wer bei seiner Arbeit z.B. zwischen vielen verschiedenen Wegen zu wählen hat (da ein »Königsweg« nicht bekannt ist), verursacht u.U. Kosten dadurch, daß Irrwege beschritten und Termine nicht eingehalten werden. Derartige Arbeitsbedingungen verbinden sich aber zugleich u.U. mit dem Gefühl einer interessanten Tätigkeit, die befriedigt und Möglichkeiten zur Erfahrungsbildung bietet, was wiederum auf die Qualifizierung zurückwirkt usw.
Darüber hinaus sei einmal angenommen, daß – bedingt durch das Informationssystem bzw. die Informationstechnologie dieser Organisation — »kritische« Situationen zeitlich und inhaltlich für den Positionsinhaber nicht vorhersehbar sind und daß damit »Überraschungen« häufiger eintreten. Da sich die Struktur der zu lösenden Probleme an diesem Arbeitsplatz entsprechend häufiger verändert, sind Vorabprogrammierungen schwierig, so

daß dem Positionsinhaber im konkreten Fall mehrere Handlungsalternativen bei der Problemlösung offenstehen.
Die beiden Situationsaspekte »Krisen-Unvorhersehbarkeit« und »Vielzahl der Wege« (siehe Abbildung 5) sind in diesem (gedachten) Fall also positiv verbunden , wobei die Krisen-Unvorhersehbarkeit zugleich mit dem (negativ zu bewertenden) Kriterium der nervösen Angespanntheit in systematischem Zusammenhang steht.
Was diese Beispiele demonstrieren:

a) Ein und dieselbe Situationsvariable (Vielzahl der Wege) kann multifunktional sein und dabei erwünschte (positiv bewertete) *und* unerwünschte (negativ bewertete) Konsequenzen nach sich ziehen. Situationsgestaltungen stehen also vor dem Dilemma, möglicherweise auftretende Zielkonflikte lösen zu müssen, was den Spielraum der Gestaltung einengen kann.
b) Die verschiedenen Situationsaspekte selbst sind nicht unabhängig voneinander. Und auch dies kann in Gestaltungskonflikte einmünden: (zumindest partiell) erwünschte Situationsaspekte (Vielzahl der Wege) stehen mit anderen Situationsmerkmalen (Krisen-Unvorhersehbarkeit) in positiver Beziehung, die ihrerseits zu negativen Konsequenzen (nervöse Angespanntheit) führen können.

Sowohl die Multifunktionalität als auch die mangelnde Unabhängigkeit der verschiedenen Situationsaspekte untereinander schaffen somit u. U. spezifische Restriktionen, mit denen sich die Organisationspsychologie auseinandersetzen muß, wenn sie ihren (Situations-)Gestaltungsanspruch aufrechterhalten will. Darüber hinaus sind direkte Wechselwirkungen zwischen den Kriterien selbst in Rechnung zu stellen.

Während die Multifunktionalität von Situationsbedingungen bisher selten systematisch untersucht wurde (gleiches gilt für die Analyse der Beziehung zwischen den Kriterien), liegen zur Frage der Unabhängigkeit bzw. Abhängigkeit der Situationsaspekte untereinander inzwischen vor allem aus der empirischen Organisationssoziologie eine Vielzahl von Studien vor, in denen *enge* Zusammenhänge zwischen verschiedenen Situationsmerkmalen nachgewiesen werden (siehe z. B. bei Child, 1973a, S. 1 ff. und Child, 1973b, S. 168 ff., sowie bei Kieser, 1974, S. 72, in bezug auf den Zusammenhang zwischen Merkmalen der Organisationsstruktur auf der einen Seite und Aufgabencharakteristika auf der anderen Seite). Auf einzelne empirische Beziehungen wird noch zurückgekommen.

Schon jetzt bleibt aber festzuhalten, daß die (oft vorausgesetzte) Unabhängigkeit zwischen den Situationsaspekten – über viele Situationsaspekte hinweg betrachtet – eher die Ausnahme als die Regel darstellt. Folglich ist zu fragen, wie diese Abhängigkeiten zu erklären sind und ob sie Sachzwänge widerspiegeln oder aber aufhebbar sind, um so den Situationsgestaltungs-Spielraum gegebenenfalls (wieder) zu erhöhen.

2.1.2. Zur Dynamik und Genese der Situation

Es interessiert demnach die Struktur der Beziehungen zwischen den Situationsmerkmalen bzw. die Dynamik der Genese der Situation. Hierzu seien im folgenden einige Überlegungen angestellt, die in der Abbildung 6 veranschaulicht werden. In Abhängigkeit von Zielsetzungsprozessen, in die selbstverständlich auch persönliche Wünsche, Ideologien usw.

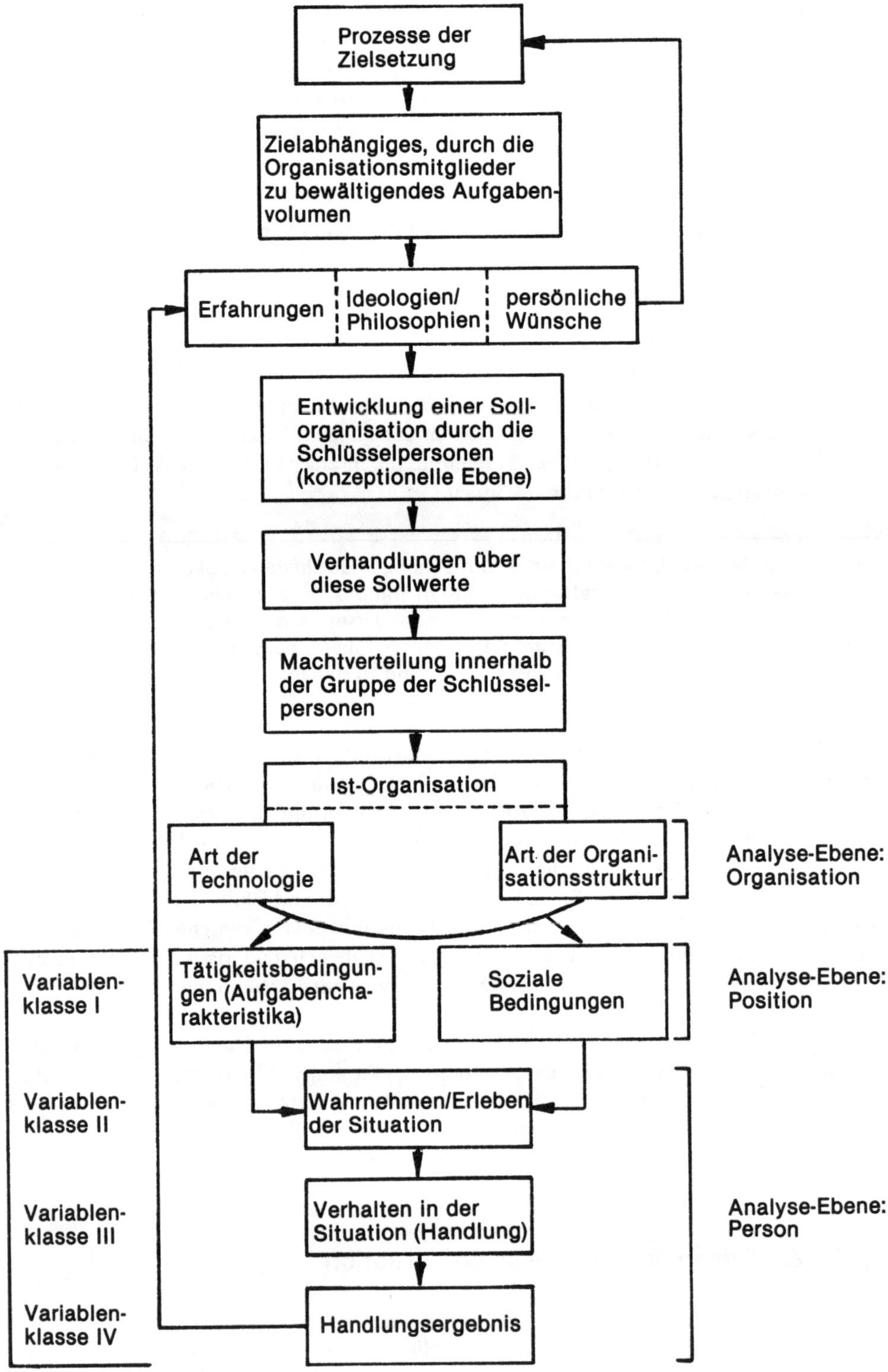

Abb. 6 Zur Genese der Situation des Positionsinhabers

der Organisationsgestalter miteinfließen, ergibt sich ein bestimmtes Aufgabenvolumen bzw. -gefüge, das zur Erreichung der je gesetzten Ziele bewältigt werden muß (Kubicek u.a., 1976).

Bereits an dieser Stelle ist mit Nachdruck darauf hinzuweisen, daß dieses Aufgabengefüge nicht allein das Ergebnis von Sachzwängen darstellt:

a) Zum einen ist zu bedenken, daß die Festlegung von Zielinhalten Willkürakte darstellt.
b) Zum anderen ist zu bedenken, daß sich das jeweilige Aufgabengefüge nicht einfach logisch deduktiv aus den Zielinhalten ableiten läßt; dies würde nämlich eine – in der Regel nicht vorhandene – elaborierte Theorie der Zielsetzung voraussetzen. Das (später) als relevant erachtete Aufgabengefüge drückt vielmehr die mehr oder weniger vagen *Hypothesen* der Organisationsgestalter zur Frage aus, welche Aufgabenerfüllungen in instrumenteller Beziehung zur Zielerreichung stehen. Bereits hier orientiert sich der Organisationsgestalter (u.a. aufgrund der Komplexität der Einflußgrößen auf die Zielerreichung) meist mehr an dem, was die »Konkurrenz« in vergleichbaren Situationen für relevant erachtet (und nicht an validierten Theorien), so daß von »Sachzwängen« nur bedingt die Rede sein kann (Starbuck, 1976).
c) Und schließlich ist darauf hinzuweisen, daß Ziele häufig sehr allgemein umschrieben werden und Präzisierungen des Inhalts vermieden werden, um sich späteren Zielwandlungen und Einflußnahmen politischer Gruppierungen gegenüber flexibel anpassen zu können. Auch dies ist natürlich keine Basis, um ein (wie auch immer geartetes) Aufgabengefüge als allein Sachzwängen unterliegend darstellen zu können; aus diffusen Zielformulierungen läßt sich wenig »ableiten«.

Ist bereits das Aufgabengefüge selbst nicht allein als das Resultat von Sachzwängen zu deuten, so ist noch offenkundiger die Form der organisatorischen Bewältigung dieses Aufgabengefüges Willkürentscheidungen gegenüber offen. Manche Autoren (z.B. Miles u.a., 1974) vermuten dabei, daß Unterschiede der organisatorischen Bewältigung zwischen konkurrierenden Organisationen weniger über objektive Ziel- und Bedingungsunterschiede und mehr über unterschiedliche subjektive Überzeugungen, Ideologien und persönliche Präferenzen der Organisationsgestalter aussagen. *Welche* Technologie und Organisationsstruktur herangezogen werden, kann ebenfalls mitnichten als allein aus einer Theorie der Aufgabenerfüllung abgeleitet betrachtet werden (Kubicek, 1976, S. 3). Auf dieses Problem wird noch eingegangen werden.

Die Hypothesen und Wünsche der Organisationsgestalter zur optimalen Art des Organisierens übersetzen sich aber nun nicht unmittelbar in eine bestimmte Ist-Organisation (siehe Abbildung 5); vielmehr wird mit ihren Vorstellungen zunächst nur etwas über die Grundzüge der Soll-Organisation ausgesagt, die erst im Anschluß an einen (politischen) Verhandlungsprozeß über diese Soll-Organisation und in Abhängigkeit von der spezifischen Machtverteilung innerhalb der Gruppe der Schlüsselpersonen in eine (empirisch beobachtbare) Ist-Organisation einmündet. Die Manifestationen der Ist-Organisation bestehen dabei vor allem in der je gewählten Technologie und Organisationsstruktur. Diese wiederum determinieren weitgehend die Tätigkeits- und Sozialbedingungen, mit denen der einzelne Positionsinhaber konfrontiert wird: Sie – die Tätigkeits- und Sozialbedingungen – sind die zentralen Dimensionen seiner *Situation* (die sich bezugnehmend auf die Abbildung 4 unter 1.2.1. der Variablenklasse I zuordnen lassen).

In Abhängigkeit von der Situation (und natürlich auch der Person des Positionsinhabers) lassen sich schließlich auf der Analyse-Ebene der Person spezifische Inhalte des Erlebens und Verhaltens sowie Handlungsergebnisse beschreiben, die formal entsprechend der Abbildung 3 unter 1.2.1. den Variablenklassen II, III und IV zuzuordnen sind. Vor allem in

pragmatischer Hinsicht ist schließlich noch ein Rückkoppelungspfeil bedeutsam: Das Handlungsergebnis der einzelnen Person wird von den Organisationsgestaltern als Bestätigung oder Widerlegung ihrer spezifischen Annahmen zur optimalen Art des Organisierens interpretiert werden und somit stabilisierend oder destabilisierend auf die bestehende Ist-Organisation zurückwirken!
Damit sei die Übersicht zur Dynamik der Genese der Situation des einzelnen Positionsinhabers vorläufig abgeschlossen. Es entsteht der Eindruck, daß die auf der Analyse-Ebene der Position meßbaren Situationsmerkmale in systematischer Beziehung zu einigen vorgelagerten (die Organisation übergreifenden) Charakteristika stehen und eben auch deswegen nicht unabhängig voneinander sind. Unter dem Gesichtspunkt der Situationsgestaltung wird zugleich aber auch deutlich, daß im Rahmen der in der Abbildung 5 veranschaulichten Ablaufkette Weichenstellungen vorhanden sind, aus denen sich *Handlungsalternativen* ergeben. Es scheinen demnach Gestaltungsmöglichkeiten *und* Restriktionen zu bestehen, was durch die Darstellung einiger empirischer Befunde im folgenden noch näher illustriert werden soll.

In welchem Sinne steht z.B. die Organisationsstruktur in systematischer Beziehung zur Situation des einzelnen Positionsinhabers? Organisationsstrukturen werden häufig in einem dreidimensionalen Raum beschrieben (Gebert, 1978a, S. 31); man unterscheidet

- die Dimension Zentralisierung (sie betrifft den Grad der Machtverteilung innerhalb einer Organisation),
- die Dimension Differenzierung/Spezialisierung (sie betrifft den Grad der Aufgabenzergliederung bzw. Aufgabenteilung) sowie
- die Dimension Standardisierung/Formalisierung (sie bezieht sich auf die Spezifiziertheit vorgegebener (häufig schriftlich fixierter) Regeln, die das »Wie« der Arbeitsausführung betreffen).

Daß diese Dimensionen der Organisationsstruktur auf die Merkmale der Situation für den einzelnen unmittelbar durchschlagen, ist einleuchtend: Die »Tätigkeitsbedingungen« (wie etwa die Komplexität und Variabilität des Tätigkeitsinhaltes) hängen direkt von diesen übergreifenden Strukturdimensionen ab; enge positive Korrelationen z.B. zwischen dem Grad der Zentralisierung der Entscheidungsgewalt oder dem Grad der Funktionsdifferenzierung auf der einen Seite und Einschränkungen etwa der Aufgabenkomplexität für den einzelnen auf der anderen Seite sind in der Empirie entsprechend die Regel (z.B. bei Payne u.a., 1976).
Auch Beziehungen zwischen der Organisationsstruktur und den sozialpsychologischen Bedingungen (»Sozialbedingungen«) der Situation des einzelnen wurden häufig beobachtet. Bekannt geworden sind z.B. verschiedene Analysen von Argyris (1962), in denen gezeigt wurde, daß eine starke Zentralisierung der Entscheidungsgewalt innerhalb einer Organisation mit einem wenig offenen, verschleiernden Kommunikationsverhalten kovariiert, in dem Konflikte zwischen Personen nicht benannt, sondern tabuisiert werden (Argyris, 1962).
Ähnlich werden auch enge Korrelationen zwischen der Technologie einer Organisation auf der einen Seite und verschiedenen Situationscharakteristika des einzelnen Positionsinhabers auf der anderen Seite berichtet (so etwa bei Kern u.a., 1970, S. 119). Schon häufig ist gezeigt worden, daß der Mechanisierungsgrad in der Fertigung, ansteigend operationalisiert durch die Ausprägungen: Werkstattfertigung – Fließbandfertigung (Serienfertigung) – Prozeßfertigung (z.B. in Raffinerien), in kurvilinearem Zusammenhang mit der Größe des individuellen Entscheidungs- bzw. Handlungsspielraums steht (bei der Serienfertigung ist

dieser Spielraum besonders niedrig, bei der Werkstatt- und Prozeßfertigung dagegen höher; Einzelheiten siehe hierzu z.B. bei Gardell, 1978, S. 75).

Von einer »Fertigungstechnologie« wird häufig eine »Informationstechnologie« abgehoben. Während sich die Fertigungstechnologie auf die Bearbeitung von Materie bezieht, umschreibt die »Informationstechnologie« die Art der (elektronischen) Umstrukturierung von Informationen (Grochla u.a., 1976, S. 284 ff.). Und auch diese Technologie ist für die Situation des einzelnen wichtig: Art und Umfang der elektronischen Informationsverarbeitung in einer Organisation bestimmen inzwischen auch in der Verwaltung den Grad der verbleibenden Aufgabenkomplexität (Kubicek, 1975).

Des weiteren werden auch die Sozialbeziehungen durch die jeweilige Technologie berührt: Speziell bei der Serien- bzw. Fließbandfertigung scheint – im Vergleich zur Werkstattfertigung und Prozeßfertigung – bereits die Möglichkeit zur Kontaktaufnahme bzw. Kommunikation mit den Arbeitskollegen in spezifischer Weise behindert zu sein (Gardell, 1978, S. 75). Einzelheiten zur Beziehung zwischen den technologischen Arbeitsplatzbedingungen einerseits und der Häufigkeit und Qualität kommunikativer Akte auf der anderen Seite finden sich bei Meissner, 1976, S. 222–238).

In zunehmendem Maße prägt auch die Kommunikationstechnologie – hier sind es vor allem die elektronischen Medien – die Kommunikation in Organisationen. Es ist vielfach vermutet worden (Kubicek, 1983; v. Rosenstiel, 1986; Volpert, 1988), daß dies sowohl die kommunikative Kompetenz als auch den Kommunikationsstil der Beteiligten prägt. Erste empirische Studien bestätigen derartige Vermutungen. Bei Computerkonferenzen und beim Einsatz elektronischer Medien läßt sich feststellen, daß der Status des Senders, der ja nicht so leicht wie bei direkter face-to-face Kommunikation identifizierbar ist, deutlicher zu Tage tritt und der Argumentationswettbewerb zum anderen aber auch zurücktritt und kompensatorisch die Tendenz beobachtet werden kann, den eigenen Status und die eigene Position zu unterstreichen. Die Sendungen innerhalb derartiger elektronischer Postsysteme sind deutlich weniger empfängerorientiert und betonen entsprechend vermehrt die Sicht des Senders. Sonst übliche Kommunikationsnormen – etwa der Höflichkeit – werden mißachtet, Vulgärausdrücke verwendet, und es wird unter Wegfall sonst üblicher Barrieren auch Unerfreuliches mitgeteilt (Edinger u. Patterson, 1983; Kiesler u. Sproull, 1986). Frese u. Brodbeck (1989) gehen davon aus, daß sich derartige Tendenzen mit der Ausbreitung elektronischer Kommunikationsmedien verstärken werden.

Die neuen elektronischen Kommunikationsmöglichkeiten werden aber noch weitere, bisher nicht analysierte psychologische Konsequenzen haben. Vermehrt werden Organisationsmitglieder nicht »zur Arbeit gehen«, sondern ihre Aufgaben zu Hause erledigen und dennoch in (elektronischer) Kommunikation mit den Kooperationspartnern am Arbeitsplatz stehen können. Dabei dürfte derartige Telearbeit nicht nur auf teilzeitbeschäftigte weibliche Arbeitskräfte beschränkt bleiben, für die dies als Chance erscheint, Berufs- und Familieninteressen gleichermaßen zu berücksichtigen, sondern es spricht vieles dafür, daß sich generell veränderte Kooperations- und Kommunikationsstrukturen und damit verknüpft auch Veränderungen im Personalmanagement andeuten und sich dadurch das Erleben und Verhalten der Organisationsmitglieder im Beruf und im Privatleben nachhaltig verändern werden (Deutscher Gewerkschaftsbund, 1993; Andriessen u. Roe, 1994). Aufgrund erster vorläufiger Erkundungen auf diesem Gebiet (Büssing, 1992; Büssing u.a., 1994; Fenski, 1994; Gray u.a., 1993) läßt sich vermuten, daß sich dadurch die Qualität der Kommunikation zwischen Telearbeitern und ihrer Organisation wesentlich verändert, daß insbesondere betriebliche kommunikative Netzwerke degenerieren, neue interaktionistische Muster zwischen Arbeit und Freizeit entstehen und damit eine bessere Passung zwischen familialen Bedürfnissen auf der einen Seite und Arbeitsanforderungen auf der an-

deren Seite begünstigt wird, was wiederum modifizierte Formen der betrieblichen Kooperation nach sich zieht.
Aber nicht nur zwischen der Organisation und ihren Mitgliedern, auch zwischen verschiedenen Organisationsteilen – bei dezentraler Organisation – und zwischen Kooperationspartnern – z.B. bei Joint-ventures und multinationaler Kooperation – sowie zwischen den Organisationen und ihren Kunden bilden sich aufgrund der elektronischen Kommunikation neue Führungs- und Kooperationsstrukturen heraus (Reichwald u. Goecke, 1994). Es ist dabei bisher empirisch kaum untersucht, geschweige denn zu Gestaltungsempfehlungen verdichtet (Wunderer, 1993), was es z.B. bedeutet, wenn eine höhere Führungskraft für Mitarbeiter verantwortlich ist, die in Los Angeles, München und Tokio sitzen und in ihren Aktivitäten jeweils rasch koordiniert werden müssen.
Auch der von den jeweiligen Vorgesetzten gelebte Führungsstil steht mit der in der Organisation verwendeten Technologie offenbar in einem Zusammenhang: Ein eng überwachendes Führungsverhalten gegenüber dem Positionsinhaber ist bei der Serien- bzw. Fließbandfertigung im Vergleich zu den anderen beiden Fertigungsarten besonders wahrscheinlich (Peterson, 1975, S. 291 ff.).
Die Empirie unterstützt also die Annahme, daß die Technologie und Organisationsstruktur in einem spezifischen Zusammenhang mit den Charakteristika der Situation des einzelnen stehen. Macht man zusätzlich die Annahme (und dies ist aus der empirischen Forschung meist nicht mehr direkt ableitbar), daß in der Technologie und Organisationsstruktur auch die wesentlichen (die Situation des einzelnen) *bedingenden* Variablen zu sehen sind – diesen Standpunkt beziehen z.B. Child, 1973, S. 17, und Kieser u.a., 1977, S. 340 – so wären damit auch die Korrelationen *zwischen* den verschiedenen Aspekten der Situation des Positionsinhabers erklärbar: z.B. Beschränkungen der Aufgabenkomplexität, Behinderungen von Kommunikationen mit Kollegen und spezifische Formen des Kontrolliertwerdens durch den Vorgesetzten sind positiv korreliert, da sie u.a. parallellaufende Wirkungen einer spezifischen Fertigungstechnologie ausdrücken (Gardell, 1978).
Geht man vor diesem Hintergrund von einem technologischen und strukturellen »Imperativ« der Organisation gegenüber der Situation des einzelnen Positionsinhabers aus, so stellt sich die (Ausgangs-)Frage nach den Möglichkeiten der Situationsgestaltung im wesentlichen als die Frage nach den Möglichkeiten (alternativer) Technologie- und Strukturgestaltungen.
Dabei sind zusätzlich Beziehungen zwischen der jeweiligen Technologie einerseits und der Organisationsstruktur andererseits in Rechnung zu stellen. Schon häufig sind empirisch z.B. systematische Zusammenhänge zwischen der Fertigungstechnologie und der Größe der Kontrollspanne aufgezeigt worden: Bei der Serien- bzw. Fließbandfertigung ist die Anzahl der einem Vorgesetzten direkt unterstellten Mitarbeiter (also die Größe der Kontrollspanne) im Vergleich zur Werkstatt- und Prozeßfertigung besonders groß (Woodward, 1965; Hickson u.a., 1969, S. 280 ff.; Blau u.a., 1976, S. 21 ff.; Child u.a., 1972, S. 370 ff.). Des weiteren sind auch schon öfter Zusammenhänge zwischen der Informationstechnologie auf der einen Seite und dem Grad der Entscheidungszentralisation (versus Dezentralisation) auf der anderen Seite nachgewiesen worden (Blau u.a., 1976, S. 24 ff.). Zusammenhänge zwischen der verwendeten Technologie und verschiedenen Aspekten der Organisationsstruktur sind von der Empirie her demnach gegeben; ob hieraus aber auf einen gelegentlich vertretenen Determinismus der Technologie gegenüber der Organisationsstruktur zurückgeschlossen werden kann, ist umstritten. Die Mehrzahl der Autoren scheint heute die These zu vertreten, daß die Beziehung zwischen der Technologie und der Organisationsstruktur eher *nicht* deterministischer, unaufhebbarer Art ist; vielmehr muß davon ausgegangen werden, daß auch hier – neben anderen Variablen – die Hypothesen

und Philosophien der Organisationsgestalter im Hinblick auf den optimalen strukturellen Umgang mit einer bestimmten Technologie moderierend wirksam werden (Porter u.a., 1975). So findet man z.B. in der Empirie bei zunehmender Ausweitung der elektronischen Informationsverarbeitung in einigen Organisationen Rezentralisierungen, in anderen Organisationen dagegen Dezentralisierungen bestimmter Entscheidungen, also keine eingleisig-deterministischen Beziehungen von der Technologie zur Organisationsstruktur.

Darüber hinaus kann nicht genügend betont werden, daß Technologien nicht einfach »da« sind, sondern als Ergebnis komplexer menschlicher Entscheidungsprozesse in die Organisation hineingenommen werden (Katz u.a., 1978, S. 142), und daß derartige Entscheidungen wiederum Erfahrungen, aber auch Ideologien und Vorurteile der maßgeblichen Organisationsgestalter widerspiegeln. Selbst ein Fließband stellt nicht unbedingt einen Sachzwang dar, sondern kann auch als Verdinglichung einer nur (unzureichend validierten) Theorie des optimalen Organisierens betrachtet werden (Davis u.a., 1976, S. 381 ff.).

Legt man dabei die Prämissen einer solchen Theorie frei, so stößt man vermutlich auf Philosophien bzw. anthropologische Aussagen, die sich bei näherer Prüfung keinesfalls als generalisierbar erweisen müssen. Folglich beinhaltet – selbst bezogen auf »harte« ökonomische Kriterien wie »Kostengünstigkeit« – ein Fließband nicht unter *allen* (z.B. motivationalen) Randbedingungen »die« optimale Technologie (Hoyer u.a., 1976, S. 120 ff.); vielmehr ließen sich – unter gegebenen Randbedingungen – andere Technologien vorstellen, die dem Fließband nicht nur funktional äquivalent, sondern überlegen wären. Ähnliche Überlegungen lassen sich bei der Wahl von Organisationsstrukturen anstellen. Auch hier scheinen mehr Gestaltungsalternativen zu bestehen als gemeinhin angenommen wird: Zwar sind – empirisch – Regelmäßigkeiten beobachtet worden, doch auch diese drücken offenbar – wie jetzt gezeigt werden soll – nicht unaufhebbare Zusammenhänge aus.

Zu diesen Regelmäßigkeiten gehört der Umstand, daß funktional stärker differenzierte Organisationen tendenziell eine eher dezentrale Entscheidungsstruktur aufweisen (Child, 1973, S. 181 f.; Pugh u.a., 1968, S. 80 ff.). Dies kann dahingehend erklärt werden, daß funktional stärker differenzierte Organisationen zugleich auch – was die Zahl ihrer Organisationsmitglieder anbelangt – größer sind und daß die Parallelität von zunehmender Größe einer Organisation und wachsender Funktionsspezialisierung die Entscheidungskapazität der Organisationsspitze für operative Entscheidungen überfordert (Grochla, 1972, S. 117; Payne u.a., 1976, Bleicher, 1972); folglich werden zum Zweck der Kapazitätsentlastung zentraler Entscheidungsträger sowie zwecks Ausschöpfung der auf nachgeordneten Hierarchieebenen gegebenen Informationsressourcen – mit zunehmender Funktionsdifferenzierung kovariiert eine zunehmende Professionalisierung der Organisationsmitglieder (Hall, 1968, S. 83 ff.) – manche der bisher zentral entschiedenen Fragestellungen hierarchisch nachgeordneten Organisationsmitgliedern zur Entscheidung übertragen (Mahoney, 1972, S. 236 f.).
Interessanterweise findet sich nun in der Empirie sehr häufig eine positive Beziehung zwischen einer Dezentralisierungspolitik auf der einen Seite und einer zunehmenden Standardisierungspolitik auf der anderen Seite (z.B. bei Reimann, 1973; Paulson, 1974, S. 320 ff.). Diese Beziehung wird meist dadurch zu erklären versucht, daß die Führungsspitze bei zunehmender Dezentralisierung die Kontrolle über die verschiedenen Entscheidungen innerhalb der Organisation zu verlieren befürchtet und die entsprechend vermutete Risikoerhöhung durch die Vorgabe detaillierter Regeln (Standardisierung) zur Entscheidungs-

durchführung bzw. Aufgabenerfüllung auffangen zu können glaubt. Der vermutete Verlust an direkter Kontrolle (über ein Mehr an Dezentralisierung) soll demnach durch den Aufbau bürokratischer Kontrolle über den Mechanismus »Regelvorgabe« wieder ausgeglichen werden.

Die empirisch beobachtbare Komplementarität zwischen einer Dezentralisierungspolitik und dem Ausbau bürokratischer Kontrollen (über den Mechanismus Standardisierung) ist aber nicht unaufhebbar: Dies zeigt nicht nur die Empirie; gelegentlich – wenn auch selten – finden sich auch positive Korrelationen zwischen einer Dezentralisierungspolitik und einer Entstandardisierungspolitik (Hage u.a., 1973, S. 279 ff.; ähnlich: Holdaway u.a., 1975); darüber hinaus ist zu bedenken, daß die Komplementarität zwischen Dezentralisierung und bürokratischer Kontrolle auch Ideologien widerspiegelt, nämlich die Annahme, der Verlust an direkter Kontrolle für die Führungsspitze stelle ein erhebliches Risiko dar.

Ist dies ein Urteil oder ein Vorurteil (letzteres vor dem Hintergrund eines Theorie-X-orientierten Menschenbildes)? Und worin bestehen diese Risiken eigentlich inhaltlich? Geht es vielleicht gar nicht um die Sicherstellung der Effizienz organisatorischer Abläufe und Entscheidungen, sondern um die Absicherung von Herrschaftsdomänen? Besteht das Delegationsrisiko also im wesentlichen in einer Gefährdung der Machtposition der delegierenden Instanzen (Kieser u.a., 1978, S. 149)? Und könnte sich auch dies – die Annahme einer Gefährdung der Machtposition – als Vorurteil und damit als unzutreffend erweisen? Worauf hiermit hingewiesen werden soll:

> Auch die häufiger beobachtbare Komplementarität zwischen einer Dezentralisierungspolitik und dem Ausbau bürokratischer Kontrollen kann schwerlich als »Sachzwang« interpretiert werden. Definiert man die Gestaltung der Organisationsstruktur als Entscheidung über die geeignete Kombination von Strukturdimensionen (nämlich die Dimension Zentralisierung, Differenzierung und Standardisierung), so scheinen auch bei dieser Kombinationsbildung mehr Freiheitsgrade zu bestehen, als gemeinhin angenommen wird; es bestehen demnach Gestaltungsalternativen (Neuberger, 1977) und damit wiederum Spielräume für die Gestaltung der Situation des einzelnen Positionsinhabers.

2.1.3. Handlungsmöglichkeiten

Wenn – objektiv gesehen – durchaus Gestaltungsalternativen bestehen und manche Freiräume vor allem durch Vorurteile, Ideologien und (zumindest partiell) unbegründete persönliche Befürchtungen zugeschüttet werden, so muß – als Konsequenz aus diesen Überlegungen – zunächst einmal eine höhere *Bewußtheit* gegenüber diesen Fragestellungen bei den Organisationsgestaltern angestrebt werden. Sowohl Aufgabenfestlegungen als auch Formen ihrer strukturellen und technologischen Bewältigung müßten nach dem bisher Gesagten den Charakter von Selbstverständlichkeiten verlieren und als begründungspflichtig betrachtet werden. Konkret müßten vor allem

a) die Randbedingungen präzisiert werden, unter denen eine bestimmte Situationsgestaltung als wirksam angenommen wird (unter gleichzeitiger Explizierung der anzulegenden Bewertungskriterien für »wirksam«), und
b) die Multifunktionalität von Situationsgestaltungen offengelegt werden, um so eine solidere Bewertungsgrundlage für konkrete Gestaltungsalternativen zu schaffen.

Werden Randbedingungen präzisiert, wird also z.B. aufgezeigt, daß eine bestimmte fließbandähnliche Technologie nur kurzfristig, aber nicht langfristig oder nur bei bestimmten Voraussetzungen der Erwartungsstruktur und Vorbildung der Mitarbeiter, nicht aber bei anderen Erwartungsstrukturen und höherer Professionalisierung der Mitarbeiter zu erwünschten Ergebnissen führt, so impliziert dies die Einsicht, daß es offenbar keinen technologischen »Königsweg« der Aufgabenbewältigung gibt und daß von daher nach Gestaltungsalternativen gesucht werden muß (Neuberger, 1977, S. 18 f.).
Ein ähnlich kognitiver Prozeß wird sich auslösen lassen, wenn die Multifunktionalität von Gestaltungsmaßnahmen demonstriert wird, also aufgezeigt wird, daß rigide Vorprogrammierungen der Aufgabenbewältigung neben erwünschten auch eine Reihe von unerwünschten Effekten nach sich ziehen, die darüber hinaus mit den erwünschten Effekten vielleicht noch interagieren. Auch eine solche Analyse, die etwa zeigt, daß extreme Aufgabenatomisierungen unter bestimmten Randbedingungen die Fluktuation und den Krankenstand derart steigen lassen, daß die erhoffte Kostengünstigkeit der Aufgabenatomisierung wieder dahinschmilzt (Kieser u.a., 1978, S. 148), zwingt zur Suche nach Alternativen und kann damit zur Erweiterung der in der Kognition der Gestalter vorhandenen Handlungsalternativen beitragen (Steinmann, 1977, S. 10 f.).
Insgesamt käme es demnach darauf an, die *implizierten* Theorien der Organisationsgestalter sowie die von ihnen angenommenen Randbedingungen und Bewertungskriterien *explizit* zu machen, um sie anschließend differenzieren und erweitern zu können. Dabei werden selbstverständlich Gestaltungsrestriktionen deutlich. Zugleich werden aber auch Handlungsmöglichkeiten erkannt, womit die Wahrscheinlichkeit dafür zunimmt, daß objektiv vorhandene Freiräume der Situationsgestaltung ausgeschöpft werden.
Bei diesem Bewußtmachungsvorgang ist zusätzlich folgendes zu bedenken:
Es gibt nicht »die« Situation; dies wurde bereits einleitend zu diesem Abschnitt betont. Es gibt auch nicht »die« Organisationsstruktur. Was jeweils hierunter subsummiert wird, spiegelt spezifisch gerichtete Erkenntnisinteressen wider: Daß z.B. in der klassischen Bürokratieforschung immer wieder gerade auf die Bedeutung der Strukturdimensionen Zentralisierung, Differenzierung und Standardisierung verwiesen wird, hängt damit zusammen, daß M. Weber Bedingungen von Herrschaftsstabilisierung zu präzisieren suchte (Neuberger, 1977, S. 22 ff.), und in bezug auf *dieses* Kriterium sind die genannten Strukturdimensionen bedeutsam. In Hinblick auf andere Kriterien sind aber vielleicht andere Strukturaspekte wichtig (McKelvey, 1975, S. 510 ff.).
Die *Inhalte* der Situation, im Hinblick auf die die Fragen der Multifunktionalität und wechselseitigen Abhängigkeit zu durchleuchten und transparent zu machen sind, stehen also nicht von vornherein fest und sind nicht immer die gleichen, sondern variieren zielspezifisch. Dies muß bei der Freiraumauslotung bedacht werden.
Selbst wenn nun diejenigen Restriktionen abgebaut sind, die aus einem unzureichenden Bewußtsein für objektiv gegebene Gestaltungsfreiräume resultieren, sind aber immer noch Handlungsbeschränkungen einzukalkulieren: Zu denken ist z.B. an *technologische* Entwicklungen in der Gesellschaft (z.B. Mikroprozessoren), die über das Diktat, kostengünstig sein zu müssen, sehr schnell auch für die einzelne Organisation Bedingungen setzen, die den Gestaltungsfreiraum erheblich einengen.
Zu berücksichtigen sind auch gesetzliche Regelungen: So sind radikalen Formen der Dezentralisierung und Machtumverteilung innerhalb einer Organisation z.B. durch Entscheidungen des Bundesverfassungsgerichts aus dem Jahre 1978 zur Mitbestimmungsfrage Grenzen gesetzt.
Obwohl gerade am Beispiel gesetzlicher Restriktionen gezeigt werden kann, daß diese Beschränkungen auch veränderlich sind (man berücksichtige die Neuerungen im Betriebsver-

fassungsgesetz), so kann auf der anderen Seite nicht geleugnet werden, daß Organisationsgestaltungen durch extern vermittelte Beschränkungen des Entscheidungsfreiraums gekennzeichnet sind. Um so notwendiger dürfte es sein, zumindest die vorhandenen Handlungsalternativen optimal auszuschöpfen als bisher, also von Pauschalideologien und Pseudosachzwängen abzurücken.
Beschneidungen der Durchführbarkeit von Organisationsänderungen bzw. die praktischen Begrenzungen des Gestaltungsspielraums liegen aber nicht nur in den Zwängen, kostengünstig zu wirtschaften und im Rahmen gesetzlicher Regelungen operieren zu müssen; Spielraumrestriktionen ergeben sich vor allem auch aus den Folgen vorausgegangener langjähriger *Sozialisation* der Personen:
In dem Umfang, in dem die Philosophien der Organisationsgestalter auf sozialisationsabhängigen Einstellungen basieren, liegen fundamentale Restriktionen für Organisationsveränderungen in der Schwierigkeit einer zumindest partiellen Revision dieser Sozialisation.

Weiterführende Literatur

1. Eine Einführung in die Phänomenologie und Funktion der klassischen Bürokratiedimensionen Spezialisierung, Standardisierung und Zentralisierung findet sich bei Neuberger, O.: Organisation und Führung. (Studientext in der Reihe Kohlhammer Standards Psychologie) Stuttgart 1977, S. 15–21, 46–49.
2. Die Dimensionalität von Technologie und Organisationsstruktur einschließlich ihrer Beziehungen untereinander diskutiert einführend Gebert, D.: Organisation und Umwelt. Stuttgart 1978, S. 29–49.
3. Eine weiterführende Analyse (und zugleich ein Sammelreferat) zur Beziehung zwischen der Organisationsstruktur, der Situation des einzelnen Positionsinhabers und seinem Erleben und Verhalten findet sich bei zwei Klassikern der diesbezüglichen empirischen Forschung: Payne, R., Pugh, D. S.: Organizational Structure and Climate. In: Dunnette, M. D., (ed.): Handbook of Industrial and Organizational Psychology. Chicago, 1976, S. 1125–1159.
4. Eine Einführung in die Dynamik der Genese der Situation für den einzelnen Positionsinhaber sowie in Fragen der Veränderbarkeit der Situation findet sich bei Kieser, A., Kubicek, H.: Organisationstheorien II. Stuttgart 1978, S. 132–152.
5. Zur Vertiefung der unter 4. angesprochenen Problematik wird auf die Dissertation von Schreyögg, G.: Kontextbedingungen als Determinanten der Organisationsstruktur, Universität Erlangen-Nürnberg, 1978, verwiesen.
6. Ein Beispiel für die Veränderbarkeit der Situation unter strukturell-technologischem Aspekt findet sich bei Fricke, W.: Arbeitsorganisation und Qualifikation. Bonn, Bad Godesberg 1975.

Fragen

6. Die Technologie und Organisationsstruktur einer Organisation stehen in welcher Beziehung zur (Arbeits-)Situation des einzelnen Positionsinhabers?
7. Erläutern Sie am Beispiel der empirischen Komplementarität von Dezentralisierung und bürokratischer Kontrolle die Wirksamkeit von Philosophien der Organisationsgestalter auf die Art der Organisationsgestaltung!
8. Wie könnte man vorgehen, um die Kognition der Organisationsgestalter gegenüber den objektiv gegebenen Spielräumen der Situationsgestaltung zu präzisieren?

2.2. Überdauernde Merkmale der Person (Motivation und Fähigkeiten)

2.2.1. Begriffliche Klärungen der Motivation – Probleme der Motivklassifikation

Der Begriff Motivation wird sowohl als Erklärungs- als auch als Beschreibungsbegriff verwendet. Im Sinne einer Erklärung vermittelt »Motivation« als hypothetisches Konstrukt zwischen situativen Bedingungen einerseits (z.B.: Grad der Aufgabenkomplexität) und beobachtbaren Verhaltensweisen andererseits (z.B.: Intensität der aufgabenbezogenen Lösungsbemühungen). Beschreibungscharakter hat der Begriff Motivation dann, wenn die erlebnismäßigen Korrelate des Motiviertseins (Gefühl des Drangs, der Gestimmtheit usw.) untersucht werden.
Im Rahmen von Arbeitsmotivation kann Motivation nach Campbell u.a. (1976, S.65) zur Erklärung folgender Verhaltensweisen herangezogen werden:
Motivation kann erklären,

a) daß sich eine Person z.B. gerade mit dieser und nicht einer anderen Aufgabe bzw. Lösungsmethode auseinandersetzt (inhaltliche Ausrichtung des Verhaltens),
b) daß eine Person dabei einen bestimmten Grad an Anstrengungsbereitschaft bzw. Einsatz zeigt (Intensität des Verhaltens) und
c) daß eine Person dies über eine bestimmte Zeit hinweg tut (Zeitdauer des Verhaltens).

Arbeitsmotivation erklärt damit
a) die inhaltliche Ausrichtung des arbeitsbezogenen Verhaltens sowie
b) die Intensität und
c) die Zeitdauer dieses Verhaltens.

Das Arbeitsergebnis stellt kein geeignetes Kriterium für die Arbeitsmotivation dar, da dieses Ergebnis noch von anderen Bedingungen (Fähigkeiten, Merkmalen der Situation) abhängt (Campbell u.a., 1976).
Damit wird gleich zu Beginn auf einen Punkt verwiesen, der jüngst von Neuberger (1978a, S.203) nochmals unterstrichen wird:
Es hat keinen Sinn, mit dem Konstrukt Arbeitsmotivation alles mögliche (Arbeitseinsatz, Arbeitsmenge, Arbeitsgüte ...) erklären zu wollen: Das Konstrukt Arbeitsmotivation würde dabei nämlich inhaltlich so global gefaßt, daß es, weil es alles erklären soll, nichts mehr erklärt.
Die Beschränkung, mit Arbeitsmotivation (nur) die oben genannten Aspekte aufgabenbezogenen Verhaltens erklären zu wollen, ist demzufolge vernünftig. Die Stärke der Arbeitsmotivation hängt dabei im wesentlichen von zwei Variablen ab (Lawler, 1977, S.70):

a) der Wünschbarkeit des Verhaltensergebnisses bzw. der »Valenz« (dem Wert) des Handlungsergebnisses sowie
b) der »Erwartung« bzw. angenommenen Wahrscheinlichkeit, daß auf dieses Verhalten hin das jeweilige Ergebnis auch eintritt.

Die beiden Schlüsselbegriffe »Erwartung« und »Valenz«, die bereits Anfang der dreißiger Jahre durch E. C. Tolman und K. Lewin in die Psychologie eingeführt wurden, spiegeln zugleich die beiden zentralen Perspektiven wider, unter denen bisher das Problem der Arbeitsmotivation beleuchtet wurde:

a) In Anknüpfung an den Begriff Valenz: Es wurde gefragt, welche *Inhalte* Valenzcharakter annehmen bzw. welche Bedürfnisse Menschen in Organisationen durch das Erzielen bestimmter Handlungsergebnisse zu befriedigen versuchen. Derartige Ansätze, in denen vor allem Aussagen zur Art, Anzahl und Bedeutsamkeit von Anreizen respektive Bedürfnissen/Motiven gemacht werden, bezeichnet man heute als *Inhaltstheorien* der Motivation (Campbell u.a., 1976, S. 65).
b) In Anknüpfung an den Begriff Erwartung: Hier wird untersucht, unter welchen kognitiven Bedingungen sich Motive aktualisieren und in Verhalten übersetzen bzw. welche Erwartungen (Hypothesen) den Vorgang der Motivation auslösen und steuern. Derartige Ansätze bezeichnen Campbell u.a. (1976, S. 65) als Prozeßtheorien.

Mit dieser Zweiteilung ist zugleich die Gliederung dieses Kapitels umrissen: Es werden zunächst Inhaltstheorien und anschließend prozeßtheoretische Fragen der Arbeitsmotivation behandelt.
Zunächst seien aber noch einige Fragen angesprochen, die sich im Rahmen der Klassifikation von Motiven ergeben.

Will man vorhersagen, *welche* Ereignisse Valenzcharakter annehmen können (äquivalente Begriffe für Valenz sind Aufforderungscharakter und Anreizwert), so setzt dies die Kenntnis von Motiv*inhalten* voraus. Auf der Suche nach derartigen Motiven bzw. bei dem Versuch ihrer inhaltlichen Abklärung wäre es allerdings unökonomisch, wenn man von der Existenz so vieler Motive ausgehen würde, wie es Ereignisse gibt, die jemand anstreben kann. Gesucht ist demnach eine Motiveinteilung, die mit möglichst *wenigen* Motivklassen die Vorhersage gestattet, welche Ereignisse im Prinzip Valenzcharakter annehmen können. Versucht man zu diesem Zweck, die Fülle möglicher Beweggründe über den Weg der Instrospektion auf einige »wesentliche« bzw. zentrale Motive zu reduzieren, so wird man gleich auf ein Grundproblem verwiesen: Ein auf der Selbstbeobachtung bzw. Selbsterfahrung aufbauender Versuch der Motivreduktion ist u.a. deswegen problematisch, weil Motive (zumindest im Erleben) in kulissenhafter Beziehung zueinander stehen: Hinter vordergründigen Absichten scheinen sich weitere Motive zu verbergen, die wiederum aber vielleicht nur die Kulisse für die letztentscheidenden »eigentlichen« Grundmotive abgeben, die die Person steuern. Da derartige Unterscheidungen zwischen »Kulissenmotiven« und »eigentlichen« Motiven nun aber recht willkürlich sind, verwundert nicht, daß verschiedene Autoren bei solchen Motivreduktionen bzw. -klassifizierungen zu unterschiedlichen Ergebnissen gelangen. Bekannt geworden ist z.B. die Bedürfnisliste von H. A. Murray (1938). Er unterscheidet über 20 verschiedene Motive (nach Lawler, 1977, S. 45), u.a.:

- Bedürfnis nach Erfolg (etwas Schwieriges zu meistern),
- Bedürfnis nach Zugehörigkeit (sich anderen nähern),
- Bedürfnis nach Autonomie (Fesseln abschütteln),
- Bedürfnis nach Ehrerbietung (einen Vorgesetzten verehren),
- Bedürfnis nach Herrschaft (die eigene menschliche Umgebung kontrollieren),
- Bedürfnis nach Spiel (etwas aus Spaß ohne weiteren Zweck machen).

Andere sogenannte monothematische Ansätze begnügen sich mit dem Hinweis auf die Existenz eines Generalmotivs, nämlich Lustvermehrung bzw. Unlustvermeidung. Die Mehrzahl der Autoren geht von einem polythematischen Ansatz aus und unterscheidet dabei zwischen drei bis zehn grundlegenden Motivklassen. Im deutschen Sprachraum unterscheidet Lersch (1964) z.B. »Antriebserlebnisse des lebendigen Daseins«, »Antriebserlebnisse des individuellen Selbstseins« und »Antriebserlebnisse des Übersichhinausseins«.

Lawler (1977, S. 55) schlägt folgende Klassifikation vor:

1. Existenzbedürfnisse (Hunger usw.),
2. Bedürfnis nach Sicherheit,
3. Bedürfnis nach Zugehörigkeit und Geselligkeit,
4. Bedürfnis nach Anerkennung und Ansehen,
5. Bedürfnis nach Selbständigkeit und Freiheit,
6. Bedürfnis nach Zuständigkeit und Selbstverwirklichung.

Überblickt man diese Klassifikationen, so fällt auf, daß sie sich nicht nur im Hinblick auf das jeweils gewählte Abstraktionsniveau unterscheiden; vielmehr sind sie offenbar auch vor dem Hintergrund unterschiedlicher Menschenbilder entworfen und insofern *inhaltlich* verschieden.

Ein Bedürfnis nach Ehrerbietung (siehe die obige Liste von Murray) ist z.B. in den Inhalten der Klassifikation von Lawler schwer wiederzuerkennen – nicht als Ausdruck unterschiedlicher Abstraktionsniveaus und auch nicht (nur) als Ausdruck eines unterschiedlichen Erfahrungshintergrundes (Murray war klinischer Psychologe), sondern vermutlich (auch) als Ausdruck unterschiedlicher impliziter *Anthropologien* der Autoren. Auch Lerschs Antriebserlebnisse des Übersichhinausseins (Lersch, 1964, S. 176 ff.) sind das Ergebnis *anthropologischer* Deutungen. Lersch behauptet sogar, daß Motivklassifikationen grundsätzlich nur anthropologisch fundierbar sind, der Rückgriff auf eine Anthropologie also unausweichlich ist (Lersch, 1964, S. 130).

Nun unterliegen anthropologische Deutungen aber zeitgeschichtlichen Einflüssen und sind insofern veränderlich; dies hat sich gerade im organisationspsychologischen Kontext in aller Deutlichkeit gezeigt:

Dem homo oeconomicus mit dem Primärbedürfnis nach Geld folgte der Human-Relations-Mensch mit dem Primärbedürfnis nach sozialem Kontakt, der seinerseits von dem Menschen der humanistischen Psychologie mit dem zentralen Bedürfnis nach Selbstentfaltung abgelöst wurde.

Da derartige Menschenbilder demnach historischen Charakter haben (Schein, 1965, S. 47 ff.), stellen sie auch kein geeignetes Medium dar, im Sinne einer Objektivierung die vorher genannten Schwächen der rein subjektiv vorgenommenen Motivklassifikation bzw. -reduktion zu überwinden (v. Rosenstiel, 1975a, S. 115).

Motivklassifikationen sind insofern im wesentlichen willkürliche Einteilungen. Dabei ist im übrigen auch noch auf den Umstand hinzuweisen, daß derartige Klassifikationen auf den zu klassifizierenden Gegenstand (die Motivation) zurückwirken: Die Personen lernen zugleich ihre Motivation in bestimmter Weise einzuteilen, womit Motivklassifikationen – sofern sie reflektiert werden – den Charakter sich selbst erfüllender Prophezeiungen annehmen können. Damit ist auch betont, daß der zu klassifizierende Gegenstandsbereich *selbst* variabel ist, also (z.B. im Zuge der beruflichen Sozialisation) Veränderungen unterliegt. Verallgemeinerungen im zeitlichen intraindividuellen Längsschnitt wie auch im interindividuellen Querschnitt zu »der« Motivationsstruktur von Personen sind insofern prinzipiell mit Risiken behaftet. Die vorliegenden Motivklassifikationen unterscheiden sich nicht nur in der Art ihrer inhaltlichen Schwerpunktsetzung, sondern auch in der Wahl des Abstraktionsniveaus, was sich in einer unterschiedlichen Anzahl von Motivklassen äußert: Klassifiziert man (in Anlehnung an ein Beispiel von Lawler, 1977, S. 54) zweckmäßigerweise auf dem Niveau »Bedürfnis nach Steak« oder »Bedürfnis nach Fleisch« oder »Nah-

rungsbedürfnis«? Diese Frage ist nicht generell zu entscheiden. Mehrheitlich (etwa bei Rüttinger u.a., 1974, S. 23) wird heute betont, daß auch die Wahl des Abstraktionsniveaus willkürlich ist und sich primär an der Frage zu orientieren hat, *was* mit Hilfe der jeweiligen Motivklassifikation erklärt bzw. vorhergesagt werden soll. »Die« Motivklassifikation gibt es also nicht – weder formal noch inhaltlich.
Nachfolgend wird jetzt auf eine Motiveinteilung näher eingegangen, die innerhalb der Organisationspsychologie besonders einflußreich war und darüber hinaus interessante *dynamische* Zusammenhänge zwischen den Motivklassen postuliert: die Bedürfnispyramide von Maslow (1954).

2.2.2. Inhaltstheorien der Motivation

a) Das Hierarchische Motivationsmodell von Maslow

A. Maslow entwickelte seine Grundgedanken als klinischer Psychologe. Die Abbildung 7 faßt die wesentlichen Überlegungen zusammen.
Maslow unterscheidet, wie die Abbildung illustriert, fünf verschiedene Motivklassen. Das im Sinne der Humanistischen Psychologie zentrale Bedürfnis ist in dem Bedürfnis nach Selbstverwirklichung zu sehen. Maslow definiert dieses Bedürfnis wie folgt (Maslow, 1977, S. 89).
»Es bezieht sich auf das menschliche Verlangen nach Selbsterfüllung, also auf die Tendenz, das zu aktualisieren, was man an Möglichkeiten besitzt. Diese Neigung kann als das Verlangen formuliert werden, mehr zu dem zu werden, was man idiosynkratisch ist, alles zu werden, was zu werden man fähig ist«.
Diesem Wachstumsmotiv stellt Maslow sog. Defizitmotive (die unteren vier Motivklassen in der Pyramide) gegenüber. Diese Defizitmotive seien dadurch gekennzeichnet, daß ihre Nichterfüllung Krankheit hervorruft und ihre Erfüllung Krankheit vermeidet. Die Befriedigung von Defizitmotiven führt also noch nicht unmittelbar zu »Gesundheit«! Gesundheit sei vielmehr erst dann gegeben, wenn der Mensch über eine unvoreingenommene Realitätswahrnehmung verfüge, sich selbst und andere akzeptiere, sich spontan und selbstbe-

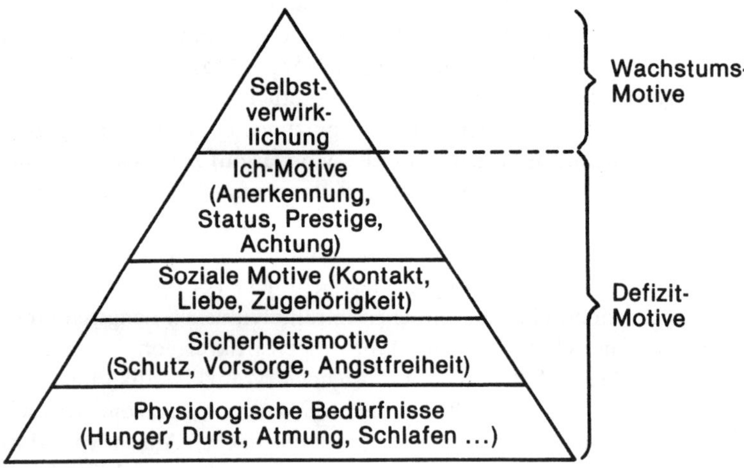

Abb. 7 »Bedürfnispyramide« nach Maslow

stimmt verhalte und seine kreativen Potentiale realisiere (Maslow, 1977, S. 218 ff.). Eine so definierte Gesundheit realisiere sich also nur in der Befriedigung des Selbstverwirklichungsbedürfnisses und nicht über die Realisierung der Defizitmotive; deren Befriedigung sei aber Voraussetzung dafür, daß sich das Selbstverwirklichungsmotiv überhaupt aktualisiert; insofern fördert die Befriedigung der Defizitmotive das Eintreten von Gesundheit zumindest *indirekt* (Maslow, 1977, S. 74 ff.).

Nach Maslow gehorchen die Defizitmotive im Unterschied zum Wachstumsmotiv dem Homöostaseprinzip. Das Homöostaseprinzip bezieht sich auf die Tendenz im Organismus, einen Gleichgewichtszustand zu erhalten oder wiederherzustellen. Dieses Prinzip ist im Rahmen der Physiologie beim Studium biochemischer Reaktionen eingehend untersucht worden: Organismen versuchen, lebensnotwendige biochemische Bedingungen ihres inneren Milieus (also etwa den CO_2-Gehalt) konstant auf einem bestimmten Niveau zu halten.
Das Homöostaseprinzip, das aussagt, daß letztlich Soll-ist-*Abweichungen* aktivieren bzw. motivieren, wurde lange Zeit – unabhängig von Maslow – als ein zentrales Erklärungsprinzip betrachtet. Inzwischen wird aber angenommen, daß dieses Prinzip deutliche Grenzen hat (v. Rosenstiel, 1975a, S. 69 ff.; Herber, 1976, S. 19 f.; Neuberger, 1978a, S. 208): Es erklärt z. B. alle diejenigen Verhaltensweisen nicht, die nicht in einer Wiederherstellung, sondern in einem Verlassen des Gleichgewichts bestehen (also z. B. Fettsucht, Selbstgefährdungen).
Darüber hinaus ist zu betonen, daß das Homöostaseprinzip ein *formales* Prinzip ist: Es beinhaltet in seiner allgemeinen Form keine Aussagen zur Frage, *was* im Gleichgewicht gehalten werden soll, worauf sich das Prinzip also inhaltlich bezieht. Es leistet insofern auch nichts zur Abklärung der Frage, *welche* Ereignisse Valenzcharakter annehmen können.

Das Prinzip weist aber auf einen anderen wichtigen Sachverhalt hin, nämlich auf die Frage, *wann* Ereignisse Valenzcharakter annehmen: Motive, die dem Homöostaseprinzip folgen, sind nicht ständig aktivierbar bzw.: Ereignisse, die in instrumenteller Beziehung zur Befriedigung derartiger Bedürfnisse stehen, haben nicht ständig Valenzcharakter, sondern nur unter spezifischen Bedingungen (nämlich des Ungleichgewichts). Im Hinblick auf den Versuch, Personen in Organisationen zu einem bestimmten Verhalten hin zu motivieren, bedeutet dies, daß Anreizversuche unter Gleichgewichtsbedingungen wirkungslos bleiben. Eben dies gilt aber nicht im Hinblick auf das Wachstumsmotiv Selbstverwirklichung. Dies werde nach Maslow nicht über homöostatische Prinzipien reguliert, was anreiztheoretisch bedeutet, daß Bedingungen, die in instrumenteller Beziehung zum Selbstverwirklichungsstreben stehen, potentiell *ständig* Valenzcharakter haben!

In pragmatischer Hinsicht ist die Unterscheidung von Motiven in homöostatischer und nicht-homöostatischer Art also durchaus bedeutsam; welche Motive aber nun der einen und welche der anderen Klasse zuzuordnen sind, ist bisher nicht eindeutig entscheidbar; ob entsprechend auch Maslows Zuordnung z. B. des Bedürfnisses nach sozialer Anerkennung zu den homöostatisch regulierten Defizit-Motiven zutreffend ist, kann bezweifelt werden.

Die eigentliche Kernaussage Maslows besteht in der Annahme einer hierarchischen Beziehung der Motive untereinander: Das dynamische Hauptprinzip sieht Maslow darin, daß die Befriedigung eines in der Pyramide nachgeordneten Bedürfnisses (also etwa eines physiologischen) dieses für die Beeinflussung des Verhaltens bedeutungslos macht, wobei zugleich das nächsthöhere Bedürfnis (das nach Sicherheit) an Bedeutung zunimmt. Die Befriedigung der nachgeordneten Motivebene aktualisiert die nächsthöhere Motivklasse (Maslow, 1977, S. 106). Eine Aktualisierung der nächsthöheren Motivklasse dergestalt, daß sie verhaltensbestimmend wird, setzt dabei die (weitgehende) Befriedigung der jeweils nachgeordneten Motivklasse voraus.

Wie sofort ersichtlich, hätte eine Bestätigung dieser Annahmen erhebliche praktische Konsequenzen für die Motivierung in Organisationen: Die Herstellung von Arbeitsbedingungen, die mehr Selbstentfaltung zulassen, würde motivationspsychologisch wirkungslos bleiben, wenn z.B. das Bedürfnis nach Kontakt noch nicht befriedigt ist! Dieses Hierarchiekonzept ist entsprechend auch empirisch zu überprüfen versucht worden. Dabei stellen sich u.a. folgende zwei Probleme: Zum einen sind die fünf Motivklassen schwer operationalisierbar, da die begrifflichen Unschärfen in der Maslowschen Terminologie erheblich sind; speziell das Motiv »Selbstverwirklichung« ist wegen seines tendenziellen Leerformelcharakters immer wieder kritisiert worden (Neuberger, 1978a, S. 210; Locke, 1976, S. 130 f.). Zum anderen setzen Untersuchungen zur hierarchischen Organisation der Motivation im Grunde Längsschnitte voraus: Man müßte auf der Zeitachse beobachten, inwieweit die Befriedigung eines Bedürfnisses die Bedeutung dieses Bedürfnisses senkt und zugleich die Bedeutung des nächsthöheren ansteigen läßt usw.; Längsschnitte sind aber bekanntlich außerordentlich schwer zu realisieren, wenn man dabei zugleich auch noch mögliche Paralleleinflüsse weiterer Variablen kontrollieren will (vgl. den entsprechenden Versuch bei Hall und Nougaim, 1968).

Mit diesem Problem hängt zusammen, daß die wenigen bisher vorliegenden Untersuchungen die Maslowsche Zentralannahme der hierarchischen Motivaktivierung eher falsifizieren als bestätigen (Campbell u.a., 1976, S. 99; v. Rosenstiel, 1975a, S. 141 ff.).

Damit sind noch keine Aussagen zur Frage gemacht, welche relative Bedeutsamkeit den verschiedenen Motivklassen z.B. für die Herstellung von Zufriedenheit zukommt, *wenn* sie jeweils aktualisiert sind; ausgesagt ist nur, daß die Maslowschen Annahmen zu den (hierarchischen) *Bedingungen* zunehmender oder abnehmender Motivbedeutsamkeit empirisch nicht bestätigt werden konnten.

Als weiterer Befund sei mitgeteilt, daß auch die *Klassifikation* der Motive in die fünf Motivklassen der Maslowpyramide in empirischen Studien über Faktorenanalysen nicht bestätigt wurde (Neuberger, 1974b., S. 109; Campbell u.a., 1976, S. 100); die Motivinhalte scheinen sich stärker zu überlappen, sind also nicht in der von Maslow angenommenen Weise voneinander abgrenzbar.

In jüngerer Zeit hat Alderfer eine Modifikation der Maslow-Pyramide vorgelegt. Er unterscheidet zum einen nur nach drei Motivklassen (Alderfer, 1969):

a) E = existence = Grundbedürfnis,
b) R = relatedness = soziale Bedürfnisse,
c) G = growth = Entfaltungsbedürfnisse.

(Entsprechend den drei Abkürzungen spricht Alderfer von seinem ERG-Modell).

Darüber hinaus formuliert er vier Prinzipien, welche die Bedingungen einer Zunahme bzw. Abnahme der Motiv-Bedeutsamkeit betreffen:

1. Die »klassische« Frustrationshypothese:
   Ein nichtbefriedigtes Bedürfnis wird dominant.

2. Die Frustrations-Regressions-Hypothese:
   Wird ein Bedürfnis nicht befriedigt, so wird das hierarchisch niedrigere Bedürfnis dominant (im Gegensatz zu Maslow).
3. Die Befriedigungs-Progressions-Hypothese:
   Durch die Befriedigung eines Bedürfnisses wird das hierarchisch höhere aktiviert (im Sinne von Maslow).
4. Die Frustrations-Progressions-Hypothese:
   Frustrationen (Scheitern, Mißerfolgserlebnisse) können auch zur Reifung der Person beitragen bzw. höhere Bedürfnisse aktivieren.

Während nach Campbell die Klassifikation von Alderfer empirisch tendenziell bestätigt werden konnte – auf der Basis von Fragebogenitems läßt sich die obige Dreiteilung also replizieren –, sind die empirischen Befunde zu den vier Prinzipien der Bedingungen einer Motivaktivierung unklar (Campbell u.a., 1976, S. 100); zu der gleichen Einschätzung kommt v. Rosenstiel (1992).

b) Die Zwei-Faktoren-Theorie von Herzberg u. a.

Will man vorhersagen, welche Ereignisse Valenzcharakter annehmen werden, so kann man zum einen versuchen, auf bestimmte Motivklassifikationen zurückzugreifen; wie gezeigt wurde, sind derartige Klassifikationen aber theoretisch und empirisch mit Problemen behaftet. Ein prinzipiell anderes Vorgehen besteht darin, nicht Bedürfnisse/Motive zu klassifizieren, sondern Ereignisse/Situationen bzw. Bedingungen zu beschreiben, die sich mit der Entstehung von Zufriedenheit verbinden: Eine Klassifikation derartiger sich mit Zufriedenheit verbindender Bedingungen/Ereignisse kann *unmittelbar* als eine Valenz- bzw. Anreizklassifikation interpretiert werden, wobei zunächst offen ist, *warum* den jeweiligen Ereignissen Valenzcharakter zukommt. Vor diesem Hintergrund sei im folgenden kurz auf die sehr bekannt gewordenen Untersuchungen von F. Herzberg u.a. (1959) eingegangen.

Herzberg u.a. verwendeten in ihrer klassischen Untersuchung an 203 technischen und kaufmännischen Angestellten die »Methode der kritischen Ereignisse« (vgl. Flanagan, 1954); die Autoren stellten folgende Frage:
»Denken Sie an eine Zeit, in der sich ungewöhnlich angenehme oder ungewöhnlich unangenehme Gefühle aus ihrer gegenwärtigen beruflichen Tätigkeit oder irgendeiner anderen beruflichen Tätigkeit, die Sie einmal ausübten, ergaben. Erzählen Sie mir bitte, was dabei geschah« (Herzberg, 1966, S. 93). Herzberg ermittelte auf diesem Wege sowohl für die angenehmen als auch für die unangenehmen Situationen »kritische« Ereignisse/Vorkommnisse/Bedingungen, die er zunächst in 16, später in 11 Gruppen einteilte. Das wesentliche Ergebnis bestand darin, daß bestimmte Ereignisse gehäuft in Zusammenhang mit ungewöhnlich angenehmen Gefühlen und *andere* Ereignisse gehäuft in Zusammenhang mit ungewöhnlich unangenehmen Gefühlen genannt wurden (Herzberg, 1966, S. 97 ff.). Die erste Ereignisgruppe nannte Herzberg »Zufrieden-Macher« bzw. »Motivatoren«; hier wurden vor allem genannt in Rangreihe geordnet nach der Häufigkeit ihrer Nennung:

- Leistung vollbringen,
- Anerkennung finden,
- einen interessanten Arbeitsinhalt haben,
- Verantwortung übernehmen.

Die zweite Gruppe nannte Herzberg »Unzufriedenmacher« bzw. »Hygienefaktoren«; in dieser Gruppe wurde vor allem genannt (wieder geordnet in Rangreihe nach der Häufigkeit der Nennung):

- Unternehmenspolitik bzw. -organisation,
- die Art der Personalführung (in »technischer« Hinsicht),
- Beziehung zu Vorgesetzten und Kollegen,
- Gehalt (das aber bedingt auch als Zufriedenmacher gilt),
- äußere Arbeitsbedingungen.

Mit anderen Worten: Zufriedenheit vermittelt sich nach Herzberg primär über Leistung, dann über Anerkennung und den Arbeitsinhalt usw., während sich Unzufriedenheit primär in Abhängigkeit von der Unternehmenspolitik, dann in Abhängigkeit vom Führungsstil usw. einstellt.
Damit war zugleich die Zwei-Faktoren-Theorie der Arbeitszufriedenheit geboren; es gäbe also nicht ein eindimensionales Kontinuum
Unzufriedenheit → Zufriedenheit,
sondern zwei voneinander unabhängige Zufriedenheitsdimensionen, nämlich

a) Nicht-Zufriedenheit → Zufriedenheit,
b) Unzufriedenheit → Nicht-Unzufriedenheit,

wobei Ausprägungen auf der Dimension a) von den Motivatoren und Ausprägungen auf der Dimension b) von den Hygienefaktoren bestimmt würden. Die Hygienefaktoren können nur Unzufriedenheit beseitigen, aber nicht Zufriedenheit vermitteln; zudem sei auch ihr Einfluß auf die Höhe der Leistung gering. Im Gegensatz hierzu seien die Motivatoren für das Entstehen von Zufriedenheit entscheidend und zugleich auch für die Motivation zur Leistung bedeutsam. Der inhaltliche Bezug der »Zufriedenheits«-Konzeption von Herzberg zu den Definitionskriterien für »Gesundheit« bei A. Maslow ist dabei offenkundig; vereinfachend lassen sich die Begriffe »Unzufriedenheit« und »Krankheit« einerseits sowie die Begriffe »Zufriedenheit« und »Gesundheit« andererseits zuordnen.

Die *praktischen* Konsequenzen dieser Annahmen sind weitreichend: Unter dem Gesichtspunkt der Organisationsgestaltung ist der ausschließliche Einsatz von Hygienefaktoren unzulänglich; vielmehr kommt es auf einen interessanten Arbeitsinhalt an, der auch Chancen zur leistungsbezogenen Bewährung bietet usw. Es verwundert von daher nicht, daß auch dieser Ansatz, ähnlich wie die Thesen von Maslow, eine Fülle weiterer Untersuchungen auslöste.
Zwei Fragenkreise sind dabei von besonderer Bedeutung:

a) Läßt sich die von Herzberg vorgenommene Klassifikation von Ereignissen/Bedingungen in Zufriedenmacher einerseits und in Unzufriedenmacher andererseits aufrechterhalten – läßt sich also die Annahme einer Zwei-Faktoren-Theorie der Zufriedenheit bestätigen?
b) Unabhängig von der Frage der Ein- oder Zwei-Dimensionalität von Zufriedenheit: Lassen sich die Befunde zum relativen Gewicht der Ereignisse/Bedingungen für die Zufriedenheit bzw. Unzufriedenheit generalisieren? Haben Ereignisse wie »sich leistungsmäßig bewähren« *höhere* Valenz als z.B. das Gehalt oder die Kollegen-Kontakte?

Zunächst zur ersten Frage:
Die Zwei-Faktoren-Theorie bestätigt sich regelmäßig dann, wenn man exakt der Herzbergschen Methodik folgt; sie bestätigt sich dagegen nicht, wenn man diese Methode vari-

iert (Locke, 1976, S. 1314). Locke kritisiert, daß in das Antwortverhalten der Befragten nicht nur die Rekonstruktion einer bestimmten Ereignis-Qualität, sondern vermutlich auch Annahmen zu ihrer Verursachung miteingehen: Zur Stabilisierung des eigenen Selbstwertgefühls schiebt man als unangenehm erlebte Bedingungen *anderen* (der Unternehmensleitung, den Vorgesetzten, Kollegen usw.) zu, während man die Ursache für als angenehm erlebte Ereignisse in sich selbst hineinverlegt (man hat sich leistungsbezogen engagiert usw.); mit anderen Worten:

> **Die Beobachtung von Herzberg, daß sich die Inhalte/Bedingungen unterscheiden, die in der Gruppe der angenehmen Situationen und in der Gruppe der unangenehmen Situationen genannt werden, spiegelt nicht die Existenz zweier voneinander unabhängiger unterschiedlicher Valenz- bzw. Anreizklassen wider, sondern ist (im Widerspruch zu Herzberg) wesentlich Ausdruck spezifischer, das Selbstbild stabilisierender Kausalattribuierungen auf seiten der Befragten und damit zu einem erheblichen Anteil ein Methodenartefakt (Locke, 1976, S. 1315).**

Inzwischen liegen auch empirische Studien vor, welche die Wirksamkeit von Kausalattribuierungen in der genannten Richtung zu belegen scheinen (Locke, 1976, 1314 ff.). Die Tendenz dieser immer noch nicht ganz abgeschlossenen Kontroverse um die Zwei-Faktoren-Theorie (Lawler, 1977, S. 108) geht entsprechend heute dahin, Zufriedenheit nicht mehr als zweidimensional, sondern – wie früher – als eindimensional zu interpretieren: Die von Herzberg untersuchten Ereignisse/Bedingungen beeinflussen demnach *alle* die Zufriedenheit bzw. die Unzufriedenheit und nicht das eine (Zufriedenheit) *oder* das andere (Unzufriedenheit) (v. Rosenstiel, 1977, S. 118).

Nun noch kurz zur zweiten Frage: Welche Befunde liegen zur *relativen* Bedeutsamkeit bestimmter Ereignisse/Bedingungen für die Vermittlung angenehmer bzw. unangenehmer Gefühle (bzw. für die Vermittlung von Zufriedenheit/Unzufriedenheit) vor?

Folgt man den bei Locke (1976, S. 1314) wiedergegebenen empirischen Daten, so könnte man sagen: Die Möglichkeit, sich an Leistungsmaßstäben zu bewähren und hierfür auch Anerkennung zu bekommen, scheint für die Zufriedenheit/Unzufriedenheit *besonders* wichtig zu sein; z. B. der Aspekt der interpersonalen Beziehungen (»Klima«, Kommunikationsmöglichkeiten, Umgangston) dürfte dagegen vergleichsweise weniger wichtig sein. Dem ließe sich in methodischer Hinsicht allerdings sofort entgegenhalten, daß Personen ihre diesbezüglichen Antworten nach Maßgabe der (vermuteten) sozialen Erwünschtheit steuern: Sie haben *gelernt,* daß man z. B. interpersonale Aspekte als nebensächliches Human-Relations-Beiwerk abzuqualifizieren hat; dies, ihre Hypothesen zur sozialen Erwünschtheit (und nicht nur ihre individuellen Wertpräferenzen), spiegeln solche Daten also möglicherweise ebenfalls wider (siehe hierzu die einschlägigen Studien schon bei Jurgenson, 1948).

Darüber hinaus ist bei einer Würdigung derartiger Wert-Hierarchie-Studien (dargestellt z. B. bei Lawler, 1977, S. 57–60, und v. Rosenstiel, 1975a, S. 127–138) folgendes zu bedenken:

Die Bedeutsamkeit bestimmter Bedingungen variiert

a) von Situation zu Situation (Arbeitsplatzsicherheit gewinnt bei wirtschaftlicher Depression an Gewicht),
b) von Person zu Person (Lawler, 1977, S. 61 ff.) – dies schon aufgrund unterschiedlicher Sozialisation – sowie

c) in Abhängigkeit von dem Kriterium, im Hinblick auf das die Bedeutsamkeit analysiert wird (interpersonale Aspekte des Vertrauens mögen z.B. für die Erzielung einer Leistung weniger wichtig, für das Abpuffern von Belastungssituationen dagegen durchaus bedeutsam sein).

Generalisierungen zu Bedeutungs-Hierarchien sind insofern nur in engen Grenzen möglich (v. Rosenstiel, 1975a, S. 129).

c) Werte der Gesellschaft – Wertorientierung des Individuums

Die Inhaltstheorien der Motivation gehen implizit oder explizit davon aus, daß die Motivziele – also dasjenige, was der einzelne anstrebt – angeboren seien. Nun sei auch gar nicht bestritten, daß – um dies in Anlehnung an Maslow (1943) zu formulieren – Grundbedürfnisse, die sich auf Nahrung, Getränke oder Wärme richten, sowie Bedürfnisse nach Sicherheit oder nach menschlichem Kontakt angeboren sind und somit zu den primären Motiven zählen. Tatsächlich lassen sich ja vielfältige menschliche Motivziele nicht nur willkürlich erfassen oder atheoretisch in empirischer Weise immer wieder auffinden, sondern auch soziobiologisch begründen (Bischof, 1985). Auf der anderen Seite ist es unzweifelhaft, daß die inhaltlich gerichtete motivationale Grundausstattung des Menschen sich durch vielfältige Lernprozesse überformen läßt, wie es z.B. Allport (1948) am Beispiel der sog. funktionalen Autonomie der Motive zeigte:
Gegenstände oder Handlungen, die immer wieder als Mittel zu dem Zweck verwendet werden, primäre Motivziele zu erreichen, werden selbst zum erlernten Motivziel, zum Selbstzweck. So ist z.B. das Geld sicherlich nicht Ziel eines primären Motivs; da es jedoch in sehr vielen Gesellschaften Mittel zu dem Zweck ist, vielfältige Ziele zu erreichen, wird es schließlich zum Selbstzweck, zum Ziel eines sekundären Motivs (vgl. Erikson, 1972). Die empirisch auffindbare und inhaltlich bestimmbare Motivausstattung des Individuums spiegelt also in gewisser Weise das wider, was in der Gesellschaft als wertvoll gilt.

Diese Wechselwirkung zwischen Gesellschaft und Individuum hat in jüngerer Zeit angesichts des vielfach beschriebenen Wertewandels in der Gesellschaft erhebliche Diskussion ausgelöst (z.B. Kmieciak, 1976; Inglehart, 1977; Noelle-Neumann, 1978; Klages u. Kmieciak, 1979; Schmidtchen, 1984; Klages, 1984; Noelle-Neumann u. Strümpel, 1984; v. Klipstein u. Strümpel, 1984, 1985; v. Rosenstiel u. Stengel, 1987). Dadurch haben Inhaltstheorien der Motivation eine neue aktualisierte Dimension erhalten. Zugleich haben sie eine stärker soziologische Orientierung erfahren, was – bezogen auf die Organisationspsychologie – z.B. zu Fragen wie der folgenden führte:
»Ist Arbeit noch länger zentrales Lebensinteresse?« (Udris, 1979).

Werte und Wertorientierungen

Kluckhohn (1951) sieht in einem Wert eine Auffassung vom Wünschenswerten, die explizit oder implizit für einen einzelnen oder für eine Gruppe kennzeichnend ist und welche die Auswahl der zugänglichen Weisen, Mittel und Ziele des Handelns beeinflußt. Der Autor versteht also einen Wert als eine durchaus verhaltensrelevante Auffassung des zu Präferierenden, was auf individuellem oder kollektivem Niveau erfaßt werden kann. Es hat sich allerdings heute vielfach die Differenzierung durchgesetzt, den Begriff Wert zur Kennzeichnung von Präferenzordnungen sozialer Aggregate, z.B. einer Gesellschaft, zu verwenden, während man bei Individuen von Wertorientierungen spricht. In diesem Sinne könnte man sagen, daß die mittelalterliche abendländische Gesellschaft in starkem Maße

durch den Wert des Religiösen gekennzeichnet gewesen sei, Herr X. jedoch durch eine religiöse Wertorientierung auffällt.
Für Werte kennzeichnend ist das relativ hohe Abstraktionsniveau, auf dem sie angesiedelt sind, d.h., sie haben keinen konkreten Gegenstandsbezug. In diesem Sinne kann also ein einzelner am Wert z.B. der Freiheit orientiert sein, was dann in der konkreten Situation seine Einstellungen zu bestimmten Erziehungsstilen, Ferienreisen oder Aufgaben prägen kann und – noch handlungsnäher – seine Motivation mitbestimmen wird, entweder in einer hochstrukturierten und zentralisierten Organisation oder aber in einer wenig strukturierten, dezentralen Unternehmung tätig zu sein.
Aus vielfältigen Indikatoren, die z.T. auf der Ebene des beobachtbaren Verhaltens oder der Folgen dieses Verhaltens liegen, wie z.B. »Zusammenleben ohne Trauschein«, Anzahl der Kinder pro Ehe, Zahl der Ehescheidungen, Zahl der Kirchenaustritte, Häufigkeit der Mitgliedschaft in Vereinen wie z.B. Sportvereinen etc., z.T. aber auch auf der Ebene der Aussage liegen, hier insbesondere auf der Ebene von Antworten, die repräsentative Ausschnitte der erwachsenen Bevölkerung Jahr für Jahr auf gleiche Fragen im Rahmen der empirischen Sozialforschung gaben, hat man auf einen Wandel der Wertorientierungen der Bevölkerung geschlossen. Dieser Wandel ist unterschiedlich interpretiert worden.
So spricht z.B. Noelle-Neumann (1978) von einem Verfall der »bürgerlichen Tugenden« und geht – zumindest implizit – davon aus, daß wesentliche Werte in der Gesellschaft verlorengegangen seien, ohne daß andere Werte an ihre Stelle getreten wären: »Der hohe Wert von Arbeit, von Leistung; Überzeugung, daß sich Anstrengung lohnt; Glaube an Aufstieg und Gerechtigkeit des Aufstiegs, Bejahung von Unterschieden zwischen den Menschen und ihrer Lage; Bejahung des Wettbewerbs; Sparsamkeit als Fähigkeit, kurzfristige Befriedigung zugunsten langfristiger zurückzustellen; Respekt vor Besitz; Streben nach gesellschaftlicher Anerkennung; Anerkennung der geltenden Normen von Sitte und Anstand...«, bei all diesen Werten läßt sich feststellen »das rasche Absinken der Zahl der Menschen, die diese bürgerlichen Werte unterstützen ... und zwar in allen Schichten und besonders drastisch bei der jungen Generation der unter 30jährigen« (Noelle-Neumann, 1978, S. 15).

Demgegenüber vertritt Inglehart (1977) die These, daß die gesellschaftlichen Werte auf einer Dimension abbildbar seien, die durch die Pole »Materialismus« und »Postmaterialismus« gekennzeichnet ist. Interessanterweise geht Inglehart dabei von der Inhaltstheorie Maslows aus. Er übersetzt die innerhalb dieses Konzepts bezeichneten Motive in solche Werte, die zur politischen Zielvorstellung werden können, wie – um Beispiele für materialistische Ziele zu nennen – »Kampf gegen steigende Preise«, »wirtschaftliche Stabilität«, »Sicherung einer starken Landesverteidigung« und – um Beispiele für postmaterialistische Ziele zu nennen – »mehr Mitbestimmung«, »freundlichere Gesellschaft«, »freie Meinungsäußerung«. Er befragte in verschiedenen westlichen Industrienationen Jahr für Jahr repräsentative Bevölkerungsquerschnitte und fand – wenn auch von Land zu Land unterschiedlich – zum einen, daß jüngere Personen in stärkerem Maße als ältere die postmaterialistischen politischen Ziele präferierten und daß zum anderen – im Kohortenvergleich – der Anteil derer, die postmaterialistische Ziele präferieren, wuchs. Inglehart sieht darin eine so bedeutsame Verschiebung, daß er im Titel seines Buches von einer »stillen Revolution« spricht (1977).
Insbesondere Klages (1984, 1987) hat dem von Inglehart postulierten eindimensionalen Wertkonzept widersprochen und aufgrund faktorenanalytischer Datenauswertungen für ein zweidimensionales Konzept plädiert. Dabei wird der eine Faktor als »Pflicht und Akzeptanz«, der andere als »Selbstentfaltung« benannt. Tabelle 1 zeigt exemplarisch, welche

gesellschaftlichen Werte, an denen der einzelne sich orientieren kann, zu den beiden Faktoren zählen.

Obwohl Klages von einer Unabhängigkeit der Pflicht- und Akzeptanzwerte einerseits und der Selbstentfaltungswerte andererseits ausgeht, stellt er nicht in Abrede, daß der Wandel der Wertorientierungen dadurch gekennzeichnet werden kann, daß zumindest in der Bundesrepublik Deutschland die Orientierungen an Pflicht- und Akzeptanzwerten zurückgegangen, dagegen die an den Selbstentfaltungswerten gestiegen sind. Dies allerdings sind Aussagen auf der Ebene von Mittelwerten, d.h., Streuungen sind dabei nicht berücksichtigt. Sie aber sind gerade hier wichtig, denn es ist weitgehend unbestritten, daß der soeben skizzierte Wandel der Wertorientierung in erster Linie auf einen Wandel der Orientierungen bei jüngeren Personen mit höherer Bildung aus gehobenen sozialen Schichten zurückgeführt werden kann.

Vorliegende empirische Daten sprechen auch nicht dafür, daß der skizzierte Wandel der Wertorientierung ein kontinuierlich ablaufender Prozeß ist. Man muß ihn sich vielmehr als einen Schub vorstellen, der zu einem bestimmten Zeitpunkt einsetzte und nach einer begrenzten Phase seine Intensität verlor. Klages (1984) geht davon aus, daß in der Bundesrepublik Deutschland der Beginn in den frühen 60er, das Ende dieses Schubs in der Mitte der 70er Jahre lag. Danach allerdings kam es zu keinem »Rückschlag des Pendels«, sondern zu einer relativen Stabilisierung auf verändertem Niveau. Organisationen müssen also davon

Tab. 1 Zweidimensionales Wertkonzept nach Klages

<table>
<tr><th></th><th>Selbstzwang und -kontrolle
(Pflicht und Akzeptanz)</th><th colspan="2">Selbstentfaltung</th></tr>
<tr><td>Bezug auf die Gesellschaft</td><td rowspan="3">»Disziplin«
»Gehorsam«
»Pflichterfüllung«
»Treue«
»Unterordnung«
»Fleiß«
»Bescheidenheit«
»Selbstbeherrschung«
»Pünktlichkeit«
»Anpassungsbereitschaft«
»Fügsamkeit«
»Enthaltsamkeit«
. . . .
. . . .</td><td>idealistische Gesellschaftskritik</td><td>»Emanzipation« (von Autoritäten)
»Gleichbehandlung«
»Gleichheit«
»Demokratie«
»Partizipation«
»Autonomie« (des einzelnen)
. . . .
. . . .</td></tr>
<tr><td rowspan="2">Bezug auf das individuelle Selbst</td><td>Hedonismus</td><td>»Genuß«
»Abenteuer«
»Spannung«
»Abwechslung«
»Ausleben emotionaler Bedürfnisse«</td></tr>
<tr><td>Individualismus</td><td>»Kreativität«
»Spontaneität«
»Selbstverwirklichung«
»Ungebundenheit«
»Eigenständigkeit«
. . . .
. . . .</td></tr>
</table>

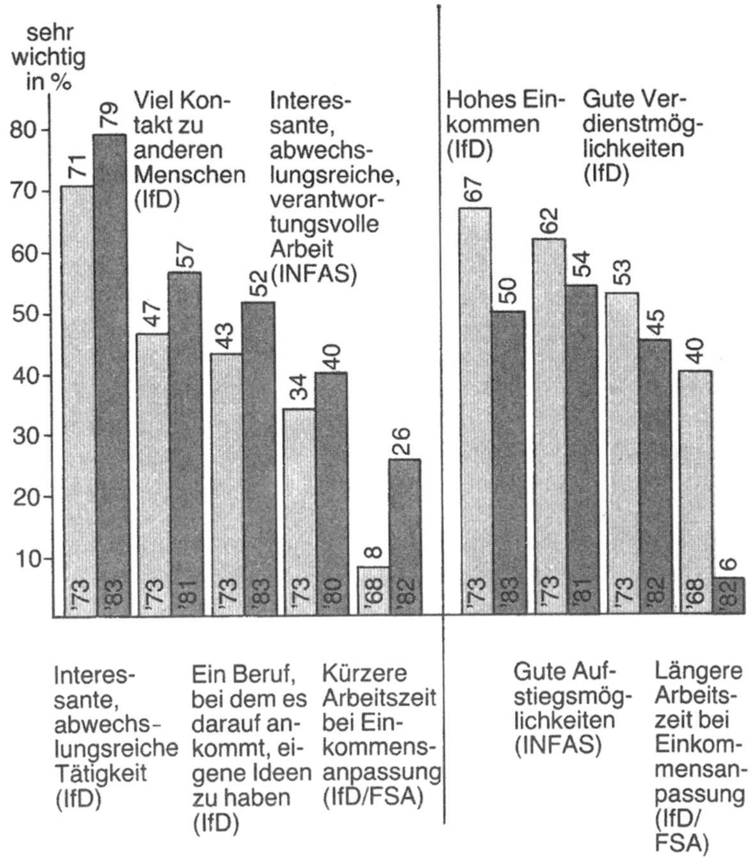

Abb. 8 Die Entwicklung der Ansprüche an die Berufsarbeit

ausgehen, daß sich heute Personen mit anderen Wertorientierungen bei ihnen bewerben, als dies zu Beginn der 60er Jahre der Fall war. Erwartungen an die berufliche Tätigkeit, empirisch ermittelbare inhaltlich umschriebene Arbeitsmotive, haben sich verschoben, wie es exemplarisch Abbildung 8 zeigt. Man erkennt, daß sich die Ansprüche an die berufliche Arbeit im Zuge von 15 Jahren nicht unwesentlich modifizierten, und zwar inhaltlich in einer Form, die man – orientiert man sich an Inglehart (1977) – dahingehend interpretieren könnte, daß postmaterialistische Arbeitsmotive angestiegen, materialistische dagegen abgesunken seien. Im Zuge des gesellschaftlichen Wertewandels verändern sich also die Arbeitsmotive, was wiederum eine Herausforderung für die Organisationen impliziert (vgl. v. Rosenstiel u.a., 1987).

Die Ursachen dieses Wandels sind vielfältig und auch innerhalb der Sozialwissenschaften umstritten. Viele der genannten Gründe schließen einander nicht aus, sondern ergänzen sich. Zusammenfassend (vgl. v. Rosenstiel u. Stengel, 1987) lassen sich die nachfolgend aufgeführten als besonders gewichtig hervorheben:

- *Altersstrukturhypothese:* Wertorientierungen sind mit dem Lebensalter korreliert. Da der Anteil jüngerer Personen aufgrund des »Babybooms« in den 50er und frühen 60er Jahren zwanzig Jahre später deutlich angestiegen ist, zeigt sich dies – auf gesellschaftlichem Niveau gemessen – als Zunahme postmaterialistischer Wertorientierungen.

- *Sozialisationshypothese:* Personen, die in Zeiten der Not aufwuchsen, wie dies für die Kriegsjahre und die frühe Nachkriegszeit gilt, werden anders sozialisiert als Personen, die ihre Kindheit in der Zeit eines relativen materiellen Überflusses erleben. Bei der erstgenannten Kohorte ist eine Dominanz materialistischer Wertorientierungen wahrscheinlich, bei der zweitgenannten eine Präferenz für postmaterialistische Werte. Dies ist der Erklärungsansatz, den Inglehart (1977) zur Interpretation der von ihm gewonnenen Daten heranzieht.
- *Befriedigungsprogressionshypothese:* Orientiert man sich am zuvor dargestellten hierarchischen Motivationsmodell von Maslow, so steigt die Bedeutung »höherer« Bedürfnisse nach der Befriedigung »niedriger«. Werden so bei steigendem Wohlstand die unteren Motivgruppen befriedigt, so ist eine erlebte Bedeutungszunahme der höheren wahrscheinlich.
- *Bildungshypothesen:* Postmaterialistische Wertorientierungen sind vor allem bei Personen mit höherer Bildung anzutreffen. Wenn nun die Bildung in einer Bevölkerung ansteigt, d.h. ein steigender Prozentsatz von Personen das Abitur macht oder gar studiert, wie dies für die Bundesrepublik Deutschland zutrifft, so ist auch eine Zunahme postmaterialistischer Orientierungen anzunehmen.
- *Erfüllungs-Frustrationshypothese:* In Zeiten des Mangels streben viele Menschen nach materiellem Wohlstand, implizit oder explizit davon ausgehend, daß dies ihre Lebenszufriedenheit steigert. Die nach erreichtem Wohlstand gemachte Erfahrung, daß »Geld allein nicht glücklich macht«, führt dazu, daß man sich anderen, postmaterialistischen Zielen zuwendet. Vor diesem Hintergrund läßt sich auch das überraschende Untersuchungsergebnis von Easterlin (1973) interpretieren, der in einer international vergleichenden Studie eine nahe bei Null liegende Korrelation zwischen dem Bruttosozialprodukt und der Lebenszufriedenheit fand.
- *Nebenwirkungshypothese:* Die Realisierung der »Auffassungen vom Wünschenswerten« (Kluckhohn, 1951) führt nicht selten dazu, daß es zu unerwarteten und unerwünschten Neben- oder Folgewirkungen kommt. Die Industriegesellschaft als Ausdruck von an Leistung und Konsum orientierten Werten brachte es mit sich, daß es zu einer Vielzahl derartiger unerwünschter Nebenwirkungen kam, von denen die Belastung oder gar Zerstörung der natürlichen Umwelt als nur eine exemplarisch genannt sein soll. Derartige unerwünschte Nebenwirkungen können eine kritische Grenze erreichen, dadurch sichtbar werden und Erschrecken auslösen. Dies wiederum führte zu einem Wandel der Wertorientierungen, der sich gegen die vermuteten Ursachen wendet und sich z.B. als Technik- und Wachstumskritik äußert (v. Klipstein u. Strümpel, 1984, 1985).
- *Strukturwandelhypothese:* Wenn sich technische und gesellschaftliche Strukturen in Arbeit und Freizeit wandeln, so kann dieses veränderte Sein das Bewußtsein prägen – im Sinne des Widerstandes oder der Anpassung. Zum Beispiel können unüberschaubare bürokratische Strukturen oder nicht mehr durchschaubare technische Systeme beim einzelnen zum Gefühl des Kontrollverlustes führen, was zur Präferenz der kleinen und einfachen Einheit, der Sehnsucht nach »Rückkehr zum menschlichen Maß« (Schumacher, 1977) werden kann.
- *Multiplikatorenhypothese:* Geht man davon aus, daß jene höher gebildeten jungen Personen, die in den 60er und 70er Jahren ihre Wertorientierungen besonders drastisch wandelten, später in einflußreiche Positionen – z.B. als Lehrer oder Journalisten – kamen, so liegt die Vermutung nahe, daß sie aufgrund ihrer überdurchschnittlichen Einflußmöglichkeiten auf andere Personen den gesellschaftlichen Wertewandel beschleunigten.

Konflikte zwischen Individuum und Organisation können bei einem Wandel der Wertorientierungen entstehen. Gesellschaftliche Strukturen sind häufig starr und wenig flexibel. Sie ändern sich meist weniger rasch als die Wertorientierungen bei einzelnen Personen. Verstärkt gilt dies, wenn bei den Personen während eines Schubs dieser Orientierungen ein rascher Wandel erfolgt, v. Klipstein u. Strümpel (1985) stellen in diesem Sinne »erstarrte Strukturen« »gewandelten Werten« gegenüber. Auch Organisationen der Wirtschaft und Verwaltung lassen sich als derartige erstarrte Strukturen interpretieren. Als Ausdruck dessen, was eine frühere Generation für wünschenswert hielt, sind sie als »geronnene Werte« (v. Rosenstiel, 1984) interpretierbar. Fertigungsmethoden, Produktpaletten, Aufbauorganisationen, Führungsgrundsätze und Tätigkeitsbeschreibungen, die von den »Vätern« geschaffen wurden, werden von den Söhnen mit erhöhter Wahrscheinlichkeit abgelehnt, wenn deren Wertorientierungen denen der Väter nicht entsprechen. Der bereits angesprochene Konflikt zwischen dem Individuum und der Organisation wird also in Zeiten eines Wandels der Wertorientierungen verschärft.
An einem Beispiel – dem Vergleich wahrgenommener Ist-Ziele von Organisationen der Wirtschaft und präferierter Soll-Ziele dieser Organisationen – konnten dies v. Rosenstiel u. Stengel (1987) zeigen. Jüngere Führungskräfte und Führungsnachwuchskräfte (Studenten und Absolventen aus Studiengängen, die für Führungskräfte in der Wirtschaft einschlägig sind) erleben größere Diskrepanzen zwischen den Ist-Zielen der Organisationen, wie sie sie wahrnehmen, und den Soll-Zielen als höhere Führungskräfte. Vergleicht man zwei relativ extreme Gruppen, höhere Führungskräfte aus Großorganisationen der Wirtschaft und Führungsnachwuchskräfte, so ergibt sich ein Bild, wie es Abbildung 9 zeigt.
Natürlich gehen auch die in der Abbildung 9 visualisierten Werte auf die Berechnung von Mittelwerten zurück. Selbstverständlich gibt es in der Gruppe der Führungs- und der Führungsnachwuchskräfte Personen, bei denen zwischen den Ist- und den Soll-Zielen vollkommene Übereinstimmung besteht, und es gibt solche, die hier eine völlige Diskrepanz angeben. Beschränkt man sich nun auf die Führungsnachwuchskräfte, so können differenzierende Analysen zeigen, daß die Karriere- und Aufstiegsmotivation von Personen mit sehr starker Diskrepanz zwischen Ist- und Soll-Zielen gering ausgeprägt ist und die Karriere wenig attraktiv erscheint. Dies überrascht kaum, denn von Führungskräften wird ja erwartet, daß sie die Organisationsziele aktiv nach innen und außen vertreten. Wenn die wahrgenommenen Ziele dem nicht entsprechen, was man selbst für wünschenswert hält, so wird man dies kaum gern tun und lieber auf Aufstieg verzichten.

Im Rahmen von Langzeitstudien (Nerdinger u.a., 1988; Spieß u.a., 1987) konnte dann auch gezeigt werden, daß bei derartigen Personen der Konflikt zwischen dem Individuum und der Organisation deutliche Symptome zeigt, die sich im Sinne der Fremd- und Selbstselektion interpretieren lassen. Nachwuchskräfte, die stark gewandelte Wertorientierungen haben, große Diskrepanzen zwischen den wahrgenommenen Ist- und Soll-Zielen von Organisationen erleben, durch eine Berufsorientierung gekennzeichnet sind, die man als »Alternatives Engagement« bezeichnen könnte, tun sich besonders schwer, eine adäquate Position in einer Organisation zu finden; sie treten dann auch häufiger in kleinere Organisationen ein, verdienen weniger, schaffen seltener den Sprung nach oben, denken intensiver an Kündigung und verlassen auch häufiger die Organisation, um sich z.B. als »Neue Selbständige« eine Existenzform zu sichern, in der sie weniger Konflikte erleben. Für die Organisation wiederum ergibt sich aus derartigen Konflikten Anlaß zur Veränderung, dessen Folge dann wiederum eine Senkung des Konfliktpotentials sein kann. Derartige Änderungsmaßnahmen können in der Personalpolitik (Wollert u. Bihl, 1983; Bihl, 1987) lie-

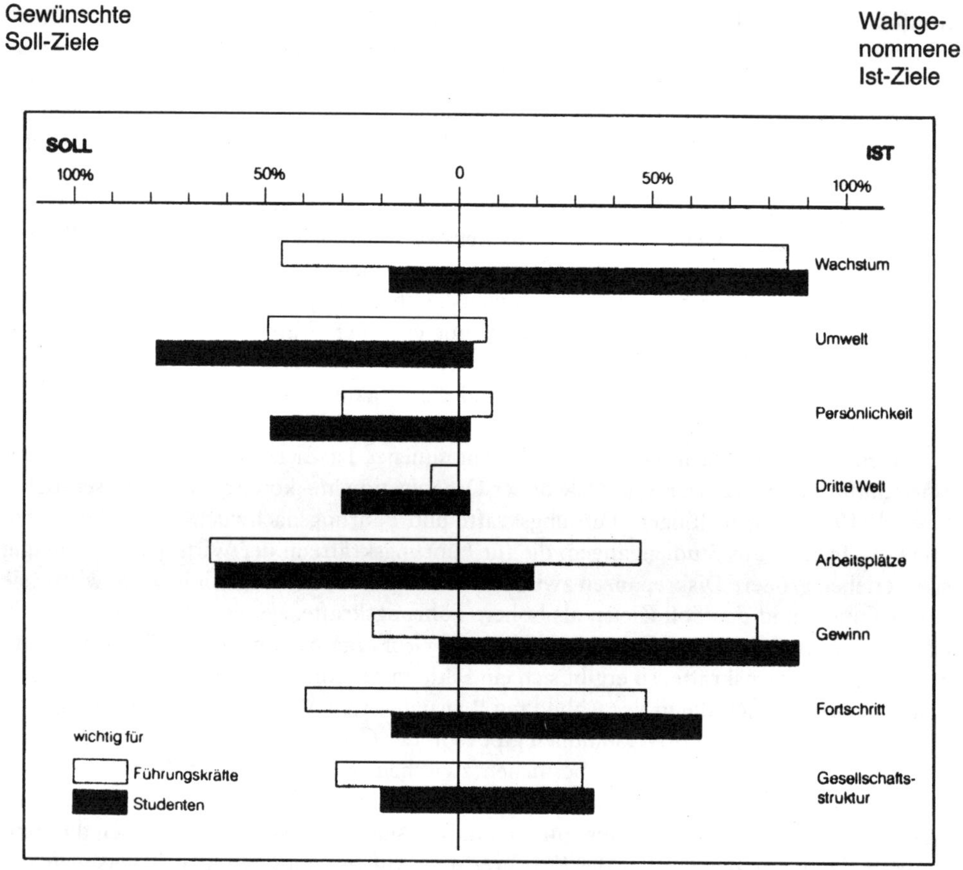

Abb. 9 Ist- und Soll-Ziele von Organisationen nach Auffassung von Führungs- und Führungsnachwuchskräften

gen. Sie können aber z.B. auch in Lernstatt- und Qualitätszirkelaktivitäten oder auch in veränderten Formen der Arbeitsgestaltung bestehen, worauf später noch eingegangen wird.

2.2.3. Prozeßtheorien der Motivation

a) Die Leistungsmotivationstheorie

Die Auseinandersetzung mit einem Gütemaßstab und die Chance, sich an diesem Maßstab zu bewähren, wurde schon im Kontext der Herzbergschen Motivatoren als bedeutsam herausgestellt. Dies sei im folgenden weiter ausdifferenziert.

Das Bestreben, einem für vorbildlich gehaltenen Gütemaßstab zu entsprechen, wird als »Leistungsmotivation« bezeichnet. In fast allen Definitionen (die ihrerseits meist auf McClelland aufbauen, der die Existenz eines eigenständigen Leistungsbedürfnisses = »need achievement« annahm) wird betont, daß bei der Leistungsmotivation inhaltlich nicht die instrumentelle Beziehung eines Leistungsergebnisses zu weiteren Belohnungen (Geld usw.)

zur Debatte steht, sondern die Thematik des »Besser oder Schlechter« in einem persönlich für wichtig gehaltenen Handlungsbereich (siehe z.B. bei Herber, 1976, S. 63). Charakteristisch für die Thematik der Leistungsmotivation ist, daß es um ein »Besser oder Schlechter« in *bestimmten* Handlungsbereichen sowie *zugleich* um ein »Besser oder Schlechter« *an sich* zu gehen scheint. In dieser Vermengung bzw. partiellen Verselbständigung des »Besser oder Schlechter an sich« gegenüber dem »Besser oder Schlechter bezüglich bestimmter Inhalte« dürfte zugleich auch einer der Aspekte liegen, welche die ideologiekritischen Auseinandersetzungen mit dem Leistungsmotivationskonzept provoziert haben.
Es sei also betont, daß der Objekt- bzw. Gegenstandsbereich, auf den sich »Leistungsmotivation« bezieht, meist nicht exakt bestimmt wird; er ist keinesfalls auf aufgabenbezogenes Verhalten beschränkt. Im Vordergrund steht entsprechend die Untersuchung der *Höhe* unterschiedlicher »Anspruchsniveaus« bzw. die Frage ihrer Veränderung und weniger die Frage, *worauf* sich das Anspruchsniveau bezieht (zu fragen wäre insofern auch, ob die Leistungsmotivation eigentlich begründet in allen Lehrbüchern unter den Inhaltstheorien abgehandelt wird und nicht sinnvoller – wie hier – unter den Prozeßtheorien darzustellen ist).

Die Höhe des Anspruchsniveaus als Widerspiegelung der Anforderungen, die jemand an die eigene Leistungsfähigkeit stellt, ist eine Funktion der bisherigen Erfolgs- und Mißerfolgserfahrungen der Person in Leistungssituationen. Über diese Erfahrungen vermitteln sich letztlich zwei Verhaltensdispositionen, die mit »Hoffnung auf Erfolg (HE)« und »Furcht vor Mißerfolg (FM)« umschrieben werden. In Abhängigkeit davon, welche der beiden als habituell gedachten Komponenten im Endeffekt überwiegt, wird die Person eher »erfolgsmotiviert« oder eher »mißerfolgsmotiviert« sein. Dies wiederum, die überwiegende Tendenz zur Erfolgs- oder Mißerfolgsmotivation, hat zur Folge, daß Aufgaben mit objektiv gleicher Lösung bzw. Erfolgswahrscheinlichkeit subjektiv unterschiedlichen Valenzcharakter bzw. unterschiedlichen Anreizwert annehmen (Weiner, 1976, S. 39); die Abbildung 10 (in Anlehnung an Herber, 1976, S. 67) veranschaulicht den hypothetischen Zusammenhang:

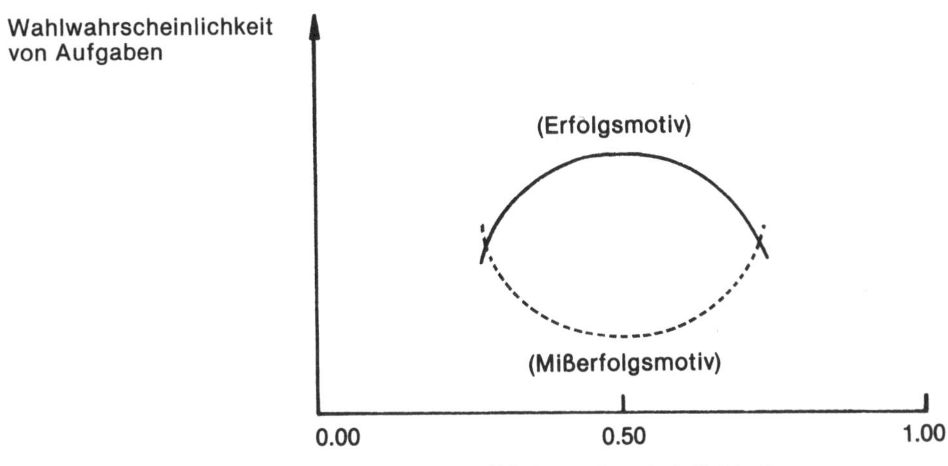

Abb. 10 Zur Beziehung von Wahlwahrscheinlichkeit der Aufgabe und Erfolgswahrscheinlichkeit bei Erfolgs- und Mißerfolgsorientierten

Ohne hier auf Einzelheiten der Begründung einzugehen, wird angenommen, daß Erfolgsmotivierte eine mittlere Aufgabenschwierigkeit bevorzugen. Mißerfolgsmotivierte würden dagegen sehr leichte *oder* sehr schwere Aufgabenstellungen bevorzugen, da erstere wahrscheinlich erfolgreich bewältigt werden und letztere das Alibi für ein Versagen gleich mitliefern (Herber, 1976, S. 67; Campbell u.a., 1976, S. 113).

Dieser Sachverhalt verdeutlicht zugleich folgendes: Objektive Ereignisse/Bedingungen (hier: eine bestimmte Lösungswahrscheinlichkeit der Aufgabe) haben nicht »die« Valenz bzw. »den« Anreizwert; die Valenz bzw. der Anreizwert ist vielmehr eine Funktion von objektiver Situation *und* Person (hier von Aufgabenmerkmalen und Charakteristika der Motivationsstruktur).

Dies sei auch im Hinblick auf die vorher kurz angesprochenen Wert-Hierarchie-Studien bzw. unter dem Gesichtspunkt ihrer eingeschränkten Verallgemeinerbarkeit mit Nachdruck betont. Bedenkt man noch (wie am Beispiel der Erfolgs- bzw. Mißerfolgsmotivation demonstrierbar), daß das, was auf der Ebene Person als Motivationsstruktur bestimmbar ist, ganz wesentlich auch Lernprozesse widerspiegelt, welche die interindividuelle Varianz in der Motivationsstruktur noch erhöhen, so wird nochmals auf die Notwendigkeit verwiesen, vor Generalisierungen bezüglich des Valenzcharakters spezifischer Ereignisse/Bedingungen zu warnen.
Man hat versucht, die Leistungsmotivation zu formalisieren (also in mathematischen Ausdrücken darzustellen); dabei sind speziell die Bemühungen von Atkinson bekannt geworden (siehe hierzu bei Campbell, u.a., 1976, S. 113 ff.): Die Leistungsmotivation wird von ihm im Prinzip als Funktion der überdauernden Erfolgs- bzw. Mißerfolgsmotivation sowie als Funktion des Anreizes, der von dem jeweiligen konkreten Ziel ausgeht, und als Funktion der Wahrscheinlichkeit der Zielerreichung interpretiert. Da speziell die Atkinsonsche Anreizdefinition in seinem formalisierten Modell sowohl in theoretischer als auch empirischer Hinsicht stark kritisierbar ist (Herber, 1976, S. 78), wird auf eine Darstellung und Diskussion dieser Formalisierungsversuche verzichtet. Nur auf einen Aspekt sei bereits verwiesen, der bei der Diskussion der Prozeßtheorien wichtig wird und aus den vorausgegangenen Überlegungen bereits deutlich wurde. Die Valenz des Ergebnisses und die Wahrscheinlichkeit des Ergebnisses sind im Rahmen der Leistungsmotivationspsychologie *nicht unabhängig* voneinander: Die Wahrscheinlichkeit ist vielmehr eine der Determinanten der Valenz!

b) Intrinsische Motivation

Im Rahmen der Erörterung der Komponenten und der Dynamik der Leistungsmotivation wird schließlich darauf hingewiesen, daß die Leistungsmotivation ein Beispiel für die *intrinsische* Motivation darstellt (vgl. Neuberger, 1978a, S. 225).

Als »intrinsisch« (im Gegensatz zu »extrinsisch«) motiviert wird ein Verhalten dann bezeichnet, wenn das Verhalten nicht Mittel zum Zweck ist, sondern Selbstzweck-Charakter hat. Als »intrinsisch« wird entsprechend häufig eine Handlung bezeichnet, deren *Vollzug* (unabhängig vom Ergebnis) lustvoll ist, also Valenzcharakter aufweist, wobei der Handelnde zugleich auch der (die konstitutiven Prozesse der Handlung) Bewertende ist. Die Gegenüberstellung von intrinsisch und extrinsisch ist dabei aber nicht trennscharf, sondern hat eher typisierenden Charakter (Rüttinger u.a., 1974, S. 84).

Herzbergs Motivatoren sind in diesem Sinne als *intrinsisch* motivierend gemeint: Es handelt sich bei der Erfüllung interessanter Aufgaben usw. definitionsgemäß um Handlungen, deren Vollzug Valenzcharakter hat. Vor diesem Hintergrund ist dann auch verständlich, daß Herzberg mit Hilfe des Einsatzes von Motivatoren zugleich auf die Leistung positiv einzuwirken glaubt: Gefördert wird mit Hilfe der Motivatoren eine Art von Aufgaben-*Vollzugsmotivation,* womit sich – ceteris paribus – auch die Ergebniswahrscheinlichkeit erhöht, daß die gewünschten Leistungen erbracht werden.
Organisationspsychologisch ist zusätzlich zu betonen, daß ein intrinsisch motiviertes aufgabenbezogenes Handeln (da lustbetont und deswegen selbstkontrolliert) keiner *Fremd*kontrolle bedarf!
Inwieweit jedoch auch die *Leistungsmotivation* im engeren Sinne als intrinsisch motivierend bezeichnet werden kann, erscheint zumindest als fraglich: Die Mißerfolgsmotivation (als eine ihrer Teilkomponenten) ist – einmal interpretiert im Sinne der TAT-Test-Signierungen – durch die Antizipation von Unlustgefühlen geradezu definiert; zumindest eine Art von Vollzugslust ist unter diesen Bedingungen demnach nicht charakteristisch.

c) Typ-A-Verhalten

Extreme Ausprägungen der Leistungsmotivation können für den einzelnen auch negative Konsequenzen mit sich bringen; dies scheint u.a. dann der Fall zu sein, wenn ein solches leistungsbezogenes Verhalten in einem bestimmten Kontext auftritt, der von Friedman und Rosenman als Typ-A-Verhalten bezeichnet wird (Friedman u. Rosenman, 1977, S. 202 ff.):

Das Typ-A-Verhalten ist durch die *Parallelität* von extremer Leistungsmotivation und extremem Rivalitätsverhalten gekennzeichnet. Definitorischer Bestandteil dieses Verhaltens-Typs ist des weiteren die Empfindung, dauernd unter Zeitdruck zu stehen: Typ-A-Personen versuchen immer mehr in immer weniger Zeit zu erreichen und verhalten sich dabei gegenüber ihrer Umwelt ungeduldig, explosiv, aggressiv und unterdrückend. Die diesem Verhaltenskomplex zugrunde liegenden Dimensionen sind noch unklar. In den Originaluntersuchungen von Rosenman u.a. (1964) werden vier Ausprägungen des Typ-A-Verhaltens unterschieden, wobei die Einstufungen auf Interview-Ergebnissen sowie auf Beobachtungen des non-verbalen Verhaltens der Befragten während der Interviewsituation basieren (Rosenman u.a., 1964, S. 17).
In verschiedenen Studien ist nun inzwischen gezeigt worden, daß das Typ-A-Verhalten mit der Höhe des Cholesterinspiegels positiv korreliert sowie mit einer Reihe weiterer physiologischer Reaktionsmuster zusammenhängt, die in der Forschung als Indikatoren für »Streß« herangezogen werden (Jenkins, 1977, S. 11 f.).
Unter Bezugnahme auf die Streßtheorie von Lazarus (1966) – siehe unter 3.3.1. – liegt damit die Annahme nahe, daß das Typ-A-Verhalten – als Coping-Strategie – der Bewältigung von als bedrohlich erlebten Situationen dient (Henry u.a., 1977, S. 195). Auch Rosenman u.a. deuten das Typ-A-Verhalten als Ausdruck von Unsicherheit und Angst, wobei sich diese Angst u.a. auf die Antizipation der Möglichkeit eines Statusverlustes bezieht (Rosenman u.a., 1975). Andere Autoren meinen, daß extreme Ausprägungen des Typ-A-Verhaltens durch die anhaltende Befürchtung, generell an Situationskontrolle (siehe unter 3.1.2.) einbüßen zu können, zu erklären seien.
Bekannt geworden sind die Untersuchungen von Rosenman und Friedman vor allem durch das folgende Resultat, das teilweise offenbar als Konsequenz dieser Dauerangst bzw. Dauerstreß-Situation zu deuten ist: Im Rahmen einer Längsschnittstudie über 8½ Jahre an 3 500 Männern im Alter von 39–59 Jahren konnten die Autoren zeigen, daß das Typ-A-

Verhalten in systematisch positivem Zusammenhang mit der Herzinfarkt-Wahrscheinlichkeit steht, wobei ein statistisch signifikanter Zusammenhang auch dann noch nachweisbar war, wenn der Einfluß parallellaufender Risikofaktoren wie Übergewicht, Rauchen und Bluthochdruck methodisch kontrolliert wurde (Rosenman u.a., 1975). Personen mit ausgeprägtem Typ-A-Verhalten stellen insofern nicht nur eine Belastung für ihre soziale Umwelt dar; sie gefährden sich vielmehr auch selbst.

Zumal andere Untersuchungen mit teilweise variierten Meßinstrumenten im Prinzip zu ähnlichen Ergebnissen kamen (Jenkins, 1977, S. 14), kann es inzwischen als sehr wahrscheinlich gelten, daß Personen, die das Typ-A-Verhalten realisieren, in der Tat mit einer erhöhten Herzinfarkt-Anfälligkeit zu rechnen haben (Henry u.a., 1977, S. 192). Die Erklärung dieses Befundes bereitet allerdings noch Schwierigkeiten.

Friedman u.a. meinen, daß das Typ-A-Verhalten seinerseits auch Ausdruck unserer gesellschaftlichen Normenstruktur sei: Speziell in den USA werden ein aggressives und rivalisierend-unterdrückendes (Leistungs-)Verhalten im Sinne der selfmade-man-Ideologie und das hire-and-fire-Prinzip von der Umwelt belohnt (Friedman u.a., 1977); hier – in der Normenstruktur – liegen demnach wichtige Bedingungen, an denen man verändernd ansetzen müßte, wenn man die negativen Konsequenzen des Typ-A-Verhaltens vermeiden möchte. Dabei ergibt sich allerdings ein Dilemma insofern, als gelegentlich leistungssteigernde Effekte bei von Typ-A-Vorgesetzten geführten Mitarbeitern beobachtet wurden (Boyd, 1984).

d) Erwartungswerttheoretische Konzepte

Es wurde einleitend zu diesem Kapitel darauf hingewiesen, daß es motivational auf die Valenz eines Ergebnisses und auf die Wahrscheinlichkeit ankommt, mit der das (gewünschte) Ergebnis überhaupt eintritt.

Im Sinne von Vroom (1964) läßt sich die Variable »Ergebnis« dabei noch in bestimmter Weise aufgliedern:

Von dem Handlungsergebnis selbst (sog. »Ergebnis 1«), das z.B. in einer Umsatzsteigerung besteht, kann man im Sinne einer Folge dieses Ergebnisses ein sog. »Ergebnis 2« abheben, das z.B. in den anerkennenden Worten (Lob) des Vorgesetzten besteht. Die motivational relevanten Hypothesen einer Person beziehen sich damit zum einen auf die Art und die Anzahl der aneinander gekoppelten Ergebnisse. Darüber hinaus spielt die Enge ihrer Verknüpfung eine Rolle: Die Art der Verknüpfung von Ergebnissen wird bei Vroom (1964) mit dem Begriff »Instrumentalität« umschrieben: Die Instrumentalität bezeichnet die angenommene Enge des Zusammenhangs zwischen einem Ergebnis 1 und einem Ergebnis 2. Die Instrumentalität zwischen den beiden Ergebnissen nimmt numerisch Werte zwischen –1,0 und + 1,0 an: Ein Ergebnis kann für das Eintreten eines anderen Ergebnisses irrelevant sein (Instrumentalität = 0) oder aber sein Eintreten fördern (Tendenz: + 1,0) bzw. verhindern (Tendenz: –1,0).

Die *Valenz* des Ergebnisses 1 (z.B. Umsatzsteigerung) ist demnach (wenn man einmal vereinfachend irgendwelche intrinsischen Komponenten des Ergebnisses 1 vernachlässigt) eine Funktion der Höhe der Valenz des zweiten Ergebnisses (Lob des Vorgesetzten) sowie eine Funktion der Enge der instrumentellen Beziehung des ersten gegenüber dem zweiten Ergebnis. Die Valenz von Ergebnis 2 und die Instrumentalität von Ergebnis 1 gegenüber dem Ergebnis 2 werden dabei *multiplikativ* verbunden: Der resultierende Anreizwert des

Ergebnisses 1 wird demnach den Wert Null annehmen, wenn eine der beiden Komponenten (die Valenz von Ergebnis 2 oder die Instrumentalität von Ergebnis 1 gegenüber Ergebnis 2) den Wert Null annimmt. Formal dargestellt bedeutet dies:

(1) $V_1 = f(V_2 \times I_{1/2})$
V_1 = Valenz des Ergebnisses 1
V_2 = Valenz des Ergebnisses 2
$I_{1/2}$ = Instrumentalität des Ergebnisses 1 gegenüber dem Ergebnis 2.

Nun verknüpft sich das Ergebnis 1 (Umsatzsteigerung) noch mit weiteren Folgewirkungen (z.B. Erregen von Neidgefühlen bei den Kollegen), wobei das Ergebnis 1 zu *diesem* Endresultat, das seinerseits eine bestimmte (hier: negative) Valenz aufweist, wiederum in einer bestimmten instrumentellen Beziehung steht. Auch im Hinblick auf dieses Resultat läßt sich (wie oben) ein Produkt aus Valenz und Instrumentalität berechnen, so daß die *Gesamt*-Valenz (V_j) des Ergebnisses 1 (Umsatzsteigerung) als Funktion der *Summe* der Produkte aus Valenz und Instrumentalität, über alle Endresultate (k = 1 ... n) hinweggesehen, zu betrachten ist:

(2) $V_j = f \sum_{k=1}^{n} (V_k \times I_{jk}$
V_j = Valenz des Ergebnisses J (bzw. des Ergebnisses 1)
n = Anzahl der als Ergebnis 2 einzustufenden Folgen des Ergebnisses J
V_k = Valenz der jeweiligen als Ergebnis 2 einzustufenden Folge
I_{jk} = Instrumentalität des Ergebnisses J gegenüber der jeweiligen als Ergebnis 2 einzustufenden Folge.

Genau dies ist die Aussage des »Valenz-Modells« von Vroom (1964).
Will man nun die Bereitschaft der Person, sich anzustrengen, vorhersagen, so muß – nachdem jetzt die Valenz bestimmt ist – noch geklärt werden, mit welcher Wahrscheinlichkeit die Person erwartet, daß ihr Verhalten (sich anstrengen) überhaupt zum Ergebnis 1 führt. Die »Kraft«, die auf die Person einwirkt, sich anzustrengen, ist damit eine Funktion der oben beschriebenen Valenz des Ergebnisses (V_j), sowie eine Funktion der angenommenen Wahrscheinlichkeit (»Erwartung« bei Vroom), daß ein Sichanstrengen auch zu diesem Ergebnis führt.
Nun ist denkbar, daß die Handlung »sich anstrengen« nicht nur in das Ergebnis »Umsatzsteigerung« einmündet. Der Umsatzsteigerung kann als weiteres Ergebnis des Sichanstrengens vielleicht eine »Zunahme der Herzschmerzen« parallel laufen. Handlungen (sich anstrengen) können demzufolge *mehrere* unmittelbare (gleichsam parallelgeschaltete) Konsequenzen aufweisen, die – da sie als direkte Folge der Handlung zu deuten sind – »Ergebnis 1«-Charakter haben.
Auch *dieses* Ergebnis 1 (Herzschmerzen) hat dabei eine bestimmte Valenz, da die Schmerzen z.B. in bestimmter instrumenteller Beziehung zu einem anschließenden sorgenden Verhalten der Ehefrau stehen, was für den Betreffenden u.U. hochbewertete Zuwendung bedeutet.
Die letztlich resultierende Einsatzbereitschaft bzw. die Kraft, die eine Person zum Sichanstrengen bewegt, ist demnach eine Funktion der *Summe* der Produkte aus Wahrscheinlichkeit (Erwartung) und Valenz der Ergebnisse erster Ordnung, über alle Ergebnisse (j = 1 ... n) betrachtet:

$$(3)\quad K_i = f \sum_{j=1}^{n} (E_{ij} \times V_j$$

K_j = Kraft, die auf das Individuum einwirkt, die Handlung i auszuführen
n = Anzahl der als Ergebnis 1 einzustufenden Handlungs-Resultate
V_j = Valenz des jeweiligen als Ergebnis 1 einzustufenden Handlungsresultates, identisch mit Formel (2)
E_{ij} = Wahrscheinlichkeit dafür bzw. Stärke der Erwartung dafür, daß die Handlung zu dem jeweiligen als Ergebnis 1 einzustufenden Handlungsresultat j führt.

Dieser Ausdruck beinhaltet die Aussage des sog. »Kraft«-Modells bei Vroom (1964), mit dessen Hilfe Anstrengungsbereitschaft (effort) erklärbar wird. Damit sind alle entscheidenden Begriffe (Erwartung, Valenz, Instrumentalität) eingeführt.

Der resultierende Leistungseinsatz (effort) wird hoch sein, wenn a) die Erwartung hoch ist, daß der Leistungseinsatz zu vielen Ergebnissen erster Ordnung führt, b) diese Ergebnisse erster Ordnung in enger instrumenteller Beziehung zu vielen Endresultaten (Ergebnisse zweiter Ordnung) stehen und c) diese Endresultate jeweils hohe Valenz aufweisen (Campbell u.a., 1976, S.84).

Dies ist die Kernaussage der VIE(Valence, Instrumentality, Expectancy)-Theorien, wobei zugleich angenommen wird, daß die Variablen E_{ij} und V_j sowie die Variablen V_2 und $I_{1/2}$ jeweils multiplikativ verbunden sind.
Im Sinne einer allgemeinen Charakterisierung dieses Ansatzes wird meist darauf hingewiesen, daß hier im Gegensatz zu triebtheoretischen Konzepten der Motivation, die zur Erklärung von Verhalten neben Bedürfnissen z.B. auch »Gewohnheiten« berücksichtigen und insofern mehr vergangenheitsorientiert seien, stärker das *Planungsverhalten* einer Person, also der Zukunftsbezug akzentuiert wird und dabei kognitiven Mechanismen stärkere Aufmerksamkeit gewidmet wird (Lawler, 1977, S.67ff.). Zugleich wird deutlich, daß die Erwartungs-Wert-Theorien in hedonistischer Tradition stehen: Das grundlegende Prinzip ist die Vermehrung von Lust bzw. Vermeidung von Unlust. Da keine Inhalte der Motivbefriedigung bzw. keine Motivziele (Geld, Selbstverwirklichung) genannt werden, sondern primär die kognitiven Mechanismen herausgearbeitet werden, die die Gerichtetheit des Verhaltens unabhängig vom Inhalt erklären, werden diese Theorien auch als Prozeß-Theorien bezeichnet (Campbell u.a., 1976).
Die Ergiebigkeit dieses Ansatzes zur Erklärung bestimmter Verhaltensweisen (vor allem: effort) ist vor dem Hintergrund der inzwischen vorliegenden empirischen Erfahrungen allerdings mit Skepsis zu betrachten (Neuberger, 1974a, S.94; Kieser u.a., 1978, S.31). Campbell u.a. referieren eine Vielzahl von Studien, in denen explizit untersucht wurde, welchen Beitrag zur Verhaltenserklärung die Variablen Valenz, Instrumentalität und Erwartung leisten.

Während sich die Variable Erwartung tendenziell als vorhersagekräftig erweist, sind die Befunde zu den beiden anderen Variablen (Valenz, Instrumentalität) recht unklar und widersprüchlich (Campbell u.a., 1976, S.85–91). Die Höhe der Korrelationen zwischen diesen Variablen und einem durch Vorgesetzten-Einschätzung gewonnenen Maß für »Leistungseinsatz« schwanken zwischen .20 und .30.

In diesen Befunden drücken sich verschiedene methodische und inhaltliche Schwierigkeiten aus, auf die jetzt abschließend eingegangen wird.
Probleme wirft z. B. die Unterscheidung zwischen Handlung und Handlungsergebnis sowie zwischen »Ergebnis 1« und Endergebnis (»Ergebnis 2«) auf (Lawler, 1977, S. 72). Abgrenzungen sind hier nicht immer eindeutig möglich. Des weiteren ergeben sich begriffliche Schwierigkeiten im Hinblick auf die abhängige Variable »effort« (Anstrengung): Worin liegen die Kriterien für »effort«: In der investierten Zeit? In dem Grad der Konzentration? In der Zunahme des Pulsschlags? In der zeitlichen Nicht-Unterbrochenheit des Tuns? In dem Gefühl des Angespanntseins? *Woran* (inhaltlich) soll also jemand denken, wenn er in Selbst- oder Fremdeinstufung »effort«-Messung vornimmt? (Campbell u.a., 1976, S. 92). Und wird dabei auch bedacht, daß die Kriterien für »effort« *unabhängig* von den Kriterien für die Variablen des Kraft- und Valenzmodells festgelegt sein müssen, da anderenfalls nur Tautologien gemessen werden?
Vor allem aber ist die Dynamik der verschiedenen Variablen untereinander unklar. Die multiplikative Verbindung der Variablen setzt im Grunde ihre Unabhängigkeit voraus; eben dies aber ist zu bezweifeln. Wie vorher im Rahmen der Leistungsmotivation gezeigt wurde, sind die Variablen »subjektive Lösungswahrscheinlichkeit« (entspricht dem Begriff Erwartung) und »Valenz« einer Aufgabe gerade *nicht* unabhängig voneinander. Die kognitiv repräsentierten Wahrscheinlichkeiten beeinflussen die Valenz, während (im Sinne eines Wunschdenkens) die Valenz auch die Wahrscheinlichkeitsannahmen beeinflussen dürfte. Unklar ist des weiteren die Dynamik der Verrechnung (Bilanzierung) der verschiedenen Ergebnisse untereinander: Mit welchen Gewichtungen geht eine Person dabei vor, und wie macht sie die inhaltlich verschiedenartigen Ergebnisse (Lob durch Vorgesetzte, Neid der Kollegen usw.) untereinander vergleichbar, so daß sie zu einer Gesamtvalenz aufaddierbar werden? Schließlich wäre auch wichtig zu wissen, wie eine Person ihre verschiedenen Annahmen/Hypothesen zur Wahrscheinlichkeit (Erwartung) und Instrumentalität *erwirbt:*

In welcher Weise übersetzen sich objektive Zusammenhänge bzw. Kontingenzen in subjektive Annahmen über diese Kontingenzen? Welche Psychodynamik bzw. welche Lernprozesse liegen den verschiedenen impliziten Ursachen-Attribuierungen zugrunde, die schließlich in spezifische Erwartungen und (vermutete) Instrumentalitäten einmünden? Wie kann man gegebenenfalls also auf eine *Veränderung* der Erwartungen und Instrumentalitäten hinwirken, um so die Motivation aktiv zu beeinflussen? Gerade diese Psycho-Dynamik im Sinne eines emotional-affektiven Geschehens ist ein Aspekt, der in den kognitiv orientierten Erwartungs-Wert-Theorien systematisch vernachlässigt wird, obwohl er vermutlich vorhersagerelevant ist (Herber, 1976, S. 150).
Historisch betrachtet, beherrschten lange Zeit die Inhaltstheorien (Maslow, Herzberg usw.) das Feld. Im Zuge des Booms der kognitiven Psychologie wurde die Diskussion in den letzten Jahren vor allem durch die Erwartungs-Wert-Theoretiker dominiert, deren formalen Modellen Campbell u.a. inzwischen nur noch »heuristischen« Wert zubilligen (Campbell u.a., 1976, S. 92); auch Neuberger fragt, inwieweit diese Theorien möglicherweise nur eine »Gelegenheit zum Modellplatonismus« waren (1978a, S. 232). Die Zukunft liegt wohl darin, wieder stärker phänomenologisch vorzugehen. Betrachtet man Motivation dabei als Antizipation spezifischer Emotionen, so wird vor allem das Wechselspiel zwischen Kognition und Emotion von Interesse sein – und erst diese Analyse würde den Begriff »Prozeß«-Theorie rechtfertigen.

2.2.4. Volition

Für die Erklärung, Prognose und Kontrolle menschlichen Handelns ist allerdings nicht nur die Motivation von Bedeutung, sondern vielfach auch die Volition, die sich umgangssprachlich als Willen übersetzen ließe. Stellen sich einer Handlung äußere Barrieren in den Weg, so ist Problemlösen erforderlich. Wird die Handlung dagegen durch innere Barrieren und Widerstände behindert, so ist der Wille, die Volition, aufgerufen. Mit diesem Thema hat sich die Psychologie schon früh (Wundt, 1907; Ach, 1910; Lindworsky, 1923) auseinandergesetzt. Danach freilich geriet diese Forschungsfrage über Jahrzehnte in Vergessenheit, bis sie von Kuhl (1983) wieder aufgenommen wurde und sodann durch Arbeiten von Heckhausen (1987; 1989) sowie von Heckhausen u. Gollwitzer (1987) wieder allgemeines Interesse auch in der Arbeits- und Organisationspsychologie (Nerdinger, 1994) fand; dies gilt insbesondere für das von diesen Autoren konzipierte »Rubikon-Modell« des Handelns, das Abbildung 11 zeigt.

Motivation	**Volition**		**Motivation**
prädezisional	präaktional	aktional	postaktional
Wählen	**Zielsetzung**	**Handeln**	**Bewerten**

Abb. 11 Das Handlungsphasenmodell bzw. Rubikon-Modell nach Heckhausen (v. Rosenstiel, 2000, S. 208)

Dieses »Rubikon-Modell,« vielfach auch als Handlungsphasenmodell bezeichnet, unterscheidet zwischen den motivationalen Phasen des Wählens und Bewertens zu Beginn bzw. am Ende der Handlung sowie den volitionalen der Zielsetzung und der Handlungsausführung. In der Phase des Wählens wird zwischen verschiedenen Handlungsmöglichkeiten abgewogen. Dann erfolgt die Fokussierung auf eine Handlungsalternative im Zuge der Intentionsbildung; es kommt – ein volitionales Geschehen – zum »Schritt über den Rubikon« der keine Rückkehr mehr erlaubt. Nun wird – gestützt durch den Willen, der z.B. die intendierte Handlung von äußeren »Versuchungen« und störenden Gedanken abschirmt – diese im Sinne der Zielsetzung ausgeführt. Nach deren Abschluß ist dann wiederum eine motivationale Phase des Bewertens zu beobachten, die sich z.B. darin zeigen kann, daß das Ergebnis der Handlung mit den vermuteten Ergebnissen der nicht gewählten Handlungsalternativen verglichen wird.
Innerhalb dieser Konzeption erfüllt die Volition zwei zentrale Aufgaben:

- Sie stärkt jene Ziele, die nicht mit den aktuellen Bedürfnissen übereinstimmen und
- unterdrückt störende Impulse, die durch unwillkürlich angeregte Bedürfnisse hervorgerufen werden.

Bei dieser Sichtweise lassen sich prozessuale und konfliktorientierte Ansätze voneinander abheben. Beim Handlungsphasenmodell überwiegt die prozessuale Betrachtung. Vor Eintritt in die Handlung wird im Sinne einer offenen Bewußtseinslage unparteiisch zwischen den Handlungsalternativen abgewogen, während dann bei der Intentionsbildung eine parteiische Analyse der Informationen erfolgt, insbesondere unter dem Aspekt der Wünschbarkeit und Realisierbarkeit des gewählten Zieles (Gollwitzer, 1996). Die konfliktorientierten Ansätze dagegen sehen in der Motivation und Volition komplementäre

Steuerungen, die jeweils bei der Energetisierung zusammenspielen können (Kuhl, 1994; Sokolowski, 1996). In diesem Sinne kann bereits in der Selektionsphase Motivation gefordert sein; es kann aber sehr wohl auch bei der Handlungsausführung die gegebene Motivation ausreichen – z.B. beim sog. Flow-Erleben (Csikszentmihalyi, 1992) –, wenn die aus der Situation ableitbaren Anforderungen mit den Kompetenzen und Neigungen der Person vollkommen übereinstimmen. Kehr (2000) hat nun versucht, die prozessualen und konfliktorientierten Ansätze miteinander zu verbinden, in dem er den gut belegten Phänomenen Rechnung trug, daß sowohl während der Bildung von Handlungsabsichten als auch im Verlauf ihrer Realisierung innerhalb der Handlung Konflikte auftreten können, zu deren Überwindung Volition genutzt wird. Darauf hatte auch bereits Lindworsky (1923) verwiesen, der in der Phase der Bildung eines Entschlusses sowie in jener der späteren Annäherung an das im Entschluß gefaßte Ziel die Notwendigkeit von Willensprozessen sah. In diesem – die beiden genannten Ansätze integrierenden – Sinne hat Kehr sein konfliktorientiertes Prozeßmodell konzipiert, das Abbildung 12 zeigt.

Konfliktorientiertes Prozeßmodell		Prozeß	
		Selektion	Realisation
Steuerungslage	Motivation	Selektionsmotivation	Realisationsmotivation
	Volition	Selektionsvolition	Realisationvolition

Abb. 12 Konfliktorientiertes Prozeßmodell von Motivation und Volition als Vier-Felder-Schema

Auf Grund einer detaillierten Analyse vorliegender empirischer Studien und durch eigene empirische Arbeit konnte er den Nachweis liefern, daß es Selektionsmotivation und -volition sowie Realisationsmotivation und -volition tatsächlich gibt und keineswegs nur – wie es das Handlungsphasenmodell nahelegt – Selektionsmotivation und Realisationsvolition.

Dies wiederum ist für bestimmte Gebiete der Organisationspsychologie von Bedeutung, weil sich Implikationen für die Führung, also für die Initiierung von Handlungen der Geführten durch den Vorgesetzten, sowie für die Personalentwicklung auf dem Gebiet der Stärkung von Motivation und Volition (vgl. 4.2.5.6.) daraus ergeben.

2.2.5. Fähigkeiten und Fertigkeiten

Speziell unter dem Gesichtspunkt der Eignung einer Person für bestimmte Tätigkeiten interessiert neben der Motivation die Frage der Qualifikation. Zur Vermeidung der verschiedenen negativen Konsequenzen einer Über- oder Unterforderung kommt es darauf an, daß die Fähigkeits- bzw. Fertigkeitsstruktur einer Person mit der Anforderungsstruktur der Tätigkeit übereinstimmt (siehe hier unter 3.1.1.). Während auf die Messung derartiger Personmerkmale noch unter 4. zurückgekommen wird, geht es nachstehend lediglich um die inhaltliche Darstellung einiger als arbeitsrelevant erachteter Fähigkeiten und Fertigkeiten sowie um die Frage, wie die Arbeitsrelevanz solcher Merkmale überhaupt festzustellen versucht wird.

Begrifflich werden »Fähigkeiten« (ability) von »Fertigkeiten« (skill) unterschieden: Fähigkeiten sind grundlegender insofern, als sie den Erwerb von Fertigkeiten ermöglichen (Fleishman, 1966, S. 149). Fähigkeiten sind erklärungsrelevant für den Leistungsvollzug in relativ heterogenen Aufgabenstellungen, während Fertigkeiten einen zusätzlichen Varianzanteil der beobachteten Leistung im Sinne aufgabenspezifischer Qualifikationen erklären (Hoyos, 1974, S. 129). Fertigkeiten werden dabei vergleichsweise stärker, als dies für Fähigkeiten gilt, als lernabhängig gedeutet. Aber auch Fähigkeiten werden heute nicht mehr allein als Funktion von Erbanlagen betrachtet. Wenngleich das Zusammenspiel von Anlage und Umwelt bei der Ausformung von Fähigkeiten theoretisch und methodisch schwer zu analysieren ist (Brandstätter, 1978, S. 77) und dieses Problem speziell im Bereich der Intelligenzforschung selten ideologiefrei diskutiert wird, ist die Erfahrungsabhängigkeit auch von Fähigkeiten heute generell akzeptiert. U. a. über den Tätigkeitsvollzug selbst kommt es zu einer systematischen Beeinflussung der Fähigkeitsstruktur (Hoyos, 1974; Maukisch, 1978, S. 115; Hacker, 1978, S. 307; siehe hierzu auch unter 2.4.1.).

Versuche, die verschiedenen Fähigkeiten und Fertigkeiten zu klassifizieren, haben in der Betriebspsychologie eine sehr lange Tradition; dies hängt primär damit zusammen, daß die Eignungsdiagnostik in der Betriebspsychologie einen entscheidenden inhaltlichen Schwerpunkt bildete. Dabei werden – im wesentlichen auf der Basis faktorenanalytischer Untersuchungen – z. B. folgende Fähigkeiten/Fertigkeiten unterschieden (Brandstätter, 1978, S. 79 f.):

a) im Rahmen der Wahrnehmung: Beim Gesichtssinn lassen sich Faktoren der Sehschärfe und der Helligkeitsunterscheidung von Faktoren der Farbwahrnehmung abheben. Beim Gehörsinn sind Faktoren wie Tonhöhenunterscheidung, Lautstärkenunterscheidung und Rhythmuswahrnehmungen zu beschreiben. Darüber hinaus wird häufig ein Faktor der Wahrnehmungsgeschwindigkeit gegenüber einfachen visuell dargebotenen Reizen herausgestellt. Schließlich werden auch gestaltpsychologisch orientierte Wahrnehmungsfaktoren unterschieden (Dunnette, 1976, S. 481): so z. B. ein Faktor der Schnelligkeit von Gestaltwahrnehmungen angesichts eines undeutlichen Umfeldes sowie ein Faktor der Flexibilität der Gestaltherauslösung aus irreleitenden ablenkenden Einbettungen.
b) Im Rahmen der Sensumotorik ist häufig ein Faktor der psychomotorischen Koordination (von Arm-, Hand- und Fußbewegungen) beschrieben worden. Dunnette (1976, S. 484) nennt als weitere Faktoren u. a. die Reaktionsgeschwindigkeit sowie die Handgeschicklichkeit, die ihrerseits von einer Fingerfertigkeit abzuheben ist. Des weiteren werden Faktoren der Geschwindigkeit von Arm-Bewegungen von der Genauigkeit der Arm-Regulation unterschieden. Bei vielen Autoren wird darauf hingewiesen, daß gerade im Bereich der Sensumotorik die Interkorrelationen zwischen den verschiedenen Faktoren besonders niedrig seien, die Existenz sog. g-Faktoren im Sinne von Spearman demnach nicht charakteristisch sei.
c) Bei den im engeren Sinne kognitiven Fähigkeiten wird als Stützfunktion ein Assoziations-Gedächtnis (gegenüber einfachem Material wie z. B. sinnlosen Silben) von einem Gedächtnisfaktor gegenüber komplexeren Inhalten abgehoben. Auch von einer allge-

meinen Lernfähigkeit kann offenbar nicht die Rede sein; die Lernfähigkeit erweist sich vielmehr als stark aufgabenspezifisch. Besonders häufig hat man die intellektuellen Fähigkeiten zu klassifizieren versucht. In einer zusammenfassenden Übersicht nennt Dunnette (1976, S. 483) u.a. die folgenden Faktoren: Flüssigkeit, induktives Denken, deduktives Denken, sprachliches Verständnis und Leichtigkeit im Umgang mit Zahlen. Im deutschen Sprachraum hat Jäger (1970) in einer außerordentlich umfangreichen Analyse folgende sechs Faktoren ermittelt: anschauungsgebundenes Denken, Einfallsreichtum und Produktivität, Konzentrationskraft und Tempo-Motivation, Verarbeitungskapazität (formallogisches Denken), zahlengebundenes Denken und sprachgebundenes Denken.

Die Vielzahl der im Bereich der Wahrnehmung, Sensumotorik und Intelligenz durchgeführten Faktorenanalysen steht allerdings in einem eklatanten Mißverhältnis zur theoretischen Aufarbeitung sowohl des methodischen Vorgehens an sich als auch der Resultate dieses Vorgehens. So wird speziell im Bereich der intellektuellen Fähigkeiten die Abhängigkeit der Anzahl und Qualität der sich ergebenden »Faktoren« von den Merkmalen des der Faktorenanalyse jeweils willkürlich zugrunde gelegten Item-Pools zu wenig berücksichtigt und vorschnell – generalisierend – auf »die« (faktorenanalytische) Intelligenzstruktur zurückgeschlossen, obwohl es »die« Intelligenzstruktur nicht geben kann: Empirisch sind unterschiedlich differenzierte faktorenanalytische Klassifikationen des gleichen Gegenstandsbereichs möglich und – in Abhängigkeit von dem jeweiligen Ziel der Klassifikation – jeweils auch »richtig«, wenn sie ihren prognostischen Zwecken dienen. Auch die oben genannten Beschreibungen von Fähigkeiten und Fertigkeiten müssen insofern auf die Methodenabhängigkeit ihrer Herleitung relativiert werden.

Vor allem ist über dem klassifikatorischen Gesichtspunkt jener der Dynamik der diesen Fähigkeiten/Fertigkeiten zugrundeliegenden Prozesse lange Zeit vernachlässigt worden; das von Hacker (1978) entwickelte Konzept der Handlungs-Regulation macht hier eine Ausnahme und eröffnet Perspektiven, das Nebeneinander der verschiedenen Faktoren zu überwinden (siehe unter 2.3.1.) und das Zusammenspiel kognitiver und sensumotorischer Prozesse deutlicher werden zu lassen.

Arbeitspsychologisch ist dabei zu fordern, daß nur solche Variablen berücksichtigt werden, die *nachweislich* in systematischer Beziehung zum Arbeitserfolg stehen. Um Aspekte, wie dieser Nachweis geführt wird, geht es in den folgenden Überlegungen. Die praktische Relevanz dieser Fragestellung ist offenkundig: Gelingt es, die besonders erfolgsrelevanten Fähigkeiten/Fertigkeiten herauszudestillieren, so wird damit nicht nur eine solide Basis für diagnostische Auslese- und Plazierungsentscheidungen gelegt, sondern zugleich der Boden für eine begründete Feststellung von Ausbildungsbedarf bereitet. Für den Nachweis der Arbeitsrelevanz bestimmter Fähigkeiten und Fertigkeiten ist es hilfreich (und längerfristig gesehen unausweichlich), sich an einer Theorie des Arbeitsvollzugs zu orientieren. Dies wiederum impliziert begriffliche Kategorien, über die Aspekte der Person mit jenen der Arbeit untereinander zu verbinden sind (Wenninger, 1972, S. 24). Ein solches Begriffssystem, das den Tätigkeitsvollzug mit Aspekten der Person in Beziehung setzt, scheint bisher aber noch nicht vorzuliegen (Dunnette, 1976, S. 473).
In der Praxis ermittelt man die Bedeutsamkeit bestimmter Person-Merkmale für den Arbeitserfolg häufig in der Weise, daß erfolgreiche und weniger erfolgreiche Personen im Hinblick auf die jeweils interessierenden Person-Attribute verglichen werden; ergeben sich dabei systematische Unterschiede zwischen den erfolgreichen und weniger erfolgreichen

bezüglich der jeweiligen Person-Attribute, so wird angenommen, daß diese Attribute als Prädiktoren gegenüber dem verwendeten Erfolgskriterium betrachtet werden können. Dieser Weg der Bestimmung der »Validität« von Person-Attributen hat aus den verschiedensten Gründen nur mäßige Erfolge gebracht (Hoyos, 1974, S. 143).

Ein anderer in der Praxis häufig beschrittener Weg besteht darin, die Relevanz bestimmter Person-Attribute unmittelbar durch Experten z.B. auf einer Schätzskala einstufen zu lassen (Jäger, 1970). Bei dieser Einstufung können sowohl unterschiedlich differenzierte Person-Merkmale als auch unterschiedlich differenzierte Kriterien, im Hinblick auf die die Bedeutsamkeit von Person-Merkmalen einzuschätzen ist, zugrunde gelegt werden.

Auf der Seite der Person-Merkmale haben Frieling u.a. (1973) eine Liste von 59 »Attributen« zum Ausgang ihrer Analysen genommen. Derartige Attribute umfaßten Merkmale wie Farbtüchtigkeit, Tiefenwahrnehmung, Schärfe der Hautsinne, Handgeschick, Reaktionszeit, Gleichgewichtsfähigkeit, visuelles Gedächtnis, anschauungsgebundenes Denken, Einfallsreichtum, Tempo-Motivation, Kooperationsbereitschaft, Initiative, Frustrationstoleranz, Risikobereitschaft, Interesse an sozialen Aktivitäten usw. (Frieling, 1975, S. 86).

Nun wird es kaum in hinreichend zuverlässiger Weise gelingen, Unterschiede in der Bedeutsamkeit dieser Person-Merkmale gegenüber einem *globalen* Arbeits-Erfolgs-Kriterium zu ermitteln. Vor diesem Hintergrund hat man den jeweiligen Arbeitsvollzug selbst analysiert und diejenigen Verhaltensweisen bzw. dasjenige Arbeitsverhalten zu bestimmen versucht, das für den Arbeitserfolg entscheidend ist. Den Person-Attributen werden demnach eine Reihe erfolgsrelevanter Arbeitsverhaltensweisen gegenübergestellt, und im Hinblick auf *diese* (kritischen) Verhaltensweisen am Arbeitsplatz wird anschließend die Bedeutung der Person-Attribute einzuschätzen versucht. Untergliedert man in diesem Sinne den Gesamt-Arbeitsvollzug in seine Teil-Vollzüge und identifiziert man die verschiedenen relevanten Einzel-Verhaltensweisen, so kann nun eine Art von Bedeutungsprofil der Person-Attribute erstellt werden: Es wird ersichtlich, welche Person-Attribute für welche kritischen Verhaltensweisen am Arbeitsplatz von besonderer Bedeutung sind (Hoyos, 1974, S. 141).

Dieses im wesentlichen auf McCormick und Mitarbeiter (1969) zurückgehende Verfahren kann hier nicht in Einzelheiten dargestellt werden (veranschaulichende Beispiele finden sich bei Hoyos, 1974, S. 139 ff. sowie bei Frieling, 1975, S. 79 ff.). Ein wesentlicher Vorzug liegt jedenfalls darin, daß die Bestimmung der Bedeutsamkeits-*Unterschiede* der verschiedenen Person-Attribute auf diesem Wege genauer und zuverlässiger möglich sein dürfte, als es vergleichsweise gegenüber einem Globalkriterium für den Arbeitserfolg gilt; und auf die Bestimmung dieser Unterschiede kommt es an, wenn man die jeweils arbeitsrelevanten Fähigkeiten und Fertigkeiten herauszudestillieren versucht.

Ein solcher Weg setzt allerdings voraus, daß die kritischen erfolgsrelevanten Verhaltensweisen überhaupt bekannt sind; sie gilt es also zunächst zu bestimmen. Dabei kann eine auf Flanagan (1954) zurückgehende Methode hilfreich sein, die als »Critical Incident Technique« in der Literatur bekannt geworden ist (vgl. ausführlicher 4.3.1.2.). Die Methode besteht im wesentlichen darin, daß im ersten Schritt die Kriterien festgelegt werden, an denen zu messen ist, ob ein Ereignis ein »kritisches Ereignis« darstellt oder nicht und im zweiten Schritt durch Interviews Experten daraufhin befragt werden, welche einzelnen Verhaltensweisen das Eintreten dieser kritischen Ereignisse eher behindern und welche das Eintreten eher fördern (Frieling, 1975, S. 42 ff.). Derartige kritische Verhaltensweisen kann man anschließend an weiteren Arbeitsplätzen zu erheben versuchen, um so eine repräsentative Stichprobe relevanter Verhaltensweisen zu gewinnen, die wesentliche Anforderun-

gen *vieler* Arbeitsplätze widerspiegeln. Einen ähnlichen Weg haben McCormick u.a. (1969) bei der Entwicklung ihres »Position Analysis Questionnaire« (PAQ) beschritten, der als Arbeitsbeschreibungsbogen etwa 190 Fragebogen-Items umfaßt, die sich auf kritische Verhaltensweisen am Arbeitsplatz beziehen (siehe hierzu unter 4.).
Einzelne Arbeitsplätze sind anschließend im Prinzip durch Profile der relevanten Verhaltensweisen charakterisierbar, wobei ein individuelles Eignungsprofil, das die Ausprägungen der Person-Attribute wiedergibt, anschließend zu vielen dieser Verhaltens-Anforderungs-Profile in Beziehung gesetzt werden kann. Wenn möglich, sollte bekannt sein, welche Person-Attribute für die verschiedenen relevanten Verhaltensweisen von welcher Bedeutung sind.

Die Realität ist von diesem zwar etwas atomistischen, im Prinzip aber als vernünftig erscheinenden Weg jedoch noch weit entfernt; dies vor allem auch deswegen, weil die *theoretische* Verknüpfung der Person-Attribute auf der einen Seite mit den relevanten Arbeitsverhaltensweisen auf der anderen Seite noch nicht befriedigend gelöst ist (Dunnette, 1976, S. 516); solange dies der Fall ist, bleibt auch die Validität der Person-Attribute für die verschiedenen Arbeitsplätze unklar.

Weiterführende Literatur

1. Um sich den Inhalt der viel kritisierten Maslowschen Motivklassifikation (speziell auch den Inhalt des Selbstverwirklichungs-Motive) plastischer vor Augen zu führen, sollte man Maslow an folgenden Stellen selbst lesen: A. H. Maslow: Motivation und Persönlichkeit. Olten 1977, S. 74–95 (Klassifikation), und 216–257 (Selbstverwirklichung).
2. Vertiefend und kritisch zu Maslows Hierarchiekonzept nimmt O. Neuberger Stellung: O. Neuberger: Theorien der Arbeitszufriedenheit, Stuttgart, 1974b, S. 102–111.
3. Theorie und Empirie zur Zweifaktoren-Theorie von F. Herzberg werden vertiefend diskutiert bei O. Neuberger: Theorien der Arbeitszufriedenheit. Stuttgart, 1974b, S. 119–139.
4. Empirische Untersuchungen zur unterschiedlichen Bedeutsamkeit verschiedener Anreize (Geld, Sicherheit usw.) werden einführend diskutiert bei: v. Rosenstiel: Die motivationalen Grundlagen des Verhaltens in Organisationen – Leistung und Zufriedenheit, Berlin, 1975, S. 125–138.
5. Eine gut verständliche Einführung in die Konzepte »Hoffnung auf Erfolg« und »Furcht vor Mißerfolg« in der Theorie von Atkinson findet sich in: Weiner, B.: Theorien der Motivation, Stuttgart, 1976, S. 36–49.
6. Den Stand der empirischen Forschung sowie theoretische Probleme zu den Erwartungs-Wert-Theorien fassen knapp zusammen: Campbell, J. P., Pritchard, D.: Motivation theory in industrial and organizational psychology. In: Dunnette, M. D. (ed.) Handbook of industrial and organizational psychology, Chicago, 1976, S. 84–95.
7. Theoretische Probleme bei der Bestimmung arbeitsrelevanter Fähigkeiten und Fertigkeiten sowie hierzu vorliegende empirische Beobachtungen werden vertiefend diskutiert bei Dunnette, M. D. in: wie 6: Attitudes, abilities and skills, S. 473–520. Zur Einführung in diesen Fragenkreis siehe Hoyos, C. Graf: Arbeitspsychologie, Stuttgart, 1974, S. 123–144.
8. F. W. Nerdinger: Motivation und Handeln in Organisationen. Eine Einführung. Stuttgart, 1995.

Fragen

9. Inwiefern erscheint die Frage, ob ein Motiv der homöostatisch regulierten Motivklasse zuzuordnen ist oder nicht, in pragmatischer Hinsicht bedeutsam?
10. Maslows These einer hierarchischen Motiv-Aktivierung beinhaltet welche Annahme?

11. Die Behauptung, Herzbergs Zwei-Faktoren-Theorie stelle ein Methoden-Artefakt dar, ließe sich u.a. wie begründen?
12. Die Beziehung zwischen der Lösungswahrscheinlichkeit einer Aufgabe und dem Anreizwert dieser Aufgabe unterscheidet sich für die Gruppe der Erfolgsmotivierten in welcher Weise von der Gruppe der Mißerfolgsorientierten?
13. Meßwerte zur Ausprägung welcher Variablen müßte man kennen, wenn man auf der Basis des Kraftmodells von Vroom die Anstrengungsbereitschaft einer Person vorhersagen möchte?
14. Die wesentliche Kritik an den Erwartungs-Wert-Theorien läßt sich wie zusammenfassen?
15. Kritisch ist im Hinblick auf die vorliegenden Fähigkeits- und Fertigkeitsklassifikationen was anzumerken?

2.3. Zur Wechselwirkung zwischen Situation und Person – Aktuelle Prozesse in der Arbeit

Nachdem im vorangegangenen Abschnitt Fragen der Arbeitsmotivation- und Qualifikation behandelt wurden, also *Bedingungen* des Arbeitsvollzugs beleuchtet wurden, soll nun der Arbeitsvollzug *selbst* eingehender betrachtet werden. Nach der Analyse des Arbeitsvollzugs werden u.a. Prozesse der Bewertung (Evaluation) des Arbeitsergebnisses (wie auch der umfassenderen Arbeitssituation) angesprochen; ausführlich wird dabei auf die Dynamik von Arbeitszufriedenheit eingegangen. Abschließend wird in diesem Kapitel die Beziehung zwischen der Arbeitszufriedenheit und Kriterien wie Leistung, Fluktuation und Wohlbefinden erörtert.

2.3.1. Der Vollzug der Arbeitstätigkeit

Mit dem Vollzug der Arbeitstätigkeit setzt sich Hacker (1978) in sehr differenzierter Weise auseinander. Der Autor konzentriert seine Überlegungen speziell auf den Prozeß der Handlungsregulation im Rahmen von Mensch-Maschine-Systemen (Hacker, 1978, S. 74 ff.):
Die entscheidende Steuerungsinstanz im Rahmen der Handlungsregulation sieht Hacker in den »Operativen Abbild-Systemen« (OAS), die im Gedächtnis repräsentiert sind und sich inhaltlich auf die Arbeitsweise des für den Positionsinhaber relevanten Ausschnitts im Produktionsprozeß beziehen; das OAS beinhaltet:

a) Antizipationen des (von ihm zu erbringenden) Arbeitsergebnisses (bzw. der zu erreichenden Teilziele)
b) Wissen um die Ausführungsbedingungen (z.B. Kenntnisse von Rohstoffeigenschaften und Funktionsweisen von Maschinen) sowie
c) Hypothesen zu den erforderlichen Transformationen (Operationen), um vom Ist-Zustand zum Soll-Zustand (Arbeitsergebnis von bestimmter Qualität) zu gelangen.

Derartige operative Abbild-Systeme können als das Resultat vorausgegangener subjektiver »Redefinitionen« der objektiven Aufgabenmerkmale durch die handelnde Person betrachtet werden, wobei die Art der jeweiligen Redefinition u.a. von der konkreten Lerngeschichte des einzelnen abhängt (siehe hierzu bei Hackman, 1970, S. 213).
Die OAS haben vor allem eine (kognitive) erwartungsbildende Funktion und stellen gleichsam Suchmodelle dar, an denen sich das Handeln orientiert. Die OAS steuern dabei so-

wohl die Handlungsvorbereitung als auch die Handlungsrealisierung: Sie steuern die Art der Signalerfassung (z.B. die Wahrnehmung eines Geräuschs im Motor), die Aktualisierung relevanten Wissens (zur Bedeutung des Geräuschs), die Analyse der jeweils zu realisierenden Teilziele sowie die Auswahl der einzuschlagenden Wege zur Realisierung des Ziels. Da die Güte der resultierenden Arbeitstätigkeit insofern wesentlich von der Angemessenheit der OAS abhängt, kommt es praktisch darauf an, z.B. durch Schulungsmaßnahmen die Vermittlung differenzierter OAS zu ermöglichen.
Aufbauend auf dem TOTE-Modell (Test-Operate-Test-Exit-Modell) von Miller, Galanter und Pribram (1973) postuliert Hacker als zentralen Steuerungsmechanismus bei der Übersetzung der OAS in Handlungen sog. Vergleichs-Veränderungs-Rückkoppelungsfolgen (VVR): Teilziel-Realisierungen basieren auf ständigen (an den OAS orientierten) Soll-Ist-Vergleichen, die den jeweiligen Handlungen vorausgehen, das Handeln begleiten und ihm folgen.
Gerade an diesen Vergleichs-Veränderungs-Rückkoppelungsfolgen wird auch der Charakter der Arbeitstätigkeit als *Interaktion* zwischen Person und Situation wieder deutlich: Die Person empfängt von der Umwelt (Situation) bestimmte Aufträge (die sich subjektiv später in Form spezifischer OAS repräsentieren) und wirkt zugleich über ihre Tätigkeit (z.B. Störgrößen-Beseitigung) sowie über die Produkt-Erstellung auf die Situation verändernd zurück.
Die Arbeitstätigkeit vollzieht sich damit über ständige, schleifenartig zu durchlaufende Rückkoppelungsprozesse, die die Ausrichtung des Handelns an den OAS sicherstellen. Zusätzlich ist dabei in dem Modell von Hacker charakteristisch, daß diese Rückkoppelungen auf verschiedenen Regulationsebenen ablaufen (Hacker, 1978, S. 101 ff.):
Der Autor unterscheidet im wesentlichen eine sensumotorische, eine perzeptiv-begriffliche sowie eine intellektuelle Regulationsebene und nimmt an, daß Rückkoppelungen auf allen drei Ebenen stattfinden.
Die intellektuelle Ebene ist dabei funktional den beiden anderen Regulationsebenen vorgeschaltet: Auf der intellektuellen Ebene geht es um die Regulation von übergreifenden Plänen bzw. Strategien; auf der perzeptiv-begrifflichen Ebene steht dagegen die Regulation nachgeordneter (Einzel-)Handlungen zur Debatte, und auf der sensumotorischen Ebene schließlich geht es um die Regulation ausführender Bewegungsabläufe. Insofern, als die jeweils nachgeordnete Ebene als abrufbares »Unterprogramm« der nächsthöheren Regulationsstufe zu betrachten ist, spricht Hacker von einer »hierarchischen« Beziehung der Regulationsebenen untereinander (Hacker, 1978, S. 105).

Zusammenfassend vollzieht sich die Arbeitstätigkeit nach Hacker damit über fortlaufende, an unterschiedlich komplexen operativen Abbildsystemen orientierte Vergleichs-Veränderungs-Rückkoppelungsfolgen, wobei derartige Regulationen in hierarchisch gestufter Weise auf der intellektuellen, perzeptiv-begrifflichen sowie sensu-motorischen Ebene ablaufen.

Die Prozesse der Regulation sind dabei (im Falle der sensumotorischen Regulation) nicht immer bewußtseinsfähig und auch nicht unbedingt (im Falle der intellektuellen Regulation) bewußtseinspflichtig: mit zunehmender Übung ist eine bewußte intellektuelle Abstimmung auf die OAS u.U. nicht mehr nötig. Die Regulationen haben sich bereits als »Berufserfahrung« und als»Gefühl für etwas« automatisiert.
Im Sinne einer Anforderungsanalyse folgt hieraus aber nicht, daß intellektuelle Regulationen für diese Tätigkeit bedeutungslos sind: Sie waren es zu Beginn und werden es bei Be-

dingungs*wechsel* des Tätigkeitsvollzugs sofort wieder sein (Hacker, 1978, S. 81)! Hieraus folgt etwas in pragmatischer Hinsicht Wichtiges:
Erweist sich die Annahme einer nur beschränkten Bewußtseinsfähigkeit und -pflichtigkeit verschiedener Regulationsprozesse als zutreffend, so werden mit Untersuchungsmethoden, die allein auf der Basis von *Aussagen* der Positionsinhaber die psychischen Anforderungsstrukturen zu ermitteln versuchen, diese Anforderungsstrukturen inadäquat und unvollständig erfaßt. Und noch etwas wird an dieser Stelle deutlich: Die Ermittlung psychischer Anforderungsstrukturen setzt eine Theorie des Tätigkeitsvollzugs *voraus,* da anderenfalls nicht klar ist, *was* überhaupt (wie) diagnostiziert bzw. gemessen werden soll (siehe unter 2.2.5.).
Des weiteren ist eine Theorie des Tätigkeitsvollzugs bedeutsam, um die Arbeitsbedingungen im Sinne der Humanisierungsabsicht und Persönlichkeitsförderung so gestalten zu können, daß die Tätigkeit später begründet (!) als z.B. »anregend« und »das Fähigkeitspotential fördernd« bezeichnet werden kann (siehe hierzu auch bei Kossakowski u.a., 1978, S. 35 ff.).
Aufgrund der *praktischen* Bedeutsamkeit für die Anforderungsermittlung und Tätigkeitsgestaltung kommt dem Ansatz von Hacker demzufolge eine erhebliche Bedeutung zu. Hacker selbst betont dabei jedoch mehrfach, daß die einschlägigen Analysen noch erhebliche Lücken aufweisen (Hacker, 1978, S. 105); das *Wie* der OAS-Vermittlung sowie das Wie der hieran orientierten hierarchisch gesteuerten Rückkoppelungsprozesse ist erst in Umrissen bekannt.
Fragt man *allgemein* nach den Bedingungen, von denen die Güte der Handlungsregulation, gemessen an dem resultierenden Handlungsergebnis, abhängt, so wird man zum einen auf die Variable »Wissen, Können« verwiesen. Daneben spielen bei der Handlungsregulation aber auch motivationale Einflüsse, also das »Wollen«, eine Rolle; und schließlich müssen die technisch-organisatorischen Rahmenbedingungen gegebenenfalls (notwendige) Regulationen auch zulassen: Bedeutsam ist damit auch die Situation.
Vor diesem Hintergrund verwundert nicht, daß in fast allen Modellen, in denen die Güte des Handlungsergebnisses bzw. die Leistung zu erklären versucht wird, eben diese drei genannten Variablen einen herausragenden Platz einnehmen (siehe z.B. bei Porter u.a., 1975, S. 121; v. Rosenstiel, 1975a, S. 32; Hackman, 1970, S. 213; Hoyos, 1974, S. 49 ff.; Lawler, 1976, S. 1252): Die Güte des Handlungsergebnisses wird als Funktion der Motivation, der Fähigkeiten sowie der situativen Bedingungen betrachtet:

Güte des Handlungsergebnisses = f (Motivation, Fähigkeiten, Situation).

Anschließend sei vor diesem Hintergrund kurz auf die Art der Beziehung zwischen diesen drei Variablen (bzw. Variablen-Klassen) eingegangen. Bekannt geworden ist der Ansatz von Vroom (1967, S. 203), der zur Vorhersage der Leistung die Variablen Motivation und Fähigkeiten (bzw. ability und effort) multiplikativ verbindet: Die resultierende Leistung sei eine Funktion des Produkts aus Motivation und Fähigkeiten; es sei demnach keine Leistung mehr zu erwarten, wenn die Motivation (bzw. Anstrengung) und/oder das Niveau der Fähigkeiten den Wert Null annehmen. Trotz der hohen Plausibilität dieses Ansatzes (auch Lawler, 1976, S. 1254, verknüpft ability und effort zur Vorhersage von performance multiplikativ) messen Campbell u.a. (1976, S. 119) dem Konzept der multiplikativen Verbindung bestenfalls heuristischen Wert zu.
So impliziert die multiplikative Verknüpfung von Motivation und Fähigkeiten deren *Unabhängigkeit.* Eben dies aber ist kaum anzunehmen (vgl. v. Rosenstiel, 1992):
In Anlehnung an die unter 2.2.3. erörterten erwartungswerttheoretischen Konzepte kann z.B. vermutet werden, daß das eigene Fähigkeitsniveau wahrgenommen wird und damit

auf die Komponente »Erwartung«, also die subjektive Wahrscheinlichkeit, ein erforderliches Leistungsverhalten auch realisieren zu können, einwirkt; die Wahrnehmung eines höheren eigenen Fähigkeitsniveaus würde demnach die (aus Erwartung, Instrumentalität und Valenz) resultierende Motivation vergrößern. Darüber hinaus ist auch umgekehrt ein Einfluß der Motivation auf das Fähigkeitsniveau in Rechnung zu stellen: Mit zunehmender Motivation steigt die Wahrscheinlichkeit dafür, daß überhaupt gehandelt wird, was – ceteris paribus – die Möglichkeit zur Erfahrungsbildung und Qualifikationssteigerung erhöht. Eine Unabhängigkeit zwischen Motivation und Fähigkeitsniveau ist insofern nicht zu erwarten. Und auch die dritte Komponente, nämlich die Situation, ist von den beiden anderen Variablen nicht unabhängig, sondern vielschichtig mit ihnen verwoben:
Die Situation (z.B. die Tendenz des Vorgesetzten, von den Mitarbeitern erbrachte Leistungen auch anzuerkennen) beeinflußt direkt die Instrumentalität (sensu Vroom) und damit die Einsatzbereitschaft (Motivation) der Person. Die Situation ist auch insofern bedeutsam, als sie (z.B. über unterschiedliche Grade an gewährter Autonomie, siehe hierzu auch die Überlegungen zur Sozialisation unter 2.4.) ein unterschiedliches Lern- bzw. Erfahrungsbildungspotential anbietet. Zugleich wirkt die Person aber auch auf verschiedenen Wegen verändernd auf die Situation zurück, so daß zwischen Situation und Personmerkmalen (Motivation, Fähigkeiten) eher Wechselwirkungen bestehen (1.1.2.), wie es bereits auch für die Beziehung zwischen den beiden Variablen Motivation und Fähigkeiten dargestellt wurde. Zusammenfassend gehen damit Modelle, die das Leistungsergebnis als Funktion des *Produkts* aus Motivation, Fähigkeitsniveau und situativen Bedingungen zu erklären versuchen und damit die Unabhängigkeit von Motivation, Fähigkeiten und situativen Bedingungen voraussetzen, von vereinfachten Annahmen aus, die den vielfältigen Wechselbeziehungen zwischen den genannten Variablen-Klassen nicht gerecht werden (v. Rosenstiel, 1975a, S. 361).

2.3.2. Prozesse der Erklärung und Bewertung von Handlungsergebnissen – Attributions- und Gleichheitstheorie

Die Handlungsergebnisse werden vom Positionsinhaber selbst in verschiedener Hinsicht einer Bewertung (Evaluation) unterzogen. Bestimmte Resultate werden z.B. unter Leistungsgesichtspunkten als Erfolge oder Mißerfolge eingestuft. Dabei interessiert u.a., wie sich der Betreffende den von ihm konstatierten Erfolg bzw. Mißerfolg erklärt und welche Folgen sich aus unterschiedlichen Erklärungsansätzen (Attribuierungsstrategien) für sein Erleben und Verhalten ergeben. Diese Frage wird zunächst angesprochen.
Darüber hinaus werden Handlungsergebnisse unter dem Gesichtspunkt des persönlichen Ertrags einer Bewertung unterzogen: Hat sich der Einsatz gelohnt, und fühlt man sich (unter Einschluß extrinsischer Belohnungen) angemessen bzw. fair für den Einsatz entschädigt? Diese Frage wird unter dem Stichwort »Gleichheitstheorie« im zweiten Gedankengang behandelt.

a) Ursachenerklärung für Erfolg bzw. Mißerfolg
Attributions-Theorie

Setzt sich eine Person im Sinne der Leistungsmotivation mit einem Gütemaßstab auseinander, so kann sie sich den konstatierten Grad an eingetretenem Erfolg bzw. Mißerfolg in unterschiedlicher Weise erklären. Hierauf ist in systematischer Analyse erstmals von Heider (1958) eingegangen worden. Unterschiedliche Möglichkeiten der Kausal-Attribuierung

(Ursachen-Zuschreibung) wurden in jüngerer Zeit von Weiner (1974, 1975, 1976) diskutiert. Der Autor unterscheidet folgende Arten der Ursachen-Zuschreibung (Weiner, 1976, S. 221; ausführlich hierzu Weiner, 1986):

	internal (Person)	external (Situation)
stabil	Begabung	Aufgabenschwierigkeit
variabel	Anstrengung	Glück

Abb. 13 Formen der Kausalattribuierung

Es werden demnach vier (von der Person als Erklärung herangezogene) Bedingungen für Erfolg bzw. Mißerfolg unterschieden, die sich auf zwei Dimensionen a) person versus situationsabhängig und b) zeitlich stabil versus variabel beschreiben lassen. Personen können nach dieser Schematik ihren Erfolg bzw. Mißerfolg also (entsprechend der Kombination der beiden Dimensionen) mit Begabung, Anstrengung, Aufgabencharakteristiken und Glück erklären:

Begabung und Anstrengung werden als personabhängige Ursachen für Erfolg bzw. Mißerfolg interpretiert, während in der Aufgabenschwierigkeit und dem Glück personunabhängige, von der Situation her determinierte Ursachen gesehen werden. Analog werden die Faktoren Anstrengung und Glück als zeitlich instabile (variable), die Faktoren Begabung und Aufgabenschwierigkeit dagegen als tendenziell zeitlich konstante (stabile) Ursachen für Erfolg bzw. Mißerfolg betrachtet. Entscheidend ist, daß es sich bei dieser Klassifikation um mögliche Formen der (subjektiven) Ursachen-*Zuschreibung* durch die Person handelt; die Person erklärt sich ihren Erfolg z. B. mit dem Faktor Begabung – ob hierin im jeweiligen Fall auch die *tatsächlichen* Ursachen für Erfolg bzw. Mißerfolg liegen, ist eine andere Frage!

Sucht man nun nach den Folgen unterschiedlicher Kausal-Attribuierungen, so lassen sich diese in Anlehnung an Weiner (1976, S. 216 ff.) wie folgt veranschaulichen:

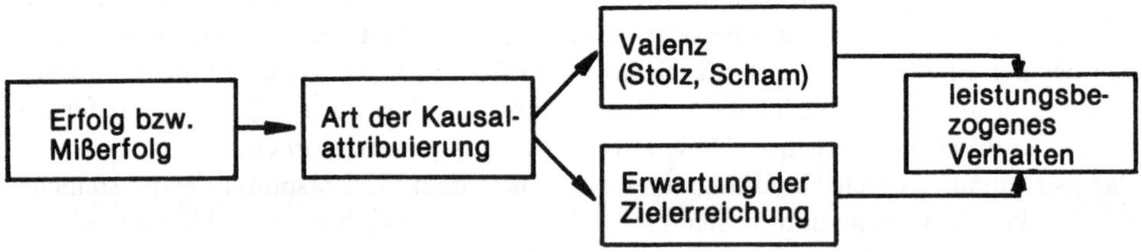

Abb. 14 Folgen unterschiedlicher Kausal-Attribuierungen

In Abhängigkeit von der Art der Ursachenzuschreibung gegenüber dem eingetretenen Erfolg bzw. Mißerfolg wird der Betreffende a) auf der affektiven Ebene Stolz oder Scham erleben und b) auf der kognitiven Ebene (zukünftige) Zielerreichungen bzw. Aufgabenbewältigungen ähnlichen Typs für wahrscheinlich oder unwahrscheinlich halten:

Plausiblerweise kann angenommen werden, daß sich Stolzempfindungen angesichts von Erfolg eher dann einstellen, wenn jemand den Erfolg z. B. auf die eigene Begabung (und

nicht auf die Leichtigkeit der Aufgabenstellung) zurückführt. Analog wird jemand zukünftige Aufgabenbewältigungen ähnlichen Typs kaum für wahrscheinlich halten, wenn er einen eingetretenen Erfolg auf glückliche Umstände bzw. den Zufall zurückführt usw.
Beeinflußt werden durch die Art der Attribuierung demnach die emotional-affektive *und* die kognitive Ebene des Erlebens der Person und damit auch ihr leistungsbezogenes Verhalten (Weiner, 1976, S. 216).
In leichter Modifikation der Weinerschen Terminologie wurde den Affekten der Begriff Valenz in der obigen Grafik zugeordnet: Stolz oder Scham aufgrund spezifisch erklärten Erfolgs bzw. Mißerfolgs sind nicht nur Handlungsergebnisse, sondern stellen zugleich die affektiven Inhalte dar, die in bezug auf das zukünftige leistungsbezogene Verhalten *antizipiert* werden; sie stehen insofern in unmittelbarer Analogie zum Konzept »Valenz«; interpretiert man zugleich die (kognitive) Erwartung der Zielerreichung im Sinne der Komponente »expectancy« (sensu Vroom), so wird der strategische Stellenwert des attributionstheoretischen Ansatzes deutlich:

Es eröffnen sich Perspektiven, die Ausprägungen und Bedingtheit der unter 2.2.3. dargestellten Variablen »Valenz« und »Erwartung« in Zukunft besser als bisher, nämlich auf attributionstheoretischem Wege, erklären zu können (Campbell u.a., 1976, S. 118); die Attributionstheorien stellen insofern (kognitive) Theorien der *Motivation* dar.
Und: unterschiedliche Formen der Kausal-Attribuierung im Hinblick auf Erfolg und Mißerfolg beeinflussen demnach das zukünftige leistungsbezogene Verhalten durch Beeinflussung der intervenierenden Motivationskomponenten Valenz und Erwartung (Weiner, 1974, S. 64).

Diese Aussage läßt sich noch spezifizieren:
Die emotional-affektiven Reaktionen (bzw. die Komponente Valenz) werden stärker beeinflußt, wenn die Person ihren Erfolg bzw. Mißerfolg auf internale Ursachen zurückführt (statt auf externale Bedingungen) (Weiner, 1976, S. 242 ff.). Umgekehrt gilt: Die kognitiven Zielerwartungen werden stärker beeinflußt, wenn die Person ihren Erfolg bzw. Mißerfolg auf stabile (statt auf variable) Ursachen hin attribuiert (Weiner, 1976, S. 242 ff.).
Will man motivationspsychologisch demnach verändernd auf die Komponente Valenz einwirken, so müßte die Person schwerpunktmäßig auf internale Bedingungen hin zu attribuieren lernen (Erfolg z.B. als anstrengungsbedingt zu deuten); will man dagegen die expectancy vergrößern bzw. stabilisieren, käme es darauf an, Erfolg auf die Begabung und die (vermutlich konstant bleibende) Aufgabencharakteristik zurückrühren.
Dies ist allerdings leichter gesagt als getan: Es liegen Anzeichen dafür vor, daß die Person im Leistungsbereich zur Entwicklung überdauernder Attribuierungsmuster neigt (also z.B. generell externale Attribuierungen präferiert) und diese auch in systematischer Weise stabilisiert – *durch* jeweils »passende« Attribuierungen (Weiner, 1976, S. 231 ff.). Inzwischen (auch in anderen Kontexten) entwickelte Attributions-Trainings deuten jedoch darauf hin, daß die Weisen der Ursachen-Zuschreibung durchaus beeinflußbar sind (Heckhausen, 1971).

b) Bewertung persönlicher Erträge – Gleichheitstheorie

Handlungsergebnisse werden nicht nur in leistungspsychologischem Sinn als Erfolg bzw. Mißerfolg eingestuft und in spezifischer Weise zu erklären versucht; die Person fragt sich auch nach der Relation zwischen Einsatz und Ertrag. Dieser Aspekt steht in der Gleichheitstheorie (Equity-Theorie) von Adams (1965) im Vordergrund. Einsatz und Ertrag wer-

den dabei als Verhältnis ausgedrückt und zum entsprechenden Einsatz/Ertrags-Verhältnis einer Vergleichsperson in Beziehung gesetzt. »Ungleichheit« liegt vor, wenn die Person meint (wahrnimmt), daß das Verhältnis ihrer Erträge zu ihren Einsätzen von dem Verhältnis der Erträge des anderen zu seinen Einsätzen abweicht (Adams, 1965, S. 280). Ein solcher Zustand löst Spannungen aus (proportional dem empfundenen Grad der Ungleichheit) und führt zu Versuchen der Ungleichheitsreduktion.
Ungleichheit liegt dabei sowohl für den Fall vor, daß das eigene Einsatz/Ertragsverhältnis günstiger als das der Vergleichsperson ausfällt, wie auch für den Fall, daß das eigene Einsatz/Ertragsverhältnis ungünstiger als für die Vergleichsperson ausfällt;
Ungleichheit wird erlebt, wenn

$$\frac{\text{Einsatz (eigener)}}{\text{Ertrag (eigener)}} > \frac{\text{Einsatz (des anderen)}}{\text{Ertrag (des anderen)}}$$

$$\frac{\text{Einsatz (eigener)}}{\text{Ertrag (eigener)}} < \frac{\text{Einsatz (des anderen)}}{\text{Ertrag (des anderen)}}$$

Zu betonen ist, daß nicht die absoluten Differenzen der Einsätze oder Erträge, sondern immer das *Verhältnis* von Einsatz zu Ertrag als Vergleichsbasis dient. Einsatz wie Ertrag sind dabei jeweils im Sinne eines Summenwertes vorzustellen: Eine Person »investiert« (z.B. Zeit, Erfahrung, Vorbildung = Einsatz) und erhält u.a. Lohn, interessante Aufgaben, Prestige, Altersversorgung usw. (Ertrag). *Was* dabei inhaltlich im einzelnen aufbilanziert wird, hängt (willkürlich) von dem Verständnis der Tausch-Situation des je Bilanzierenden ab; hier spielen normative Erwartungen der Person eine zentrale Rolle (Adams, 1965, S. 280).

Zur *Beseitigung* des durch die (wahrgenommene) Ungleichheit ausgelösten Spannungszustandes kann die Person im Prinzip

a) auf subjektivem Wege (Umwertung) und/oder objektivem Wege
b) die eigenen Erträge und/oder die Erträge des anderen sowie
c) die eigenen Einsätze und/oder die Einsätze des anderen zu verändern versuchen und

somit Gleichheit der Verhältnisse herstellen.
Adams (1965, S. 283 ff.) nennt hierzu einige Beispiele, ergänzt diese Alternativen noch durch die Möglichkeit, die Vergleichsperson zu wechseln oder gar aus dem Felde zu gehen (z.B. zu kündigen), und versucht, auch die Bedingungen zu präzisieren, unter denen die eine oder andere Strategie der Reduktion von Ungleichheit wahrscheinlicher wird; diese Bedingungen sind aber recht allgemein formuliert und damit zur differentiellen Vorhersage der gewählten Reduktionsstrategie wenig geeignet (Neuberger, 1974b, S. 101).

Obwohl die Theorie von Adams vom Anspruch her recht global gemeint ist, hat sich ihre empirische Überprüfung meist auf ein wesentlich enger gefaßtes Paradigma beschränkt: Als Ertrag wurde auf finanzielle Erträge (unter Zeit- und Stücklohn) zurückgegriffen und als Einsatz die Leistungsqualität und -quantität variiert. Durch bestimmte experimentelle Manipulationen wurde dabei das Gefühl der Über- bzw. Unterbezahlung ausgelöst und untersucht, ob und in welcher Weise sich die Leistungsqualität und -quantität in Abhängigkeit von der Über- bzw. Unterbezahlung unter der Randbedingung Stück- oder Zeitlohn verändern.
Die *Ergebnisse* dieser zum Teil im Labor durchgeführten Studien lassen sich wie folgt zusammenfassen (Campbell u.a., 1976, S. 106):

	Überbezahlung	Unterbezahlung
Stücklohn	geringere Quantität der Leistung bei höherer Qualität	geringere Qualität der Leistung bei höherer Quantität
Zeitlohn	höhere Quantität der Leistung	geringere Quantität der Leistung

Abb. 15 Leistungsabhängigkeit von der Form der Belohnung

Die Tendenz der Befunde geht in die erwartete Richtung. Die in der Tabelle angegebenen leistungsbezogenen Verhaltensweisen lassen sich unter den jeweils gegebenen Bedingungen (Zeitlohn, Stücklohn), zumindest auf den ersten Blick, durchaus als vernünftige Versuche der Reduktion von Ungleichheit deuten. Dennoch hat sich Kritik speziell an den Befunden zur Wirkung von Überbezahlung entzündet. Die Kritik läuft darauf hinaus, daß diese Befunde im wesentlichen als Methoden-Artefakt zu betrachten seien (v. Rosenstiel, 1975a, S. 257; Campbell u.a., 1976, S. 106 ff.): Das Gefühl der Überbezahlung wurde experimentell gehäuft durch die Suggestion mangelhafter Befähigung auszulösen versucht. Die bei Zeitlohn zu beobachtenden Steigerungen der Leistungsquantität resultieren entsprechend stärker aus dem Bedürfnis, aufgrund einer Gefährdung des Selbstwertgefühls die These mangelnder Qualifikation nach außen erkennbar zu widerlegen, als aus der Überbezahlung an sich. In realen Wirtschaftsorganisationen sind die Annahmen zur Wirkung der Unterbezahlung eher zutreffend, die Annahmen zur Wirkung der Überbezahlung dagegen so lange unzutreffend, wie nicht die Überbezahlung öffentlich Sanktionen von dritter Seite nach sich zieht (Kollegen dies z.B. als unfair attackieren).

Zusammenfassend scheint eine Generalisierung der in der Abbildung 15 aufgeführten Resultate zur Wirksamkeit von Über- bzw. Unterbezahlung auf das qualitative und quantitative Leistungsverhalten in realen Organisationen – wenn überhaupt – nur für den Fall der Unterbezahlung möglich zu sein (Locke, 1976, S.1322).

Schließlich sind auch kritische Anmerkungen theoretischer Art bei einer Stellungnahme zur Adamsschen Gleichheitstheorie angebracht; folgende Probleme werden immer wieder herausgestellt (Neuberger, 1974b, S. 101; v. Rosenstiel, 1975a, S. 169 f.; Campbell u.a., 1976, S. 108 ff.):

a) unklar ist, was die Auswahl der jeweils herangezogenen Vergleichspersonen steuert,
b) unklar ist, was die Auswahl der unter der Kategorie Ertrag bzw. Einsatz jeweils bilanzierten Inhalte steuert,
c) unklar ist, ob und wie diese verschiedenen Inhalte gewichtet und untereinander vergleichbar gemacht werden, damit anschließend ein Summenwert für Ertrag respektive Einsatz bestimmt werden kann,
d) unklar ist, ob – wie in der Theorie vorausgesetzt – Erträge und Einsatz voneinander unabhängig sind. Manche Bedingungen (z.B. die Größe der Verantwortung) vermitteln sowohl »Ertrag« (z.B. Ansehen) als auch »Einsatz« (z.B. nervliche Belastung), womit sich die Reduktionsmöglichkeiten von wahrgenommener Ungleichheit erheblich einschränken, da Einsatzsenkungen zugleich Ertragseinbußen implizieren (und umgekehrt).

Insgesamt entsteht damit im Hinblick auf die Gleichheitstheorie der Eindruck, daß – ähnlich wie schon bei den Erwartungs-Wert-Theorien – eine gewisse Eleganz und Sparsamkeit der theoretischen Annahmen über manche Unklarheiten der die relevanten Variablen steuernden Prozesse hinwegtäuschen.

2.3.3. Aspekte der Arbeitszufriedenheit

Wird im Sinne von Adams (1965) ein Ungleichgewicht zwischen den Einsatz-Ertrags-Verhältnissen wahrgenommen, so resultiert hieraus ein Zustand der Spannung. Man könnte diesen Zustand als Unzufriedenheit bezeichnen. Die Theorie von Adams beinhaltet insofern Aussagen

a) zu den Bedingungen der Entstehung von Arbeitsunzufriedenheit und
b) zu den Folgen von Unzufriedenheit.

Bevor auf diesen Fragenkreis der Bedingungen und Folgen von Arbeits(un)zufriedenheit (AZ) näher eingegangen wird, seien in diesem Abschnitt zunächst die unterschiedlichen Aspekte der AZ selbst näher erläutert.
Der Begriff Arbeitszufriedenheit wird in sehr heterogener Weise verwendet. Betrachtet man die in der Literatur vorwiegend erörterten Konzepte, so lassen sich die verschiedenen Ansätze zur Bestimmung von AZ auf folgenden Dimensionen beschreiben:

Konzeptionen von Arbeitszufriedenheit (AZ)

Bedürfnisorientiert (motivations-/personorientiert	↔	Anreizorientiert situationsorientiert)
Einzel-AZ	↔	Gesamt-AZ
AZ als vorübergehender passagerer Zustand	↔	AZ als zeitlich stabile Reaktion
vergangenheitsorientiert	↔	zukunftsorientiert

Arbeitszufriedenheit kann demnach z.B. als ein *vorübergehender* emotionaler Zustand interpretiert werden, der durch die Erfahrung erlebnismäßig positiv gefärbter Entspanntheit charakterisiert wird. Für bestimmte Erklärungs- bzw. Vorhersagezwecke ist es jedoch vielleicht unergiebig, die vorübergehende emotionale Befindlichkeit als Prädiktor einzusetzen; folglich interessiert auch die AZ als zeitlich *stabile* emotionale Reaktion (ähnlich Locke, 1976, S. 1300), da diese stabile Reaktion andere prognostische Qualitäten aufweisen könnte. Wiederum in Abhängigkeit von dem Erklärungs- bzw. Vorhersagezweck kann es sinnvoll sein, AZ als vergangenheitsbezogenes Resümee oder aber als zukunftsbezogene Erwartung zu definieren, wobei der Begriff Arbeitszufriedenheit im letzteren Fall in die Nähe des Konstrukts Motivation rücken würde. Durchgehend wird des weiteren ein bedürfnisorientierter Ansatz von einem anreizorientierten Ansatz unterschieden (so etwa bei Neuberger, 1974b, S. 142 ff.; v. Rosenstiel, 1977, S. 114). Neuberger (1974b, S. 159) bringt diesen Unterschied wie folgt zum Ausdruck: statt einer Befriedigung *von* X (einem Bedürfnis) geht es hier um die Befriedigung *mit* X (einer Umweltbedingung). Bei der Messung von Arbeitszufriedenheit würde man also bei einem bedürfnistheoretischen Ansatz z.B. fragen: »Wie ist Ihr Kontaktbedürfnis befriedigt?«; während man anreiztheoretisch eher die Frage »Wie zufrieden sind Sie mit ihren Kollegen?« stellen würde.
Auch diese Unterscheidung ist praktisch bedeutsam: z.B. psychosomatische Reaktionen der Person lassen sich evtl. besser erklären, wenn man das Konstrukt AZ bedürfnistheore-

tisch bestimmt, um so die Verbindung zu konflikttheoretischen Annahmen der psychosomatischen Forschung besser herstellen zu können. Will man dagegen die Art des situationsspezifischen Verhaltens vorhersagen (also die Annäherungs- bzw. Vermeidungstendenz gegenüber *bestimmten* Objekten in der Situation prognostizieren), dürfte es zweckmäßiger sein, die Arbeitszufriedenheit vom Anreizwert eben dieser Objekte selbst, also von der Situation her, zu bestimmen. Gerade in pragmatischer Hinsicht ist schließlich auch die Unterscheidung von Einzel- und Gesamtarbeitszufriedenheit bedeutsam: Der Grad der Zufriedenheit, über alle Bedürfnisse bzw. Merkmale der Situation hinweggesehen, läßt unterschiedliche Grade der Zufriedenheit bezüglich einzelner Bedürfnisse bzw. situativer Merkmale nicht mehr erkennen.

Unter dem Konstrukt Arbeitszufriedenheit (AZ) kann insofern sehr Unterschiedliches verstanden werden. Die vier eben genannten logisch-analytisch voneinander abgrenzbaren Dimensionen können zur näheren Beschreibung konkret verwendeter AZ-Definitionen herangezogen werden. »Die« AZ-Definition kann es dabei nicht geben; vielmehr ist zuvor zu fragen, was eigentlich erklärt bzw. vorhergesagt werden soll.

Ergänzend ist folgendes von Interesse (Locke, 1976, S. 1304 ff.): Von welchem der vier dargestellten Ansätze man auch ausgeht: AZ läßt sich im Prinzip immer als Soll-Ist-Differenz bestimmen: Die Arbeitszufriedenheit wird als groß bezeichnet, wenn die Soll-Ist-Differenz klein ist. Von der *Größe* der Soll-Ist-Differenz läßt sich nun analytisch deren *Bedeutsamkeit* abtrennen (unterschiedliche Bedürfnisse bzw. situative Charakteristika sind für die Person ungleich gewichtig). Nach Locke zeigt sich die Bedeutungsdimension darin, daß mit zunehmender Bedeutsamkeit einer Soll-Ist-Differenz (bei konstanter Größe) die Intensität der emotionalen Reaktion zunimmt.

Die resultierende AZ sei demnach eine Funktion der Größe der Soll-Ist-Differenz *und* deren Bedeutsamkeit, wobei Locke beide Aspekte multiplikativ verbindet (Locke, 1976, S. 1306):

AZ = f (Soll-Ist-Differenz) x Bedeutsamkeit

Der theoretischen Plausibilität dieser Unterscheidung zwischen der Größe der Soll-Ist-Differenz und deren Bedeutsamkeit bei der Bestimmung von AZ steht allerdings die Beobachtung entgegen, daß der praktische Gewinn einer solchen Unterscheidung äußerst gering ist: Berücksichtigt man neben der Größe der Differenz noch deren Bedeutsamkeit, so verbessert sich die Vorhersage z.B. der Gesamt-Arbeitszufriedenheit oder objektiver Kriterien wie die Fluktuationsrate usw. nicht (Neuberger, 1974b, S. 151; v. Rosenstiel, 1977, S. 119).

Dies läßt sich vermutlich dadurch erklären, daß

a) in den einschlägigen Fragebögen zur Messung der AZ nicht beliebige, sondern – vorselektiert – wahrscheinlich bedeutsame Aspekte vorgegeben werden und
b) Personen in das Urteil über die Größe der Differenz die Bedeutsamkeit des jeweiligen Aspekts gleich mit eingehen lassen: Die (subjektive) Größe der Differenz und deren Bedeutsamkeit kovariieren, womit der Informationsgewinn einer zusätzlichen Berücksichtigung der Bedeutsamkeit sinkt.

Auf weitere Probleme, die mit der *Messung* (nicht Definition) von AZ zusammenhängen, wird unter 4.3.2.1.1. eingegangen.

Arbeitszufriedenheit wird von vielen Autoren als relativ überdauernde *Einstellung* einer Person zu verschiedenen Aspekten ihrer Arbeitssituation verstanden (so z.B. Neuberger u.a., 1978, S.9). Damit wird die Absteckung des kognitiven Raumes dieser Einstellung notwendig: Auf *welche* Inhalte bezieht sich AZ und auf welche *nicht*? Die Frage scheint beantwortet zu sein, wenn man sich die verschiedenen Meßinstrumente ansieht, die inzwischen zur Erfassung der AZ vorliegen; nach Locke (1976) wurden in den verschiedenen Studien vor allem folgende Aspekte bzw. Inhalte als AZ-relevant untersucht:

- Aufgabenmerkmale (Möglichkeit zum Lernen usw.),
- äußere Arbeitsbedingungen (Lärm ...),
- Bezahlung,
- Aufstieg (Beförderungschancen),
- Anerkennung (Lob),
- Vorgesetzter (Führungsstil),
- Kollegen (Kontakt),
- Organisation und Leitung der Firma.

Zu fragen ist allerdings, welche theoretische Konzeption dieser Selektion zugrunde liegt; wieso finden sich in dieser Liste nicht z.B. Faktoren wie Mitbestimmung, Freiheit, Erotik usw.? Bezüglich der Beantwortung dieser Frage ist es nach Locke in der Mehrzahl der Untersuchungen schlecht bestellt (Locke, 1976, S.1301); die theoretischen Vorannahmen seien – wenngleich notwendig (und immer) implizit enthalten – nur selten in differenzierter Weise expliziert. Eine solche Theorie, an der sich die Selektion der Inhalte orientieren müßte, könnte z.B. eine Theorie der Arbeitsmotivation sein: Bestimmte Aspekte der Situation werden AZ-relevant, da sie entweder in direkter Beziehung zu spezifischen Bedürfnissen stehen oder aber nennenswerte Instrumentalitäten (sensu Vroom) zu solchen direkt relevanten Aspekten aufweisen; andere Aspekte der Arbeitssituation, die diesen Kriterien nicht genügen, wären dann vernachlässigenswert. Nur: Eine in diesem Sinne theorieorientierte Selektion der Situationsaspekte ist für die meisten der vorliegenden AZ-Studien untypisch.
Neben dem Problem der Selektion stellt sich das der Klassifikation der (wie auch immer begründet) selektierten Aspekte. Auch hier übt Locke Kritik (1976, S.1301): Ähnlichkeiten bzw. Übereinstimmungen zwischen verschiedenen Autoren zur Klassifikation der Arbeitssituationsaspekte würden höchstens zufällige Übereinstimmungen in den Stichproben-Charakteristika und Verrechnungsmethoden (z.B. im Rahmen der Faktorenanalyse) widerspiegeln, neben dem Umstand, daß die verschiedenen Autoren – durch wechselseitige Beeinflussung – immer wieder die gleichen Ausgangsfragen stellen, die dann faktoranalysiert werden (siehe auch Neuberger, 1974b, S.162).
Gedanklich begründet seien derartige Klassifikationen nicht. Als Beispiel führt Locke an, daß in der obigen Auflistung der Situationsaspekte logisch Heterogenes insofern zusammengeworfen sei, als die Liste sowohl Ereignisse/Bedingungen (z.B. Bezahlung) als auch Verursacher dieser Bedingungen (Vorgesetzte, die Firma) *zugleich* erfaßt (Locke, 1976, S.1302); dies ist ein Umstand, der klassifikationslogisch nicht befriedigt und auch unter dem Vorhersageaspekt als bedenklich – da redundanzerzeugend – erscheint. Damit wird bereits ein empirischer Befund angedeutet:

Messungen der Arbeitszufriedenheit bezüglich dieser verschiedenen Aspekte erweisen sich nicht als unabhängig voneinander, sondern sind positiv korreliert (v. Rosenstiel, 1975a, S.414; Neuberger, 1974b, S.165; Neuberger, 1976b, S.80). In der Regel läßt sich bei Faktorenanalysen entsprechend ein Generalfaktor der Arbeitszufriedenheit nachweisen, der allein einen erheblichen Anteil der Gesamtvarianz zu erklären imstande ist (so z.B. bei der sehr umfangreichen Studie von Neuberger u.a., 1978, S.81).

Für diesen Befund gibt es verschiedene Erklärungen; neben methodeninternen Argumenten kann die mangelnde Unabhängigkeit der Zufriedenheit in den Einzelaspekten wie folgt gedeutet werden:

a) Die aufgelisteten Bedingungen (Geld, Vorgesetzter, Arbeitsinhalt usw.) sind objektiv nicht unabhängig voneinander (Vroom, 1967, S. 103 f.; siehe die obige Argumentation von Locke, 1976).
b) Die aufgelisteten Bedingungen sind subjektiv insofern voneinander abhängig, als die *Befragten* spezifische Bedingungen (z.B. Geld) ursächlich auf bestimmte andere Bedingungen (z.B. den Einsatz des Vorgesetzten) zurückführen; in der Höhe der Interkorrelationen drücken sich dann auch bestimmte Kausalattribuierungen auf seiten der Befragten aus, die mit der objektiven Realität natürlich nicht übereinstimmen müssen.

Diese Argumente implizieren, daß Folgerungen bzw. Handlungskonsequenzen aus derartigen Zufriedenheitsmessungen auf schwankendem Boden stehen, solange die *Bedingtheit* des Antwortverhaltens der Befragten unklar ist; anders formuliert: die *Validität* (also die Frage, was inhaltlich eigentlich gemessen wird) ist unklar (Locke, 1976; v. Rosenstiel, 1977, S. 124) und damit die Verwendungsmöglichkeit derartiger Daten.
Zusammenfassend befriedigt bisher also weder die Selektion noch die Klassifikation der verschiedenen Situationsaspekte bei der Bestimmung der AZ. Dies gilt schließlich auch noch aus Gründen, die Neuberger u.a. 1978 diskutieren (Neuberger u.a., 1978, S. 36 f.): Eine individuelle Struktur des Arbeitserlebens, die durch eine höchst persönliche Differenzierung der Arbeitssituation gekennzeichnet sein kann, wird über standardisierte Vorgaben vermeintlich AZ-relevanter Aspekte natürlich nicht mehr erfaßbar. Damit sind aber bereits Fragen der Messung der AZ angesprochen, worauf noch unter 4.3.2.1.1. zurückgekommen wird.

> An dieser Stelle bleibt zunächst nur festzuhalten, daß die immer wieder als bedeutsam behaupteten Aspekte der Arbeitssituation für die Arbeitszufriedenheit weder in ihrer Auswahl noch in ihrer logischen und erlebnismäßigen Verknüpfung untereinander hinreichend präzise analysiert sind.

2.3.4. Zur Dynamik der Arbeitszufriedenheit

Bedingungen der AZ liegen in der Situation und Person. Auf die situativen Charakteristika wird in den einschlägigen Kapiteln unter 3. zurückgekommen; im folgenden werden vorwiegend Mechanismen in der Person diskutiert, die mit der Entstehung bzw. Vermittlung von AZ zusammenhängen.
Auf die Interaktion von Situation und Person sowie auf spezifische intrapersonale Prozesse bei der Genese von AZ macht ein Modell von Bruggemann (1974) aufmerksam, das in der neueren Literatur viel Beachtung gefunden hat und kurz dargestellt werden soll.
Abbildung 16 illustriert, wie die AZ als *Ergebnis* von Abwägungs- und Erlebnisverarbeitungsprozessen interpretiert wird, wobei die AZ aber ihrerseits wiederum auf die intrapsychischen Verarbeitungsprozesse – über eine Veränderung der Situation und/oder Bedürfnisstruktur – *zurückwirkt.* Diese Prozesse beinhalten

a) Soll-Ist-Vergleiche bezüglich der Bedürfnisbefriedigung bzw. Erwartungserfüllung,
b) anschließende Vorgänge der Erhöhung, Aufrechterhaltung oder Senkung des Anspruchsniveaus als Folge einer Bedürfnisbefriedigung bzw. Nichtbefriedigung sowie

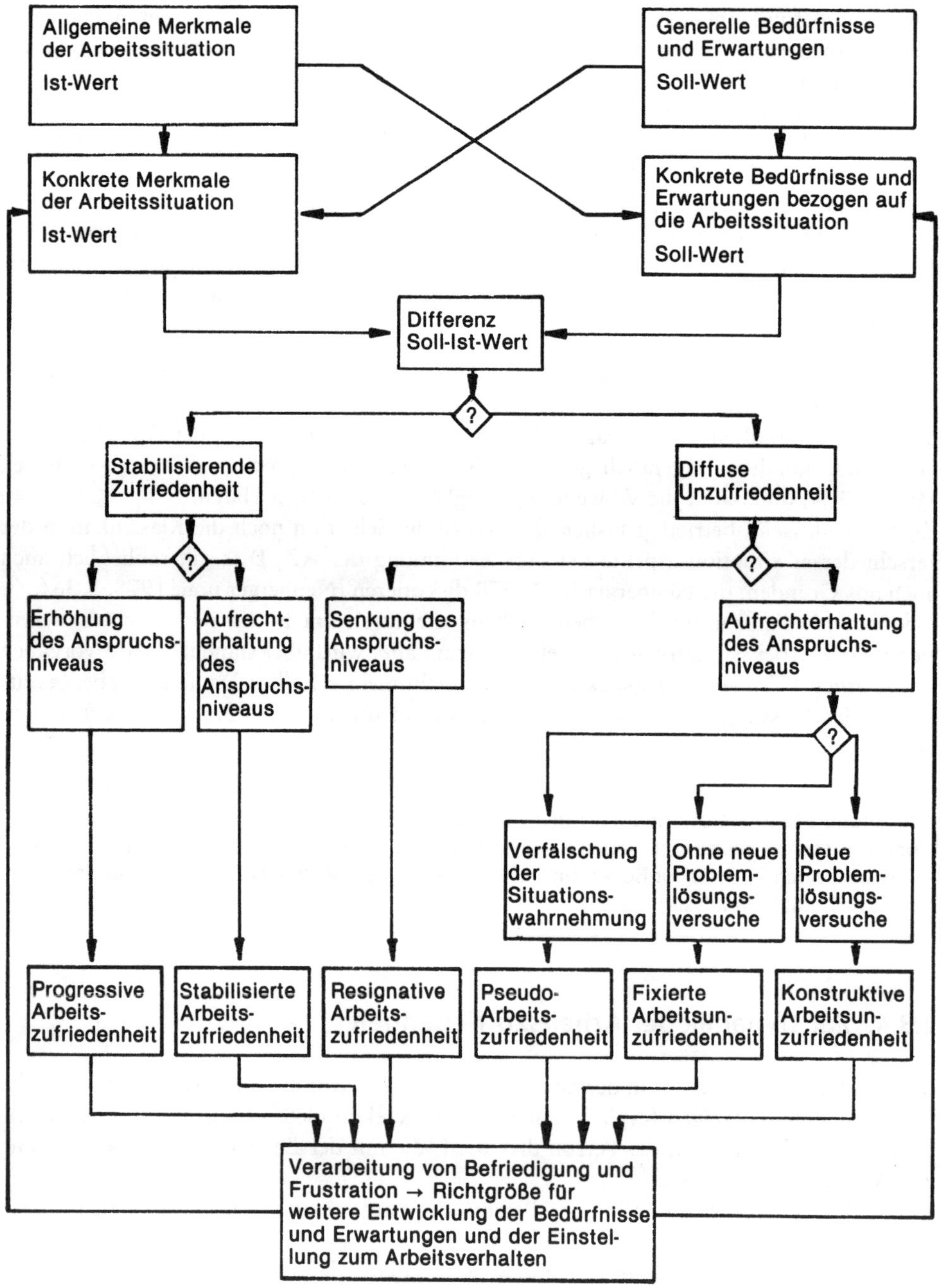

Abb. 16 Genese verschiedener Formen von Arbeitszufriedenheit (nach Bruggemann u.a., 1975, S. 134/135)

c) unterschiedliche Formen der Problembearbeitung für den Fall der Nichtbefriedigung: Problemlösung, Problemfixierung und Problemverdrängung (Bruggemann u.a., 1975, S. 132).

Für den Fall der Befriedigung ergibt sich nach einer Phase der stabilisierenden Zufriedenheit u.a. in Abhängigkeit bisheriger Erfahrungen eine Erhöhung des Anspruchsniveaus mit einer hieraus resultierenden »Progressiven AZ« (im Sinne einer schöpferischen Unzufriedenheit) oder eine Anspruchsniveau-Beibehaltung, über die die Erwartungshaltung gegenüber der Arbeitssituation zwar konstant bleibt, zugleich aber evtl. bisher latent gebliebene Bedürfnisse im Hinblick auf die Freizeit aktiviert werden, ein Zustand, der mit »stabilisierter AZ« umschrieben wird. Für den Fall der Nichtbefriedigung werden nach einer Phase diffuser Unzufriedenheit im Fall der Aufrechterhaltung des ursprünglichen Anspruchsniveaus spezifische Problembearbeitungsstrategien eingesetzt, die

a) neue Lösungsversuche beinhalten (auf eine reale Problemlösung hinarbeiten),
b) zu einer Problemfixierung führen (»in den Problemen stecken bleiben«) oder aber
c) in eine Problemverdrängung einmünden, die in Pseudo-Arbeitszufriedenheit übergeht.

Für den Fall einer Anspruchsniveausenkung im Anschluß an die Nichtbefriedigung ergibt sich eine sog. »Resignative AZ«.

Eine Kernaussage dieses Modells besteht entsprechend darin, daß die AZ sehr unterschiedlicher Qualität sein kann (Bruggemann u.a., 1975, S. 131) und prognostisch unterschiedliche Vorhersagen gestattet:
Der »progressiv Arbeitszufriedene« und der »resignativ Arbeitszufriedene« sind beide »zufrieden«; sowohl ihr emotionales Erleben als auch ihr zukünftiges Verhalten erscheinen jedoch kaum vergleichbar (empirisch hierzu Gebert, 1986).

Wie schon im einleitenden Kapitel unter 1.1.1. angesprochen wurde, sind derartige Differenzierungen unterschiedlicher AZ-Qualitäten auch in normativer Hinsicht von erheblicher Relevanz: Sollte der in empirischen Analysen immer wieder replizierte Befund (Neuberger, 1974b, S. 156; Bruggemann u.a., 1975, S. 131; v. Rosenstiel, 1975a; Locke, 1976), daß mindestens zwei Drittel aller Befragten mit ihrer Arbeitssituation sehr zufrieden oder zufrieden sind, vor allem auf das Konto resignativer AZ zu verbuchen sein? Und spiegelt auch der Umstand, daß ältere Arbeitnehmer meist zufriedener sind als jüngere Arbeitnehmer (Neuberger u.a., 1978) die Wirksamkeit resignativer Prozesse wieder (Lehr, 1977, S. 153 ff.)? Vor diesem Hintergrund erscheint eine eingehendere Analyse der *intrapersonalen* Dynamik bei der »Herstellung« von AZ als längst überfällig.
Zurückkommend auf das Modell von Bruggemann läßt sich kritisieren, daß die Präzisierung der *Bedingungen* für das Eintreten spezifischer Anspruchsniveauänderungen sowie für den Einsatz der dargestellten Problemlösestrategien noch nicht befriedigt (Neuberger, 1976b, S. 5 f.).Es ist auch noch nicht geklärt, inwieweit sich die Einteilung der AZ in die dargestellten sechs AZ-Qualitäten als brauchbare Klassifikation erweisen wird: Bei einem Versuch der Messung dieser AZ-Qualitäten nach einem von Bruggemann entworfenen Meßverfahren zeigte sich, daß weder korrelationsstatistisch noch faktorenanalytisch die theoretisch geforderte Klassifikation empirisch replizierbar war (Neuberger u.a., 1978, S. 164 ff.). Trotz dieser Unzulänglichkeiten wird aber allgemein anerkannt (v. Rosenstiel, 1977, S. 112; Neuberger u.a., 1978, S. 168), daß es gegenüber den bisherigen Betrachtungen der AZ einen entscheidenden Fortschritt bedeutet, AZ nunmehr als *Prozeß* zu inter-

pretieren, wie es in dem Ansatz von Bruggemann explizit versucht wird (Bruggemann u.a., 1975, S.136).
Diesen Prozeß unter Hinzuziehung streßtheoretischer Konzepte etwas näher zu beleuchten ist die Absicht der folgenden Überlegungen.

Tritt für den Arbeitenden eine Verschlechterung seines Ist-Zustandes ein und antizipiert er den *Fortbestand* eben dieser als aversiv erlebten Verschlechterung, so handelt es sich für ihn um eine »bedrohliche« Situation. Das Vorliegen einer solchen »bedrohlichen« Situation ist in der Streßtheorie von Lazarus (1966) notwendige und hinreichende Bedingung für das Entstehen von psychologischem Streß.
Deutet man die Antizipation des Fortbestands einer eingetretenen negativen Soll-Ist-Differenz (also eines unlustvollen, das Gefühl von Unzufriedenheit auslösenden Zustands) als »Bedrohung«, so ist für den weiteren Ablauf der Streßbewältigung nach Lazarus entscheidend, ob bzw. inwieweit die Person »Kontrolle« über die Situation zu haben meint, also annimmt, durch eigenes Handeln die Soll-Ist-Differenz wieder beseitigen zu können.
Nimmt die Person an, über hinreichende Situationskontrolle zu verfügen, so wird sie nach Lazarus (1966) handeln: Sie wird durch Angriff (Widerstand gegen den Ist-Zustand) oder Flucht (z.B. Kündigung) einen weiteren Fortbestand der von ihr als aversiv erlebten Situation – *objektiv* – für sich beenden.
Meint dagegen die Person über keine Situationskontrolle zu verfügen, also weder angreifen noch fliehen zu können, so reagiert sie – unter Handlungsverzicht – nach Lazarus (1966) mit Angst, in deren Gefolge es – auf *subjektivem* Wege – zu einer Neubewertung der Situation kommt (eine anschauliche Kurzdarstellung dieser Prozesse findet sich bei Krohne, 1976, S. 83–93; siehe hierzu auch unter 3.1.).
Handlungen (wie Angriff und Flucht) und subjektive Anpassungsstrategien (z.B.: »Ist ja nicht so schlimm« [Ist-Wert-Erhöhung] oder »Ist ja nicht so wichtig« [Soll-Wert-Senkung]) stellen zentrale Möglichkeiten (Coping-Strategien) zur Reduktion der ausgelösten Bedrohung dar (ähnlich Neuberger, 1976b, S.7). Der Fortbestand der Unzufriedenheit (ausgelöst über die entstandene Soll-Ist-Differenz) hängt streßtheoretisch damit von der Wahl der Coping-Strategien (Art der Handlung, Art der subjektiven Umdeutung) ab, deren Einsatz ihrerseits von dem Grad der wahrgenommenen Situationskontrolle mitdeterminiert wird (Gebert, 1979c). Dies illustriert (unter Einschluß der Rückkoppelungspfeife) die Abbildung 17.

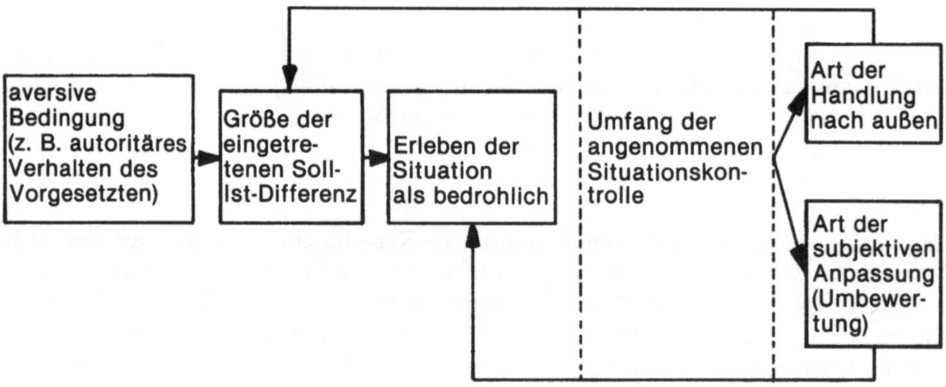

Abb. 17 Arbeitszufriedenheit in Abhängigkeit von der Situationskontrolle

Arbeitszufriedenheit kann damit auch als das (immer nur vorübergehende) Ergebnis einer jeweils durch Bedrohungen ausgelösten Regulierung eingetretener Soll-Ist-Differenzen betrachtet werden, wobei diese Regulierungen (Coping-Mechanismen, Lazarus, 1974, S. 26 ff.) ein objektiv nach außen wirkendes Handeln und/oder (subjektive) Änderungen der Kognition und Evaluation gegenüber bedrohlichen Situationen beinhalten. AZ wird damit im Zuge von Coping-Mechanismen in Abhängigkeit vom Grad der angenommenen Situationskontrolle von der Person in spezifischer Weise »hergestellt«.
Daß das Ergebnis dieser Dynamik möglicherweise mehr über die Besonderheiten der Person als der (objektiven) Situation aussagt, sei unter dem Gesichtspunkt der Messung von AZ ausdrücklich betont.

2.3.5. Korrelate und Folgen der Arbeitszufriedenheit

Nachdem im vorangegangenen Abschnitt vor allem (personale) *Bedingungen* von AZ erörtert wurden, sollen im folgenden stärker die Korrelate bzw. Folgen der AZ untersucht werden.

a) *Zufriedenheit und Leistung*

Zum klassischen Repertoire betriebspsychologischer Fragestellungen gehört dabei die Untersuchung der Beziehung zwischen Zufriedenheitsindizes auf der einen Seite und Leistungsindizes auf der anderen Seite. Zumindest von Praktikern wird gehäuft die These vertreten, zufriedenere Mitarbeiter würden auch mehr leisten (sog. Kuhsoziologische These: Glückliche Kühe geben mehr Milch). Zufriedenheit wird dabei als Ursache für eine Leistungssteigerung betrachtet. Bevor jedoch Kausalzusammenhänge diskutiert werden können, soll zunächst die Enge der *korrelativen* Beziehung zwischen Zufriedenheit und Leistung geklärt werden. Die Resultate zu dieser Frage sind auf den ersten Blick hin enttäuschend:

In der empirischen Forschung erweisen sich entgegen der Auffassung von Praktikern Zufriedenheit und Leistung als nur sehr schwach (positiv) korreliert (Locke, 1976, S. 1332); die in den einschlägigen Sammelreferaten berichteten Korrelationen überschreiten selten die Höhe von .30. Des weiteren ist bemerkenswert, daß die Streuung in der Höhe der Korrelationen erheblich ist: In manchen Untersuchungen wurden nicht positive, sondern signifikant negative Korrelationen zwischen Zufriedenheit und Leistung ermittelt (v. Rosenstiel, 1975a, S. 388; 1975b).

Für den Umstand, daß die Höhe der Korrelation zwischen Zufriedenheit und Leistung im Durchschnitt der Untersuchungen nur schwach ausfällt, dürften verschiedene Gründe maßgeblich sein:

- Die Leistung (genauer: das Leistungsergebnis) hängt nicht nur von emotional-affektiven Prozessen, sondern (wie schon unter 2.3.1. ausgeführt) auch vom Fähigkeitsniveau sowie situativen Bedingungen ab; hohe Korrelationen zwischen Zufriedenheit und Leistung sind insofern prinzipiell nicht zu erwarten (Locke, 1976, S. 1333; Bruggemann u. a., 1975, S. 142).

- Die Enge der Beziehung zwischen Zufriedenheit und Leistung wird in Abhängigkeit verschiedener Moderatoren variieren: Zu denken ist speziell an Besonderheiten der jeweils untersuchten Stichprobe sowie an Eigenheiten der jeweils zugrunde gelegten Leistungskriterien (Neuberger, 1974a, S. 172).
- Die Enge der Beziehung zwischen Zufriedenheit und Leistung wird wesentlich auch von der Frage abhängen, was jeweils unter Zufriedenheit verstanden wird. Nachdem im vorigen Abschnitt die Validität der Zufriedenheitsmessung problematisiert und gezeigt wurde, daß sich das Konzept Zufriedenheit in unterschiedlicher Weise (als bedürfnis- oder anreizorientiert, vergangenheits- oder zukunftsorientiert usw.) fassen läßt, sind hohe durchschnittliche Korrelationen zwischen Zufriedenheit und Leistung von vornherein eher unwahrscheinlich. So werden z.B. die »progressive« AZ und die »resignative« AZ (sensu Bruggemann charakterisiert durch eine vorausgehende Anspruchsniveauhebung bzw. -senkung) notwendig in *unterschiedlicher* Beziehung zur Leistung einer Person stehen (Bruggemann u.a., 1975, S. 144 f.).

Die im Mittel niedrigen Korrelationen besagen insofern auch nicht, daß Zufriedenheit und Leistung *unabhängig* voneinander sind! Es wäre vielmehr vorstellbar, daß über die Empirie (genauer: über die in theoretischer und methodischer Hinsicht wenig befriedigende Art der Erfassung der relevanten Variablen) etwas verschleiert wird, was von der Theorie her u.U. als begründet erscheint: nämlich ein funktionales Aufeinander-Bezogen-Sein von Zufriedenheit und Leistung. Auf derartige theoretische Annahmen sei im folgenden kurz eingegangen. Im wesentlichen lassen sich drei Positionen unterscheiden (v. Rosenstiel, 1975a, S. 382 f.):

- Zufriedenheit führt zu Leistung,
- Leistung führt zu Zufriedenheit,
- Leistung und Zufriedenheit hängen (gemeinsam) von einer dritten Größe ab.

Die Annahme, Zufriedenheit führe zur Leistung, kann *motivations*psychologisch begründet werden:
Unter Bezugnahme auf die Motivationstheorie von Vroom (siehe unter 2.2.3.) ließe sich die zukünftige Attraktivität leistungsbezogenen Handelns als Funktion der bisher erlebten Zufriedenheit mit den Ergebnissen dieses Handelns betrachten: Die bisher erlebte Zufriedenheit mit den Ergebnissen determiniert die zukünftige *Valenz* der Ergebnisse bzw.: Die Antizipation der mit der bisherigen Zufriedenheit verbundenen Lustempfindungen konstituiert die Valenz der Handlungsergebnisse und damit *eine* der drei Determinanten des Leistungseinsatzes (Valenz, Instrumentalität und Erwartung). In diesem Sinne (nämlich über die *Antizipation* der bisherigen Zufriedenheitsempfindung bzw. über die Vermittlung von Valenz) »motiviert« Zufriedenheit zu Leistungseinsatz (und damit auch zur Leistung).
Analog hierzu werden, sofern die Person als Ergebnis ihres leistungsbezogenen Handelns Unlustgefühle antizipiert (sie hat z.B. die Erfahrung gemacht, daß gesteigerter Leistungseinsatz anschließend Anhebungen der Leistungsnorm zur Folge hat), Symptome der Leistungsrestriktion wahrscheinlich; Unzufriedenheit führt hier über spezifische Antizipationen zu einer Verminderung des Leistungseinsatzes (Porter u.a., 1975, S. 360).

Hierzu scheint (zumindest vordergründig betrachtet) ein Modell von March und Simon (1958) im Widerspruch zu stehen, nach dem nämlich Unzufriedenheit zu einem verstärkten Leistungseinsatz führen kann: Im Sinne von March und Simon sowie im Sinne des Ho-

möostase-Modells (siehe unter 2.2.2.) löst Unzufriedenheit ein Suchverhalten aus, wobei sich die Person schließlich zur Einleitung derjenigen Handlung entschließt, die ihr noch am ehesten zur Wiederherstellung von Zufriedenheit geeignet zu sein scheint.
Dabei stehen ihr drei Klassen von Verhaltensweisen zur Verfügung:

- Sie kann die Organisation verlassen (oder aber, sofern sie in der Organisation verbleibt):
- Sie kann durch vermehrten Leistungseinsatz ihre Ausgangslage zu verbessern suchen.
- Sie kann durch Intensivierung leistungsfremden Verhaltens (Beziehung anknüpfen, »Radfahren«) ihre Ausgangslage zu verbessern versuchen.

Zu welcher Alternative sich die Person im konkreten Fall entscheidet, wird von March und Simon (1958) im wesentlichen vor dem Hintergrund erwartungswerttheoretischer Überlegungen diskutiert (wobei historisch darauf hinzuweisen ist, daß die Erwartungswerttheorien selbst, also etwa die Theorie von Vroom, zeitlich später formuliert wurden; March und Simon hatten hier also wesentliche Impulsgeber-Funktion (Neuberger, 1974a, S. 184).
Bezugnehmend auf die bisherigen Überlegungen wird der Auswahlprozeß im Hinblick auf die drei obigen Alternativen zentral durch die Größe und Qualität der jeweiligen Valenz beeinflußt, die ihrerseits vergangene (eigene oder fremde) Zufriedenheitserfahrungen reflektieren; vermehrter Leistungseinsatz wird demnach dann zu erwarten sein, wenn die eigenen oder fremden Zufriedenheitserfahrungen mit den Ergebnissen von Leistungseinsatz vergleichsweise hoch waren.
Wie verträgt sich dies mit der Ausgangsaussage, daß *Unz*ufriedenheit zu verstärktem Leistungseinsatz führen kann? Der (scheinbare) Widerspruch löst sich sofort auf, wenn man präzisiert, worauf sich die Zufriedenheit bzw. Unzufriedenheit jeweils beziehen: Während sich »Unzufriedenheit« nach den bisherigen Überlegungen auf die (erfahrenen) *Folgen* eines *spezifischen* Handelns (z.B. Leistungseinsatz) richtet, bezieht sich »Unzufriedenheit« bei March und Simon auf den Prozeß der Bewertung der momentanen Situation, der durch die Bewußtwerdung einer Soll-Ist-Differenz gekennzeichnet ist und mehr oder weniger *unspezifisch* aktiviert, also auslösende bzw. vorausgehende *Bedingungen jeglichen* Handelns darstellt.
Eine so verstandene Unzufriedenheit aktiviert, da sie eine *notwendige* Bedingung jeglichen Suchverhaltens darstellt, *sowohl* zu einer Leistungssteigerung wie auch zu einer Leistungsrestriktion – abhängig jeweils von der vorgängigen Zufriedenheitserfahrung mit diesen *spezifischen* Handlungsformen.
Auch diese Überlegungen zeigen wieder, wie wichtig es ist, in der empirischen Zufriedenheitsforschung die verschiedenen Zufriedenheitsqualitäten zu unterscheiden, da anderenfalls der Eindruck entstehen kann, daß Zufriedenheit und Leistung in einer chaotisch-undurchschaubaren Beziehung zueinander stehen, obwohl dies objektiv offensichtlich *nicht* der Fall ist.

Neben den Einflüssen der Zufriedenheit auf die Leistung ist auch die umgekehrte Einflußrichtung, nämlich ein Einfluß von der Leistung auf die Zufriedenheit, plausibel. Hierzu ist es zweckmäßig, auf die Unterscheidung von intrinsischer und extrinsischer Motivation zurückzugreifen:
Im Falle der intrinsischen Motivation führt Leistung direkt (!) zur Zufriedenheit, da der Leistungsvollzug und/oder das Leistungsergebnis in sich Belohnungscharakter haben. Im Falle der extrinsischen Motivation führt Leistung indirekt zur Zufriedenheit insofern, als die Leistung erst von dritter Seite anerkannt und belohnt werden muß, bevor diese Beloh-

nung ihrerseits Zufriedenheit oder Unzufriedenheit (etwa in Abhängigkeit der Vergleichsprozesse sensu Adams; siehe vorher) auslöst.
Bei extrinsischer Motivation führt die Leistung zur Zufriedenheit dann, wenn

a) die Enge der Koppelung (Instrumentalität) von Leistungerbringen und Belohntwerden hoch ist sowie
b) die Art der Belohnung inhaltlich eine hinreichende Wertigkeit aufweist.

Ist dies der Fall, so wird eine bestimmte Kontingenz erlernt (nämlich die Kontingenz zwischen Leistungerbringen, extern Belohntwerden und Entstehung von Zufriedenheitsempfinden), die über die Antizipation der erfahrenen Zufriedenheitsempfindungen auf die Valenz von Leistungseinsatz zurückwirkt. In Anlehnung an das Modell von Porter und Lawler (1968) läßt sich die Beziehung zwischen Leistung und Zufriedenheit damit wie folgt – vereinfachend – illustrieren (Abbildung 18):

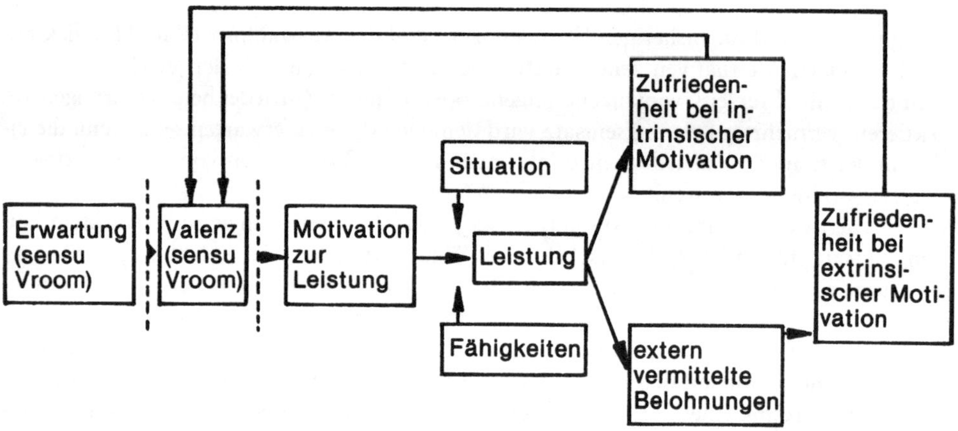

Abb. 18 Beziehung zwischen Leistung und Zufriedenheit

Die Leistung selbst wird als Funktion der Motivation, der Fähigkeiten sowie situativer Bedingungen betrachtet (2.3.1.), wobei sich als Ergebnis des Leistungseinsatzes intrinsisch oder extrinsisch vermittelte Belohnungen ergeben, die ihrerseits auf die für die Motivation zur Leistung relevante Komponente Valenz zurückwirken.

Leistung und Zufriedenheit sind nach allen diesen Überlegungen nicht unabhängig voneinander, sondern – vermittelt über lern- und motivationspsychologische Prozesse – in systematischer Weise funktional aufeinander bezogen. Die erhebliche Streuung der Resultate zu dieser Frage in der *empirischen* Forschung dürfte insofern auch auf die häufig theoretisch und methodisch unbefriedigende Art der Erfassung der entscheidenden Variablen zurückzuführen sein und insofern *auch* ein Methodenartefakt darstellen.

b) Arbeitszufriedenheit und Fluktuation/Fehlzeiten

Im Unterschied zur empirischen Forschung bezüglich des Zusammenhangs zwischen Arbeitszufriedenheit und Leistung ergibt sich in der Empirie im Hinblick auf den Zusammenhang zwischen Arbeitszufriedenheit auf der einen Seite und Indikatoren für Fluktuation bzw. Fehlzeiten auf der anderen Seite ein konsistenteres Bild:

Arbeitszufriedenheit auf der einen Seite und Fluktuation bzw. Fehlzeiten auf der anderen Seite sind – über die verschiedenen Untersuchungen hinweg in relativ übereinstimmender Weise – erwartungsgemäß – signifikant negativ korreliert:
Je höher die Arbeitszufriedenheit ist, desto geringer ist die Fluktuations- und Fehlzeitwahrscheinlichkeit (Locke, 1976, S. 1331; v. Rosenstiel, 1975a, S. 366; Bruggemann u.a., 1975, S. 138; Neuberger, 1974a, S. 144; Katz u.a., 1978, S. 418); dabei werden (negative) Korrelationen überwiegend in der Höhe von –.25 bis –.40 berichtet.

Zunächst einige Bemerkungen zur Fluktuation (vgl. Motowidlo, 1983; Clegg, 1983; Bateman, 1984 und Mowday, 1984). Sowohl im Sinne von March und Simon (1958) als auch im Sinne von Vroom (1964) ließe sich das Phänomen Kündigung als das Resultat eines individuellen Entscheidungsprozesses betrachten, wobei die Person annimmt, einer Fortsetzung der als aversiv erlebten Situation durch eine Kündigung wirksamer zu begegnen, als dies vergleichsweise z.B. durch eine Intensivierung eines leistungsbezogenen Verhaltens (sensu March/Simon) möglich wäre. Die erhöhte Fluktuationswahrscheinlichkeit kausal auf die Arbeitszufriedenheit zurückzuführen findet eine gewisse Stützung insofern, als in verschiedenen Feldexperimenten gezeigt wurde, daß auf Maßnahmen hin, die u.a. der Anhebung der Zufriedenheit dienen sollten, die Fluktuation – auf der Zeitachse gesehen – wieder sank (siehe z.B. bei Porter u.a., 1975, S. 350 f.; Beckhard, 1966, S. 23f.; Davis, 1967; Marrow u.a., 1967, S.147 ff.; Guest, 1962; Bartlett, 1967; zusammenfassend sekundärstatistisch bei Gebert, 1974, S.131 ff.).
Arbeitszufriedenheit senkt die Fluktuationswahrscheinlichkeit (Porter u.a., 1975, S. 350; Gaugier u.a., 1979, S. 96). So zutreffend diese Aussage zu sein scheint, so unzulässig wäre ihre Verabsolutierung dahingehend, daß man die Fluktuation als *Kriterium* für Arbeits(un)zufriedenheit heranzieht; die letztlich doch noch relativ niedrigen Korrelationen zwischen den beiden Variablen (–.25 bis –.40) zeigen ja vielmehr, daß auf die Fluktuationsrate neben emotionalen Prozessen auch andere (situative) Bedingungen (wie z.B. die Arbeitsmarktlage) einwirken: In Zeiten steigender Arbeitslosigkeit sinkt die Fluktuation (Behrend, 1953); folglich kommt der Fluktuationsrate im Hinblick auf die Arbeits(un)zufriedenheit bestenfalls eine Indikatorfunktion zu.
Gründe dafür, daß die Höhe der negativen Korrelationen in der empirischen Forschung bisher nicht deutlicher ausfiel, sind des weiteren in methodischen Schwierigkeiten vor allem einer angemessenen Fluktuationsbestimmung zu suchen (Neuberger, 1974a, S. 148 ff.):
Wählt man als Indikator für die Fluktuationsrate global das Verhältnis der Summe der Personen, die die Organisation in einem bestimmten Zeitraum verlassen, zu dem durchschnittlichen Personalbestand in der fraglichen Zeit, so wird hiermit eine Fluktuationsgröße *unabhängig* von den Ursachen bestimmt. Es wird nicht unterschieden, ob der Person seitens des Betriebs gekündigt wurde und sie die Organisation deswegen verläßt oder ob sie selber kündigte; und ist letzteres der Fall, so wird nicht deutlich, ob die Person kündigte, weil sie unzufrieden war, wegen Heirat den Standort wechselte, oder kündigte, weil sie zur Bundeswehr eingezogen wurde usw. Daß derartig ermittelte Fluktuationsindizes im Ergebnis nur locker mit der Arbeitsunzufriedenheit korreliert sind, versteht sich von selbst. Will man hieraus Konsequenzen ziehen, also einen psychologisch (!) gehaltvollen Fluktuationsindex bestimmen, so käme es darauf an, bei den Kündigungsgründen zwischen der

Person nicht zurechenbaren Sachzwängen einerseits und unzufriedenheitszurechenbaren Kündigungsanlässen andererseits zu unterscheiden – eben diese Unterscheidung erweist sich im konkreten Fall aber als außerordentlich schwierig (Neuberger, 1974a, S. 150).

Gerade die Frage der Fluktuation gewinnt bei hoch qualifizierten Mitarbeitern für das Unternehmen zunehmende Bedeutung, da zum einen wegen der hohen Investition in die Personalentwicklung gerade dieses Personenkreises (Pawlowsky u. Bäumer, 1993; Bäumer u. Pawlowsky, 1994) und zum anderen wegen der zunehmenden Schwierigkeiten, entsprechende Personen auf dem Arbeitsmarkt zu finden, die Bindung dieses Humankapitals an das Unternehmen ein vorrangiges Ziel der Personalpolitik wird. Die Bedeutsamkeit dieses Themenfeldes erkennt man sowohl an der politischen Diskussion um die Anwerbung hoch qualifizierter Spezialisten aus dem Ausland (»Green-Card«) als auch am häufig verwendeten Stichwort »war for talents« (Krieg um Talente).

Entsprechend finden auch Versuche, Fluktuation psychologisch zu erklären, eine zunehmende Beachtung. Ein psychologisch orientiertes Prozeßmodell der freiwilligen, vom Mitarbeiter ausgehenden Kündigung zeigt Abbildung 19 in Anlehnung an Maier u. Rappensperger (1999).

Man erkennt, daß innerhalb dieses Modells die Entwicklung der Kündigungsabsicht einerseits von der Arbeitszufriedenheit, andererseits von der organisationalen Verbundenheit (»Commitment«) abhängt, wobei nicht-psychologische Größen – z. B. die Arbeitsmarktlage – als Moderatorvariable in doppelter Hinsicht wirken. Zum einen hängt von der Arbeitsmarktlage ab, ob es überhaupt zur Kündigungsabsicht kommt, zum anderen, ob diese Absicht umgesetzt wird.

Im Rahmen einer groß angelegten Längsschnittstudie an über tausend Hochschulabsolventen der Wirtschafts-, Natur- und Ingenieurwissenschaften, die fünf Meßzeitpunkte umfaßt (v. Rosenstiel, Nerdinger u. Spieß, 1998), überprüfte Woschée (2001) dieses Modell in einer ausdifferenzierten Form empirisch. Die Strukturgleichungen, die Abbildung 20 zeigt, bestätigen grundsätzlich das Modell; sie zeigen aber zugleich, wovon Zufriedenheit und Commitment abhängen, und darüber hinaus, daß die Anzahl der Stellenangebote die Kündigungswahrscheinlichkeit erhöht, während die Dauer der Betriebszugehörigkeit diese senkt.

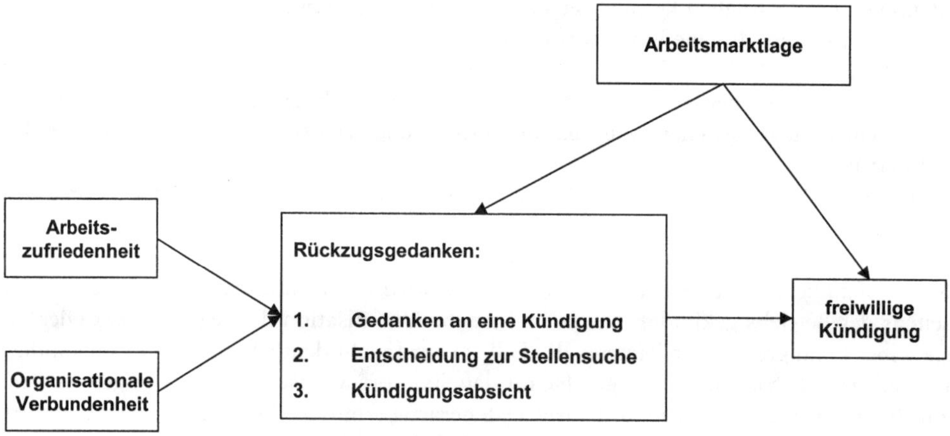

Abb. 19 Allgemeines Prozeßmodell der freiwilligen Kündigung in Anlehnung an Maier u. Rappensberger (1999)

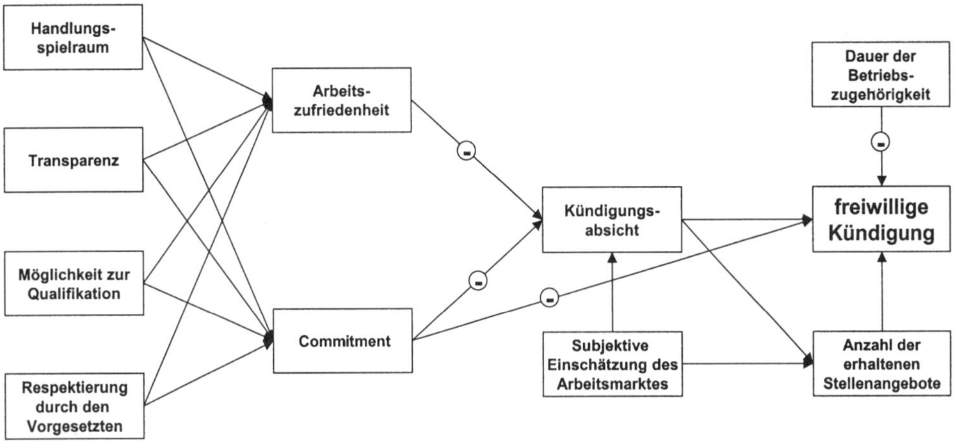

Abb. 20 Spezielles Prozeßmodell der freiwilligen Kündigung in Anlehnung an Woschée (2001)

Im Rahmen der Analyse ließen sich nun vier Teilgruppen bilden, und zwar danach, ob zu T_1 eine Kündigungsabsicht bestand oder nicht und ob zu T_2 gekündigt wurde oder nicht. Prüft man nun, wie sich gruppenspezifisch Arbeitszufriedenheit, Commitment und monatliches Einkommen jeweils darstellten, so gelangt man zu Ergebnissen, wie sie Abbildung 21 zeigt.

Man erkennt, daß sich für die handelnde Person Kündigung »lohnt«. Diejenigen, die freiwillig die Organisation wechseln – ganz gleich, ob sie zu T_1 eine Kündigungsabsicht hatten oder nicht –, waren nach vollzogener Kündigung deutlich zufriedener, zeigten eine höhere Bindung an das neue Unternehmen und verdienten deutlich mehr Geld als zuvor sowie verglichen mit jenen, die nicht gekündigt hatten. Als besonders intensiv ausgeprägt erwies sich dabei jeweils die Veränderung in die positive Richtung bei der Gruppe, die eine Kündigungsabsicht zu T_1 auch zu T_2 umgesetzt hatte.

Für das Unternehmen läßt sich daraus die Empfehlung ableiten, die Arbeitszufriedenheit und das Commitment ihrer Mitarbeiter zu pflegen und sensibel darauf zu achten, bei welchen Mitarbeitern sich Kündigungsabsichten entwickeln.
Im Prinzip lassen sich zum Problem der Fehlzeiten vergleichbare Überlegungen anstellen. Auch Fehlzeitenindikatoren hängen nicht nur von der Arbeitszufriedenheit, sondern auch von weiteren Faktoren (z.B. Krankheit, Urlaub, Umzug, Unfall) ab (Nieder, 1978; Maib, 1981), und auch die Fehlzeitenindikatoren messen im konkreten Fall meist sehr heterogene Bedingungen für Nichtanwesenheit, womit zusammenhängen mag, daß gelegentlich (so z.B. bei Neuberger u.a., 1978, S. 158) überhaupt kein Zusammenhang zwischen den Indikatoren für die Arbeitszufriedenheit und die Abwesenheitsrate nachweisbar ist – dies aber wesentlich als Ausdruck für die Existenz *methodischer* Schwierigkeiten (die relevanten Variablen valide zu messen) und nicht als Ausdruck für die Unabhängigkeit der beiden Variablen!
Schließlich ist noch die Beziehung zwischen der Fluktuationsrate und der Abwesenheitsrate selbst von Interesse. Deutet man *beide* Verhaltensweisen als den Versuch, sich durch

Gruppe	Arbeitszufriedenheit (1–7)			Commitment (1–5)			Bruttoeinkommen (in DM)		
	T_1	T_2	Differenz T_2–T_1	T_1	T_2	Differenz T_2–T_1	T_1	T_2	Differenz T_2–T_1
	M	M	M	M	M	M	M	M	M
keine Absicht – keine Kündigung (N = 616)	5.13^{a}	4.91^{a}	$-.22^{a}$	3.32^{a}	3.22	$-.10^{a}$	5257	6546	1272
keine Absicht – Kündigung (N = 75)	5.00^{a}	5.30^{b}	$.30^{b}$	3.12^{a}	3.43^{a}	$.30^{b}$	5426	6993^{a}	1568
Absicht – keine Kündigung (N = 152)	4.14^{b}	4.69^{a}	$.55^{b}$	2.67^{b}	3.01^{b}	$.34^{b}$	5046	6157^{b}	1107
Absicht – Kündigung (N = 67)	3.60^{c}	4.85^{a}	1.25^{c}	2.39^{c}	3.20	$.81^{c}$	5231	6664	1433

Anmerkung. Spalten: Werte mit verschiedenen Buchstaben unterscheiden sich signifikant, $p < .05$.
Zeilen: Alle Werte unterscheiden sich zwischen T_1 und T_2 signifikant, $p < .05$.

Abb. 21 Arbeitszufriedenheit, Commitment und monatliches Einkommen im Längsschnitt nach Woschée (2001)

Flucht einer als aversiv erlebten Situation zu entziehen (Nieder, 1978, S. 24), so wären empirisch positive Korrelationen zwischen diesen beiden Variablen zu erwarten:
Personen, die häufiger fehlen, kündigen auch eher. Eben dies ist auch der Fall: Positive Korrelationen sind beobachtet worden, womit Fehlzeiten gegenüber möglichen (!) späteren Kündigungen die Funktion eines Frühwarnsystems übernehmen können. Der Umstand, daß die Beziehungen zwischen diesen beiden Variablen aber nur locker sind (siehe auch unter 3.2.1.), weist nochmals darauf hin, daß neben Fragen der Zufriedenheit vor allem auch situative Aspekte bei einer Prognose des individuellen (Kündigungs)-Verhaltens in Rechnung zu stellen sind. Aufschlußreich wären insofern Analysen des diesbezüglichen individuellen Entscheidungsprozesses im *Längsschnitt*.

c) Arbeitszufriedenheit und Lebenszufriedenheit/psychisches Wohlbefinden

Da »Arbeit« eine der Grundkategorien menschlichen Lebens darstellt, verwundert es nicht, daß die Arbeitszufriedenheit auch mit der allgemeinen Lebenszufriedenheit empirisch positiv korreliert ist; über den Tatbestand dieser positiven Korrelation herrscht in der Literatur Einmütigkeit (siehe hierzu Katz u.a., 1978, S. 590; Campbell u.a., 1976, S. 317). Es besteht auch Einigkeit dahingehend, daß die Enge der positiven Beziehung zwischen Arbeits- und Lebenszufriedenheit geschlechtsspezifisch variiert: Arbeits- und Lebenszufriedenheit sind bei Männern durchweg enger korreliert als bei Frauen (Bruggemann u.a., 1975, S. 151; Neuberger, 1974b, S. 155), worin sich im wesentlichen ausdrücken dürfte, daß der Faktor Arbeit in unserer Gesellschaft für das Selbstbild bzw. für das Selbstverständnis von Männern und Frauen von ungleicher Bedeutung ist.
Dabei scheinen die verschiedenen Aspekte der Arbeitsunzufriedenheit (Zufriedenheit mit dem Arbeitsinhalt, der Bezahlung, den Kollegen usw.) für die Lebenszufriedenheit (u.a. Zufriedenheit mit der Familiensituation) u. U. von ungleicher Bedeutsamkeit zu sein: Zumindest in der Studie von Iris u.a., 1972, ergab sich in einer Stichprobe von Vorarbeitern ein engerer Zusammenhang zwischen der Zufriedenheit mit der Arbeit selbst und der allgemeinen Lebenszufriedenheit als dies vergleichsweise für die Zufriedenheit mit der Bezahlung und der allgemeinen Lebenszufriedenheit galt (Iris u.a., 1972, S. 302).
Die Interpretation derartiger Befunde macht allerdings Schwierigkeiten. Zum einen entsteht der Eindruck, daß bei der Korrelation der Arbeitszufriedenheit mit der Lebenszufriedenheit (zumindest partiell) *Tautologien* bestimmt werden: Es bereitet Schwierigkeiten, den Objektbereich der Lebenszufriedenheit unabhängig von dem Objektbereich der Arbeitszufriedenheit zu definieren. Zum anderen ist nicht klar, wie die beiden Arten von Zufriedenheit (sofern begrifflich hinreichend unterscheidbar) aufeinander bezogen sind: Beeinflußt die Arbeitszufriedenheit die Lebenszufriedenheit oder umgekehrt? Oder hängen beide Zufriedenheiten von persönlichkeitsspezifischen Coping-Strategien ab (siehe vorher unter 2.3.4.)? Das Bild wird noch verwirrender, wenn man (wie z.B. Brophy, 1959) eine sogenannte Berufszufriedenheit einführt, die – von der Extension des Begriffs her gesehen – offenbar »zwischen« der Arbeitszufriedenheit und der Lebenszufriedenheit variiert (siehe hierzu auch bei Kleinbeck, 1977).
Inhaltlich ist dabei von Interesse, daß die Berufszufriedenheit dann hoch zu sein scheint, wenn die berufliche Situation ein Verhalten erlaubt, das mit dem eigenen Selbstbild in Übereinstimmung steht (Brophy, 1959, S. 274). Über die – unter dem Gesichtspunkt »Coping« interessierende – Dynamik zwischen einem bestimmten Selbstbild und der Weise der Wahrnehmung der eigenen Situation ist damit allerdings noch nichts ausgesagt. Immerhin verweisen derartige Befunde aber wieder auf den Umstand, daß die Arbeitszufriedenheit neben situativen Charakteristika an personale Gegebenheiten gebunden ist.

Vor dem Hintergrund der positiven Korrelation bzw. inhaltlichen Überschneidung zwischen Arbeits- und Lebenszufriedenheit ist schließlich von Interesse, daß die Arbeitszufriedenheit mit dem psychischen Wohlbefinden bzw. die Arbeitsunzufriedenheit mit dem Auftreten psychosomatischer Störungen in Zusammenhang zu stehen scheint (Locke, 1976, S. 1329; Pfeiffer, 1974; Jenkins, 1977, S. 9; siehe hierzu auch die klassische Studie von Kornhauser 1965, sowie in neuerer Zeit die empirischen Untersuchungen von Caplan u. a., 1975, sowie Gardell, 1978).

Arbeitszufriedenheit, Lebenszufriedenheit und psychisches Wohlbefinden stehen dabei in einer derzeit noch wenig geklärten Interdependenz (von begrifflichen Unklarheiten einmal ganz abgesehen) (Wimmer, 1980). Immerhin verdichten sich zumindest die Hinweise darauf, daß mit der Arbeitszufriedenheit nicht irgendeine periphere, nur aus der Tradition der Human-Relations heraus interessierende Variable erfaßt wird, sondern daß es sich hierbei um eine subjektive Befindlichkeit handelt, die in erheblichem Umfang auf das Gesamterleben einer Person ausstrahlt und mit dem allgemeinen Wohlbefinden in engem Zusammenhang steht: So liegen inzwischen Längsschnittstudien vor, in denen sich die Arbeitszufriedenheit als besonders tauglicher Prädiktor von Langlebigkeit herausstellte (Palmore, 1969; Pfeiffer, 1974. Ergänzende Informationen hierzu finden sich bei Crouter, 1984; Hendrix, u.a., 1985; Chacko, 1983 sowie bei Bhagat u.a., 1985).
Da Arbeitszufriedenheit aber mit vielen objektiven Bedingungen positiv interkorreliert ist, die ebenfalls für die Langlebigkeit bedeutsam sein dürften – Arbeitszufriedenheit steht z.B. in positivem Zusammenhang nicht nur mit bestimmten Arbeitsbedingungen, sondern auch mit der Hierarchiestufe des Positionsinhabers innerhalb der betrieblichen Organisation sowie mit dem Bildungsniveau und dem Sozialstatus (v. Rosenstiel, 1975) –, können definitive Aussagen zur Art der Kausalzusammenhänge zwischen der Arbeitszufriedenheit und z.B. dem allgemeinen Wohlbefinden oder der Langlebigkeit derzeit noch nicht gemacht werden.
Unter der Perspektive der Arbeitsgestaltung wird auf diese Fragen ausführlicher unter 3.1. eingegangen.

2.3.6. Bindung an die Organisation (Organizational Commitment)

Deutlich positiv mit der Arbeitszufriedenheit korreliert ist die Bindung an die Organisation (organizational commitment), die allerdings begrifflich und theoretisch von der Arbeitszufriedenheit abzugrenzen ist. Organisationale Verbundenheit ist ein Konstrukt, das das Bestreben einer Person umfaßt, lange in der Organisation zu verbleiben (Meyer u. Allen, 1997). Aktuelle Überblicksreferate (Meyer, 1997; Moser, 1997) und Metaanalysen (Cohen, 1993; Tett u. Meyer, 1993) zeigen jedoch, daß es verschiedene Konzeptionen der organisationalen Verbundenheit gibt. So wird z.B. neben einer »affektiven« Bindung an die Organisation auch von einer »fortsetzungsbezogenen« und von einer »normativen« gesprochen (Meyer u. Allen, 1991). Die stärkste Beachtung fand allerdings das Konzept der affektiven Bindung, weil angenommen wird, daß diese mit einem engagierten und langfristigen Einsatz für die Organisation, in der man Mitglied ist, verbunden ist.
Gemessen wird die organisationale Verbundenheit in der Regel mit Hilfe von Fragebogenverfahren, wobei das am häufigsten verwendete Erhebungsinstrument (Mathieu u. Zajac, 1990) der auf Porter u. Smith (1970) zurückgehende Organizational Commitment Que-

stionnaire (OCQ) ist, von dem Maier u. Woschée (2001) eine deutschsprachige Fassung entwickelt und psychometrisch überprüft haben (vgl. Kap. 4.3.2.1.3).
Das vermehrte Interesse, das die Verbundenheit mit der Organisation findet, ist u.a. dadurch motiviert, daß angesichts der wachsenden Spezialisierung im Unternehmen die Fachleute, die auf ihrem Arbeitsgebiet ihren Vorgesetzten meist überlegen sind, von diesen nicht mehr unmittelbar kontrolliert werden können. Dadurch steigt der Identifikationsbedarf (v. Rosenstiel u. Stengel, 1987; Wunderer u. Mittmann, 1995). Es soll gewissermaßen äußere Kontrolle durch Identifikation und innere Bindung ausgeglichen werden. In diesem Sinne findet man auch Hinweise darauf, daß Mitarbeiter mit einem hohen Commitment sich in starkem Maße mit den Normen und Werten der Organisation identifizieren, hohe Anstrengungsbereitschaft zeigen, seltener an Kündigung denken und auch im Verhalten geringere Fluktuation zeigen (Moser, 1997). Kausalanalysen von Woschée (2001) im Rahmen der bereits mehrfach genannten Längsschnittstudie an Hochschulabsolventen (v. Rosenstiel, Nerdinger u. Spieß, 1998) lassen die Annahme zu, daß Arbeitszufriedenheit nicht unmittelbar auf die Fluktuationsneigung wirkt, sondern indirekt, und zwar vermittelt über erhöhtes Commitment.
Commitment läßt sich auf unterschiedliche Weise steigern, z.B. dadurch, daß öffentlich bekannt wird, daß man sich einer Organisation anschließt und dort in erheblichem Maße Zeit, materielle und immaterielle Ressourcen etc. investiert hat (Moser, 1997). In diesem Sinne läßt sich auch Commitment als ein Indikator der erfolgreichen Eingliederung und gelungener Sozialisation neuer Mitarbeiter interpretieren (Maier, 1998).

Weiterführende Literatur

1. Zum Studium des Vollzugs der Arbeitstätigkeit selbst unter besonderer Berücksichtigung der diese Tätigkeit steuernden kognitiven Prozesse wird empfohlen: Hacker, W.: Allgemeine Arbeits- und Ingenieurspsychologie, 2. Auflage, Bern 1978, ca. S. 80–110.
2. Ein einführender Überblick über Modelle der Aufgabenerfüllung findet sich bei Hoyos, C.: Arbeitspsychologie, Stuttgart, 1974, S. 109–115.
3. Der Zusammenhang zwischen spezifischen Formen der Kausalattribuierung (von Erfolg und Mißerfolg) und der Leistungsmotivation kann bei Weiner, 1976, S. 219–257, vertiefend nachgelesen werden. Neben theoretischen Überlegungen finden sich dort einschlägige empirische Untersuchungen zum obigen Fragenkreis. Weiner, B.: Theorien der Motivation, Stuttgart, 1976, S. 219–257.
4. Eine kurze prägnante Einführung in die Gleichheitstheorie von Adams (einschließlich einer Diskussion der relevanten empirischen Befunde) findet sich bei Campbell u.a., 1976, S. 104–110; Campbell, J. P., Pritchard, R. D.: Motivation Theory in Industrial and Organisational Psychology.
5. Unterschiede bezüglich der theoretischen Einordnung von Arbeitszufriedenheit werden weiterführend und vertiefend bei Neuberger, O., 1974b: Theorien der Arbeitszufriedenheit, Stuttgart, S. 140–179, diskutiert.
6. Aspekte zur intrapersonalen Dynamik von Arbeitszufriedenheit werden kurz bei Gebert, 1979, S. 1–22 erörtert: Gebert, D.: Arbeitsunzufriedenheit, Situationskontrolle und Resignation – Ergebnisse einer empirischen Befragung. Problem und Entscheidung, 23, 1–33, 1979.
7. Korrelate und Folgen der Arbeitszufriedenheit werden einführend dargestellt bei Bruggemann, A. u.a.: Arbeitszufriedenheit, Stuttgart, 1975, S. 136–157.
8. Die Beziehung zwischen Arbeitszufriedenheit und Leistung wird vertiefend erörtert bei v. Rosenstiel: Die motivationalen Grundlagen des Verhaltens in Organisationen – Leistung und Zufriedenheit. Berlin, 1975a, S. 280–400.
9. Beziehungen zwischen der Arbeitszufriedenheit und der Fluktuations- sowie Abwesenheitsrate werden (unter Einschluß der Probleme einer validen Messung dieser Variablen) vertiefend diskutiert bei Neuberger, O.: Messung der Arbeitszufriedenheit, Stuttgart, 1974a, S. 141–168.

Fragen

16. Die psychische Regulation der Arbeitstätigkeit vollzieht sich nach Hacker (1978)
    a) auf welchen Ebenen und
    b) woran orientiert?
17. Gegen das Modell einer multiplikativen Verknüpfung von Motivation und Fähigkeiten bei der Vorhersage der individuellen Leistung sprechen welche Argumente?
18. Wie verknüpfen sich in dem Modell von Weiner (1976) unterschiedliche Formen der Kausalattribuierung (von Erfolg und Mißerfolg) mit der Leistungsmotivation?
19. Die Wirkungen von (subjektiver) Über- bzw. Unterbezahlung auf die Leistungsquantität und -qualität werden bei Stück- oder Zeitlohn nach der Gleichheitstheorie von Adams (1965) worin bestehen?
20. Was läßt sich gegen die Forderung von Locke (1976) einwenden, bei der Messung von Arbeitszufriedenheit die Bedeutsamkeit unterschiedlicher Arbeitszufriedenheitsaspekte gesondert zu messen?
21. In welchem Sinne läßt sich Arbeitszufriedenheit als ein (von der Person aktiv mitgesteuerter) Prozeß interpretieren?
22. Der Umstand, daß in der empirischen Forschung zur Beziehung zwischen der Arbeitszufriedenheit und der Leistung im Durchschnitt – über alle Untersuchungen gesehen – eine nur schwach positive Beziehung (bei allerdings großer Streuung) gefunden wurde, läßt sich wie erklären?

2.4. Sozialisation – Längerfristige Prozesse in der Arbeit

Nachdem im vorausgegangenen Abschnitt aktuelle Prozesse der Interaktion zwischen Person und Situation behandelt wurden, soll die Wechselbeziehung zwischen Person und Situation nun im Hinblick auf ihre *längerfristigen* Bedingungen und Folgen beleuchtet werden. Im Vordergrund stehen dabei Fragen der Sozialisation.

Der Begriff Sozialisation bezieht sich auf den Prozeß, über den die einzelne Person die Wertmaßstäbe (Normen), Kenntnisse und Fähigkeiten erwirbt, die für eine dauerhafte Mitgliedschaft in der jeweiligen Organisation erforderlich sind (van Maanen, 1976, S. 67). Dies heißt: Die Person muß in den Stand gesetzt werden, den von der Organisation gestellten Handlungsanforderungen zu entsprechen, was seinerseits spezifische Handlungskompetenzen und Motivstrukturen voraussetzt; Sozialisation ist entsprechend der Vorgang der Aneignung spezifischer Handlungskompetenzen und Motivstrukturen, wobei dieser Prozeß der Aneignung als gesellschaftlich gesteuert betrachtet wird (Volpert, 1975, S. 146 f.; 1979, S. 30 f.).

Auf dieser Basis werden nachstehend Einflüsse der Situation auf die Person (und umgekehrt) analysiert. Es werden zunächst einige Beziehungen zwischen situativen Bedingungen und der Vermittlung von Handlungskompetenzen und anschließend Fragen der Motivvermittlung behandelt, wobei auf grundlegende Spannungen zwischen Person und Situation (Organisation) sowie auf bestimmte Anpassungsformen und Rückkoppelungen der Person gegenüber der Situation eingegangen wird. Schließlich wird der Vorgang der Interaktion zwischen Person und Situation im Längsschnitt betrachtet und auf phasenspezifische Probleme der wechselseitigen Einflußnahme aufmerksam gemacht.

2.4.1. Zur Vermittlung von Handlungskompetenzen

Mit welchen Ergebnissen wirken nun welche Aspekte der Situation auf die *überdauernde* Struktur der Person ein und sozialisieren die Person insofern, als sie u.a. spezifische Handlungskompetenzen erwirbt?
Bei der Analyse dieser Frage sollen gezielte Trainings- bzw. erzieherische Maßnahmen zunächst ausgeblendet werden (siehe hierzu unter 4.2.5.); es wird also gefragt, welche Charakteristika der *Alltags*situation auf die überdauernde Struktur der Person Einfluß nehmen und sozialisierend wirken. Bezugnehmend auf die Abbildung unter 2.1.1. und die dort getroffene Abgrenzung von Tätigkeits- und Sozialbedingungen (als Dimension der Situation) wird unter dem Gesichtspunkt der beruflichen Sozialisation meist auf die besondere Bedeutsamkeit der Tätigkeitsbedingungen hingewiesen: Die Arbeitstätigkeit selbst ist z.B. durch unterschiedlich differenzierte Anforderungen gekennzeichnet und beinhaltet insofern ein unterschiedlich großes Lern- und Motivaktivierungspotential, was bei geeigneter Ausschöpfung auf die Qualifikation des Positionsinhabers zurückwirkt (Hacker, 1978, S. 369). Zur Veranschaulichung diene die an Hacker, 1978, S. 307, angelehnte Abbildung 22.
In der Arbeitstätigkeit selbst werden nach Maßgabe der Aufgabencharakteristika bzw. Tätigkeitsanforderungen spezifische Leistungsvoraussetzungen beansprucht, wobei der Tätigkeitsvollzug zum einen eine *Umwelt*veränderung insofern impliziert, als ein (neues) Arbeitsergebnis produziert wird und zum anderen eine *Selbst*veränderung insofern bedeutet, als der Arbeitsvollzug auf die Leistungsvoraussetzungen zurückwirkt. Fragt man sich, in welchem Sinne eine Rückwirkung von der Arbeitstätigkeit auf die Leistungsvoraussetzungen zu erwarten ist, so kann, falls man zunächst nur die Handlungskompetenzen berücksichtigt, vor allem mit Veränderungen in folgenden vier Kompetenzbereichen gerechnet werden (Hacker, 1978, S. 308):

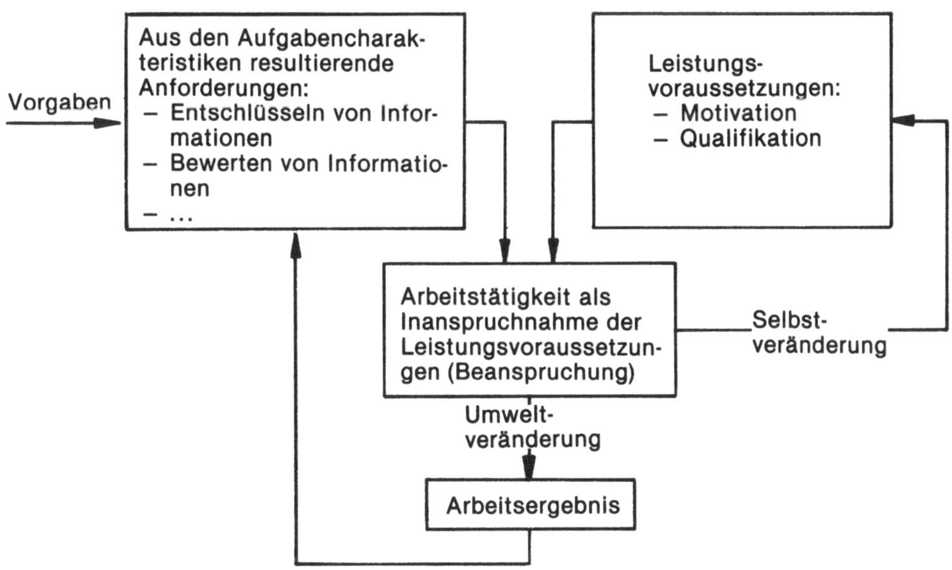

Abb. 22 Selbst- und Umweltveränderungen in Abhängigkeit von der Beanspruchung

- Veränderungen in der Sensibilität,
- Veränderungen in der psychologischen Automatisierung von Operationen,
- Veränderungen in der Verbalisierung (begrifflichen Fassung) der Tätigkeit und
- Veränderungen in der intellektuellen Durchdringung der Tätigkeitsstruktur.

Alle vier Veränderungen auf der Seite der Leistungsvoraussetzungen (hier: Kompetenzen) werden dabei später an Veränderungen des Ablaufs der »Ausführungsregulation«, also an Veränderungen des Tätigkeitsvollzugs selbst, erkennbar sein (auf den Prozeß dieser Regulationen wurde unter 2.3.1. eingegangen): Eine zunehmende *Sensibilisierung* bzw. Reiz-Sensibilität wird sich in zunehmenden Reiz-Unterschiedsempfindlichkeiten im Arbeitsprozeß zeigen. Im Sinne einer Kompetenz formuliert bedeutet dies z.B.: Ein Textilarbeiter kann nach längerer Zeit nicht nur über hundert Nuancen eines Farbtons unterscheiden; der Betreffende kann vielmehr – allgemeiner formuliert – mit größerer Sicherheit die relevanten Reize (solche mit Signalfunktion) aus dem unendlichen Ereignisstrom gegenüber den irrelevanten Reizen herausfiltern (Hacker, 1978, S. 320).
Eine zunehmende *Automatisierung* bezieht sich vor allem auf den sensumotorischen Bereich. Im Sinne einer Kompetenz formuliert heißt dies: Die Zeit für die sensorische Zuwendung gegenüber bestimmten Signalen wird verkürzt, so daß sich der Betreffende informationshaltigeren Tätigkeitsabschnitten zuwenden kann. Die Automatisierung zeigt sich erlebnismäßig darin, daß das Tun »von allein« abzulaufen scheint. Objektiv bedeutet diese »Verselbständigung« des Ablaufs nachgeordneter Teiloperationen innerhalb einer Handlung eine Entlastung insofern, als das Bewußtsein von der ständigen Führung und Kontrolle derartiger Operationen befreit wird und sich so wichtigeren, vor allem antizipativen Regulationen (z.B. der Gefahrenvorbeugung) zuwenden kann (Hacker, 1978, S. 324 f.; Volpert, 1975, S. 147 ff.).
Mit einer zunehmenden *Verbalisierung* ist gemeint, daß bisher nicht sprachlich erfaßte Bedingungen oder Tätigkeitsbestandteile in Zukunft in Worte gefaßt und demnach begrifflich fixiert werden; das Ergebnis besteht in einer höheren Bewußtheit bestimmter Regulationen innerhalb des Tätigkeitsvollzugs, wobei die klassifizierende Wirkung von Begriffen z.B. auf bisher nicht erkannte Gemeinsamkeiten hinweisen kann und insofern Orientierungen und Situationsanalysen erleichtern kann. Hacker weist dabei speziell auf die erleichternde Wirkung einer zunehmenden Verbalisierung auf Vorgänge des Umlernens und Anlernens hin (Hacker, 1978, S. 331), da über begriffliche Einordnungen das Erfassen von Prinzipien gefördert wird.
Die im Hinblick auf die Güte des Tätigkeitsvollzugs wichtigste Veränderung der psychischen Struktur sieht der genannte Autor in der *intellektuellen Durchdringung* der Tätigkeitsstruktur. Die Effektivität einer zunehmenden Intellektualisierung hängt mit den höheren Freiheitsgraden eines Operierens im Abbildbereich zusammen; ermöglicht wird ein »Probehandeln« (Volpert, 1975, S. 149), so daß sich das Bewußtsein von der Kontrolle der Ausführung auf die Steuerung der Planungsaktivitäten verlagern kann (Hacker, 1978, S. 332 f.).

In diesem Sinne fördern die genannten psychischen Vorgänge der Sensibilisierung, Automatisierung, Verbalisierung und intellektuellen Durchdringung die Qualität des Tätigkeitsvollzugs, wobei diese Vorgänge selbst zugleich auch als Ergebnis eben dieses Tätigkeitsvollzugs zu interpretieren sind: Die Inanspruchnahme der Leistungsvoraussetzungen bzw. spezifischer Kompetenzen wirkt auf ihre Qualität zurück; in der Arbeit *selbst* sozialisiert sich die Person.

Es ist allerdings noch zu fragen, ob bzw. in welchem Maße es sich bei diesen Kompetenzerweiterungen um aufgabenspezifische Kompetenzen handelt, die lediglich den Vollzug einer sehr eng umrissenen Aufgabenklasse fördern, oder ob es sich bei diesen Rückwirkungen von der Situation auf die Person auch um Veränderungen allgemeiner Kompetenzen handelt, die zur Lösung sehr heterogener Problemstellungen beitragen. Werden nur spezifische Fertigkeiten oder auch grundlegendere Fähigkeiten (siehe 2.2.5.) erworben? Werden über »differenziertere« Anforderungsstrukturen – also bei Tätigkeiten, die in vielschichtiger Weise hierarchisierte Ablaufregulationen erforderlich machen – auch generelle Strategien der kognitiven Kontrolle derartiger Abläufe oder generelle Strategien der Situationsanalyse erworben, die auf eine breite Klasse jeweils anderer Tätigkeitsstrukturen transferierbar sind?

Der Verbreitung der Annahme, es gäbe in diesem Sinne nicht nur spezifisch, sondern allgemein qualifizierende Tätigkeitsvollzüge, steht allerdings ein erhebliches Forschungsdefizit gegenüber; empirische Untersuchungen zu diesem Problemkreis sind rar (Hacker, 1978, S. 371; Lempert, 1979, S. 91). Dies hängt vor allem mit methodischen Problemen zusammen (Greif, 1978, S. 253 f.): Derartige Analysen machen aufwendige Längsschnittanalysen erforderlich. Darüber hinaus ergeben sich Interpretationsprobleme insofern, als sich die zu berücksichtigenden Wirkungen der vorberuflichen Sozialisation (Berufsausbildung usw.) methodisch schwer kontrollieren lassen. Und schließlich bereitet es Schwierigkeiten, ein *theoretisch begründetes* Kriterium für die Veränderung der »Breite« des Qualifizierungsgrades zu gewinnen, um so unterschiedliche Grade genereller Qualifizierung (oder Dequalifizierung) valide messen zu können.

Greif (1978) referiert in diesem Zusammenhang eine Studie von Kohn und Schooler (1973, 1977), in der der Zusammenhang zwischen der »Aufgabenkomplexität« auf der einen Seite und der »intellektuellen Flexibilität« auf der anderen Seite untersucht wurde. Diese Untersuchung ist hier von Interesse, wenn man die Aufgabenkomplexität als Widerspiegelung differenzierter Tätigkeitsanforderungen und die intellektuelle Flexibilität als Indikator einer (relativ) allgemeinen intellektuellen Kompetenz interpretiert. Ohne auf die problematische Art der Operationalisierung dieser beiden Variablen durch die genannten Autoren einzugehen (es wurden im wesentlichen Schätzskalen verwendet), seien die wesentlichen Resultate (nach Greif, 1978, S. 247–253) wie folgt wiedergegeben:

a) In einer *Querschnittanalyse* zeigte sich, daß – pfadanalytisch überprüft – die Aufgabenkomplexität (nach Auspartialisierung verschiedener sonstiger hypothetischer Einflußfaktoren) in einem systematischen Zusammenhang mit der intellektuellen Flexibilität steht.
b) In einer hierauf aufbauenden *Längsschnittstudie,* in der die beiden Schlüsselvariablen nicht nur 1964, sondern ein zweites Mal 1974 an N = 687 männlichen Beschäftigten in den USA gemessen wurden, zeigte sich, daß zwar die intellektuelle Flexibilität in diesem Zeitraum von 10 Jahren recht stabil blieb und sich auch der Grad der Komplexität der beruflichen Tätigkeit (auch bei einem eventuellen Tätigkeitswechsel) bei den Befragten nicht wesentlich verändert hatte, daß dagegen – im Widerspruch zur Ausgangshypothese – ein systematischer Zusammenhang zwischen der früheren Aufgabenkomplexität und der späteren intellektuellen Flexibilität im Sinne einer Kausalbeziehung *nicht* nachweisbar war. Vielmehr zeigte sich, daß – umgekehrt – ein Einfluß der früher gemessenen intellektuellen Flexibilität auf die 10 Jahre später gegebene Komplexität der beruflichen Tätigkeit besteht, was auf Selektionsmechanismen hinweist: Intelligentere Personen bekommen komplexere Tätigkeiten zugewiesen.

Entgegen der häufig vertretenen Qualifizierungs-Hypothese konnten zumindest in dieser Studie Langzeitwirkungen der beruflichen Tätigkeit auf allgemeinere intellektuelle Kompetenzen nicht nachgewiesen werden (Greif, 1978, S. 251); empirische Belege für einen hohen Grad »breit«-qualifizierender Wirkungen bestimmter höher differenzierter Tätigkeitsstrukturen scheinen noch nicht in überzeugender Weise vorzuliegen (Hacker, 1978, S. 371).

Dies ist um so bedauerlicher, als gerade auch in *normativer* Hinsicht, nämlich unter dem Gesichtspunkt der Entfaltung der Person, sowie im Hinblick auf ihre berufliche Mobilität die Frage interessiert, inwieweit als Folge eines bestimmten Tätigkeitsvollzugs (relativ) tätigkeitsinvariante Problemlösestrategien erworben werden, die z. B. auch das Erlernen qualitativ andersartiger Tätigkeitsstrukturen erleichtern und damit umfassenden Transfer ermöglichen.

Kritisch ist ohnehin darauf hinzuweisen, daß gerade auch Hacker an verschiedenen Stellen betont, daß die Tätigkeitsanforderungen primär auf *indirektem* Wege auf die Person zurückwirken (Hacker, 1978, S. 369 f.). Dies dadurch, daß die Zuweisung von Personen zu bestimmten Tätigkeitsvollzügen spezifische Ausbildungen, also spezifische Kompetenzen, bereits voraussetzt, so daß – vielleicht stärker im Bereich der Kompetenzen als im Bereich der Motivation – der vorberuflichen Sozialisation die *entscheidende* Bedeutung zukommt (Lehr, 1977, S. 73).

Unter dem Gesichtspunkt der Beeinflussung individueller Kompetenzen durch Merkmale der Situation sei abschließend darauf hingewiesen, daß die Situation nicht nur durch Tätigkeitsstrukturen im engeren Sinne, sondern auch durch bestimmte Interaktionsmuster und Kooperationsformen, (also bestimmte Sozialbedingungen) zu kennzeichnen ist. Auch diese Interaktionsmuster wären als mögliche Determinanten individueller Kompetenzen mit zu bedenken:

Zu berücksichtigen wäre z. B. die Variable »Führung«. In dem Umfang, in dem der Vorgesetzte Möglichkeiten der Aufgabenverteilung bzw. -umverteilung hat, wird das diesbezügliche Führungsverhalten des Vorgesetzten für die Beeinflussung der Kompetenzen des Mitarbeiters insofern bedeutsam, als über die Art der Aufgabenzuordnungen (oder auch Rotationen) unmittelbar auf eine wichtige Antezedenzbedingung, nämlich die Differenziertheit bzw. Art der Tätigkeitsstruktur des Mitarbeiters eingewirkt wird.

Daneben ist die Führungsvariable motivational bedeutsam: Verfügt der Mitarbeiter – z. B. fertigungstechnologisch bedingt – über einen Aufgabenbereich, der im Rahmen der Ausführungsregulation relativ viele Freiheitsgrade beläßt und damit Lern- und Denkprozesse bzw. intellektuelle Durchdringungen im Prinzip durchaus fördert, so ergibt sich eine Steigerung dieser Kompetenz (der intellektuellen Durchdringung der zu vollziehenden Tätigkeit) nicht automatisch: Führt der Vorgesetzte den Mitarbeiter in gängelnd-bevormundender Weise, so kann sich dies auf die Motivation des Mitarbeiters, sich intellektuell mit seiner Aufgabenstellung eingehender auseinanderzusetzen, nachteilig auswirken; eine Kompetenzerweiterung unterbleibt, da dem Betreffenden keine Situationskontrolle zugestanden wird (Greif, 1979, S. 81) bzw. der erforderliche Entscheidungsspielraum verweigert wird.

Neben der Variablen Führung ist die Struktur der Kommunikation bedeutsam (vertikal mit dem Vorgesetzten wie horizontal mit den Kollegen); daß über einen quantitativ regen und qualitativ angstfreien Dialog und Informationsaustausch z. B. auf die Innovativität von Personen im Rahmen des Tätigkeitsvollzugs eingewirkt werden kann, ist empirisch mehrfach gezeigt worden (Gebert, 1978a, S. 101–107); auch hierin drücken sich Veränderungen handlungsrelevanter Kompetenzen aus.

Im Rahmen der Kategorie Situation sind zusammenfassend also *sowohl* die Tätigkeitsstruktur im engeren Sinne (bzw. die Tätigkeitsanforderungen) *als auch* die Interaktionsstruktur als mögliche Determinanten tätigkeitsspezifischer Handlungskompetenzen in Rechnung zu stellen.

2.4.2. Bedingungen der Motiv-Vermittlung

Wie bereits herausgestellt, setzt eine längerfristige Mitgliedschaft in einer (Arbeits-)Organisation unter dem Gesichtspunkt der Sozialisation nicht nur Handlungskompetenzen, sondern auch Motivstrukturen voraus, die ein an den Werten und Normen der Organisation orientiertes Verhalten sicherstellen. Um Probleme, die sich bei der Vermittlung dieser Motivation ergeben, geht es im folgenden:
Bei dem Prozeß der Motiv-Vermittlung werden sich Schwierigkeiten ergeben, sofern die individuelle Motivation des einzelnen mit den Zielen der Organisation (bzw. mit den Zielen ihrer maßgeblichen Repräsentanten) nicht übereinstimmt. Die Frage nach der Zielkongruenz steht daher zweckmäßigerweise am Anfang der weiteren Überlegungen, da der Grad der Zielkongruenz für die Wahl der Sozialisationsstrategien zur Vermittlung der von der Organisation erwünschten Motivation bedeutsam sein dürfte. Dies ist zugleich die Kernthese der auf Etzioni (1961) zurückgehenden Typologie von Organisationen, die nachstehend in etwas abgewandelter Form wiedergegeben wird:

Art der Organisation	Zwangsorganisation	Utilitaristische Organisation	Normative Organisation
Beispiel	Gefängnis	Industriebetrieb	Kirche
Art der vorherrschenden Sozialisationsstrategie	Zwang Bestrafung	materielle Belohnung	Appelle an den guten Willen, die Einsicht usw.

Abb. 23 Organisationstypologie nach Etzioni (1961)

Entsprechend der unterschiedlichen Zielkongruenz in den genannten Organisationstypen zwischen nachgeordneten Organisationsmitgliedern und den Repräsentanten der Organisation – die Kongruenz ist im Gefängnis relativ niedrig und in einer kirchlichen Organisation relativ hoch – werden diese Organisationen nach Etzioni unterschiedliche Kontroll- bzw. Sozialisierungsstrategien einsetzen (Etzioni, 1961). Dies heißt zugleich, daß verallgemeinernde Aussagen zur Wirksamkeit unterschiedlicher Sozialisationsstrategien – über die verschiedenen Organisationstypen hinweg – wahrscheinlich nicht sinnvoll sind. Im folgenden wird dabei entsprechend der bisherigen Schwerpunktsetzung vor allem auf Wirtschaftsorganisationen Bezug genommen.
Der Grad der Zielkongruenz in Wirtschaftsorganisationen wird bekanntlich je nach ideologischer Ausgangsposition anders gesehen: Während sich aus marxistischer Sicht in einem Industriebetrieb die Arbeitgeberseite und die Gruppe der Lohnempfänger in einem eindeutigen Interessengegensatz befinden, wird aus kapitalistischer Sicht zwischen den genannten Gruppierungen ein hohes Maß an Interessenkonvergenz postuliert. Zumal diese Thematik zumindest in der soziologischen Literatur sehr ausgiebig, zugleich aber auch sehr kontrovers diskutiert wird, wird im folgenden auf eine Explizierung dieser Zielproblematik verzichtet und der (potentielle) Konflikt auf einer empirienäheren Analyseebene, nämlich auf

der Ebene der Beziehung zwischen der Arbeitsorganisation auf der einen Seite und den individuellen Bedürfnissen der Organisationsmitglieder auf der anderen Seite, kurz beleuchtet (vgl. auch 4.1.3.).
In der organisationspsychologischen Literatur hat sich Argyris mit dieser Frage besonders auseinandergesetzt (Argyris, 1975). Er postuliert im wesentlichen, daß Individuen im Verlaufe ihres Lebens eine bestimmte Entwicklung entlang spezifizierbarer Dimensionen vollziehen und daß Erwachsene – im Vergleich zu Kindern – eher durch folgendes gekennzeichnet sind:

a) durch einen Zustand größerer Unabhängigkeit,
b) durch ein Mehr an Aktivität (statt Passivität),
c) durch einen größeren Grad an Kontrolle über die eigene Situation sowie
d) durch eine längerfristige Zeitperspektive (Argyris, 1975, S. 516 f.).

Mit diesen Dimensionen seien zugleich Aspekte der Reifung eines Individuums in unserer Kultur wiedergegeben.
Diesen Entwicklungstendenzen stehen nun nach Argyris bestimmte Anforderungen formaler Organisationen entgegen; die formale Organisation erwarte ein hohes Maß an ökonomisch orientierter Verhaltensrationalität und sei vor allem durch das Prinzip der Arbeitsspezialisierung sowie durch eine hierarchische Befehlskette gekennzeichnet. Hieraus resultiere ein grundlegender Konflikt insofern, als die einzelne Person – als Erwachsener – durch die genannten Organisationsprinzipien (vor allem das der Spezialisierung und Befehlskette) in Abhängigkeit und Unmündigkeit gehalten wird, obwohl dies ihrem Reifegrad als Erwachsener widerspricht. Formale Organisationen mit einem hohen Grad an Aufgabenspezialisierung und einer steil ausgeprägten Befehlshierarchie seien insofern bestenfalls kindgemäß.

Es hat den Anschein, daß sich die Mehrheit der organisationspsychologischen Autoren dieser Sichtweise angeschlossen hat: Grundlegende Widersprüche in der Beziehung zwischen den Merkmalen der heutigen Arbeitsorganisation und den Charakteristika erwachsener Personen (hier: ihrer Fähigkeits- und Bedürfnisstruktur) werden allgemein anerkannt (siehe etwa bei Mayer, 1978, S. 6 f.).

In der soziologischen Literatur wird diese Widersprüchlichkeit häufig mit dem Begriff der Entfremdung gekennzeichnet. Volpert stellt dabei zwei Kriterien für Entfremdung heraus:

a) Der Lohnabhängige sei vom konkreten Inhalt seiner Tätigkeit abgetrennt (also vom »Was« seines Tuns): Er produziert Gegenstände, die in keiner unmittelbaren Beziehung mehr zu seiner Person stehen bzw. für ihn persönlich keine Relevanz aufweisen.
b) Der Lohnabhängige sei darüber hinaus auch vom »Wie« seiner Tätigkeit abgetrennt. Unabhängig vom Inhalt seiner Tätigkeit unterliege auch der Prozeß seines Tuns, also die erforderliche Handlungsregulation, nicht mehr seinem Einfluß.

Durch die parallele Abtrennung der Person von den Zielen bzw. Inhalten ihres Tuns *und* dem Prozeß bzw. dem Vollzug ihres Tuns sei sie sich in doppelter Weise entfremdet – und zwar letztlich als Folge des kapitalistischen Verwertungsinteresses am Faktor Arbeit durch die Kapitaleigner (Volpert, 1975, S. 153–176).
Exakt an diesem letzten Punkt scheinen sich die Geister wieder zu scheiden: Die genannten Entfremdungskriterien als Kapitalismus-spezifisch auszuweisen ist solange nicht möglich, wie identische (oder zumindest qualitativ vergleichbare) Phänomene der Abtrennung vom

Was und Wie auch unter sozialistischen Produktionsverhältnissen empirisch beobachtbar sind.
Darüber hinaus ist nochmals daran zu erinnern, daß – wie unter Punkt 2.1. dargestellt

a) Interessenziele der Repräsentanten bzw. Machtinhaber einer Organisation weder homogen noch eindeutig sind, so daß aus ihnen schwerlich eindeutige Konsequenzen im Sinne entfremdender Arbeitsbedingungen ableitbar sind und
b) selbst bei ausmachbarer Zielsetzung die Ziele und die Art der Organisation (inklusive der verwendeten Technologie) nicht logisch-deduktiv (als Sachzwang), sondern über Hypothesen und (Vor-)Urteile miteinander verbunden sind; die obige Entfremdung ist demnach nicht das »automatische« Resultat »kapitalistischer Verwertungsinteressen«.

(Relativer) *Konsens* besteht also in der Anerkennung der Widersprüchlichkeit zwischen der (heutigen) Arbeitsorganisation und Charakteristika der erwachsenen Person; kein Konsens besteht dagegen in der Frage nach der Bedingtheit dieser Widersprüchlichkeit; zu dieser Frage greift der Ansatz von Volpert jedenfalls zu kurz.
Was folgt nun aus der genannten Widersprüchlichkeit für den Prozeß der *Sozialisation* der Organisationsmitglieder? Wie ist es überhaupt möglich, Personen zu sozialisieren, d.h. unter der Perspektive dieses Abschnitts: ihnen Motivation zu vermitteln, aufgrund derer sie sich an den Normen und Werten der Organisation orientieren, *wenn* die Ausgangssituation durch Konfliktträchtigkeit im Argyrisschen Sinne und durch ein beträchtliches Maß an Zielinkongruenz gekennzeichnet ist?
Man könnte zur Lösung dieses Problems zum einen an der Entfremdungsproblematik selbst anzusetzen versuchen; unter dieser Perspektive sind vor allem die Bemühungen um die Installierung veränderter Arbeitsstrukturen (z.B. teilautonome Arbeitsgruppen) sowie Möglichkeiten zum Ausbau der Mitbestimmung zu betrachten, auf die noch unter Punkt 3.1. und 3.3. zurückgekommen wird. Es dürfte aber realistisch sein, wenn man davon ausgeht, daß die (weitgehende) Abtrennung der Person vom »Was« und »Wie« ihres Handelns in absehbarer Zeit nur *partiell* rückgängig zu machen ist. Wie kann also eine Organisation bei partiellem *Fortbestand* von Entfremdung ihre Mitglieder sozialisieren? Welche Strategien stehen ihr dabei zur Verfügung, bzw. welche Strategien kommen dabei empirisch in Wirtschaftsorganisationen zur Anwendung, und wie ist deren Wirksamkeit gegebenenfalls zu erklären? Um diese Frage geht es in den folgenden Ausführungen.
Eine Organisation kann die Person für ein normen-konformes Verhalten materiell zu entschädigen versuchen. Diese Strategie wird nach Argyris besonders häufig eingesetzt; ihrer Natur nach besteht diese Lösung darin, nicht die Arbeitssituation selbst, die die Schwierigkeiten hervorruft, zu verändern, sondern die Bewertung der Gesamtergebnisse des Arbeitens insofern zu verändern, als die Person – als Ausgleich – für die in der Arbeit erlebte Unzufriedenheit materielle Zuwendungen erhält (Argyris, 1975, S. 225). Diese Strategie wird – austausch-theoretisch beleuchtet – erfolgreich sein, wenn die Person annimmt, daß sie die von der Organisation erhaltene »Entschädigungsmenge« mit vergleichbarem Aufwand (Arbeitseinsatz, Firmenloyalität) in einer anderen Organisation nicht erhalten kann und in diesem Sinne von ihrer jetzigen Organisation abhängig zu sein glaubt.
Eine erfolgreiche Sozialisation (hier: die Vermittlung einer an den Werten und Normen der Organisation orientierten Motivation) setzt bei partiellem Fortbestand von Entfremdung offenbar Abhängigkeit voraus.
Wird die empfangene Entschädigung (Belohnung) als hinreichend erlebt, so kommt es im Sinne der Einstellungs-Änderungs-Theorie von Kelman zu einem Vorgang des Nachgebens (compliance):

Die Person wird ein gegenüber der Organisation loyales Verhalten zeigen, obwohl dies ihrer persönlichen Überzeugung zuwiderläuft (Kelman, 1961). Letzteres bedingt dabei zugleich, daß das nach außen gezeigte (loyale) Verhalten nur solange und nur dann aufrechterhalten wird, wie Repräsentanten der Gruppe/Organisation, gegenüber der die Loyalität abverlangt wird, beobachtend anwesend sind. Da in diesem Fall im Sinne der Macht-Quellen-Typologie von Raven von der Organisation nur Belohnungs-Macht (und eventuell Bestrafungs-Macht) zum Einsatz kommt, ist in unbeobachteten Situationen ein loyales Verhalten nicht mehr zu erwarten (Raven u.a., 1970).
Für Presthus (1966) liegt die entscheidende Erklärung für ein loyales Verhalten von Personen in Organisationen trotz entfremdender Bedingungen darin, daß Loyalität Angst reduziert; man fügt sich denjenigen, die für einen wichtig sind (da sie über die Verteilung der relevanten Verstärker entscheiden) und beseitigt damit die Angst vor einem potentiellen Verlust der bisherigen Zuwendungen. Dieser Mechanismus sei grundlegend insofern, als bereits das Kind die Erfahrung macht, daß es angesichts der extremen Abhängigkeit, speziell von der Mutter, einem drohenden Verstärkerverlust vor allem durch Fügsamkeit aus dem Wege gehen kann (Presthus, 1966, S. 152–156). Die berufliche Sozialisation baue insofern auf der familiären Sozialisation auf.
Will man den Erwerb der Motivation, sich entsprechend der Normen einer Organisation zu verhalten, lerntheoretisch erklären, um damit in der organisatorischen Praxis auch steuernd auf den Motivationserwerb Einfluß nehmen zu können, so scheinen vor allem drei Prinzipien relevant zu sein: Das Prinzip der Bekräftigung, das Prinzip der Kontiguität sowie das Phänomen »Einsicht« (Schiefele, 1974). Der Mechanismus »Bekräftigung« beinhaltet Informationen über die Folgen eines Verhaltens (bzw. Informationen über die Art der Verstärker, Schiefele, 1974, S. 167). Damit dieser Zusammenhang zwischen Verhalten und Verhaltensergebnis erlernbar ist, muß jedoch zusätzlich raum-zeitliche »Kontiguität« gewährleistet sein; das Prinzip der Kontiguität erhöht die Wahrscheinlichkeit dafür, daß ein bestimmtes Verhalten und ein bestimmtes Verhaltensergebnis überhaupt als zusammengehörig erlebt werden.
Der Erwerb der Motivation zu einem loyalen Verhalten (Motivation einmal interpretiert als Antizipation der mit den Verhaltensergebnissen parallel laufenden Affektzustände) kann somit durch vorausgegangene, durch bestimmte Kontiguitäten gekennzeichnete Bekräftigungen erklärt werden. Die Bekräftigung muß dabei nicht Informationen in bezug auf die Folgen *eigenen* Verhaltens beinhalten; für den Erwerb der obigen Motivation ist auch die stellvertretende Bekräftigung bedeutsam:
Eine »stellvertretende« Bekräftigung wird dann als gegeben angenommen, wenn eine Person *beobachten* kann, welche Information eine *andere* Person über die Folgen ihres Verhaltens erhalten hat (Schiefele, 1974, S. 168). Es handelt sich dann um ein Imitations-Lernen (Modell-Lernen), das vor allem durch die Forschungen von Bandura (Bandura, 1969) bekannt geworden ist.
Es kann kein Zweifel daran bestehen, daß dieses Paradigma des Modell-Lernens auch im organisationspsychologischen Kontext von herausragender Bedeutung ist: Gerade durch die Beobachtung des Verhaltens von Vorgesetzten erwerben neu in die Organisation eingetretene und zu »sozialisierende« Personen Informationen zur Frage, *welche* Verhaltensklasse inhaltlich in dieser Organisation mit dem Etikett »loyal« verbunden sein wird und mit welchen *Konsequenzen* sich ein solches Verhalten für die Betreffenden verknüpft (van Maanen, 1976, S. 105; Porter u.a., 1975, S. 168; Hackman, 1976, S. 1485 ff.). Dabei werden dem Sozialisanden u.U. ganz bestimmte Personen (im Sinne eines Tutor-Systems) zugeordnet, die ihm aus der Sicht der Organisation als Modell dienen sollen. Im Sinne der Einstellungs-Änderungs-Theorie von Kelman (1961) kommt es im Rahmen dieser Interak-

tion zwischen dem Sozialisanden und dem Modell zu einem Prozeß der Identifikation, wenn das Modell als persönlich hinreichend attraktiv bzw. beruflich als kompetent erlebt wird. Im Unterschied zum Mechanismus »Nachgeben« wird von »Identifikation« dabei dann gesprochen, wenn der Betreffende das von der Organisation erwünschte Verhalten auch ohne beobachtende Anwesenheit von Organisationsrepräsentanten bzw. ohne Anwesenheit des Modells zeigt, wobei dies allerdings nur solange zu erwarten ist, wie vom Sozialisanden die Beziehung zum Modell als befriedigend erlebt wird.

Im Unterschied zu der extremen Verwendungshäufigkeit des Begriffs »Identifikation«, gerade im Rahmen der Literatur zur Sozialisation, sind die diesem Begriff zugrunde liegenden Mechanismen bzw. Prozesse unklar (Schiefele, 1974, S. 126 ff.). Der Begriff »Identifikation« wird meist durch das, was er eigentlich erklären soll (nämlich die gegenüber der compliance erweiterte Situationsunabhängigkeit des fraglichen Verhaltens), *definiert*, womit er für Erklärungszwecke untauglich ist. Schiefele (1974) verweist in diesem Zusammenhang allerdings darauf, daß dieser Begriff-entsprechend seiner Herkunft aus der Theorie von Freud – die Relevanz einer intensiven emotional-affektiven Beziehung des Sozialisanden zum Modell andeutet, und daß hierin (in der Struktur der emotional-affektiven Beziehung zum Modell) sozialisations-wirksame Bedingungen liegen könnten, womit der Begriff der Identifikation zumindest partiellen Erklärungswert erhalten würde (Schiefele, 1974, S. 130).

Schließlich kann zur Erklärung des Erwerbs der Motivation zu loyalem Verhalten noch das Konzept »Einsicht« herangezogen werden: Von Einsicht wird gesprochen, wenn die Person die Beziehung zwischen einem Verhalten und dem Verhaltensergebnis nicht nur als Kontiguität zur Kenntnis nimmt, sondern in ihrer Bedingtheit »versteht«, wobei als operationales Kriterium für Verstehen gelegentlich der Transfer eines Verhaltens auf andere Situationen angeführt wird. »Versteht« die Person z.B., daß »loyales« Verhalten gegenüber der Organisation vor allem das Machtgefälle innerhalb der Organisation zugunsten der Führungsspitze stabilisiert und vor allem auch deswegen von der Führungsspitze der Organisation belohnt wird, so wird es dem Sozialisanden z.B. leichter fallen, die »kritische« Situationsklasse zu erkennen, in der »loyales« Verhalten erwartet wird, also rechtzeitig zu erkennen, *wann* er (welches) Verhalten zu zeigen hat. Zusammenfassend sei damit festgehalten:

> Unter der Bedingung eines partiellen Fortbestandes entfremdender Arbeitsbedingungen wird eine an den Normen und Werten der Organisation orientierte Motivation in der Praxis primär durch den Einsatz von Belohnungs- bzw. Entschädigungsstrategien aufzubauen versucht, deren Wirksamkeit von der erlebten Abhängigkeit der Person von der Organisation sowie von Erfahrungen im Rahmen der frühkindlichen Sozialisation moderiert wird. Zur Erklärung – und damit auch zur Steuerung (!) – des Erwerbs einer Motivation zu loyalem Verhalten können die aus der Lerntheorie bekannten Prinzipien der Bekräftigung, der Kontiguität und der Einsicht herangezogen werden, wobei die Bekräftigung auch stellvertretend (über das Paradigma des Modell-Lernens) erfolgen kann. Als Ergebnis sind dabei – u.a. im Sinne der Einstellungs-Änderungs-Theorie von Kelman (1961) – unterschiedliche Grade an Situations-Invarianz im Hinblick auf die Realisierung des gewünschten (loyalen) Verhaltens zu erwarten.

Da bisher von der Prämisse eines *partiellen* Fortbestandes entfremdender Arbeitsbedingungen ausgegangen wurde, steht die Person nicht notwendig zu *allen* Normen und Werten der Organisation in konflikthafter Beziehung; vielmehr ist vorstellbar, daß der Sozialisand manche der an ihn herangetragenen Normen als kompatibel mit seinem persönlichen

Wertsystem erlebt bzw. ihre Realisierung sogar für wünschenswert erachtet. Im letzteren Fall kann im Sinne der Wert-Ausdrucks-Funktion von Katz (Katz, 1960) die Realisierung eines normenorientierten Verhaltens »in sich« befriedigend erlebt werden, womit sich gezielte Sozialisationsanstrengungen erübrigen würden.

Im Sinne der Einstellungs-Änderungs-Theorie von Kelman (1961) würde einem solchen »intrinsisch« motivierten Normenvollzug eine »Internalisierung« von Normen zugrunde liegen. Dabei ist aber darauf hinzuweisen, daß auch dieser Begriff der Internalisierung – ähnlich wie vorher der Begriff der Identifikation – keinen eindeutigen Erklärungswert hat, da unklar bleibt, welche Prozesse diesem Mechanismus zugrunde liegen (Schiefele, 1974, S. 126); vermutlich ist der Vorgang der Normen-Internalisierung wesentlich auf den Vorgang einsichtigen Lernens bzw. auf Denkprozesse zurückzuführen.

Nun wird es aber realistisch sein, aufgrund der partiellen Widersprüchlichkeit der Bedürfnisse der Person und den Anforderungen der Situation im Mechanismus der Internalisierung (sensu Kelman) nicht das charakteristische Medium der Sozialisation zu sehen. Schein (1971) geht vielmehr davon aus, daß – typischerweise – auf die einzelne Person auch *Druck* ausgeübt wird, um sie zu einem normenkonformen Verhalten zu bewegen; hierbei werden vor allem folgende zwei Mechanismen eingesetzt:

a) Die Verunsicherung des Selbstbildes der Person durch erschütternde Erfahrungen (upending experiences). Obwohl diese Strategie eher zum Zweck der Resozialisierung eingesetzt wird (van Maanen, 1976, S. 106), machen auch Wirtschaftsbetriebe von dieser Möglichkeit Gebrauch: z. B. durch gezielte anfängliche Überforderung oder Unterforderung kann die bisherige Selbstwahrnehmung der Person im Hinblick auf ihre berufliche und fachliche Kompetenz – und hierin liegt in einer Leistungsgesellschaft auch ein zentraler Aspekt ihrer Idendität – erheblich in Zweifel gezogen werden, was sie gegenüber den Rückkoppelungen anderer sensibler macht (Schein, 1969, S. 99 ff.). Sie lernt, an *welchen* Ellen sie sich in Zukunft in welcher Weise zu messen hat. Indem sie dabei zwecks Neugewinnung bzw. Stabilisierung zentraler Aspekte ihrer Identität ihr (bisheriges) Selbstbild dem (neuen) Spiegel-Selbst der Organisation durch Verhaltensänderungen anzupassen versucht, realisiert sie das Gewünschte an den Normen der Organisation orientierte Verhalten.
b) Eine andere Strategie besteht in der erzwungenen Einwilligung (forced compliance): Die Person wird zur Realisierung eines normenkonformen und nach außen sichtbaren, aber einstellungskonträren Verhaltens angehalten, wobei man sich erhofft, daß der betreffende Sozialisand in der weiteren Zukunft seine (bisherigen) Einstellungen seinem veränderten Verhalten anzugleichen versucht, um so kognitive Dissonanzen aufzufangen. Derartiges ereignet sich z. B. im Anschluß an Beförderungen: Nachdem der zum Vorgesetzten avancierte ehemalige »Mitarbeiter« Chef-Verhalten zeigt – zunächst mehr oder weniger gezwungenermaßen – (also z. B. auf Termineinhaltungen seinen Mitarbeitern gegenüber dringt), wird sich später auch seine *Einstellung* gegenüber der Notwendigkeit, Leistungsdruck gegenüber den Mitarbeitern auszuüben, verändern.

Nach dieser Darstellung der *Sozialisationsstrategien* sei abschließend noch auf (mögliche) *Sozialisationsergebnisse* eingegangen: Welche (individuellen) überdauernden Anpassungsstrategien (als Resultat der Sozialisation) sind in Organisationen zu beobachten?

Bekannt geworden ist die Typologie von Presthus (1966): Der Autor unterscheidet im wesentlichen drei Typen:

Der Aufsteigende: Er ist vor allem dadurch gekennzeichnet, daß er – subjektiv relativ konfliktfrei – die betriebliche Hierarchie zum Zwecke seiner eigenen Karriere instrumentalisiert und sich seiner Umwelt gegenüber pragmatisch-autoritär einstellt.

Der Ambivalente: Er ist deutlich weniger angepaßt als der Aufsteigende. Kennzeichnend ist für ihn das Bewußtsein konfliktärer Anforderungen insofern, als er zum einen als Spezialist (Experte) nach professionellen Standards und insofern autonom – nur seinem Berufsethos verpflichtet – entscheiden möchte, auf der anderen Seite aber dazu gezwungen wird, als Mitglied einer Großorganisation sich den Zwängen bürokratischer Reglementierung unterwerfen zu müssen.

Der Indifferente: Dieser Typ ist – zumindest aus der Sicht der Organisation – am wenigsten angepaßt: Weder instrumentalisiert er die Hierarchie, noch zieht er sich als Experte auf eine professionelle Rolle zurück. Er steht der Aufgabenstellung *und* der Organisation relativ gleichgültig gegenüber und arbeitet nur insoweit, als es erforderlich ist, den Lebensunterhalt zu verdienen und sich günstige Freizeitbedingungen zu verschaffen.

Wie schon bei dieser Kurzcharakteristik deutlich wird, ist die Dimensionalität dieser Typologie nicht eindeutig; darüber hinaus sind zusätzliche Differenzierungen sinnvoll:
Mayntz (1962) unterscheidet im Rahmen der Aufsteigenden z.B. noch den »geschickten Manipulator« von dem braven Funktionär (Mayntz, 1962, S.316). Dennoch ist eines an dieser Typologie bemerkenswert: Die eingangs herausgestellte, zumindest partielle Widersprüchlichkeit zwischen Person und Situation wird im Rahmen der Sozialisation – auch längerfristig gesehen – subjektiv von vielen Personen nicht überwunden; dies zeigt sich deutlich darin, daß nach Presthus der Indifferente die *häufigste* Form der »Anpassung« darstellt (Presthus, 1966, S.25). Ebenfalls von drei verschiedenen Typen der Berufsorientierung geht v. Rosenstiel (1984) aus, wobei diese Typologie an Führungs- und Führungsnachwuchskräften in mitteleuropäischen Organisationen entwickelt wurde. Unterschieden werden karriereorientierte, alternativ engagierte sowie freizeitorientierte Personen. Angeregt wurde diese Typologie durch die im Streßmodell von Lazarus (1966) angesprochenen Coping-Mechanismen, die – vereinfacht ausgedrückt – aussagen, daß angesichts einer aversiv bewerteten Situation die Person sich

- entweder mit der Situation arrangieren kann (»love it«),
- versuchen kann, die Situation den eigenen Vorstellungen gemäß zu verändern (»change it«) oder
- die Situation verlassen kann (»leave it«).

Bei qualifizierten Personen führt das Sich-Arrangieren mit der Situation zu einer vermehrten Identifikation, die den Wunsch beinhaltet, innerhalb der Organisation Einfluß, Kontrolle und Status zu gewinnen, was eine Karriereorientierung zur Folge hätte. Der Versuch, die Situation, die in Teilen aversiv erscheint, zu verändern, führt zu alternativem Engagement, während die Abwendung von der negativ bewerteten Situation angesichts bestehender Dependenz, also der Notwendigkeit, »sein Brot zu verdienen«, kaum zum Aussteigen führen dürfte, sondern zu einer vermehrten Freizeitorientierung, die letztlich in der Arbeit nur noch ein Mittel zum Zweck eines lebenswerten Privatlebens sieht.
An zwei voneinander unabhängigen Stichproben junger Akademiker wurde untersucht (v.Rosenstiel u.a., 1989), wie diesen in Abhängigkeit von der Typzugehörigkeit der Einstieg in das Berufsleben gelang, wie sich dort ihre Karrierepfade entwickelten und wie sie bedingt durch innerorganisationale Sozialisationsprozesse ihre Berufsorientierungen und damit ihre Typenzugehörigkeit veränderten.

Die Befunde zeigen, daß die Typzugehörigkeit sowohl für die primäre Selektion (Berufseinstieg) als auch für die sekundäre Selektion (Aufstieg) von Bedeutung ist. Karriere- und freizeitorientierte Personen fanden weit leichter den Einstieg in die Organisation als alternativ Engagierte. Im Rahmen der sekundären Selektion waren es dann erwartungsgemäß die Karriereorientierten, die rascher den Weg nach oben gingen als die Freizeitorientierten, während die alternativ Engagierten, soweit sie den Weg in die Organisationen gefunden hatten, häufiger die Organisation verließen oder als Selbständige einen unabhängigen Weg zu gehen suchten.
Wichtiger aber erscheint im hier zu besprechenden Zusammenhang, daß auch die Berufsorientierungen und damit die Typzugehörigkeiten über die Zeit nicht stabil blieben, sondern offensichtlich unter dem Einfluß organisationaler Bedingungen sich veränderten, wobei diese Veränderungen in beiden untersuchten Stichproben in vergleichbarer Weise erfolgten, wie Abbildung 24 zeigt.

	(1. Stichprobe) Berufsorientierung 1986 in %		
Berufsorientierung 1985	Karriere-orientierung	Freizeit-orientierung	alternatives Engagement
Karriereorientierung (n = 50)	82	8	10
Freizeitorientierung (n = 44)	21	77	2
alternatives Engagement (n = 40)	15	32	53

signifikant ($p \leq 0.05$ einseitig)

	(2. Stichprobe) Berufsorientierung 1986 in %		
Berufsorientierung 1985	Karriere-orientierung	Freizeit-orientierung	alternatives Engagement
Karriereorientierung (n = 59)	78	8	14
Freizeitorientierung (n = 52)	27	63	10
alternatives Engagement (n = 38)	10	24	66

signifikant ($p \leq 0.05$ einseitig)

Abb. 24 Veränderung der Berufsorientierung durch die Berufstätigkeit

Man erkennt, daß die karriereorientierte Berufsorientierung relativ stabil blieb, was kaum überrascht, da man vermuten darf, daß gerade diese Haltung in den Organisationen positiv sanktioniert wurde. Die freizeitorientierten Personen änderten ihre Orientierungen häufiger und zwar vermehrt in Richtung auf höhere Karriereorientierung. Hier darf man vermuten, daß sie den sozialisierenden Kräften in der Organisation nachgaben und sich in das dort vorherrschende Wertsystem einfügten. Die alternative Orientierung änderte sich am stärksten, vermutlich deshalb, weil sie mit den objektivierten und gelebten Werten in der Organisation am ehesten in Konflikt geriet. Hier aber ist auffallend, daß die Mehrheit derer, die diese alternative Orientierung aufgaben, sich der Freizeit zuwandten, was als ein resignatives Sich-Zurückziehen von betrieblichen Bedingungen interpretiert werden darf. Offensichtlich wird hier eine Tendenz deutlich, die auch bei jungen Lehrern festgestellt werden kann (Müller-Fohrbrodt u.a., 1978). Hier läßt sich zeigen, daß zunächst engagier-

te junge Pädagogen mit hoher Veränderungsbereitschaft durch den Praxisschock angesichts kaum veränderbarer Strukturen ihre Befriedigung in den »großen Sommerferien« suchten. Man darf also entsprechend des impliziten und häufig auch expliziten Konfliktes zwischen Wertorientierungen der Personen und den Strukturen der betrieblichen Organisationen folgern, daß diese Strukturen stärker als die Wertorientierungen der Personen sind und entsprechend Personen mit abweichenden Wertorientierungen entweder durch Selbst- und Fremdselektion von der Organisation ferngehalten oder aufgrund von Sozialisationsprozessen dazu gebracht werden, die impliziten und expliziten Werte der Organisation zu übernehmen (v. Rosenstiel, 1990).
Schein (1971) unterscheidet ebenfalls drei Typen, die er mit den Begriffen »Rebellion«, »Kreativer Individualismus« und »Konformität« umschreibt. Dieser im Grunde eindimensionalen Typologie liegt als Kriterium die Frage zugrunde, in welchem Umfang die betreffende Person die verschiedenen unterschiedlich gewichtigen Anforderungen einer Organisation zu akzeptieren oder aber letztlich zu verwerfen entschlossen ist. Daß diese Dreiteilung dabei nicht impliziert, daß die drei Typen in Organisationen auch gleich häufig vorkommen, versteht sich von selbst; der Rebell z. B. ist per definitionem mit der Entscheidung konfrontiert, die Organisation eventuell verlassen zu müssen. Van Maanen (1976) macht in diesem Zusammenhang darauf aufmerksam, daß die Frage der Anpassung bzw. Konformität dabei nicht nur im Hinblick auf die Organisation als Ganzes, sondern – unabhängig hiervon – auch im Hinblick auf die jeweilige (Arbeits-)*Gruppe* beleuchtet werden muß, da Gruppen- und Organisationsziele häufig auseinanderklaffen und in diesem Fall die Organisation *und* die Gruppe gezielte Sozialisationsanstrengungen unternehmen. Das Individuum kommt dabei in einen Rollenkonflikt, den es auf unterschiedliche Weise lösen kann (van Maanen, 1976, S. 112); in psychologischer Hinsicht dürften dabei vor allem zwei Strategien von Interesse sein:

Der Systembekämpfer, der (als Dissident, Betriebsratsmitglied usw.) das Management und die Organisation zum Schutz seiner Referenzgruppe bekämpft;

der sich (sozial) Isolierende, der (als Günstling, Emporkömmling, Sohn des Firmeninhabers usw.) die Organisationsziele verficht und dadurch für seine jeweilige Arbeitsgruppe unakzeptabel wird (man denke in diesem Zusammenhang auch an den von Friedman und Rosenman 1977, S. 205 ff., beschriebenen Typ A, der durch extremes Rivalitäts- und Dominanzverhalten gegenüber seinen Kollegen gekennzeichnet ist).

Festzuhalten bleibt also, daß der Sozialisand – zumindest in motivationaler Hinsicht – in der Regel unterschiedlich gerichteten Sozialisationsanstrengungen unterschiedlicher Gruppierungen innerhalb ein und derselben Organisation ausgesetzt ist und daß die Organisation insofern auch *Normen von Gruppen* zu berücksichtigen hat, wenn sie Individuen sozialisieren will.

Genau an diesem Punkt liegt auch der psychologische (!) Stellenwert der Partizipation von Gruppen an der Festlegung der Organisationspolitik, um Differenzen zwischen Gruppen- und Organisationszielen abzuflachen (van Maanen, 1976, S. 106). Der Umstand, daß Gruppen auf das Verhalten des einzelnen normierend einwirken können, ist in der sozialpsychologischen Forschung hinreichend bekannt; bezogen auf den organisationspsychologischen Kontext wird die Frage nach dem Gruppeneinfluß ausführlich unter Punkt 3.2.1. behandelt.
Will man vorhersagen, für welche Seite sich der Sozialisand im Falle eines Rollenkonflikts, bei Zieldivergenzen zwischen der Gruppe und der Organisation, entscheiden wird, so

kann man nach Graen (1976) mit Erfolg auf die erwartungswerttheoretischen Ansätze zurückgreifen. Vereinfachend hält Graen folgende Variablen für bedeutsam (Graen, 1976, S. 1211–1214):

- Die Valenz der Summe der Ergebnisse, die als Resultat eines managementorientierten Rollenverhaltens vom Positionsinhaber vermutet werden;
- die Valenz der Summe der Ergebnisse, die als Resultat eines kollegenorientierten Rollenverhaltens vermutet werden;
- die angenommene Wahrscheinlichkeit dafür, daß auf das jeweilige management- bzw. kollegenorientierte Rollenverhalten hin die vermuteten Ergebnisqualitäten auch eintreten.

Auf dieser Basis läßt sich ein relativer Nutzen (ausgedrückt durch einen Differenzwert) eines eher management- oder kollegenorientierten Rollenverhaltens bestimmen. Zusätzlich sind nach Graen noch

- ein von außen resultierender Druck (etwa von der Aufgabenstruktur her) sowie
- ein aus der Person selbst kommender Druck (im Sinne einer intrinsischen Motivation), das eine oder andere Rollenverhalten zu realisieren, in Rechnung zu stellen, wenn man die Wahl einer Anpassungsentscheidung vorhersagen will.

Damit sind zugleich – zumindest formal – einige Komponenten genannt, die bei dem Versuch einer Vermittlung einer geeigneten Motivation im Rahmen der Sozialisation zu bedenken sind (gleichgültig ob dieses Problem aus der Sicht der Gruppe oder Organisation beleuchtet wird): Es müssen Valenzen und Wahrscheinlichkeiten der subjektiv vorhandenen *Alternativen* berücksichtigt (und gesteuert) werden.

2.4.3. Betrachtungen im zeitlichen Längsschnitt

Nachdem in den beiden letzten Abschnitten die Frage behandelt wurde, unter welchen Bedingungen und mit welchen Ergebnissen Personen in Organisationen die im Zuge der Sozialisation erwünschten Handlungskompetenzen und Motivationen erwerben, sollen in diesem Abschnitt im Sinne einer Längsschnittbetrachtung Charakteristika einzelner Phasen der Zugehörigkeit zu einer Organisation sowie Bedingungen des Verlaufs dieser Phasen näher betrachtet werden. Dabei liegt es nahe, mit der Phase des Eintritts in eine Organisation zu beginnen.

Die Situation eines Neulings in einer Organisation ähnelt nach Porter u.a. (1975) der Situation desjenigen, der relativ spät auf einer Party erscheint, die schon seit mehreren Stunden im Gang ist und auf der sich die bereits Anwesenden untereinander schon länger kennen, während der Neuhinzukommende lediglich mit dem Gastgeber – und dies auch nur oberflächlich – bekannt ist: Der Betreffende befindet sich in einer Situation, die durch Hoffnung und Angst zugleich gekennzeichnet ist (Porter u.a., 1975, S. 172). Die Angst des Neulings in einer Organisation ist dabei zum einen Ausdruck von Ungewißheit: Er weiß nicht, was auf ihn zukommt. Darüber hinaus befürchtet er u.U., den Erwartungen der Organisation bzw. ihrer Repräsentanten nicht voll zu entsprechen; er antizipiert die Möglichkeit des Versagens. Vor diesem Hintergrund stellt sich die Frage, wie mit dieser Angst bzw. Furcht umgegangen werden kann. Porter u.a. zitieren dabei eine Untersuchung, in der als Mittel der Angstbewältigung die Art der Arbeitseinweisung systematisch variiert wurde (Porter u.a., 1975, S. 179 ff.):

Eine Kontrollgruppe (überwiegend weibliche Arbeitskräfte) wurde nach traditioneller Weise auf einer zweistündigen Versammlung durch die Personalabteilung in allgemeiner Form über betriebliche Regelungen (Arbeitszeiten usw.) informiert und anschließend durch den unmittelbaren Vorgesetzten durch einige kurze Hinweise mit dem Arbeitsplatz selbst vertraut gemacht.
Die Experimentalgruppe bekam nach der gleichen zweistündigen Versammlung für den Rest des Tages die Gelegenheit, sich in einem Konferenzraum ausführlich mit ihren zukünftigen Kollegen zu unterhalten und sie im Hinblick auf den Arbeitsablauf zu interviewen. Dabei wurde diese Gruppe auch über das soziale Umfeld ihrer Arbeit (Eigenheiten des Vorgesetzten z.B.) informiert. Als Ergebnis zeigte sich, daß die Experimentalgruppe den von der Organisation gewünschten Leistungsstandard ca. vier Wochen eher erreichte als die Kontrollgruppe (ein Ergebnis, das auch in weiteren Untersuchungen bestätigt wurde). Porter u.a. interpretieren dies dahingehend, daß in der Experimentalgruppe durch die spezifische Art der Einführung in die Arbeit anschließend ein angstfreieres Erlernen der erforderlichen Handlungskompetenzen ermöglicht worden sei, während in der Kontrollgruppe wegen der in dieser Gruppe noch erforderlichen Versuche der Angstbewältigung viel Energie dysfunktional gebunden sei (Porter u.a., 1975, S. 81).
Neben dem Problem der *Angstbewältigung* ergibt sich für den Neuling gerade in den ersten Tagen und Wochen die Schwierigkeit, offenbar nicht gerade seltene *Enttäuschungen* hinzunehmen: Der Arbeitsalltag hält den an die neue Situation herangetragenen Erwartungen nicht stand.
Dunnette u.a. (1973) untersuchten die Struktur und Folgen dieser Anfangsenttäuschung: die Autoren ermittelten mit Hilfe einer Befragung dabei an ca. 1000 ehemaligen College-Absolventen, die sich in ihrem ersten Beschäftigungsverhältnis befanden, daß die realen Arbeitsbedingungen den erwarteten Bedingungen in fast jeder Hinsicht nicht entsprachen und daß die Differenzen ausgerechnet in den Aspekten besonders ausgeprägt waren, die ihnen besonders wichtig erschienen (z.B. die Möglichkeit, eigene Fähigkeiten einzusetzen und aufzusteigen); eine hohe Fluktuation war entsprechend die Folge (Dunnette u.a., 1973, S. 30 ff).

Dieser Berufseintritts-»Schock« scheint nicht die Ausnahme, sondern eher die Regel zu sein. Von daher läßt sich erklären, daß nach Beobachtung vieler Autoren die Fluktuation gerade in den ersten Wochen/Monaten nach Eintritt in eine Organisation im Vergleich zu der Folgezeit ungewöhnlich hoch ist (Porter u.a., 1975, S. 178; van Maanen, 1976, S. 94).

Graen (1976) hat hierzu eine Längsschnittstudie vorgelegt, in der über einen Zeitraum von vier Monaten – beginnend von dem Eintritt in die Organisation an – an einer Stichprobe neu eingetretener Verwaltungsangestellter in einer großen Universität der Verlauf von Leistungseinsatz und Arbeitszufriedenheit beobachtet wurde. Dabei zeigte sich, daß bereits in der zweiten Woche der Zugehörigkeit zu dieser Organisation die Bereitschaft zum Leistungseinsatz und die Arbeitszufriedenheit deutlich absanken und daß sich diese Entwicklung, wenn auch in abgeschwächter Form, in den folgenden drei Monaten noch fortsetzte (Graen, 1976, S. 1233). Bei der Dynamik dieses Prozesses ist im übrigen noch zu bedenken, daß nicht nur die Neueingetretenen u.U. unrealistische Erwartungen an die Organisation herantragen, sondern daß auch die Repräsentanten der Organisation bzw. die unmittelbaren Vorgesetzten und Kollegen dem Neuling gegenüber zu hohe Erwartungen hegen (Porter u.a., 1975. S. 176).

Fragt man sich nach der Bedingtheit dieser (der Enttäuschung vorgelagerten) Erwartungsstruktur auf Seiten des Neueingetretenen, so wird man auf unterschiedliche Einflußgrößen zurückverwiesen. Von herausragender Bedeutung ist die vorberufliche Sozialisation des Betreffenden (van Maanen, 1976, S. 81 f.), in der er bereits prinzipielle Einstellungen zum Berufstätigsein an sich, aber auch zu sich selbst als Person entwickelt hat (Fürstenberg, 1974, S. 209 ff.).

Gerade das Selbstkonzept wird immer wieder als wesentliche Determinante der Berufswahl und damit auch des Inhalts der an eine Arbeitssituation herangetragenen Erwartungsstruktur betrachtet (Scheller, 1976, S. 38 ff.; Seifert, 1977, S. 204).

Von dieser generellen Erwartungsstruktur ist eine spezifische zu unterscheiden, die sich auf die jeweils *konkrete* Organisation bezieht, in die der Betreffende einzutreten gedenkt; auch über diese Erwartungen vergrößert (oder verkleinert) sich das Enttäuschungspotential. Da diese spezifischen Erwartungen steuerbar sind, ist ihre Bedingtheit von Interesse. Hierzu zitieren Porter u.a. eine Studie, in der bei einer Versicherung in 50 Kontrollagenturen vor Eintritt der Neulinge ausschließlich positive Informationen an die Interessierten ausgegeben wurden, während in den 50 Experimental-Agenturen den Bewerbern gegenüber in Ergänzung zu der positiven Information gezielt auch auf zu erwartende Ärgernisse und Beschwernisse hingewiesen wurde. Als Ergebnis zeigte sich, daß in beide Agenturgruppen im fraglichen Zeitraum gleich viele neue Bewerber eintraten, daß aber in den Agenturen, die »realistisch« zu informieren versuchten, nach sechs Monaten noch 71% der Neuen (im Vergleich zu 57% in der anderen Gruppe) tätig waren (Porter u.a., 1975, S. 175). Das Enttäuschungspotential mit all seinen negativen Folgen scheint also – zumindest in Grenzen – steuerbar zu sein.
Neben dem Problem der Angstbewältigung und Verarbeitung von Enttäuschungen stellt sich für den Neueingetretenen als drittes Problem u.U. noch die Schwierigkeit, mit Mißverständnissen bezüglich der *wechselseitigen Rollenerwartungen* zwischen ihm und dem Vorgesetzten (und evtl. auch den Kollegen) zurechtkommen zu müssen.
In der bereits vorher angesprochenen Längsschnittstudie analysierte Graen die Übereinstimmung zwischen den tatsächlichen (leistungsbezogenen) Rollenerwartungen des Vorgesetzten gegenüber dem neuen Verwaltungsangestellten und den Vermutungen des Angestellten zur Frage, was der Vorgesetzte diesbezüglich von ihm erwarte. In einer Teilstichprobe von Angestellten (die in ihrer jetzigen Tätigkeit nichts sahen, was für ihre berufliche Weiterentwicklung langfristig bedeutsam sei, und die damit vielleicht auch weniger leistungsmotiviert waren) zeigte sich dabei, daß die Differenz zwischen den tatsächlichen und den vermuteten Rollenerwartungen über die ersten vier Monate kontinuierlich größer (!) wurde (Graen, 1976, S. 1233). Ähnliche Divergenzen berichtet der Autor anhand einer Manager-Stichprobe noch nach einem Zeitraum von neun Monaten nach Eintritt in die Organisation und folgert daraus, daß die wechselseitigen Informationen im Hinblick auf die partnerbezogenen Rollenerwartungen höchst unzureichend seien. Daß hierin Ursachen für vielfältige Konflikte liegen, ist hinreichend bekannt (Kahn, 1978, S. 21 ff.); und daß derartige Auffassungsdivergenzen auch den anfänglichen Sozialisationsprozeß des Neueingetretenen nicht gerade erleichtern, liegt ebenfalls auf der Hand. Faßt man diese verschiedenen Anfangsschwierigkeiten des Neulings in der Organisation zusammen, so lassen sich die Überlegungen und Konsequenzen wie folgt systematisieren (konkrete Vorschläge für die Gestaltung von Eingliederungsprogrammen neuer Mitarbeiter finden sich bei Kieser u.a., 1986):

Inhalt	Folge	Handlungskonsequenz
Angst (angesichts der Möglichkeit von Ungewißheit und Leistungsversagen)	Lernhemmungen	umfassend informierende Vorabeinführung (auch in das soziale Umfeld): Gewährung von sozialer Unterstützung
Enttäuschungen angesichts zu hoher Erwartungen; Desillusionierung angesichts des Arbeitsalltags	sinkendes Engagement	realistische (auch negative) Vorabinformation
Mißverständnisse bezüglich der wechselseitigen Rollenerwartungen	Reibungen, sinkende Leistung, (Konflikt)	eindeutige Informationen zu den wechselseitigen Rollenerwartungen und Verhandlungen hierüber

Abb. 25 Sozialisationsschwierigkeiten und -folgen

Will man nun die weitere Entwicklung eines Organisationsmitgliedes innerhalb der Organisation nach Durchlaufen der Anfangsphase beschreiben, so bietet sich zur Charakterisierung der individuellen Karriere folgende von Schein (1972) entwickelte Schematik an (Abbildung 26):

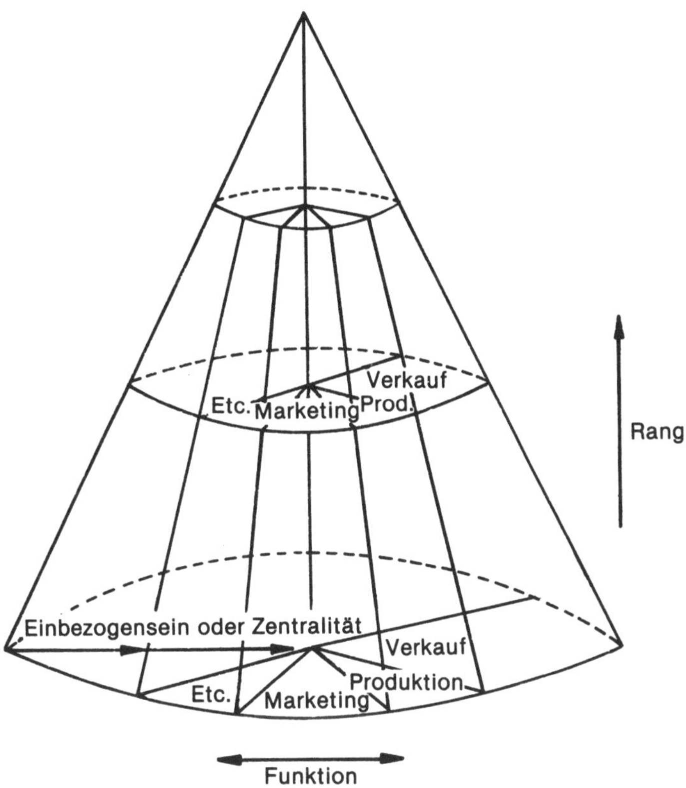

Abb. 26 Dreidimensionales Modell einer Organisation (nach Schein)

Entwicklungen können demnach entlang dreier Dimensionen verlaufen:

- vertikal: Die Person wird im Rahmen der formalen Hierarchie befördert;
- radial: Die Person wandert auf der Dimension »Zentralität« von der Peripherie zur Mitte der Organisation und erlangt damit zunehmenden Einfluß, unabhängig von ihrer formalen Position;
- kreisförmig: Die Person wechselt den Inhalt ihrer Funktion (Verkauf, Produktion) unter Konstanthaltung ihrer Zentralität und formalen Rangposition (Schein, 1972, S. 140 ff.).

Der konkrete Verlauf einer individuellen Entwicklung wird dabei vorhersagbar, wenn man (neben der Person) die Eigenschaften der auf diesen drei Dimensionen angeordneten *Grenzen* kennt; Grenzen können sich dabei nach Schein unterscheiden im Hinblick auf

- ihre Häufigkeit (Anzahl),
- den Grad ihrer Durchlässigkeit (Permeabilität) sowie
- die Art ihrer Filtereigenschaften (Mitglied eines »inneren Kreises« wird man z.B. nur dann, wenn man relevante politische Überzeugungen teilt usw.).

Sozialisationsanstrengungen (sowohl auf seiten der Person wie auch von seiten der Organisation) finden dabei vor allem im Zuge von *Grenzüberschreitungen* statt, wobei nach Schein auch der Inhalt bzw. die Richtung der Sozialisationsanstrengungen vorhersagbar ist (Schein, 1972, S. 153):

Bei Grenzüberschreitungen kreisförmiger Art (also bei Funktionswechsel) überwiegen Anstrengungen zur Vermittlung der geeigneten Handlungskompetenzen; sowohl bei vertikaler als auch bei radialer Grenzüberschreitung überwiegen dagegen die Bemühungen, eine an den Normen und Werten der Schlüsselgruppe orientierte Motivation sicherzustellen.

Aus der Sicht der individuellen Karriereplanung wäre hieraus abzuleiten, daß es neben dem Erwerb spezifischer Qualifikationen wesentlich auch auf die Übernahme spezifischer Einstellungen ankommt, da es – soziologisch gesprochen – der (befördernden) Schlüsselgruppe um eine Absicherung ihrer Herrschaftsposition geht.

Der zuletzt genannte Aspekt wirft die Frage auf, inwieweit eine nennenswerte Karriere in vertikaler und/oder radialer Richtung nicht in erheblichem Umfang von der Person Unterwerfung abverlangt und innovativ-kreatives Verhalten tendenziell erstickt; es wurde vorhin schon darauf hingewiesen, daß man in einer Organisation nicht beliebig lange »Rebell« sein kann. Gerade sog. »zentrale« Fragen der »Organisation« dürften vor allem zentrale Fragen für die Interessen der Schlüsselpersonen sein; und macht man die Annahme, daß die Abhängigkeit des Karrierewilligen von dieser Schlüsselgruppe größer ist als umgekehrt, so sind prinzipielle Grenzen von »Widerspruch« in »zentralen« Fragen von vornherein zu erkennen. Die gelegentlich (auch von Schein, 1972, S. 155) angedeutete Symmetrie zwischen »Sozialisation« (von der Organisation beeinflußt werden) auf der einen Seite und »Innovation« (die Organisation ihrerseits beeinflussen) auf der anderen Seite dürfte insofern eine Fiktion darstellen (Shepard, 1972, S. 157) bzw. bedarf einer Präzisierung.

Die begründete Skepsis gegenüber der Annahme einer Einfluß-Symmetrie bedeutet aber natürlich auch nicht – umgekehrt – Einflußlosigkeit auf seiten des Karrierewilligen. Speziell bezogen auf die Bedingungen unmittelbar am Arbeitsplatz gibt es sehr häufig Gestaltungsspielräume, die zum Gegenstand von Verhandlungen erhoben werden können (Graen, 1976, S. 1206 ff.). Derartige Rollenverhandlungen beinhalten wechselseitige Situations-Definitionen, womit die einzelne Person auf die Situation Einfluß nimmt.

Auf der anderen Seite kann nicht geleugnet werden, daß derartige Situationsdefinitionen im Rahmen eines Machtgefälles ablaufen, und vor diesem Hintergrund kann der Vollzug von Karriere über entsprechend erforderliche Anpassungs- und Unterwerfungsmechanismen zu einer erheblichen persönlichen Belastung werden, die auf die (psychologische) Identität der Person zurückwirkt.

> Damit ist ein Fragenkreis angesprochen, der von seiner Bedeutung her nicht immer klar genug herausgestellt wird: Sozialisation in Organisationen impliziert nicht nur die Vermittlung von Handlungskompetenzen und Motivstrukturen, sondern auch die Vermittlung von Identität.

Nach Auffassung vieler Autoren (z.B. Mead, 1975) stellt die eigene Identität im Sinne des Bewußtseins der eigenen Person ein sozial bzw. interaktional vermitteltes Bild dar. Dieses Bild formt sich im wesentlichen über das sog. Spiegel-Selbst, d.h. über die Vermutungen (und deren Verarbeitung) zur Frage, wie man von anderen gesehen wird. Im Zuge der Formung dieses Spiegel-Selbstes wird notwendig auch ein Wert- bzw. Kategoriesystem übernommen (solche Werte können z.B. sein: Loyalität, berufliche Kompetenz), das die inhaltlichen Dimensionen bzw. das Koordinatensystem des Spiegel-Selbstes ausmacht. Berufliche Sozialisation schließt in diesem Sinne Spiegel-Selbst-Formungen und damit die Beeinflussung des Selbstbildes mit ein (Schein, 1972; Porter u.a., 1975). Werden nun vom einzelnen im Verlauf seiner Karriere Unterwerfungen abverlangt, die mit seinem Selbstbild inhaltlich nicht mehr kompatibel sind, so kann es offenbar zu Konflikten kommen, in deren Gefolge das Kategoriesystem, innerhalb dessen sich jemand zu definieren gelernt hatte, ins Wanken gerät: Die Person weiß dann nicht mehr, im Hinblick auf was sie sich zu definieren hat und wird insofern *orientierungslos*. Über Sozialisation und berufliche Karriere vermittelt sich entsprechend nicht nur Identität, sondern auch Identitätskrise (Hoffmann, 1979, S. 176ff.). Eine Krise besonderer Art scheint sich schließlich am Ende der beruflichen Tätigkeit, nämlich beim Übertritt in den Ruhestand, zu ergeben; dies, obwohl das Ende der beruflichen Tätigkeit im mittleren Lebensalter (besonders bei restriktiven Arbeitsbedingungen) häufig herbeigesehnt wird (Sheppard, 1978, S. 349).

Zwei Befunde sind in diesem Zusammenhang von Interesse: Es zeigte sich zum einen, daß die Häufigkeit psychischer Erkrankungen in der Altersgruppe zwischen 60 und 65 Jahren im Vergleich zur Gruppe der 50–55jährigen ein Maximum erreicht und anschließend (also nach der Pensionierung) wieder abfällt; parallel hierzu zeigte sich zum anderen, daß die Einstellung der 60–65jährigen zum Ruhestand besonders negativ ausfiel (im Vergleich a) zu den jüngeren und b) den bereits Pensionierten; v. Rosenstiel, 1974, S. 126; Lehr, 1977). Dies könnte als Hinweis darauf interpretiert werden, daß die Angst vor der Pensionierung unmittelbar vor diesem Ereignis besonders stark ausgeprägt ist: U. U. aktualisieren sich Probleme des Selbstwertgefühls; außerdem dürfte die näherrückende *Ungewißheit* zur Frage, was die Ruhestandsituation eigentlich kennzeichnet, subjektiv bedrohlich wirken.

Es liegen Anzeichen dafür vor, daß die Anpassung an den Ruhestand mit zunehmendem Bildungsniveau und zunehmender Breite des Interessenfeldes besser gelingt; darüber hinaus scheinen vorbereitende Informationen zu den Ruhestandsbedingungen sowie rechtzeitige planerische Aktivitäten des einzelnen für die erfolgreiche Anpassung an diese Situation hilfreich zu sein (v. Rosenstiel, 1974, S. 133; Lehr, 1977). Hier stellt sich ein betriebspolitisches und betriebspsychologisches Aufgabenfeld, das zumindest in der Bundesrepublik bisher nur äußerst vereinzelt wahrgenommen wird.

Weiterführende Literatur

1. Zur Vertiefung des Zusammenhangs zwischen Arbeitsvollzug und Sozialisation wird auf Hacker, W.: Allgemeine Arbeits- und Ingenieurpsychologie, Bern, 1978, Kap. 10, verwiesen.
2. In grundlegende Prinzipien des Erwerbs von Handlungskompetenzen und Motivstrukturen unter pädagogischer Perspektive führt in verständlicher Weise ein: Schiefele, H.: Lernmotivation und Motivlernen, München, 1974, Kap. 2.3.2. bis 2.3.5.
3. Den Assimilationsprozeß eines in die Organisation neu eingetretenen Mitarbeiters unter rollentheoretischer Analyse untersucht vertiefend Graen (1976): Die theoretische Aufarbeitung des Problems findet sich auf S. 1201–1225; empirische Untersuchungen (Längsschnitte) des Autors selbst sind auf S. 1230–1243 nachzulesen. Graen, G.: Role-making processes within complex organizations. In: Dunnette, M. D. (ed.) Handbook of industrial and organizational psychology. Chicago, 1976, S. 1201–1245.
4. Eine leicht verständliche Einführung in das Karrieremodell von E. H. Schein findet sich in deutscher Sprache in: E. H. Schein: Individuum, Organisation und Karriere, Gruppendynamik, 2, 139–156, 1972.
5. Schwierigkeiten in der ersten Phase der beruflichen Sozialisation sowie organisatorische Einflußgrößen auf den Verlauf der Sozialisation schildert einführend aus stärker soziologischer Sicht van Maanen, J.: Breaking in – socialization to work. In: Dubin, R. (ed.): Handbook of work, organization and society; Chicago, 1976, S. 79–98.
6. Eine gute Übersicht (mit vertiefendem Charakter) über alle in diesem Kapitel angeschnittenen Fragen findet sich in: Porter, L. W.; Lawler, E. E.; Hackman, J. R.: Behavior in Organizations. N.Y. 1975, S. 160–218.
7. Eine Studie zur Selektion und Sozialisation von jungen Akademikern in Organisationen findet sich in v. Rosenstiel, L., Motivation: Führungsnachwuchs in Unternehmen, München 1989. In einer Längsschnittstudie voneinander unabhängigen Stichproben wird gezeigt, welche Personen mit welchen Wertorientierungen leichter den Sprung vom Bildungs- ins Beschäftigungssystem bewältigen, welche innerhalb der Organisation aufsteigen, welche die Organisation wieder verlassen und wie sich im Zuge der ersten organisationalen Erfahrungen Werthaltungen modifizieren.

Fragen

23. Nach Hacker (1978) werden im Rahmen des Tätigkeitsvollzugs vor allem welche für die Handlungsregulation bedeutsamen Fähigkeiten (Kompetenzen) beeinflußt?
24. Nach Argyris (1975) stehen welche Entwicklungstendenzen in der Person zu welchen Anforderungen formaler Organisationen in einem Spannungsverhältnis?
25. Der Erwerb von Motivationen läßt sich nach Schiefele (1974) über welche lerntheoretischen Prinzipien erklären bzw. steuern?
26. In den ersten Wochen der Zugehörigkeit zu einer (neuen) Organisation wird der Sozialisand häufig mit welchen Schwierigkeiten zu kämpfen haben? Und über welche Maßnahmen kann die Organisation diesen Schwierigkeiten zu begegnen versuchen?
27. Welche empirischen Daten können zur Validierung der Annahme eines Berufseintritts-Schocks herangezogen werden?
28. Nach Scheins Karrieremodell (Schein, 1972) sind a) zu welchen Anlässen und b) mit welcher inhaltlichen Ausrichtung besonders intensive Sozialisationsbemühungen von seiten der Organisation zu erwarten?

3. Organisationspsychologie – Gesichtspunkte zur Gestaltung der Situation

3.1. Gestaltung der Arbeitsaufgabe

3.1.1. Arbeitsaufgabe, Belastung und Beanspruchung – Streß

Begriffliche Klärungen:

Wie unter 2.1.1. bereits dargelegt wurde, konstituieren die Aufgabencharakteristika – neben den »Sozialbedingungen« – die entscheidenden Komponenten der »Situation« für den einzelnen Positionsinhaber. Dies wurde im weiteren Verlauf der Erörterungen auch insofern deutlich, als sowohl bei der Analyse der Arbeitsmotivation als auch bei der Analyse der Arbeitszufriedenheit, des Tätigkeitsvollzugs und der Sozialisation die Aufgabencharakteristika prognostisch relevante Ausgangsbedingungen darstellen: Die Aufgabencharakteristika haben als zentrale Komponente der Situation – vereinfacht – gegenüber den im Abschnitt 2. dargestellten Prozessen im wesentlichen eine *auslösende* Funktion. Dieser Gedankengang soll im folgenden insofern ergänzt und vertieft werden, als die Aufgaben-Charakteristika unter streßtheoretischen Gesichtspunkten betrachtet werden. Hierzu ist im ersten Schritt eine kurze Auseinandersetzung mit dem Begriff »Aufgabe« erforderlich.

Aufgaben bestehen nach Hackman a) aus einem bestimmten Reizmaterial, b) aus Instruktionen, die spezifizieren, was im Hinblick auf dieses Reizmaterial zu tun ist, sowie c) aus Informationen über den zu erreichenden Zielzustand (Hackman, 1969, S. 113 sowie 4.3.1.1.). Die Kognition einer so spezifizierten Aufgabe bzw. ihre subjektive Repräsentation konstituiert später die von Hacker (1978) analysierten operativen Abbild-Systeme (siehe unter 2.3.1.).
Eine ähnliche Definition von »Aufgabe« findet sich bei Miller (1971): Aufgaben werden als durch Programme gesteuerte Handlungen definiert, wobei sich die Tätigkeiten mit Hilfe vorgeschriebener Werkzeuge unter spezifischen Durchführungsbedingungen und sich (auf der Zeitachse) verändernden Durchführungszuständen vollziehen (Miller, 1971, S. 16 f.). Während Hackman vor allem die Aufgabencharakteristika selbst herausstellt, werden bei Miller stärker die zur Aufgabenerfüllung erforderlichen Verhaltens*anforderungen* hervorgehoben (Hoyos, 1974, S. 118 f.): Miller zielt unter informationstheoretischer Perspektive primär auf eine Kennzeichnung bzw. Klassifikation relevanter Informationsverarbeitungsprozesse ab; hierzu zählen etwa Prozesse wie Filtern, Kodieren, Kategorisieren, Speichern, Prüfen, Entscheiden, Löschen usw. (näher dargestellt bei Frieling, 1975, S. 20–25).
Wiederum andere Autoren ziehen zur Kennzeichnung der Besonderheiten einer Aufgabe – wie bei Miller schon angedeutet – ergänzend die Eigentümlichkeiten der zu benutzenden

Werkzeuge sowie die Merkmale des zu bearbeitenden Gegenstandes heran (Frieling, 1975, S. 27 ff.). Aufgaben lassen sich also in der verschiedensten Hinsicht charakterisieren. Populär sind z.B. auch die Aufgabenkennzeichnungen durch Adjektive wie »komplex«, »einfach-schwierig«, »bekannt-neuartig«, »einstufig-mehrstufig«, »verifizierbar-nichtverifizierbar« usw., die offenkundig wiederum von einer anderen Betrachtungsperspektive ausgehen. Wie schon beim Problem der Motiv- und Fähigkeits-Klassifikation deutlich wurde, gibt es auch im Bereich der Aufgabenklassifikation nicht »die« Klassifikation; entscheidend für die Angemessenheit einer Klassifikation ist vielmehr der Verwendungszweck (Hoyos, 1974, S. 115 f.; Frieling, 1975, S. 30).

Will man Aufgaben nach ihrem potentiellen Valenz-Charakter (also unter motivationalen Gesichtspunkten) beschreiben, so benötigt man ein anderes System von Beschreibungsdimensionen, als wenn man Aufgaben zur Vorhersage der Interaktionsstruktur in Arbeitsgruppen verwenden möchte. Wiederum andere Dimensionen sind erforderlich, wenn man Aufgaben nach ihrer Tauglichkeit für den Einsatz bestimmter Problemlösetechniken beschreiben will (siehe hierzu bei Schlicksupp, 1977, S. 51–63) oder Aufgaben im Hinblick auf die zu ihrer Bewältigung erforderlichen eignungsdiagnostisch relevanten Anforderungsprofile kennzeichnen möchte.

Vorhersagekräftig sind dabei derartige Klassifikationen nur dann, wenn sich die Auswahl des jeweiligen Beschreibungsrasters an einer *Theorie* (zur Bedingtheit der jeweiligen abhängigen Variablen) orientiert: Will man z.B. Aufgaben danach klassifizieren, in welchem Umfang sie zur Steigerung der Handlungskompetenzen beitragen (also qualifizierend und nicht dequalifizierend wirken), so setzt dies voraus, daß sich das verwendete Beschreibungsraster an einer Theorie des Lernens orientiert (Lempert, 1979, S. 95 ff.).

Sowohl im Hinblick auf die so verstandene erforderliche Theorie-Orientierung als auch im Hinblick auf die notwendige Zweckspezifizierung scheinen viele der vorliegenden Aufgabenklassifikationen aber noch deutliche Mängel aufzuweisen.

Bevor nun im folgenden Abschnitt (3.1.2.) auf spezifische *streß*relevante Aufgabencharakteristika eingegangen werden kann, müssen zunächst einige theoretische und begriffliche Klärungen zum Problemfeld »Streß« selbst vorgeschaltet werden. Hierzu seien zunächst die Begriffe Belastung und Beanspruchung eingeführt (ausführlich hierzu Schönpflug, 1987) und mit Hilfe der Abbildung 27 in ihrem funktionalen Zusammenhang veranschaulicht.

Entsprechend der Abbildung, die sich an Rohmert u.a. (1975, S. 24) anlehnt, verbinden sich mit einer Arbeitsaufgabe bestimmte Belastungen, die, vermittelt über den Tätigkeitsvollzug, zu einer bestimmten Beanspruchung führen.

Der Unterschied zwischen Belastung und Beanspruchung ist dabei darin zu sehen, daß es sich bei der Belastung ausschließlich um objektive, von außen auf den Menschen einwirkende Größen handelt, die unabhängig von ihrer Auswirkung auf den Menschen definiert werden. Unter Beanspruchung wird dagegen eben die Art und Intensität dieser Auswirkung selbst, also die *Folge* der Belastung für den Menschen, verstanden (Rohmert u.a., 1975, S. 8).

Auf der operationalen Ebene meint dieser Unterschied: »Belastung« wird bestimmt, wenn z.B. die von der Person bei der Arbeit zu hebenden Gewichte in Kilogramm ausgedrückt

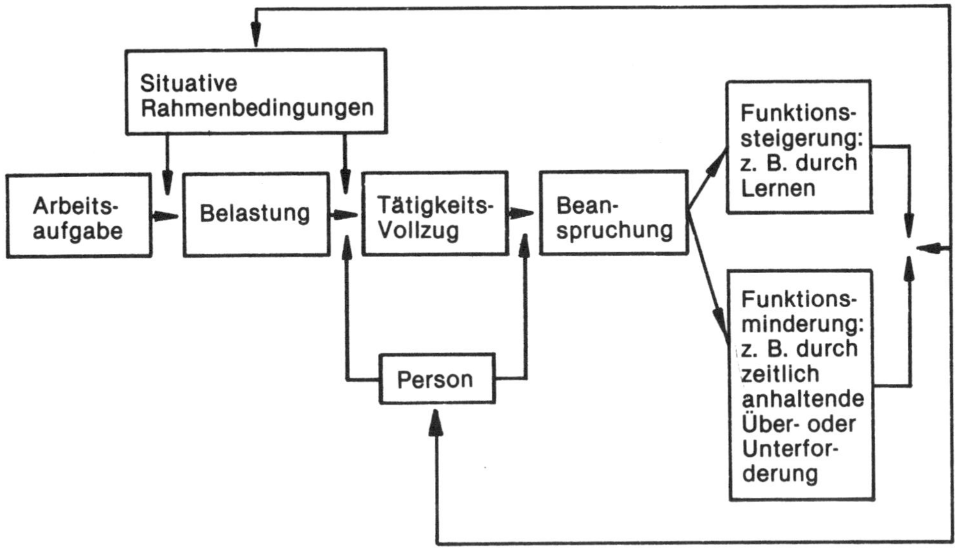

Abb. 27 Bedingungen und Folgen von Beanspruchung

werden. Eine »Beanspruchungs«-Messung liegt dagegen vor, wenn man – bei dem Vorgang des Anhebens – z.B. die Pulsfrequenz erfaßt oder die »körperliche Schwere« der Arbeit durch den Arbeitenden verbal einstufen läßt, also Zustandsmerkmale in der Person (nicht Situation) bestimmt (Beispiele hierfür finden sich bei Rohmert, 1977, S. 66, sowie Hoyos, 1974, S. 159 ff.). Entsprechend der obigen Abbildung resultiert der Grad der Belastung aus Merkmalen der Arbeitsaufgabe sowie aus situativen Rahmenbedingungen (Beleuchtung, Nässe usw.). Die resultierende Gesamtbelastung wird dabei als Funktion der Belastungshöhe und der Belastungsdauer betrachtet (Rohmert, 1977, S. 66):

Belastung = f (Belastungshöhe, Belastungsdauer)

Vermittelt über den Tätigkeitsvollzug übersetzen sich die Belastungen in Beanspruchungen. Mit steigender Belastung steigt dabei auch die Beanspruchung (Hoyos, 1974, S. 163). Darüber hinaus ist der Grad der resultierenden Beanspruchung eine Funktion von Personcharakteristika; hier ist vor allem an die Variablen Motivation und Fähigkeiten zu denken: Befähigte Personen werden bei gleicher Belastung weniger beansprucht (Rohmert u.a., 1975, S. 24; Rohmert, 1977, S. 65):

Beanspruchung = f (Belastung, Personmerkmale)

Die resultierende Beanspruchung ist insofern das Ergebnis einer *Relation,* nämlich der zwischen Situations- und Person-Qualitäten (auf diesen relationalen Aspekt wurde bereits in der Abbildung 16 unter 2.4.1. hingewiesen).
Damit läßt sich an dieser Stelle auch der Begriff der »Anforderung« präzisieren:
Unter Anforderungen werden diejenigen personellen Leistungsvoraussetzungen (Motivationen, Fähigkeiten/Fertigkeiten) verstanden, die zur Bewältigung der Arbeitsaufgabe unter den jeweiligen Arbeitsbedingungen (situativen Rahmenbedingungen) *notwendig* sind (Hacker, 1978).
Entsprechen dabei die aus der Belastungsstruktur ableitbaren Anforderungen qualitativ und quantitativ dem von der Person her kommenden Leistungsangebot (an Motivatio-

nen/Fähigkeiten/Fertigkeiten), so kann dies als »Eignung« (einer Person für die Bewältigung einer bestimmten Aufgabe) bezeichnet werden (Hoyos, 1974, S. 143; ähnlich Maukisch, 1978, S. 112).
Maukisch (1978) stellt diesem Eignungsbegriff, der *leistungs*bezogen definiert ist, komplementär einen anderen *bedürfnis*bezogenen bzw. zufriedenheitsbezogenen »Eignungs«-Begriff gegenüber: Dabei ist die Eignung eines Arbeitsplatzes für eine Person dann gegeben, wenn eine Korrespondenz zwischen den Bedürfnissen der Person auf der einen Seite und dem Verstärkerpotential dieses Arbeitsplatzes bzw. dieser Aufgabenstellung auf der anderen Seite besteht (Maukisch, 1978, S. 114). Diese Person-Situations-Relation ist zugleich der Ausgangspunkt der derzeitigen Streßforschung:
Der Begriff Streß wird leider in äußerst verwirrender Weise zur Kennzeichnung sehr unterschiedlicher Sachverhalte herangezogen (Udris, 1980; Lazarus u.a., 1978, S. 293; Hoyos, 1974, S. 50), so daß inzwischen bereits zu Recht die Frage gestellt wird, welchen Sinn es überhaupt noch hat, an diesem Begriff festzuhalten (Wichman, 1978). Sucht man nach den wesentlichen *Gemeinsamkeiten* zwischen den beiden zumindest in den USA zur Zeit dominierenden Streßforschungszentren, nämlich der Michigan-Gruppe (vor allem: French u.a.) und der Berkeley-Gruppe (vor allem: Lazarus u.a., 1978), so scheint sich folgendes herauszuschälen:

- Stressoren werden zu Stressoren nicht allein durch bestimmte Stimulus-Qualitäten und nicht allein durch bestimmte Person-Qualitäten, sondern durch die *Relation* von der Person zu Stimulus-Qualitäten. Stressoren stellen insofern Person-Situations-*Beziehungen* dar (French, 1973; Lazarus u.a., 1978, S. 288).
- Derartige Stressoren werden wahrgenommen und bewertet (Hamilton u. Warburton, 1979). Das Ergebnis dieses Prozesses besteht darin, daß die Stressoren als mehr oder weniger *»bedrohlich«* eingestuft werden (Harrison, 1978; Lazarus u.a., 1978; Hoyos, 1978, S. 62).
- Auf die Bewertung »bedrohlich« hin werden bestimmte Streß-Reaktionen (»coping«-Strategien) eingesetzt, die letztlich auf den Abbau der Bedrohlichkeit abzielen (Harrison, 1978; Lazarus u.a., 1978).

Streß-Modelle:

Zumal sich die Berkeley-Gruppe stärker mit der Streß-*Reaktion* auseinandergesetzt hat, sei zunächst mit der Darstellung der Michigan-Konzeption begonnen, die vor allem die antezedenten *Bedingungen* dieser Reaktion thematisiert hat. Von dem Konzept einer »Entsprechung« (fit) zwischen z.B. den Merkmalen einer Aufgabenstellung (»Environment«, Situation) und den Merkmalen der Person ausgehend, betrachtet die Michigan-Gruppe den Zustand der Nicht-Entsprechung (misfit) zwischen »Environment« (E) und »Person« (P) als Stressor (French, 1973; French u.a., 1974; Harrison, 1978, S. 178; Kahn, 1978). In Anlehnung an die zusammenfassende Darstellung dieses Ansatzes durch Harrison (1978) läßt sich das in der Literatur als »P-E-fit-Modell« bekannt gewordene Streß-Konzept wie folgt systematisieren (Abbildung 28):

Im einzelnen:

a) Ein mis-fit kann im Prinzip in zweierlei Weise entstehen:
   - Die leistungsbezogenen Anforderungen entsprechen nicht den Fähigkeiten und Fertigkeiten.
   - Die in der Situation gegebenen Ressourcen und Möglichkeiten zur Bedürfnisbefriedigung entsprechen nicht der Bedürfnis-Qualität oder -Intensität.

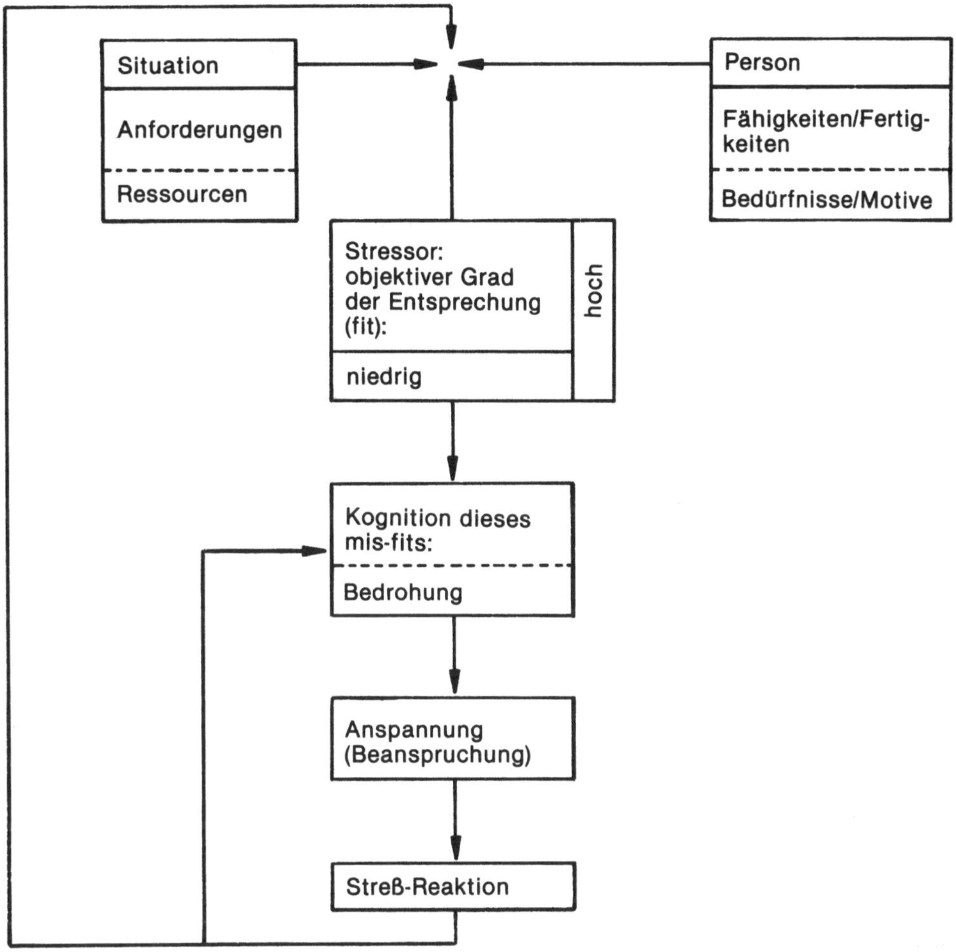

Abb. 28 Folgen von »mis-fit« zwischen Person und Situation

Die mis-fit-Konzeption stellt damit auch keine originäre Entdeckung der Michigan-Gruppe dar, sondern ist identisch mit dem alten Konzept »Eignung« (siehe die beiden Eignungsbegriffe bei Maukisch, 1978); Nichteignung (mis-fit) ist begrifflich insofern auch identisch mit »Stressor«.

b) Es wird zwischen einem objektiven und einem subjektiven mis-fit unterschieden: Für die resultierende Beanspruchung ist im Sinne dieser Autoren nicht der objektive Tatbestand einer Eignung bzw. leistungsbezogenen Unter- oder Überforderung an sich, sondern die *Kognition* der Relation (z.B. als »Überforderung«) entscheidend, die sich dann in der Bewertung der Situation als *»bedrohlich«* niederschlägt (Harrison, 1978, S. 181; siehe einen ähnlichen Ansatz bei Hoyos, 1974, S. 152).

c) Höhere Grade der Angespanntheit/Beanspruchung können damit – weitgehend unabhängig von den objektiven Bedingungen in der Person und Situation – primär aus *Fehlkognitionen* (der eigenen Person und/oder Situation) resultieren.

d) Zwecks Reduktion des mis-fits kann die Person entweder die objektiven Bedingungen in sich und der Situation zu verändern versuchen oder aber deren Kognition verändern;

gelingt eine Verkleinerung der P-E-Differenz, so sinkt der resultierende Grad an Angespanntheit (Rückkoppelungspfeile in der Abbildung), vermittelt über die Streß-*Reaktion;* gelingt eine Reduktion der P-E-Differenz nicht, so habe dies längerfristig pathogene Konsequenzen: Die Person wird krank (Levi, 1972). Die Michigan-Gruppe unterscheidet im wesentlichen also zwei Gruppen von Stressoren und untersucht die Wirkungen dieser Stressoren (mis-fit) auf den weiteren Verlauf der Streß-Bewältigung (bzw. Nicht-Bewältigung) einschließlich ihrer längerfristigen Folgen.

Unter Bezugnahme auf das Begriffspaar »Belastung-Beanspruchung« (definiert wie bisher) heißt die zentrale Aussage der Michigan-Gruppe dabei nicht, daß für die Beanspruchung die Belastung (also die Situation) und die Person-Merkmale wichtig sind (diese Aussage wäre trivial); die Kernthese der Michigan-Schule besagt (in diesem Sinne präzisiert z.B. durch Harrison, 1978, S. 195) vielmehr zusätzlich, daß für die Varianz in der resultierenden Angespanntheit/Beanspruchung *neben* der absoluten Ausprägung sowohl der Situations- wie auch der Person-Merkmale – *unabhängig* hiervon – die *Relation* zwischen den Person- und Situationsmerkmalen (fit bzw. mis-fit) erklärungsrelevant ist. Varianzanalytisch gesprochen: Erklärungsrelevant für die Beanspruchungsvarianz sind sowohl die Haupteffekte der Ausprägungen von Situations- und Person-Merkmalen als auch – unabhängig hiervon – die *Interaktion* von Person- und Situationsmerkmalen.
Zu diesen Thesen liegen inzwischen auch empirische Untersuchungen vor. Häufig wird dabei so vorgegangen, daß die befragte Person ihre Situation zu beschreiben hat (z.B. den Grad der Aufgabenkomplexität) und anschließend anzugeben hat, welchen Grad z.B. an Aufgabenkomplexität sie *bevorzugt.* Auf dieser Basis lassen sich Differenzwerte zwischen Ist und Soll bestimmen, die dann zu den abhängigen Variablen (Skalen für Depression, Angst, Irritiertheit und ähnlichen Mental-Health-Indikatoren) in Beziehung gesetzt werden, um die längerfristigen Folgen eines mis-fits zu bestimmen. Ein solches Vorgehen wirft erhebliche methodische Fragen auf (siehe hierzu bei Harrison, 1978, S. 196); ohne hierauf einzugehen, läßt sich die Ergebnistendenz wie folgt umreißen (Kasl, 1978, S. 33 ff.; Harrison, 1978, S. 188 ff.):

a) Erwartungsgemäß stehen Situations- und Person-Merkmale mit Mental-Health-Indikatoren in einem systematischen Zusammenhang.
b) Darüber hinaus läßt sich gelegentlich ein eigenständiger Effekt der P-E-*Relation* auf die Mental-Health-Indikatoren nachweisen: Die Größe des mis-fit (z.B. zwischen Ressourcen-Angebot und Ressourcen-Nachfrage) hat einen *zusätzlichen* Erklärungswert.
c) Dieser *zusätzliche* Erklärungswert der P-E-Relation hat sich in der Mehrzahl der bisher vorliegenden Untersuchungen nur als gering erwiesen.

Die Empirie stützt das P-E-fit-Modell damit nur in Grenzen (Wimmer, 1980). Hieraus ist allerdings nicht zu folgern, daß der Konzeption einer Nicht-Entsprechung zwischen Person und Umwelt *grundsätzlich* nur eine eingeschränkte Bedeutung zukommt; wie bereits angedeutet, ist die Überprüfung dieses Modells vermutlich *methodisch* nicht angemessen realisiert worden:

a) Die Bestimmung eines mis-fits über die *subjektive* Messung von Soll-Ist-Differenzen (siehe oben) kann – wenn man die Theorie von Lazarus (siehe später) zugrunde legt – von vornherein nicht zu validen Ergebnissen führen, da ein solcher mis-fit objektiv und subjektiv im Prinzip sofort zu beseitigen versucht wird (bzw. wegge-»coped« wird).

b) Darüber hinaus ist zu fragen, ob es sinnvoll ist, zusammenfassende mis-fit-Werte zu bilden, die von der vermutlich unterschiedlichen Qualität der zusammengefaßten einzelnen mis-fits abstrahieren:

So ist denkbar, daß eine leistungsbezogene Überforderung im Vergleich zu einer Unterforderung (sowie ein zufriedenheitsbezogener Ressourcen-Überfluß im Vergleich zum Ressourcen-Defizit) jeweils unterschiedliche mis-fit-Modalitäten darstellen, die auch unterschiedliche Konsequenzen nach sich ziehen. Folglich haben verschiedene mis-fits u.U. auch unterschiedliche *prognostische* Gültigkeiten, was durch zusammenfassende mis-fit-Werte verschleiert wird. Die Überprüfung der mis-fit-Konzeption erbrachte insofern wohl auch aufgrund methodischer Unzulänglichkeiten bei der Überprüfung selbst bisher keine sonderlich überzeugenden Resultate. Dies führt wieder zu der entscheidenden Frage, welche *theoretische* Verbindung eigentlich zwischen einem mis-fit und dem längerfristigen Auftreten pathogener Reaktionen angenommen wird. Dieser Frage soll nun unter den Stichworten »Streß-Reaktion« und »Coping« näher nachgegangen werden, wobei das Streßmodell von Lazarus (1966) hilfreich ist (vgl. Abbildung 29).
Analog zur Michigan-Gruppe führt auch bei Lazarus die Person-Situations-*Relation* zu einer Einschätzung der Ausgangslage als mehr oder weniger bedrohlich.
Entsprechend der bereits unter 2.3.4. erfolgten Darlegungen wird die Person in Abhängigkeit von der angenommenen Situationskontrolle daraufhin nach außen durch Angriff oder Flucht oder aber nach innen unmittelbar mit einer Veränderung der Kognition und/oder

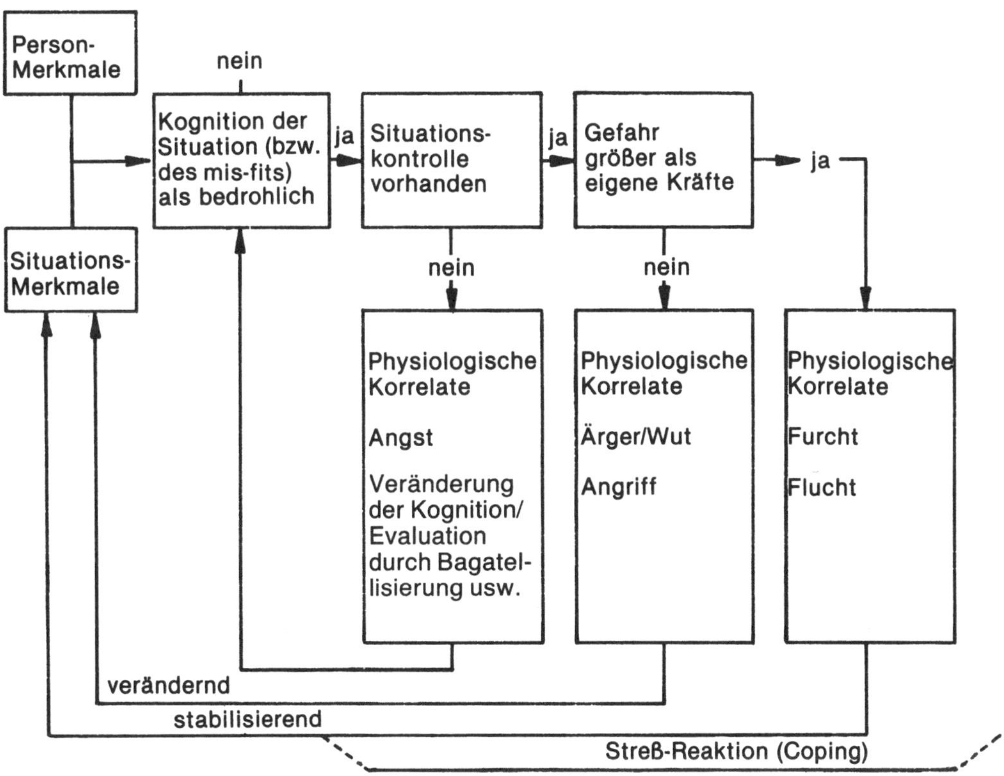

Abb. 29 Streßmodell in Anlehnung an Lazarus

Evaluation reagieren und somit – objektiv und/oder subjektiv – die als bedrohlich erlebte Situation zu beenden versuchen.
Veränderungen der Kognition bzw. Evaluation sowie Angriff und Flucht stellen – einschließlich der spezifischen parallellaufenden Emotionen und physiologischen Prozesse – in dem Modell von Lazarus (1966) die entscheidenden Streß-*Reaktionen* dar. Sie werden – wie dargestellt – ausgelöst durch die Variable »Bedrohtheit«, die ihrerseits als Folge der Streß-Stimuli bzw. Person-Situations-Relation auftritt.

Es läge nun nahe, den Begriff Streß selbst der Variablen Bedrohtheit zuzuordnen; nur: Dies bereitet insofern Schwierigkeiten, als die Variable »Bedrohtheit« (zumindest bisher) meist *zirkulär,* also durch den Verweis auf spezifische Streß-Stimuli oder Streß-Reaktionen *definiert* wird (so auch bei Lazarus selbst!), obwohl die Bedrohtheit die Streßreaktionen (bzw. coping-Prozesse) erklären soll! Ein überzeugender Ausweg aus diesem definitorischen Dilemma ist bisher nicht gefunden worden (Wichmann, 1978, S. 29 ff.); ordnet man den Begriff Streß der Variablen Bedrohtheit zu, sind zirkuläre Definitionen von Streß jedenfalls nur schwer zu vermeiden.

Nun zur Streßreaktion selbst; eingebürgert hat sich der Begriff »coping«:

> Unter coping werden alle Handlungen verstanden, die darauf abzielen, die Bedrohlichkeit einer Situation zu beenden (Lazarus, 1966; Otto, 1978, S. 74 ff.; Wichmann, 1978a, S. 42 ff.). Das Leitmodell ist dabei das einer Homöostase bzw. Selbstregulation (Hoyos, 1974, S. 157): Coping-Prozesse beinhalten Selbstregulationen, um ein gestörtes Fließgleichgewicht innerhalb des Organismus wiederherzustellen.
> Diese Selbstregulationen bzw. Coping-Mechanismen können – analog der allgemeinen Emotionsforschung – auf drei interdependenten Ebenen analysiert werden:
> - auf der physiologischen Ebene,
> - auf der motorischen Ebene (Angriffs-, Fluchtverhalten),
> - auf der emotional-kognitiven Ebene.

Lazarus (1966) untersucht dabei schwerpunktmäßig die emotional-kognitiven Vorgänge, und zwar sowohl im Hinblick auf ihre Bedingtheit durch verschiedene Person- und Situationscharakteristika als auch im Hinblick auf ihre Folgen für die Person und Situation. Spezieller Augenmerk wird auf die Beziehung der Kognitionen zu den Emotionen gelegt: Die Emotionen Ärger/Wut, Furcht und Angst (siehe Abbildung 29) werden als Funktionen vorausgehender Situationseinschätzungen (Kognitionen) interpretiert (und nicht umgekehrt), wobei zusätzlich angenommen wird, daß den verschiedenen Emotionen inhaltlich nicht nur unterschiedliche Situationskognitionen, sondern auch unterschiedliche Handlungspläne bzw. Handlungsimpulse und unterschiedliche physiologische Veränderungen (!) zuzuordnen sind (Lazarus u. a., 1977, S. 193). Die auf den drei oben genannten Ebenen analysierten Coping-Prozesse sind dabei in *systematischer* Weise – und zwar durch ihre gemeinsame Abwehrfunktion (!) – miteinander *verbunden.*

Die angesprochene Frage der Spezifität vor allem der physiologischen Reaktionen wird in der Literatur unterschiedlich beantwortet: Während vor allem Selye (1956) die auf schädliche Einflüsse hin einsetzenden physiologischen Reaktionen für unabhängig von dem Stressoreninhalt betrachtet, wird bei anderen Autoren (Wichmann, 1978; Rohmert u. a., 1975, S. 46) gerade betont, daß die Interkorrelationen z. B. zwischen verschiedenen physiologischen Beanspruchungsindikatoren außerordentlich niedrig sind, was eher auf Stressor- und personspezifische physiologische Reaktionen verweisen könnte.

Wenngleich die Art der Verknüpfung zwischen der genannten kognitiv-emotionalen, physiologischen und motorischen Ebene im einzelnen auch noch unklar ist, dürfte der psycho-

somatische Ansatz von Lazarus, kognitiv-emotionale, physiologische und motorische Prozesse als sich wechselseitig steuernde und ergänzende Teilprozesse einer auf »Abwehr« gerichteten Handlungs*einheit* zu betrachten, von erheblicher Bedeutung sein, da auf diesem Wege – zumindest prinzipiell – die *Verbindungen* zwischen spezifischen psychologischen Variablen (hier: Kognitionen) und möglichen späteren pathogenen Folgen auch im somatischen Bereich (über die intervenierenden Variablen psychophysischer Aktivierung) besser abklärbar sein könnten (Bierbaumer, 1977, S. 173; Mayer, 1979).
Gerade im Hinblick auf die Frage nach der Struktur pathogener Prozesse ist der Hinweis von Lazarus von Interesse, daß auf Bedrohung hin zunächst Angriffs- respektive Fluchtverhalten ausgelöst wird und daß die ausschließlich intrapsychische Anpassung (Veränderung der Kognition bzw. Evaluation im Sinne einer Ist-Wert-Anhebung bzw. Soll-Wert-Senkung durch Prozesse der Leugnung, Verdrängung, Bagatellisierung usw.) erst dann eingeleitet wird, wenn ein Angriff oder Fluchtverhalten blockiert ist (also keine Situationskontrolle vorliegt (vgl. Abbildung 29) (Lazarus u.a., 1977, S. 195). Die ausschließlich intrapsychische Anpassung stellt insofern eine Art Notlösung dar, die darüber hinaus auch weniger wirksam ist:

Ausschließlich intrapsychische Anpassungen sind im Vergleich zum Angriffs- und Fluchtverhalten *weniger* effektiv, da der Bedrohungsauslöser objektiv nicht beseitig wird, die Anlässe für erforderliche coping-Prozesse sich also eher wiederholen können und damit – vermittelt über die Parallelität der jeweils induzierten physiologischen Prozesse – insgesamt ein höherer Dauer-Energie-Verschleiß stattfindet.

In diesem Zusammenhang ist ein bekannt gewordenes (von Morse u.a., 1971) durchgeführtes Experiment an Affen von Interesse: Die Tiere lernten u.a., durch Knopfdruck einen elektrischen Schlag zu vermeiden. Als abhängige Variable wurde der Blutdruck gemessen, der nach der Gefahrenbeseitigung jeweils wieder absank. Das Experiment wurde über mehrere Monate durchgeführt, wobei sich zeigte, daß der Blutdruck schließlich auch dann nicht mehr absank, wenn keine Gefahr für die Affen bestand. Zeitlich anhaltende Beanspruchungen (bzw. Beanspruchungen in kurzen Zeitabständen) können demnach offenbar zu pathogenen Dauerveränderungen der physiologischen Reaktionen (hier: Bluthochdruckstabilisierung) führen (Morse u.a., 1971).

Prinzipiell geht es unter dem Blickwinkel der biologischen Anpassung bei dem Vorgang des coping darum, Energie-verbrauchende aufwendige physiologische Regulationen in Grenzen zu halten, den Organismus zu schützen – und eben deswegen sind die die Bedrohungsauslöser objektiv beendenden coping-Strategien den subjektiven Anpassungen überlegen, da sie den Organismus wirksamer vor Dauerbeanspruchungen bewahren (Wichmann, 1978, S. 42 ff.).
Die physiologischen Prozesse selbst sind vor allem durch Selyes Forschungen (Selye, 1956) näher abgeklärt worden. Selye bezeichnet als Stressor alle diejenigen Reize (dies können auch psychosoziale Stimuli sein), die in der Lage sind, eine bis dahin gegebene Homöostase im Organismus zu stören. Der Organismus antwortet nach Selye auf diese Störung mit einem physiologischen Muster, das er als »Allgemeines Adaptations-Syndrom AAS« bezeichnet hat (Selye, 1956):
Ein zentrales Kennzeichen dieser Reaktion liegt in der verstärkten Adrenalin- und Katecholamin- Ausschüttung, was in eine Erhöhung der Stoffwechselrate und in eine allgemeine Aktivierung einmündet. Dieser »Alarmreaktion«, die der Abwehr der schädlichen Einflüsse dient, folgt ein »Resistenz-Stadium«, in dem die Widerstandsfähigkeit gegenüber dem Stressor erhöht bleibt, die Verarbeitungskapazität gegenüber zusätzlich auftretenden

Stressoren aber bereits reduziert ist. Bei längerer Einwirkung des Stressors geht der Organismus schließlich in das »Stadium der Erschöpfung« über; die zunächst adaptiven Mechanismen brechen mit pathogenen Konsequenzen zusammen (Seyle, 1956; Lazarus, 1978, S. 316; Levi, 1972).

Es muß nicht extra betont werden, daß der Vermittlungsprozeß zwischen spezifischen psychologischen Variablen und möglichen späteren somatischen Erkrankungen alles andere als geklärt ist (Gebert, 1981). Die dargestellten Streß-theoretischen Konzepte – speziell die Analysen von Lazarus – deuten aber zumindest die Richtung an, aus der heraus pathologische Folgen vielleicht einmal besser als bisher erklärbar sind bzw. aus der heraus erklärbar sein wird, warum z.B. Arbeitszufriedenheit und Wohlbefinden mit Langlebigkeit positiv interkorreliert ist (siehe unter 2.3.5.).

Eu-Streß und Flow

Entsprechen die leistungsbezogenen Anforderungen den Fähigkeiten und Fertigkeiten einer Person, ist also ein fit zwischen Person und Situation gegeben und wird dieser objektive fit von der Person subjektiv als solcher wahrgenommen, so liegen günstige Bedingungen für einen Zustand vor, der von Czikszentmihalyi (1975, deutsch: 1985) als Flow bezeichnet wird. Der Zustand des »Flow« wird von Czikszentmihalyi (1975) als Befinden der Selbstvergessenheit und des Aufgehens in der Situation definiert. Flow kann als erlebnismäßiges Korrelat intrinsischer Motiviertheit (2.2.3.) betrachtet werden: Eine Person vollzieht eine Handlung, bei der ihr der Vollzug der Handlung selbst Freude bereitet, unabhängig von den späteren Ergebnissen des Handelns.

Flow ist dabei ein Frage des Grades. Intensiver Flow (z.B.: Schaffensrausch) ist ein selbstvergessenes Handeln, in dem auch die Zeit aufgehoben zu sein scheint (und »wie im Fluge vergeht«). Dieser Zustand, der im Fall des Schaffensrauschs durch die Kombination aus hoher Aktiviertheit und hoher (mehr oder weniger bewußter) positiver Emotionalität gekennzeichnet ist, kann im Sinne von Selye (1956) auch als Eu-Streß bezeichnet werden. Faktorenanalysen zu Fragebogenmessungen von Flow-Zuständen ergaben eine mehrdeutige Faktorenstruktur (Rheinberg, 1996), so daß die Dimensionalität des Konstrukts Flow noch als ungeklärt zu betrachten ist.

Die nachstehende Abbildung 30 veranschaulicht den potentiellen Raum von Flow nach Czikszentmihalyi (1975).

Flow ist demnach an den fit zwischen anforderungsbezogenen Herausforderungen und den Fähigkeiten der Person gebunden.

Untersuchungen zu den inhaltlichen Bedingungen von Flow wurden zunächst vor allem im Freizeitbereich durchgeführt. Intensiver Flow wird von Befragten am häufigsten im Zuge handwerklich-künstlerischer Tätigkeiten als gegeben berichtet; geringerer Flow wird z.B. bei Tätigkeiten wie dem Autofahren erlebt (Czikszentmihalyi, 1975, S. 191 ff.).

Czikszentmihalyi und LeFrevre (1989) untersuchten flow-auslösende Bedingungen sowohl in der Freizeit als auch im Betrieb. Für diese Untersuchung wurde die Erlebnis-Stichproben-Methode entwickelt. Befragte werden mit einem elektronischen Signalempfänger und einem Fragebogenheft ausgestattet. In zeitlich zufällig verteilten Abständen werden sie (während einer Woche) angefunkt und sollen dann auf einem Fragebogen u.a. Fragen zur gerade durchgeführten Aktivität, den wahrgenommenen Herausforderungen, den eingesetzten Fähigkeiten sowie dem physischen und psychischen Befinden beantworten. Erwartungsgemäß berichten Manager häufiger über Flow-Zustände als Produktionsarbeiter. Manager erleben Flow am häufigsten bei der Besprechung von Problemen; bei Produktionsarbeitern stellt sich Flow noch am ehesten dann ein, wenn sie Arbeiten in Kooperation

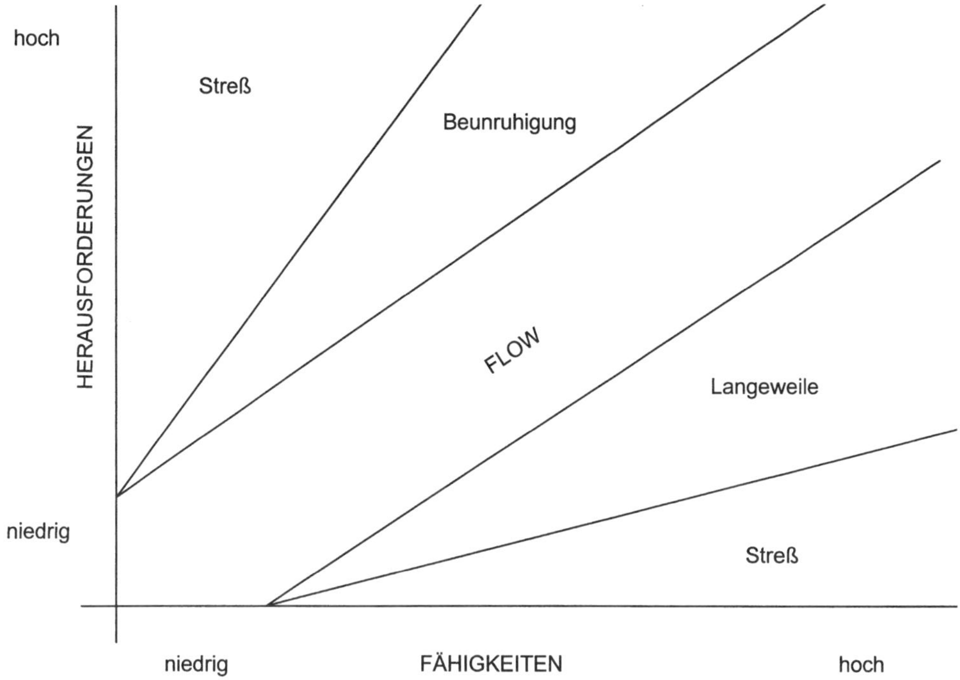

Abb. 30 Das Flow-Modell (nach Csikszentmihalyi, 1975) zitiert nach Nerdinger, 1995, S. 54

mit Kollegen verrichten. Personen, die über einen Flow-Zustand berichten, bezeichnen sich in dieser Phase zugleich als glücklicher, aktiver und zufriedener. Damit hat auch die oben vorgenommene Parallelisierung von Flow und Eu-Streß ihre empirische Fundierung.

Ein besonders interessantes Resultat dieser Studie liegt in dem Befund, daß während der Arbeitszeit mehr Flow-Zustände berichtet wurden als in der Freizeit, gleichzeitig aber während der Arbeitszeit häufiger als in der Freizeit der Wunsch geäußert wird, etwas anderes tun zu wollen (Czikszentmihalyi, LeFrevre, 1989, S. 820 f.). Wie ist diese paradoxe Befundlage (Czikszentmihalyi, 1997, S. 49 ff.) zu erklären? Widerspricht dies nicht u.a. der verbreiteten Meinung, daß gerade umgekehrt während der Arbeitszeit der Dis-Streß und während der Freizeit der Eu-Streß dominiere?
Schallberger und Pfister (2000) sind dieser Frage in Anlehnung an Czikszentmihalyi und LeFevre (1989) an N = 46 Personen wiederum mit der Erlebnisstichproben-Methode nachgegangen. Wichtige Resultate dieser Studie zeigt die Abbildung 31 (Schallberger, Pfister, 2000, S. 13).

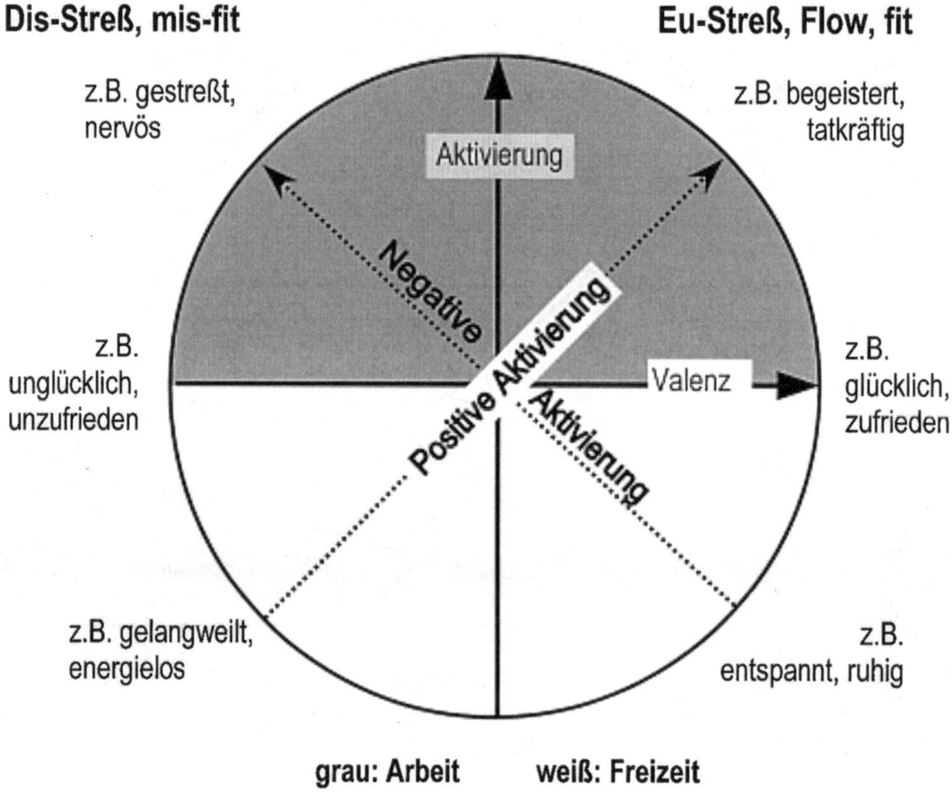

Abb. 31 Flow, Eu-Streß und Dis-Streß in Arbeit und Freizeit (nach Schallberger und Pfister, 2001)

> Es bestätigt sich der zentrale Befund von Czikszentmihalyi und LeFevre (1989), daß intensive Flow-Zustände (hier definiert über die Kombination aus hoher Aktivität und positiver Emotionalität) während der Arbeitszeit häufiger berichtet werden als während der Freizeit. Gleichzeitig ergab sich aber, daß während der Arbeitszeit auch intensive mis-fits (Zustände von Gestreßtheit und Nervosität) häufiger als in der Freizeit vorkommen. Diese Ergebnisse verweisen auf die tendenzielle Ambivalenz von Arbeit: Arbeit ist sowohl Quelle ausgeprägter Lust als auch Unlust.

Weitere Forschungen zu dieser Ambivalenz sind notwendig; ließe sich der Ambivalenzbefund erhärten, so hätte dies weitreichende Folgerungen z.B. für die Arbeitszufriedenheitmessung (s. 4.3.2.1.1.), da generalisierend erfragte Aussagen zur Arbeitszufriedenheit in die Irre führen würden.

Bezugnehmend auf die Unterschiede im Befinden während der Arbeitszeit und der Freizeit (Abbildung 31) gilt also, daß die Arbeit zusammenfassend durch eine hohe positive *und* negative Aktivierung gekennzeichnet ist. Für die Freizeit ist umgekehrt ein geringerer Grad negativer Aktivierung (Entspanntheit), aber auch ein geringerer Grad positiver Aktivierung (Langeweile) charakteristisch, wobei der letztere Befund von der Freizeitindustrie inzwischen aktiv aufgegriffen wird.

3.1.2. Spezifische Arten der Belastung: Ungewißheit und Einflußlosigkeit

a) Ungewißheit

Mit den Bedingungen und Folgen von Ungewißheit hat sich eingehender McGrath auseinandergesetzt (McGrath, 1976).

Der Autor wählte als Indikator für »Streß« physiologische Daten wie z. B. die Pulsrate; der Begriff Streß entspricht auf der operationalen Ebene damit dem Begriff »Beanspruchung« (siehe vorher). Nach McGrath ist Streß (Beanspruchung, arousal) eine Funktion des Produkts aus der Gewichtigkeit der Folgen von leistungsbezogenem Erfolg und der subjektiven *Ungewißheit* des Eintretens von Erfolg bzw. Mißerfolg (McGrath, 1976, S. 1365):

arousal = c (G x U),

wobei c eine Konstante darstellt, G die Gewichtigkeit der Folgen und U die Ungewißheit im Hinblick auf das Eintreten dieser Folgen meint. Gewichtigkeit und Ungewißheit werden dabei multiplikativ verbunden: Die resultierende Beanspruchung (arousal) nimmt den Wert Null an, wenn die Gewichtigkeit der Folgen und/oder die Ungewißheit im Hinblick auf das Eintreten dieser Folgen den Wert Null annehmen.

Diese Annahmen stützen sich empirisch auf Felduntersuchungen an Basketball-Mannschaften: Die über die Pulsrate gemessene Beanspruchung (arousal) war hoch, wenn es sich um folgenreiche Spiele (etwa: Bundesliga) handelte und die Ungewißheit des Handlungsausgangs (Spielausgangs) groß war (McGrath, 1976, S. 1361 f.).

Die Ungewißheit ihrerseits wird dabei von McGrath dann als hoch betrachtet, wenn die Höhe des (wahrgenommenen) eigenen Fähigkeitsniveaus nicht größer oder kleiner, sondern *gleich* der Höhe der (vermutlich) notwendigen Anforderungen ist (wobei die Höhe der Anforderungen als Funktion der Aufgabenschwierigkeit (bzw. Schwierigkeit, zu gewinnen) betrachtet wird).

Ein (wahrgenommener) mis-fit (siehe vorher) zwischen Anforderung und Fähigkeitsniveau senkt insofern die Ungewißheit bzw. umgekehrt formuliert: Bei den Basket-Ball-Mannschaften war die Ungewißheit und damit die resultierende Beanspruchung dann hoch, wenn sich – subjektiv – näherungsweise zwei gleich gute Mannschaften gegenüber standen (das Fähigkeitsniveau die für erforderlich gehaltenen Anforderungen also weder unter- noch überschreitet).

Damit scheint sich ein Widerspruch zu den unter 3.1.1. dargestellten Aussagen des P-E-fit-Modells zu ergeben:

> Während im Sinne des P-E-fit-Modells der Michigan-Gruppe gerade das kognizierte *Ungleich*gewicht zwischen den Anforderungen und den Fähigkeiten beanspruchungssteigernd wirkt, folgt aus den McGrathschen Überlegungen exakt das Gegenteil: Die Beanspruchung wächst mit zunehmendem (kogniziertem) Gleichgewicht zwischen Anforderungen und dem Fähigkeitsniveau, da unter diesen Bedingungen die Ungewißheit größer wird.

Hat demzufolge nicht der mis-fit, sondern der fit zwischen den Anforderungen und dem Fähigkeitsniveau Stressor-Charakter? Stehen das Modell von McGrath und der Michigan-Gruppe also in Widerspruch zueinander (wie es McGrath selbst anzunehmen scheint; McGrath, 1976, S. 1353)? Vermutlich ist der Widerspruch auflösbar, wenn man unterschiedliche *Quellen* von Beanspruchung unterscheidet:
Man kann annehmen, daß z.B. eine Überforderungssituation insofern beansprucht, als der für das Leistungsergebnis erforderliche Leistungsansatz bzw. die erforderliche Kräfteanspannung zunimmt. *Unterschreiten* die Anforderungen das Fähigkeitsniveau, so resultiert die Beanspruchung eher aus *motivationalen* Bedingungen bzw. (im Sinne von Lazarus) aus der Antizipation der Fortdauer der als langweilig (aversiv) erlebten Arbeitsbedingungen. *Gleicht* schließlich die Höhe der Anforderung der Höhe des Fähigkeitsniveaus, so resultiert eine Beanspruchung aus der parallellaufenden *Ungewißheit* (McGrath). Mit anderen Worten: Mit einer zunehmenden Differenz zwischen Anforderungen und Fähigkeiten ergeben sich a) mehrere analytisch unterscheidbare Konsequenzen, die jeweils auf die Beanspruchung (arousal) einwirken, von denen b) einige die Beanspruchung steigern und andere gleichzeitig die Beanspruchung senken.

In theoretischer Hinsicht scheinen die verschiedenen Ansätze demnach miteinander integrierbar zu sein. Zugleich wird damit aber deutlich, daß es bei der Wirkungs-Vorhersage von mis-fits – also prognostisch – darauf ankommt, eben diese *Mehr*dimensionalität der mis-fit-Effekte in Rechnung zu stellen, da sie auf verschiedenen Ebenen in unterschiedlicher Richtung zu wirken scheinen!

Darüber hinaus verweist die Mehrdimensionalität der mis-fit-Effekte auf den Umstand, daß der resultierende Beanspruchungsgrad (z.B. wie bei McGrath über die Pulsrate operationalisiert) sehr Unterschiedliches andrückt und damit eine unklare Validität aufweist: Entsprechen die Fähigkeiten subjektiv in etwa den Anforderungen, so mißt die resultierende hohe Pulsrate Ungewißheit im Sinne von McGrath oder z.B. den Anreiz-Wert der Aufgabenstellung bei Hoffnung-auf-Erfolgs-motivierten Wettkampfteilnehmern im Sinne von Atkinson. Die Variable »Streß« muß insofern, soll sie nicht völlig inhaltsleer werden, ergänzend und zugleich durch *spezifische Erlebnis*-Qualitäten (etwa: Gefühl der Bedrohung) definiert werden, da z.B. die Pulsrate allein eine sehr unspezifische Reaktionsweise darstellt (Wichmann, 1978).

Unter dem Gesichtspunkt der Folgen unterschiedlicher Beanspruchungsgrade sei an dieser Stelle kurz die Beziehung zwischen Beanspruchung und Leistung angesprochen. Verallgemeinerungen zu diesem Fragenkreis sind schwierig, da gerade gezeigt wurde, daß z.B. physiologische Beanspruchungsmaße psychologisch mehrdeutig sind und insofern u.U. unterschiedliche Folgen nach sich ziehen. Darüber hinaus geht auch schon aus der Abbildung 27 hervor, daß – zumindest als längerfristige Folge von Beanspruchung – stabilisierende, mindernde, aber auch steigernde Effekte auf die Leistungsfähigkeit denkbar sind, wobei derartige Effekte auf die Person *und* Situation zurückwirken.
Als – kurzfristig betrachtet – negative Folge hoher Beanspruchung ist häufig die Ermüdung herausgestellt worden; sie verläuft zu einer reversiblen Leistungsminderung, einer abnehmenden Leistungsmotivation sowie einem gesteigerten Anstrengungsgefühl parallel (Schmidtke, 1977, S. 77). Im Leistungsbereich scheint speziell die Streuung der Leistungen am Arbeitsplatz anzuwachsen (Rohmert, 1977, S. 71).

Viele Autoren nehmen zusätzlich an, daß die Beanspruchung – kurzfristig betrachtet – speziell mit der Leistungsqualität in kurvilinearer Beziehung steht: Mit zunehmender Beanspruchung steige die Leistung zunächst an und sinke bei weiterer Beanspruchung wieder ab. Zumindest aus dem Bereich der Angstforschung liegen auch empirische Befunde vor, die die Annahme einer derartigen Kurvilinearität zwischen arousal-Maßen (z.B. Pulsrate) auf der einen Seite und komplexeren Denkleistungen auf der anderen Seite zu bestätigen scheinen (Levitt, 1973; siehe hierzu auch das sog. Yerkes-Dodsonsche Gesetz).
Angst-vermittelte Erregungsmaße werden sich dabei in Anlehnung an die Untersuchungen von Spence (1960) dann auf die Leistung dysfunktional auswirken, wenn die Aufgabenkomplexität hoch ist und neuartige Lösungsstrategien abverlangt werden, während sich bei Routinetätigkeiten höhere Erregungsgrade durchaus als leistungsförderlich erweisen können. Auch nach McGrath ist in der Aufgabenkomplexität bzw. Aufgabenschwierigkeit ein wesentlicher Moderator zu sehen: Die eigentlich lineare Beziehung zwischen arousal-Maßen und der Leistungshöhe geht erst bei parallellaufender anwachsender Aufgabenschwierigkeit in die bekannte obige kurvilineare Beziehung über (McGrath, 1976, S.1363).

Wieder zurückkommend auf das Problem der Ungewißheit und ihrer Folgen für die Beanspruchung der Person sei noch eine Unterscheidung eingeführt, die prognostisch bedeutsam sein dürfte: Neben der Ungewißheit über die Qualität des Handlungsausgangs (Erfolg oder Mißerfolg) bzw. der Ungewißheit über die Wahrscheinlichkeit dieses Ausgangs läßt sich als weiterer Stressor die Ungewißheit im Hinblick auf den *Zeitpunkt* des Eintretens kritischer Situationen herausstellen.
In Tierversuchen ist gezeigt worden (siehe z.B. bei Gray, 1971), daß neben der Stärke aversiver Reize (z.B. Elektroschocks) die Vorhersehbarkeit ihres zeitlichen Eintritts für das Entstehen oder Ausbleiben pathologischer Symptome wichtig ist: Ratten, denen das Einsetzen eines Elektroschocks durch einen Hinweisreiz (z.B. einen Ton) vorher angekündigt wird, entwickeln weniger physiologische Störungen als solche Ratten, bei denen eine derartige Vorankündigung der aversiven Reize ausbleibt.
Als Begründung wird dabei darauf hingewiesen, daß der Hinweisreiz nicht nur über das anschließende Einsetzen der aversiven Bedingungen informiert; der Organismus lernt vielmehr zugleich, daß für die Zeitspanne des Ausbleibens des Hinweisreizes *kein* Elektroschock erfolgt – und eben in dieser Phase kann sich der Organismus entspannen, während der Organismus unter der Versuchsbedingung »ohne Vorankündigung« sich nie entspannt, da er ja nicht weiß, *wann* die aversiven Bedingungen einsetzen und er entsprechend *ständig* zu einem abwehrenden Angriff- oder Fluchtverhalten physiologisch bereitgestellt bleibt (Gray, 1971, S. 175). Darüber hinaus ist noch folgender Mechanismus zu beachten:
Nur wenn der Organismus Hinweisreize bezüglich der anschließend einsetzenden aversiven Bedingungen erhält, hat er (im Sinne von Lazarus) die Chance, noch präventiv tätig zu werden, also durch geeignete Gegenmaßnahmen das Einsetzen der aversiven Bedingungen zu verhindern. Hinweisreize erhöhen die Kontrollierbarkeit der Situation bzw. ihre Steuerbarkeit und senken *insofern* (über die Möglichkeit von Präventivmaßnahmen) die Wahrscheinlichkeit pathologischer Folgen.
Insofern kann wohl auch im arbeitspsychologischen Kontext die Ungewißheit im Hinblick auf den *Zeitpunkt* des Eintretens kritischer Situationen als eigenständiger Stressor betrachtet werden (siehe einige Daten hierzu bei Gebert, 1979b, S. 117), wobei diese Ungewißheit – im Sinne eines Damokles-Schwertes – belastenden Charakter *unabhängig* von der McGrathschen Ungewißheit hat, welche sich auf den *Inhalt* des Handlungsausgangs (Erfolg versus Mißerfolg) bezieht.

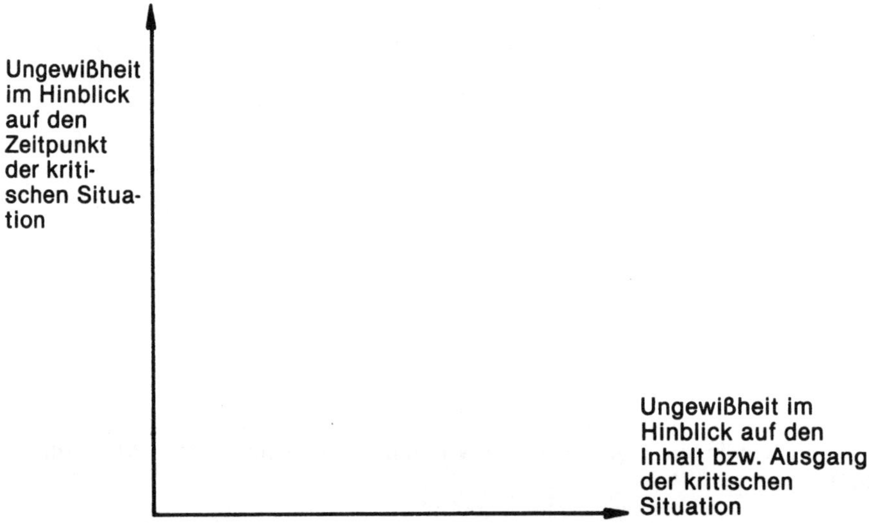

Abb. 32 Formen von Ungewißheit

Die Abbildung 32 illustriert eine damit mögliche Ungewißheitstypologie: Belastungssituationen können als unterschiedliche Kombinationen dieser beiden Ungewißheits-Aspekte betrachtet werden.

Inwieweit in Abhängigkeit von der *Art* der Kombination dieser Ungewißheitsaspekte auch unterschiedliche längerfristige Folgen (z.B. für den Grad allgemeiner Nervosität oder die Qualität bestimmter psychosomatischer Reaktionen) zu erwarten sind, ist derzeit noch unklar; manche Überlegungen sprechen aber dafür, daß die Nichtvorhersehbarkeit des Zeitpunktes kritischer Situationen qualitativ zumindest ein anderes Beanspruchungserleben zur Folge hat, als dies für den Fall gilt, daß jemand zwar den Zeitpunkt, aber nicht den Inhalt bzw. Ausgang der kritischen Situation vorhersagen kann (siehe hierzu einige interessante Befunde bei Cobb, 1978, S. 37–40).

b) Einflußlosigkeit (geringe Streßkontrolle)

Wie schon im Hinblick auf das Modell von Lazarus (1966) ausgeführt wurde, ist für die Art der resultierenden Streßreaktion bzw. für die Art der coping-Strategie entscheidend, ob die Person über Gegenmaßnahmen zur Bewältigung der bedrohlichen Situation zu verfügen meint und insofern über hinreichende Situationskontrolle verfügt. Dieser Aspekt der Situationskontrolle ist jüngst von Frese (1977) in die arbeitspsychologische Diskussion unter dem Stichwort Streßkontrolle eingebracht worden.

Die Streßkontrolle ist nach Frese (1978) dann hoch, wenn der jeweilige Arbeitnehmer viele der seinen Arbeitsplatz kennzeichnenden Stressoren (Lärm, Zeitdruck, Arbeitsmonotonie usw.) in erheblichem Umfang beeinflussen kann. Streßkontrolle ist eine Frage des Grades: Die Kontrolle variiert auf einem Kontinuum zwischen totaler Nichtkontrolle (Einflußlosigkeit, Ohnmacht) und vollkommener Kontrolle (Frese, 1978, S. 162).

Das Definitionskriterium für Streßkontrolle liegt in der a) Größe der *Möglichkeit*, auf eine b) *spezifische* Klasse von Situationsmerkmalen (nämlich Stressoren) verändernd Einfluß nehmen zu können. Leider wird der Begriff Kontrolle aber bereits dermaßen ausgeweitet – Kontrolle wird zum Synonym für Autonomie, Eigenbestimmtheit, Selbstregulation und

Freiwilligkeit –, daß auch das Konzept Streßkontrolle Gefahr läuft, wie so manche andere Begriffe der Streßforschung, zunehmend nichtssagend zu werden. Vor allem muß vermieden werden, daß man aus dem Vorhandensein aversiver Bedingungen auf objektive Nichtkontrolle zurückschließt: Nichtkontrolle wird dann durch die Existenz von Stressoren *definiert,* womit entweder der Begriff Stressor oder der Begriff Kontrolle überflüssig wird.

Bevor im folgenden auf theoretisch zu erwartende und empirisch beobachtete Folgen unterschiedlicher Streßkontrolle eingegangen wird, sei kurz angesprochen, wovon die Streßkontrolle ihrerseits überhaupt abhängt.
Die Streßkontrolle ist eine Funktion von Person und Situation; zunächst zur Situation: Frese hat versucht, den gesellschaftlichen Kontext von Nichtkontrolle abzuklären; Nichtkontrolle sei dabei im wesentlichen Ausdruck kapitalistischer Produktionsverhältnisse, in denen nämlich über den Aufbau zentraler Befehlshierarchien und den Einsatz spezifischer Technologien (Fließband usw.) die Kontrolle des einzelnen über seine Arbeitswelt eingeengt würde (zusammenfassend dargestellt bei Frese, 1977, S. 165 ff.). Diese Argumentation ist allerdings durch die Beobachtung bereits widerlegt, daß identische Befehlshierarchien und Technologien auch in nicht-kapitalistischen Produktionsformen anzutreffen sind; weniger das gesellschaftspolitische Umfeld als vielmehr die Zentralisierung der Macht an sich sowie spezifische Eigenheiten der Arbeitstechnologie an sich senken demnach die Chance des einzelnen, verändernd auf die Stressoren seiner Arbeitswelt einzuwirken.

Die Streßkontrolle des einzelnen Arbeitnehmers hängt aber nicht nur von technologischen Freiräumen und vom »Dürfen« ab; daneben spielen Stressoreigentümlichkeiten eine Rolle: Fehlen Hinweisreize zum zeitlichen Beginn der bedrohlichen Situation oder fehlen Informationen zur funktionalen Bedingtheit der jeweiligen Belastungsfaktoren (herrscht insofern also Ungewißheit; siehe vorher), so resultiert eine Einschränkung der Streßkontrolle aus einer mangelnden *kognitiven* Strukturierbarkeit der Situation (worauf ausführlich schon Lazarus hingewiesen hat).

Neben diesen objektiven Charakteristika der Situation (Umfang der technologischen Freiräume, Art der Machtverteilung, Erkennbarkeit zeitlicher und funktionaler Bedingungen der Stressoren) hängt die Größe der *wahrgenommenen* Streßkontrolle auch von Merkmalen der *Person* ab. Dabei ist speziell auf das Konzept der »internen« versus »externen« Kontrolle sensu Rotter (1966) hinzuweisen:
Hierunter wird eine über mehrere Situationen hinweg generalisierende Erwartung der Person verstanden, daß – allgemein gesprochen – Belohnungen der Umwelt in Abhängigkeit oder Unabhängigkeit vom eigenen Handeln einsetzen; formal betrachtet ist die subjektive Korrelation zwischen dem eigenen Verhalten und dem Einsetzen oder Ausbleiben von Belohnungen bei intern kontrollierten Personen sehr eng und bei extern kontrollierten Personen nahe dem Wert Null: Das Einsetzen oder Ausbleiben von Belohnungen erfolgt bei extern Kontrollierten aus ihrer Sicht weitgehend unabhängig von ihrem Tun (Phares, 1976, S. 20 ff.), und insofern fühlen sie sich »von außen« kontrolliert bzw. gesteuert.
Es kann angenommen werden, daß diese Erwartungshaltung bzw. Einstellung auf die Wahrnehmung der innerbetrieblichen Streßkontrolle Einfluß nimmt: Tendenziell eher extern kontrollierte Personen werden objektiv gleiche Grade an Streßkontrolle subjektiv vergleichsweise geringer einstufen. Als Folge hiervon wird ein auf die Beseitigung der Stressoren abzielendes Kontroll-Verhalten durch die Person eher unwahrscheinlich, womit sich die Streßsituation stabilisiert. Dies wiederum dürfte auf die Erwartungshaltung der »exter-

nen« Kontrolle bestätigend zurückwirken und somit ein Schritt in einer gefährlichen Entwicklungsspirale sein; am Ende können sich intensive Ohnmachtsempfindungen einstellen, die – objektiv gesehen – aber nur partiell begründet sind. Es ist also darauf hinzuweisen, daß u. U. auch die Person selbst auf die Situation *negativ* stabilisierend zurückwirkt.
Zugleich wirkt natürlich aber auch die Situation (hier: Möglichkeit zur Streßkontrolle) auf die Person (hier: die Erwartungshaltung der externen Kontrolle) zurück: dies vor allem auch auf dem Wege der Fremdbeobachtung nicht erfolgreichen Kontrollverhaltens (z.B. der Kollegen) gegenüber den jeweiligen Stressoren. Die Person lernt, die Ursachen für Erfolg bzw. Mißerfolg primär auf die anonymen Kräfte in der Umwelt hin zu attribuieren und vermindert so ihre eigene Motivation, Kontrollverhalten auszuüben (siehe unter 2.3.2.). Die insgesamt resultierenden Ohnmachtsempfindungen sind demnach das Ergebnis einer *Wechsel*wirkung zwischen Person- und Situationscharakteristiken.
Damit sind nach der Analyse der Bedingungen von Streßkontrolle bereits ihre Folgen angesprochen.
Während – wie dargestellt – bei zunehmender Streßkontrolle eher mit Angriffsverhalten zu rechnen ist, sind bei abnehmender Streßkontrolle vorübergehend eher resignative Tendenzen bzw. Ohnmachtsempfindungen zu erwarten. Analog der Überlegungen zur Genese von Arbeitszufriedenheit unter 2.3.4. und in der Abbildung 16 sind – *längerfristig* gesehen – aber eher Tendenzen zur Bagatellisierung, Verdrängung usw., also intra-psychisch vermittelte Veränderungen der Kognition und Evaluation, wahrscheinlich. Legt man diese Annahmen zu Grunde, so werden auch bei aversiven Arbeitsbedingungen und eingeschränkter Streßkontrolle intensive depressiv-resignative Empfindungen – längerfristig gesehen – eher untypisch sein. Dies wird durch die Empirie bestätigt (Wimmer, 1980): Die korrelative Beziehung zwischen der Streßkontrolle und einigen Indikatoren für depressiv resignative Tendenzen erweist sich als nur locker – vermutlich, *weil* im Sinne der Lazarusschen Notlösung partiell erfolgreich »gecoped« wird (Gebert, 1979b, S. 23; man denke in diesem Zusammenhang auch an den bereits zitierten Befund, wonach ca. zwei Drittel aller Arbeitnehmer sich als zufrieden bzw. sehr zufrieden einstufen!).
Da es sich bei der intrapsychischen Anpassung im Sinne von Lazarus zugleich aber nur um eine *Not*lösung handelt, sind zumindest tendenziell pathogene Folgen bei niedriger Streßkontrolle ebenfalls plausibel: Erweisen sich z.B. die Stressoren aufgrund ihrer objektiven Qualität bzw. Intensität sowie aufgrund ihres chronischen Auftretens als schwer verdrängungsfähig, so sind immer wieder erneut coping-Anstrengungen mit den angesprochenen parallellaufenden physiologischen Prozessen erforderlich, was auf Dauer Verschleißsymptome produzieren kann (Lazarus u.a., 1978, S. 93). So betrachtet, wäre es auch plausibel, daß Arbeitsgruppen mit niedriger Streßkontrolle vergleichsweise mehr Anzeichen von eingeschränkter mental health aufweisen, als dies für Gruppen mit hoher Streßkontrolle gilt (Frese, 1979, S. 55 ff.). Zu dieser Annahme liegen inzwischen auch empirische Befunde vor. Neben der klassischen Studie von Kornhauser (1965) ist dabei auf neuere Untersuchungen z.B. von Gardell (1978) hinzuweisen. Gardell trennt begrifflich und operational nicht genau zwischen Stressor und Streßkontrolle; der Autor wählt zur Beschreibung der untersuchten Arbeitssituation in schwedischen Sägewerken aber Indikatoren, die die Qualität der Stressoren und die Qualität der (eingeschränkten) Streßkontrolle zumindest indirekt widerspiegeln dürften.
Für die als »Risiko-Gruppe« bezeichnete Gruppe gilt, daß das Arbeitstempo bei extrem kurzen Arbeitszyklen sehr hoch ist, wobei die Arbeit unter Gruppenakkordbedingungen in lauter und staubiger Umgebung zu verrichten ist. Während die Arbeit insofern von ihren äußeren Bedingungen her gesehen als überstimulierend bezeichnet werden kann, ist der Arbeitsinhalt selbst sehr einseitig und repetitiv, so daß in qualitativer Hinsicht – was den

Einsatz von Kenntnissen und Fähigkeiten anbelangt – eher eine Unterstimulierung gegeben ist. Zugleich hat der Arbeiter der Risikogruppe keine Kontrolle bzw. Steuerungsmöglichkeit gegenüber diesen Stressoren (der quantitativen Über- und qualitativen Unterstimulierung): Er kann die Maschine z.B. nicht stoppen oder unbeaufsichtigt lassen (Gardell, 1978, S. 97).

Diese Arbeitsbedingungen, gekennzeichnet durch intensive Stressoren und ein fast vollständiges Fehlen von Streßkontrolle, werden anderen Arbeitsbedingungen in sog. Kontrollgruppen gegenüber gestellt, in denen die Arbeiter vor allem über einen höheren Dispositionsspielraum verfügen und weniger stark von der Maschine abhängen. Zumal es sich hier um eine Feldstudie handelt, sind die zueinander in Beziehung gesetzten Gruppen leider nur begrenzt miteinander vergleichbar; unter dieser methodischen Einschränkung ist das nachstehende Resultat zu werten:

Die Risikogruppe zeigt im Vergleich zu den Kontrollgruppen neben einer deutlich erhöhten Abwesenheitsrate auch eine leicht erhöhte Anfälligkeit gegenüber psychosomatischen Beschwerden (wie z.B. Kopfschmerzen und Schlafstörungen; Gardell, 1978, S. 94) sowie – als Kennzeichen höherer Beanspruchung – höhere Adrenalin-Ausschüttungen während des Arbeitstages.

Psychologisch mehrdeutig, aber interessant, ist dabei auch der zeitliche *Verlauf* der Adrenalin-Ausschüttung: Die Risikogruppe hat ihr Ausschüttungsmaximum – pro Tag gesehen – jeweils früh morgens vor Arbeitsbeginn und nachmittags bei Arbeitsende, während die Kontrollgruppen ihre Adrenalin-Höchstwerte im Verlaufe des Vormittags aufweisen (Gardell, 1978, S. 95).

Zu vergleichbaren Resultaten kommt Karasek, 1979: In dieser Studie zeigte sich an amerikanischen Arbeitnehmern, daß psychosomatische Reaktionen (wie Schlafstörungen, nervöse Erschöpfungssymptome und der Gebrauch von Beruhigungstabletten) dann auftraten, wenn die Arbeit selbst als repetitiv eingestuft wurde, zugleich aber erhebliche Arbeitsmengen unter Zeitdruck zu bewältigen waren und die Entscheidungsautonomie (z.B. im Hinblick auf die Wahl der Arbeitsmethode) in starkem Maße eingeschränkt war (Karasek, 1979, S. 294).

Ähnliche Befunde finden sich bei Marstedt u.a., 1977: Die Autoren führten eine Sekundäranalyse von Interviewdaten an Industriearbeitern aus den USA durch und ermittelten z.B. eine signifikant positive Beziehung zwischen dem (wahrgenommenen) Arbeitstempo und dem Zeitdruck auf der einen Seite und verschiedenen psychosomatischen Reaktionen (z.B. Schlafstörungen, Appetitlosigkeit) auf der anderen Seite. Auch die wahrgenommene Arbeitsplatzunsicherheit steht mit derartigen Reaktionen in positivem Zusammenhang – besonders dann, wenn die Arbeitsmarktlage ungünstig ist (also auch die Streßkontrolle eingeschränkt ist, Marstedt u.a., 1977, S. 4 ff.). Aufschlußreich sind in dieser Studie aber auch die Absolutbeträge der berichteten Korrelationen:

Sie variieren in etwa zwischen .20 und .35; die Höhe der Korrelationen ist damit als niedrig einzustufen. Neben anderen Bedingungen dürfte sich hierin – wie schon vorher angesprochen – vermutlich auch der Umstand ausdrücken, daß die Lazarussche Notlösung einer intrapsychischen Anpassung an objektiv widrige Arbeitsbedingungen gelegentlich erfolgreich ist, womit die Wahrscheinlichkeit des Auftretens psychosomatischer Reaktionen sinkt.

Analoge Studien führten Oesterreich u. Volpert (1999) an N = 222 Verwaltungsangestellten aus 12 Betrieben unterschiedlicher Branchen durch. Die Bürotätigkeiten umfaßten das Spektrum von einfachen Hilfstätigkeiten bis hin zu komplexer Sachbearbeitung. In dieser Studie wurden die aufgabenbezogenen Belastungen u.a. über Beobachtungsinterviews, also Experteneinstufungen, erhoben. Monotone Bürotätigkeit (hier: geringe Denkanforderungen, hohe Gleichförmigkeit, Erfordernis ständiger Aufmerksamkeit), hoher Zeitdruck sowie ein geringer Entscheidungsspielraum waren konstitutiv für eine höhere Belastung. Die Gesundheitsindikatoren wurden abseits des Arbeitsplatzes durch Befragungen und Gespräche mit den Angestellten selbst erhoben. Dadurch, daß die gemessene Belastung auf Angaben von Experten und die gemessene Beanspruchung auf Angaben der Angestellten selbst beruhten, waren die Belastungs- und Beanspruchungsmessung, was ihre Datenquellen anbelangt, tendenziell unabhängig voneinander (Oesterreich u. Volpert, 1999, S. 105).

Die Gesundheitsindikatoren wurden zeitparallel mit der Erhebung der Belastungsfaktoren, zusätzlich aber noch einmal nach einem Jahr, also zeitversetzt, erhoben. Im Sinne der Längsschnittbetrachtung zeigte sich, daß die Höhe der Belastung mit den ein Jahr später erhobenen psychosomatischen Beschwerden (u.a.: Deprimiertheit, Allergien) erwartungsgemäß signifikant positiv korreliert ist. Wie schon in anderen Studien ergab sich auch hier, daß die stärker belasteten (u.a. unterforderten) Personen ein Jahr später über eine geringere aufgabenbezogene Selbstwirksamkeit sowie über weniger freizeitbezogene Aktivitäten berichteten (Oesterreich u. Volpert, 1999, S. 15 f).

Die im Produktionsbereich bestätigten negativen Folgen einer Kombination aus qualitativer Unterforderung und quantitativer Überforderung (Zeitdruck) zeigen sich in gleicher Weise also auch im Verwaltungsbereich (vgl. Terry u.a., 1999).

Unter der Perspektive der chronischen Beschränkung der Situationskontrolle über als aversiv erlebte Bedingungen ist darüber hinaus die Forschung zu den Folgen von Arbeitslosigkeit interessant. Frese (1979a) konnte an N = 51 Arbeitslosen in Berlin zeigen, daß 1½ Jahre später die immer noch Arbeitslosen einen signifikant höheren Depressionswert aufweisen als solche ehemaligen Arbeitslosen, die zum Zeitpunkt der zweiten Messung wieder in einem Arbeitsverhältnis standen. In einer jüngeren Studie zeigen Wacker und Kolobkova (2000) an N = 48 Arbeitslosen (mit einer durchschnittlichen Arbeitslosigkeitsdauer von drei Jahren), daß die Arbeitslosen im Vergleich zu N = 49 Erwerbstätigen eine hochsignifikant stärker ausgeprägte Tendenz zur Selbstabwertung aufweisen; außerdem ergab sich, daß mit zunehmender Dauer der Arbeitslosigkeit die Tendenz zur Beeinträchtigung des Selbstwertes zunimmt (Wacker u. Kolobkova, 2000, S. 76).
In einer Metaanalyse auf der Basis von 16 Längsschnittstudien (aus den Jahren 1986–1996) wird diese Befundlage einer Zunahme depressiver Neigungen als Folge von Arbeitslosigkeit bestätigt (Murphy u. Athanasou, 1999, S. 96). Der angenommene Ursachen-Wirkungs-Zusammenhang zwischen der Arbeitslosigkeit und der Depressivität deutet sich auch darin an, daß der (umgekehrte) Wechsel von Arbeitslosigkeit zur (Wieder)-Erwerbstätigkeit mit einer ausgeprägten Verbesserung des subjektiven Befindens einhergeht. Interessanterweise ist diese Verbesserung tendenziell größer als die Verschlechterung des Befindens, die im Zuge des Übergangs von der Erwerbstätigkeit zur Arbeitslosigkeit beobachtet wurde.

Immer wieder wird in der Literatur betont, daß der Zusammenhang zwischen der Arbeitslosigkeit und der Neigung zur Depression stabil, aber betragsmäßig schwach ausgeprägt sei. Oben wurde bereits auf den möglichen Moderator der internen versus externen Kontrolle verwiesen, der zwischen der Arbeitslosigkeit und der Reaktion der Depression vermittelt und die Arbeitslosigkeitseffekte verstärken, aber auch abpuffern kann. Auf diesen Moderator wird nachstehend genauer eingegangen.

In der Literatur wird von einem sogenannten »heimtückischen« Attributionsstil gesprochen (Brunstein, 1996, S. 853). Er liegt vor, wenn eine Person ein negatives Lebensereignis (z.B.: Arbeitslosigkeit) internal, stabil und global erklärt. »Global« meint, daß die Person ihre in einer spezifischen Situation gemachte negative Erfahrung auf andere Situationen (mögliche Erfahrungsfelder) generalisiert. »Stabil« meint, daß sie das Eintreten negativer Erfahrungen auch für die Zukunft erwartet (Generalisierung über die Zeit). »Internal« bedeutet, daß die Ursache für die momentan erfahrene Hilflosigkeit in der eigenen Person gesehen wird (was mit Einschränkungen des Selbstwertgefühls parallel läuft). Erklärt die Person also die konkret jetzt erfahrene Beschränkung der Situationskontrolle bzw. ihre jetzt erfahrene Hilflosigkeit internal, stabil und global, so bedingt dieser heimtückische Attributionsstil die (weitere) Erwartung von Hilflosigkeit und damit den Übergang zu depressiven Reaktionen. Dies illustriert die folgende Abbildung 33.

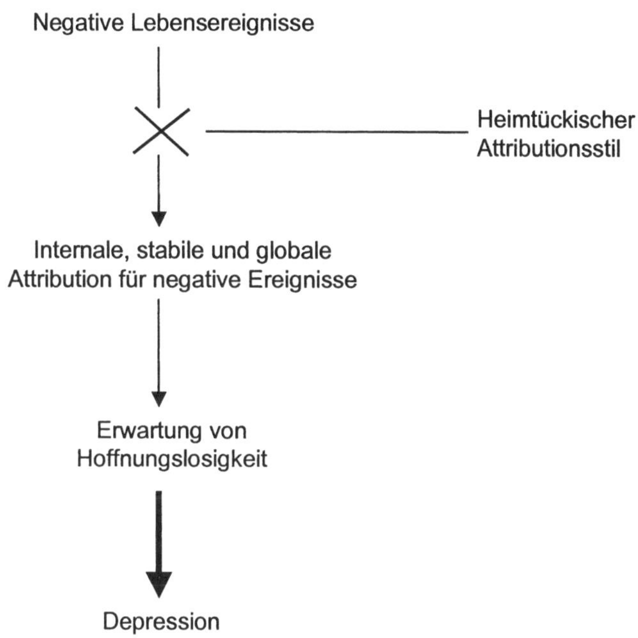

Abb. 33 Heimtückischer Attributionsstil nach Brunstein, 1996, S. 853

Der Zusammenhang zwischen diesem Attributionsstil und depressiven Symptomen ist metaanalytisch bestätigt (Brunstein, 1996, S. 855). Nicht allein das Ereignis an sich (Eintritt von Arbeitslosigkeit), sondern auch die Weise seiner Erklärung sind demnach für das spätere Befinden bedeutsam. Daß hier im Fall der Arbeitslosigkeit ein gefährlicher Teufelskreis in Gang gesetzt wird, ist offenkundig. Arbeitslos Gewordene, die dies heimtückisch attribuieren, werden eher depressiv und bleiben damit auch eher arbeitslos, da keine erneuten Versuche zur Beseitigung der Arbeitslosigkeit unternommen werden. Bzw.: Personen, die ihre Arbeitslosigkeit external, variabel und spezifisch erklären, haben geringere Neigung zur Depression und bessere Wiedereingliederungschancen.

U.a. aufgrund dieses Moderators der Art der Kausalattribution ist der betragsmäßige direkte Zusammenhang zwischen dem Tatbestand der Arbeitslosigkeit und der depressiven Reaktion relativ schwach ausgeprägt. Zugleich zeigt sich an dieser Stelle, daß eine fundierte psychologische Beratung, die diesen heimtückischen Attributionsstil in konstruktiver Weise abzubauen imstande wäre, von erheblicher auch ökonomischer (betriebswirtschaftlicher und volkswirtschaftlicher) Bedeutung ist.
Die Bedeutsamkeit dieses Attributionsstils ist auch in anderen inhaltlichen Kontexten nachgewiesen worden. So zeigte Bossong (1999, S. 141), daß Personen, die durch die Führerscheinprüfung durchgefallen waren, zehn Tage nach diesem Ereignis einen signifikant höheren Depressionswert als andere Durchgefallene aufwiesen, wenn sie ihren Mißerfolg in heimtückischer Weise attribuierten.
Damit wird der beschriebene Attributionsstil auch für das Leistungsergebnis von Personen bedeutsam sein. Für diese Betrachtung ist die auf Kuhl (1996) zurückgehende Unterscheidung einer Lage- von einer Handlungsorientierung bedeutsam. Von einer Handlungsorientierung spricht Kuhl (1996), wenn eine Person befähigt ist, die Aufmerksamkeit auf die jetzige Aufgabenerfüllung zu konzentrieren. Bei einer Lageorientierung bleibt die Aufmerksamkeit dagegen auf eine bestehende oder zurückliegende Mißerfolgssituation fixiert. Durch eine entsprechend grüblerische, die Selbstzweifel betonende Ausrichtung der Aufmerksamkeit auf Defizite der eigenen Person wird ein geistiges Umschalten auf die jetzige Aufgabenbewältigung verhindert. Tendenziell wird gelten, daß Personen, die zu einem heimtückischen Attributionsstil gegenüber eigenen Mißerfolgen neigen, eher zu Lageorientierungen und damit zu leistungsmindernden Selbstblockaden tendieren.

Weiterführende Literatur

1. Einige bekannte Aufgabenklassifikationen (u.a. Hackman, Miller) werden bei Frieling, E.: Psychologische Arbeitsanalyse, Stuttgart, 1975, S. 16–30, in einführender Weise diskutiert.
2. Die Unterschiede zwischen Belastung und Beanspruchung werden mit Beispielen und Angabe von Meßmethoden einführend bei Rohmert, W., 1977, dargestellt: Arbeitsbelastung und Beanspruchung des Menschen. In: Taschenbuch der Arbeitsgestaltung. IfaA (ed.), Köln 1977, S. 64–77.
3. Eine stärker theoretisch orientierte Einordnung von Belastung und Beanspruchung findet sich bei Hoyos, C.: Arbeitspsychologie. Stuttgart 1974, S. 155–166.
4. Eine Darstellung der Theorie, Methodik und bisherigen Ergebnisse des Person-Environment-Fit-Modells findet sich als Einführung bei Harrison, R.: Person-Environment fit and Job stress. In: Cooper, C. L., Payne, R. (ed.): Stress at work, N.Y. 1978, S. 175–205.
5. Die unterschiedlichen theoretischen Ansätze in der bisherigen Streßforschung werden vertiefend und auf hohem Abstraktionsniveau dargestellt bei Wichmann, U.: Streßforschung – Konzepte in einem interdisziplinären Problemfeld. In: Bösel, R. u.a.: Streß. Hamburg 1978, S. 12–34.
6. Das Modell von Lazarus (1966) wird anschaulich einführend dargestellt bei Krohne, W.: Theorien der Angst. Stuttgart 1976, S. 83–93.
7. Auf empirische Befunde zur Wirksamkeit unterschiedlicher Stressoren im organisationspsychologischen Kontext gehen einführend ein: Katz, D., Kahn, R. L.: The social psychology of organizations. N. Y. 1978, S. 577–610.
8. Die Beziehung zwischen Beanspruchung und Leistung stellt einführend dar Hoyos, C.: Arbeitspsychologie. Stuttgart 1974.
9. Maßnahmen zur Arbeitsgestaltung unter ergonomischer Perspektive diskutieren Neumann, J., Timpe, K. P.: Psychologische Arbeitsgestaltung. Berlin 1976, S. 35–117.

10. Eine Literaturübersicht zum Thema Belastung und Beanspruchung gibt mit weiterführendem Charakter Gebert, D.: Belastung und Beanspruchung in Organisationen – Ergebnisse der Streßforschung. Stuttgart 1981.
11. In komprimierter Form führt in die Streßproblematik ein: Udris, I.: Streß in Organisationen. In: Nitsch, J. R. (ed.): Streß. Bern 1981.

Fragen

29. Der Grad der Belastung sowie der Grad der Beanspruchung sind eine Funktion welcher Größen?
30. Die Kernaussage des Person-Umwelt-mis-fit-Modells (der Michigan-Schule) besteht worin?
31. Die coping-Strategie, die Bedrohlichkeit einer Situation auf ausschließlich intrapsychischem Weg abzubauen, stellt im Sinne von Lazarus (1966) inwiefern eine Notlösung dar und verbindet sich mit welchen möglichen längerfristigen Folgen?
32. Welche Beziehungen – kurz- und längerfristig betrachtet – sind zwischen einer zunehmenden Beanspruchung und der Leistungsqualität zu erwarten?
33. In methodischer Hinsicht sind die vorliegenden empirischen Untersuchungen zur Wirkung einer reduzierten Streßkontrolle inwiefern zu kritisieren?

3.2. Arbeitsgruppe

Bei der Analyse der Situation unter 2.1. wurden den Tätigkeitsbedingungen bzw. den Aufgabencharakteristika als weitere Situationskomponente die Sozialbedingungen gegenübergestellt (vgl. Abbildung 5). Nach der Darstellung einiger Aufgabencharakteristika in dem vergangenen Abschnitt werden in diesem Abschnitt (3.2.) die Sozialbedingungen schwerpunktmäßig zunächst als Interaktion auf der horizontalen Ebene analysiert:
Im Vordergrund stehen Fragen der Kohäsion, der Konformität, des Gruppen-Problemlösens, der Kommunikation, der Kooperation und des Konflikts in Arbeitsgruppen. In dem späteren Abschnitt 3.3. werden die Sozialbedingungen unter vertikaler Perspektive unter dem Stichwort »Führung« diskutiert.

3.2.1. Kohäsion und Konformität in Arbeitsgruppen – Bedingungen und Folgen

Mit dem Begriff »Gruppe« verhält es sich ähnlich wie mit dem Begriff »Organisation« (siehe hierzu unter 1.2.1.): Die Häufigkeit der Verwendung dieser Bezeichnungen steht in deutlichem Mißverhältnis zu ihrer sprachlichen Eindeutigkeit (Sader, 1976, S. 33). Meist wird von einer Gruppe dann gesprochen, wenn

- eine Mehrzahl von Personen
- eine längere Zeitdauer unmittelbar (face to face) miteinander interagiert und dabei
- eine Rollendifferenzierung aufweist,
- gemeinsame Normen herausgebildet hat und
- sich durch ein Wir-Gefühl verbunden weiß (vgl. Homans, 1960, S. 29; Schein, 1965, S. 67; v. Rosenstiel, 1978a, S. 240).

Für eine Gruppe (und damit natürlich auch für eine Arbeitsgruppe) sind insofern mehrere Bestimmungsstücke konstitutiv, wobei die gerade genannten Kriterien zugleich graduell abstufbar sind: Eine Gruppe weist z.B. eine mehr oder weniger deutliche Rollendifferenzierung, ein mehr oder weniger starkes Wir-Gefühl usw. auf. Die Abgrenzung der Gruppe von anderen Aggregaten wie z.B. einer vorübergehenden Menschenansammlung auf dem Bahnhof oder einer großen Partei ist somit eine Frage des Grades.

Für *Arbeits*gruppen ist dabei *ergänzend* konstitutiv, daß sie ihre Aktivitäten in einem spezifischen Kontext entfalten: Arbeitsgruppen sind Teile einer übergreifenden Organisation und damit in bestimmte strukturelle und technologische Rahmenbedingungen eingebettet. Die konkret in einer Arbeitsgruppe zu beobachtenden Interaktionsmuster (also z.B. Eigenheiten in der Kommunikationsstruktur und Merkmale der Rollendifferenzierung) spiegeln in erheblichem Maße eben diese Eigenheiten von (Wirtschafts-)Organisationen wider bzw. sind sehr wesentlich durch die strukturellen und technologischen Besonderheiten der Organisation zu erklären (2.1.). Würde man z.B. nicht berücksichtigen, daß die Mitglieder derartiger Arbeitsgruppen – zumindest partiell – unter entfremdeten Bedingungen arbeiten (siehe unter 2.4.2.), so blieben wichtige sozialpsychologische Phänomene in Arbeitsgruppen unverständlich.

Dieser situative Bezug läßt sich an den Phänomenen Kohäsion und Konformität gut veranschaulichen; zunächst zur Kohäsion: Aufbauend auf der Definition von Festinger (Festinger, 1950, S.185) versteht Irle (1975, S.452) unter der Gruppenkohäsion (bzw. Kohärenz) die durchschnittliche Attraktivität, welche die Gruppe bei ihren Mitgliedern genießt. Die Attraktivität ist dabei im wesentlichen eine Funktion der wahrgenommenen Instrumentalität (sensu Vroom) der Mitgliedschaft in dieser Gruppe für die Befriedigung der Bedürfnisse (ähnlich Bass, 1960, S. 60). Welche Bedürfnisse dabei befriedigt werden bzw. worauf sich die Attraktivität inhaltlich gründet, ist bei dieser Definition von Kohäsion allerdings noch nicht näher präzisiert: Basiert die Attraktivität der Gruppenmitgliedschaft auf den tätigkeitsspezifischen Besonderheiten in dieser Gruppe (also z.B. einer abwechslungsreichen Aufgabenstellung) oder auf dem Belohnungswert der (sozialen) Interaktion an sich (v. Rosenstiel, 1978a, S.244)?

Zumal in der bisherigen Forschung unter dem Stichwort Kohäsion fast ausschließlich die letztere, nämlich »sozial vermittelte« Gruppenattraktivität untersucht wurde (Hackman, 1976, S.1517), die vorliegende empirische Forschung also nur auf diese begriffliche Fassung von Kohäsion beziehbar ist, wird auch im folgenden der Begriff Kohäsion in der entsprechend eingeengten Form (als sozial vermittelte Gruppenattraktivität) verwendet: Die durchschnittliche interpersonale Attraktivität bzw. der Belohnungswert der Interaktion an sich werden damit zu den maßgeblichen Definitionskriterien (ähnlich bei Witte, 1979, S.137).

Die strukturellen und technologischen Besonderheiten der Organisation stellen nun für eine so verstandene Gruppenkohäsion wichtige *Bedingungen* dar:

Wie noch unter 4.3. am Beispiel der teilautonomen Arbeitsgruppe gezeigt wird, eröffnen sich z.B. in Abhängigkeit von der Fertigungstechnologie bestimmte Möglichkeiten (wie auch Erfordernisse) zur Kooperation (Einzelheiten hierzu bei Meissner, 1976, S.222ff.); tätigkeitsvermittelte Kontakte im Rahmen der Aufgabenbewältigung sind damit mehr oder weniger wahrscheinlich. Dies wiederum ist für die Attraktivität der Interaktionen insofern bedeutsam, als nach einer von Homans (1960) formulierten These mit zunehmender Anzahl der Kontakte die wechselseitige Sympathie zunimmt, was ihrerseits auf die Kontakthäufigkeit verstärkend zurückwirkt (Hofstätter, 1967, S.165).

Da die Kontakthäufigkeit von Bedeutung ist, spielt natürlich auch die von der Organisation festgelegte Gruppengröße eine wichtige Rolle: In Kleingruppen wird – vermittelt über die höhere Kontaktwahrscheinlichkeit – die Gruppenkohäsion vergleichsweise größer sein als in Großgruppen.

Nun muß natürlich nicht zwangsläufig bei zunehmender Kontakthäufigkeit auch die wechselseitige Sympathie anwachsen; auch das Gegenteil wäre vorstellbar. Die Kontakthäufigkeit scheint aber u.a. dann sympathieförderlich zu wirken, wenn mit dem Kontakt auch die Erfahrung von *Ähnlichkeit* der interagierenden Personen untereinander verbunden ist: Wahrgenommene Ähnlichkeit fördert die Entstehung von Sympathie (Schuler, 1975). Und eben diese Erfahrung der Ähnlichkeit ist innerhalb von Arbeitsgruppen durchaus wahrscheinlich, weil in einer Arbeitsgruppe jeweils *spezifisch* (von der Organisation her) a) ausgelesene und b) sozialisierte Personen zusammentreffen. Die Kontakthäufigkeit wird damit die interpersonale Attraktivität in Arbeitsgruppen steigern können. Dabei wird nicht nur die Ähnlichkeit von Personen, sondern auch die Ähnlichkeit der Situation, in der sich die Personen befinden, erfahrbar. Und auch hierin kann eine sehr wesentliche kohärenzfördernde Bedingung liegen, wenn diese Ähnlichkeit der Situation als gemeinsames Schicksal gedeutet wird, das auch nur *gemeinsam* zu bewältigen ist (v. Rosenstiel u.a., 1995, S. 133).

Die Gruppe kann hier gegenüber dem einzelnen eine wesentliche Schutzfunktion übernehmen, worauf noch zurückgekommen wird: Die partielle Entfremdung bedroht die (psychologische) Identität des einzelnen, womit der Belohnungswert sozialer Interaktion entsprechend ansteigt, sofern diese Interaktion zur (Wieder)-Stabilisierung des Selbstbildes beiträgt (Hackman, 1976).

Als weiteres Situationscharakteristikum sei schließlich noch die Art der Entlohnung angesprochen: Es liegen inzwischen Hinweise dafür vor, daß im Einzelakkord kohärenzhemmende Bedingungen zu sehen sind (Gardell, 1978), was unter dem Gesichtspunkt der Schutzfunktion der Gruppe gegenüber dem einzelnen negativ zu bewerten ist.

> Gerade weil auf absehbare Zeit mit dem Fortbestand zumindest partieller Entfremdung in der Arbeit zu rechnen ist, ist die Suche und Herstellung kohärenzförderlicher Bedingungen (über eine geeignete Gestaltung der Arbeitsorganisation, der Gruppengröße, der Akkordfragen usw.) wichtig, um dem einzelnen in psychologischer Hinsicht Entlastung bzw. soziale Unterstützung zu bieten (Udris, 1980; Katschnig, 1980).

Damit wird bereits – nach der Klärung einiger situativer *Bedingungen* für Kohärenz – die Frage nach ihrer Bedeutsamkeit und ihren *Folgen* angesprochen, worauf nachstehend eingegangen wird.

So ist z.B. in hochkohäsiven Gruppen – als Folge der Kohärenz – die Fluktuationstendenz geringer. Interpretiert man eine sozial vermittelte hohe Gruppenattraktivität im Sinne einer hohen *Zufriedenheit* mit den sozialen Bedingungen in der Arbeitsgruppe, so ist auch nichts anderes zu erwarten, wenn man die unter 2.3.5. berichtete negative Beziehung zwischen (Arbeits-)Zufriedenheit und Fluktuationstendenzen in Rechnung stellt.

Für die Größe der Fluktuationstendenz ist neben der Kohärenz die Dependenz (Abhängigkeit) des einzelnen von einem Verbleib in der Arbeitsgruppe bedeutsam: Empirische Beobachtungen weisen darauf hin, daß bei niedriger Kohäsion und niedriger Dependenz die Fluktuationstendenz zunimmt, während bei niedriger Kohäsion und hoher Dependenz nicht die Fluktuation, sondern die Fehlzeitenrate anwächst (Irle, 1975, S. 453); auch eine steigende Fehlzeitenrate kann demnach – unter der Randbedingung hoher Dependenz – als Folge niedriger Kohärenz betrachtet werden (vgl. jedoch Maib, 1981).

Psychologisch bedeutsam ist des weiteren die positive Beziehung zwischen einer hohen Gruppenkohäsion und der Konformität des Verhaltens der Gruppenmitglieder; diese Beziehung ist immer wieder beobachtet worden (Irle, 1975, S. 458; Hackman, 1976, S. 1516) und verweist insofern auf einen systematischen Zusammenhang:
Die für die Erfüllung der Bedürfnisse und Ziele relevanten Bedingungen werden durch Prozesse der Normenetablierung und Normenkontrolle zu stabilisieren versucht (Hackman, 1976, S. 1496). Bei hoher Gruppenkohäsion besteht über den Inhalt der zu stabilisierenden Bedingungen eher Konsens als bei niedriger Gruppenkohäsion, was die Akzeptanz von (intervenierenden) Normensendungen und Normenkontrollen vergrößert und damit (im Ergebnis) die Konformität innerhalb der Gruppe in den für die Gruppe relevanten Verhaltensausschnitten fördert. Wichtig ist dabei, daß sich derartige Normierungen und Ausübungen von sozialem Druck bzw. Uniformitätsdruck (Witte, 1979, S. 133) meist nicht nur auf das nach außen sichtbare Verhalten, sondern auch auf die Einstellungen und Meinungen der Mitglieder beziehen (Hackman, 1976).
Das Ergebnis eines hohen Uniformitätsdrucks ist eine steigende Konformität im Sinne einer hohen Übereinstimmung aller Gruppenmitglieder mit den überindividuellen Standards (Normen) der Gruppe; die Verhaltensvariabilität sinkt (Witte, 1979, S. 129).
Der Uniformitätsdruck selbst ließe sich dadurch bestimmen, daß man die Art und Häufigkeit der Konsequenzen auf Normeinhaltung und Normenabweichung (Devianz) innerhalb der Gruppe erfaßt. Hierzu bietet sich ein Modell von Jackson (1965) an (vgl. Abbildung 34).

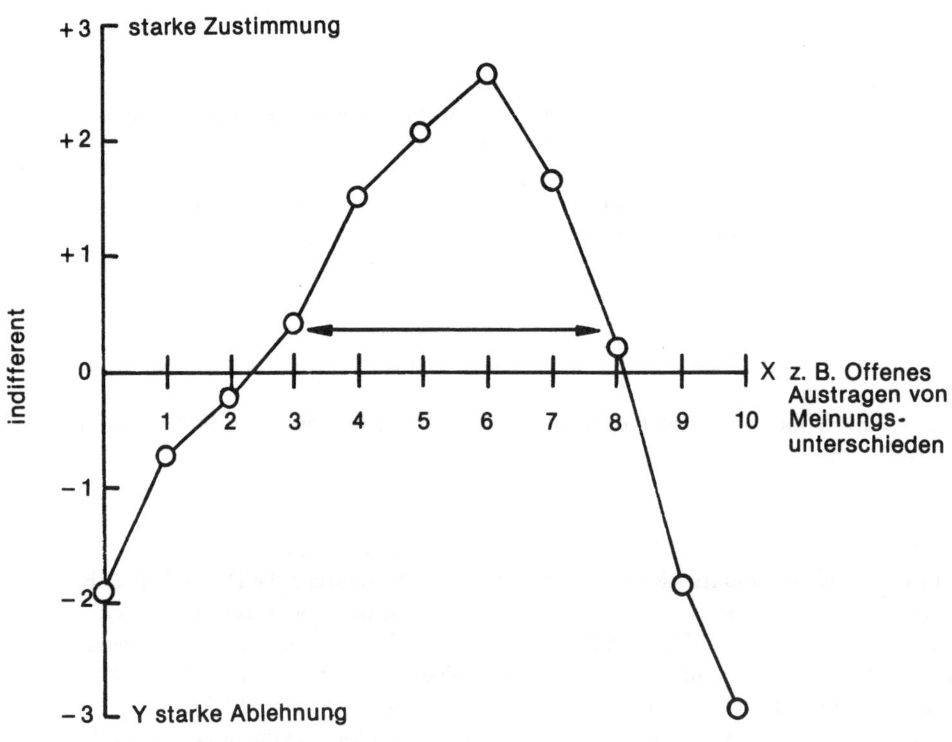

Abb. 34 Konformitäts-Modell nach Jackson (1965, S. 305)

Während auf der Y-Achse die Stärke der positiven oder negativen Bewertung eines Verhaltens durch die Gruppe abgetragen wird, bezieht sich die X-Achse auf die Intensität des kritischen Verhaltens selbst, auf das sich die Bewertung bezieht. Eine solche Bewertung kann sich z.B. auf den Grad beziehen, in dem Meinungsverschiedenheiten innerhalb der Gruppe offen ausdiskutiert werden. Das obige Beispiel in der Abbildung würde damit bedeuten, daß ein bestimmter Grad an Offenheit bei Meinungsverschiedenheiten in dieser Gruppe belohnt wird, daß aber ein sehr niedriger Grad und ein sehr hoher Grad an Offenheit eher Bestrafungen nach sich zieht, da speziell ein sehr hoher Grad an Offenheit z.B. Kohärenz-gefährdend wirken könnte. Zur Charakterisierung des Uniformitätsdrucks innerhalb der Gruppe lassen sich damit allgemein u.a. folgende Variablen bestimmen (Jackson, 1966):

- die Lage der Kurven-Maxima und Kurven-Minima über der X-Achse: Welches sind die besonders erwünschten und besonders unerwünschten Verhaltensausprägungen?
- die Größe des Toleranzbereichs: Jenseits welcher Verhaltensausprägungen ist mit dem Beginn von Bestrafungen zu rechnen?
- die Intensität des Uniformitätsdrucks: Mit wieviel (absoluter) positiver Zustimmung bzw. mit wieviel Ablehnung ist im günstigsten/ungünstigsten Fall bei der Realisierung des kritischen Verhaltens zu rechnen?
- Richtung des Uniformitätsdrucks: In welcher Beziehung stehen diese »Beträge« zum Uniformitätsdruck gegenüber anderen Verhaltensaspekten? Welche Verhaltensaspekte sind damit in der Gruppe wichtig, welche weniger wichtig?
- Die Relation der Bestrafungs- zur Belohnungshäufigkeit: Übt die Gruppe auf den einzelnen primär durch Belohnung der erwünschten oder durch Bestrafung unerwünschter Verhaltensausprägungen sozialen Druck aus?
- Die Gleichmäßigkeit des sozialen Drucks, über die verschiedenen Personen hinweg gesehen: Wie ähnlich ist der Beispielverlauf in der obigen Abbildung, über die verschiedenen Gruppenmitglieder betrachtet? Wem wird mehr Devianz zugebilligt?

Der ausgeübte Uniformitätsdruck läßt sich demnach in verschiedener Hinsicht charakterisieren. Dabei ist vor allem zu betonen, daß sich mit diesem Modell von Jackson (1965) Quantifizierungsmöglichkeiten im Hinblick auf die Messung des sozialen Drucks ergeben (Hackman, 1976, S. 1498). Damit kann im Prinzip in Zukunft auch genauer untersucht werden, welche Situationsbedingungen sich mit welcher Struktur von Uniformitätsdruck innerhalb einer Arbeitsgruppe verbinden und welche differentiellen *Wirkungen* unterschiedlichen Mustern des sozialen Drucks zukommen.

Gerade in Arbeitsgruppen kann sich der Uniformitätsdruck inhaltlich vor allem auch auf das Leistungsverhalten beziehen. Hier hat es eine Gruppe im sog. »bank wiring observation room« innerhalb der Hathorne-Studien (Roethlisberger u. Dickson, 1939) zu einiger Berühmtheit gebracht. 14 Arbeiter wurden bei der Produktion von Telefonapparaten beobachtet, wobei sich deutlich Tendenzen zur Leistungsrestriktion erkennen ließen: Ein Zuviel an Leistung wurde von der Gruppe sanktioniert.

Dieses Phänomen der Leistungsrestriktion (auch als »Mauern« bezeichnet) ist in der Literatur bereits sehr oft beschrieben worden (siehe hierzu bei Lupton, 1976, S. 179f.). Motivational liegen die Gründe für einen auf Leistungsrestriktion abzielenden Uniformitätsdruck häufig in der Befürchtung, eine Erhöhung der Leistungsvariabilität nach oben würde eine Anhebung der von der Unternehmensleitung geforderten mittleren Leistungsnormen nach sich ziehen.

Auch an dieser Stelle wird insofern wieder deutlich, daß bestimmte sozialpsychologische Prozesse in Arbeitsgruppen (hier: sozialer Druck im Bereich des Leistungsverhaltens) ohne Rekurs auf die Besonderheiten der *Situation* (hier: z.B. Versuche der Arbeitsintensivierung durch die Unternehmensleitung) unverständlich bleiben. Die Situation erklärt zu wesentlichen Anteilen sowohl Kohärenz als auch Konformität in Arbeitsgruppen, wobei im übrigen zu bedenken ist, daß die (von den anderen beobachtete) Konformität als Solidarität gedeutet wird und damit auf die Kohärenz der Gruppe zurückwirkt.

Da auch das Unterschreiten bestimmter Leistungsnormen für die Arbeitsgruppe von Nachteil sein kann, ist zusammenfassend ein kurvilinearer Verlauf des Uniformitätsdrucks, wie er beispielhaft in der Abbildung 34 dargestellt wurde, auch im Hinblick auf den Leistungsbereich durchaus vorstellbar.

Dabei ist aber darauf hinzuweisen, daß ein Uniformitätsdruck im Leistungsbereich nur dann zu erwarten ist, wenn das Leistungsergebnis (qualitativ und/oder quantitativ) – aus der Sicht der Gruppe – zumindest partiell der willentlichen Kontrolle unterliegt; anderenfalls ist ein Normierungsversuch sinnlos. Eben diese willentliche Kontrollierbarkeit des Leistungsergebnisses ist aber nicht selbstverständlich: Es scheint eine Reihe von Arbeitsplätzen zu geben, an denen die Leistungsvarianz nur sehr marginal dem persönlichen Einfluß des einzelnen unterliegt bzw. wo die Intensität des leistungsbezogenen Verhaltens nur in geringen Grenzen abstufbar ist. An derartigen Arbeitsplätzen sind damit wichtige Voraussetzungen für die Beeinflussung des einzelnen durch die Arbeitsgruppe kaum gegeben, und dies heißt zugleich, daß an *derartigen* Arbeitsplätzen *keine* nennenswerten Zusammenhänge zwischen der Gruppenkohäsion und der individuellen Leistung zu beobachten sein werden (Hackman, 1976, S. 1508).

Damit wird die Beziehung zwischen der Gruppenkohäsion und der Gruppenleistung wie folgt präzisierbar:

In hochkohäsiven Gruppen wird – *sofern* das Leistungsergebnis überhaupt der willentlichen Kontrolle unterliegt und sofern eine Normierung im Leistungsbereich von der Gruppe für zweckmäßig erachtet wird – eine hohe Leistungskonformität zu erwarten sein: Die Varianz im Leistungsbereich sinkt. Ob dabei aber hohe oder niedrige Ausprägungen des Leistungsverhaltens belohnt bzw. bestraft werden und damit die Leistungshöhe in der Gruppe ansteigt oder absinkt, ist mit dem Grad der Kohäsion noch nicht entschieden (Hackman, 1976, S. 1516): Ob die Gruppe hohe oder niedrige Leistungsnormen verfolgt, hängt nicht von der Kohäsion an sich, sondern von *anderen* Bedingungen ab (z. B. von der Art der früheren Erfahrung, die die Arbeitsgruppe bei einem Anheben ihrer Leistung mit der Normenpolitik der Unternehmensleitung gemacht hat sowie von ihrer Einstellung gegenüber der Arbeit generell; Seashore, 1954; v. Rosenstiel, 1972). Das wiederum heißt zusammengefaßt:

> Die Höhe der Gruppenkohäsion korreliert tendenziell positiv mit einer Einengung der Leistungsvarianz, nicht dagegen mit der Leistungshöhe: Entgegen den Grundaussagen der Human-Relations-Bewegung sind die Höhe der Gruppenkohäsion an sich und die Leistungshöhe in der Gruppe – im Mittel – unkorreliert; die Korrelation zwischen Kohäsion und Leistung wird aber dann positiv, wenn zugleich die Gruppennorm hoch ist, und wird dann negativ, wenn zugleich die Leistungsnorm niedrig ist (Irie, 1975, S. 487; Hackman, 1976, S. 1516; Sader, 1976, S. 83; v. Rosenstiel, 1978a, S. 252).

Neben der Unabhängigkeit der *Richtung* der (für die Leistung wichtigen) Leistungsnorm von der Gruppenkohäsion ist bei der Analyse der Beziehung zwischen der Gruppenkohäsion und -leistung auch noch folgendes zu bedenken:

Der Uniformitätsdruck bezieht sich meist nicht nur auf das Handeln, sondern auch auf das *Denken* der Personen; auch Meinungen werden einer normativen Regelung unterworfen.

Dies kann für die Gruppe hilfreich sein und ein koordiniertes zielgerichtetes Handeln fördern. Konformität im Denken kann für die Gruppe und die Erreichung ihrer (Leistungs-)Ziele aber auch von Nachteil sein: dies speziell dann, wenn es für die Gruppe gerade darauf ankäme (zu Selbstverständlichkeiten geronnene) Gruppenmeinungen kritisch zu hinterfragen, da sich in der Zwischenzeit z.B. die Voraussetzungen ihres Denkens geändert haben könnten (Hackman, 1976, S. 1468). Auch hierin liegt ein Grund dafür, daß positive Beziehungen zwischen der Gruppenkohäsion und -leistung nicht generell zu erwarten sind.

Zugleich ist ergänzend zu betonen, daß aus diesen Überlegungen kein notwendiger Widerspruch zwischen Kohäsion und Leistung zu konstruieren ist: Nicht nur führt eine hohe Kohäsion unter der Bedingung (!) hoher Leistungsnorm zu hoher Leistung (wie dargestellt); eine hohe Leistung bzw. ein gemeinsamer Erfolg kann z.B. auch – umgekehrt – die *Ursache* für eine Kohärenzsteigerung sein, womit Leistung und Kohäsion ebenfalls positiv korreliert wären (Sader, 1976).

Letzteres (eine Leistungssteigerung als Ursache für eine Kohärenzzunahme) wird nach Lage der Dinge dann der Fall sein, wenn die von außen an die Gruppe herangetragenen Leistungs*forderungen* mit den Zielen der Gruppen selbst *identisch* sind und ein Mindestmaß an Kooperation bei der Aufgabenbewältigung nicht unterschritten wird, die Aufgaben in gewissem Umfang also nur gemeinsam zu bewältigen sind:
Entspricht die Gruppe in *diesem* Fall den an sie herangetragenen Leistungsforderungen, so steht dies zugleich in instrumenteller Beziehung zur Befriedigung der Bedürfnisse der Gruppe selbst, wobei das durch den Arbeitsvollzug vermittelte Solidarempfinden bzw. die Attribuierung des Erfolgs auf die Gemeinsamkeit der Anstrengungen positiv verstärkend auf die Kohärenz *zurückwirkt* (siehe hierzu einen ähnlichen Ansatz bei Hofstätter, 1967, S. 166).

Letztlich käme es also darauf an, a) die *Tätigkeits*-bestimmte Attraktivität der Gruppenmitgliedschaft zu erhöhen (v. Rosenstiel, 1978a, S. 259; Hackman, 1976, S. 1517) bzw. die Differenz zwischen den Zielen der Gruppe und den Leistungsforderungen der Organisation abzubauen und b) *Gemeinsamkeiten* in der Problembewältigung zu ermöglichen, da unter diesen Bedingungen – zumindest tendenziell – eine höhere Gruppenkohäsion *und* Gruppenleistung zu erwarten wären.

Zur Lösung des Problems, Widersprüche zwischen der Qualität und Quantität der von außen an die Gruppe herangetragenen Leistungsforderungen und den Leistungsnormen der Gruppe selbst abzubauen, wird häufig auf das Instrument der Partizipation hingewiesen und auf die Experimente speziell von Coch und French (1948) Bezug genommen. Kritisch ist dabei aber anzumerken, daß mit dem Mittel der Partizipation mögliche Antagonismen zwischen hoher Gruppenkohäsion und Leistung nur dann langfristig zu beseitigen sein werden, wenn – auf dem Wege der Partizipation – die Tätigkeits- bzw. Aufgabenbedingungen *tiefgreifend* und nicht nur oberflächlich verbessert werden (also Stressoren wie Sinnentleerung der Tätigkeit, fehlende Entscheidungsautonomie usw. abgebaut werden).

3.2.2. Gesichtspunkte zum Leistungsvorteil der Gruppe – Gruppen-Problemlösen

Tritt für eine Person in einer Arbeitsgruppe ein Problem auf, so kann der jeweils Betroffene sich entschließen, das Problem allein oder in der Gruppe zu lösen. Im folgenden werden Bedingungen zu präzisieren versucht, unter denen sich die Verlagerung eines Problemlöseprozesses auf die Gruppe zu empfehlen scheint.

Wird ein Problem in einer Gruppe gemeinsam gelöst, so kann dies sowohl für die Akzeptanz als auch für die Qualität der Problemlösung von Vorteil sein. Versucht jedes Gruppenmitglied, das anstehende Problem zunächst einmal für sich allein zu lösen, so kann man die Problemlösequalität dieser Individualleistungen zu derjenigen Lösungsqualität in Beziehung setzen, die sich später als das Ergebnis gemeinsamer Lösungsbemühungen, also als Resultat der Gruppenarbeit, ergibt. Prinzipiell kann dabei die Gruppenleistung besser, gleich oder schlechter als die beste Einzelleistung ausfallen. Die Annahme, die Gruppenleistung könne dabei die beste Einzelleistung übertreffen, setzt u.a. an der Erfahrung an, daß vier Augen mehr sehen als zwei (Hofstätter, 1967, S. 159; Stirn, 1970, S. 510). Bei

- geeigneten Aufgabenarten und
- geeigneten organisatorischen Rahmenbedingungen

läßt sich dann in der Tat auch in der Empirie zeigen, daß die Gruppenleistung die beste Individualleistung übertreffen kann. Dabei ist aber mit Nachdruck zu betonen, daß sich derartige Untersuchungen häufig auf sog. synthetische Gruppen (auch Nominalgruppen genannt) und nicht auf Realgruppen beziehen: Die Einzelleistungen (z.B.: den räumlichen Abstand zwischen zwei Objekten in cm zu schätzen) werden zunächst – unbeeinflußt voneinander – von den Individuen jeweils allein erbracht und anschließend durch den Versuchsleiter z.B. in Form einer Mittelwertbildung zusammengefaßt, ohne daß über die Ergebnisse vorher in der Gruppe nochmals diskutiert wird (siehe hierzu eine Illustration bei Hofstätter, 1962, S. 30 ff.). Die dann – auf der Basis eines statistischen Fehlerausgleichs – der besten Einzelschätzung gegenüber überlegene Gruppenschätzung stellt aber (von der Restriktivität der Aufgabenstellung einmal ganz abgesehen) keinen Beweis für die Überlegenheit des »Gruppen«-Problemlösens dar:

Das entscheidende Definitionskriterium für »Gruppe«, der Tatbestand sozialer Interaktion, wird in synthetischen Gruppen (Nominalgruppen) durch das genannte organisatorische Vorgehen ja gerade wegoperationalisiert. Ergebnisse von Nominalgruppen sagen insofern nur etwas über die mögliche Qualität von unabhängig erbrachten und synthetisch zusammengefaßten Einzelleistungen (bei der jeweils gegebenen Problemstruktur) aus.

Untersucht man nicht Nominalgruppen, sondern Realgruppen, so zeigt sich, daß das (häufig aus ideologischen Gründen aufgestellte) Postulat einer Überlegenheit der Gruppenleistung gegenüber der besten Individualleistung (als Synergie-Effekt bezeichnet), nur eine *Möglichkeit,* keinesfalls aber eine Regelhaftigkeit darstellt (Witte, 1979, S. 181; Franke, 1975, S. 78; Schlicksupp, 1977, S. 166). Aussagen zur Leistungsüberlegenheit der Gruppe haben vielmehr vor allem
- die Besonderheiten des zu lösenden Problems sowie
- die Besonderheiten der organisatorischen Regelungen bzw. Interaktionsstruktur in Rechnung zu stellen.

Nachstehend wird zunächst auf organisatorische Regelungen bzw. auf Besonderheiten der Interaktion eingegangen. Will man den Moderatorcharakter dieser Variablen für die Frage der Gruppenüberlegenheit verstehen, ist es hilfreich, die von Hofstätter (1957) herausgestellten Voraussetzungen einer Gruppenüberlegenheit zu bedenken; drei Bedingungen müssen erfüllt sein, wenn es darum geht, komplexere Probleme zu lösen (Hofstätter, 1957, S. 164 f.):

- die Unabhängigkeitsbedingung,
- die Kommunikations- bzw. Mitteilungsbedingung sowie
- die Akzeptierungsbedingung.

Mit der Unabhängigkeitsbedingung ist das Erfordernis gemeint, daß die Gruppenmitglieder *zunächst* unabhängig voneinander einen Lösungsansatz suchen müssen, um so die Perspektivenvielfalt herzustellen, die zur Lösung des Problems erforderlich ist. Eine hinreichende Komplexität der Aufgabe unterstellt, muß darüber hinaus sichergestellt werden, daß die unabhängig voneinander ermittelten Lösungsansätze der Gruppe anschließend auch mitgeteilt werden (Mitteilungsbedingung), da anderenfalls der für die Lösung wichtige Informationsaustauschprozeß sowie die Chance zur Neukombination der ausgetauschten Informationen blockiert wird. Und schließlich muß weiterhin die irgendwann »gefundene«, objektiv mehr oder weniger richtige Lösung bzw. Teillösung von der Gruppe auch als Lösung (bzw. Teillösung), also als »richtig«, akzeptiert werden.
Wie ein Blick in die Problemlösepraxis von Realgruppen zeigt, sind diese (für die Lösung komplexer (!) Probleme erforderlichen) elementaren Voraussetzungen sehr häufig nicht realisiert, womit natürlich auch die tatsächliche Produktivität der Gruppe unter ihrer »potentiellen« Produktivität liegt (Steiner, 1966); die Gruppenleistung sinkt entsprechend häufig deutlich *unter* der besten Individualleistung. Es wird damit auf den zentralen Sachverhalt verwiesen, daß das Gruppen-Problemlösen *unausweichlich* die Lösung *zweier* Aufgabenstellungen impliziert (Franke, 1976, S. 13; Scharmann, 1972):

- die Lösung der Sachaufgabe *und*
- die Lösung der Koordination bzw. Prozeßorganisation (also z.B. die Herstellung der obigen drei Basisbedingungen).

Gerade aber die Herstellung dieser für die Lösung komplexer Probleme elementaren Voraussetzungen stößt auf verschiedene Schwierigkeiten:
Es beginnt mit der Größe der Gruppe. Mit zunehmender Anzahl der Mitglieder einer Problemlösegruppe steigt zwar auf der einen Seite das Informationspotential; zugleich erhöht sich aber auch die Wahrscheinlichkeit zur Untergruppenbildung, was die Fähigkeit der Gruppe zum Konsens (bzw. zur Herstellung der Akzeptanzbedingung) reduziert (Lowenstein, 1971).
Darüber hinaus sind in größeren Gruppen die Voraussetzungen für die Herstellung der Mitteilungsbedingung ungünstig: Es ist immer wieder beobachtet worden, daß in größeren Gruppen der Prozentsatz derer, die zwar nach ihrer eigenen Meinung Ideen haben, sie dann aber nicht mitteilen, zunimmt (Bass, 1965, S. 200). Zur Lösung dieses Problems werden gelegentlich Verfahrensregeln entwickelt, die aber schnell zu einem hinderlichen Korsett werden können, wenn diese Regeln nicht dem jeweiligen Problemlösestand angepaßt sind (Franke, 1976, S. 116 ff.).
Schließlich ist an die schon in den Diskussionsgruppen von Bales (1950) gemachte Beobachtung zu erinnern, daß in Diskussionsgruppen – unabhängig von ihrer Größe – die Anzahl der Kommunikationsakte, über die verschiedenen Diskussionsteilnehmer gesehen, generell höchst ungleich verteilt ist: Wer selber viel spricht, wird seinerseits häufiger angesprochen, was erneuten Anlaß zur Wortmeldung gibt usw. Selbst in den Kleingruppen von Bales – meist sechs Personen – findet man also als Ausdruck dieser Kommunikations-

dynamik (von Hofstätter [1967] als Wirkungsfortpflanzung bezeichnet) Sprechhäufigkeitsverteilungen, die J-Kurvencharakter haben und damit nicht nur die Unzufriedenheit der Nichtsprechenden erhöhen, sondern auch für die Herstellung der Mitteilungsbedingung erhebliche Barrieren beinhalten (Hofstätter, 1967, S. 145).
Die Existenz sehr ausgeprägter J-Kurven ist auch in Arbeitsgruppen nachgewiesen worden (Meissner, 1976, S. 218) und hängt dort natürlich primär mit der ungleichen Machtverteilung in formalen Arbeitsgruppen zusammen (Porter u.a., 1976).

Außerdem sind einige Faktoren in Rechnung zu stellen, die die Herstellung vor allem der Unabhängigkeitsbedingung erschweren; dabei sind indirekte von direkten Barrieren zu unterscheiden:
Indirekte Barrieren für die Realisierung der Unabhängigkeit ergeben sich insofern, als bereits die Anwesenheit Dritter auf den individuellen Problemlöseprozeß Einfluß nehmen kann. Bei diesen erstmals von Zajonic (1965) umfassend zusammengestellten Wirkungen der Gegenwart anderer ist allerdings die Qualität der Gegenwart bedeutsam (Lück, 1970): Verbindet sich die Gegenwart Dritter mit *Bewertungen* der individuellen Problemlösebeiträge durch diese Dritten, so kann dies Angst auslösen. Für diesen Fall wiederum steigt die Wahrscheinlichkeit, daß nicht kreative, neuartige, sondern »Standard«-Lösungen angeboten werden (Hackman, 1976, S. 1510). Es kommt demnach in der Gruppe zu einer Art von genereller *Denkschablonisierung* und damit zu einer Behinderung der Unabhängigkeitsbedingung.
Eine direkte Barriere für die Realisierung von Unabhängigkeit liegt schließlich in dem schon erörterten Phänomen der Konformität bzw. des Uniformitätsdrucks. Dabei handelt es sich insofern um eine direkte Barriere, als mit zunehmendem Uniformitätsdruck nicht nur die Problemlösung, sondern bereits die Problemdefinition vorgegeben ist: Bei hohem Uniformitätsdruck sinkt die Anzahl der Fragenkreise, die überhaupt in den Status eines Problems gehoben werden. Gerade in hochkohäsiven Kleingruppen sind entsprechende Beschränkungen der Unabhängigkeitsbedingung sehr wahrscheinlich (Vroom, 1969; Thomas u.a., 1961; Schönbach, 1971). Der Faktor Kohäsion wird insofern den (ohnehin zunächst nur in der Theorie gegebenen) Leistungsvorteil der Gruppe systematisch speziell in allen denjenigen Fragenkreisen bzw. Problemtypen (negativ) beeinträchtigen, in denen der Bestand der Gruppe selbst bzw. die Quellen der Gruppenattraktivität thematisiert werden.
Und schließlich ist noch eine Barriere zu nennen, die vor allem die Realisierung der Mitteilungs- und Akzeptierungsbedingung betrifft: der Umstand konfliktträchtiger bzw. kompetitiver Beziehungen zwischen einzelnen Mitgliedern der Gruppe. Daß kompetitive Beziehungen den Problemlöseprozeß behindern können, ist offenkundig (Franke, 1975, S. 59) und wird noch unter dem Stichwort »Konflikt« näher behandelt (die in vielen Modellen zum Gruppenproblemlösen versteckt enthaltene Prämisse »Die Wahrheit setzt sich durch« gilt gerade unter kompetitiven Bedingungen offenbar nur beschränkt!).

Betrachtet man demnach die gruppendynamische *Realität*, so bleibt zunächst zusammenfassend festzuhalten, daß die Herstellung der von Hofstätter (1957) herausgestellten Unabhängigkeits-, Mitteilungs- und Akzeptanzbedingung als Voraussetzungen für Gruppenüberlegenheit bei komplexer Problemstellung gerade in Realgruppen auf erhebliche Schwierigkeiten stößt; die Realgruppe *behindert* sich entsprechend auch selbst. Die Leistungsnorm ist nur eine Chance.

Bevor nun Lösungsansätze für dieses Dilemma erörtert werden, seien zuvor noch kurz einige Aufgabencharakteristika beleuchtet, unter denen die Verlagerung des Problemlöseprozesses auf eine Gruppe zweckmäßig sein dürfte. Es wurde bereits stillschweigend immer von »komplexeren« Problemen gesprochen; aber was heißt dieses »komplex«? Mit dieser Frage ist wieder das Problem einer Aufgabentaxonomie angesprochen (siehe unter 3.1.1.), für das bisher offenbar noch keine befriedigende Lösung gefunden wurde (Irle, 1975, S. 488). Franke (1975, S. 49) bezeichnet in Anlehnung an Schroder u.a. (1967) eine Aufgabe dann als komplex, wenn zur Lösung a) viele und b) interdependente Aspekte zu berücksichtigen sind. Irle (1975) unterscheidet dagegen deterministische Aufgaben, bei denen die Lösung und der Weg zur Lösung bekannt und abrufbar sind, von probabilistischen Aufgaben, bei denen die Lösung und der Weg zur Lösung zumindest partiell unbekannt sind und ein eingeschlagener Lösungsweg Risiken impliziert (Irle, 1975, S. 479); probabilistische Aufgaben seien dabei komplex, deterministische Aufgaben dagegen simplex (Schlicksupp bezeichnet die zuletzt genannten Aufgaben als wohlstrukturiert, die zuerst genannten dagegen als schlecht strukturiert (Schlicksupp, 1977, S. 52 ff.)).
Probabilistische, schlecht strukturierte Aufgaben, bei denen es darum geht, viele und hochinterdependente Aspekte zu berücksichtigen, werden die Informationsverarbeitungskapazität eines einzelnen eher überfordern. Unter der Voraussetzung, daß entsprechend kein Gruppenmitglied die volle Information zur Lösung des Problems besitzt, alle Gruppenmitglieder aber zumindest über einige relevante Informationen verfügen, die sich auf jeweils andere Aspekte des Problems beziehen, wäre im Sinne des pooling-Modells von Lorge u.a. (1955) bzw. des Komplementär-Modells von Steiner (1966) eine Verlagerung des Problemlöseprozesses auf die Gruppe sinnvoll.
Dies heißt zugleich auch:
Neben den Eigenheiten der zu bewältigenden Aufgabe und den Chancen, die (erörterten) Unabhängigkeits-, Mitteilungs- und Akzeptierungsbedingungen zu realisieren, ist als drittes Kriterium für die Indiziertheit des Problemlösens in Gruppen die spezifische *Verteilung* der Information, über die Personen hinweg gesehen, zu beachten; bei Vorliegen von – pro Person – unvollständiger, aber – über die Personen gesehen – jeweils andersartiger, relevanter Information ist der potentielle Nutzen eines Gruppenproblemlösens natürlich größer.
Letzteres wird dabei speziell dann gelten, wenn es sich um mehrstufige Problemlöseprozesse handelt (Franke, 1975, S. 78): In diesem Fall kann der pooling-Effekt wiederholt eintreten.

> Handelt es sich zusammenfassend damit um probabilistische bzw. komplexe Aufgaben, die nur mehrstufig zu lösen sind, und kann von einer günstigen (siehe oben) Informationsverteilung innerhalb der Gruppe ausgegangen werden, so ist ein Gruppen-Problemlösen tendenziell indiziert.

Es verbleibt dann das Problem, die geeignete interne Gruppenstruktur herzustellen, um den von Hofstätter genannten Voraussetzungen zu entsprechen.
Wie diese Struktur im Hinblick auf die Informationskanäle innerhalb der Gruppe auszusehen hat, ist in den Studien von Shaw (1964) näher beleuchtet worden. In Anlehnung an die auf die Untersuchungen von Bavelas (1968) und Leavitt (1951) zurückgehenden Unterscheidungen von Kommunikationsstrukturen, nämlich die bekannten Strukturformen »Rad«, »Y«, »Kette«, »Kreis« und »Totale« (all-to-all-channel-net), stellte Shaw fest, daß sich bei komplexeren Problemen der Einsatz von »Kreis« bzw. »Totale« empfiehlt: Derar-

tige Probleme werden in der genannten Struktur rascher und fehlerfreier gelöst als z.B. in der zentralistischen »Rad«- bzw. »Stern«-Struktur (Shaw, 1964, S. 123).
Die Erklärung hierfür liegt u.a. darin, daß bei komplexen Problemen und zentralistischer »Rad«-Struktur die Informationsverarbeitungskapazität der Zentralperson überfordert wird, während umgekehrt der Kreis (bzw. das Totale) der bei komplexen Aufgaben wichtigen Mitteilungsbedingung entspricht. Der Befund von Shaw entspricht damit den bisherigen Überlegungen und scheint generalisierbar zu sein.
Interessant und wichtig ist, daß die Kreisstruktur aber nicht immer die überlegenere ist: Shaw fand nämlich zugleich, daß sich bei einfachen Aufgaben eher die zentrale Radstruktur empfiehlt: Einfache Aufgaben werden in der Radstruktur schneller und fehlerfreier gelöst als in der Totalen (Shaw, 1964, S. 123). Auch dieser Befund ist natürlich plausibel und spiegelt u.a. wider, daß bei einfachen Aufgaben die Zentralperson nicht überfordert wird und ihrerseits die Mitteilungsbedingung durch gezieltes Erfragen von Sachverhalten herstellen kann.

Dies heißt zugleich: Unterschiedlichen Aufgabenstrukturen müssen unterschiedliche interne Gruppenstrukturen entsprechen, wenn die Aufgabenlösung rasch und fehlerfrei erfolgen soll (Irle, 1975, S. 479; v. Rosenstiel, 1978a, S. 266).

Deutet man die Shawschen Kommunikationsnetze als Operationalisierungen unterschiedlicher Führungsstile, so stimmen diese Befunde auch mit den Ergebnissen der kontingenztheoretischen Führungsforschung überein; hierauf wird unter dem Stichwort Führung (3.3.) zurückgekommen.

Nachdem nun die Bedingungen präzisiert sind, unter denen sich – leistungsbezogen – ein Problemlösen in der Gruppe zu lohnen scheint und erfolgreich verlaufen kann, sei abschließend nochmals auf die Frage der Herstellung eben dieser Bedingungen zurückgekommen: *Wie* kann man verhindern, daß die Dynamik von Realgruppen die unter bestimmten Voraussetzungen theoretisch gegebene Leistungsüberlegenheit praktisch konterkariert, bzw. *wie* kann man erreichen, daß das theoretisch gegebene Leistungspotential der Gruppe auch ausgeschöpft, das Potential also zur Realität wird?
Zur Realisierung der erforderlichen *Unabhängigkeit* speziell bei sog. Produktionsaufgaben (Hackman, 1968), also bei Aufgaben, die zur Lösung die Generierung einer Vielzahl unterschiedlicher Ideen voraussetzen, könnte man als organisatorisches Hilfsmittel daran denken, zunächst ähnlich der Nominalgruppenstrategie zu verfahren: Jedes Gruppenmitglied löst das Problem im ersten Schritt für sich allein; erst im zweiten Schritt werden die unabhängig erbrachten Individualleistungen durch eine Gruppendiskussion zu integrieren versucht.
Mit dieser Nominalgruppenstrategie sehr eng verwandt ist das schon in den dreißiger Jahren von Osborn entwickelte Verfahren des brain storming (Osborn, 1957). Das entscheidende Prinzip liegt in der *zeitlichen* Zurückstellung von Bewertungen der individuellen Lösungsbeiträge durch die anderen: Die Gruppenmitglieder werden aufgefordert, zunächst keine Kritik am anderen zu üben und selbst möglichst viele Lösungsansätze zu produzieren, wobei auf die Qualität der Beiträge erst sekundär zu achten ist. Die Unabhängigkeit in der Ideenproduktionsphase läßt sich demnach durch geeignete Rahmenbedingungen fördern. In Anlehnung an das brain storming sind später noch eine Vielzahl weiterer Methoden entwickelt worden, die alle sehr klangvolle Namen haben, sich aber von ihrem

Stammvater (Osborn) meist nur wenig unterscheiden (Einzelheiten siehe hierzu bei Schlicksupp, 1977, S. 75 ff.).
Eine Grenze der Wirksamkeit dieser Strategien liegt darin, daß Arbeitsgruppen zu vielen Fragen – uniforme – Pseudogewißheiten entwickelt haben: Bestimmte Annahmen verlieren den Charakter von Hypothesen; sie erstarren vielmehr zu auch von anderen geteilten Selbstverständlichkeiten, womit sich ihre Hinterfragungswahrscheinlichkeit vermindert (Starbuck, 1976; Hackman, 1976). Die Überwindung von »Betriebsblindheit« setzt also noch weitere, über die obengenannten hinausgehende Anstrengungen voraus.
Maßnahmen zur Herstellung der *Mitteilungsbedingung*, können organisatorischer und psychologischer Natur sein. Organisatorisch ist daran zu denken, die J-Kurve der Sprechhäufigkeitsverteilung z.B. auf dem Wege der Kleinhaltung der Problemlösegruppen abzufangen; als Gruppengröße wird hierzu häufig die Anwesenheit von maximal fünf Personen empfohlen (Lowenstein, 1971). Organisatorisch kann zusätzlich der Einsatz von Meta-Plan-Techniken hilfreich sein (Schlicksupp, 1977). Auch die von Maier eingeführte sog. Problemlösekonferenz ist hier zu erwähnen (Maier, 1963). Mehr auf psychologischer Ebene liegt eine Intervention von Hall u.a. (1970): Die Autoren versuchten die Normenstruktur der Problemlösegruppe zu beeinflussen, indem sie die Teilnehmer schlicht zu einem offenen, konfliktaustragenden Kommunikationsverhalten aufforderten und dies mit bestimmten Argumenten auch begründeten. In diesen künstlich zusammengestellten (!) Experimentalgruppen zeigte sich dann in der Tat, daß die so instruierten Gruppen signifikant häufiger als die nicht-instruierten Gruppen eine bestimmte Aufgabenstellung gemeinsam besser als der jeweils beste einzelne lösten (Hall u.a., 1970, S. 134), was mit der Realisierung der Mitteilungsbedingungen zusammenhängen kann.
Daneben wurde bei dieser Instruktion dazu aufgefordert, auf Abstimmungen über Alternativen im Rahmen der Problemlösung zu verzichten und statt dessen Konsens anzustreben (Hall u.a., 1971, S. 304). Es wurden zugleich also auch Normen zur Realisierung der Akzeptanzbedingung vorgegeben. Da es sich bei den in diesen Gruppen auftauchenden Konflikten nicht um Nullsummenspiele bzw. Verteilungskonflikte, sondern nur um auf unterschiedlichen Informiertheitsgraden basierende Beurteilungskonflikte (Rüttinger, 1977, S. 33 f.) handelte, war eine derartige Norm (zur Ausdiskussion der Probleme) in diesen Gruppen wohl auch in der Tat förderlich für die Akzeptierungsbedingung: Man beugte sich schließlich nur Sachargumenten.
Die Frage ist, ob und wie man die Realisierung derartiger Normen zur Förderung der Mitteilungs- und Akzeptanzbedingung zumindest bei Beurteilungskonflikten auch in Realgruppen bzw. bestehenden Arbeitsgruppen implementieren kann. In Grenzen scheint dies möglich zu sein, wie die inzwischen vorliegenden Erfahrungen im Rahmen von Organisationsentwicklung zeigen (Gebert, 1976); hierzu wird ausführlicher unter 4. Stellung genommen. Bereits an dieser Stelle sei aber darauf hingewiesen, daß die Realisierung eines offenen, konfliktaustragenden und risikobereiten Verhaltens auf der Ebene der einzelnen Person nicht nur spezifische Einstellungen, sondern u. U. auch den Erwerb sozialer Kompetenzen voraussetzt; zu denken ist z.B. an Variablen wie Empathie, soziale Sensibilität und Verhaltensflexibilität. Auch die von Shaw (1964) für die Lösung komplexer Aufgaben geforderte dezentrale Kommunikationsstruktur setzt, was ihre Realisierung auf der *Verhaltens*ebene betrifft, vermutlich spezifische kommunikative Kompetenzen voraus, die u.U. erst erworben werden müssen (Berthold u.a., 1980). Speziell das sog. gruppendynamische Training ist dabei schon häufig zur Vermittlung derartiger Fähigkeiten eingesetzt worden, worüber ebenfalls unter 4. noch näher berichtet werden wird.
Zusammenfassend entsteht damit der Eindruck, daß die Realisierung der von Hofstätter (1957) herausgearbeiteten Bedingungen für eine effektive Gruppenarbeit unterstützender

organisatorischer Rahmenbedingungen sowie gezielter psychologischer Interventionen bedarf. In Grenzen scheinen diese Voraussetzungen erfüllbar zu sein, womit die These vom Gruppenvorteil der Utopie zumindest angenähert werden könnte.

3.2.3. Kommunikation und soziale Unterstützung

Will man – aus welchen Gründen auch immer – die Kommunikation zwischen den Mitgliedern einer Arbeitsgruppe intensivieren, so bedarf es nicht nur geeigneter Organisationsstrukturen (etwa im Sinne des Kreises von Shaw, 1964), sondern auch bestimmter technischer Voraussetzungen. Derartige Voraussetzungen sind speziell in Fertigungsbetrieben bzw. in der Produktion alles andere als selbstverständlich und seien deswegen, zumal sie besonders von Psychologen häufig übersehen werden, hier kurz angesprochen.
Eine zentrale Determinante der Kommunikationsstruktur liegt in der Art der (Fertigungs-) Technologie: Meissner (1976) konnte durch Beobachtungen des Kommunikationsverhaltens von Arbeitern in kanadischen Produktionsbetrieben feststellen, daß unter werkstattähnlicher Fertigung verbale Kommunikationsaktivitäten wesentlich häufiger sind als unter fließbandähnlichen Bedingungen und daß – umgekehrt – ein Informationsaustausch auf der nonverbalen Ebene (vor allem durch Mimik und Gestik) unter Fließbandbedingungen häufiger erfolgt als unter werkstattähnlicher Fertigung (Meissner, 1976, S. 223); *technologie*abhängig verändern sich demnach – und zwar spiegelbildlich – die verbalen und die nonverbalen Kommunikationshäufigkeiten.
In diesen Befunden drücken sich verschiedene Einflußfaktoren aus. Ein direkter Einfluß liegt z.B. darin, daß bei zunehmender Mechanisierung die Koordination zwischen den Arbeitenden exakt *und* schnell erfolgen muß, was den Einsatz kurzer Handzeichen, also nonverbaler Kommunikation, fördert. Darüber hinaus ist wichtig (und auch dies vermittelt sich über die Technologie), ob der Arbeitende räumlich an seinen Arbeitsplatz gebunden ist oder sich frei bewegen kann; ist er gebunden, so sinkt die Wahrscheinlichkeit zu verbaler Kommunikation (Meissner, 1976, S. 225). Hierin wiederum drückt sich aus, daß die Entfernung für die verbale Kommunikation wichtig ist (sofern die Kommunikation nicht bereits durch einen entsprechenden Lärmpegel verhindert wird). Auch in der wechselseitigen Sichtbarkeit der Partner liegt natürlich eine grundlegende Kommunikationsvoraussetzung.

> In den physikalisch-technischen Aspekten der Situation liegen demnach elementare Voraussetzungen für die Kommunikation in Arbeitsgruppen. Maßnahmen zur Arbeitsgestaltung müssen physikalisch-technischen Situationsgestaltung mit einschließen, wenn die wechselseitigen Kommunikationschancen erhöht werden sollen.

Die Technologie beeinflußt zentral vor allem die Kommunikations*häufigkeit* sowie die Wahl der Kommunikationskanäle (verbal versus nonverbal).
Obwohl insofern unter bestimmten technologischen Bedingungen gerade der nonverbalen Kommunikation – auch für die Leistungserstellung (!) – eine sehr wesentliche Funktion zukommt, ist den Eigentümlichkeiten der nonverbalen Sprache in Organisationen bisher nur sehr wenig Aufmerksamkeit geschenkt worden. Eine Ausnahme hierzu machen die Untersuchungen von Meissner (1976). Der Autor analysierte das Vokabular und die Grammatik dieser Mitteilungsform in Arbeitsgruppen und untersuchte speziell die Bedeutung von Hand- und Armgesten.

Dabei fiel vor allem die Differenziertheit und der Reichtum der Körpersprache auf: Die Körpersprache diente in der untersuchten Arbeitsgruppe zur Mitteilung höchst unterschiedlicher privater und dienstlicher Sachverhalte, was eine ausgesprochen kreative Verwendung bzw. Kombination der Grundzeichen voraussetzt (Meissner, 1976, S. 263); die nonverbale Sprache war in dieser Gruppe in hohem Maße elaboriert.
Neben der Mitteilungsfunktion erfüllt die Kommunikation auf der nonverbalen Ebene vermutlich auch eine wichtige kohäsionsstiftende Aufgabe: Vokabular und Grammatik dürften in hohem Maße gruppenspezifisch sein (ein interessantes Beispiel hierzu findet sich bei Schneider, 1970, S. 95); der dann gegebene Charakter einer Geheimsprache ermöglicht eine psychologische Abgrenzung der Gruppe nach außen bzw. bildet ein Vehikel zur Bildung von Gruppenidentität; das »Wir« *konkretisiert* sich im Senden und Empfangen dieser Signale.
Systematische Analysen des Zusammenhangs zwischen Merkmalen der nonverbalen Kommunikation und der Gruppenkohäsion in Arbeitsorganisationen liegen bisher jedoch nicht vor. Ganz allgemein gilt, daß der Bereich der Kommunikation (auch auf der verbalen Ebene) in Organisationen bisher wenig erforscht wurde (Porter u.a., 1976, S. 1566), obwohl »Kommunizieren« eine Basisaktivität in Organisationen darstellt:
Vielleicht liegt in dem Umstand, daß im Kommunizieren eine Basisaktivität zu sehen ist, aber auch zugleich der Grund für diesen Mißstand; kommunikative Prozesse sind so basal, daß sie Gefahr laufen, übersehen zu werden. Darüber hinaus sind kommunikative Akte untrennbar mit anderen Prozessen wie den Vorgängen des Gruppen-Problemlösens oder der Führung verbunden und in diese Bereiche sogar schon begrifflich mit eingeschlossen, so daß es Schwierigkeiten bereitet, das Spezifikum des kommunikationspsychologischen Gegenstands- bzw. Fragenbereichs in der Organisationspsychologie genauer zu umreißen.

Um nun wieder auf die Determinanten der Kommunikationsstruktur zurückzukommen: Neben der Technologie spielt als Bestandteil der Situation der Tatbestand der Organisations*hierarchie* für die Kommunikationsstruktur eine wichtige Rolle. Dabei sind mehrere Effekte zu unterscheiden: Zum einen interessiert unter dem Gesichtspunkt der Hierarchie der Grad der Zentralisierung der Entscheidungsgewalt; ist dieser Zentralisierungsgrad hoch, so findet man in der Regel eine Kommunikationsstruktur, die tendenziell dem Stern bei Shaw (1964) entspricht; Querinformationen zwischen gleichrangigen Organisationsmitgliedern werden entsprechend seltener beobachtet (Lorsch u.a., 1974).
Der Grad der Zentralisierung der Entscheidungsgewalt beeinflußt dabei nicht nur die zur Verfügung stehenden Informationskanäle; da ein hoher Grad an Zentralisierung eine Form der Herrschaftsstabilisierung darstellt und sich dies auf nachgeordneter Ebene mit Ohnmachtsempfindungen verbinden kann, wird bei hoher Zentralisierung häufig zugleich auch Angst aufgebaut und damit der Informationsaustausch – vertikal von unten nach oben betrachtet – auch *inhaltlich* gefiltert: Bei starkem Machtgefälle werden Informationen, die vermutlich »oben« ungern gesehen werden, auf nachgeordneter Ebene systematisch unterdrückt (Porter u.a., 1976, S. 1572).
Ebenfalls als Ausdruck der Hierarchie und des damit gegebenen Machtgefälles dürfte der Umstand zu interpretieren sein, daß Führungskräfte einem Informationsaustausch mit ihrem unmittelbaren Vorgesetzten gefühlsmäßig positiver gegenüberstehen und ein solches Gespräch auch ernster nehmen als ein Gespräch mit den eigenen Mitarbeitern (Lawler u.a., 1968, S. 437).
Dies fördert natürlich nicht gerade den Informationsfluß von oben nach unten, zumal Vorgesetzte ohnehin dazu neigen, die von ihnen nach unten gesendete Informationsmenge für

größer zu halten, als dies aus der Sicht der Mitarbeiter der Fall ist (Porter u.a., 1976, S. 1575). Daß schließlich unter dem Gesichtspunkt der Organisationshierarchie auch die Anzahl der hierarchischen Ebenen für den Informationsaustausch bedeutsam ist, daß also z.B. in sehr steilen Organisationen Informationen aufgrund der Vielzahl der zwischengeschalteten Instanzen stärker verzerrt werden können, versteht sich von selbst.
Neben dem Hierarchieaspekt ist für die Kommunikation der Gesichtspunkt der *Arbeitsteilung* in Organisationen wichtig.

Es ist ein immer wieder bestätigter Befund, daß mit zunehmender Arbeitsteilung bzw. Funktionsdifferenzierung die Kommunikationsschwierigkeiten zwischen den Funktionsträgern anwachsen (Lawrence u.a., 1967). Die mit der Differenzierung geförderte Heterogenität der Perspektiven bzw. Situationsdefinitionen (Lorsch u.a., 1974) stellt ein Kreativitätspotential, zugleich aber auch ein Kommunikationshindernis dar.

Dabei ist verschärfend zusätzlich zu bedenken, daß sich auf der horizontalen Ebene häufig nicht zwei »isolierte« Personen, sondern Personen als Repräsentanten von Gruppen gegenüberstehen (Porter u.a., 1976, S. 1567), die spezifische Interessen zu vertreten haben und damit u.U. auch nicht verstehen »dürfen« bzw. Informationen gezielt manipulativ zu verschlüsseln haben.
Die Organisationsstruktur nimmt damit zusammenfassend über den Aspekt der Hierarchie und den Aspekt der Arbeitsteilung Einfluß auf die Kommunikationskanäle, die Kommunikationshäufigkeiten, den Kommunikationsinhalt sowie auf die Weise der Kommunikationsverschlüsselung bzw. -entschlüsselung.
Vieles spricht dafür, daß die vorgesehenen Kommunikationskanäle zwar dazu geeignet sind, Herrschaft zu stabilisieren, aber wenig hilfreich dafür, Innovation innerhalb der Organisation zu begünstigen. So konnte etwa Meißner (1988) zeigen, daß in zwei Unternehmen der elektronischen Industrie innerhalb der Forschungs- und Entwicklungsabteilungen der beste Prädikator für Innovationen darin bestand, daß Abteilungsgrenzen sprengende Kommunikation gepflegt wurde, die innerhalb des Organisationsplanes nicht vorgesehen war. Eindrucksvoll weisen die Befunde von Schrader (1990) in die gleiche Richtung. Der Autor konnte am Beispiel der US-amerikanischen Metallindustrie zeigen, daß qualifizierte Fach- oder Führungskräfte in einer sehr reflektierten Weise einen Austausch über fachliche Probleme mit Kollegen aus anderen Unternehmen pflegten, der umgangssprachlich und der Laienvorstellung entsprechend geradezu als »Industriespionage« bezeichnet werden könnte. Allerdings zeigten die betroffenen Personen hier ein sensibles Gespür für Fairneß und Gerechtigkeit, d.h., sie gaben in dem Maße Wissen preis, wie sie es von der Gegenseite erhielten. Dieser Austausch – und das ist der eigentlich verblüffende Befund – korrelierte mit Indikatoren des wirtschaftlichen Erfolgs der jeweiligen Unternehmen. Gerade für Betriebe, innerhalb derer Produkt- und Prozeßinnovation überlebenswichtig ist, scheint eine starre Berücksichtigung vorgesehener Kommunikationskanäle schädlich zu sein.

Nun sind – als weitere Folge sowohl organisationsstruktureller als auch technologischer Besonderheiten der Situation – gelegentlich Anzeichen für eine Entfremdung der Kommunikation beschrieben worden; auf diesen Aspekt sei im folgenden kurz eingegangen.
Als Entfremdungssymptom könnte man die Beobachtung von Meissner (1976) deuten, daß die von ihm beobachteten Arbeiter untereinander einen sehr aggressiven, rauhbeinigen Verkehrston pflegten, ständig irgendwelche Obszönitäten austauschten und sich gegensei-

tig auf den Arm nahmen bzw. verulkten (Meissner, 1976, S. 268); das gewählte Vokabular war dabei ausgesprochen rüde.
Meissner selbst interpretiert dieses Verhalten im wesentlichen als Abwehrmechanismus: Die rüde Sprache stellt den Versuch einer persönlichen Distanzierung von den Gegebenheiten der Situation dar (Meissner, 1976, S. 269) und hat insofern coping-Charakter (siehe unter 3.1.1.): Die Bedrohlichkeit einer partiellen Entfremdung in der Arbeitswelt wird durch eine Distanz verleihende Rauhbeinigkeit in der Sprache aufzufangen versucht.
Derartige Sprachmuster spiegeln neben einer entfremdeten Beziehung zum Arbeitsinhalt entfremdete Sozialbedingungen wider. Auf diesen Sachverhalt hat schon früher in sehr ausführlicher Weise Argyris (1965) aufmerksam gemacht.
Kennzeichnend seien vor allem in Wirtschaftsorganisationen die sog. »pyramidalen« Werte, nach denen eine Unterdrückung von Emotionen, gegenseitige Kontrollen und ein hoher Grad an Konformität im Verhalten wünschenswert seien (Argyris, 1965, S. 30).
Vor dem Hintergrund bestimmter anthropologischer Annahmen fordert Argyris dagegen,

- daß man Emotionen eben nicht unterdrückt, sondern sich spontan, offen und experimentierfreudig verhält sowie
- daß man dem anderen dazu verhilft, sich spontan und experimentierfreudig zu verhalten, was auf der normativen Ebene aber
- Normen wie Individualität – also das Gegenteil der pyramidalen Werte – voraussetzt (Argyris, 1965, S. 59 f.).

Nur dann sei – durch den Aufbau »authentischer« Beziehungen und die Ermöglichung von Individualität – Entfremdung abgebaut. Konstitutiv für diesen Ansatz ist demnach, daß die Entfremdung des einzelnen nur in authentischen *Beziehungen* zu reduzieren ist, wobei ein höherer Grad an Authentizität der Beziehungen seinerseits die Realisierung von mehr Individualität auf der Seite des *einzelnen* voraussetzt. Eben deswegen ist es von so herausragender Bedeutung, dem anderen dabei zu *helfen*, mehr Individualität zu realisieren.
Dies wird jedoch durch die tendenziell eher entpersönlichenden Kommunikationsweisen am Arbeitsplatz, wo der einzelne primär als Funktionsträger, nicht aber als Person angesprochen wird (Meissner, 1976), eher behindert (Lippmann, 1977). Fragt man sich nach den Voraussetzungen einer verbesserten »interpersonalen Kompetenz« (Argyris, 1965), die mehr personale Entfaltung zuläßt, so stößt man auf die Basisvariable »Vertrauen« (Shepard, 1965, S. 1124 ff.; Gibb, 1972, S. 301).
Wird über eine Reduzierung von Interessendivergenzen sowie über einen Abbau unbegründeter Mißtrauenserwartungshaltungen mehr Vertrauen aufgebaut, so wird damit zugleich auch mehr »soziale Unterstützung« (social support) realisiert. Auf die Eigenheiten und Wirkungen sozialer Unterstützung soll jetzt abschließend eingegangen werden.

Wie Wimmer (1980) zeigt, ist die Dimensionalität des Konstrukts »soziale Unterstützung« alles andere als eindeutig. Die Mehrzahl der Autoren lehnt sich an Cobb (1976), ein Mitglied der Michigan-Gruppe, an; nach Cobb beinhaltet soziale Unterstützung

- Informationen, die dem einzelnen das Gefühl vermitteln, daß er geliebt wird und man sich um ihn kümmert, und/oder
- Informationen, die dem einzelnen das Gefühl vermitteln, in der Öffentlichkeit anerkannt zu sein und Wertschätzung zu genießen, und/oder
- Informationen, die dem einzelnen das Gefühl vermitteln, einer Bezugsgruppe anzugehören, in der Mitglieder eine gemeinsame Geschichte haben und sich der Einhaltung gemeinsamer Normen verpflichtet fühlen (Cobb, 1976, S. 300 f.).

In hochkohäsiven Arbeitsgruppen liegt demnach zugleich soziale Unterstützung (und zwar primär der zuletzt genannten Form) vor; hierin liegt eine wichtige Bedeutung der Kohäsion, was bei der Analyse der *Wirkung* von sozialer Unterstützung deutlich wird: Soziale Unterstützung erleichtert die Bewältigung bedrohlicher Situationen (Udris, 1980).

Dabei sind zweierlei Formen der Hilfestellung durch die Gruppe denkbar. Zum einen steigt bei Vorliegen sozialer Unterstützung die Wahrscheinlichkeit dafür, daß gemeinsam versucht wird, die der einzelnen Person gegenüber eingetretenen Stressoren wieder zu beseitigen. Indem die Gruppe dabei im Sinne von Lazarus (1966) dem einzelnen zum Angriff bzw. zur Flucht verhilft bzw. im Sinne von Cobb (1976) »environmental mastery« herzustellen versucht (letztlich also die Streßkontrolle vergrößert), wirkt soziale Unterstützung entlastend im wesentlichen über eine Stressorenreduktion.

Die andere Wirkungsweise sozialer Unterstützung liegt darin, daß bei Weiterexistenz der Stressoren die Durchführung intrapsychischer Anpassungsversuche (siehe unter 3.1.1.) erleichtert wird. Ein solcher Fall liegt z.B. dann vor, wenn die Arbeitsbedingungen für den jeweils Betroffenen in ihrer objektiven Stressorqualität unverändert bleiben, der Vorgesetzte und die Kollegen jedoch dem Betroffenen durch geeignete Information dabei helfen, eine Anspruchsniveau-Senkung vorzunehmen. Soziale Unterstützung senkt in diesem Fall nicht die Belastung, jedoch die Beanspruchung (3.1.1.).

Im Hinblick auf die zuletzt genannte Wirkungsweise sozialer Unterstützung, nämlich eine Pufferfunktion insofern zu übernehmen, als bei konstanter Belastung die (psycho-physiologische) Beanspruchung sinkt (da die soziale Unterstützung als Moderator zwischen Belastung und Beanspruchung interveniert), liegen inzwischen auch empirische Beobachtungen vor.

French (1973) hat einige Untersuchungen zusammengestellt, in denen gezeigt wurde, daß die Höhe der Korrelation zwischen bestimmten Belastungsfaktoren einerseits (z.B. der Menge der zu bewältigenden Arbeit) und spezifischen Beanspruchungsindikatoren andererseits (z.B. die Höhe des Blutzuckerspiegels oder die Anzahl gerauchter Zigaretten) in Abhängigkeit von der Qualität der Beziehung des Betreffenden zu seinen Kollegen, Mitarbeitern und Vorgesetzten variierte (French, 1979, S. 16 ff.):

Während unter der Bedingung vertrauensvoller Kooperation (als Operationalisierung einer Form von sozialer Unterstützung) die Korrelation zwischen den Belastungs- und Beanspruchungsdaten niedriger ausfällt, ist diese Korrelation bei Fehlen vertrauensvoller Kooperation signifikant höher, und zwar positiv.

Obwohl die genannten Befunde im Sinne der angenommenen Pufferfunktion sozialer Unterstützung interpretiert werden können, muß vor Generalisierungen gewarnt werden (Wimmer, 1980). Bei konkreten Vorhersagen der Pufferwirkung sozialer Unterstützung wird man kaum von der Qualität bzw. Form der sozialen Unterstützung (im Sinne von Cobb) und auch nicht von der Qualität der Stressoren abstrahieren können. Daneben dürfte die Stressorintensität eine Rolle spielen: Soziale Unterstützung scheint überproportional stark abpuffernde Effekte bei höheren Belastungsgraden aufzuweisen. Und schließlich sind auch die Sender bzw. Träger sozialer Unterstützung vorhersagerelevant: Es scheint nicht gleichgültig zu sein, ob Kollegen, Vorgesetzte oder die eigenen Mitarbeiter soziale Unterstützung realisieren. Des weiteren muß auch noch eindeutiger geklärt werden, welche Bedeutung der Familie als Träger von social support zukommt (McMichael, 1978, S. 142; Cooper, 1979).

Wenngleich die vorliegenden Befunde zur sozialen Unterstützung demnach noch kein einheitliches geschlossenes Bild ergeben, muß offenbar aber zumindest der Möglichkeit Raum gegeben werden, daß bestimmte Formen der sozialen Unterstützung eine streßabpuffernde Wirkung aufweisen können (Henry u.a., 1977, S.219ff.). Dies heißt zugleich auch, daß sich die speziell unter dem Einfluß von Herzberg (1966) vollzogene und besonders von soziologischer Seite heute immer noch für modern gehaltene Abqualifizierung der sozialen Beziehungen als drittrangige Human-Relations-Kategorie und Hygiene-Faktor als voreilig herausstellen könnte: Streßtheoretisch erweist sich die Struktur der Human-Relations u.U. als sehr bedeutsam.

3.2.4. Konflikte in Arbeitsgruppen

Auch der Begriff »Konflikt« teilt das Schicksal so vieler sozialwissenschaftlicher Begriffe, nämlich von verschiedenen Autoren in unterschiedlicher Weise verwendet zu werden (Thomas, 1976, S. 890). Im folgenden steht nicht der intrapersonale, sondern der interpersonale Konflikt im Vordergrund. Ohne hier auf definitorische Einzelheiten und begriffliche Abgrenzungen einzugehen (siehe hierzu bei Rüttinger, 1977, S. 20 ff.) wird im folgenden von Konflikt dann gesprochen, wenn zwei oder mehr Personen untereinander unverträgliche Handlungspläne verfolgen.
In Anlehnung an einige Modelle zum zeitlichen Ablauf von Konflikten (siehe z.B. bei Thomas, 1976, S. 895) und entsprechend der Konzeption dieses Buches, jeweils Situations- und Personeinflüsse zu berücksichtigen, wird nachstehend zunächst auf situative und personale Bedingungen der Konflikt*entstehung* eingegangen. Danach wird der Konflikt*verlauf* in Abhängigkeit bestimmter situativer und personaler Merkmale beleuchtet, und abschließend werden Gesichtspunkte zur Konfliktlösung erörtert.
Fragt man nach den Bedingungen für die Konfliktentstehung, so ist es auch in pragmatischer Hinsicht zweckmäßig, entsprechend der obigen Konfliktdefinition zwei Fragen voneinander zu trennen:

a) Was bedingt die Unverträglichkeit der Pläne?
b) Was erklärt, daß gerade diese und nicht andere Pläne durch die beteiligten Personen verfolgt werden?

Gründe für die Unverträglichkeit von Handlungsplänen liegen sehr häufig in der *Knappheit* der von den betroffenen Personen nachgefragten Güter: Das Volumen der in einer Arbeitsgruppe verteilbaren Ressourcen (an z.B. Handlungsspielraum oder Einflußchancen) ist begrenzt. Unverträglichkeit der Handlungspläne entsteht also, wenn die nachgefragten Güter nicht beliebig vermehrbar sind. Es handelt sich in diesem Fall um eine sog. Null-Summen-Spiel-Situation: Der eine kann nur auf Kosten des anderen gewinnen; Gewinne und Verluste addieren sich zu Null.
Unter dem Gesichtspunkt der Situation liegt in der Knappheit der Güter eine der wichtigsten Ursachen für das Entstehen von Konflikten. In Wirtschaftsorganisationen sind derartige knappe Güter z.B. auch Positionen, Statussymbole usw.
Eine andere Form von Unverträglichkeit der Handlungspläne liegt darin, daß man nicht zugleich die Maßnahme A und die Maßnahme Nicht-A realisieren kann: Man kann zum Zweck der Kontrolle der Arbeitnehmer in der Fertigung eine Stechuhr einführen oder nicht einführen; man kann aber nicht beides zugleich tun. Diese sachlich bedingte Inkompatibilität wird zu einem manifesten Konflikt, sobald die eine Person (z.B. ein REFA-Inge-

nieur) die Maßnahme A (Stechuhr) und die andere Person (z.B. der Personalleiter) die Maßnahme Nicht-A will und dies auch nach außen zu erkennen gibt. Auch dieser Konflikt ist dabei primär situativ (und nicht durch Eigenheiten der Person) vermittelt: dies insofern, als es situative bzw. organisations*strukturelle* Eigenheiten widerspiegelt, daß der eine die Maßnahme A und der andere die Maßnahme Nicht-A durchsetzen will:

Das Entstehen derartiger Konflikte ist z.B. eine Funktion der Arbeitsteilung (und insofern organisationsstrukturell vermittelt). Während der REFA-Ingenieur qua Funktion auf eine Kosten-Senkung zu dringen hat und deswegen zwecks Anwesenheitserhöhung der Arbeitenden die Stechuhr einführen möchte, ist der Personalleiter qua Funktion dazu verpflichtet, sich auch für die Zufriedenheit der Arbeitnehmer zu interessieren, und ist insofern (um Ärgernissen vorzubeugen) gegen die Einführung einer Stechuhr (Rüttinger, 1977, S. 33). Derartige Konflikte sind demnach vor allem durch die organisations*strukturell* vermittelte Zielheterogenität der interagierenden Personen zu erklären und drücken nicht Eigenheiten von Personen aus (Lawrence u.a., 1967; Rüttinger, 1977, S. 77). Auch die immer wieder zitierte (und zumindest partiell ja auch gegebene) Interessengegensätzlichkeit von Arbeitnehmern und Arbeitgebern spiegelt strukturelle Eigentümlichkeiten wider und kann nicht auf personale Besonderheiten oder individuelle Motive reduziert werden (Wachtier, 1979, S. 139 ff.). Auch über diese grundsätzliche Zielheterogenität vermittelt sich im Arbeitsalltag eine Vielzahl unvereinbarer Handlungspläne (also Konflikte) speziell zwischen den Vorgesetzten und ihren Mitarbeitern, aber auch unter den Kollegen (siehe bei Euler, 1977, S. 213 ff.).

Unter dem Gesichtspunkt der Konfliktentstehung in Organisationen spielt die Situation demnach insofern eine Rolle, als viele der in Organisationen zu verteilenden und nachgefragten Güter knapp sind (die Situation also nicht beliebig viel anbietet) und darüber hinaus Zielheterogenitäten in Rechnung zu stellen sind, die gesellschaftspolitisch und organisationsstrukturell vermittelt werden und das Entstehen inkompatibler Handlungspläne bewirken.

Darüber hinaus sind für die Entstehung von Konflikten *Person*merkmale von Bedeutung. Die Zielvorstellungen der potentiell konfligierenden Personen drücken ja neben strukturellen Gegebenheiten auch personspezifische Eigenheiten aus. So dokumentieren sich in dem Handlungsplan »Stechuhr einführen« eine Reihe von Erwartungen, die ganz persönliche Erfahrungen (im Umgang mit Stechuhren) widerspiegeln können; das Verfolgen des Handlungsplans »Stechuhr einführen« sagt insofern auch etwas über die individuumsspezifischen Einstellungen und Wertmaßstäbe aus; auch diese Einstellungen und Wertmaßstäbe nehmen damit auf die Konfliktwahrscheinlichkeit Einfluß (v. Rosenstiel u.a., 1972, S. 90 ff.; Esser, 1975, S. 75).

Weil dem so ist, stellt sich pragmatisch oft die Frage, ob man einen Konflikt, wenn man ihn schon nicht durch eine Auflösung der Handlungsunverträglichkeit lösen kann, durch eine Veränderung der Motivation bzw. Einstellung gegenüber dem jeweiligen Handlungsplan beenden kann (prinzipiell sind Konflikte durch eine Ressourcenveränderung oder durch eine Nachfrageveränderung regulierbar). Eine Konfliktlösung durch eine Nachfrageveränderung herbeiführen zu wollen, indem man verändernd auf die Motivation der konfligierenden Personen einwirkt, kann durchaus eine erfolgversprechende Strategie sein: Man bedenke, daß die Motivation, die Stechuhr einzuführen, im Sinne von Vroom eine Funktion von Valenz- und Instrumentalität darstellt (siehe unter 2.2.3.), wobei die von der Person angenommene Instrumentalität der Stechuhr im Hinblick auf eine Kostenreduktion mit der tatsächlichen Instrumentalität nicht übereinstimmen muß; die Motivation, die Stechuhr einzuführen, kann damit aufgrund des spezifisch-kognitiven Anteils in der Motivation (nämlich der angenommenen Instrumentalität) auf Irrtümern beruhen und damit durch den Austausch von Informationen über die tatsächlichen Auswirkungen einer Stechuhr-Einführung veränderbar sein.

> Liegt die *Ursache* für das Verfolgen unterschiedlicher Handlungspläne in diesem Sinne in unterschiedlichen Annahmen zur Instrumentalität dieser Handlungspläne, so handelt es sich in diesem Fall um einen Konflikttypus, der u.U. durch einen Informationsaustausch lösbar wird (und keine Ressourcenvermehrung voraussetzt!).
> Dieser Konflikttyp wird deswegen auch von Rüttinger (1977) im Gegensatz zum (traditionellen) »Verteilungskonflikt« als »Beurteilungskonflikt« bezeichnet (Rüttinger, 1977, S.34), da seine Lösung im Prinzip über eine – durch eine neue Beurteilung der Instrumentalität vermittelte – Nachfrageveränderung (und nicht Ressourcen-Veränderung) als möglich erscheint.

Neben mehr inhaltsspezifischen Motivationen und Einstellungen scheint auf der Seite der Person für die Wahrscheinlichkeit der Konfliktentstehung die sog. Frustrationstoleranz eine wichtige Variable zu sein; dies folgt schlicht daraus, daß Frustrationen meist den Beginn von Konfliktepisoden ausmachen (Thomas, 1976, S.895) und die Frustrations*toleranz* insofern über die Wahrscheinlichkeit mitentscheidet, ob aus latenten Konflikten manifeste Konflikte werden bzw. der von Esser (1975) so bezeichnete »Randschwellenbereich« zwischen dem aufgeladenen Konfliktpotential und dem offenen Konfliktverhalten (Esser, 1975, S.75) verlassen wird oder nicht (vgl. auch Berkel, 1978, S.310).
Ergänzend sei an dieser Stelle auch an das sog. Typ-A-Verhalten (siehe unter 2.2.3.) erinnert: Wenn die letztlich selbstdestruktive Leistungsmotivation und das extreme Rivalitätsverhalten vom Typ-A in der Tat u.a. Angst vor Statusverlust ausdrückt (Glass, 1977), wäre die zeitliche Stabilität des Typ-A-Verhaltens auch damit erklärbar, daß der Betreffende die Situation ständig weitgehend *unabhängig* von ihren objektiven Merkmalen als bedrohlich *kogniziert* und entsprechend fortwährend das Typ-A-Verhalten als coping-Strategie verwendet; dies heißt zugleich aber auch, daß Typ-A-Personen *ständig* um Status und Ränge Verteilungskonflikte initiieren und somit den Esserschen Randschwellenbereich besonders schnell verlassen. Im Typ-A-Verhalten manifestiert sich demnach eine die Konfliktwahrscheinlichkeit erhöhende Verhaltensdisposition von Personen.
Zusammenfassend liegen damit – außer in den Merkmalen der Situation – auch in den Motiven und Einstellungen der Person sowie speziell in der Frustrationstoleranz und der Typ-A-Disposition Bedingungen, die die Wahrscheinlichkeit der Konfliktentstehung beeinflussen.
Im folgenden sei näher auf den Konflikt*verlauf* eingegangen. Wiederum lassen sich hier situative von personalen Verkaufsbedingungen unterscheiden.
Dabei hat man sich u.a. gefragt, was ein drohendes und bestrafendes Konfliktverhalten bedingt und seinerseits bewirkt. Für die Frage, ob ein den anderen bedrohendes und bestrafendes Konfliktverhalten gezeigt wird, ist die Art der vorausgehenden Situationsdefinition (Esser, 1975, S.94) bzw. die Art der Konzeptionalisierung der Situation (Thomas, 1976, S.895ff.) bedeutsam: Begreife ich die Situation als eine »kompetitive« (wie es z.B. die Typ-A-Disposition nahelegt), in der ich nur auf Kosten des anderen den Konflikt beilegen kann, oder definiere ich die Situation als »kooperativ«, in der ich nicht allein, sondern nur zusammen mit dem anderen den für mich größtmöglichen Gewinn erzielen kann (Rüttinger, 1977, S.41)?

Es versteht sich von selbst, daß ein drohendes und bestrafendes Verhalten dabei wahrscheinlicher wird, wenn eine der beiden Personen die Situation als kompetitiv konzeptionalisiert. Die Art der (subjektiven) Situationsdefinition hängt dabei ihrerseits auch von *objektiven* Situationsmerkmalen ab; hierzu ist eine Studie von Deutsch u.a. (1960) berühmt geworden. Diese Untersuchung (kurz zusammengefaßt und kommentiert bei Crott u.a., 1977, S.38–49) – als Lastwagenexperiment bekannt geworden – simuliert experimentell eine Situation, in der beide (!) Versuchspersonen maximalen Gewinn dann erzielen, wenn sie sich gegenseitiger Bedrohungen enthalten und die Situation als eine kooperative definieren. Im Gegensatz hierzu tendieren die Versuchspersonen aber dazu, die Situation als kompetitiv speziell dann zu betrachten, wenn eine der beiden Seiten oder beide Seiten über (von der Versuchsleitung her vermittelte) *Drohmöglichkeiten* verfügen:

Nach Deutsch u.a. (1960) reizt das Vorhandensein von Drohmöglichkeiten zu ihrer Benutzung, da angenommen wird, daß die Nichtbenutzung vom Gegenüber als Schwäche ausgelegt wird. Damit fördern Droh- bzw. Bestrafungsmöglichkeiten (über die gerade genannte Schwäche-Hypothese) kompetitives Verhalten, obwohl ein kooperatives Verhalten in dieser Situation größere Erträge erbringen würde.

Es hat sich in Nachfolgeuntersuchungen gezeigt, daß diese Beziehungen besonders bei unerfahrenen Personen gelten; speziell sie neigen zur Benutzung der Bestrafungsmöglichkeiten (Crott u.a., 1977, S.48). Dies kann als Hinweis dafür interpretiert werden, daß zwischen der Drohmöglichkeit und ihrer Benutzung u.a. der Grad des wechselseitig erfahrenen Vertrauens bzw. Mißtrauens moderiert; Drohmöglichkeiten übersetzen sich nicht automatisch in ihre Benutzung.

Da vorher (3.2.3.) aber gezeigt wurde, wie leicht sich auch Vertrauens- bzw. Mißtrauenserwartungen von den objektiven Bedingungen der Situation loslösen können, sich also auch Mißtrauen – objektiv – »unbegründet« entwickeln kann (Zand, 1977), sind über den Moderator der Erfahrungsbildung ebenfalls Verläufe vorstellbar, die auf eine Intensivierung kompetitiver Verhaltensstrategien hinauslaufen: Das Vorhandensein von Drohmöglichkeiten in Verbindung mit Fehlinterpretationen der Absichten des anderen kann auch zu einer beschleunigten Steigerung kompetitiven Verhaltens führen.

Merkmale der aktuellen Situation, Vorerfahrungen der beiden Partner sowie Merkmale der beiden Personen (z.B.: der Grad der Bedrohungsorientierung im interpersonalen Bereich im Sinne von Newcomb, 1959, sowie die erwähnte Typ-A-Disposition) können demzufolge eine spiralenförmige Dynamik entwickeln, die sehr wesentlich von sich selbst erfüllenden Prophezeiungen getragen wird (Thomas, 1976, S.905ff.):

Für das Verständnis dieser Dynamik ist es wichtig zu beachten, daß mit zunehmender Konzeptionalisierung der Situation als kompetitiv systematische Fehlinterpretationen der gegenseitigen Absichten zunehmen und die Kommunikationswahrscheinlichkeiten zwischen den beteiligten Personen absinken (Deutsch, 1976, S.163ff.). Dies heißt zugleich, daß die Auflösung der spiralenförmigen Dynamik immer unwahrscheinlicher wird, da die hierfür notwendige Voraussetzung (überhaupt zu kommunizieren und valide zu kommunizieren bzw. Meta-Kommunikation zu betreiben) zunehmend geringer wird (Thomas, 1976, S.906).

Gerade deswegen kommt es in Situationen, in denen die interagierenden Personen über Droh- und Bestrafungsmöglichkeiten verfügen, darauf an, rechtzeitig einen Informations-

austausch zu ermöglichen, um der Entwicklung einer derartigen Dynamik entgegenzuwirken. Obwohl für den betrieblichen Alltag eine solche Ausgangssituation – die Existenz von Drohpotentialen – geradezu *konstitutiv* sein dürfte, sind systematische Untersuchungen zur Frage, wie Personen in Organisationen dieses Problem der Drohpotentiale und Konflikteskalierung handhaben, ausgesprochen rar (Thomas, 1976, S. 908); hier besteht eine deutliche Forschungslücke.
Die Verbindung situativer und personaler Bedingungen bei dem Verlauf von Konflikten sei schließlich noch auf eine Variable hin beleuchtet, die in der Literatur als »Verhandlungshärte« bezeichnet wird.
Crott u.a. (1977) betrachten eine Verhandlungsführung als hart, wenn

- die Eingangsforderungen hoch sind,
- Drohungen ausgesprochen werden und
- Konzessionen bis zum letztmöglichen Zeitpunkt hinausgezögert werden (Crott u.a., 1977, S. 116).

Einer harten Verhandlungsführung wird dabei eine Definition der Situation als kompetitiv vorausgehen. Darüber hinaus wird bei einer Konfliktbearbeitung zwischen den beiden Parteien besonders dann hart verhandelt werden, wenn die beiden Personen als Vertreter ihrer Bezugsgruppe auftreten (Crott u.a., 1977, S. 119). Verhandeln demnach in Organisationen z.B. zwei Cliquen innerhalb einer Arbeitsgruppe über einen zwischen ihnen entstandenen Streitfall und

- wissen die beiden Verhandler dabei, daß sie ihrer Bezugsgruppe gegenüber anschließend Rechenschaft abzulegen haben, oder
- verhandeln die beiden Vertreter öffentlich (also jeweils vor Zeugen),

so ist mit einer besonders harten Verhandlungsführung zu rechnen (Crott, 1977). Die gelegentlich vorgeschlagene Strategie, jede Partei erst einmal für sich eine Konfliktlösungsformel ausarbeiten zu lassen, um die Delegierten dann anschließend »an einen Tisch zu bringen« und den Konflikt dann gemeinsam und öffentlich – per Konfrontation – zu bearbeiten, kann sich demnach als Bumerang erweisen (Rüttinger, 1977); die Einigungschancen sinken, da die Cliquensprecher u.U. eher hart verhandeln werden. Grundsätzlich ist bei dem Versuch, Konflikte in produktiver Form zu bearbeiten, zu bedenken, daß sich Personen wohl kaum als isolierte, unabhängige einzelne gegenüberstehen, sondern daß sie als Mitglieder von Bezugsgruppen ihre Konflikte austragen. Dies dürfte speziell bei Chef-Mitarbeiter-Konflikten häufig in sehr ausgeprägter Form der Fall sein.
Neben dem Situationsaspekt der sozialpsychologischen Einbindung des einzelnen wird seine Verhandlungshärte auch von Merkmalen seiner Person abhängen. Crott u.a. (1978) beschreiben eine Verhandlungsmotivation, der es nicht um die (absolute) Maximierung des eigenen Gewinns und auch nicht um die Aushandlung »fairer« Kompromisse, sondern – auf der Basis einer prinzipiell kompetitiven Einstellung in Annäherung an die Typ-A-Disposition – um einen möglichst großen Gewinn*abstand* zum Gegner geht; Sieger ist der Betreffende auch dann, wenn seine Verluste kleiner als die des anderen sind (Crott u.a., 1978a, S. 103). Daß angesichts einer solchen persönlichen Disposition Kompromisse unwahrscheinlicher werden, versteht sich von selbst.
Auch bei der Vorhersage von Verhandlungshärte sind demnach Situations- und Personmerkmale in Rechnung zu stellen. Wird ausgesprochen hart verhandelt, so wird dies häufig als Resultat bereits abgelaufener Konflikteskalierungen zu deuten sein. Unter dem Konflikt-Eskalierungsgesichtspunkt ist dabei interessant, daß – vielleicht eskalierungs*niveau*abhängig – eine weitere Zunahme an Härte häufig nicht zusätzliche Härte, sondern

eher Konzessionsbereitschaft nach sich zieht: Crott u.a. (1978b) berichten über Experimente, in denen ein ausgesprochen hartes Verhandeln der einen Seite ein Abnehmen der Härte auf der Gegenseite bewirkte (1978b, S. 129). Die Wirksamkeit von Verhandlungshärte auf den weiteren Konfliktverlauf scheint insofern schwer generalisierbar zu sein; zumindest vorübergehend (!) kann sich Verhandlungshärte offenbar auch mit De-Eskalierungen verbinden (sowie auch – umgekehrt – Konzessionsbereitschaft Eskalierungen nach sich ziehen kann).
Damit wird bereits auf einen Aspekt verwiesen, der nicht im Labor, wohl aber in Realorganisationen bzw. Arbeitsgruppen eine zentrale Rolle spielt: die Zeitperspektive. Im Gegensatz zum Labor wissen die Mitglieder in realen Arbeitsgruppen, daß sie noch eine längere Zeit zusammenzuarbeiten haben, und dies hat fraglos auf ihr Verhalten Einfluß (Hackman, 1976). Ausgesprochen hartes Verhalten wird, sofern damit die Güte der längerfristigen Kooperation gefährdet erscheint, eher unwahrscheinlich, wenn die Aufgabenbewältigung aus der Sicht der Konfligierenden ein Minimum an Kooperation auch für die Zukunft voraussetzt (Rüttinger, 1977).
Neben der unterschiedlichen Zeitperspektive im Labor und in der Realgruppe wird zugleich ein weiterer Unterschied deutlich: Der Grad der Abhängigkeit des einzelnen von der Zugehörigkeit zu der Arbeitsorganisation ist im Labor gering, in der Realität dagegen u.U. extrem hoch.

> Es dürfte insofern realistisch sein, wenn man annimmt, daß die Perspektive langfristiger Abhängigkeit *die* Einflußgröße darstellt, die bewirkt, daß die Mehrzahl latenter Konflikte in Realorganisationen die Essersche Randzone nie überschreitet und latent bleibt. Konfliktunterdrückung dürfte insofern eher die Regel als die Ausnahme sein.

Dies ist aber langfristig gesehen nicht unbedingt von Vorteil: Auf der individuellen Ebene kann sich bei anhaltender Konfliktunterdrückung ein Zustand fixierter Unzufriedenheit (sensu Bruggemann, s. 2.3.4.) ergeben, und auf der organisationsinstitutionellen Ebene sind bei Konfliktunterdrückungen Innovationen unwahrscheinlicher (Dahrendorf 1972, S. 47; Deutsch 1973; Krüger 1972, S. 116). Der kreativitätsfeindliche Charakter konfliktunterdrückender Einwirkungen ist auch auf dem Gruppenniveau bereits häufiger bestätigt worden (Lorsch u.a., 1974; Aram u.a., 1971).
Damit stellt sich die Frage nach alternativen Konfliktbearbeitungs- bzw. Lösungsstilen; hierauf sei abschließend eingegangen.

3.2.5. Bearbeitung von Konflikten

Thomas (1976) hat in Anlehnung an Blake und Mouton (1964) eine Klassifikation von Konfliktbearbeitungsstilen vorgelegt, die (in leichter Modifikation) grafisch wie folgt – vgl. Abbildung 35 – zusammenzufassen ist (Thomas, 1976, S. 900). Es werden demnach zwei auf einer Neunerskala quantifizierbare Grundeinstellungen unterschieden, je nachdem, ob die eigenen Interessen oder die Interessen des anderen im Vordergrund stehen, deren Kombination zu Verhaltensmustern führt, die sich – vereinfachend – auf die angedeuteten Konfliktbearbeitungsstile reduzieren lassen. In der Literatur hat sich dabei – wohl nicht unbeeinflußt von einer allgemeinen Bewußtseinsveränderung in der Gesellschaft – deutlich ein Plädoyer zugunsten einer 9/9-Strategie durchgesetzt.

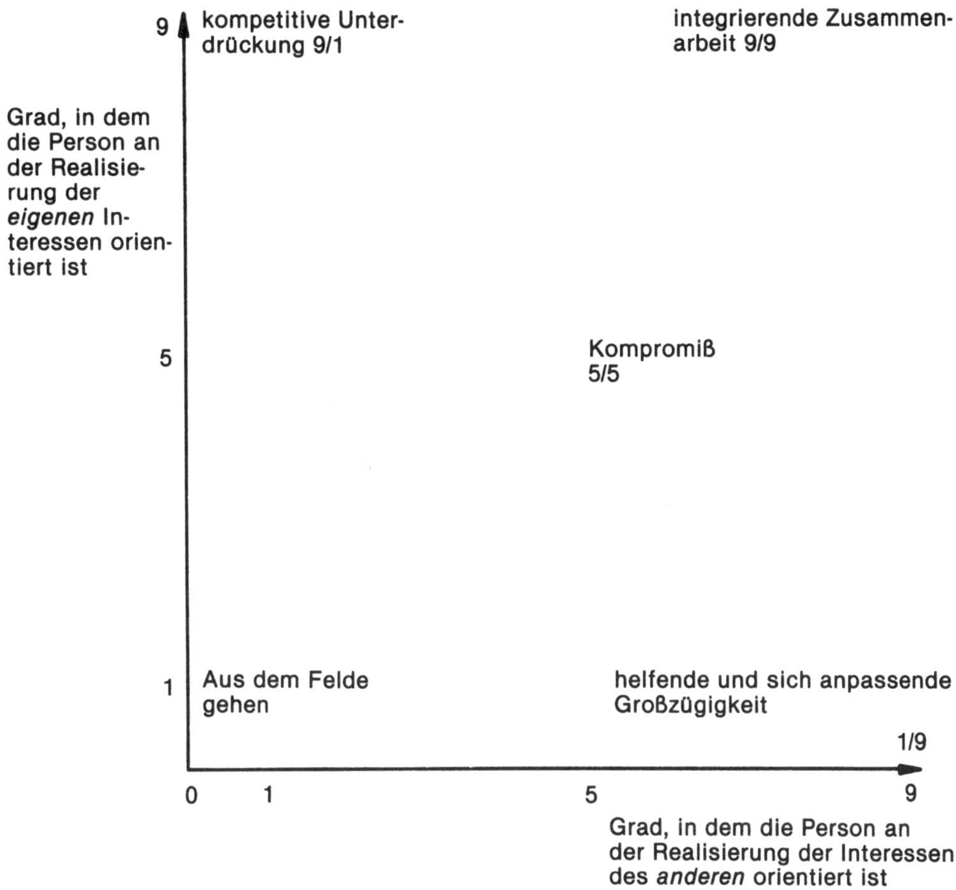

Abb. 35 Konfliktlösungsstrategien nach Thomas

> Auch in der Empirie liegen hierzu inzwischen Beobachtungen vor, die den 9/9-Stil zu favorisieren scheinen (Thomas, 1976, S. 909 ff.). Kritisch ist dabei jedoch darauf hinzuweisen, daß
> - sich der 9/9-Stil empirisch nicht generell als überlegen erwiesen hat (siehe z.B. bei Burke, 1970, S. 130),
> - der 9/9-Stil häufig über die Güte der Konfliktlösung definiert wird, womit empirisch Tautologien bestimmt werden,
> - die Definitionskriterien für die verschiedenen Konfliktbearbeitungsstile unscharf bzw. mehrdeutig sind und
> - eine theoretisch elaborierte Begründung für die Überlegenheit des 9/9-Stils bisher noch aussteht (vgl. auch Berkel, 1980).

Bei der Beschreibung der 9/9-Strategie wird häufig zur näheren Kennzeichnung auf den konfrontierenden Charakter der Konfliktbearbeitung verwiesen; statt zu glätten (smoothing) und über taktische Finessen und Pseudoabstimmungen (Ursachen nicht berührende) Kompromisse auszuhandeln (wie es für den 5/5-Stil kennzeichnend ist), sei Offenheit erforderlich, da nur bei klarer Benennung des Problems und eindeutiger Herausarbeitung

der Ursachen eine *langfristig* stabile Konfliktlösung zu erreichen sei (Blake u. Mouton, 1964).
Das Problem liegt in der unklaren Generalisierbarkeit dieser Argumentation: So wäre es im Sinne des vorher erörterten Gruppen-Problemlösens vorstellbar, daß die 9/9-Strategie bei letztlich auf Informationsunterschieden basierenden Beurteilungskonflikten (siehe oben) in der Tat z.B. einer 5/5-Strategie überlegen sein könnte; ob gleiches aber auch bei der Bearbeitung von Verteilungskonflikten gilt, ist unklar, da die Verteilung knapper Güter möglicherweise eine andere *Qualität* von Problemstrukturen beinhaltet.

Statt zu erörtern, welche Konfliktlösungsstrategie sich unter welchen Randbedingungen empfehlen dürfte, hat Regnet (1992) untersucht, welche Konfliktlösungsstrategien von Führungskräften tatsächlich eingesetzt werden. Auf die wichtigen Resultate dieser Studie sei nachstehend knapp eingegangen. Erika Regnet befragte Führungskräfte zum Abschluß eines Führungskräftetrainings, welche interpersonellen Vorkommnisse, Spannungen bzw. Konflikte im Verantwortungsbereich der Führungskraft im tatsächlichen Alltag derzeit einer Lösung zugeführt werden müssen und welche Strategien die Führungskräfte einzusetzen planen. Einige Zeit später fragte die Autorin die gleichen Führungskräfte, was sie in der Zwischenzeit (mit welchen Ergebnissen) tatsächlich getan hatten und was sie denn nun weiterhin planen würden. Die Resultate dieser Studie sind einigermaßen desillusionierend (Regnet, 1992, S. 264 ff.).
Über 80 % der befragten Führungskräfte planten zwar eine als »gemeinsame Problemlösungsstrategie« bezeichnete Vorgehensweise, die dem 9/9-Stil entspricht. Im Rahmen der zweiten Befragung zeigte sich dann aber, daß nur knapp 30 % der Befragten diese Strategie tatsächlich auch eingesetzt hatten, ein weiteres Drittel praktizierte die Machtstrategie 9/1 und ein weiteres Drittel die Strategie des Nachgebens (1/9). Das von den Führungskräften selbst angestrebte Verhalten wurde also nur von einer kleinen Minderheit realisiert. Fragt man nach den Barrieren, so bieten sich verschiedene Erklärungsmöglichkeiten an:

- Interpretiert man das eigene Konfliktlösungsvorgehen als »gemeinsame Problemlösung«, so ist damit implizit ein Versachlichungsanspruch mitformuliert, der der Struktur von Konflikten nicht in jedem Fall gerecht wird. Diesen Versachlichungsversuch interpretiert Regnet (1992) als Ausdruck der Angst vor Emotionen. Indem die emotionale Seite (z.B.: Gefühl des Verletztseins) aus dem Konfliktgeschehen durch die Versachlichungsbemühungen ausgeblendet wird, werden kontraproduktive Effekte freigesetzt: Ein Mindestmaß an Gefühlsausdruck bzw. Spontaneität auf der Seite der Konfliktpartner wird für die wechselseitige Zuschreibung von Glaubwürdigkeit der kommunikativen Akte wichtig sein, so daß intensive Versachlichungsversuche dysfunktional wirken. Zugleich ist ein Mindestmaß an wechselseitiger Spontaneität und Gefühlsausdruck entscheidend, um den Stellenwert des Problems für den anderen erkennen zu können, den Hintergrund des Konflikts also angemessen diagnostizieren zu können. Schließlich lebt die Logik des Versachlichungsanspruchs u.a. davon, daß der Konflikt im wesentlichen als ein Beurteilungskonflikt interpretiert werden kann, was aber die Ausnahme sein dürfte. Vergleichsweise häufige Bewertungskonflikte (siehe oben) sind aber gerade durch die Unterschiedlichkeit der zugrundeliegenden Basisüberzeugungen und Ziele (Werthaltungen) definiert und damit prinzipiell (wenn überhaupt) nur begrenzt versachlichungsfähig.
- Regnet (1992) zeigt des weiteren, daß die eine Konfliktlösung anstrebenden Führungskräfte zu allseits bekannten Kausalattributionen neigen: Sie vernachlässigen bei der Erklärung des Mitarbeiterverhaltens (mit dem sie in einem Spannungsverhältnis stehen)

die situativen Aspekte und übergewichten die in der Person des Mitarbeiters liegenden Merkmale. Da die Mitarbeiter zu analogen Kausalattributionen gegenüber ihren Vorgesetzten neigen, bedarf es im Rahmen der Konfliktbearbeitung einer Kommunikation über die Attributionen, also einer Metakommunikation, womit Vorgesetzte und Mitarbeiter üblicherweise überfordert sein dürften.

- Spannungen, die etwa durch unklare Regelungen der Informationsrechte und -pflichten bzw. Kompetenzunklarheiten mitbedingt sind, bedürfen im Grunde einer Lösungsstrategie, die auf den umfassenderen Ansatz der Organisationsentwicklung hinausläuft, und diese ist in der Regel für den einzelnen Vorgesetzten im Rahmen seiner Führungsverantwortung zumindest allein nicht initiierbar.
- Die von Regnet (1992) zusammengestellte Phänomenologie der Konfliktinhalte ist aufschlußreich. Typisch ist etwa der Fall, daß ein Chef sich von seinem Mitarbeiter nicht hinreichend informiert fühlt, den Mitarbeiter wiederholt ergebnislos darauf anspricht, so daß sich von Zeit zu Zeit streitähnliche Gespräche ergeben. Diese sogenannten »Spannungen« verweisen auf einen zentralen Sachverhalt: Es trifft wahrscheinlich nicht den Kern, wenn man diesen Spannungsherd in die beschriebene Systematik der Beurteilungs-, Bewertungs- und Verteilungskonflikte einzuordnen versucht. Mikropolitische Interpretationen des sogenannten Mobbings (vergl. Neuberger, 1994) verweisen auf eine tabuisierte Grauzone, in der nach dem Motto »Rache ist süß« alte Rechnungen beglichen werden, und genau diese Prozesse sind nicht auf die Logik der Beurteilungs-, Bewertungs- und Verteilungskonflikte reduzierbar. Insofern wäre mehr Forschung vonnöten, die zeigt, was »wirklich« Streitursache ist.
- Konflikttypologisch handelt es sich bei den von Regnet (1992) untersuchten Konflikten um sogenannte »affektive« Konflikte oder auch »Beziehungskonflikte«, die von Jehn (1995, S. 268) den sogenannten »Sachkonflikten« (entspricht den hier definierten Beurteilungskonflikten) analytisch gegenübergestellt werden. Empirisch zeigt sich, daß (affektive) Beziehungskonflikte die Bearbeitung von Sachkonflikten behindern (Hope Pelled, 1996, S. 625).

Vor dem Hintergrund dieser Argumentation ist verständlich, daß die favorisierte Strategie der »gemeinsamen Problemlösung« nur von einer Minderheit erfolgreich in die Tat umgesetzt wird. Erklärlich wird damit zugleich auch der weitere desillusionierende Befund von Regnet, daß nämlich bei der zweiten Befragung »Gespräche und Diskussionen« nur noch von 14,3 % der Befragten als weitere Maßnahme geplant werden. 20 % neigen zu einer resignativen Haltung (damit leben, Zustand akzeptieren), und weitere 20 % neigen zu einem Gemisch an Maßnahmen, zu denen auch Mobbing gehört (»Auflaufen« lassen, demonstratives Boykottieren von Sitzungen usw.).

Obwohl insofern erkennbar wird, daß die bisher vor allem zugrunde gelegte Unterscheidung von Beurteilungs-, Bewertungs- und Verteilungskonflikten nicht das Insgesamt der Spannungsrealität in den Organisationen abbildet, sondern um die Unterscheidung von Sach- und Beziehungskonflikten zu ergänzen ist, ist die getroffene Differenzierung der verschiedenen Konfliktarten dennoch sinnvoll: sie verweist auf unterschiedliche Lösungsstrategien und unterschiedliche Lösungswahrscheinlichkeiten:

Beurteilungskonflikte sind durch Informationsaustausch, also über kommunikative Akte, im Prinzip auflösbar. Sie haben die vergleichsweise größte Lösungswahrscheinlichkeit. Bewertungskonflikte sind schon schwieriger lösbar, da sie in der Regel die Änderung von Bewertungsmaßstäben, grundlegenden Einstellungen und Zielen voraussetzen, was selbst dann schwierig ist, wenn man die optimistische These vertritt, daß Bewertungskonflikte inhaltlich zumindest partiell auf Beurteilungskonflikte zurückführbar sein könnten. Vor diesem Hintergrund empfiehlt es sich auch in der Praxis, Beurteilungs- und Bewertungskonflikte nach Möglichkeit zu unterscheiden und zu prüfen, ob die divergierenden Handlungspläne auf unterschiedlichen Nutzens- oder Wahrscheinlichkeitseinstufungen gegenüber den Effekten bestimmter Maßnahmen/Handlungspläne basieren.

Verteilungskonflikte, definiert als Nullsummenspiele, sind definitionsgemäß nicht lösbar: Die Gewinne des einen sind nämlich immer so groß wie die Verluste des anderen. Verteilungskonflikte aktualisieren die Einstufung der Situation als kompetitiv, womit die für die Lösung paralleler Beurteilungskonflikte wichtige wechselseitige Zuschreibung von Glaubwürdigkeit der Kommunikationen beeinträchtigt wird, so daß bei im Hintergrund schlummernden Verteilungskonflikten auch Beurteilungskonflikte schwerer lösbar sind. Zumal Verteilungskonflikte außerdem den klassischen Rahmen abgeben, um mikropolitisches Verhalten zu provozieren, sei knapp auf die Frage eingegangen, wie auf alternativem Wege mit Verteilungskonflikten umgegangen werden könnte.
Die aus der politischen Theorie bzw. der Theorie des Liberalismus (Rawls, 1992) kommende zentrale Kategorie lautet: »Legitimität qua Verfahren«. Dieses Konzept meint folgendes:

a) Entwickeln die Mitarbeiter innerhalb einer Organisation die Regeln und Kriterien, nach denen in Zukunft (!) die unter ihnen zu verteilenden knappen Güter (z.B.: Budget, interessante Positionen) verteilt werden sollen, selber und wird
b) (z.B. durch eine Kommission) sichergestellt, daß die Regeln, erkennbar für die Mitglieder der Organisation, auch tatsächlich eingehalten werden,

so steigt die Wahrscheinlichkeit dafür, daß diesen Regeln Legitimität zugesprochen wird. Für diesen Fall gilt dann, daß ein Ergebnis einer Konfliktlösung (nach diesen Regeln erarbeitet) auch vom Verlierer des Verfahrens eher akzeptiert wird, da dem Verfahren, das zu dem Ergebnis führte, von dem Betreffenden Legitimität zugeschrieben wurde. Wahrgenommene Fairneß des Verfahrens ist damit ein entscheidendes prozedural definiertes Gerechtigkeitskriterium (Rawls, 1992) und erhöht zugleich die Wahrscheinlichkeit für die Akzeptanz der Konfliktlösungsergebnisse gerade auch in Verteilungskonflikten. Damit wird man auf die auch in der politischen Theorie lebhaft diskutierte Frage nach den Möglichkeiten der Ausarbeitung entsprechender Regelwerke verwiesen, womit bereits auf das zentrale Stichwort der Organisationsentwicklung Bezug genommen wird.
Eine derartige Strategie, den (illusionären) Anspruch auf Lösung von Verteilungskonflikten aufzugeben und statt dessen eine spezifische (nämlich die beschriebene) Vernunft zu implementieren, die es erleichtert, mit Verteilungskonflikten zu leben, würde nicht nur die von den Mikropolitikern so gerne als blutig beschriebenen Konfliktlösungspraktiken (vergl. Pfeffer, 1992) in Betrieben im Rahmen der Abarbeitung von Verteilungskonflikten eindämmen. Gleichzeitig würde über eine Förderung der Legitimität qua Verfahren die kommunikative Voraussetzung für die Bewältigung von Beurteilungskonflikten zunehmen, da die Bereitschaft steigen würde, sich wechselseitig Glaubwürdigkeit der Botschaften zuzusprechen (vergleiche hierzu auch das Konzept der Argumentationsintegrität von Blickle, 1994).

Schließlich sei noch auf einen weiteren Weg der Konfliktbearbeitung eingegangen, nämlich eine sog. dritte Partei (Walton, 1969) bzw. einen Vermittler (Crott u.a., 1977) einzuschalten.
Vermittler können dabei im Hinblick auf eine erfolgreiche Konfliktbearbeitung vor allem folgendes leisten:

a) Sie können – taktisch – instrumentell Hilfen geben, indem sie den Konfliktumfang auf das »Hier und Jetzt«, einengen. Regeln für den weiteren Verhandlungsprozeß vereinbaren, im Sinne der gruppendynamisch orientierten Prozeßberatung (Schein, 1969) die Konfliktdynamik erläutern und den Informationsaustausch moderieren (Walton, 1973). Sie können des weiteren durch das Aufzeigen gemeinsamer Zielsetzungen und Dependenzen zu einem Abbau des wechselseitigen Feindbewußtseins beitragen (Thomas, 1976, S. 911) und damit letztlich den wechselseitig gestörten Informationsaustausch wieder in Fluß bringen (Thomas, 1976, S. 911; Walton, 1969, S. 108), um somit eine wichtige *Voraussetzung* für eine spätere Konfliktlösung zu schaffen.
b) Sie können – inhaltlich – im Sinne der Gleichheitstheorie von Adams (1965) eine (siehe unter 2.3.2.) »faire« Lösung zu erarbeiten suchen. Für dieses Anliegen befinden sich Vermittler in einer besonders günstigen Ausgangsposition: Sie werden in der Regel als Experten und zugleich als unparteilich wahrgenommen (anderenfalls hätten sie die Vermittler-Rolle nicht zugesprochen bekommen) und sind nach Meinung der konfligierenden Parteien die einzigen, die die »wahre« Position *beider* Seiten kennen (da beide Seiten sich nur dem Vermittler gegenüber offenbaren). Infolgedessen hat der vom Vermittler kommende Vorschlag eine hohe Wahrscheinlichkeit, als »fair« eingestuft zu werden und erlaubt darüber hinaus ein Abrücken von der eigenen ursprünglichen Position *ohne Gesichtsverlust,* da man sich ja der höheren Vernunft des Vermittlers (und nicht dem Gegner) beugt (Crott, 1977, S. 146 ff.). Negative Sanktionen durch die Bezugsgruppe oder auch Selbstvorwürfe sind dann im Anschluß an ein Nachgeben gegenüber dem Vermittlervorschlag weniger wahrscheinlich.

Damit sind zugleich die beiden entscheidenden Voraussetzungen benannt, unter denen sich der Einsatz einer dritten Partei besonders zu lohnen scheint:

Der Einsatz einer dritten Partei zur Konfliktbeilegung empfiehlt sich *speziell* dann, wenn a) aufgrund gestörter Kommunikation die subjektiven Einigungschancen geringer sind, als es den objektiven Gegebenheiten entspricht, und b) die Verhandelnden öffentlich verhandeln bzw. ihrer Bezugsgruppe gegenüber rechenschaftspflichtig sind und infolgedessen ihr Gesicht zu wahren haben (Crott, 1977, S. 140 ff.).

Man kann zur Konfliktbeilegung auch eine Veränderung der Situation ins Auge fassen. Da eine Ressourcenvermehrung praktisch häufig nicht möglich ist, käme es darauf an, die Unverträglichkeit von Handlungsplänen durch die Aktualisierung übergeordneter gemeinsamer Ziele, die auch nur gemeinsam zu erreichen sind, in den Hintergrund treten zu lassen. Dies ist die Strategie, die den berühmt gewordenen Ferien-Lager-Experimenten von Sherif (1951; kurz beschrieben bei Sherif, 1970, S. 71–93) zugrunde lag, auf die hier nicht im einzelnen eingegangen werden kann. Das wesentliche Prinzip bestand darin, Konflikte (hier: zwischen Gruppen) z.B. durch die Schaffung einer *gemeinsamen Not in* Kooperation übergehen zulassen.

3.2.6. Vertrauen, Macht und Mikropolitik

3.2.6.1. Vertrauen

Vertrauen stellt eine für das Funktionieren von Organisationen kardinale Ausgangsgröße dar. In Anlehnung an Deutsch (1976) hat eine Person zu einer anderen Person (interper-

sonales) Vertrauen, sofern sie der anderen Person gegenüber den Tatbestand der Verletzbarkeit akzeptiert. Eine ausdifferenzierte Definition gibt Rippberger (1998, S. 45): »Vertrauen ist die freiwillige Erbringung einer riskanten Vorleistung unter Verzicht auf explizite vertragliche Sicherungs- und Kontrollmaßnahmen gegen opportunistisches Verhalten in der Erwartung, daß sich der Andere, trotz Fehlen solcher Schutzmaßnahmen, nicht opportunistisch verhalten wird«.
Wenn eine Mutter einem Babysitter ihr Kind überläßt, um eine Freundin zu besuchen, stellt dies eine Vertrauenshandlung dar. Für eine Vertrauenshandlung ist konstitutiv, daß der mögliche Schaden eines Vertrauensmißbrauchs durch den anderen (das Kind wird allein gelassen und verbrennt sich) für die Fokalperson größer ist als der Gewinn (die Freundin besuchen zu können), den die Fokalperson daraus zieht, daß sich der andere gemäß der Vertrauenserwartung verhält. Ist der potentielle Schaden kleiner als der erwartete Nutzen, so liegt keine Vertrauenshandlung vor.

Die Quelle dafür, eine Vertrauenshandlung zu wagen, kann kalkulierender Art, relational-affektiver Art, eine Mischung aus beidem oder institutioneller Art sein. Dies illustriert die Abbildung 36.

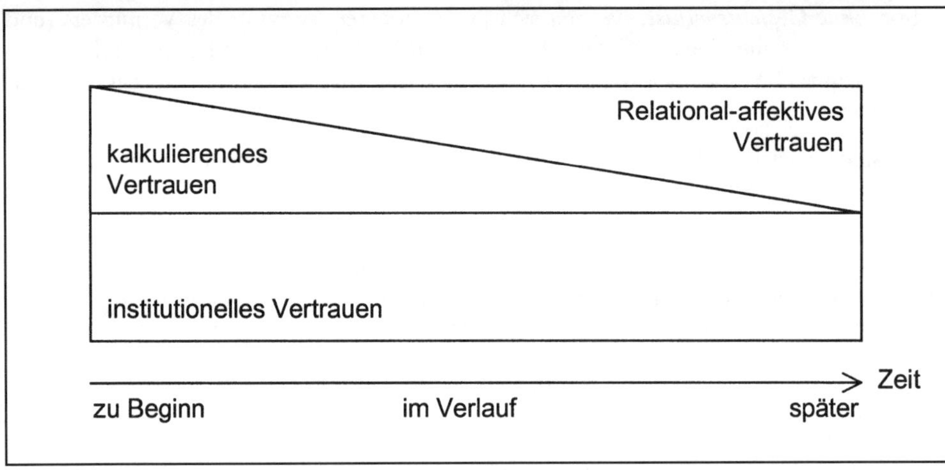

Abb. 36 Quellen des Vertrauens nach Rousseau u.a., 1998, S. 401

Die Vertrauensquellen unterscheiden sich wie folgt:

- Kalkulierendes Vertrauen: Die Mutter erwartet ein dem Vertrauensvorschuß gemäßes Verhalten des Babysitters, da ein Vertrauensmißbrauch des Babysitters mehr Schaden für diesen (z.B. Kündigung) als Nutzen (z.B. ermöglichter Kinobesuch) mit sich bringt.
- Relational-affektives Vertrauen: Die Vertrauenserwartung basiert auf der wiederholten Erfahrung, daß dem Vertrauensvorschuß kein Vertrauensmißbrauch folgte; innerhalb dieses Prozesses entwickeln sich zusätzlich positive Emotionen gegenüber dem Vertrauenspartner.
- Institutionelles Vertrauen: Die Vertrauenserwartung stützt sich auf informelle Absprachen bzw. informelle Verträge, auf formelle Regelungen bzw. Rechtsordnungen, auf langjährig eingeschliffene bewährte Praktiken oder auf eine vertrauensbildende Normen unterstützende Organisationskultur.

Es ist einleuchtend, daß auf der Basis eines institutionellen Vertrauens und entsprechend fundierter Verläßlichkeitserwartungen der Übergang von einem kalkulierenden zu einem relational-affektiven Vertrauen erleichtert wird. Die drei Vertrauensquellen sind insofern nicht unabhängig voneinander; hierauf wird zurückgekommen.
Fragt man nach der Relevanz der Kategorie Vertrauen für die Organisation, so wird die Frage nach den Effekten von Vertrauensbeziehungen aufgeworfen. Hierauf wird nachstehend näher eingegangen.

- *Soziale Unterstützung* als Streßpuffer. Auf die Pufferfunktion von vertrauensvollen Beziehungen gegenüber Stressoren war bereits unter 3.2.1. eingegangen. Im Trend sinkt bei gleicher Belastung und hohem, durch Vertrauen ermöglichten social support die resultierende Beanspruchung. Auf die gesundheitspolitische Bedeutsamkeit dieses Befundes sei ausdrücklich hingewiesen.
- *Leistungssteigerung.* Unter 3.2.2. wurde unter dem Gesichtspunkt des potentiellen Leistungsvorteils einer Gruppe gegenüber dem besten einzelnen auf das Erfordernis der Mitteilungsbedingung eingegangen. Eine offene Kommunikation, wie sie z.B. von Agyris (1965) gefordert wird, bzw. die Bereitschaft, lösungsrelevante Informationen vollständig auszutauschen, kann in der Praxis aber nicht einfach vorausgesetzt werden, da derartige Handlungen (Offenheit) definitionsgemäß Vertrauenshandlungen darstellen. (Offenheit und Spontaneität werden insofern auch in der Praxis als »Beweis« für die Intention vertrauensvoller Beziehungen gewertet.) Insofern stellt die Entwicklung interpersonalen Vertrauens eine entscheidende Voraussetzung für die Freisetzung positiver Synergie (s. unter 3.2.2.) dar.

In einer vielzitierten Studie hat Zand (1977) vor diesem Hintergrund gezeigt, daß die Qualität der Problemlösungen in denjenigen Managergruppen, in denen experimentell wechselseitige Vertrauenserwartungen induziert wurden, deutlich besser ausfiel als in denjenigen Managergruppen, in denen wechselseitige Mißtrauenserwartungen induziert waren (Zand, 1977, S. 71).
Interpersonales Vertrauen entwickelt sich dabei auf der Zeitachse allmählich, wobei dieser allmähliche Anstieg durch Vertrauenserwartungen stützende Kommentare glaubwürdiger Dritter deutlich beschleunigt werden kann; dies zeigten empirisch Burt und Knez (1996, S. 82). Schon Zand (1977) betonte im Hinblick auf diese allmähliche Entwicklung die spiralenförmige Dynamik dieses Prozesses (Zand, 1977, S. 64f): So wie Mißtrauen im Prinzip durch eine Drosselung der eigenen Verwundbarkeit ausgelöst werden kann, so kann – umgekehrt – ein Vertrauen durch eine Anhebung der eigenen Verwundbarkeit aktiv hergestellt werden. Die von Agyris (1965) postulierte Offenheit und Spontaneität stellt eine Operationalisierung von Vertrauen dar und ist insofern geeignet, auch dem anderen zu mehr Offenheit und Spontaneität zu verhelfen.

- *Krisenbewältigung.* Krisenartige Zuspitzungen von Entwicklungsverläufen innerhalb von Unternehmungen stellen heute selbst bei Großkonzernen keine Seltenheit dar (Gebert, 2000). Eine Krisenbewältigung setzt hohes Vertrauen innerhalb der Topmanagementgruppe sowie zwischen dem Topmanagement und der Belegschaft voraus, um erforderliche Krisenbewältigungsschritte und eine vernünftige Ressourcenverteilung vereinbaren zu können (Mishra, 1996, S. 263). Die Praxis zeigt allerdings, daß in Krisen als (Ausdruck von Mißtrauen deutbare) Re-Zentralisierungen operativer Entscheidungen stattfinden und die Fehlertoleranz nicht zu-, sondern abnimmt (Gebert u. Boerner, 1999, S. 147), so daß der zur Krisenbewältigung erforderliche Vertrauensvorschuß gerade dann, wenn er besonders benötigt wird, eher erschwert wird.

- *Akzeptanz von Entscheidungen in Konfliktfällen.* Tyler und Degoey (1996) untersuchten die Voraussetzungen, unter denen bei Konflikten und aufeinanderprallenden Interessengegensätzen im politischen, im wirtschaftlichen und im familiären Bereich Entscheidungen der Entscheidungsberechtigten bzw. Schlichter von den hiervon Betroffenen akzeptiert werden. Die Mitsprache der Betroffenen erwies sich in der Studie als unbedeutend. Der wesentliche Prädiktor für die Entscheidungsakzeptanz lag in dem Grad, in dem die Betroffenen den Entscheidungsberechtigten bzw. Schlichtern Vertrauenswürdigkeit zusprachen (Tyler u. Degeoy, 1996, S. 335).
- *Sinkende Transaktionskosten.* In wechselseitig vertrauensvollen Beziehungen wird die Gültigkeit einer Information nicht überprüft, sondern vorausgesetzt. Indem Kontrollprozesse entfallen, sparen der einzelne wie der Betrieb an Energie bzw. manpower-Aufwand und Zeit. Ökonomisch betrachtet, liegt die Funktion des Vertrauens darin, die Kosten für die Entwicklung und Kontrolle informeller Absprachen und/oder formeller Regelungen/Verträge, also die sog. Transaktionskosten, zu senken (Rippberger, 1998. S. 45 ff). So wie die Qualifikation, Motivation und Loyalität des einzelnen, ökonomisch betrachtet, als Humankapital interpretiert werden können, interpretieren Ökonomen und Soziologen das Vertrauen als Sozialkapital (vgl. Coleman, 1990; kritisch hierzu Junge, 1998). Vertrauen hat Kapitalcharakter, da die Transaktionskosten innerhalb allfälliger Verhandlungen und Konfliktbearbeitungen sinken und mit zunehmender Intensität wechselseitiger Vertrauensbeziehung innerhalb dieser Beziehung der Zugang zu dem Humankapital des jeweils anderen erleichtert wird.

Die Kategorie Vertrauen spielt in der modernen ökonomischen Welt (new economy) eine besonders wichtige Rolle:

- Im Zuge der Ausbreitung virtueller Strukturen wird gefragt, ob und wie traditionelle Kontrollprozesse gegenüber Mitarbeitern, die räumlich und zeitlich getrennt arbeiten und nur befristet gegenüber der Focalorganisation vertraglich gebunden sind, durch die Entwicklung von Vertrauensbeziehungen ersetzt werden können (Picot u. a., 1998).
- Im Zuge des steigenden Bedarfs nach vorübergehenden, sofort funktonsfähigen Zusammenschlüssen von Personen (ein Kamerateam, eine mehrtägige Konferenz von Spezialisten, Tagungen eines Schiedsgerichtes) stellt sich das Problem, daß Vertrauen zwischen Personen, die keine gemeinsame Vergangenheit haben und nach der gemeinsamen Aktivität auch keine gemeinsame Zukunft haben werden, nicht erst allmählich entwickelt werden kann, sondern sofort vorhanden sein muß, wenn dieser Verbund von Personen von Beginn an fruchtbar in der begrenzten Zeit tätig sein soll (Meyerson u. a., 1996, S. 167 sprechen von »swift trust«. Worauf basiert ein solches Vertrauen, und wie ist es herstellbar? Hierauf wird zurückgekommen.
- Im Zuge der Vernetzung von Organisationen untereinander (sog. business-to-business-management) und des sog. supply chain managements steht in den letzten Jahren die Frage im Vordergrund, wie inter*organisationales* Vertrauen aufgebaut werden kann. Nach Zaheer u. a. (1998) entwickelt sich interorganisationales Vertrauen, operationalisiert als die Bereitschaft einer Focalorganisation, die Partnerorganisation als solche als vertrauenswürdig einzustufen, durch ein Zusammenspiel zwischen interpersonalem und institutionellem Vertrauen:
  Vertraut der Repräsentant einer Einkäuferorganisation dem Repräsentanten der Lieferanten-(Verkaufs-)Organisation, so besteht zwischen diesen beiden Personen definitionsgemäß interpersonales Vertrauen. Entwickeln weitere Mitglieder der einen Organisation Vertrauen zu weiteren Mitgliedern der anderen Organisation, so steigt die Wahrscheinlichkeit dafür, daß man gewisse Spielregeln der Zusammenarbeit, die sich

bisher bewährt haben, als Muster auch für die zukünftige Zusammenarbeit definiert und festschreibt. Damit vollzieht sich der Übergang von einem interpersonalen Vertrauen zu dem Aufbau institutionellen Vertrauens, das seinerseits eine Basis dafür abgibt, daß neu eingestellte Mitarbeiter ihrerseits schneller interpersonale Vertrauensbeziehungen entwickeln können. (Auf der theoretischen Ebene stellt die Wechselwirkung zwischen interpersonalem und institutionellem Vertrauen eine Veranschaulichung dessen dar, was in der Strukturationstheorie von Giddens (1988) als der Mikro-Makro-Mikro-Übergang, also als das Zusammenspiel zwischen zwei selbständigen, aber interdependenten Realitätsebenen [der der Psychologie und der der Soziologie], diskutiert wird; vgl. hierzu auch Matiaske, 1999, S. 91 ff.).

Das Ergebnis der Wechselwirkung zwischen interpersonalem und institutionellem Vertrauen ist ein höherer Grad interorganisationalen Vertrauens (Zaheer u.a., 1998, S. 143 f).

An N = 107 Beziehungen zwischen Einkäufer- und Lieferanten-Organisationen zeigen die Autoren, daß mit zunehmendem interorganisationalen Vertrauen die Transaktionskosten des business-to-business-managements – gemessen an Aufwand und Zeit – deutlich sinken (Zaheer u.a., 1998, S. 152). Das interpersonale Vertrauen ist mit diesen Transaktionskosten direkt nicht signifikant verbunden, aber signifikant positiv mit dem Grad des interorganisationalen Vertrauens korreliert. Das interpersonale Vertrauen spielt also im wesentlichen die beschriebene Mediatoren-Rolle und ist insofern für die Senkung der hier focussierten Transaktionskosten (nur) indirekt bedeutsam.

Nachdem bisher vor allem die Effekte von Vertrauen fokussiert wurden, sei unter der Fragestellung der Bedingungen von Vertrauen nachstehend zunächst näher auf die sogenannte prozedurale Gerechtigkeit eingegangen. Prozedurale Gerechtigkeit wird über die wahrgenommene Fairneß der Verfahren, die zur Entscheidungsbildung benutzt werden, definiert (vgl. Greenberg, 1993). In der Theorie von Tyler und Degoey (1996) wird angenommen, daß eine als prozedural gerecht (fair) wahrgenommene Entscheidungspraxis dazu führt, daß sich die Betroffenen ernstgenommen und mit Respekt behandelt fühlen. Letzteres wiederum ist wichtig, da die Bereitschaft, einen Entscheider/Schlichter als vertrauenswürdig wahrzunehmen – und damit dessen Entscheidungen zu akzeptieren (s. vorher) –, in der empirischen Studie von Tyler und Degeoy (1996) im politischen, wirtschaftlichen und familiären Bereich weniger von der Ergebnisgünstigkeit der Entscheidung für den Betroffenen und weniger von der Mitsprache im Entscheidungsprozeß, sondern vor allem (signifikant) davon abhängt, ob sich die Betroffenen ernstgenommen und respektvoll behandelt fühlen (Tyler u. Degeoy, 1996, S. 343). Hier liegt also eine wichtige Randbedingung für die Entwicklung von Vertrauensbereitschaft.

Nun kann man weiterfragen, in welchem Kontext bzw. wann sich Personen ernstgenommen und respektvoll behandelt fühlen; der allgemeine Hinweis, daß diese Wahrnehmung prozedurale Gerechtigkeit reflektiere, ist hilfreich, aber präzisierungsbedürftig. Handlungspragmatisch sind insofern Studien interessant, die die Kriterien für prozedurale Gerechtigkeit bzw. Fairneß näher spezifizieren. Dabei werden häufig folgende Kriterien angeführt, die idealerweise Regelcharakter, also normativen Charakter, haben sollen (vgl. Bierhoff, 1992, S. 164 f.):

- Konsistenz: Entscheidungen sollen konsistent über Personen und Zeiten gehandhabt werden.
- Unvoreingenommenheit: Die Entscheidung soll nicht von Personen getroffen werden, die von ihrem Ausgang persönlich profitieren können.

- Genauigkeit: Relevante Informationsquellen sollen ausgeschöpft werden.
- Korrigierbarkeit: Entscheidungen sollen revidierbar sein; es müssen Einspruchsrechte eingeräumt werden.
- Ethische Rechtfertigung: Die Entscheidung soll in Übereinstimmung mit gültigen moralischen Standards stehen (vgl. Blickle, 1998, S. 3).

Unter Bezugnahme auf die unter 3.2.5. erwähnte Strategie der Legitimität qua Verfahren, die die Akzeptanz des Verliererstatus bei Verteilungskonflikten stützt, können als zusätzliche Kriterien die

- Beteiligung bei der Regelausarbeitung sowie die
- Transparenz der Regeleinhaltung (Legitimität qua Verfahren) herausgestellt werden.

Es ist offensichtlich, daß auf diesem Wege der Entwicklung von als fair wahrgenommenen Regeln institutionelles Vertrauen aufgebaut wird. Der Ertrag der obigen Kriterien liegt demnach darin, daß präziser beschreibbar ist, auf welchem Wege prozedurale Gerechtigkeit und damit institutionelles Vertrauen vermittelt werden kann, das dann auch die Entwicklung interpersonellen Vertrauens begünstigt.
Die Regeln, auf die sich das institutionelle Vertrauen stützt, können als psychologischer Vertrag gedeutet werden. Verletzungen dieses Vertrages stellen entsprechend Vertrauensbrüche dar. Turnley und Feldman (1999) zeigen an einer Stichprobe von N = 804 Managern entsprechend, daß für diesen Fall des Vertrauensbruchs mit einem signifikanten Anstieg der Kündigungsrate – Flucht im Sinne von Lazarus (1967) und exit im Sinne von Hirschman (1970) – zu rechnen ist. Umgekehrt gilt, daß mit zunehmender Fairneß von Verfahren speziell im personalpolitischen Bereich und entsprechender Regeleinhaltung die Loyalität der Manager zunimmt (Turnley u. Feldman, 1999, S. 907). Die Loyalität zeigt sich dabei u.a. in der Zunahme des sog. »Organzational Citizenship Behavior« (OCB-Verhalten; s. unter 3.3.6.; vgl. auch Müller u. Bierhoff, 1994, und Müller, 1998).

Prozedurale Gerechtigkeit steht also einerseits in einer systematischen Beziehung zum Aufbau institutionellen Vertrauens und stützt (auch deswegen) die Bereitschaft zur Loyalität. Prozedurale Gerechtigkeit steht darüber hinaus in einer Wechselbeziehung zur Verteilungsgerechtigkeit, worauf nachstehend eingegangen wird.
Während die prozedurale Gerechtigkeit über die wahrgenommene Fairneß eines Verfahrens definiert wird, bezieht sich die Verteilungsgerechtigkeit auf die wahrgenommene Fairneß der Ergebnisse eines (Verteilungs-)Verfahrens. Unter 2.3.2. war die equity-Theorie von Adams (1965) dargestellt worden. Als fair verteilt wird ein Ergebnis nach Adams (1965) dann wahrgenommen, wenn der Quotient aus Einsatz und Erträgen dem einer Vergleichsperson entspricht, also u.a. die Bezahlung als leistungsgerecht wahrgenommen wird.
Brockner und Siegel (1996) unterscheiden eine Ergebnisfairneß (im Sinne einer Verteilungsgerechtigkeit von einer Verfahrensfairneß (im Sinne prozeduraler Gerechtigkeit) und untersuchen anhand von bereits publizierten empirischen Studien die Frage, wie Reaktionen von Geführten auf kritische Entscheidungen des Managements (Entlassung, Einfrieren von Gehältern, Beschneidungen durch radikalen Organisationswandel, Rauchverbote) von diesen beiden Gerechtigkeitsquellen beeinflußt werden. Neben den zwei zu erwartenden Haupteffekten (mit zunehmender Verfahrensgerechtigkeit und mit zunehmender Verteilungsgerechtigkeit steigt die »Günstigkeit« [Akzeptanz] der Geführten-Reaktion auf derartige kritische Entscheidungen) wird nach Brockner und Siegel (1996) sehr häufig ein Interaktionseffekt berichtet; diesen Befund geben die Autoren (im Sinne einer

Trendbeschreibung der Befunde über die N = 20 empirischen Studien) schematisch wieder (Abbildung 37).

Dieser Befund besagt, daß für den Fall hoher Verteilungsfairneß (bzw. hoher Ergebnisgünstigkeit) die parallele Verfahrensfairneß für die Reaktion der Geführten keine Rolle spielt. Für den Fall niedriger Verteilungsfairneß (bzw. niedriger Ergebnisgünstigkeit) wird die Reaktion der Geführten dagegen entscheidend von der Verfahrensfairneß moderiert; ist die Verfahrensfairneß hoch, so scheint dies die Defizite der Ergebnisfairneß/Ergebnisgünstigkeit (weitgehend) kompensieren zu können.

Bei einer Erklärung dieses Befundes gehen Brockner und Siegel (1996) im wesentlichen davon aus, daß sich in einer Verfahrensfairneß (stärker als in einer ausgeprägten Ergebnisfairneß) eine Arbeitgeber-Arbeitnehmer-Beziehung ausdrückt, die wechselseitig von Respekt und Wertschätzung getragen ist und insofern – langzeitbezogen – Verläßlichkeit und Solidität indiziere. Vorübergehende Ergebnisunvorteilhaftigkeiten (Unfairnesse) fallen damit weniger ins Gewicht. Eine niedrige Verfahrensfairneß würde dagegen signalisieren, daß die Arbeitgeber-Arbeitnehmer-Beziehung von einer ökonomischen Tauschphilosophie beherrscht sei und damit – aufgrund ökonomischer Instabilitäten – langzeitbezogen keine verläßliche Beziehung darstelle, so daß auch die Einhaltung der Ergebnisfairneß für die Zukunft ungewiß sei.

Selbst wenn bei dieser Erklärung noch einige Fragen offenbleiben, sind die Belege für den in der Abbildung 37 dargestellten Interaktionseffekt ein weiterer Grund, der prozeduralen Gerechtigkeit im Betrieb Aufmerksamkeit zu schenken.

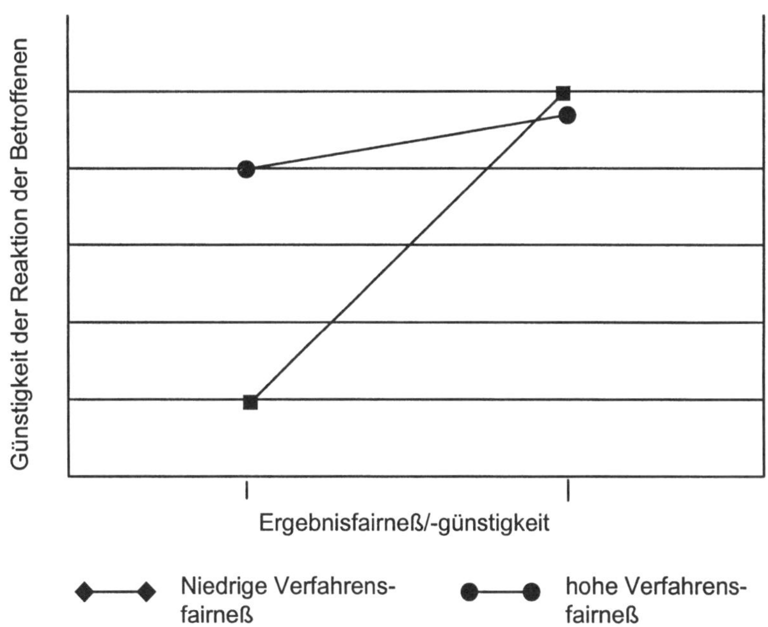

Abb. 37 Schematische Darstellung des Interaktionseffekts (Basis: 20 empirische Studien verschiedener Autoren) nach Brockner und Siegel, 1996, S. 392

Abschließend sei nochmals auf das sog. swift trust zurückgekommen. Zunehmend häufiger ergibt sich das Problem, daß Personen, die sich bisher fremd waren, gleichsam aus dem Stand heraus, ohne Anlaufzeit, im Rahmen einer befristeten, komplexen und partiell interdependenten Aufgabenstellung miteinander kooperieren können sollen; diese Konstellation beinhaltet das Paradox, daß Vertrauen da sein muß, ohne sich entwickelt haben zu können (McKnight u.a., 1999, S. 473). Meyerson u.a. (1996) bezeichnen dieses Vertrauen als swift trust, das tendenziell auf einer brüchigen Basis steht, da es nicht durch Erfahrungen fundiert ist.
In der Literatur werden im wesentlichen zwei Mechanismen diskutiert, um Vertrauen ohne einen vorausgegangenen Entwicklungsprozeß zu ermöglichen (Jarvenpaa u. Leidner, 1999):

- Soziale Kategorisierungen der Situation. Personen rekurrieren auf sozial vermittelte implizite Persönlichkeitstheorien, um zu entscheiden, auf welchen der (neuen) Partner man sich besonders verlassen will und aktivieren dabei ihre persönliche Vertrauensbereitschaft. Sie setzen des weiteren auf die Reputation des Veranstalters/Auftraggebers und schließen des weiteren von der interorganisationalen Vertrauenswürdigkeit, der der neue Partner angehört, auf die interpersonale Vertrauenswürdigkeit der konkreten Person zurück (McKnight u.a. 1998, S. 476; Meyerson u.a., 1996, S. 178).
- Handeln, als ob Vertrauen vorläge. Die Mitglieder des temporären Systems geben wechselseitig einen interpersonalen Vertrauensvorschuß, um damit die bekannte sich selbst erfüllende Prophezeihung der positiven Vertrauensspirale in Gang vorauszusetzen. Sie formulieren explizit Begeisterung über die Aufgabenstellung und Optimismus im Hinblick auf die Möglichkeit der Zielerreichung und handeln so, als sei dies so. Sie grenzen sich von anderen temporären Arbeitseinheiten ab, betonen die Güte der eigenen Kooperation und handeln so, daß keine Zweifel über die wechselseitige Kooperationswilligkeit aufkommen können (Meyerson u.a., 1996, S. 180).

Vor diesem Hintergrund haben Jarvenpaa und Leidner (1999) 29 Studenten-Teams (pro Team 4 bis 6 Mitglieder) analysiert, wobei jedes Team für sechs Wochen an einer gemeinsamen Aufgabenstellung arbeitete. Die Team-Mitglieder waren weltweit auf verschiedene Standorte verteilt; Kommunikation fand ausschließlich über E-Mail statt. Auf der Basis der Analyse der dokumentierten E-Mails wurde untersucht, wie Vertrauen zwischen diesen Studierenden, die sich bisher ebenfalls nicht kannten, anfänglich »hergestellt« wurde und sich in der 6-Wochen-Phase entwickelte.
In bezug auf die Herstellung von Vertrauen bestätigten sich die beiden o.g. Hauptstrategien der (begünstigenden) sozialen Kategorisierung der Situation und der Als-Ob-Handlung (Jarvenpaa u. Leidner, 1999, S. 807). In bezug auf die Entwicklung des Vertrauensniveaus zeigte sich, daß sich das Vertrauensniveau innerhalb der 6-Wochen-Aufgabenstellung nur bei neun von 29 Teams (positiv oder negativ) veränderte. In 20 Teams blieb das anfänglich niedrigere oder höhere Vertrauensniveau dagegen konstant. Die Autoren schließen hieraus, daß – ähnlich dem ersten Eindruck – die ersten Botschaften innerhalb des Teams entscheidend sind. Die Chance zu einem zweiten ersten Eindruck gäbe es nicht (Jarvenpaa u. Leidner, 1999, S. 810).

Die bisherige Gedankenführung implizierte die These, Vertrauen sei gut und Mißtrauen sei schlecht; diese Annahme ist offensichtlich zu einfach. Mißtrauen ist z.B. in Negativ-Summen-Spielen nicht unbegründet und hat dann die positive Funktion, Schutz- bzw. Abwehrmaßnahmen vorzubereiten (Lewicki u.a., 1998, S. 444). Umgekehrt kann Vertrauen blind sein und der Person Schaden zufügen. Bezogen auf derartige Gefahren blinden Vertrauens stellt sich entsprechend die Frage, ob nicht in vielen Situationen »Legierungen« aus Vertrauen und Mißtrauen angemessen sein könnten. Dies wirft die prinzipielle Frage nach der Struktur der Beziehung zwischen Vertrauen und Mißtrauen auf, worauf abschließend eingegangen wird.

Vertrauen und Mißtrauen wurden bisher meist als zwei sich polar gegenüberstehende Endpunkte eines eindimensionalen Vertrauens/Mißtrauens-Kontinuums betrachtet, so daß ein Mißtrauenszuwachs notwendig mit einer Vertrauensabnahme einhergeht (und umgekehrt). Dieser tradiditionellen Auffassung stellen Lewicki u.a. (1998), S. 444 f.) die These entgegen, ein »niedriges Vertrauen« sei nicht dasselbe wie ein »hohes Mißtrauen« und ein »niedriges Mißtrauen« sei nicht identisch mit einem »hohen Vertrauen«. Die Autoren plädieren vielmehr dafür, Vertrauen und Mißtrauen als zwei auf der theoretischen Ebene unabhängig voneinander bestehende Konstrukte zu interpretieren, die koexistieren können. (Es sei daran erinnert, daß Herzberg u.a. [1959] in ihrer klassischen Zufriedenheitsstudie analog die Unabhängigkeit der Konstrukte Zufriedenheit und Unzufriedenheit postulieren; s. unter 2.2.2.) Bezogen auf die Konstrukte Vertrauen und Mißtrauen gehen Lewicki u.a. (1998) von einer Zwei-Dimensionalität aus, wie die Abbildung 38 zeigt.

Die Mißtrauensdimension wird u.a. von Befindlichkeiten wie Furcht und Skeptizismus getragen, während für die Vertrauensdimension Befindlichkeiten wie Hoffnung und Glaube konstitutiv sind. Die Kombination der beiden Dimensionen ergibt im Feld 3 eine tendenziell paranoide Defensivhaltung und im spiegelbildlichen Feld 2 umgekehrt eine gemeinsamkeitsgetragene Initiativgeneigtheit. Feld 4 ist das interessante Feld der Koexistenz hohen Vertrauens und hohen Mißtrauens. Als Hinweis dafür, daß dieses zunächst einmal hypothetische Feld in der Empirie vorkommt, verweisen die Autoren auf die in der Literatur oft beschriebene Ambivalenz von Beziehungen; die Lerngeschichte innerhalb von Dyaden/Gruppen führt dazu, daß sich Personen in spezifischen Sektoren vertrauen und in anderen Sektoren mißtrauen (Lewicki u.a., 1998, S. 448).

Mehrfach unterstreichen die Autoren, daß die Koexistenz von Vertrauen und Mißtrauen nicht nur vorkommt, sondern auch funktional sei:

Die Kooperationspotentiale werden auf diesem Wege systematisch weder unter- noch überschätzt – Gefahren, die ansonsten in den Feldern 3 bzw. 2 vorhanden sind.

Für die Forschung heißen diese Überlegungen, daß Vertrauensgrade anders als Mißtrauensgrade zu erklären sein dürften, so daß in der Praxis mit der Einwirkung auf Mißtrauen abbauende Randbedingungen noch nicht Vertrauen aufgebaut wird. Die Parallelität dieser theoretischen Folgerungen und praktischen Konsequenzen zur Herzbergschen Zufriedenheits-Unzufriedenheitsforschung ist offenkundig. Außer der Bedingungsforschung muß dann auch die Effekte-Forschung dimensionsspezifisch erfolgen (Lewicki u.a., 1998, S. 448), so daß mit diesem 4-Felder-Schema ein weitreichendes Forschungsprogramm vorskizziert ist.

3.2.6.2. Macht und Mikropolitik

Ähnlich wie Vertrauen stellt Macht (Scholl, 1992) eine kardinale Größe in Organisationen dar. Im Unterschied zum Begriff Vertrauen, der emotional positiv besetzt ist, verbindet sich der Begriff Macht eher mit negativen Assoziationen (Pfeffer, 1992, S. 18). Letzteres ist vor dem Hintergrund der Erfahrung von Machtmißbrauch in geschlossenen Gesellschaften (s. unter 4.3.2.3.) leicht erklärlich. Pfeffer (1992) weist dennoch zu Recht darauf hin, daß eine einseitige Abwertung der Kategorie Macht ihrer potentiellen Funktionalität nicht gerecht wird: In kritischen Situationen muß eine Organisation über das Potential verfügen,

	Geringes Mißtrauen charakterisiert durch - fehlende Furcht - Abwesenheit von Skepsis, Zynismus - wenig Überwachung - keine Wachsamkeit	Großes Mißtrauen charakterisiert durch - Furcht - Skepsis - Zynismus - Vorsicht und Obacht - Wachsamkeit
Großes Vertrauen charakterisiert durch - Hoffnung - Glaube - Zuversichtlichkeit - Zusicherung - Initiative	2 Hochwertige Übereinstimmung Wechselseitiger Einfluß wird gefördert Chancen werden wahrgenommen Neue Initiativen	4 Vertraue, aber kontrolliere Beziehungen sind stark segmentiert Gelegenheiten werden wahrgenommen, aber die damit verbundenen Risiken und Verletzlichkeiten werden fortwährend überwacht
Wenig Vertrauen charakterisiert durch - fehlende Hoffnung - fehlenden Glauben - fehlende Zuversichtlichkeit - Passivität - Zögerlichkeit	1 Gelegenheitsbekanntschaften Beschränkter, wechselseitiger Einfluß Begrenzter, distanzierter Austausch Professionelle Höflichkeit	3 Unerwünschte Eventualitäten werden erwartet und befürchtet Böse Absichten werden unterstellt Wechselseitiger Einfluß wird gemanagt Angriff ist die beste Verteidigung Paranoia

Abb. 38 Zur Zweidimensionalität von Vertrauen und Mißtrauen (nach Lewicki u.a., 1998, S. 445)

auch ungeliebte Entscheidungen durchsetzen zu können. Dieses Potential wird üblicherweise als Macht bezeichnet.

Max Weber hat Macht wie folgt definiert: »Macht bedeutet jede Chance, innerhalb einer sozialen Beziehung den eigenen Willen auch gegen Widerstreben durchzusetzen, gleichviel, worauf diese Chance beruht« (Weber, 1947, S. 28). Neuberger (1995a, S. 59) betont, daß in der Definition von Max Weber das kleine Wörtchen »auch« bedeutsam ist. Das Wörtchen »auch« impliziert, daß Macht nicht zwingend einen Interessengegensatz voraussetzt, also nicht zwingend impliziert, daß ein Widerstand des anderen gebrochen werden muß; auch für den Fall einer freiwilligen Zustimmung würde Max Weber von Macht sprechen (ein Fall, den andere Autoren unter dem Begriff Einfluß subsummieren würden).

In der heutigen Literatur überwiegt die Tendenz, Macht von Einfluß definitorisch abzugrenzen. Macht wird einengend dem Fall vorbehalten, daß etwas gegen den Willen des anderen durchgesetzt wird. So definiert Dahl (1957, S. 202) Macht wie folgt: »A hat Macht über B in dem Maß, wie er B dazu bringen kann, etwas zu tun, was B sonst nicht getan hätte«.

Der Grund dafür, daß die Person A die Person B zu etwas veranlassen kann, was sie freiwillig nicht täte, liegt in der Abhängigkeit des B von A. Im Sinne von Emerson (1962) gilt:

»Die Abhängigkeit des Akteurs B vom Akteur A ist

1. direkt proportional den motivationalen Investitionen des B in Ziele, die A vermittelt, und
2. umgekehrt proportional der Verfügbarkeit dieser Ziele für B außerhalb der A-B-Beziehung« (Emerson, 1962, S. 32).

A muß also über Ressourcen verfügen, die B nachfragt (hat B kein Interesse an diesen Ressourcen, so kann B nicht in Abhängigkeit geraten; vgl. Matiaske, 1999, S. 176). Gleichzeitig muß gelten, daß diese Ressourcen für B außerhalb der A-B-Beziehung nicht zu gleichen Kosten verfügbar sind. Sind für B dagegen wertvolle Ressourcen außerhalb der A-B-Beziehung erhältlich bzw. gleich wertvolle Ressourcen außerhalb der A-B-Beziehung »billiger« (z.B. mit weniger Anpassungsleistung) erhältlich, so kann sich keine Abhängigkeit entwickeln. Abhängigkeit setzt die parallele Erfüllung beider Bestandteile der Emerson-Definition voraus.

Mit zunehmender Abhängigkeit des B von A steigt dabei im Sinne von Emerson (1962) die Macht des A über B; denn die Macht des A über B ist nach Emerson (1962) gleich der Abhängigkeit des B vom A. Die »Größe« der Macht des A (und damit die Größe der Abhängigkeit des B) wird unter Bezugnahme auf die obige Definition von Dahl (1957) damit über die Höhe der »Kosten« (materiell/immateriell) meßbar, die A dem B gegen dessen Willen aufbürden kann.

Macht ist in dieser Konzeption kein auf der personalen Ebene definierbares Konstrukt, sondern ein *relationaler* Begriff (Matiaske, 1999, S. 177). Insofern als A eine Ressource kontrolliert, die B nachfragt, bezieht sich der Machtbegriff auf eine Beziehung zwischen Personen (Sandner, 1993, S. 92f.). Der relationale Charakter von Macht wird noch deutlicher, wenn man die soziale Interaktion zwischen A und B in tauschtheoretischer Tradition betrachtet (Cartwright, 1959): B verfügt in der Regel ebenfalls über Ressourcen (z.B. Expertentum), die A nachfragt und die A außerhalb der A-B-Beziehung nicht gleich kostengünstig erhalten kann. Folglich ist A auch abhängig von B, und hierauf gründet sich die häufig so bezeichnete Gegenmacht von B über A.

Generell und auch in der betrieblichen Praxis stehen sich insofern nicht ein Mächtiger und ein Ohnmächtiger gegenüber; vielmehr herrscht zwischen A und B eine bestimmte Machtdifferenz, die in betrieblichen Hierarchien allerdings in der Regel zugunsten des Vorgesetzten (A) ausfällt. Diese Differenz stellt im Zeitablauf eine Variable dar, die sich natürlich auch zugunsten des Mitarbeiters (B) verkleinern kann. Die einer Differenzveränderung zugrundeliegenden Prozesse diskutiert ausführlich Sandner (1993); vgl. auch Blickle (1999). Wir werden hierauf unter dem Stichwort der Mikropolitik zurückkommen.

Oft ist die Frage nach den Grundlagen bzw. Quellen der Macht gestellt worden. Hier hat die Klassifikation von French und Raven (1959) besondere Aufmerksamkeit gefunden, wonach ursprünglich fünf, später sechs Machtquellen unterschieden werden:

- Macht durch die Chance zu belohnen. Die Quelle der Macht liegt in der Chance von A, nachgefragte Güter (Beförderung, Gehaltserhöhungen usw.) zu gewähren.
- Macht durch die Chance zu bestrafen. Die Quelle der Macht liegt in der Chance von A, Vorzüge wieder wegzunehmen bzw. aversive Situationen (Zuteilung unangenehmer Aufgaben) dem B aufzubürden.
- Macht durch Legitimation. Die Quelle der Macht liegt in der Legitimation der Anordnungsbefugnis durch formale (juristische) bzw. soziale Normen, im Zuge derer A das Recht hat, B bestimmte Pflichten aufzuerlegen. Raven (1992) differenziert diese Kategorie noch weiter aus. Von der genannten Legitimationsbasis wird eine andere Quelle der Legitimation unterschieden, die in einer Art von Fairneßregel besteht: Lasten müssen z.B. in gerechter/fairer Weise über alle Mitarbeiter verteilt werden, was das Recht impliziert, einem konkreten Mitarbeiter eine konkrete Last aufzubürden.
- Macht durch Identifikation. Die Quelle der Macht liegt in der Identifikation des B mit dem Wertesystem von A, aufgrund dessen B z.B. Zusatzverpflichtungen, die auch A realisiert, zu übernehmen bereit ist. (Ob hier noch von einer Machtbeziehung und nicht besser von einer Einflußbeziehung gesprochen werden kann, ist offen.)
- Macht durch Expertentum. Die Machtquelle liegt in dem überlegenen Wissen/den überlegenen Fähigkeiten von A, auf die B angewiesen ist.
- Macht durch Information. Die Machtquelle liegt in der Übermittlung vorher nicht verfügbarer Information bzw. in dem Aufzeigen von Zusammenhängen, die für B hilfreich sind.

Die Kritik an dieser Klassifikation von Machtquellen geht in verschiedene Richtungen: Die Machtquellen sind nicht immer trennscharf abgrenzbar (Expertenmacht versus Informationsmacht), und das Klassifikationskriterium ist inkonsistent (es finden sich formale Ressourcenbeschreibungen (z.B. Belohnungsmacht) neben substantiellen Ressourcenbeschreibungen (Expertentum; im einzelnen hierzu Sandner, 1993, S. 22ff.). Auch die bereits erwähnte, jüngst von Raven (1992) neu vorgelegte Klassifikation von Machtquellen, bei der innerhalb der obigen sechs Klassen weitere Untervarianten unterschieden werden (Raven, 1992, S. 220), löst nicht das theoretische Kernproblem, daß die Kritererien sowohl für die Selektion als auch für die Art der Klassifikation gerade dieser (und nicht anderer) Machtquellen präzisierungsbedürftig sind.
Im Prinzip geht es Raven (1992, S. 240) darum, die Akzeptanz von Durchsetzungsversuchen besser prognostizierbar werden zu lassen. Bei unterschiedlichen Machtquellen müßten sich also – theoretisch begründbar – je andere Akzeptanzniveaus ergeben. Aber vor dem Hintergrund welcher Theorie ist auf der Grundlage von z.B. Expertenmacht mit anderer Akzeptanz als bei Informationsmacht zu rechnen? Und was hieße »andere Akzeptanz« (Variiert der Grad, in dem etwas ohne Fremdkontrolle durch Dritte vollzogen wird? Variiert der Grad der zeitlichen Stabilität der Verhaltensänderung? Variiert die Intensität oder der Umfang der Verhaltensänderung oder die Reichweite der Verhaltens-

änderung in der Organisation usw.)? Empirische Untersuchungen zu der Beziehung zwischen Machtquellen einerseits und Mitarbeiterverhaltensweisen andererseits kommen auch vor dem Hintergrund dieser theoretischen Defizite bisher zu keinen konsistenten Resultaten (Podsakoff u. Schriesheim, 1985).

Soweit wurden die Machtbeziehungen nur in Dyaden betrachtet; dieser Fokus stellt in bezug auf die betriebliche Realität eine erhebliche Vereinfachung dar. Personen sind in komplexe Netzwerke von Machtbeziehungen integriert (die zu durchschauen bereits eine wesentliche Machtressource darstellt). Insofern ist es zu begrüßen, daß in den letzten Jahren forschungsstrategisch die Methodik der Netzwerkanalyse ausdifferenziert worden ist (vgl. Matiaske, 1999). In der mathematisierten Version der Netzwerkanalyse wird eine Kontrollmatrix, die den Grad der Kontrolle von Personen über spezifische Ressourcen beschreibt, mit der Interessenmatrix, die den Grad des Interesses dieser Personen an diesen Ressourcen beschreibt, miteinander verbunden. Als Ergebnis von auf der theoretischen Ebene postulierten Tauschprozessen ergibt sich bei Vorliegen einer spezifischen Kontroll- und Interessenmatrix eine empirisch vorhersagbare unterschiedliche Zentralität der Personen in diesem Beziehungsnetz, womit auch Machtunterschiede zwischen diesen Personen zum Ausdruck kommen. Die Forschungsanstrengungen gehen im Moment dahingehend, die theoretischen Engpässe des Ursprungsmodells von Coleman (1973) und im weiteren des sog. rational choice-Ansatzes, in dem der homo oeconomicus wieder auferstanden ist, zu überwinden.

Eingangs wurde erwähnt, daß der Begriff Vertrauen eher positiv und der Begriff Macht eher negativ besetzt ist. Stellt Macht gleichsam den Gegenspieler zu Vertrauen dar? Nachstehend sei knapp auf die funktionale Beziehung zwischen Macht und Vertrauen eingegangen.

In der hier gewählten Diktion von Emerson (1962) kann die Mutter dem Babysitter (s. das Beispiel unter dem Abschnitt »Vertrauen«) ihr Kind um so eher anvertrauen, je mehr der Babysitter von der Mutter abhängig ist (wenn ein Job dieser Güte für den Babysitter alternativ nicht bzw. nicht zu gleichen Kosten verfügbar ist). Dabei wird aber auch die Mutter von dem Babysitter abhängig, sofern »Vertrauen können« ein von der Mutter nachgefragtes Gut darstellt und der Babysitter als besonders vertrauenswürdig gilt. Die Abhängigkeit des Babysitters von der Mutter fördert das Vertrauen der Mutter in den Babysitter, das seinerseits die Abhängigkeit der Mutter von dem Babysitter erhöht. Abhängigkeits-(und Macht-)Potentiale, durch wechselseitige Interessenverflechtungen fundiert, stellen insofern keine Gegenspieler zur Entwicklung von Vertrauen, sondern – umgekehrt – einen Nährboden für die Entwicklung von Vertrauen dar (Matiaske, 1999, S. 192). Insofern können sich Machtpotentiale und Vertrauen wechselseitig verstärken. Dies scheint so lange zu gelten, wie die Beziehung zwischen A und B von A und B als Positiv-Summenspiel wahrgenommen wird (also als Situation des Tennis-Doppels: Die Gewinne des einen sind um so größer, je größer die Gewinne des anderen ausfallen). Wird dagegen der Beginn eines Negativ-Summenspiels diagnostiziert (die Gewinne des einen gehen zu Lasten des anderen), also ein zumindest partieller Interessengegensatz konstatiert, so wird die Größe des Machtpotentials des jeweils anderen zu einer Bedrohung und löst Mißtrauen aus.

Fragt man nach den Anlässen dafür, daß eine Situation subjektiv (!) als Negativ-Summenspiel wahrgenommen bzw. definiert wird, so liegt eine Quelle hierfür in der sogenannten Mikropolitik. Mikropolitik gefährdet die Vertrauensentwicklung (Gebert, 1995). Diese These gilt aber nur dann, wenn man Mikropolitik in spezifischer Weise definiert. Hierauf wird nachstehend näher eingegangen.

Neuberger (1995a) bezieht den Begriff der Mikropolitik auf Taktiken, die es ermöglichen sollen, bestimmte Ziele/Interessen zu erreichen. Gängigen Definitionen zufolge ist diesen Taktiken bzw. Einflußversuchen, die unter dem Begriff der Mikropolitik zusammengefaßt werden, gemeinsam, daß sie heimlich, verschwiegen und verdeckt erfolgen (Neuberger, 1995, S. 153). Für diese Gruppe der mikropolitischen Taktiken (z.B. Intrigieren) gilt selbstverständlich die gerade formulierte These, daß Mikropolitik die Vertrauensentwicklung gefährdet.

Neuberger unterscheidet von dieser Gruppe der Taktiken aber eine zweite Gruppe von Taktiken (Neuberger, 1995a, S. 154), die offen und authentisch erfolgen: Dazu zählen Handlungen wie rationales Argumentieren, Vorbild sein und z.B. Inspirieren. Für diese letztere Gruppe von mikropolitischen Taktiken kann eine dysfunktionale Wirkung auf die Vertrauensentwicklung nicht unbedingt angenommen werden (es sei denn, B unterstellt, daß A aus taktischen Gründen rational argumentiert usw.).

Allerdings fragt sich, ob es wissenschaftlich zweckmäßig ist, den Begriff des Mikropolitischen (wie Neuberger, 1995a, es tut) derart extensiv zu fassen. Wenn es nach Neuberger ein nicht-mikropolitisches Handeln nicht gibt, Mikropolitik also überall und unvermeidlich ist (Neuberger, 1995a), so ist dies eigentlich keine Erkenntnis von Neuberger über die Realität, sondern die zwingende Folge seiner extensiven Mikropolitik-Definition: Wird nicht gesagt, was nicht Mikropolitik ist, wird also definitorisch nichts ausgeschlossen, so ist, weil alles Mikropolitik ist, Mikropolitik notwendig überall und unvermeidlich. Die Überall-Unvermeidlich-Aussage ist dann keine Erkenntnis, sondern ein Definitionsartefakt, und Mikropolitik hat dabei den Charakter einer Leerformel (Sandner, 1993). Zugleich sind damit Annahmen im Hinblick auf den Zusammenhang zwischen Mikropolitik einerseits und spezifischen Effekten andererseits gegen jegliche Falsikation immunisiert, da bei einer derartig extensiven Definition von Mikropolitik alle Effekte möglich sind (Gebert, 1995).

Notwendig sind also definitorische Eingrenzungen. Burns (1962), der den Begriff der Mikropolitik offenbar erstmals einsetzte, unterschied die Dimension der Kooperation von der der Konkurrenz und definierte Mikropolitik über den Grad, in dem andere Personen als Ressource in Konkurrenzsituationen zur Durchsetzung politischer Ziele instrumentalisiert werden (Burns, 1962, S. 263 f.).

Eine (Mikro-)Politisierung erfolgt offenbar speziell in einem Kontext, der zugleich (!) durch wechselseitige Dependence der Personen, inkompatible Ziele und knappe Ressourcen gekennzeichnet ist (Pfeffer, 1992; Scholl, 1992). In derartigen Nullsummenspielen/Verteilungskonflikten steigt die Wahrscheinlichkeit dafür, daß nicht offen und authentisch kommuniziert wird, sondern Taktiken zum Einsatz kommen, die der »verdeckten« Seite der Neubergerschen Einteilung (1995a, S. 154) zuzuordnen sind. Da der *Tatbestand* von Verteilungskonflikten gerade in der heutigen Zeit zum selbstverständlichen Alltag der Betriebe gehört, verdeckte mikropolitische Taktiken deswegen durchaus wahrscheinlich sind, ist es um so wichtiger, die Weise des *Umgehens* mit derartigen Konflikten in möglichst konstruktive Bahnen zu lenken, also z.B. das Willkür-Prinzip durch das diskutierte Prinzip der Legitimität qua Verfahren zu ersetzen, um so spezifischen mißtrauengenerierenden mikropolitischen Taktiken (wie bluffen, intrigieren, radfahren usw.) entgegenzuwirken (Gebert, 1995).

Diese und andere mikropolitische Taktiken stellen auf der Handlungsebene gleichsam das Rohmaterial der Mikropolitik dar. Unter den Versuchen, dieses Rohmaterial zu klassifizieren, ist die Studie von Kipnis u.a. (1980) besonders bekannt geworden. Die Befragten geben in standardisierter Form an, wie sie sich gegenüber Vorgesetzten, Kollegen und Mitarbeitern durchzusetzen versuchen. Faktorenanalytisch ließen sich u.a. Faktoren wie

»Durchsetzung« (im Sinne von Befehl/Anordnung), »Einschmeicheln«, »Rationalität« (Überzeugung), »Sanktionen androhen« extrahieren. Bei Beeinflussungsversuchen gegenüber Vorgesetzten dominierte die Taktik »Rationalität«, gefolgt von der Taktik »Einschmeicheln«; gegenüber Mitarbeitern dominierte ebenfalls die Strategie »Rationalität« (als Ausdruck sozialer Erwünschtheit?), gefolgt von der Strategie »Durchsetzung« (Befehl/Anordnung; Kipnis u.a. 1980). Zumal sich die Faktorenstruktur der Studie von Kipnis u.a. (1980) in anderen Stichproben nicht replizieren ließ (Blickle und Gönner, 1999), sind weitere Klassifikationsversuche unternommen worden.
Blickle und Gönner (1999) haben für den deutschen Sprachraum eine vierfaktorielle Struktur von Einflußstrategien zur Durchsetzung eigener Ziele gegenüber Vorgesetzten, Mitarbeitern und Kollegen vorgelegt. Unterschieden werden die Faktoren »Rationales Überzeugen«, »Druck machen«, »Einschmeicheln« und »Übergeordnete Instanzen (höhere Vorgesetzte einschalten)«. Für die Validität der Messungen dieser Einflußstrategien spricht nach Blickle und Gönner das Ergebnis, daß die Faktorenstruktur, die sich auf der Basis der Selbstaussagen z.B. von Vorgesetzten gegenüber Mitarbeitern ergibt, mit der Faktorenstruktur übereinstimmt, die für die Fremdaussagen der Mitarbeiter gegenüber den Vorgesetzten gilt (Blickle u. Gönner, 1999, S. 44).
Forschungsmethodisch sind derartige Validierungsanstrengungen zweifelsfrei ein Fortschritt. Bedenken bleiben in bezug auf die Konstruktgültigkeit: Wenn die Kriterien für »Mikropolitik«, »Durchsetzungsversuche«, »Einflußstrategien«, »Taktiken« usw. noch präzisierungsbedürftig sind, fragt sich, was in derartigen Skalen eigentlich gemessen wird. Die Unschärfe des Gegenstandsbereichs, den es zu klassifizieren gilt, spiegelt sich in der Vielzahl von Taktiken-Klassifikationen wider, die bei Neuberger (1995a, S. 160ff) abgedruckt sind. Hilfreich wäre, »Durchsetzungsversuche«, »Einflußstrategien« usw. mit anderen unabhängigen und abhängigen Variablen *theoretisch* zu verknüpfen, da sich dann theoriegeleitet Kriterien für die Abgrenzung des zu klassifizierenden Gegenstandsbereichs ergeben werden (vgl. ansatzweise hierzu Blickle u.a., 1997). Anderenfalls laufen die Taktik-Klassifikationen Gefahr, Fehler zu wiederholen, die in der Führungsforschung – bezogen auf die Ohio-Schule – inzwischen als solche hinlänglich erkannt sind (s. 3.3.2.).

Als spezielle Variante von Mikropolitik kann das sog. Mobbing interpretiert werden. Deswegen sei an dieser Stelle knapp auf Analysen zum Thema Mobbing eingegangen.
Mobbing wird in der Regel über Handlungen definiert, die (von einem Täter) mit einer Schädigungsabsicht durchgeführt werden und von einem anderen (als Opfer bezeichnet) als aversiv erlebt werden. Leymann (1993) hat auf der Basis von Interviews eine Liste von 45 Mobbing-Handlungen vorgelegt (z.B.: jemanden »wie Luft« behandeln, jemandem sinnlose Aufgaben übertragen, jemanden lächerlich machen). Operational definiert Leymann (1993) Mobbing als dann gegeben, wenn eine Person mindestens einmal die Woche für die Dauer von mindestens einem halben Jahr von mindestens einer der 45 Mobbing-Handlungen betroffen ist.
In dem oben diskutierten machtheoretischen Zusammenhang sind derartige Handlungen als Formen von Machteinsatz zu deuten; es werden dem anderen gegen dessen Willen Kosten aufgebürdet.
Legt man die operationale Mobbing-Definition von Leymann (1993) zugrunde, so zeigen empirische Analysen, daß der Anteil der Gemobbten z.B. innerhalb einer repräsentativen schwedischen Stichprobe mit 3,5% anzusetzen ist, in anderen internationalen Studien jedoch hiervon nach oben und nach unten abweicht, so daß Generalisierungen kaum möglich sind (Neuberger, 1999, S. 70 ff.).

Die Mobbing-Forschung befindet sich derzeit noch in einem höchst unbefriedigenden Zustand: Es beginnt mit der Willkürlichkeit der Auswahl der 45 auf unterschiedlichem Abstraktionsniveau formulierten Mobbing-Handlungen und setzt sich bei der operationalen Definition mit der rechnerischen Gleichbehandlung aller Mobbing-Handlungen fort, obwohl ihr Schädigungswert unterschiedlich sein dürfte (»ständige Unterbrechungen« werden genau so gewertet wie die »Ausübung körperlicher Gewalt«). Darüber hinaus ist die einseitige Opferperspektive theoretisch unbegründet; Mobbing-Handlungen stellen soziale Interaktionen dar, so daß die Opfer selbstverständlich auch als Täter konzeptionalisiert werden müssen. Neuberger (1999, S. 137 ff.) macht hierzu einen weiterführenden Vorschlag.
Vor allem irritiert, daß die Mobbing-Analysen trotz offenkundigster inhaltlicher Nähe nicht systematisch in bereits vorhandene theoretische Bezüge (z.B. der Konflikt-, Macht- oder Streß-Theorie) integriert werden; aufgrund dieser fehlenden systematischen theoretischen Verzahnung bleiben sowohl Bedingungs- als auch Effektanalysen von Mobbing und vor allem auch die quantitative und qualitative Beschreibung des Phänomens selbst tendenziell blind und ohne Erkenntniswert.

Weiterführende Literatur

1. In verschiedene Aspekte der Gruppenkohäsion führt aus sozialpsychologischer Sicht ein: Sader, M.: Psychologie der Gruppe. München 1976, S. 63–89.
2. Den Einfluß der Gruppe auf das Arbeitsverhalten des einzelnen diskutiert einführend Hackman, J. R.: Group influences on individuals. In: Dunnette, M. D. (Ed.): Handbook ofindustrial and organizational psychology. Chicago 1966, S. 1506– 1518.
3. Kohäsion, Konformität und Leistung in Arbeitsgruppen werden einführend dargestellt bei v. Rosenstiel, L.: Arbeitsgruppe. In: Mayer, A. (ed.): Organisationspsychologie. Stuttgart 1978, S. 236–271.
4. Zur Einführung in die Theorie und Technik des Gruppenproblemlösens empfiehlt sich Franke, H.: Problemlösen in Gruppen. München 1975, Kap. I und II.
5. Die sozialpsychologischen Theorien zum Gruppenproblemlösen erörtert vertiefend Franke, H.: Problemlösen als soziale Interaktion. Berlin 1976, Kap. 3, 5, 6 und 7.
6. Zum Leistungsvorteil der Gruppe gegenüber dem einzelnen siehe einführend Hofstätter, P.: Gruppendynamik. Reinbek bei Hamburg 1971, S. 27–42 und 160–170.
7. Zum Zusammenhang zwischen der Fertigungstechnologie und der Kommunikationsstruktur in Arbeitsgruppen siehe vertiefend Meissner, M.: The language of work. In: Dublin, R. (ed.): Handbook of work, organization and society. Chicago 1976, S. 205–279.
8. Einflüsse der Organisationsstruktur auf das Kommunikationsverhalten stellen einführend dar: Porter, L. W., Robert, K. H., Communications in organizations. In: (siehe 2. oben), S. 1566–1585.
9. In gedrängter Form werden die Ergebnisse zur sozialen Unterstützung einführend zusammengefaßt bei McMichael: Personality, behavioral and situational modifiers of work stressors. In: Cooper, C. L., Payne, R. (ed.): Stress at work. N. Y. 1978, S. 138–143.
10. Eine Einführung in die Struktur und den Verlauf interpersonaler Konflikte gibt Rüttinger, B.: Konflikt und Konfliktlösen, München 1977, Kap. 1 und 3.
11. Zur Frage des Übergangs eines latenten in einen manifesten Konflikt siehe einführend bei Esser, W.: Individuelles Konfliktverhalten in Organisationen. Stuttgart 1975, Kap. 3.
12. Empirische Untersuchungen zur Funktion der dritten Partei erörtern vertiefend: Crott, H., Kutschker, M., Lamm, H.: Verhandlungen I. Stuttgart 1977, S. 139–151.
13. Eine Vielzahl praktischer Anregungen, die bei der Vermittlung zwischen zwei konfligierenden Parteien zu bedenken sind, finden sich anschaulich dargestellt bei Walton, E.: Interpersonal peacemaking: confrontations and third party consultation. London 1973, Kap. 5, 6, 7 und 8.

Fragen

34. Welche Art von Beziehung besteht zwischen der Gruppenkohäsion und der Gruppenleistung?
35. Nennen Sie allgemeine Bedingungen für die Leistungsüberlegenheit der Gruppe gegenüber der Individualleistung, und kennzeichnen Sie die Situation, die für die Realisierung dieser Bedingungen günstig ist.
36. Welche Aspekte der Technologie und Organisationsstruktur beeinflussen die Kommunikationsstruktur in Arbeitsgruppen?
37. Was meint das Konstrukt »soziale Unterstützung«, und welche Bedeutung hat es in streßtheoretischer Hinsicht?
38. Welche situativen und personalen Bedingungen erhöhen die Wahrscheinlichkeit für das Auftreten von Konflikten in Arbeitsgruppen?
39. Unter welchen Bedingungen scheint der Einsatz einer dritten Partei (bzw. eines Vermittlers) besonders ergiebig zu sein?

3.3. Führung

3.3.1. Der personalistische Ansatz

Führung, verstanden als die absichtliche und zielbezogene Einflußnahme einer Person auf das Verhalten der Mitglieder einer Arbeitsgruppe, kann unter verschiedenen Perspektiven beleuchtet werden. Die nachstehende Abbildung 39 ordnet zentrale Fragestellungen.

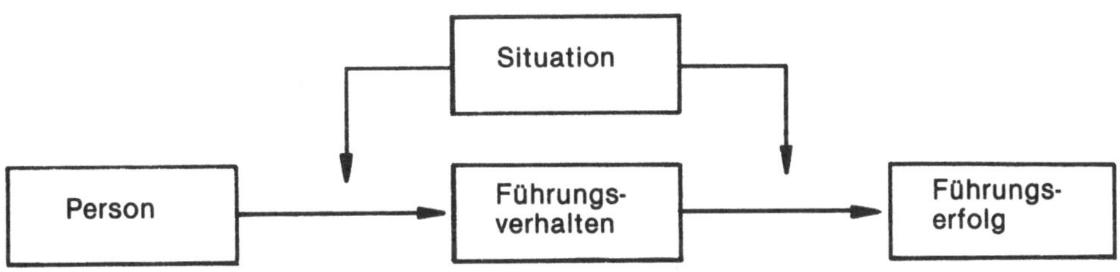

Abb. 39 Bedingtheit des Führungserfolgs durch Person und Situation

Historisch stand der personalistische Ansatz (Eigenschaftsansatz) im Vordergrund: Wie unterscheiden sich erfolgreiche von weniger erfolgreichen Führenden bezüglich ihrer Persönlichkeitseigenschaften? Schon immer interessierte man sich auch für die Frage nach dem angemessenen Führungsstil bzw. Führungsverhalten: Wie führt (bzw. verhält sich) ein erfolgreicher und wie führt (wie verhält sich) ein weniger erfolgreicher Führender? Später wurde deutlich, daß zwischen Person und Verhalten, aber auch zwischen dem Führungsverhalten (Führungsstil) und dem Führungserfolg die Situation moderiert (kontingenztheoretische Forschung): Wann (in welcher Situation) soll der Führende z.B. eher delegativ führen und wann in einer anderen Weise vorgehen? Erst in jüngster Zeit rückt das Erfolgskriterium selbst in den Mittelpunkt der Betrachtung: Worin besteht das Erfolgskriterium bzw. das Ziel der Führung, und implizieren unterschiedliche Erfolgskriterien (Ziele) unterschiedliche Führungsweisen?

Alle vier Fragestellungen werden nachstehend behandelt, wobei mit dem personalistischen Ansatz begonnen wird.

Die pragmatische Relevanz der personalistischen Führungsforschung liegt auf der Hand: Gelingt es, erfolgsbedeutsame Personmerkmale zu identifizieren (und diese zuverlässig und gültig zu messen), so liegt in der Personalauswahl eine strategische Weichenstellung in bezug auf die Sicherstellung des organisationalen Erfolgs. Die Abbildung 39 zeigt einerseits, daß die Eigenschaften einer Person für den Führungserfolg nicht unbedeutend sein können. Die Abbildung 39 illustriert aber zugleich, daß der Führungserfolg auch nicht ausschließlich als eine Funktion der Person betrachtet werden kann. Das relative Gewicht von Person und Situation ist zunächst einmal offen. In diesem Spannungsbogen zwischen einer möglichen Unterschätzung, aber auch Überschätzung der Bedeutung von Personmerkmalen bewegt sich die Forschung zum Eigenschaftsansatz. Zu verschiedenen Zeiten hat man dabei das relative Gewicht von Person und Situation (sowohl zur Erklärung des Führungsverhaltens selbst als auch zur Erklärung des Führungserfolgs) in unterschiedlicher Weise akzentuiert.
Im Sinne der great man-Theorie galt es lange Zeit als gegebenes Faktum, daß sich die wenigen »Führenden« von der Masse der »Geführten« in der Persönlichkeitsstruktur qualitativ unterscheiden und der Führungserfolg primär auf das Besondere der Führungspersönlichkeit zurückzuführen sei. Daß eine solche (einseitige) Interpretation des Führungserfolgs den Verdacht erweckt, auch ideologisch geprägt zu sein, liegt nahe: Die Elite der Führenden hat damit ihre Herrschaftslegitimierung und ein Alibi dafür, andere von der Führung auszuschließen. In der Folge der 68er Jahre wendete sich das Blatt. Die Situation (Umwelt) wurde als kardinale Erklärungsgröße auch in der Führungsforschung neu entdeckt, und der Nachweis, daß der Führungserfolg wesentlich über Markt- und Konjunkturdaten (Situation) zu erklären ist, war für Meindl u.a. (1985) hinreichender Anlaß, den personalistischen Erklärungsansatz des Führungserfolgs als Sozialromantik und Attributionsartefakt abzuqualifizieren. Aber auch diese Wertung ist bestenfalls vermeintliche Aufklärung und weit davon entfernt, ideologiefrei zu sein.
Man kann die grundsätzliche Frage stellen, ob Führungsforschung überhaupt als ideologiefreie Forschung denkbar ist. Neuberger (1995) hat im einzelnen die generelle Ideologie-Affinität der Führungsthematik aufgezeigt, und insofern sind z.B. zyklische Bewegungen im Sinne eines Entweder-Oder-Denkens (Person versus Situation, Anlage versus Umwelt) alles andere als überraschend. Die Abbildung 39 verweist dagegen auf die Notwendigkeit einer Sowohl-Als-Auch-Betrachtung; deswegen wird nachstehend der Versuch unternommen, Chancen *und* Grenzen des personalistischen Ansatzes auf der Basis einer exemplarischen Darstellung empirischer Befunde zu präzisieren.

In der empirischen Forschung haben die in der Literatur als »big five« bekannt gewordenen fünf Persönlichkeitsmerkmale emotionale Stabilität, Extraversion, Offenheit für Erfahrungen, Freundlichkeit/Verträglichkeit sowie Beharrlichkeit/Gewissenhaftigkeit einen besonderen Aufmerksamkeitswert erreicht. Die Abbildung 40 zeigt, was unter diesen Merkmalen zu verstehen ist.

Diese fünf Merkmale sind auf faktorenanalytischem Weg ermittelt worden (vgl. Goldberg, 1993). Die Kritik an diesem big-five-Persönlichkeitsmodell betont u.a., daß die fünf Faktoren keine theoretische Fundierung hätten und daß darüber hinaus die fünf-Faktoren-Lösung als Persönlichkeitsbeschreibungsmodell zu undifferenziert sei (Weinert, 1998, S. 116).

Die fünf großen Persönlichkeitsfaktoren

I Extraversion (charakteristische Verhaltensmerkmale: gesellig, gesprächig, großzügig, bestimmt, dominant, aktiv, impulsiv)

II Emotionale Stabilität (üblicherweise durch den Gegenpol »Neurotizismus« definiert: ängstlich, deprimiert, verlegen, emotional, leicht verärgert, besorgt, unsicher)

III Verträglichkeit (freundlich, höflich, flexibel, vertrauensvoll, kooperativ, tolerant, versöhnlich, weichherzig)

IV Gewissenhaftigkeit (verläßlich, sorgfältig, verantwortungsbewußt, planvoll, organisiert, leistungsorientiert, ausdauernd)

V Offenheit für Erfahrungen (auch »Intellekt« oder »Kultiviertheit« benannt: einfallsreich, kultiviert, originell, vielseitig, intellektuell, aufgeschlossen, ästhetikbetont)

Abb. 40 Fünf-Faktoren-Modell der Persönlichkeit (nach Schuler 1998, S. 28)

Die personalistische Führungsforschung beginnt insofern schon mit dem Problem, wie denn das potentiell sehr große Universum an (möglicherweise erfolgsrelevanten) Eigenschaften für die empirische Forschung vernünftig reduziert und geordnet werden kann; die fünf-Faktoren-Lösung ist nur eine unter anderen denkbaren Lösungen. Eine Bestandsaufnahme zu den empirischen Ergebnissen der personalistischen Führungsforschung muß außer mit der Willkürlichkeit der Klassifikation auch mit der Willkür leben, daß die fünf unterschiedenen Konstrukte in verschiedenen Untersuchungen (willkürlich) nicht unbedingt in gleicher Weise operationalisiert werden, wodurch Vergleiche und Zusammenfassungen erschwert sind. Mit diesem relativierenden Vorspann werden in der Abbildung 41 Forschungsergebnisse zu der Erfolgsbedeutsamkeit der big five wiedergegeben.

Kriterien	sozioökonomischer Lebenserfolg: Einkommen/ beruflicher Status	job performance subjektive und/oder objektive Leistungsangaben	
Art der Studie	Einzelstudie; N = 166; Längsschnitt über 30 bis 40 Jahre	Metaanalyse auf der Basis von N = 97 unabhängigen Stichproben	
Statistik / Prädiktor	Höhe der Korrelation (* p <. 05; ** p < 0.01)	mittlere korrigierte Korrelation	95%-Vertrauensintervall
Emotionale Stabilität[1]	.34**	.223	–.017 .283
Extraversion	.18	.155	–.053 .261
Offenheit für Erfahrungen	.26**	.272	–.074 .441
Freundlichkeit/Verträglichkeit	.01	.326	–.162 .603
Beharrlichkeit/Gewissenhaftigkeit	.41**	.179	–.111 .357
	Allgemeine Intelligenz .53**	Locus of control: .132	–.009 .278
	R (multiple Korrelation): .64**		
Stichprobe	Zufallsstichprobe in der Bevölkerung	abhängig Beschäftigte	
Quelle	Judge u.a., 1999, S. 637 f.	Tett u. a., 1991, S. 726	

[1] umgekehrt gemessen über Neurotizismus

Abb. 41 Persönlichkeitsmerkmale und Erfolg

In der Studie von Judge u.a. (1999) wird als Erfolgsindikator u.a. ein Index aus der Höhe des Jahreseinkommens und dem beruflichen Status – Vorstandsvorsitzender (7) bis ungelernter Arbeiter (1) – gebildet. In einer Längsschnittstudie, bei der zeitlich zwischen der Prädiktor- und der Erfolgsmessung 30 bis 40 Jahre (!) lagen, erweisen sich die big five, die auch genetisch bedingt sind (Judge u.a., 1999, S. 623; Asendorph, 1999, S. 303 f.), für den Führungserfolg durchaus als erklärungsbedeutsam. Beharrlichkeit, emotionale Stabilität und Offenheit für Erfahrungen sind mit dem sozio-ökonomischen Erfolgskriterium signifikant positiv verbunden.

Interessanterweise korreliert die allgemeine Intelligenz mit diesem Erfolgskriterium am höchsten. Die prädiktive Validität des g-Faktors der Intelligenz gegenüber dem Erfolgskriterium job performance wird in einer Literaturübersicht von Ree u.a. (1998, S. 175) mit r = ca. .50 angegeben. Schmidt und Hunter (2000, S. 24) schätzen auf der Basis eigener Untersuchungen die Validität von Intelligenzmaßen für die Berufsleistung von Managern auf r = .58. Die Autoren begründen die herausragende Bedeutsamkeit der Intelligenz für die berufliche Leistung damit, daß die Intelligenz die Aneignung und Verarbeitung des für den jeweiligen Beruf notwendigen Wissens fördere. Obwohl die Intelligenz nach Schmidt und Hunter (2000) der wichtigste Erfolgsprädiktor überhaupt ist, ist es üblich, Persönlichkeits- und Intelligenzmerkmale getrennt zu diskutieren, so daß die big five bisher nicht systematisch um kognitive Aspekte erweitert wurden. In der Längsschnittstudie von Judge u.a. (1999) wird dagegen ergänzend zu den big five die Intelligenz berücksichtigt:

Auf der Basis einer multiplen Korrelation lassen sich im Ergebnis ca. 40 % der Erfolgsunterschiede auf die Kombination der untersuchten fünf Persönlichkeitsvariablen und der Intelligenzmaße zurückführen; dies ist nicht wenig. Zugleich indizieren die Ergebnisse dieser Studie eine erhebliche Stabilität der mit dem Erfolgskriterium signifikant verbundenen Merkmale. Die g-Faktor-Intelligenz gilt ohnehin als zeitlich stabilstes Personmerkmal (Asendorpf, 1999, S. 287).

Die deutlicher die soziale Dimension ansprechenden Merkmale der emotionalen Stabilität und der Freundlichkeit erweisen sich in dem obigen Längsschnitt, bezogen auf das bezeichnete Erfolgskriterium, als nicht bedeutsam. Offenbar kann man auch als ungeselliger und unfreundlicher Mensch »nach oben« kommen. Damit wird ein weiteres Kernproblem angesprochen, nämlich die Frage, welches Erfolgskriterium in der jeweiligen Untersuchung zum Einsatz kommt. In der rechten Hälfte der Abbildung 41 werden die big five deswegen zu anderen, nämlich objektiven und subjektiven job-performance-Kriterien (überwiegend Querschnittsanalysen), in Beziehung gesetzt.

In der Metaanalyse von Tett u.a. (1991) auf der Basis von N = 97 voneinander unabhängigen Stichproben ist u.a. geprüft worden, ob sich die Höhe der Korrelationen zwischen den big five und der job performance für Führungskräfte und Nicht-Führungskräfte unterscheidet. Da kein Unterschied feststellbar war (Tett, 1991, S. 722), kann man die Abbildung 41 auch so lesen, daß die big five, bei Führungskräften gemessen, mit deren Leistung in der angegebenen Weise korreliert sind. Da die Leistungsergebnisse von Führungskräften nicht nur eine Funktion ihrer persönlichen Leistungsbeiträge sind, sondern auch (in welchem Maße auch immer) von der Frage abhängen, in welcher Weise die Geführten, die zu den Leistungsergebnissen des Führenden beitragen, von dieser Führungskraft geführt werden, kommt die subjektiv und objektiv eingestufte Leistung der Führungskräfte dem Kriterium »Führungserfolg« schon näher. Aber auch hier wird wieder ein Problem erkennbar: Was exakt meint eigentlich »Führungserfolg«? Fallen Erfolg und Führungserfolg zusammen?

Geht man davon aus, daß in der Studie von Tett u.a. (1991) das Erfolgskriterium zumindest teilweise auch etwas widerspiegelt, das mit Grund als Führungserfolg bezeichnet wer-

den kann, so weisen die Ergebnisse daraufhin, daß emotionale Stabilität und Offenheit für Erfahrungen (und in geringerem Maße Beharrlichkeit) auch für den Führungserfolg bedeutende Personmerkmale sind. Der auffallendste Unterschied zu den Ergebnissen der Längsschnittstudie von Judge u.a. (1999) ergibt sich im Hinblick auf das Merkmal der Freundlichkeit/Verträglichkeit. Hier deutet sich die *Kriterienspezifität* der Ergebnisse an. Da sich die Leistungsergebnisse einer Führungskraft u.a. über die Weise ihres Führungsverhaltens vermitteln, ist der Grad, in dem eine Führungskraft vertrauensvoll kooperiert (Abbildung 40), für ihren Erfolg bedeutsam. Gleiches ist für das sozio-ökonomische Erfolgskriterium in der Studie von Judge (1999) nicht anzunehmen; folglich ist hier die Freundlichkeit kein Erfolgsprädiktor.
Schmitt-Rodermund u.a. (1999, S. 127) untersuchten an N = 97 Kleinunternehmern/Geschäftsführern von Kleinunternehmen die Beziehung zwischen der Freundlichkeit/Verträglichkeit und dem Umsatz pro Kopf der Belegschaft (Querschnittsanalyse). Dabei ergab sich sogar eine signifikant negative Korrelation von $r = -.31$ ($p < .05$). In Kleinunternehmen mit einer Belegschaft von häufig unter 50 Personen ist also der »knorrige«, gelegentlich auch »unwirsche« Unternehmer/Geschäftsführer gefragt, während sich abhängig beschäftigte Führungskräfte, die ihrerseits von ihren Geführten abhängig sind, kooperativ-vertrauensvoll-höflich verhalten müssen, um erfolgreich zu sein?
Wie dem auch sei – es deutet sich an, daß Personmerkmale mit unterschiedlichen Erfolgskriterien (sozio-ökonomischer Status, Geschäftserfolg, Führungserfolg) unterschiedlich verbunden sind, da die verschiedenen Erfolgskriterien ihrerseits unterschiedlich bedingt sind. Der Tatbestand der unterschiedlichen Bedingtheit unterschiedlicher Erfolgskriterien zeigt sich empirisch darin, daß die Korrelationen zwischen verschiedenen Erfolgskriterien oft niedrig ausfallen (Moser, u.a., 1999, S. 31 ff.).
Variierende Höhen der Korrelation zwischen Prädiktor und Kriterium signalisieren insofern nicht »Chaos«, sondern reflektieren systematische Zusammenhänge, die im Prinzip aufklärbar sind. Forschungsbezogen impliziert dies, daß die zu überprüfenden Personmerkmale aus der Struktur des Erfolgskriteriums unter Zugrundelegung einer Theorie seiner Bedingtheit hergeleitet werden sollten (Brandstätter, 1999, S. 169 f.); die so hergeleiteten Prädiktoren sind dann vermutlich de facto erfolgsbedeutsam. Dies zeigt sich auch in der Meta-Analyse von Tett u.a. (1999). Der wichtigste Moderator, von dem die Höhe der Korrelationen zwischen Prädiktor und Kriterium mit abhängt, war die Frage, ob die Selektion der überprüften Prädiktoren theoriegeleitet erfolgte (Tett u.a., 1991, S. 722): Theoriegeleitet vorselektierte Prädiktoren korrelierten mit den Erfolgskriterien (hochsignifikant) deutlich enger. Insofern kann die personalistische Führungsforschung sicherlich noch effektiver durchgeführt werden, so daß die bisher vorliegende Empirie noch nicht die obere Grenze der Leistungsfähigkeit dieses Ansatzes markiert. Selbstverständlich sind derartige theoriezentrierte Herleitungen von Merkmalen schwierig, und hier liegen u.a. Grenzen des personalistischen Forschungsansatzes. Es entsteht nur der Eindruck, daß diese Grenzen noch nicht systematisch ausgelotet sind (und damit auch nicht das Potential bzw. die Chance des personalistischen Ansatzes).

Die Chancen einer besseren Ausschöpfung des Potentials des personalistischen Ansatzes bestehen u.a. darin, daß nicht nur die Kriterienspezifität der Personmerkmale berücksichtigt wird, sondern *zusätzlich* die je angenommene Beziehung zwischen einem Prädiktor und einem Kriterium *situativ relativiert* wird. Dies demonstriert die Abbildung 41: In bezug auf das Merkmal der Freundlichkeit/Verträglichkeit variiert die Höhe der Korrelationen innerhalb des 95%-Vertrauensintervalls von –.162 bis .603; es kommt in der Empirie also auch der Fall vor, daß Freundlichkeit und Führungserfolg mit $r = .60$ korreliert ist!

Dies könnte in einem Kontext der Fall sein, in dem der Führungserfolg sowohl eine vertrauensvolle Beziehung zu den Geführten, aber auch eine vertrauensvolle Beziehung zum Kunden voraussetzt. Berücksichtigt man also in kontingenztheoretischer Tradition (s. unter 3.3.3.) den situativen Kontext (gleichsam das Anforderungsprofil), in dem sich bestimmte Personmerkmale bewähren sollen, so kann das Maß, in dem über Prädiktoren Erfolgsgrade vorhergesagt werden können, offensichtlich gesteigert werden.
Dieses Argument hat auch Bedeutung für die relativ schwache Beziehung zwischen Beharrlichkeit/Gewissenhaftigkeit und dem Führungserfolg in der Metaanalyse von Tett u.a. (1991). Robertson u.a. (2000, S.177) zeigen an einer Manager-Stichprobe, daß mit zunehmender Beharrlichkeit/Gewissenhaftigkeit eine Neigung zu stark organisiertem, selbstdiszipliniertem, auf die Details achtenden Arbeitsverhalten zu erwarten ist; eben dieses Arbeitsverhalten sei aber in Situationen, die ganzheitlich-innovatives Vorgehen verlangen, tendenziell hinderlich. Das Merkmal Beharrlichkeit/Gewissenhaftigkeit hat damit in unterschiedlichen Aufgaben-Kontexten eine unterschiedliche Bedeutsamkeit (Robertson, 2000). Zugleich stellt diese Argumentation in Frage, ob es überhaupt vernünftig ist, ein offenbar heterogenes bzw. mehrdimensionales Konstrukt »Beharrlichkeit/Gewissenhaftigkeit« zu einem Konstrukt zusammenzufassen (vgl. Vinchur u.a., 1998, S.587).
Differenzierte Analysen der Beziehung zwischen Prädiktor und Erfolgskriterium können im übrigen ergeben, daß die Beziehung nicht linearer, sondern kurvilinearer Art ist. Brandstätter (1999, S.168) fand bei Unternehmern einen umgekehrt u-förmigen Verlauf für die Beziehung zwischen emotionaler Belastbarkeit und ökonomischen Erfolg; geht extreme Belastbarkeit in Gleichgültigkeit über? Auch derartige Fragen potentiell kurvilinearer Beziehungen sind aufklärungswürdig, da eine Statistik, die die Linearität der Beziehung voraussetzt, die Enge der Beziehung zwischen Prädiktor und Kriterium systematisch unterschätzt, sofern real eine kurvilineare Beziehung vorliegt.

Außer den big five wurden in den letzten Jahren u.a. aus motivationstheoretischer Sicht noch andere Konstrukte bezüglich ihrer Erfolgsbedeutsamkeit untersucht. Dies veranschaulicht exemplarisch die Studie von Göbel und Frese (1999), in der an $N = 98$ ost- und westdeutschen Kleinunternehmern die Beziehung zwischen Personmerkmalen und einem Erfolgsindikator bestimmt wurde, der (zu gleichen Anteilen) das Unternehmenswachstum, die Unternehmensgröße, die Arbeitszufriedenheit des Unternehmers und dessen Einkommen berücksichtigt. Von insgesamt 29 sich teilweise überlappenden Personmerkmalen korrelierten die folgenden Merkmale mit $r > .30$ ($p < .001$) mit dem obigen Erfolgsindikator (Abbildung 42).

Das Merkmal Dominanzbedürfnis bezieht sich auf den selbstempfundenen Führungsanspruch von Personen. Dieses Merkmal sieht Brandstätter (1999) in der Nähe des Unabhängigkeitsbedürfnisses, das sowohl für das Unternehmerwerden als auch für den Unternehmenserfolg (bei Unternehmern) bedeutsam ist. Die anderen vier Variablen der Abbildung 42 stehen in einem systematischen Zusammenhang mit der Variablen »locus of control« (s. Abbildung 41). Optimismus und aufgabenbezogene Selbstwirksamkeit hängen eng mit der internalen Kontrollüberzeugung, also mit der Annahme, man habe die Dinge unter Kontrolle (in der Hand), zusammen; diese Kontrollüberzeugung begünstigt wiederum die nach Mißerfolgserlebnissen wichtige Handlungs- (statt Lage-)Orientierung (Kuhl, 1996), damit sich die Person trotz eines Mißerfolgs anschließend wieder der Aufgabe zuwenden kann.
Plausiblerweise sind diese motivationsorientierten Personmerkmale ergebnisbedeutsam, da z.B. mit zunehmender internaler Kontrollüberzeugung, bezogen auf die Erwartungs-Wert-

Prädiktor / Kriterium	**Unternehmenserfolg* von selbständigen Kleinunternehmern**
Persönlichkeitsmerkmale	Korrelation (Querschnittsanalyse; N = 98; p < .001)
Dominanzbedürfnis	.39
Handlungsorientierung nach Mißerfolgserlebnissen	.34
internale Kontrollüberzeugung	.35
Optimismus	.41
Selbstwirksamkeit	.41
Quelle	Göbel u. Frese (1999, S. 101)

* Index aus:
- Unternehmenswachstum
- Unternehmensgröße
- Arbeitszufriedenheit des Unternehmers
- Einkommen des Unternehmers

Abb. 42 Persönlichkeitsmerkmale von Kleinunternehmern, die mit dem Erfolg mit r > .30 verbunden sind.

Theorie von Vroom (1964), die Variable »Erwartung« (s. 2.2.3.) und damit der hiervon abhängige Grad an Leistungseinsatz (effort) steigt, der wiederum für den Unternehmenserfolg bedeutsam ist.
Die Relevanz der internalen Kontrollüberzeugung von Kleinunternehmern für den Unternehmenserfolg bestätigt sich empirisch auch bei Gebert u.a., 1992, S. 149 ff. sowie in einer fünfjährigen Längsschnitt-Studie von Zempel (1999, S. 80). Da die in der Abbildung 42 angeführten Personmerkmale in einer theoretisch nachvollziehbaren Weise mit den spezifizierten Erfolgskriterien verbunden sind, besteht auch keinerlei Veranlassung, derartige Befunde als Sozialromantik und Attributionsartefakt zu diskreditieren. Daß der (Unternehmens-)Erfolg – als Grenze des personalistischen Ansatzes – auch (!) wesentlich von situativen Variablen (Konjunktur...) mit abhängt, ist in der Literatur nie bestritten worden.

3.3.2. Führungsverhalten und Führungserfolg

Will man den Führungserfolg vorhersagen, so kann man statt des Umwegs über den Eigenschaftsansatz auch an dem (von Eigenschaften mitbedingten) Führungsverhalten selbst ansetzen, also von den Aktivitäten ausgehen, die das Phänomen Führung inhaltlich konstituieren.
Mit zunächst stark deskriptiver Intention entwickelte sich auf diesem Feld die sog. »Work-activity-Forschung« an Führungskräften, über die Schirmer (1991) zusammenfassend be-

richtet. Sie besteht im wesentlichen daraus, daß der fortlaufende Strom des Handelns von Führungskräften dokumentiert wird, wobei als dominierende Verfahrensweisen die Selbstbeobachtung, bei der in der Regel die Führungskräfte ein Tagebuch führen, und die Fremdbeobachtungen, bei der Außenstehende die Verhaltensweisen notieren, gelten dürfen.

Bei der Tagebuchmethode beruht die Dokumentation meist auf standardisierten Protokollbögen; es ist für jede von den Führungskräften unterschiedene Aktivität ein Tagebuchblatt auszufüllen. Darin werden die Aktivitäten nach bestimmten Gesichtspunkten klassifiziert, wie z.B. Ort der Aktivität, Teilnehmer der Aktivität, verwendete Hilfsmittel, Zweck der Aktivität. Bei der Fremdbeobachtung wird der Führende während des gesamten Arbeitstages von einem Beobachter begleitet, der alle Aktivitäten, die er wahrnimmt, in strukturierter Weise aufzeichnet. Beide Vorgehensweisen haben mit dem Problem zu kämpfen, daß die Grenzen zwischen verschiedenen Aktivitäten fließend sind und entsprechend gelegentlich eine Aktivitätsfolge zu einer Handlung zusammengefaßt wird, während sie von anderen in mehrere Aktivitäten aufdifferenziert wird. Zudem zeigt sich, daß häufig sehr kurze Aktivitäten einfach übersehen und vergessen und nicht dokumentiert werden (Stewart, 1967, 1979; Mintzberg, 1973). In der Zwischenzeit gibt es allerdings Versuche, zu verbesserten Kategoriensystemen zu gelangen (Luthans u.a., 1988).

Zu welchen Ergebnissen gelangten nun die vielfältigen Studien, deren erste von Carlson (1951) durchgeführt wurde und die fast alle an dem Handikap kranken, daß die Zahl der untersuchten Führungskräfte relativ gering ist, was angesichts der aufwendigen Methodik – etwa bei strukturierter Beobachtung – nicht überrascht. So stützen sich die Untersuchungsbefunde von Snyder und Glueck (1980) nur auf Beobachtungen an zwei Managern, während wesentlich hochzahligere Analysen (Ramme, 1989) sich ausschließlich auf die Tagebuch- bzw. eine Fragebogenanalyse stützen.

Als zentrale Befunde derartiger Analysen zeigte sich übereinstimmend, daß

- die Dauer der einzelnen Aktivitäten bei Führungskräften ausgesprochen kurz ist, sie häufig nicht länger als drei Minuten dauern (Beishon u. Palmer, 1972) und nur in seltenen Situationen mehr als eine Stunde in Anspruch nehmen (Mintzberg, 1973) und
- daß der überwiegende Anteil der Arbeitszeit durch verbale Kommunikation in Anspruch genommen wird (Mintzberg, 1973; Luthans u. Larsen, 1986).

Aufgrund von Faktoren- oder Clusteranalysen der Inhalte der jeweils klassifizierten Aktivitäten hat man versucht, Managementtypologien zu entwickeln, wobei Stewart (1967) unterscheidet:

- Emissäre, die einen Großteil ihrer Arbeitszeit außerhalb der Organisation und mit dem Kontakt mit Externen verbringen,
- Schreiber, die sich vor allem dem Lesen und Schreiben in Einzelarbeit widmen,
- Diskutierer, die über 50% der Zeit in Gesprächen mit Angehörigen des eigenen Unternehmens verbringen,
- Krisenmanager, die sich intensiv mit Untergebenen auseinandersetzen, um Krisen zu bewältigen,
- Kommissionsmenschen, die wesentliche Teile ihrer Arbeitszeit in Sitzungen verbringen.

Diese und ähnliche (Ramme, 1989,1990) Studien geben allerdings keine befriedigende Antwort darauf, ob die Typenzugehörigkeit eher aufgrund von Verhaltenspräferenzen oder Persönlichkeitsmerkmalen der einzelnen Personen oder durch die Anforderungen der jeweiligen Aufgaben bestimmt sind. Interessant allerdings erscheint die Beziehung dieser Verhaltensweisen zum Erfolg. Bei einer Vierfachklassifikation der Managementaktivitäten

(Luthans u.a., 1988) wurde untersucht, was erfolgreiche Manager – Erfolg an Karrierekriterien definiert – und effektive Manager – Effektivität definiert an Kriterien des Erfolgs der organisatorischen Einheit sowie der Zufriedenheit und des Commitments der Untergebenen – vom Durchschnitt der Manager unterscheidet. Abbildung 43 zeigt die Ergebnisse.

	Alle Manager	Erfolgreiche Manager	Effektive Manager
Routinekommunikation	29	28	44
traditionelle Managementfunktion	32	13	19
Beziehungspflege	19	48	11
Human Resource Management	20	11	26
Summe	100	100	100

Abb. 43 Relative Verhaltenshäufigkeiten von erfolgreichen und effektiven Managern (Luthans u.a., 1988, S. 161)

Man erkennt, daß Karriere offensichtlich auf anderen Bedingungen als Führungserfolg beruht und in starkem Maße von der »Beziehungspflege« abhängt, während der Erfolg durch Routinekommunikation, u.a. das Sachgespräch über die Alltagsaufgaben, und durch »human Ressource Management«, der Zuwendung zu den Mitarbeitern, bedingt wird.

Obwohl derartige Befunde erhebliches Interesse verdienen, sind sie aufgrund ihres methodischen Zugangs zum Phänomen des Führungsverhaltens vielfältig kritisiert worden:

Sie scheinen – so wird eingewendet – nicht am Sinnzusammenhang eines längerfristig geplanten Führungshandelns orientiert, sondern analysieren in einem tayloristischen bzw. behavioristischen Verständnis des Verhaltens nur kleine isolierbare Elemente des Verhaltens ohne Rücksicht auf das angestrebte Ziel oder den Sinnzusammenhang (Schirmer, 1991). Entsprechend gelte es, in theoriegeleiteter Weise Handlungszusammenhänge zu erheben, die an Zielen ausgerichtet sind und darüber hinaus auch die mentale Seite, z.B. die Planung der Führenden, die der bloßen Verhaltensbeobachtung verborgen bleibt, zu erfassen. Es liegt dabei nahe, sich an analytisch erschließbaren Funktionen des Managements zu orientieren, wie dies klassischerweise bereits Fayol (1929) getan hat.

Hierzu benötigt man im ersten Schritt eine Art Inventarisierung dessen, was als Führungsaktivität bezeichnet werden kann. Und hier beginnen bereits die Schwierigkeiten, da kein Konsens zur Frage besteht, was »Führung« eigentlich inhaltlich ausmacht bzw. worin sich »Führung« realisiert. Wenngleich verschiedene Autoren zu unterschiedlichen Auflistungen relevanter Führungsaktivitäten gelangen, werden häufig z.B. folgende als bedeutsam herausgestellt (Neuberger, 1976a, S. 130 ff.):

- die Zusammenarbeit unter den Gruppenmitgliedern fördern,
- Konflikte schlichten,
- Initiative wecken, motivieren,
- die Gruppe repräsentieren,
- Ziele setzen,
- Entscheidungen fällen,
- Abläufe organisieren und koordinieren,

- die Gruppenmitglieder informieren,
- die Arbeitsergebnisse kontrollieren,
- sich um das Wohl des einzelnen kümmern.

Derartige Auflistungen von Führungsaktivitäten sind notwendigerweise willkürlich. Das eigentliche Problem solcher Inventarisierungen besteht auch nicht in der Willkür, sondern in der mangelnden *Explizierung* derjenigen Theorie, welche die Selektion dieser Aktivitäten auf seiten des jeweiligen Autors implizit steuerte. Verschiedene Autoren kommen zu unterschiedlichen Auflistungen, weil sie a) an unterschiedliche Kriterien für Führungserfolg (Leistungsdaten, Zufriedenheit) denken und b) andere Theorien der Bedingtheit des Erfolgs implizit zugrunde legen. Im Gegensatz zur bisherigen Praxis sollte in Zukunft die Explizierung dieser Prämissen *am Beginn* derartiger Auflistungen stehen, da anderenfalls die frustrierenden Auffassungsunterschiede zur Frage, welche Führungsaktivitäten bedeutsam sind und worin sich Führung realisiert, nicht überwunden werden können.

Bei dem Versuch, die Vielzahl der obigen (und weiterer) Aktivitäten auf einige Grunddimensionen zu reduzieren, sind die Bemühungen der Ohio-Schule aus den fünfziger Jahren außerordentlich bekannt und einflußreich geworden. Auf der Basis von zunächst ca. 1800 verschiedenen Führungsverhaltensweisen, die über Befragungen ermittelt wurden, wurde im wesentlichen auf faktorenanalytischem Wege versucht, die Vielfalt der Verhaltensweisen auf einige Fundamentalkategorien zu reduzieren. Das Ergebnis dieser Forschungsgruppe (vor allem: Hemphill, Stogdill und Fleishman) bestand u.a. darin, daß sie zwei Faktoren bzw. Grunddimensionen des Führungsverhaltens ermittelten, die sie mit »consideration« und »initiating structure« umschrieben (siehe unter anderem Fleishman, 1953). Vereinfachend läßt sich »consideration« einem mitarbeiterorientierten Führungsverhalten und »initiating structure« einem produktions- bzw. leistungsorientierten Führungsverhalten zuordnen. Bevor nun auf die empirischen Befunde zur Beziehung zwischen diesen beiden Verhaltensdimensionen und bestimmten Führungserfolgskriterien eingegangen wird, sollen die beiden Aspekte consideration und initiating structure noch in inhaltlicher Hinsicht näher gekennzeichnet werden.
Fleishman betont als Bestandteile der Dimension consideration zum einen Aspekte wie Vertrauen und Freundlichkeit und zum anderen den Aspekt, zweiseitige Kommunikation und Einflußnahmen des Mitarbeiters zu ermöglichen (Fleishman, 1973, S. 7f.). Auch bei der Dimension initiating structure werden Unteraspekte unterschieden: Unter Bezugnahme auf einen eigens zur Messung von consideration und initiating structure konstruierten Fragebogen betont Fleishman im Hinblick auf die Bestandteile von initiating structure zum einen den Aspekt, für den Mitarbeiter die Aufgabenbewältigung durch klare Zielvorgaben und Definitionen kognitiv zu strukturieren, und zum anderen den Aspekt der Aktivierung und Leistungsmotivation (Fleishman, 1973). Neuberger (1976a, S. 138 f.) faßt die Unteraspekte zu den beiden Dimensionen wie folgt zusammen:

consideration:
- Allgemeine Wertschätzung und Achtung,
- Offenheit, Zugänglichkeit, Bereitschaft zur zweiseitigen Kommunikation,
- Einsatz und Sorge für den einzelnen;

initiating structure:
- Strukturierung, Definition und Klärung des Ziels sowie der Wege zum Ziel,
- Aktivierung und Leistungsmotivation,
- Kontrolle und Beaufsichtigung.

Beide Dimensionen sind demnach in sich nicht homogen, sondern mehrdimensional. Von daher ist zu fragen, inwieweit es zweckmäßig ist, ein Führungsverhalten jeweils *zusammenfassend* als mehr oder weniger konsiderativ (bzw. strukturierend) einzustufen:
Während der Mitarbeiter ein zielklärendes Verhalten des Vorgesetzten vielleicht als hilfreich erlebt, empfindet er ein Weg-klärendes Führungsverhalten u.U. schon als Gängelei und ärgert sich außerdem über die Enge des möglicherweise parallellaufenden Kontrollverhaltens des Vorgesetzten.
Bezogen auf das für die Leistung wichtige Engagement des Mitarbeiters wirken sich die genannten unterschiedlichen Verhaltensaspekte der Dimension initiating structure u.U. also in entgegengerichteter Weise aus (motivierend *und* demotivierend), womit ihre Zusammenfassung in eine Dimension »initiating structure« höchst fragwürdig wird. Relevante Wirkungsunterschiede der Einzelaspekte werden auf diesem Wege gerade wieder unkenntlich gemacht. Analoge Überlegungen lassen sich für die Dimension consideration anstellen.

Vermutlich liegt in der unzureichenden Berücksichtigung möglicher Wirkungsunterschiede der Teilkomponenten von consideration (bzw. initiating structure), also in der internen Heterogenität dieser Verhaltensdimensionen, *eine* der Gründe für den folgenden Befund:
Prognosen des Führungserfolgs (bzw. von Zufriedenheits- und Leistungsindizes) auf der Basis zusammenfassender Indizes für consideration resp. initiating structure gelingen nur in enttäuschend niedrigem Ausmaße oder gar nicht; im Durchschnitt werden Korrelationen um .20 berichtet (Neuberger, 1976a, S. 142).

Die Reduktion verschiedenster Führungsverhaltensweisen auf die beiden Dimensionen consideration und initiating structure scheint insofern problematisch zu sein. Ähnlich sind auch die traditionellen Gegenüberstellungen von »demokratisch« und »autoritär« (Lewin u.a., 1939) oder »mitarbeiter-« und »produktions«-orientiert (Blake u.a., 1968) sowie von »direktiver« und »kooperativer Führungsform« (Seidel, 1978) – von begrifflichen Unschärfen ganz abgesehen – prognostisch bedenklich, da auf diesem Wege mögliche differentielle Effekte der Unteraspekte dieser Grobkategorien systematisch verschleiert werden (Stogdill, 1974, S. 419).

Ähnlich wie schon bei dem personalistischen Führungsparadigma rächt sich auch bei der Verhaltensklassifikation, daß sie zu wenig theoriegeleitet durchgeführt wurde: Würde man die angenommene Art der *Verknüpfung* zwischen Führungsverhalten und Erfolgskriterien *im einzelnen* elaborieren, könnte vermutlich sehr schnell deutlich werden, daß ein Aufbrechen der genannten Grobkategorien prognostisch notwendig ist. Vor diesem Hintergrund kommen den führungspsychologischen Weg-Ziel-Theorien von Evans (1970) und House (1971), die Neuberger noch weiter ausdifferenziert hat (Neuberger, 1976a, S. 251 ff.), eine hervorragende Bedeutung zu: In diesen Theorien wird nämlich der Versuch gemacht, die gerade geforderte Elaborierung der Verknüpfung von Führungsverhalten zu Führungserfolg zu leisten; dies im wesentlichen dadurch, daß als intervenierende Variable die Motivation der Geführten eingeführt wird, über die sich der Führungserfolg des Führenden vermittelt. Indem nun die einzelnen Komponenten der Geführtenmotivation ausdifferenziert werden – Evans und House legen dabei u.a. erwartungswerttheoretische Motivationskonzepte zugrunde (siehe 2.2.3.) –, kann jetzt theorieorientiert (nämlich durch das Filter der verschiedenen Motivationskomponenten geleitet) gefragt werden, welche Führungsverhaltensweisen welche Motivationskomponenten berühren und *insofern* für den Führungser-

folg bedeutsam sind (Beispiele für dieses Vorgehen finden sich bei Neuberger, 1976a, S. 253ff., und Gebert, 1979a).
Zugleich wird damit auch theorieorientiert entscheidbar, welche Führungsverhaltensweisen in eine gemeinsame Klasse zusammenzufassen sind und welche Führungsverhaltensweisen getrennten Kategorien zugeordnet werden sollten, um so den wahrscheinlich differentiellen Gültigkeiten der verschiedenen Verhaltensaspekte besser entsprechen zu können (vgl. hierzu Gebert, 1987).
Es ist noch auf den Befund hinzuweisen, daß auch in Nachfolgeuntersuchungen zu den Ohio-Studien häufig Faktoren ermittelt wurden, die sich mit dem Inhalt von consideration und initiating structure weitgehend decken (siehe z.B. bei Fittgau-Garthe, 1970, sowie Tscheulin u.a., 1970). Zu erwähnen ist darüber hinaus, daß inhaltlich ähnliche Verhaltensdimensionen (wenngleich manchmal anders benannt) auch in ganz anderen Kontexten, z.B. im Bereich der Erziehung, ermittelt wurden (siehe bei Tausch u.a., 1970).

Nur: Die Gleichartigkeit der Resultate weist zunächst einmal nur auf die Ähnlichkeit des jeweils zugrunde gelegten Vorverständnisses von Führung sowie auf jene der Methodik der anschließenden Klassifikation der empirischen Daten (meist auf faktorenanalytischem Wege) hin. Über die *prognostische* Tauglichkeit der Einteilung in consideration und initiating structure ist damit noch nichts ausgesagt; prognostisch ergiebige Klassifikationen des Führungsverhaltens können längerfristig gesehen nur theoretisch abgeleitet werden, indem man die Analyse des eigentlich zu erklärenden jeweiligen *Erfolgskriteriums* (und nicht irgendwelche Vorstellungen von Führung) an den Anfang stellt und von daher – über eine Theorie der Bedingtheit dieses Erfolgskriteriums – das bisherige Vorverständnis von Führung neu aufrollt.

Obwohl bereits der zentrale Befund erwähnt wurde, daß nämlich – im Zusammenhang mit den genannten theoretischen Unzulänglichkeiten – eine Vorhersage verschiedener Führungserfolgsindizes auf der Basis von consideration und initiating structure – wenn überhaupt – nur in sehr niedrigem Ausmaß gelingt, sei auf die *Empirie* zu dieser Fragestellung im folgenden noch etwas näher eingegangen.
Mißt man den Führungserfolg an *Leistungs*indikatoren, so scheinen über verschiedene situative Bedingungen hinweg generalisierende (!) Aussagen zur Überlegenheit der einen oder anderen Führungsform nicht möglich zu sein; hier ist eine Spezifizierung des situativen Kontextes, in dem geführt wird, unabdingbar (Stachle, 1973; Kerr u.a., 1974; Müller u.a., 1980). Entsprechend zeigen sich in der Empirie sowohl positive als auch negative (vor allem sehr häufig auch unsignifikante!) Korrelationen zwischen Maßen für consideration und initiating structure einerseits und verschiedenen Leistungsindizes andererseits (Korman, 1966; Yukl, 1971; Stogdill, 1974, S. 368f.).
Mißt man den Führungserfolg an der *Arbeitszufriedenheit* der Geführten, so scheint folgendes zu gelten:
Die Beziehung zwischen initiating structure und der Arbeitszufriedenheit ist meist unsignifikant, wobei sich die wenigen berichteten signifikant positiven und negativen Korrelationen in etwa die Waage halten (Stogdill, 1974, S. 396f.). Dagegen korrelieren consideration und Arbeitszufriedenheit meist signifikant positiv miteinander (Yukl, 1971, S. 429; Allerbeck, 1977, S. 83). Die Enge der Beziehung wird dabei aber aus methodischen Gründen tendenziell überschätzt, da sich bei consideration-Messungen meist die Geführten äußern und in deren Beschreibungen des Vorgesetztenverhaltens evaluative Komponenten gleich mit eingehen (Nachreiner, 1978; Allerbeck, 1977, S. 247); die so bestimmten Korrelationen zwischen consideration und Arbeitszufriedenheit spiegeln insofern partiell Tautolo-

gien wider. Wählt man objektive Indikatoren wie z.B. die Beschwerderate, die Fluktuation und die Abwesenheitsrate, die ja in systematischer Beziehung zur Arbeitszufriedenheit stehen (siehe unter 2.3.5.), so ist die Enge der Beziehung zwischen consideration und diesen Indikatoren bereits deutlich geringer: Die Korrelationen liegen meist in der erwarteten Richtung (Stogdill, 1974, S. 140), sind aber etwa gleich häufig signifikant wie unsignifikant (Allerbeck, 1977, S. 83).

Gerade für die genannten Indikatoren (Beschwerderate, Fluktuation) liegen im übrigen Hinweise dafür vor, daß bestimmte Kombinationen von consideration und initiating structure bedeutsam sein können: Während die Dimension initiating structure, allein betrachtet, in schwach positiver Beziehung zur Beschwerderate steht (Allerbeck, 1977, S. 83), scheint diese Beziehung dann nicht mehr zu gelten, wenn hohen Ausprägungen auf der Dimension initiating structure hohe Ausprägungen auf der Dimension consideration parallellaufen (Fleishman u.a., 1955) – ein Befund, der an die bereits diskutierte Puffer-Funktion von social support erinnert (siehe unter 3.2.3.).

Damit wird bereits die Frage angesprochen, inwieweit ein Vorgesetzter durch sein Führungsverhalten streßabmildernde Funktionen übernimmt oder aber durch sein Verhalten für seine Mitarbeiter neue Stressoren setzt; auch hierin liegt ein mögliches Bewertungskriterium gegenüber unterschiedlichen Führungsstilen.

Definitionsgemäß stehen die Aspekte der allgemeinen Wertschätzung sowie der Sorge für den einzelnen innerhalb der Dimension consideration in starker Überlappung zur sozialen Unterstützung; diese Teilkomponenten der Dimension consideration sind insofern – unabhängig von Leistungs- und Zufriedenheitsfragen – streßtheoretisch bedeutsam. Die schutzgebende Funktion von Führung ist in der Führungspsychologie ohnehin bisher nur am Rande diskutiert, obwohl diese Funktion möglicherweise sehr bedeutsam ist:

In der japanischen Industrie herrschte bekanntlich – zumindest bislang – im Vergleich zur amerikanischen Industrie ein eher patriarchalischer Führungsstil vor. Während ein persönliche Sicherheit gewährendes Führungsverhalten in der amerikanischen hire-and-fire-Atmosphäre eher untypisch ist, wurde dem Sicherheitsbedürfnis in der japanischen Industrie durch die eher patriarchalische Struktur und die stärkere Wertschätzung von Gemeinschaft (statt Individualität) eher entsprochen. Es gibt auch Hinweise darauf, daß das unter 2.2.2. dargestellte Typ-A-Verhalten in der amerikanischen Industrie deutlich ausgeprägter vorkommt als in der japanischen Wirtschaft (Marmot u.a., 1976). Interessant ist nun, daß sich – streßtheoretisch plausibel – auch die Herzinfarktwahrscheinlichkeit sinngemäß verteilt: Die Infarktwahrscheinlichkeit ist in den USA ungleich größer als in Japan (Henry u.a., 1977, S. 197). Marmot u.a. meinen, daß dieser Befund *auch* die unterschiedlichen Stressorqualitäten bzw. Puffereffekte der beschriebenen sozialpsychologischen Umwelten ausdrückt (Marmot u.a., 1976).

Das Führungsverhalten kann – ziehen wir Bilanz – auf verschiedene Kriterien bezogen werden. Es hat den Anschein, als seien gegenüber diesen unterschiedlichen Kriterien wie z.B. Arbeitszufriedenheit, Leistungsindizes und psychischer Beanspruchung jeweils etwas *andere* Aspekte des Führungsverhaltens von besonderem Gewicht. Dies wiederum aber heißt: Die Pauschalklassifizierungen des Führungsverhaltens in consideration und initiating structure stellen Sackgassen dar. Es wird unvermeidlich sein, zu den diesen Etiketten zugrundeliegenden Führungsverhaltensweisen zurückzukehren und diese anschließend in der dargestellten Weise *kriterien*spezifisch sowie *theorie*orientiert neu auszuwählen und zusammenzufassen, wenn man längerfristig zu prognostisch ergiebigeren Klassifikationen des Führungsverhaltens kommen möchte als bisher (Gebert u.a., 1987; Gebert, 1989).

Neben der schutzgebenden bzw. social support-gebenden Funktion von Führung ist streßtheoretisch interessant, ob ein Vorgesetzter seinem Mitarbeiter gegenüber Situations- bzw. Streßkontrolle ermöglicht (siehe unter 3.1.2.). Unter dieser Perspektive dürfte z.B. wichtig sein, inwieweit ein Vorgesetzter Kritik und Widerspruch zuläßt bzw. hierzu ermuntert und damit für den Mitarbeiter die Situationskontrolle erhöht – ein Gesichtspunkt, der in anderem Zusammenhang unter dem Stichwort der interpersonalen Kompetenz schon früher von Argyris (1965) als bedeutsam herausgestellt wurde. Die gleichen Aussagen lassen sich auf die bekannten Gegenüberstellungen von kooperativer und direktiver Führungsform beziehen: Auch sie leiden darunter, daß sie auf viel zu hohem Abstraktionsniveau formuliert sind und damit notwendig prognostisch unergiebig werden. Die Empirie zur Führungsstilforschung unterstreicht dies sehr eindrücklich:

Wenngleich zu kaum einer Frage der Organisationspsychologie soviel geschrieben wurde wie zur Frage der Führungsstile, sind die Ergebnisse dieser Forschungsrichtung bisher vernichtend mager und frustrierend (Neuberger, 1972; Bleicher u.a., 1976). Es sind mehrere Arbeiten vorgelegt worden, die das bisherige Material zusammenfassen: im deutschen Sprachraum die Arbeiten von Seidel (1978) und im amerikanischen Sprachraum die Arbeit von Stogdill (1974), Bass (1990) und Yuklö (1998). Seidel kommt auf der Basis einer äußerst umfangreichen sekundär-statistischen Analyse einer Vielzahl von Originalarbeiten zu dem Schluß, daß die »kooperative« Führungsform der »direktiven« Führungsform zwar tendenziell überlegen sei (Seidel, 1978, S. 546 f.); der Autor betont aber zugleich, daß dies deutlicher für die Bewältigung kreativer bzw. innovativer Aufgaben als für die Lösung von Routineaufgaben gelte; situations*unabhängig* ist demzufolge eine Überlegenheit des einen gegenüber dem anderen Stil kaum auszumachen; dies ist auch das Fazit von Stogdill (1974), Bass (1990) und Yukl (1998).

Zusätzlich ist methodisch zu berücksichtigen, daß die zu vergleichenden Arbeiten im Grunde meist unvergleichbar sind (da sie unterschiedliche Erfolgskriterien zugrunde legen, die Führungsstile unterschiedlich operationalisieren usw.). Darüber hinaus sind ideologische Filter zu bedenken, aufgrund derer die Publikation bestimmter Ergebnisse behindert wird und bestimmte Fragen von vornherein gar nicht erst gestellt werden.

Leistungsbezogen ist demnach zusammenfassend die Behauptung einer situationsunabhängigen Überlegenheit kooperativer gegenüber direktiven Führungsformen von der Empirie her nicht aufrechtzuerhalten (Albach u.a., 1977). Auch hier kommt es im übrigen darauf an, sich von den die Realität verschleiernden Pauschaletiketten »kooperativ« und »direktiv« (die zudem durch die unglückliche assoziative Verbindung mit dem Begriffspaar »demokratisch-autoritär« nur Vorurteile aktivieren) endlich zu befreien, wenn die Weiterproduktion vieler notwendig irrelevanter Untersuchungsresultate in Zukunft vermieden werden soll.

Trotz dieser Problematik, Führungsstile *global* durch Etiketten wie »kooperativ« und »direktiv« (oder »konsiderativ« und »strukturierend«, »mitarbeiterorientiert« und »leistungsorientiert« usw.) zu kennzeichnen, sei abschließend noch auf die Frage eingegangen, ob diese Begriffspaare sich jeweils gegenüberstehen oder aber voneinander unabhängige Verhaltensstile kennzeichnen: Fleishman nimmt z.B. an, daß die beiden Ohio-Dimensionen consideration und initiating structure empirisch voneinander unabhängig seien (Fleishman, 1973, S. 40).

Dieses Postulat der Unabhängigkeit dieser oder ähnlich definierter Verhaltensaspekte ist praktisch sehr bedeutsam, da damit zum Ausdruck gebracht wird, daß die genannten Verhaltensdimensionen in beliebiger Weise miteinander *kombinierbar* sind. Grafisch rechtfertigt sich damit auch die Rechtwinkligkeit der Achsenanordnungen, die z.B. dem bekannten Verhaltensgitter von Blake u.a., 1968, zugrunde liegt (vgl. Abbildung 44).

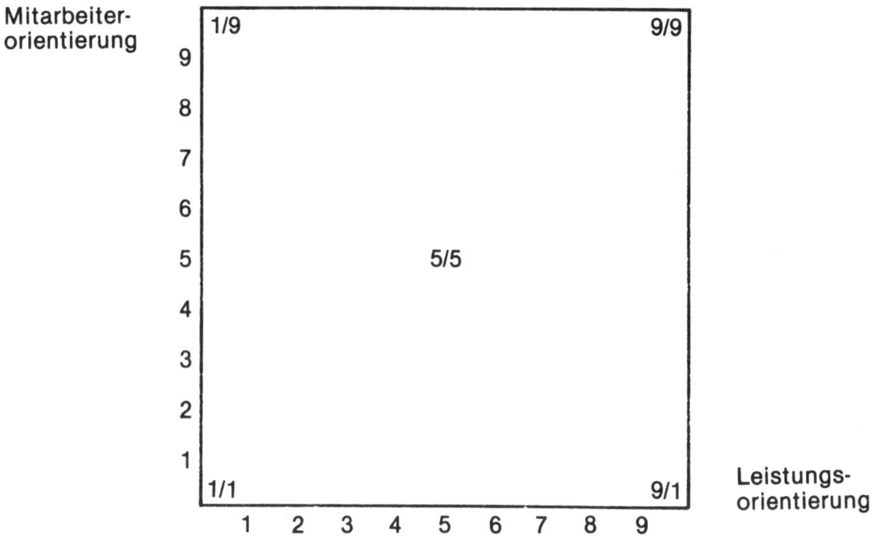

Abb. 44 Verhaltensgitter nach Blake und Mouton

Durch die Art der Kombination der beiden Dimensionen lassen sich somit Typen von Verhaltensweisen bilden, die – in »reiner« Form – durch die Ausprägungen 1/9, 9/9,9/1, 5/5 und 1/1 repräsentiert werden (Blake u.a., 1968).
Die These der Unabhängigkeit von consideration und initiating structure ist dabei nicht unumstritten. Die Michigan-Schule (Likert, Katz, Kahn) hat z.B. lange Zeit das Gegenteil postuliert. Danach stehen sich Leistungs- und Mitarbeiterorientierung auf einem Kontinuum als Extrempunkte gegenüber und korrelieren also negativ miteinander (Abbildung 45):

Mitarbeiterorientierung ←――――――→ Leistungsorientierung

Abb. 45 Leistungs- und Mitarbeiterorientierung nach der Michigan-Schule

Mitarbeiter- und Leistungsorientierung stünden so in einem inkompatiblen Verhältnis. Diese Annahme erinnert an bekannt gewordene Befunde aus der Sozialpsychologie, nämlich an das Balessche Führungsdual. Bales konnte in studentischen Kleingruppen zeigen, daß sich die Rolle des Tüchtigen und die Rolle des Beliebten – im zeitlichen Längsschnitt gesehen – immer wahrscheinlicher auf zwei Personen verteilten, also nicht in Personalunion von einer Person realisiert werden (Bales, 1958, S. 441).
Dieser von Hofstätter als »Divergenz-Theorem« (1957) aufgegriffene Befund ist aber offenbar nicht auf die Beziehung zwischen consideration und initiating structure übertragbar:

Wie Weissenberg u.a., 1972, zeigten, korrelierten die beiden Ohio-Dimensionen in 34 von 48 analysierten Untersuchungen siginifikant *positiv* miteinander (dies möglicherweise als Ausdruck eines zugrundeliegenden Faktors »Allgemeine Führungsaktivität«). Zumindest in leistungsorientierten Organisationen (wie in der Wirtschaft) stehen consideration und initiating structure zusammenfassend demnach nicht in einem inkompatiblen Verhältnis; Vorgesetzte können vielmehr (aus der Sicht der Mitarbeiter) leistungsorientiert und *zugleich* mitarbeiterorientiert führen (und tendieren offenbar auch zu dieser Kombination).

3.3.3. Zur Berücksichtigung der Situation

3.3.3.1. Situationstheorien der Führung

Wie schon erwähnt, liegt ein zentraler Grund für die bisherige Unergiebigkeit der Führungsstilforschung in dem Umstand, daß der jeweilige situative Kontext als intervenierende Variable zwischen Führungsverhalten und Führungserfolg zu wenig berücksichtigt wurde. Aufgrund dieser Sachlage ist es verständlich, daß die Forschungen von F. Fiedler, der sich als einer der ersten um eine Aufhellung dieser situativen Bedingungen bemühte, starke Beachtung gefunden haben und eine Fülle von Folgeuntersuchungen auslösten. Auf den Ansatz von Fiedler sei deswegen etwas genauer eingegangen. Die zentrale These von Fiedler besagt, daß ein aufgabenbezogener Führungsstil des Vorgesetzten mit der (nur [!] an Leistungsindizes gemessenen) Effektivität der Gruppe positiv korreliert ist, wenn die Situation für den Führer sehr günstig oder sehr ungünstig ist; (nur) bei »mittlerer« Günstigkeit der Situation sei dagegen ein personbezogener Führungsstil für die (leistungsbezogene) Effektivität der Gruppe von Vorteil (Fiedler, 1967, S. 147 ff.).
Damit ist zunächst einmal zu präzisieren, was Fiedler unter »Führungsstil« sowie unter »Situationsgünstigkeit« versteht. Der Begriff »Führungsstil« bezieht sich bei Fiedler nicht auf das Verhalten selbst, sondern auf eine dem Verhalten vorgelagerte Bedürfnisstruktur, die als zeitlich relativ stabil gedacht wird (und damit dem Eigenschaftsansatz nahesteht) und sich in beobachtbares Verhalten in Abhängigkeit von der situativen Günstigkeit übersetzt (Fiedler, 1967, S. 36). Gemessen wird dieser Führungsstil mit Hilfe des von ihm entwickelten LPC-Wertes (Least Preferred Coworker): Der Vorgesetzte wird gebeten, den von ihm am wenigsten geschätzten Mitarbeiter, mit dem er es jemals zu tun hatte, mit Hilfe von 17 bipolaren Adjektivpaaren (angenehm – unangenehm, freundlich – unfreundlich usw.) in einem semantischen Differential zu beschreiben. Beschreibt ein Vorgesetzter seinen Least Preferred Coworker dabei noch relativ wohlwollend und positiv, so erhält der Vorgesetzte einen hohen LPC-Wert, der als Indikator für einen personbezogenen Führungsstil gedeutet wird; beschreibt der Vorgesetzte seinen Least Preferred Coworker in dem semantischen Differential eher kritisch-distanzierend und abwertend, so erhält der Vorgesetzte einen niedrigen LPC-Wert, der als Indikator für einen aufgabenbezogenen Führungsstil gewertet wird.
In einer neueren Darstellung kennzeichnet Fiedler den aufgabenbezogen motivierten Vorgesetzten dahingehend, daß er sich bei geringer situativer Günstigkeit, die Angst und Ungewißheit vermittelt, zur Bewältigung dieser streßähnlichen Situation auf den Aufgabenvollzug konzentriert (Fiedler, 1978, S. 113); der personbezogen motivierte Vorgesetzte würde unter diesen Bedingungen (situativer Ungünstigkeit) dagegen die Pflege der Beziehungen zu seinen Mitarbeitern in den Vordergrund stellen. Der zugrundeliegende Motivationstyp des einzelnen Vorgesetzten wird nach Fiedler demnach speziell in kritischen Situationen deutlich zu erkennen sein. Die eigentlich entscheidende Variable, in Kontingenz zu

der der Vorgesetzte nicht nur ein spezifisches Führungsverhalten zeigen wird, sondern in Kontingenz zu der dieses spezifische Verhalten mit den Effektivitätskriterien positiv oder negativ korreliert ist, liegt nach Fiedler in der situativen Günstigkeit. Eine Situation ist dabei nach Fiedler dann günstig, wenn sie dem Vorgesetzten ein hohes Maß an Macht bzw. Einfluß auf das Verhalten der Gruppenmitglieder ermöglicht. Der Grad der Macht bzw. der Grad des potentiellen Einflusses ist dabei für den Vorgesetzten dann hoch, wenn (Fiedler, 1967. S. 24 ff.):

a) die Führer-Mitarbeiter-Beziehungen positiv sind,
b) die Aufgabenstrukturiertheit der Geführten hoch ist sowie
c) die Positionsmacht des Vorgesetzten hoch ist.

Zur Messung der Führer-Mitglieder-Beziehungen sind von Fiedler unterschiedliche Verfahren herangezogen worden. Meist wird der Vorgesetzte gebeten, die Gruppenatmosphäre bei seinen Mitarbeitern sowie die Beziehung zu ihm als Vorgesetzten in ein Polaritätenprofil (im Hinblick auf Aspekte wie kooperativ-unkooperativ; freundlich-unfreundlich usw.) einzustufen. Die Aufgabenstruktur (meist von Experten eingestuft) gilt im wesentlichen dann als hoch, wenn die Ziele der Aufgabe sowie die Wege dorthin bekannt und eindeutig sind sowie der Grad der Zielerreichung jederzeit überprüfbar ist; weitgehend vorprogrammierbare Aufgaben sind in diesem Sinne hochstrukturiert. Eine hohe Positionsmacht schließlich liegt vor, wenn der Vorgesetzte seine Mitarbeiter in nennenswertem Umfang belohnen resp. bestrafen kann, also z.B. auf die Beförderungswahrscheinlichkeit Einfluß nehmen kann.
Zusammenfassend ist die Günstigkeit der Situation hoch, wenn die Aufgabenerfüllung für den Vorgesetzten durch gute Beziehungen zu den Mitarbeitern, eindeutige und klare Aufgabenstellungen sowie hohe formale Macht erleichtert wird (Fiedler, 1978, S. 111 f.); für den umgekehrten Fall ist die Situation dagegen eher ungünstig. Die Beziehung zwischen dem beschriebenen LPC-Wert und der Effektivität von Gruppen in Abhängigkeit von der situativen Günstigkeit läßt sich nun wie in Abbildung 46 darstellen (Fiedler, 1967; Fiedler, 1978, S. 112).

Die Korrelation zwischen dem LPC-Wert und der Gruppeneffektivität ist demnach bei mittlerer Situationsgültigkeit eher positiv, bei sehr günstiger oder sehr ungünstiger Situation dagegen negativ. Dies ist zugleich die Kernaussage der Fiedlerschen »Kontingenz«-Hypothese: Die Beziehung zwischen dem LPC-Maß und der Effektivität variiert in Abhängigkeit von dem Grad (bzw. in »Kontingenz« zu) der situativen Günstigkeit für den Führenden.
Wie aus dieser Darstellung zusätzlich ersichtlich ist, tragen die drei obengenannten Aspekte zur situativen Günstigkeit unterschiedlich viel bei; von besonderer Bedeutung für die resultierende situative Günstigkeit ist nach Fiedler die Qualität der Führer-Mitarbeiter-Beziehungen. Neuerdings gewichtet Fiedler die Führer-Mitglieder-Beziehungen mit dem Faktor 4, die Aufgabenstruktur mit 2 und die Positionsmacht mit 1, wenn ein zusammenfassender Index für Situationsgünstigkeit bestimmt wird (Fiedler, 1978, S. 113).
Der obige Kurvenzug ist inzwischen nicht nur berühmt, sondern auch berüchtigt geworden. Die bisher vorliegende Kritik läßt sich in folgenden zentralen Punkten zusammenfassen:

a) Der obige Kurvenzug kann in der *Empirie* bisher als nicht hinreichend bestätigt betrachtet werden (Schreyögg, 1977, S. 127). Zu betonen ist, daß der Fiedlersche Kurvenzug das Ergebnis einer ex-post-Deutung gegenüber von ihm selbst unerwarteten Befunden darstellt. Darüber hinaus sind die Mehrzahl der obigen Korrelationen statistisch

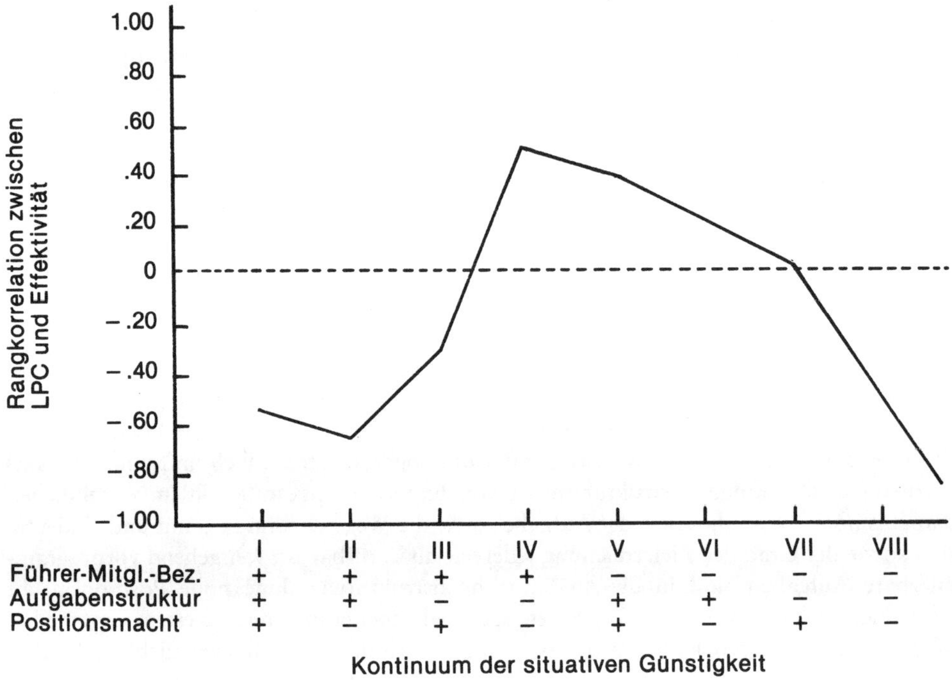

Abb. 46 Das Kontingenzmodell von Fiedler (1967)

unsignifikant (Neuberger, 1976a, S. 232). Spätere systematische Untersuchungen zur Überprüfung der Fiedlerschen Kontingenz-Hypothese haben den obigen Kurvenzug gelegentlich eher widerlegt statt bestätigt (etwa Graen u.a., 1971), wobei auch immer wieder sehr erhebliche Streuungen in der Höhe der Korrelationen – pro Oktant gesehen – beobachtet wurden.

b) Die *Methodik* zur Messung der einschlägigen Variablen befriedigt nicht. So hat sich z.B. das LPC-Maß, das eine stabile motivationale Grundorientierung der Person erfassen soll, bereits innerhalb von acht Wochen als zeitlich instabil erwiesen (Stinson u.a., 1974). Darüber hinaus wird immer wieder auf die unklare Konstruktvalidität des LPC-Maßes verwiesen: Weder ist es bisher gelungen, empirisch eindeutige Beziehungen zwischen dem LPC-Maß und bestimmten Verhaltensdimensionen (etwa den Ohio-Dimensionen) nachzuweisen (Graen u.a., 1971; Wunderer, 1979, S. 231), noch sprechen die vorliegenden Studien (u.a. Sarges, 1974) für die von Fiedler postulierte Eindimensionalität des LPC-Maßes (Fiedler nimmt, wie früher die Michigan-Schule, an, daß sich die Aufgaben- und Personorientierung als Extrempunkte auf einem Kontinuum gegenüberstehen).

c) Hiermit zusammenhängend und letztlich noch gravierender dürfte die unzureichende *theoretische* Durchdringung des Zusammenhangs zwischen Führungsstil und Führungseffektivität sein (Schreyögg, 1977); die theoretische Verknüpfung von motivationaler Orientierung, Verhalten bzw. Verhalten in Situationen und Effektivität bleibt dunkel. Entsprechend wird auch nicht einsichtig, warum gerade diese und nicht andere (sehr nahe liegende) Variablen (z.B. die Motivation und Qualifikation der Geführten) als mitbestimmend für die Situationsgünstigkeit herangezogen werden (Neuberger, 1978b). Auch die von Fiedler vorausgesetzte Unabhängigkeit zwischen dem Führungsstil der Vorgesetzten (über das LPC-Maß bestimmt) und der Situationsdimension »Führer-Mitarbeiter-Beziehung« ist unverständlich. Vor allem aber ist nirgends begründet, *warum* eigentlich ein aufgabenbezogenes Führungsverhalten in den genannten Situationen überlegen und ein personbezogenes Verhalten unterlegen sein soll!

d) Schließlich läßt sich die *praktische* Relevanz des Modells in Frage stellen: Der Grundthese Fiedlers gemäß wird sich an der basalen Orientierung einer Person zu einer mehr aufgaben- oder personorientierten Führungsweise wenig ändern. Folglich sollte man nicht die Person der Situation, sondern die Situation der Person anpassen (Fiedler, 1978). Entsprechend komme es weniger auf ein Training der Vorgesetzten als vielmehr auf eine geeignete Auswahl und Plazierung der Vorgesetzten an, um so die für den Führungserfolg wichtige Entsprechung zwischen Vorgesetztenorientierung und Situation sicherzustellen. Nun liegt die entscheidende Situationsdimension aber in der Führer-Mitarbeiter-Beziehung, die praktisch immer erst *nach* getroffener Auslese- bzw. Plazierungsentscheidung meßbar ist (Müller, 1978, S. 172); als Hilfe für Auslese- oder Plazierungs-Entscheidungen bietet der Ansatz von Fiedler insofern nur begrenzte Anhaltspunkte.

e) Nicht zuletzt muß die Position von Fiedler auch in *normativer* Hinsicht hinterfragt werden (Schreyögg, 1977, S. 140 ff.). Fiedler interessiert sich ausschließlich für Leistungsindizes und plädiert darüber hinaus neuerdings für ein Situationsmanagement höchst fragwürdiger Art (Fiedler u.a., 1979):

Um die geforderte Entsprechung zwischen der Person des Führers und der Situation herzustellen, muß der Vorgesetzte, zumal die Situation in aller Regel zeitlich nicht konstant bleibt (Fiedler, 1978, S. 122), die Situation eventuell *von sich aus* (wieder) in die gewünschte Richtung verändern; konkret:
Er muß verbesserte Beziehungen zwischen seinen Mitarbeitern u. U. auch wieder verschlechtern, höhere Aufgabenkomplexität wieder reduzieren und atomisieren; er muß auch mal zeigen, »wer der Boß ist«, Delegation und Partizipation rückgängig machen usw. – je nachdem, wie es der Grad der realisierten Entsprechung zwischen ihm und der Situation gerade erfordert (Schreyögg, 1977; Wunderer, 1979, S. 240). Zur Handhabung dieses Situationsmanagements hat Fiedler inzwischen ein eigenes Schulungsprogramm entwikkelt, das den Vorgesetzten dazu befähigen soll, seine Situation valide zu diagnostizieren, um sie dann anschließend im Sinne dieser Kontingenzannahmen erfolgreich manipulieren zu können; zumal Steigerungen des Führungserfolgs bereits nach einem vier- bis achtstündigem Selbststudium versprochen werden (Fiedler u.a., 1979), sieht Neuberger (1980c) den Ruf von Fiedler als Wissenschaftler bereits durch den eines cleveren PR-Mannes abgelöst. Bei dieser zu Recht begründeten Kritik darf allerdings auch nicht übersehen werden, daß Fiedler auf der anderen Seite Pionierarbeit geleistet hat (Neuberger, 1980c):

F. Fiedler hat als einer der ersten die Führungsforschung aus der Sackgasse der verallgemeinernden ceteris-paribus-Klausel herauszuführen versucht und dies auch noch in einer falsifizierbaren Form getan, was eine Fülle weiterer Untersuchungen und Hypothesenbildungen auslöste. Kritisch ist im nachhinein vor allem anzumerken, daß der begrifflichen Präzisierung der relevanten Variablen sowie ihrer theoretischen Verbindung untereinander zu wenig Aufmerksamkeit geschenkt wurde, worin der maßgebliche Grund dafür zu sehen ist, daß auch die empirische Bewährung der Fiedlerschen Kontingenzannahme bisher nur unzureichend ist. Im Hinblick auf die von Fiedler vorgeschlagenen praktischen innerbetrieblichen Interventionen (Selektionen, Plazierungen, Schulungen) ist sowohl die theoretische als auch die empirische Basis noch zu schmal.

Nach dieser Darstellung des Fiedlerschen Kontingenzansatzes sei der situative Ansatz in der Führungsforschung noch in etwas verallgemeinerter Form gekennzeichnet. Moberg u.a. (1975) beschreiben das Kontingenzkonzept wie folgt:

$Y = f_i (X)$ bei Z_i,

wobei i die Werte 1, 2, 3 ... bis n annehmen kann, Y eine Kriteriumsvariable, also den wie auch immer operationalisierten Führungserfolg meint, X ein Führungsverhalten bezeichnet und Z eine Kontingenzvariable (z.B. die Aufgabenkomplexität der Geführten) beinhaltet, die die funktionale Beziehung zwischen X und Y (f_i) in spezifischer Weise (nämlich f_1 bis f_n) moderiert.

Kennt man die Weise bzw. Richtung, in der die Kontingenzvariable Z die Beziehung zwischen einem Führungsverhalten und einem Erfolgskriterium moderiert, so kann die Vorhersagegenauigkeit von X auf Y erhöht werden. Prinzipiell geht es demnach darum, durch die Berücksichtigung situativer Einflüsse den Schätzfehler bei der Prognose des jeweiligen Erfolgskriteriums zu senken; hierin liegt die Absicht des Kontingenzansatzes.

Dies veranschaulicht die Abbildung 47.

Hersey und Blanchard (1977) betonen als zu berücksichtigende Situationsvariable nicht primär die gerade erwähnte Aufgabenkomplexität des Geführten, sondern den aufgabenbezogenen Reifegrad eines Mitarbeiters. Diese Reife sei dann hoch, wenn der Mitarbeiter

- in der Lage ist, sich hohe, aber erreichbare Ziele zu setzen,
- sich auf dem Wege der Zielerreichung verantwortlich fühlt,
- die für die konkrete Aufgabenerfüllung hinreichende formale Vorbildung aufweist und
- über on-the-job-Erfahrung verfügt.

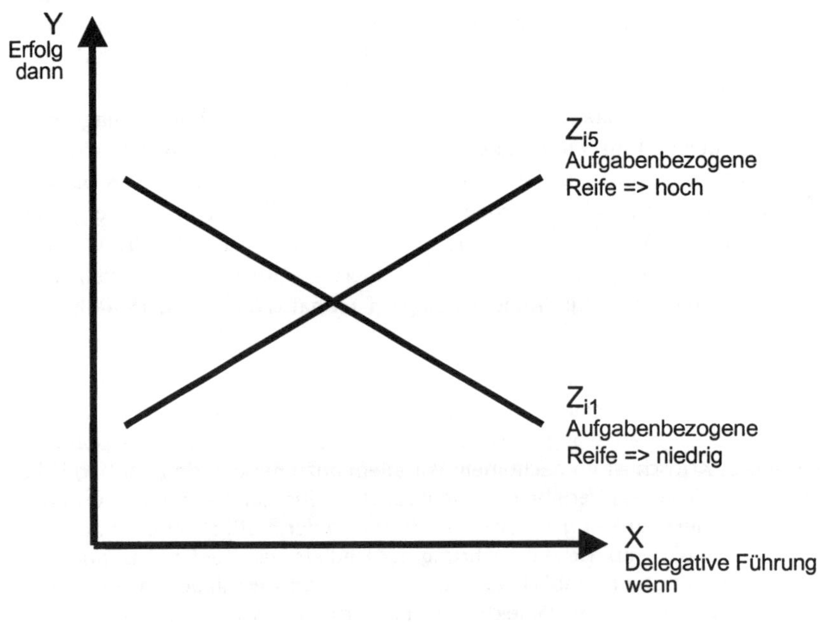

Abb. 47 Struktur kontingenztheoretischer Hypothesen am Beispiel der Situationstheorie der Führung von Hersey und Blanchard (1977)

Während die Autoren für den Fall eines unreifen Mitarbeiters den Führungsstil »telling« empfehlen, soll der Führende, wenn er einen aufgabenbezogen ausgereiften Mitarbeiter führt, nach dem Prinzip der Delegation vorgehen (»delegating«). Das Prinzip der Delegation besagt, daß der Mitarbeiter eine komplexere Aufgabenstellung zur eigenverantwortlichen Erfüllung übertragen bekommt (s. hierzu unter 3.3.6.).
Jedem Praktiker leuchtet diese Empfehlung von Hersey und Blanchard (1977) ein. Kontingenztheoretisch bedeutet dies (vgl. Abbildung 47):
Ist die Kontingenzvariable Z_i (aufgabenbezogene Reife) niedrig ausgeprägt (Z_{i1}), so korreliert die delegative Führung (X) mit dem Führungserfolg (Y) vermutlich negativ (da die Geführten überfordert werden). Ist die Kontingenzvariable Z_i dagegen hoch ausgeprägt (hohe aufgabenbezogene Reife, Z_{i5}), so korreliert unter dieser Randbedingung die Delegation (X) mit dem Führungserfolg (Y) vermutlich positiv (da im Sinne von Herzberg u.a. (1959) mehr intrinsische Motivation freigesetzt wird, die Personen sich durch die im Zuge der Delegation ermöglichten Lernprozesse selber weiterqualifizieren usw.).

Das gleiche Führungsverhalten wirkt also unter unterschiedlichen Randbedingungen unterschiedlich. Der Ertrag der kontingenztheoretischen Forschung liegt darin, darüber zu informieren, *wann* ein bestimmtes Führungsverhalten (z.B. das der Delegation) funktional und *wann* es dysfunktional wirkt.

Dieser für die Praxis entscheidende Ertrag der kontingenztheoretischen Forschung wird nicht immer klar genug unterstrichen. Aus den hypothetischen Funktionen der Abbildung 47 folgt im übrigen, daß die Variablen (X) und (Y) dann tendenziell r = .0 korreliert wären, wenn wir von der Kontingenzvariablen Z_i abstrahieren, also über alle Ausprägungen der aufgabenbezogenen Reife hinweg generalisierend die Variablen (X) und (Y) miteinander korrelieren würden. Die dann resultierende Null-Korrelation würde aber nicht die Irrelevanz der delegativen Führung indizieren, sondern im Grunde nur ein Methoden- bzw. Denk-Artefakt reflektieren!
Kontingenztheoretische Forschung hat insofern zunächst einmal eine aufklärerische Funktion; sie sensibilisiert für die Tücken unzuläßlich generalisierender und damit verschleiernder Forschung.
Natürlich impliziert diese Forschungsstrategie, daß der Geltungsbereich der entsprechend formulierten Hypothesen sinkt: Indem man zur Prognose eines bestimmten Führungserfolgskriteriums nicht nur ein bestimmtes Führungsverhalten, sondern zugleich spezifische situative Variablen mit heranzieht, schränkt sich der Geltungsbereich der Prognose auf eben diesen in die Vorhersage mit aufgenommenen Kontext mit ein.
Dies ist aber nur dann als Nachteil zu werten, wenn man in den Sozialwissenschaften die Illusion der Formulierbarkeit raumzeitlich invarianter Gesetzesaussagen – wie dies tendenziell in den Naturwissenschaften möglich ist – aufrechtzuerhalten versucht.

Geht man dagegen für den Bereich der Sozialwissenschaften von einer hochgradig eingeschränkten (raumzeitlichen) Invarianz aus, betont man, daß Gleiches (Führungsverhalten) zu verschiedenen Zeiten und Orten verschieden wirkt, also gerade die raumzeitliche Varianz (und nicht Invarianz), so stellt das kontingenztheoretische Programm eine angemessene Antwort auf die Spezifik der Sozialwissenschaften dar.

Pragmatisch – und hierin liegt gegenwärtig eines der Hauptprobleme – muß erst einmal bekannt sein, auf *welche* situativen Bedingungen bei der Prognose Bezug genommen werden muß; worin bestehen also inhaltlich diejenigen Variablen, in Kontingenz zu denen die Beziehung zwischen einem bestimmten Führungsverhalten und einem spezifischen Erfolgskriterium variiert?

Gesucht ist insofern eine Situationstaxonomie, also eine theoriegeleitete Klassifikation von Situationsmerkmalen, die prognostisch bedeutsam ist. Eine solche Taxonomie liegt bisher aber noch nicht vor (Seidel, 1977; Seidel, 1978, S. 585). Da verschiedene Kriterien für Führungserfolg (Zufriedenheit, Kreativität, Leistungsindizes) unterschiedlich determiniert sein dürften (Yukl, 1971), wird es auch nicht »die« Taxonomie geben, sondern viele Taxonomien, die jeweils kriterien*spezifische* Gültigkeit aufweisen. Dabei sollte auch auf kulturspezifische Eigenheiten eingegangen werden, wie die beliebte Analyse japanischer Führungsstile illustriert (Smith, 1984).

Fragt man danach, welche Variablen von vielen Autoren für relevante Moderatoren bei der Vorhersage bestimmter Erfolgskriterien auf der Basis von Führungsverhaltensweisen erachtet werden, so werden drei Variablenkomplexe eigentlich immer wieder genannt:

a) *Merkmale der Aufgabenstruktur* (z.B. der Grad an Aufgabenkomplexität, die Anzahl alternativer Wege zum Ziel oder der Grad an Informationsunsicherheit); die Relevanz derartiger Variablen untersuchten z.B. Bass u.a., 1974; Spies, 1976; Hill u.a., 1976; Duncan, 1973; Lupton, 1976; Lawrence u.a., 1967; Lorsch u.a., 1974; Streufert u.a., 1968; Seidel, 1978; Baumgarten, 1977, S. 102; Kerr u.a., 1974. Zumal die Aufgabenstruktur sehr wesentlich von der verwendeten Informations- und Fertigungstechnologie mitdeterminiert ist, sehen viele der genannten Autoren auch in der Technologie einer Organisation eine wesentliche Kontingenzvariable.
b) *Merkmale auf seiten des Geführten* (vor allem: Die Art der Motivation sowie der Grad der Qualifikation); siehe hierzu z.B. bei Kerr u.a., 1974; Hill u.a., 1976; Lorsch u.a., 1974; Gebert, 1979d; v. Rosenstiel, 1975a; Hersey u. Blanchard, 1977, S. 103 ff.
c) *Merkmale auf seiten der Gruppe* (ihre Größe, der Grad des wechselseitigen Vertrauens, der Grad der Kohäsion bzw. des Konflikts). Diese Merkmale werden bereits seltener (als z.B. der Aspekt der Aufgabenstruktur), aber immer noch häufig als prognostisch bedeutsam betont (siehe etwa bei Fiedler, 1967; Hackman, 1976; Katz, 1978; Vroom u.a., 1973; Gebert, 1987).

Die Häufigkeit, mit der diese Variablenkomplexe als prognostisch relevante Moderatoren in der Empirie bereits aufgezeigt werden konnten, darf aber nicht darüber hinwegtäuschen, daß ihre inhaltliche Präzisierung und theoretische Einordnung noch zu wünschen übrig läßt.

Darüber hinaus ist noch auf eine Schwierigkeit zu verweisen, die in der führungspsychologischen Theorienbildung bisher viel zu wenig beachtet ist: Situation und Führungsverhalten stellen im zeitlichen Längsschnitt keine Konstanten dar. Das Führungsverhalten wirkt vielmehr verändernd auf die Situation zurück und umgekehrt. So kann z.B. angenommen werden, daß durch ein Freiheiten gewährendes Führungsverhalten systematisch sowohl auf die Motivation als auch (über entsprechend ermöglichte Lernprozesse) auf die Qualifikation der Geführten Einfluß genommen wird. Es verändert sich insofern die Situation des Führenden *durch* den Führenden selbst, was für die Wahl seines weiteren Führungsverhaltens nicht bedeutungslos bleiben wird.

Geht man entsprechend davon aus, daß der Prädiktor »Führungsverhalten« *und* der Kontext »Situation« im zeitlichen Längsschnitt *systematisch* bedingt keine Konstanten, sondern Variable darstellen, so werden die Schwierigkeiten deutlich, die sich einer Langzeitprognose von Führungserfolg (z.B. auf der Basis eines zu einer bestimmten Zeit gemessenen consideration-Grades) prinzipiell entgegenstellen. Bezieht man den Gesichtspunkt der Wechselwirkung zwischen Führungsverhalten und Situation nicht so sehr auf mögliche Entwicklungen im zeitlichen Längsschnitt, sondern auf den jeweils aktuellen Prozeß der Führung, so läßt sich etwas Weiteres verdeutlichen, das eine Umorientierung in der Führungsforschung verstärken könnte (Katz, 1978, S. 167, vgl. Abbildung 48).

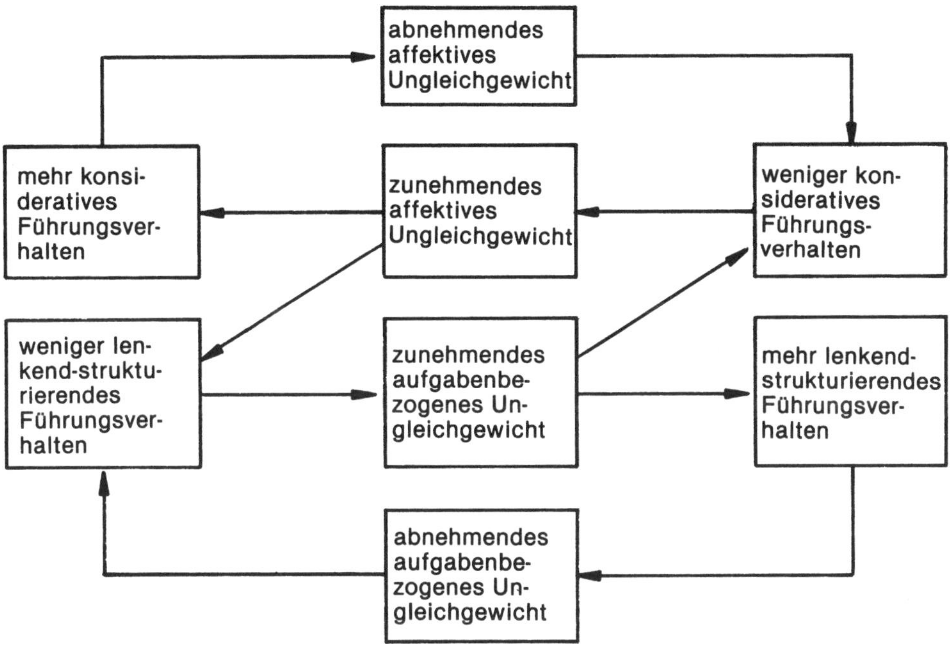

Abb. 48 Bedingungen und Folgen von »initiating structure« und »consideration«

Nach Katz ist damit ein bestimmtes (z.B. mehr lenkend-strukturierendes) Führungsverhalten Folge von Situationsänderungen *und* Ursache für Situationsänderungen. Die Abbildung von Katz (1978) veranschaulicht nun, in welcher Weise *Veränderungen* im individuellen Führungsverhalten und *Wechsel* der Person von einer mehr konsiderativen zu einer mehr direktiven Führungsform (und umgekehrt) auf der Zeitachse regelkreisförmig gesteuert sein könnten.

Dabei sei einmal offengelassen, ob die grafisch dargestellten Annahmen im einzelnen zutreffen, ob also z.B. auf ein zunehmendes affektives Ungleichgewicht ein strukturierendes Führungsverhalten abnimmt und ein konsideratives Verhalten zunimmt usw. Manche Beobachtungen sprechen eher gegen diese spezielle Annahme (Heller u.a., 1969). Das Modell interessiert mehr in einer prinzipiellen Aussage:

Ein individuelles Führungsverhalten ließe sich demnach auf der Zeitachse als ein systematisch bedingtes ständiges Oszillieren zwischen verschiedenen Verhaltensmodalitäten und Verhaltensintensitäten deuten, um so die in der Situation jeweils eingetretenen und qualitativ verschieden zu beantwortenden Soll-Ist-Differenzen wieder zu beseitigen.

Nimmt man an, daß dieses Oszillieren der Person bzw. diese individuelle Verhaltens*varianz* für ihren Führungserfolg bedeutsam ist (Katz, 1978, S. 183), so wäre kontingenztheoretisch zu folgern, daß nicht nur verschiedene Führungskräfte aufgrund relativ stabiler Situationsunterschiede verschieden zu führen haben, sondern auch *ein und dieselbe* Führungskraft nach Maßgabe der zeitlichen Instabilität bzw. Verschiedenartigkeit der Situationen verschieden zu führen hat. Die Frage nach »dem« Führungsstil wird damit obsolet.

Je nach Problemlage wird ein Vorgesetzter insofern – konkret gesprochen – u.U. am gleichen Tag in der einen Situation am Morgen »kooperativ« und in der anderen Situation am Abend »direktiv« zu führen haben – genau dies ist die These einer von Vroom und Yetton jüngst vorgelegten Führungstheorie (Vroom u. Yetton, 1973; Yetton u.a., 1978, S. 133). Auf diese Theorie sei zum Abschluß kurz eingegangen. Die Autoren schränken die Führungsstilvariable auf den Aspekt der Partizipation ein und formulieren Aussagen darüber, unter welchen situativen Bedingungen ein und derselbe Vorgesetzte seinen Mitarbeitern gegenüber eine mehr oder weniger partizipative Entscheidungsstrategie wählen soll (Vroom u.a., 1973, S. 13 ff.).

Dabei werden fünf Abstufungen von Partizipation unterschieden, die stark an eine von Heller und Yukl (1969) entwickelte Skala erinnern (Vroom, Jago, 1988, S. 33):

AI: Sie lösen das Problem selbst oder treffen selbst die Entscheidung; dabei nutzen Sie die Informationen, die Ihnen z. Z. zur Verfügung stehen.

AII: Sie holen die notwendigen Informationen von Ihren Mitarbeitern ein und entscheiden dann selbst über die Lösung des Problems. Bei der Einholung der Information können Sie den Mitarbeitern sagen oder auch nicht sagen, worum es geht. Die Rolle der Mitarbeiter bei der Entscheidung ist es, Ihnen notwendige Informationen zu geben, nicht aber alternative Lösungen zu entwickeln oder zu bewerten.

BI: Sie teilen den Mitarbeitern das Problem mit, holen individuell ihre Vorschläge und Ideen ein. Dann treffen Sie die Entscheidung, die von den Mitarbeitern beeinflußt sein kann oder auch nicht.

BII: Sie teilen den Mitarbeitern als Gruppe das Problem mit und holen ihre gemeinsamen Ideen und Vorschläge ein. Dann treffen Sie die Entscheidung, die vom Einfluß Ihrer Mitarbeiter geprägt sein kann oder auch nicht.

GII: Sie teilen den Mitarbeitern als Gruppe das Problem mit. Zusammen entwickeln und bewerten Sie Alternativen und versuchen, Übereinstimmung (Konsensus) für eine Lösung zu erreichen. Ihre Rolle ähnelt der eines Diskussionsleiters. Sie versuchen nicht, die Gruppe zur Annahme Ihrer Lösung zu beeinflussen und sind bereit, jede Lösung zu akzeptieren und auszuführen, die die Zustimmung der gesamten Gruppe findet.

A steht dabei für autoritär, B für beratend und G für gruppenzentriert. Die Führungsstile AI bis GII beziehen sich dabei auf die Handhabung einer Problemsituation, die die Gruppe als Ganzes und nicht nur ein einzelnes Gruppenmitglied betrifft. Die pragmatisch entscheidende Frage ist nun, welche der fünf Partizipationsgrade der Vorgesetzte wann, in welcher Situation also, wählen soll. Dabei soll der Vorgesetzte sieben Situationsmerkmale bedenken, zu deren Erfassung er sich folgende sieben Fragen vorlegen soll (Yetton u.a., 1978, S. 135; Vroom u. Jago, 1988, S. 55 ff.):

1. Stellt sich bei der Problemlösung überhaupt ein Qualitätserfordernis (ist eine Lösung rationaler als die andere)?
2. Habe ich (als Vorgesetzter) genügend Informationen, um eine qualitativ hochwertige Entscheidung zu treffen?

3. Ist das Problem strukturiert (Ist das Problem programmierbar)?
4. Ist die Akzeptanz der Entscheidung durch die Mitarbeiter für die erfolgreiche Implementierung der Problemlösung wichtig?
5. Würde auch eine autokratische Entscheidung hinreichend wahrscheinlich akzeptiert werden?
6. Teilen die Mitarbeiter die Organisationsziele, die durch die Problemlösung erreicht werden sollen?
7. Werden die bevorzugten Lösungen vermutlich zu Konflikten unter den Mitarbeitern führen?

Diese jeweils mit Ja-Nein zu beantwortenden Fragen ergeben im konkreten Fall ein ganz spezifisches Situationsprofil. Dabei soll man die Fragen in einer bestimmten Abfolge durcharbeiten, wie sie im Entscheidungsbaum von Vroom und Yetton (1973) nahegelegt wird (vgl. Abbildung 49).

Bevor der Entscheidungsbaum erläutert wird, muß noch präzisiert werden, woran der Erfolg des Führenden gemessen wird. Vroom und Yetton (1973) gehen davon aus, daß die anstehenden Probleme des Vorgesetzten dann gut gelöst sind, wenn a) die Entscheidungsqualität (beurteilt aus der Sicht von Experten) hoch ist und zugleich b) der Implementationsgrad der Entscheidung hinreichend ist (die Entscheidung also nicht als Tischvorlage versandet).

In ihren ersten Arbeiten haben Vroom und Yetton zusätzlich ein Zeitkriterium eingeführt (Zeit-Spar-Modell): Gesucht ist derjenige Führungsstil, der mit möglichst wenig Partizipation eine hinreichende Qualität und Implementation sicherstellt, da auf diesem Wege zugleich wenig Mann-Stunden verbraucht werden, also Zeit gespart wird. Erst später haben die Autoren als Alternative hierzu ein zweites Modell, nämlich ein Entwicklungsmodell, vorgeschlagen, in dem letztlich nicht möglichst wenig, sondern gerade möglichst viel Partizipation favorisiert wird, um durch den Mechanismus der Partizipation zur Entwicklung der Mitarbeiter beizutragen. Weder im Zeit-Spar-Modell noch im Entwicklungsmodell darf allerdings so geführt werden, daß die beiden Primärkriterien der Entscheidungsqualität und der Entscheidungsimplementation gefährdet werden.

Die Wahl zwischen dem Zeit-Spar-Modell und dem Entwicklungsmodell stellt sich für den Vorgesetzten nur dann, wenn eine Situation vorliegt, in der mehrere Führungsstile in Frage kommen und die Abarbeitung des Entscheidungsbaumes nicht nur einen ganz bestimmten Führungsstil nahelegt. Ein solcher Fall ist z.B. gegeben, wenn sowohl die 1. als auch die 4. Frage mit Nein beantwortet werden: Stellt sich also kein Qualitätserfordernis, ist es demzufolge gleichgültig, welcher Entscheidungsalternative man inhaltlich den Vorrang einräumt, und stellt sich auch kein Akzeptanzbedarf, so handelt es sich (s. die Abbildung 49) um den Situationstyp 1, in dem alle Führungsstile im Prinzip möglich sind. Folgt man dem Zeit-Spar-Modell, soll der Vorgesetzte selbstverständlich AI praktizieren; favorisiert der Vorgesetzte dagegen das Entwicklungsmodell, hat er hier die Chance, nach dem GII-Ansatz zu verfahren, da dies die Entscheidungsqualität nicht beeinträchtigt (Vroom u. Jago, 1988, S. 62ff.).

Hinter der Empfehlungsstruktur des Entscheidungsbaumes stehen bestimmte Regeln, die letztlich Plausibilitätsregeln darstellen. Die »Informations-Regel« besagt z.B.:
Wenn die Entscheidungsqualität wichtig ist, der Vorgesetzte selbst aber nicht alle Informationen hat, ist AI auszuschalten. Die »Zielübereinstimmungs-Regel« besagt:
Wenn die Entscheidungsqualität wichtig ist, die Mitarbeiter aber die Organisationsziele nicht teilen, ist GII auszuschließen. In diesem Sinne gibt es mehrere Regeln, auf die hier nicht im einzelnen eingegangen werden soll. Der Vorgesetzte beantwortet also in der Rei-

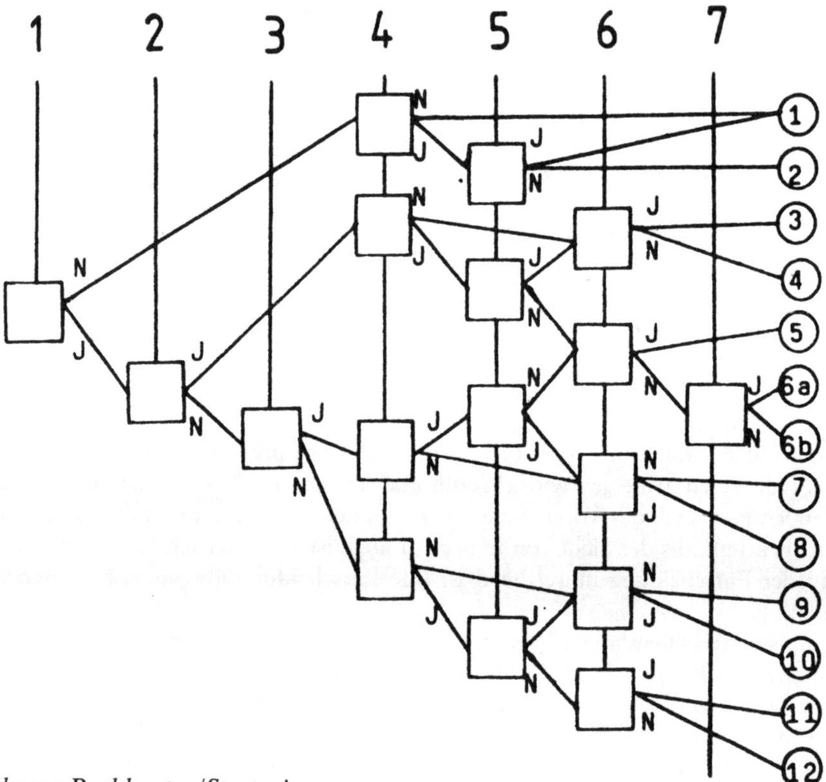

Zuordnung Problemtyp/Strategien

1 AI, AII, BI, BII, GII
2 GII
3 AI, AII, BI, BII, GII
4 AI, AII, BI, BII
5 GII
6a BII
6b BI, BII
7 AII, BI, BII
8 AII, BI, BII, GII
9 BII
10 BII, GII
11 GII
12 BII

Abb. 49 Entscheidungsbaum von Vroom und Yetton (1973) sowie Zuordnung von Problemtypen und Führungsstilen

henfolge, die ihm der Entscheidungsbaum nahelegt, die Fragen 1–7 und bekommt dann eine Empfehlung zur Frage, welchen Grad an Partizipation er in der jeweiligen Situation den Mitarbeitern gegenüber gewähren soll.

Auf der theoretischen Ebene stellt sich u.a. das Problem, was in diesem Modell die Selektion der Situationsaspekte steuert. Das vorher behandelte Problem, daß im Grunde eine theoriegeleitete Klassifikation von Situationsaspekten erforderlich ist, wird auch in diesem Ansatz nicht gelöst.

Aus mehr oder weniger pragmatischen Gesichtspunkten haben Vroom und Jago (1988, S. 112f.) später vorgeschlagen, einige weitere Situationsaspekte zu berücksichtigen, hierzu zählen z.B. die Fragen: Haben die Mitarbeiter genügend Informationen, um einen Beitrag zur Verbesserung der Entscheidungsqualität zu leisten? Gibt es ernsthafte Zeitbeschränkungen, die es Ihnen (dem Vorgesetzten) erschweren, die Mitarbeiter in den Entscheidungsprozeß zu integrieren? Entstehen erschwerend besondere Kosten, wenn man die Mitarbeiter, die räumlich an verschiedenen Orten arbeiten, in den Entscheidungsprozeß integrieren möchte?

Vroom und Jago (1988) schlagen als weitere Optimierung vor, die Situationsdiagnostik nicht mehr nur über Ja-Nein-Fragen durchführen zu lassen, sondern pro Situationsaspekt den Grad der Merkmalsprägung auf einer fünfstufigen Skala zu erfassen; auf diesem Wege würde das Modell auch letztlich PC-fähig.

Nach Vroom und Jago (1988, S. 79 ff.) wurden im Sinne einer empirischen Überprüfung des Modells in der Zwischenzeit über 1500 Problemfälle auf die Frage hin analysiert, inwieweit ein »baumkonformes« Wählen des Partizipationsgrades gegenüber einem nicht-»baumkonformen« Vorgehen die Erfolgswahrscheinlichkeit erhöht. Als Ergebnis zeigt sich, daß bei einem »baumkonformen« Führungsstil die Erfolgswahrscheinlichkeit 62 %, bei einem nicht-»baumkonformen« Vorgehen dagegen nur 37 % beträgt. Kritisch ist bei diesen Überprüfungen vor allem einzuwenden, daß alle Angaben (sowohl zum Situationsprofil als auch zum gewählten Führungsstil als auch zum erzielten Erfolg) retrograd, also aus der Erinnerung, von Führungskräften erhoben wurden; selbstverständlich sind derartige Daten fehleranfällig.

Will man ein solches Modell in der Praxis nutzen, so sind zweierlei Voraussetzungen erforderlich: Der Vorgesetzte muß zum einen zu einer validen Situationsdiagnostik befähigt sein und zum anderen in der Lage sein, das Spektrum der verschiedenen Führungsstile glaubhaft zu realisieren, was Verhaltensflexibilität voraussetzt. Die zitierten Autoren sehen dies genauso und betrachten ihr Führungsmodell vor diesem Hintergrund im wesentlichen als Weiterbildungsinstrument, wobei Führungskräfte mit Standardproblemen konfrontiert werden und innerhalb des Seminars eine Rückkoppelung zur Frage bekommen, inwieweit sie sich modellkonform verhalten und welchen Führungsstil sie in Abweichung von ihren Kollegen im besonderem Maße präferieren. Insofern ist die in ihrer logischen Struktur im Vergleich zu Fiedler (1967) wesentlich plausiblere Heuristik von Vroom und Yetton sicherlich geeignet, im Sinne einer Personalentwicklung zur Sensibilisierung der Führungskräfte gegenüber den Erfordernissen des situativen Handelns beizutragen (Böhnisch, 1989).

Die gelegentlich vorgebrachte Kritik, der Ansatz von Vroom und Yetton sei zu technokratisch und trage zur Entmündigung der Vorgesetzten bei (Neuberger, 1990), ist einerseits nicht von der Hand zu weisen; andererseits gilt, daß die Freiheitsbeschneidung (sofern denn so empfunden) für den Führenden durch die Struktur des kontingenztheoretischen Denkens an sich und nicht durch die Spezifika des Modells von Vroom und Yetton vorgezeichnet ist und im übrigen den unvermeidlichen und insofern notwendigen Preis für die Forderung der Praxis darstellt, Empfehlungsstrukturen praxisrelevant, also mit höherem prognostischen Gehalt, auszuarbeiten.

Interessant ist, daß sich Vorgesetzte nicht nur in der von Vroom und Yetton vorgezeichneten Richtung verhalten sollen, sondern dies tendenziell auch tun (Vroom, 1976, S. 1545; Yetton u. a., 1978, S. 147). Zur Überprüfung dieser These entwickelten die Autoren 30 Standardprobleme; varianzanalytisch wurden anschließend die Haupteffekte von Person und Situation auf das jeweils realisierte Partizipationsverhalten bei diesen 30 Problemen zu bestimmen versucht.

Dabei zeigte sich, daß das Partizipationsverhalten zu einem deutlich größeren Anteil durch Situations- als Personunterschiede erklärt werden konnte (Yetton u.a., 1978, S. 144). Vorgesetzte scheinen demnach in der Tat ihr Führungsverhalten situationsabhängig zu variieren und sind insofern durch ihre kontingenz-orientierte differenzierte Praxis der unzulänglich verallgemeinernden akademischen Führungsstilforschung und Theoriebildung weit voraus. Dies wird sich – im Sinne von Vroom und Yetton argumentiert – erst dann ändern, wenn auch in der Führungstheorie akzeptiert wird, daß es nicht nur »partizipative« und »autoritäre« Personen, sondern auch »partizipative« und »autoritäre« Situationen gibt, die darüber hinaus in Wechselwirkung zueinander stehen (Vroom, 1976, S. 145).

Eine für den Führungserfolg möglicherweise wesentliche Situationsvariable, die freilich in der psychologischen Forschung bisher nur geringe Aufmerksamkeit fand, ist die Frage nach der Legitimation von Führung in der Praxis – sei es mit Blick auf die Politik oder die Führung von Organisationen. Es wird viel darüber diskutiert, ob es für den Erfolg wesentlich ist, den Führenden zu wählen oder zu ernennen oder jedem Mitglied der Gruppe aufgrund eines Rotationssystems zeitbegrenzt Führungsverantwortung zu übertragen. Dieses Rotationsprinzip wurde über lange Phasen bei einer politischen Partei, den Grünen, präferiert; es findet sich vielfach auch bei der Führung von Fachbereichen bzw. von Fakultäten in Universitäten, wo zwar formal ein Wahlakt stattfindet, faktisch aber aufgrund eines Rotationsprinzips jeder Professor routinemäßig »in die Pflicht genommen« wird. Andere als die drei soeben genannten Formen der Legitimation finden sich in anderen Systemen und Kulturen, wie z.B. die Familienherkunft im Feudalismus oder von Gott kommende Zeichen in religiös bestimmten Gemeinschaften. Als Basis der Legitimation von Führungspositionen gelten in wenig entwickelten Kulturen auch körperliche Kraft und Geschick in Rangkämpfen.

Hollander und Julian (1968) sowie Hollander (1987; 1993) haben sich theoretisch und empirisch mit dem Einfluß der Legitimation auf den Gruppenprozeß und auf den Gruppenoutput auseinandergesetzt; Kehr (2000) hat diese Forschung fortgesetzt und dadurch differenziert, daß er in experimentellen Situationen auch die Art der zu lösenden Aufgaben dadurch differenzierte, daß er Diskussions-, Produktions- und Problemlösungsaufgaben in Vierer-Gruppen bearbeiten ließ, die jeweils dadurch gekennzeichnet waren, daß sie entweder führerlos agierten oder Führung durch einen gewählten, einen ernannten oder einen nach dem Rotationsprinzip bestimmten Führer erhielten.

Dabei zeigten sich zum Teil erhebliche Einflüsse der Art der Führungslegitimation auf den Gruppenprozeß und die Gruppenleistung, die freilich zum Teil je nach Aufgabentyp unterschiedlich ausfielen. Als zentrale Befunde lassen sich nennen:

- die Beliebtheit gewählter Führer ist höher als die nichtgewählter; bei den nichtgewählten ist die Beliebtheit der ernannten größer als die jener, die durch Rotation in ihre Rolle gelangen,
- die Leistung ist – zumindest tendenziell – bei ernannten Führern am höchsten, bei führerlosen Gruppen am niedrigsten,
- die Zufriedenheit ist bei rotierender Führung geringer als bei führerlosen Gruppen oder solchen mit gewählten oder ernannten Führern, wobei dieser Effekt freilich in erster Linie bei Diskussionsaufgaben auftritt,
- die Gruppenkohäsion – und zwar sowohl die aufgaben- als auch die sympathiebasierende – ist bei rotierender Führung deutlich geringer als unter den anderen Bedingungen.

So bleibt insgesamt als Ergebnis festzuhalten, daß sich, zumindest in experimentellen Studien, Führungsrotation eher nicht bewährt; nicht so eindeutig läßt sich zwischen gewählter und ernannter Führung entscheiden, da es hier einerseits auf die Gewichtung der Erfolgskriterien, zum anderen auf die Art der Aufgaben ankommt, doch lassen sich aus den Befunden so viele Argumente für den gewählten Führer ableiten, daß es verwundert, daß diese Basis der Legitimation von Führung in Organisationen der Wirtschaft oder Verwaltung eine Rarität ist.

3.3.3.2. Zielorientierte Führung

Allen bisher bekannt gewordenen Situationstheorien ist gemeinsam, daß sie *ex ante* definieren, was sie unter Führung verstehen, und anschließend überprüfen, abhängig von welchen situativen Randbedingungen sich die Beziehung zwischen dem so definierten Führungsverhalten einerseits und bestimmten Erfolgsmaßen andererseits verändert. Damit wird die konservative Vorstellung stabilisiert, es gäbe »die« Grunddimension bzw. »das« Grunduniversum des Führungsverhaltens. Eine radikale Transzendierung dieser Forschungstradition bestünde darin, den Forschungsprozeß nicht mit einem vergleichsweise spezifischen Vorverständnis von Führung zu beginnen (um dies dann anschließend, situativ relativiert, mit einem je interessierenden Erfolgskriterium in Verbindung zu setzen); vielmehr würde man umgekehrt mit der Beschreibung dessen, was eigentlich erklärt werden soll (z.B. Umsatzsteigerung), beginnen, womit eine zielorientierte Führungsforschung eingeleitet würde. Diese »kopernikanische« Wende wurde bereits unter 3.3.2. gefordert.

Dabei bietet sich, wenn man die Prämisse macht, daß das Führungsverhalten über den Transmissionsriemen des Geführtenverhaltens zum Erfolg führt, folgende Fragenreihenfolge an:

a) *Welches* ist das *jeweilige Ziel* (z.B. Verbesserung des Umsatzes, der Rendite, Produktivität, der Innovativität usw.), zu dem der Mitarbeiter einen Beitrag leisten soll?
b) Angesichts welcher Erfahrungen bzw. welcher theoretischer Vorstellungen ist *welches Geführtenverhalten* unter Berücksichtigung welcher situativer Randbedingungen wichtig, um dem jeweiligen Ziel näher zu kommen?
c) Die Art des vermutlich wichtigen Geführtenverhaltens erfordert bei Vorliegen welcher Erfahrungen bzw. welcher theoretischen Vorstellungen angesichts welcher situativen Randbedingungen (z.B. Reifegrad der Mitarbeiter) welches *Führungsverhalten?*

Bei dieser Fragenabfolge steht die Definition des Führungsverhaltens nicht am Anfang, sondern am Ende der Forschungskette. Die Eingrenzung des Führungsverhaltens erfolgt nicht »empirisch«, sondern systematisch durch Beantwortung der Fragen a, b und c. Der Verzicht, das Führungsverhalten *ex ante* zu definieren, dient dem Zweck, das Führungsverhalten auf das jeweilige Zielkriterium hin besser feinjustieren zu können. Auf der theoretischen Ebene wird damit die Vorstellung, es gäbe »die« Grunddimension des Führens oder »das« Universum relevanter Führungsverhaltensweisen, fallengelassen. Was »Führung« substantiell ausmacht, ist ex ante offen und darüber hinaus von Fall zu Fall variabel; konstant ist lediglich die oben angegebenen Abfolge der Fragenkette (Gebert u. Ulrich, 1991).

Diese Fragenkette bietet nicht nur eine Leitlinie für den Forschungsprozeß, sondern stellt zugleich das Instrumentarium dar, mit dessen Hilfe der Praktiker überlegen kann, welches Führungsverhalten jeweils indiziert ist. Da für unterschiedliche Ziele unterschiedliche Geführtenverhaltensweisen wichtig sein können und deren Freisetzung aufgrund einer je un-

terschiedlichen Struktur und Bedingtheit der Geführtenverhaltensweisen ein je anderes Führungsverhalten voraussetzt, ist auf der theoretischen Ebene zu erwarten, daß ein und dasselbe Führungsverhalten, das z.B. für das Ziel der Umsatzsteigerung von besonderer Bedeutung ist, für das Ziel der Innovativität irrelevant sein kann. Empirisch müßte sich also eine *differentielle* Gültigkeit des identischen Führungsverhaltens gegenüber unterschiedlichen Zielkriterien zeigen.
Bei einer empirischen Überprüfung dieses Denkansatzes im Bankenbereich bestätigte sich die Hypothese der differentiellen Gültigkeit ein und desselben Führungsverhaltens gegenüber unterschiedlichen Zielkriterien in eindrucksvoller Weise (Gebert u. Ulrich, 1990).
Wie die Fragen b und c zeigen, ist die Tradition der situativen Forschung in diesen Denkansatz integriert. Die zielorientierte Führung transzendiert diesen Denkansatz insofern, als auf eine ex-ante-Präzisierung dessen, was unter Führung verstanden werden soll, grundsätzlich verzichtet wird, um so über die Steigerung der Feinjustierung des Führungsverhaltens auf das jeweilige Zielkriterium hin den prognostischen Gehalt der entsprechenden Führungsempfehlungen zu erhöhen; Einzelheiten hierzu bei Gebert u. Ulrich (1991).

Daß die von Gebert und Ulrich (1991) vor diesem Hintergrund als zielorientierte Führung bezeichnete Führung mit gutem Grund – gemessen an ihrem tatsächlichen Wirkungsgrad – als »zielorientiert« bezeichnet werden kann, soll nachstehend illustriert werden.
In einem ersten Schritt ist die oben angegebene Fragereihenfolge abzuarbeiten. Dieses Vorgehen wird mit Hilfe der Abbildung 50 nachstehend veranschaulicht.

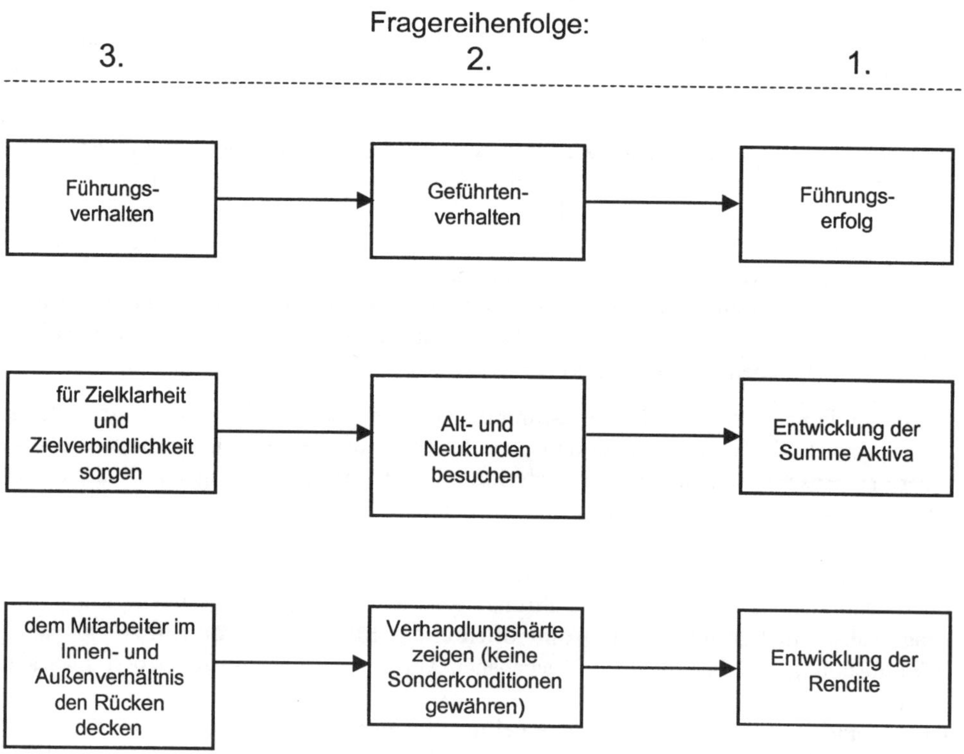

Abb. 50 Inhaltliche Beispiele der Ableitung zielorientierter Führung (nach Gebert u. Ulrich, 1991)

Das Ziel der Anhebung der Entwicklung der Summe Aktiva bedeutet im Bankenbereich konkret, daß mehr Kredite (unterschiedlicher Art) an Kunden verkauft werden müssen. Dies setzt seinerseits als zielorientiertes Geführtenverhalten voraus, daß der Mitarbeiter nicht in seinem Büro auf die Kunden wartet, sondern Alt- und Neu-Kunden von sich aus zu Hause besucht. Derartige Kundenbesuche sind bei den Kundenberatern nicht unbedingt beliebt, da sie Sorge haben, abwertend wie ein Vertreter wahrgenommen zu werden. Um die Kundenberater dennoch zu diesem vermutlich zielförderlichen Geführtenverhalten zu bewegen, wurde als Überwindung der genannten Barriere von Bankexperten die Führungsstrategie der Zielklarheit und Verbindlichkeit vorgeschlagen: Nicht die Geschäftsstelle, sondern der einzelne Kundenberater wird an quantitativen Kreditvolumen-Zielen gemessen und muß diesbezüglich auch Rechenschaft ablegen (dies wird von einigen Mitarbeitern durchaus als »Druck« erlebt).

In dieser Weise ist aus dem Summe-Aktiva-Ziel ein bestimmtes (vermutlich) zielförderliches Führungsverhalten herleitbar.

Das Rendite-Ziel bezieht sich auf die Durchschnittsverzinsung, die die Bank über die verschiedenen Kredite hinweg erwirtschaftet. Das hierfür wichtige Geführtenverhalten besteht vor allem darin, daß der Mitarbeiter keine (die Verzinsung beeinträchtigenden) Sonderkonditionen gewährt; er soll vielmehr mit den Kunden »hart verhandeln«. Dieses zielförderliche Geführtenverhalten scheitert qualitativ häufig an einer anderen Barriere. Das Hindernis besteht nicht in dem oben befürchteten Image-Verlust, sondern in der Belastung, einem Kunden, den man häufig schon viele Jahre kennt und der einem persönlich vertraut und sympathisch ist, geschäftlich nicht entgegenkommen zu können. In dieser ohnehin belastenden Situation wird der Mitarbeiter nicht zur Verhandlungshärte motiviert, wenn ihm seine Vorgesetzten noch zusätzlich in den Rücken fallen, indem sie, nachdem der Mitarbeiter auftragsgemäß Sonderkonditionen verweigerte, dem Kunden anschließend in großzügiger Gebärde diese Sonderkonditionen gewähren. Dies impliziert für den Mitarbeiter im Innen- wie im Außenverhältnis einen hochgradigen Autoritätsverlust, so daß von diesem Mitarbeiter in Zukunft kein Engagement in Richtung auf Verhandlungshärte mehr zu erwarten ist. Das zielförderliche Führungsverhalten besteht entsprechend umgekehrt darin, daß dem Mitarbeiter selbst dann der Rücken gedeckt wird, wenn sich der Kunde über die Verhandlungshärte beschwert.

Die Beispiele illustrieren, daß unterschiedliche Ziele unterschiedliche Geführtenverhaltensweisen voraussetzen, die an unterschiedlichen Barrieren scheitern können; im Ergebnis werden damit bei unterschiedlichen Zielen auch unterschiedliche Akzentsetzungen des Führenden (unterschiedliche Führungsweisen) erforderlich, um das jeweils zielförderliche Geführtenverhalten freizusetzen. Ist die Diagnose zur Art und Bedingtheit des jeweils zielförderlichen Geführtenverhaltens zutreffend, so darf erwartet werden, daß das entsprechend abgeleitete Führungsverhalten in der Tat »zielförderlich« wirkt. Dies zeigt die Abbildung 51.

Die äußerst differenzierten Zahlenangaben zu den (objektiven) ökonomischen Kriterien erhielten wir unmittelbar von den hier untersuchten N = 25 Sparkassen. Die beschriebenen Führungsqualitäten wurden in standardisierter Fragebogenform bei (geführten) Führungskräften der Kreditabteilungen und bei Kundenberatern erhoben. Die Angaben zum ökonomischen Erfolg und zu der Führungsqualität beruhen damit auf voneinander unabhängigen Datenquellen. Zu unterstreichen ist in bezug auf die Abbildung 51 zweierlei:

- Differentielle Gültigkeit der jeweiligen Führungsweise. Wie erwartet (s. o.), korreliert die Zielklarheit/Verbindlichkeit (r = .58) hochsignifikant positiv mit der Entwicklung der Summe Aktiva, aber nicht signifikant mit der Entwicklung der Rendite (Gebert u.

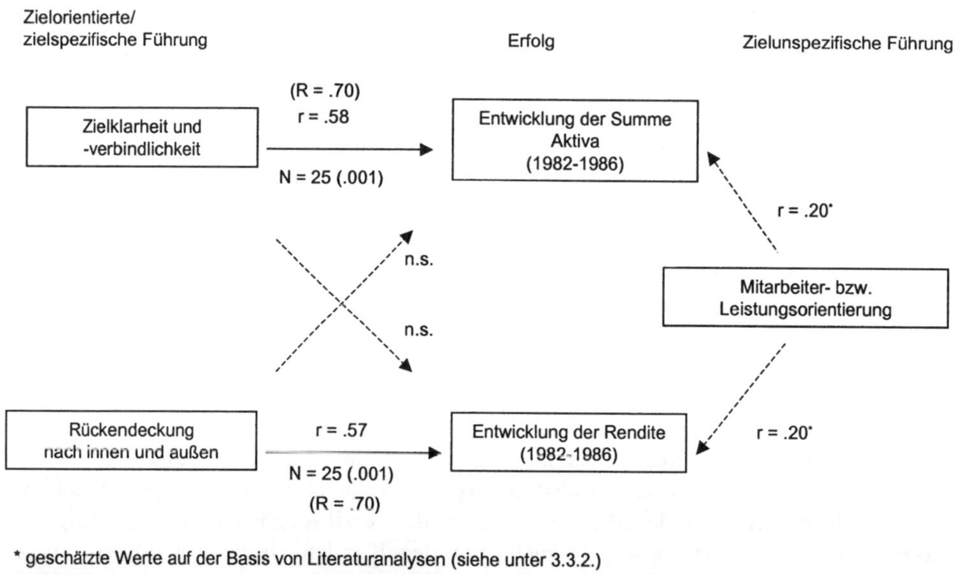

Abb. 51 Die Wirkungskraft zielorientierter Führung bei N = 25 Sparkassen (Gebert u. Ulrich, 1990)

Ulrich, 1990, S. 111, S. 221). Analoges gilt umgekehrt für die Strategie der Rückendeckung im Innen- und Außenverhältnis. Diese differentielle Gültigkeit ist Ausdruck des Umstandes, daß unterschiedliche Ziele letztlich unterschiedliche Formen (Akzentsetzungen) der Führung voraussetzen. In kontigenztheoretischer Tradition argumentiert, kommt es nicht nur auf eine Situations-, sondern auch auf eine Zielrelativierung an bzw. anders formuliert: Innerhalb des situationstheoretischen Denkens kommt es darauf an, neben anderen Situationsvariablen (siehe oben) als erstes die Zieleigentümlichkeiten zu berücksichtigen.

- Wirkungsgrad der zielorientierten Führung. Das Vorgehen der zielorientierten Führung, die Art der Führung inhaltlich unter dem Blickwinkel des Prozesses des zu erreichenden Zieles festzulegen, scheint sich zu lohnen. Während die zielunspezifisch festgelegten (bzw. zielunabhängig definierten) Strategien der Mitarbeiter- und Leistungsorientierung nach den üblichen Literaturbefunden ca. r = .20 mit Leistungsindikatoren korreliert sind, erweist sich die zielorientierte Führung als wirkungsmächtiger. Erklärbar sind (geschätzt dadurch, daß man den Betrag der Korrelation in das Quadrat bildet) nicht nur ca. 4%, sondern über 30% der Erfolgsunterschiede der N = 25 Institute durch Führungsunterschiede. Erweitert man in der gleichen Vorgehensweise (also durch die gleiche Fragenabfolge) sowohl die Summe-Aktiva-orientierte als auch die Rendite-orientierte Führung jeweils noch um einige zusätzliche Führungsaspekte, so ergibt sich auf der Basis einer dann berechenbaren multiplen Korrelation jeweils ein Wert von R = .70 (Gebert u. Ulrich, 1991, S. 756 f). Damit sind ca. 50% der Erfolgsunterschiede zwischen den Instituten auf Führungsunterschiede zurückführbar. Mit Hilfe der zielorientierten Führung kann man demnach nachhaltiger auf die Erfolgskriterien einwirken, und dies ist aus pragmatischer Sicht entscheidend.

Die Erklärung für die Überlegenheit dieses Ansatzes dürfte darin liegen, daß die Selektion des Führungsverhaltens systematisch erfolgskriterienbezogen erfolgt. Bedeutsam ist außer-

dem, daß durch den Verzicht des Rückgriffes auf ein ex ante formuliertes Führungsverständnis die den Blickwinkel tendenziell einengende Wirkung dieses Vorverständnisse überwunden wird und damit der Blick für genau dasjenige (evtl. auch ungewöhnliche) Führungsverhalten frei wird, das als zielbedeutsam betrachtet werden kann.
Beleuchtet man die für die zielorientierte Führung konstitutive Fragenabfolge als Leitlinie für den Forschungsprozeß, so ist noch auf folgenden denkbaren Vorzug hinzuweisen:
Das Kernanliegen des situativen Denkens besteht in pragmatischer Hinsicht darin, irreleitende Handlungsempfehlungen dadurch zu vermeiden, daß die Führungsempfehlung auf die jeweilige Situation hin relativiert wird. Letztlich geht es dabei darum, sich dem Einzelfall anzunähern, der immer durch eine einmalige Randbedingungskonfiguration gekennzeichnet ist (es gibt nicht zwei identische Geführte oder zwei identische Gruppen/Abteilungen usw.).

Macht man mit der These der Einmaligkeit der Randbedingungskonfiguration ernst, so stößt der traditionell nomothetisch orientierte Forschungsprozeß, der immer von Klassen von Bedingungskonfigurationen ausgeht, an systematische Grenzen: Der Einzelfall ist in die noch so differenziert aufgelöste jeweilige Klassenbildung nicht vollständig subsummierbar. Die Fragenabfolge der zielorientierten Führung kann damit, im Sinne einer qualitativen Einzelforschung praktiziert, die quantitativ nomothetisch ausgerichtete Forschung sinnvoll ergänzen:
Im Sinne der obigen Fragenabfolge durchgeführte Einzelfallanalysen erweitern das als potentiell relevant zu erachtende Spektrum an Führungsverhaltensweisen, so daß als Forschungsertrag deutlicher wird, *welches* Führungsverhalten überhaupt als potentiell zielförderlich mit in Betracht zu ziehen ist, um dem Einzelfall näherzukommen.

Indem das obige Fragenraster auch dem Praktiker als Heuristik in die Hand gegeben werden kann, ist noch ein weiterer Vorzug denkbar. Dadurch, daß der Prozeß der Auswahl bzw. Hervorhebung des je relevanten Führungsverhaltens nicht mehr (tendenziell bevormundend) von außen fremdgesteuert – s. die obige Kritik an Vroom u. Yago (1988) –, sondern von der Führungskraft eigenverantwortlich selbstgesteuert wird, entschärft sich das oben angesprochene Problem der Entmündigung der Führungskraft.
Beantwortet die Führungskraft die Fragen zur Qualität und Bedingtheit des zielförderlichen Geführtenverhaltens aufgrund ihrer besonderen Kenntnis des Einzelfalles – dies ist natürlich die entscheidende Prämisse – zutreffender und leitet sie auch das damit erforderliche Führungsverhalten gut begründet ab, so kann die selbst erarbeitete Führungsempfehlung im günstigen Fall sogar zielförderlicher ausfallen, als dies je über eine nomothetisch angelegte von außen kommende Forschungsempfehlung möglich ist.

Damit wird die Validität der Alltagstheorien (subjektiven Theorien) der Führungskräfte zu den Bedingungen des Führungserfolgs zur strategischen Weichenstellung, an der auch die Führungskräfte-Weiterbildung ansetzen kann.

3.3.4. Symbolische Führung

In den letzten Jahren ist ein verstärktes Interesse daran zu erkennen, das Führungsverhalten selbst zu erklären. Dabei wird den sog. *subjektiven Theorien* (siehe hierzu bei Groeben u. Scheele, 1977) des Führenden bezüglich des Zusammenhangs zwischen dem Führungs-

verhalten und dem Führungserfolg ein erheblicher Erklärungswert für das realisierte Führungsverhalten zugesprochen (siehe hierzu auch Weinert, 1985). Im Erziehungsbereich hat zum Elternverhalten Dietrich (1985) eine Studie vorgelegt, die auch für die Führungsforschung anregend ist. Einen Teilaspekt dieser sog. subjektiven Theorien des Führenden bilden die vom Führenden herangezogenen Kausalattributionen gegenüber dem Erfolg bzw. Mißerfolg der Mitarbeiter. Im Sinne der Abbildung 10 kann der Führende Erfolg oder Mißerfolg bei den Mitarbeitern unterschiedlich erklären und wird z.B. dann, wenn er Mißerfolg auf mangelnde Anstrengung zurückführt, spezifische motivierende Führungsstrategien einzusetzen versuchen. Die Weise der Ursachenzuschreibung erklärt damit das sichtbare Führungsverhalten (Green u. Mitchell, 1979).
Das Interesse, das Führungsverhalten selbst zu erklären, ist u.a. pragmatischer Art: Ähnlich wie bei der noch zu behandelnden Organisationsentwicklung gilt, daß Veränderungen des Führungsverhaltens Veränderungen der (subjektiven) Theorien der Führenden (bezüglich der Bedingungen und Effekte des Führens) voraussetzen; Personalentwicklungsmaßnahmen haben hier insofern einen theoretisch fundierten Anknüpfungspunkt.
Es ist nicht nur von Interesse, wie Führende den Erfolg der Geführten, sondern auch, wie Geführte den Erfolg der Führenden zu erklären versuchen. Dabei haben Geführte offenbar die Tendenz, den Unternehmenserfolg internal durch Rekurs auf die Kategorie Führung und weniger external durch Bezugnahme auf spezifische Konjunktur- und Branchenentwicklungen zu erklären. Da der Erfolg einer Unternehmung objektiv gesehen nach Meinung mancher Autoren aber primär außenbestimmt sei, würden die beschriebenen infernalen Kausalattributionen gegenüber dem Unternehmenserfolg im Grunde nur einer romantischen Heldenmythologie und einer Überschätzung der Einflußgröße »Führung« Vorschub leisten (Meindl u.a., 1985).
Vor diesem Hintergrund versucht man seit einigen Jahren, die Funktion von Führung überhaupt zu hinterfragen. Eine provokative Forschungsposition nimmt dabei Pfeffer ein: Eine wichtige Funktion der Führung sei, den Glauben an die Relevanz der Führung zu stabilisieren, um einerseits das Vertrauen der Mitarbeiter in die Führung nicht zu untergraben und um andererseits das Gefühl der Verantwortlichkeit der Führungskräfte nicht zu unterminieren (Pfeffer, 1981). Führung habe über bestimmte Symbolhandlungen und Rituale (und insofern durch »symbolische Führung«) zur Aufrechterhaltung funktionaler Ideologien beizutragen, um so Entscheidungsakzeptanz sicherzustellen und Gewißheit und Orientierung in einer komplex-determinierten Welt bei den Mitarbeitern zu vermitteln, obwohl es sich dabei häufig um Pseudogewißheit und Pseudoorientierung handelt. Der Stellenwert der »symbolischen Führung« läßt sich in Anlehnung an Pfeffer (1981) wie folgt veranschaulichen:

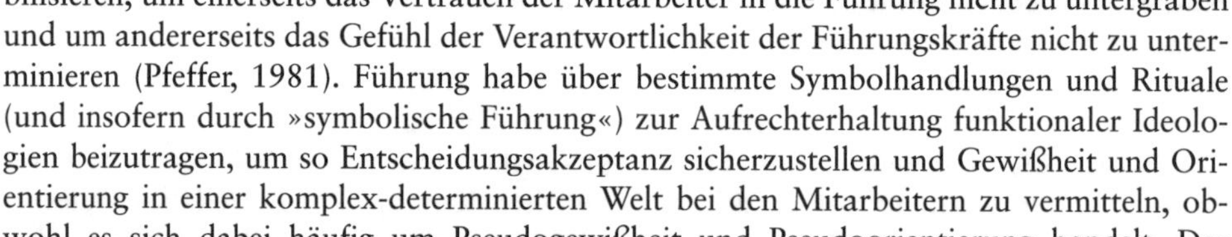

Abb. 52 Funktionen der symbolischen Führung nach J. Pfeffer (1981)

Ausgangspunkt ist der Eindruck, daß unternehmenspolitische Entscheidungen in ihrer inhaltlichen Ausrichtung weniger sachlogisch determiniert und stärker durch den Einsatz von Macht bedingt seien und insofern Akte von Willkür reflektierten. Der Umstand, daß unternehmensstrategische Entscheidungen auf politischem Wege (und insofern nicht-rational und willkürlich) zustande kämen, hänge einerseits damit zusammen, daß die denkbaren Entscheidungsalternativen eine Menge untereinander zusammenhängender Beurteilungs-, Bewertungs- und Verteilungskonflikte aktualisierten, die nicht mehr rational auflösbar seien (Pfeffer, 1981, S. 69). Da die Erkennbarkeit der Struktur dieser Situation auf seiten der Nachgeordneten den Zusammenhalt und damit die Stabilität der Organisation bzw. des Unternehmens gefährden würde, komme es nun darauf an, so zu führen, daß trotz objektivem Dissens und nicht-rationaler Entscheidung in der Unternehmensspitze die Geführten bereit sind, den Aktivitäten der Führenden Konsensus und Rationalität zuzuschreiben. Gewährleistet werde dies durch »symbolische Führung«, die als der Versuch der Konstruktion und Stabilisierung eines Systems geteilter Meinungen innerhalb der Organisation definiert werden kann. Als »symbolisch« kann diese Führung insofern bezeichnet werden, als sie sich spezifischer (symbolischer) Medien bedient, nämlich spezifische Sprachregelungen und Interpretationsschemata fördert, Zeremonien und Rituale pflegt, spezifische Mythen und Traditionen unterstreicht usw.

Schein (1985) betont im Unterschied zu Pfeffer (1981) nicht so sehr die akzeptanzförderliche Funktion, sondern die allgemeine Orientierungsfunktion der (auch symbolischen) Führung. Jede Führung (nicht nur der – manipulative? – Einsatz von Sprache), also z. B. auch das tägliche Kontrollverhalten eines Vorgesetzten, signalisiere über die Frage, was kontrolliert und was nicht kontrolliert wird, auch spezifische Werte und Überzeugungen, so daß Führung generell zweierlei Funktionen erfülle: Die Funktion der direkten Verhaltenssteuerung und die Funktion der mentalen Programmierung der Geführten durch die Signalisierung und Verschlüsselung allgemeiner Verhaltenserwartungen. Dies läßt sich pointiert auf die Formel bringen: Man kann nicht nicht symbolisch führen (Neuberger, 1995)!

Sowohl in dem Fall der weiteren Fassung durch Schein (1985) als auch im Fall der engeren Fassung durch Pfeffer (1981) ist mit der Diskussion um die Funktion der (symbolischen) Führung forschungsstrategisch eine wichtige Problemstellung insofern aufgeworfen, als sich fragen läßt, wodurch (durch welches Verhalten, durch welche Aktivitäten) ein Führender ein System geteilter Meinungen und Realitätsinterpretationen herzustellen und zu stabilisieren imstande ist, das allgemein der Orientierung oder spezifisch der Akzeptanzsicherung dient. Es dürfte offenkundig sein, daß damit Aktivitäten des Führenden in den Scheinwerfer der Betrachtung rücken, die in den klassischen Dimensionen »initiating structure« und »consideration« kaum Berücksichtigung gefunden haben. Die Debatte um die Funktion der Führung hat also auf die Inhaltsbestimmung dessen, was Führung eigentlich meint, befruchtend zurückgewirkt.

3.3.5. Visionär-charismatische (transformationale) Führung

Für die auffallende Resonanz der visionär-charismatischen Führung (Bass u. a., 1981; Bass, 1990; Burns, 1978) in der Gegenwart sind zumindest zwei Hintergrundentwicklungen erklärungsrelevant. Zum einen ist die Verwissenschaftlichung auch des Führungsprozesses in Betrieben spürbar geworden; Führung (vgl. Matiaske, 1992) wurde immer mehr entpersonalisiert und durch abstrakte, wissenschaftlich mehr oder weniger gut fundierte Regelwerke ersetzt. Dies mündete in den berühmten Satz von Bennis und Nanus (1985) ein: We are overmanaged but underled. Es liegt nahe, daß als Reaktion auf diese Lage ein eher per-

sonales Führungsmuster nachgefragt wird, womit die wieder steigende Aktualität charismatischer Führung verständlich wird.
Zum anderen ist zu bedenken, daß, ebenfalls als Folge und Begleitumstand der wissenschaftlich-rationalen Durchdringung des betrieblichen Alltags, heute innerbetrieblich zunehmend mehr technokratisch-formale Subziele (z.B. bessere Kostendeckungsbeiträge erwirtschaften) dominieren. Derartige Formalziele sind aufgrund ihres im wesentlichen nur instrumentellen Charakters für weitere ökonomische Kennziffern blaß- und leerformelhaft. Als Reaktion auf diese Lage und entsprechend zugeschriebene Sinn-Defizite wird auch die heute so viel diskutierte visionäre Führung in ihrer Attraktivität verständlich.
Um die Eigenheiten der visionär-charismatischen (transformationalen) Führung deutlicher werden zu lassen, ist es hilfreich, sie mit der transaktionalen Führung zu kontrastieren. Die transaktionale Führung lebt von einem Tauschprinzip (Transaktionen). Im Kern geht es darum, daß der Führende spezifische Anreize bzw. Belohnungen vermitteln kann, aufgrund derer die Mitarbeiter zu einem Höchstmaß an Leistungseinsatz (effort) verpflichtet werden. Die Abbildung 53 illustriert die wesentlichen Kennzeichen der transaktionalen und der transformationalen Führung.

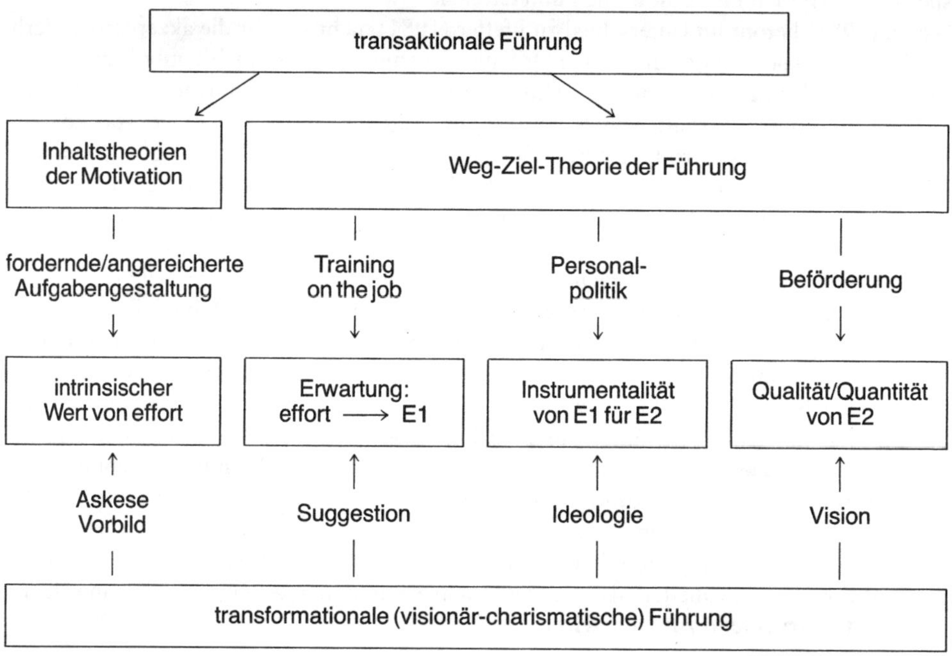

Abb. 53 Unterschiede zwischen transaktionaler und transformationaler Führung

Bezugnehmend auf die unter 2.2. erläuterte Unterscheidung einer extrinsischen von einer intrinsischen Motivation und unter paralleler Bezugnahme auf das unter 2.2.3. erläuterte Modell der Prozeßtheorie der Motivation von Vroom (1964) läßt sich die transaktionale Führung u.a. dadurch bestimmen, daß sie bei dem Tauschprozeß ganz *spezifische* Medien einsetzt: Der intrinsische Wert von Leistungseinsatz wird z.B. durch eine fordernde, inhaltlich angereicherte Aufgabengestaltung vermittelt, so daß ein zeitlich stabiler Leistungseinsatz vor allem durch die zeitliche Stabilität paralleler positiver Empfindungen im Vollzug

der Tätigkeit garantiert wird. In etwas modernerer und betriebsorientierter Sprachregelung handelt es sich dabei z.B. um flexible Fertigungssegmente, wie sie von Wildemann, (1992; vgl. hierzu auch die sog. »fraktale Fabrik« von Warnecke, 1992) beschrieben wird. In diesem flexiblen Fertigungssegment geht es im Sinne der Erweiterung des Tätigkeits- und Entscheidungsspielraums darum, daß einerseits inhaltlich die Aufgabenstellungen dadurch angereichert werden, daß bisher unterschiedlichen Positionen zugeordnete Vollzüge und damit arbeitsteilig organisierte Prozesse re-integriert werden, andererseits darum, daß der Entscheidungsspielraum durch eine Dezentralisierung der Entscheidungskompetenzen von den Vorgesetzten auf die Mitarbeiter zur Förderung deren Autonomie vergrößert wird. Nachdem es gute Argumente dafür gibt, daß sich derartige Strategien der Freisetzung intrinsischer Arbeitsmotivation auch ökonomisch auszahlen (Wildemann, 1992), ist verständlich, daß diese Strategien (u.a. unter dem Stichwort der human resources development) in der betrieblichen Praxis zunehmend mehr Beachtung finden.
Im Rahmen der extrinsischen Motivation kann unter Bezugnahme auf die Prozeßtheorie von Vroom (1964) die transaktionale Führung über die Weg-Ziel-Theorie der Führung (Evans 1970, und House, 1971) erläutert werden. In der Weg-Ziel-Theorie fragt sich der Führende im wesentlichen, mit Hilfe welcher Medien bzw. Handlungen er die entscheidenden Variablen der Prozeßtheorie von Vroom (1964) beeinflussen kann. Der Führende kann insofern aktiv werden, als er z.B. die subjektive Wahrscheinlichkeit, durch eigene Anstrengung ein gegebenes Leistungsziel (E 1) zu erreichen, durch ein Training on the Job des Mitarbeiters fördert. Über entsprechende Qualifizierungsprozesse steigt beim Mitarbeiter die Erwartung, durch eigene Anstrengung ein gegebenes Leistungsziel eher erreichen zu können. Analog kann der Führende auch auf die wahrgenommene Instrumentalität des Leistungsziels gegenüber weiteren nachgefragten Zielen (E 2) einwirken. Dies tut er etwa dann, wenn nachgefragte Güter (interessante Positionen, Beförderung usw.) für den Mitarbeiter, deutlich erkennbar, zunehmend mehr abhängig von dem Eintreten eines Leistungsergebnisses (E 1) vergeben werden.
Indem etwa dem Mitarbeiter glaubhaft klargemacht wird, daß seine angestrebte Beförderung weniger vom Zufall und dem Parteibuch usw., sondern deutlich auch von den gezeigten Leistungsniveaus abhängig ist, wird in der Personalpolitik ein Leistungsprinzip praktiziert und transparent gemacht, aufgrund dessen die Instrumentalität von E 1 gegenüber E 2 steigt. Schließlich kann der Führende innerhalb der Weg-Ziel-Theorie die Qualität und Quantität der unter E 2 zu subsummierenden Ergebnisse beeinflussen. Er kann etwa im Sinne der Individualisierung der Anreizgestaltung die Instrumentalität von E 1 gerade gegenüber solchen Ergebnissen zu erhöhen versuchen, die von dem Mitarbeiter aufgrund seiner ganz besonderen Persönlichkeitsstruktur in besonderem Maße nachgefragt werden; er kann auch die Quantität (Gehaltserhöhung) beeinflussen und insofern die Valenz von E 1 (s. 2.2.3.) steigern.
In bezug auf die Weg-Ziel-Theorie der Führung, die von Evans (1970) und House (1971) vorgelegt und von Neuberger (1976a) im deutschen Sprachraum weiter ausformuliert wurde, sei angemerkt, daß es sich um eines der wenigen Modelle handelt, die, im Gegensatz z.B. zum Ansatz von Fiedler (1967), eine theoretische (hier: motivationstheoretische) Fundierung aufweisen. Daß die Weg-Ziel-Theorie in den Lehrbüchern der Führung ein vergleichsweise stiefmütterliches Dasein führt, mag damit zusammenhängen, daß die in dieser Theorie gezogenen Folgerungen implizit bereits in der Denkfigur von Vroom (1964) enthalten sind.

Basis für die transaktionale Führung ist die Annahme, in Anlehnung an den homo öconomicus würde der Mitarbeiter seine Anstrengungsintensität auf der Basis bilanzierender Be-

rechnungen regulieren, wobei seine entscheidende Frage lautet, ob der Leistungseinsatz, der sich selbstverständlich auch immer mit Kosten verbindet (nervliche Belastung, Überstunden), angesichts des zu erwartenden Nutzens und seiner Eintretenswahrscheinlichkeit auch weiterhin aufrechterhalten oder abgebremst werden soll.
Speziell Avolio und Bass (1987) vertreten nun die These, daß man ein Mehr an Leistungseinsatz (effort) erzielen könne, wenn man die *transaktionale* Führung (die vereinfacht von einem Prinzip Rationalität getragen wird) durch die *transformationale* Führung ergänzt, die eher von einem Prinzip Emotionalität gekennzeichnet ist. Avolio und Bass (1987) plädieren also nicht für ein Entweder-Oder, sondern gerade für die Kombination dieser beiden Führungsstrategien, um zusätzliche Leistungsanstrengungen freisetzen zu können, die für das Überleben der Firmen angesichts zunehmenden Wettbewerbs entscheidend seien. Nachstehend wird knapp auf die Wirkmechanismen der transformationalen (visionär-charismatischen) Führung eingegangen.
Charisma beruht auf »der außeralltäglichen Hingabe an die Heiligkeit oder die Vorbildlichkeit einer Person und der durch sie offenbarten oder geschaffenen Ordnungen« (Weber, 1972, S. 124). In psychologischen Kategorien ausgedrückt handelt es sich bei der emotionalen Beziehung zum charismatisch Führenden um eine Verschränkung der beiden Mechanismen der Identifikation und Projektion. Der Führende wird idealisiert und ist sofern mehr als man selbst (Projektion), gleichzeitig aber ist man Teil von ihm (Identifikation). Identifikation und Projektion werden dabei durch den Mechanismus der Imitation ergänzt, da der charismatisch Führende auf der Handlungsebene als Rollenmodell betrachtet wird (Bandura, 1979). Der charismatisch Führende gewinnt damit für den Mitarbeiter nicht nur eine als natürlich erscheinende Anziehungskraft (House, 1977), sondern er ist zugleich ein generalisiertes Modell in bezug auf Verhalten, Werte, Ziele und Moralvorstellungen. Vor diesem Hintergrund sind die Geführten auch tendenziell dazu bereit, sich für den charismatischen Führer und die durch ihn offenbarten Ziele und Ordnungen einzusetzen und Opfer zu bringen (House u.a., 1991; Conger, 1989). Aufgrund dieser emotional fundierten, generalisierten Beeinflussungswirkung spricht man auch von einer transformationalen Führung insofern, als, vermittelt über die beschriebenen Mechanismen, Werte und Überzeugungen, Motive und das Selbstkonzept des Geführten sowie die Art und Weise, wie er seine Lebensumwelt wahrnimmt und interpretiert, »transformiert« werden.

Bezugnehmend auf Abbildung 53 lassen sich die Transformationsmedien wie folgt präzisieren: Der Einsatz (effort), sofern als instrumentell für die Erreichung der offenbarten Ordnungen und Ziele wahrgenommen, unterliegt nicht mehr kalkulierenden Kosten-Nutzen-Überlegungen des transaktionalen Modells; effort ist vielmehr Wert an sich und in sich beglückend, da man weiß, das Richtige zu tun. Ungute Gefühle und nervliche Belastungen beeinträchtigen, sofern sie eintreten, den Einsatz nicht; sie stellen vielmehr im Sinne von Askese notwendige persönliche Opfer auf dem Weg zum Ziel dar.
Für den charismatisch Führenden ist es im klassischen Verständnis konstitutiv, daß er sich seiner Sache absolut sicher ist. Statt selbstkritischer Zweifel und Bedenken ist er von der Richtigkeit der von ihm verfolgten Ziele und der entsprechenden Weltbilder zutiefst überzeugt. Gerade durch diesen Gewißheitsanspruch wirkt er suggestiv. Seine Aussage »Wir schaffen es« kann entsprechend für die gegebenenfalls noch erforderliche Erwartungssteigerung (im Sinne von Vroom, 1964) schon hinreichend sein. Für die (hier selbstverständlich idealtypisch gekennzeichnete) charismatische Führung ist es weiter charakteristisch, daß die Instrumentalität von Zwischenzielen zu Endzielen nicht auf rationalem Wege argumentativ belegt wird. Typisch ist vielmehr, daß der charismatisch Führende nicht qua Argument, sondern qua Persönlichkeit überzeugt, durch seine sog. Ausstrahlung beflügelt

und die Mitarbeiter so darin bestärkt, daß sie sich auf dem richtigen Weg befinden. Daß diese E 1-E 2-Beziehungen gelegentlich noch durch eine Ideologie abgestützt werden können, versteht sich von selbst.
Von zentraler Bedeutung für die transformationale Führung ist schließlich noch ihre Ergänzung um die visionäre Komponente. Während Ziele innerbetrieblich im Sinne von objectives in operationalisierter Form formuliert werden, da nur dann ein Soll-Ist-Vergleich ermöglicht wird, wäre genau eine solche Operationalisierung das Ende einer jeden Vision, denn sie lebt wesentlich von ihrer Unüberprüfbarkeit. Im Sinne der transformationalen Führung soll die Vision eine Leitidee darstellen, die für viele Menschen Zugkraft aufweist. Sie darf insofern nicht konkret-operational formuliert werden, da sich damit die Chancen reduzieren würden, daß sich die verschiedensten Geführten in eben dieser Leitidee angesichts ihrer unterschiedlichen Hoffnungen und Wünsche wiederfinden können. »Wirksame« Visionen sind insofern durch eine hohe gefühlsmäßige Aufladung und geringe intellektuelle Prägnanz gekennzeichnet. Zugleich haben Visionen im Unterschied zu operationalisierten Betriebszielen einen weiten Zeithorizont und verweisen auf eine späte Zukunft (Scholz, 1991). Auch deswegen darf die Vision nicht zu kleinkrämerisch-konkret formuliert sein, da sie ansonsten das befreiende Moment des weiten Atems verlieren würde. Eine gute Vision wirkt in diesem Sinne (über den betrieblichen Alltag) »erhebend«.

Geht man von diesem idealtypischen Verständnis einer transformationalen Führung aus, so hat die These hohe Plausibilität, daß auf diesem Wege zusätzliche Grade an Einsatzbereitschaft auslösbar sind; die transformationale Führung stellt u.a. eine Antwort auf das als stark entpersonalisiert und technokratisch erlebte Management einerseits sowie auf die erlebten Sinn- und Orientierungsdefizite andererseits dar. Zumindest bei denjenigen Mitarbeitern, die die betriebliche Realität in diesem Sinne als defizitär erleben, kann die transformationale Führung, selbst in abgestufter Form praktiziert, vermutlich auf fruchtbaren Boden fallen.
Der positiven stimulierenden Wirkung sind mindestens die folgenden potentiellen Negativeffekte entgegenzuhalten:

- Der charismatisch Führende ist typischerweise nicht dazu bereit, sich selber zu hinterfragen und sich hinterfragen zu lassen; die charismatisch Geführten sind vor dem Hintergrund der Verschränkung von Identifikation und Projektion ihrerseits nicht dazu bereit und in der Lage, den charismatisch Führenden und ihre Beziehung zu ihm zu hinterfragen. Damit ist das Modell einer modernen dialogischen Kooperationsstruktur, die sich gerade von der monologisch-verschleiernden Führung dadurch unterscheidet, daß für beide Interaktionspartner die potentielle Irrtumsbehaftetheit und Revisionsbedürftigkeit allen Denkens und Handelns gilt, im Kern qualitativ ausgehebelt (Boerner, 1994).
  Daß Kritik und rationaler Diskurs zwischen dem visionär-charismatisch Führenden und dem Geführten eher unwahrscheinlich sind, wird verständlich, wenn man die emotional-affektive Beziehung zwischen dem Führenden und den Geführten aus einer tiefenpsychologischen Sicht betrachtet; dies veranschaulicht die Abbildung 54.
  Der Führende sucht aufgrund eines (Schwäche abwehrenden) Omnipotenz-Anspruchs soziale Beachtung, die ihn in seinem Größen-Selbstkonzept verstärkt. In der Interaktion mit den Geführten spiegelt sich der Führende in narzißtischer Weise und fördert die angestrebte Selbstkonzept-Bestätigung (House u. Shamir, 1993) durch Prozesse der Selbst-Inszenierung und Orchestrierung der Interaktion, wie sie von Gardner und Avolio (1998) im einzelnen beschrieben werden. Die Geführten zeigen sich auf der Basis gespei-

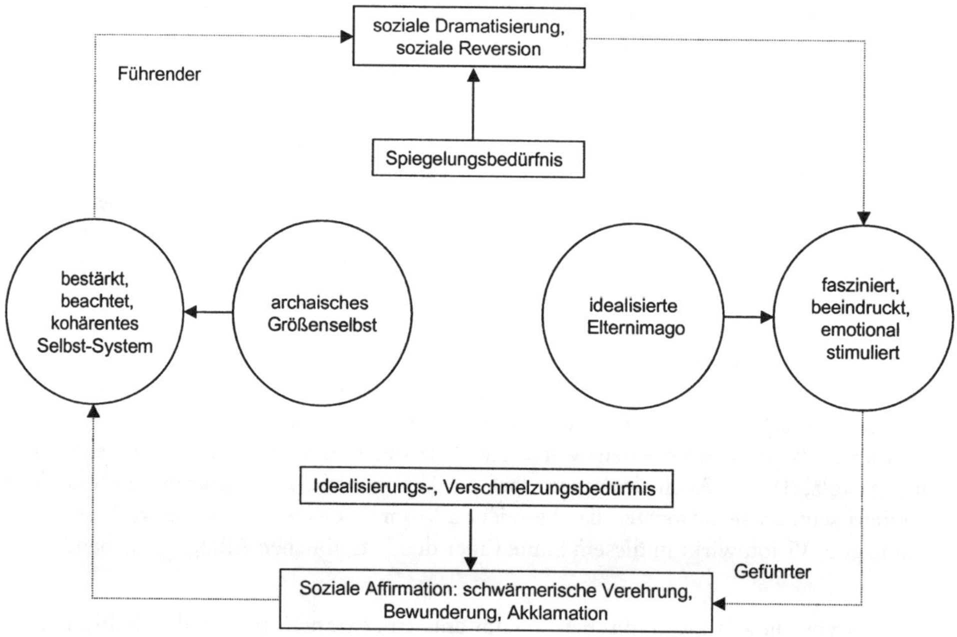

Abb. 54 Emotional-affektive Beziehung zwischen Führer und Geführtem innerhalb der visionär-charismatischen Führung (nach Steyrer, 1999, S. 183)

cherter Eltern-Bilder fasziniert und emotional stimuliert und reagieren im Zuge ihrer Idealisierungsneigungen mit schwärmerischer Verehrung und Bewunderung. Eben dies verstärkt wiederum das Größen-Konzept des Führenden.

Vereinfacht und salopp formuliert heißt dies: So wie der Star seine Fans braucht, benötigen die Fans ihren Star. Daß in einer solchen Beziehung wechselseitiger emotionaler Abhängigkeit rationaler Diskurs nur wenig Platz hat, versteht sich von selbst. Vor dem Hintergrund eines aufklärerischen Geistes kann diese Dynamik der Beziehung auch als kollektive Regression bezeichnet werden.

- Die visionär-charismatische Führung verbindet sich mit der Gefahr, daß bei der Transformation zentraler Werte und Einstellungen und eines entsprechenden Selbst- und Weltverständnisses über die Formulierung spezifischer gemeinschaftlicher Aufgaben und »Missionen« eine kollektive Programmierung und damit in der Folge eine Homogenisierung des Denkens und Wertens stattfindet, die die für die offene Gesellschaft konstitutive Pluralität und die für den innovativen Betrieb elementare Heterogenität der Perspektiven in uniformistischer Weise einengt (Kieser, 1991).
- Aus gesamtgesellschaftlicher Sicht liegt die Gefahr darin, daß die visionär-charismatische Führung auch auf der politischen Ebene (wieder) zum Modell wird und eine partielle Rückkehr in die geschlossene Gesellschaft anbahnen könnte (Gebert u. Boerner, 1995). Türcke (1994) formuliert in eindringlicher Weise wie folgt: »In dem Maße, wie die moderne Demokratie auf verwaltete Welt hinausläuft, hält sie den Wunsch nach charismatischen Führern wach, die ihrer toten Apparatur lebendigen Geist einhauchen oder sie einfach wegfegen und durch einen neuen Bund menschlicher Nähe und Unmittelbarkeit ersetzen sollen« (Türcke, 1994, S. 23; vgl. hierzu auch Neuberger, 1990, S. 54 ff.).

- Als mögliche Gefahr der visionär-charismatischen Führung wird darüber hinaus immer wieder auf die Personabhängigkeit der Wirkungen verwiesen; fällt der charismatisch Führende aus, gerät das Unternehmen in eine Krise.
- Qualitativ argumentiert kann nicht ausgeschlossen werden, daß der hohe Leistungseinsatz bzw. effort in sektiererischen blinden Eifer umschlägt, der für das Unternehmen gefährlich werden kann.

Zu Gunsten der visionär-charismatischen Führung werden zusammenfassend im wesentlichen folgende Aspekte angeführt:

- Zum einen wird auf die mögliche Erhöhung des Engagements der Belegschaft verwiesen (also der vorher diskutierte motivational-stimulierende Effekt), wobei als Beispiele gerne einzelne Unternehmen in Japan genannt werden.
- In der Literatur zur Innovationsforschung findet sich häufig der Hinweis, daß ein gerade in der heutigen Zeit wichtiger radikaler Wandel innerhalb von Unternehmen eher dann Durchsetzungswahrscheinlichkeiten habe, wenn dieser radikale Wandel von einem visionär-charismatisch Führenden initiiert wird.

Zu Gunsten speziell der charismatischen Führung muß schließlich auf der Basis vieler Gespräche mit Praktikern erstens darauf hingewiesen werden, daß die transformationale Führung durch die Koppelung der visionären mit der charismatischen Dimension definiert ist; man kann sich aber sehr wohl vorstellen, daß es Führende gibt, die durchaus Charisma aufweisen, dabei aber mit realitätszentrierteren Zielsetzungen führen, also auch ohne die visionäre Komponente effektiv sind. Zweitens darf auch nicht vergessen werden, daß die visionär-charismatische Führung in jeweils abgestufter Form praktizierbar ist und keinesfalls mit Sektenführern oder Persönlichkeiten wie Goebbels gleichgesetzt werden darf.

Um der Wirksamkeit transformationaler Führung im betrieblichen Bereich näher nachzugehen, ist empirische Forschung notwendig. Avolio u. Bass u.a. (1999) haben einen Fragebogen entwickelt (Multifactor Leadership Questionnaire, MLQ), der u.a. die Dimensionen der transformationalen und transaktionalen Führung im Sinne von Avolio und Bass (1987) zu messen versucht. Eine konfirmatorische Faktorenanalyse dieses Fragebogens an einer Stichprobe von ca. 2000 Befragten ergab folgende Resultate (Avolio, Bass u.a. 1999, S. 453 ff.):
Im Hinblick auf die transformationale Führung ließen sich drei (hochpositiv interkorrelierte) Subskalen bestätigen:

- *Charisma:* Item-Beispiele: »Ich habe volles Vertrauen in ihn«. »Er wird als ein Symbol für Erfolg und Leistung angesehen«. »Ich bin stolz darauf, mit ihm zusammenzuarbeiten«.
- *Inspirierende Motivation:* Item-Beispiele: »Er hat eine Zukunftsvision, die mich anspornt«. »Er verwendet Symbole und Bilder, um unsere Zielvorstellungen zu verdeutlichen«. » Er führt begeisternde Gespräche mit mir«.
- *Intellektuelle Stimulierung:* Item-Beispiele: »Er ermöglicht es mir, alte Probleme in einem neuen Licht zu sehen«. »Er hat Ideen, die mich dazu gebracht haben, eigene Ideen zu überdenken, die ich nie zuvor in Frage gestellt hatte«.

Für die transaktionale Führung bestätigten sich zwei (ebenfalls hochpositiv interkorrelierte) Subskalen:

- *Individuelle Wertschätzung:* Item-Beispiele: »Er behandelt jeden von uns als individuelle Persönlichkeit«. »Er berät, fördert und unterstützt mich, falls es notwendig ist«. »Er ist neuen Mitarbeitern eine große Hilfe«.

- *Bedingte Belohnung:* Item-Beispiele: »Er erfüllt meine Wünsche im Austausch gegen meine Unterstützung für ihn«. »Er weist mich darauf hin, was ich erhalten werde, wenn ich die Anforderungen erfülle«.

Die Summenwerte für die transformationale und die transaktionale Führung sind positiv korreliert. Dieses Datum ist vermutlich Ausdruck einer generellen Führungsaktivität. Der Befund der positiven Korrelation ist praktisch wichtig, da die transformationale und die transaktionale Führung (wie hier definiert!) entsprechend der Hypothesen von Avolio und Bass (1987) miteinander kombinierbar sind.
Die Skalen zur transformationalen Führung können – bezugnehmend auf die Abbildung 53 – zumindest partiell mit Grund als »transformational« bezeichnet werden. Die Skala »Charisma« berührt die Vorbildfunktion. Die Skala »inspirierende Motivation« betrifft das visionäre Moment und die Skala der »intellektuellen Stimulierung« betont den Aspekt der Transformation der bisherigen Sichtweisen und Perspektiven.
Analog kann man bei wohlwollender Betrachtung auch die Skalen zur transaktionalen Führung mit Grund als »transaktional« bezeichnen. Die Skala der individuellen Hilfestellung erinnert stark an die Dimension »consideration« von Fleischman (1953) und ist wohl als praktische Hilfe im Sinne der Weg-Ziel-Theorie und ohne transformierenden Anspruch zu interpretieren. Die Skala »kontingente Belohnung« unterstreicht das transaktionale Moment des Tauschverhältnisses unmittelbar (Belohnung gegen Leistung).
Relativ zu dem Vorgehen von Fleishman (1953) wird man sagen können, daß der MLQ von Avolio und Bass (1999), wenngleich keine befriedigende, so doch eine bessere theoretische Fundierung aufweist, und man wird speziell den Skalen der »inspirierenden Motivierung« und »intellektuellen Stimulierung« sowie der Skala der »bedingten Belohnung« im Hinblick auf die Messung der transformationalen bzw. der transaktionalen Führung eine brauchbare Konstruktvalidität zusprechen können.

In einer Meta-Analyse haben Lowe u.a. (1996) die relative Wirksamkeit der Subskalen der transformationalen und der transaktionalen Führung an N = 39 Studien zu überprüfen versucht, wobei alle Subskalen mit dem MLQ gemessen wurden. In 15 Studien wurden als Erfolgskriterium Leistungsdaten herangezogen, die nicht über die befragten Geführten, sondern an hiervon unabhängigen Datenquellen (z.B. objektive Leistungskennziffern) erhoben wurden. Die Subskalen »Charisma« und »inspirierende Motivation« wurden zu einer neuen Skala »Charisma« zusammengefaßt. Als Teilfazit ergab sich, daß die neue Dimension »Charisma« als Dimension der transformationalen Führung am höchsten (r = .35), die Subskala der »bedingten Belohnung« als Teildimension der transaktionalen Führung am niedrigsten (r = .08) mit den Leistungskennziffern verbunden waren (Lowe u.a. 1996, S.410).

In dem MLQ ist zusätzlich von den Geführten der Führungserfolg aus der Sicht der Geführten einzustufen; dabei werden Kriterien wie die Entwicklung des einzelnen befragten Geführten, der Grad des organisationalen Lernens und die Hinwendung zu einer werteorientierten Führung erhoben. Die verschiedenen Subskalen der Führung sind mit diesen subjektiven Erfolgsindikatoren des genannten Inhalts, erhoben an N = 32 Studien, erwartungsgemäß enger als mit den objektiven Leistungsindikatoren korreliert (u.a. deswegen, da die Angaben zur Führung und zum Führungserfolg auf den gleichen Datenquellen basieren). Für »Charisma« ergibt sich wiederum die relativ höchste Korrelation (r = .71), während die »bedingte Belohnung« wiederum am niedrigsten (r = .56) mit diesen subjektiven Erfolgskriterien verbunden ist (Lowe u.a. 1996, S.410).

Berücksichtigt man den Inhalt der subjektiven Erfolgskriterien, so ist auch die genannte relative Höhe der Korrelationen nicht unbedingt überraschend. Insofern kann als Fazit eigentlich nur festgehalten werden, daß die Subskala »Charisma« sowohl mit Leistungsdaten als auch mit Angaben der Befragten zu der individuellen und organisationalen Entwicklung in einer systematisch positiven Beziehung steht. Dies ist als Ergebnis ja auch durchaus festhaltenswürdig. Aus dem Umstand, daß »Charisma« sowohl mit den objektiven als auch mit den subjektiven Erfolgsindikatoren enger verbunden ist als die transaktionale Strategie der »bedingten Belohnung«, kann aber nicht auf eine generelle Überlegenheit der transformationalen Führungsmuster zurückgeschlossen werden; dies vor allem auch deswegen nicht, da die Spannweite möglicher transaktionaler Führung (argumentiert im Sinne der Abbildung 36) in der vorliegenden Meta-Analyse nur sehr sektoral bzw. eingeengt erhoben wurde (Yukl, 1998).

3.3.6. Führung mit Zielen

3.3.6.1. Management by Objectives

Das in der Praxis sehr weit verbreitete Management by Objectives erfüllt aus organisationaler Sicht vor allem eine innerbetriebliche Steuerungsfunktion sowie den Zweck, alle Unternehmensteile auf ein gemeinsames Zielsystem hin zu koordinieren. Im Rahmen dieses allgemeinen Managementprinzips sind für die Mitarbeiterführung folgende Führungsaufgaben konstitutiv, deren Bewältigung zugleich für den Führungserfolg wichtig ist:

- Zielspezifität. Unter dieser Fragestellung werden die Leistungsergebnisse von Personen, die mit inhaltlich spezifizierten Zielen geführt werden, mit den Leistungsergebnissen solcher Personen verglichen, die mit der Instruktion »Tun Sie Ihr Bestes« (globale Zielsetzung) geführt werden. Vorliegende Metaanalysen von Mento u.a. (1987) und Tubbs (1986) zeigen, daß mit zunehmender inhaltlicher Spezifizierung des Zieles die Leistung der Mitarbeiter steigt. Dies ist unter Bezugnahme auf die Erwartungs-Wert-Theorie von Vroom (1964) insofern erklärlich, als über eine hohe Zielspezifizierung die Ableitbarkeit zielförderlicher Handlungspläne steigt, so daß der Mitarbeiter eher die Erwartung hat, über eigene Anstrengungen das Leistungsziel auch erreichen zu können. Gerade bei innovativen Aufgabenstellungen gilt aber einschränkend, daß mit zunehmender inhaltlicher Zielspezifizierung der kognitive Suchraum dysfunktional eingeschränkt werden kann.
- Zielinstrumentalität. Die Steigerung der extrinsischen Zielinstrumentalität dadurch, daß höhere Zielerreichungsgrade mit Belohnungen (welcher Art auch immer) verbunden werden, kann sich empfehlen, wenn der Belohnungswert des zielförderlichen Handelns intrinsisch als gering einzustufen ist, zugleich aber die Abhängigkeit des Zielerreichungsgrades von dem zielförderlichen Engagement sehr hoch ist (Locke u.a. 1984). Diese Strategie ist allerdings unter dem Gesichtspunkt der »Leistungspeitsche« schon oft kritisiert worden.
- Partizipation. Entgegen der geläufigen Meinung, daß eine partizipative Zielvereinbarung zwischen dem Mitarbeiter und seinem Vorgesetzten nicht nur akzeptanz-, sondern auch ergebnisförderlich sei, korreliert in den Metaanalysen von Mento u.a. (1987) und Tubbs (1986) der Grad der Partizipation mit den gemessenen Leistungsindikatoren nur sehr schwach positiv. Als Moderator scheint dabei u.a. die Frage zu wirken, ob die Zielabsprachen zwischen dem Vorgesetzten und dem Mitarbeiter aus der Sicht des Mitarbeiters als Positiv-Summen-Spiel oder Negativ-Summen-Spiel interpretiert werden; die Er-

gebnisförderlichkeit der Partizipation hängt also auch von der Frage ab, ob der Prozeß der Zielabsprache im Sinne von Deutsch u.a. (1960; s. vorher) als kooperative oder kompetitive Situation wahrgenommen wird.

- Zielhöhe. In einer Metaanalyse von Wright (1990) bestätigt sich vergleichsweise eindrucksvoll, daß das Setzen höherer bzw. anspruchsvollerer Ziele (challenge) zu höheren Leistungsergebnissen führt als das Setzen weniger anspruchsvoller Ziele.
- Feedback. Um Soll-Ist-Vergleiche und damit korrigierende Maßnahmen zu ermöglichen, liegt eine wichtige Führungsaufgabe darin, eindeutiges und objektiviertes sowie möglichst sofortiges Feedback zu ermöglichen. Da mit zunehmender Zielhöhe die sich selbst zugeschriebenen Fähigkeiten immer mehr zum Referenzpunkt bei der Einstufung der Zielerreichbarkeit und damit des commitments werden (Vance u.a., 1990), sind mutmachende Kausalattributionen gegenüber bisher geleisteten Zielerreichungsgraden wichtig.
- Prioritäten bei Zielpluralität. Ein Zielplural ist in der Praxis nicht die Ausnahme, sondern die Regel. Da Mitarbeiter bei mehreren Zielen dasjenige bevorzugen, das die größte Zielattraktivität und Zielerreichungswahrscheinlichkeit aufzuweisen scheint (Kernan u.a., 1990), liegt eine wichtige Führungsaufgabe darin, bei einem Zielplural klare Prioritäten zu setzen und diese durch die Förderung der Zielattraktivität und Zielerreichungswahrscheinlichkeit abzustützen.
- Dezentrale Selbstregulation, delegative Führung. Durch das Prinzip der delegativen Führung werden dem Mitarbeiter definitionsgemäß Aufgaben sowie die zur Erfüllung der Aufgaben wesentlichen Entscheidungskompetenzen übertragen. Die delegative Führung stellt damit eine Vergrößerung des Handlungsspielraums dar. Unabhängig davon, daß so der Leistungsvollzug mehr Freude bereitet (intrinsischer Belohnungswert), kann der Mitarbeiter eine komplexere Aufgabenstellung nun nach eigenem Urteil unter Bezugnahme auf sein Expertenwissen, unbeeinflußt z.B. von den bisherigen Vorgaben seines Chefs, abarbeiten, so daß zusätzlich im Sinne der Erwartungs-Wert-Theorie der Motivation die Erwartung steigt, in Zukunft nun das Ziel auch erreichen zu können, da man jetzt das zu tun berechtigt ist, was man für richtig hält. Das Prinzip der delegativen Führung fördert aufgabenbezogenen Leistungseinsatz also auf zweifachem Wege.

Dies setzt auf seiten der Mitarbeiter allerdings zugleich den Mut zur Übernahme der sogenannten Handlungsverantwortung voraus. Ursachen für eine geringere Bereitschaft, Verantwortung zu übernehmen, liegen gelegentlich darin, daß in manchen Unternehmen bei dem Nichterreichen der Unternehmensziele auf nachgeordneten Ebenen »Sündenböcke« gesucht werden. Unter diesen Randbedingungen neigen Mitarbeiter, wie kaum anders zu erwarten, zur Rückdelegation und dazu, Aktennotizen zu schreiben usw., was sich letztlich markant auch in Einbußen im ökonomischen Erfolg dokumentiert (Gebert u.a., 1990).
Eine Kernforderung des hier erörterten Führungsprinzips läuft entsprechend darauf hinaus, zwar für klare Orientierung zu sorgen (durch spezifische Ziele usw.), den Weg zum Ziel aber freizugeben. Führung impliziert damit nicht mehr ein inhaltliches fremdregulierendes Eingreifen in den Verantwortungsbereich des Mitarbeiters; Führung meint in diesem Verständnis vielmehr, Selbstregulation zu ermöglichen (z.B. über Zielfeedback usw.).
Fragt man nach den Effekten einer MbO-orientierten Führung, so läßt sich anhand der vorliegenden Metaanalysen von Neumann u.a. (1989), Guzzo u.a. (1985) sowie von Rodgers u.a. (1991) feststellen, daß MbO-geführte Betriebe sowohl in bezug auf die wahrgenommene Kooperationsgüte, das Organisationsklima, das leistungsbezogene Engagement, aber auch in bezug auf Leistungskennziffern und Zielerreichungsgrade im Vergleich zu nicht-MbO-geführten Betrieben als erfolgreicher beschrieben werden. Dieser deutlichen

positiven Trendmeldung ist sofort ergänzend hinzuzufügen, daß in allen drei zitierten Metaanalysen eine erhebliche Streuung der Resultate berichtet wird: Im Sinne der situativen Führungstheorien gilt selbstverständlich, daß diese Führungsprinzipien unter bestimmten Randbedingungen ungewöhnlich erfolgssteigernd wirken können, unter anderen Randbedingungen aber keinerlei positive Effekte aufweisen. Da die Forschung in ihrer nomothetisch angelegten Forschungstradition dem Einzelfall nicht gerecht werden kann und dieser zwingend durch ihr Forschungsnetz hindurchfällt, liegt eine ganz wesentliche Führungsaufgabe darin, die situative Relativierung und umfassende Würdigung der jeweils ganz besonderen einmaligen Randbedingungen selber vorzunehmen.
Insofern gilt zwar einerseits, daß durch die Entwicklung der Umweltbedingungen (zunehmender Orientierungsbedarf auf seiten der Mitarbeiter und Führungskräfte bei gleichzeitig gestiegenen Autonomieansprüchen, komplexere Fertigungstechnologien, vergleichsweise hohe Qualifikationsniveaus, zunehmender Steuerungs- und Integrationsbedarf in den Unternehmen) die Erfolgschancen für eine MbO-orientierte Führungspraxis eher zunehmen. Die in den Metaanalysen dokumentierte Streuung der Ergebnisse bedeutet forschungsstrategisch aber, daß neben der Mittelwertsbetrachtung vor allem eine Varianzaufklärung notwendig ist: Unter welchen Randbedingungen erweist sich eine MbO-orientierte Führung als funktional bzw. dysfunktional?

Im Sinne bedenkenswerter Weiterentwicklungen ist darüber hinaus festzustellen, daß sich die verhaltenswissenschaftlich orientierte MbO-Forschung bisher vor allem auf die Zielsetzungsproblematik konzentriert hat. Wie unter 3.3.3. schon ausgeführt wurde, kann es als eine wichtige Führungsaufgabe betrachtet werden, auf der Basis einer vorausgegangenen Zielpräzisierung zusätzlich das zielförderliche Geführtenverhalten näher zu bestimmen, da Führung in diesem Verständnis als die Unterstützung des zielrelevanten Geführtenverhaltens zu interpretieren wäre. Um nicht irgendwelche Anstrengungen, sondern vielmehr die zielrelevanten Anstrengungen zu fördern, ist eine inhaltliche Bestimmung des zielförderlichen Geführtenverhaltens unerläßlich (siehe vorher). Daß auf diesem Wege die Zielförderlichkeit der Führung tatsächlich gesteigert wird, zeigt sich in Verbesserungen des ökonomischen Erfolgs (Gebert u.a., 1991). Mit dieser Möglichkeit läuft aber auch die Gefahr parallel, über eine entsprechende inhaltliche Präzisierung des zielförderlichen Geführtenverhaltens fremdregulativ in den Autonomiebereich des Mitarbeiters einzugreifen, womit das Kernprinzip der gleichzeitig geforderten Selbstregulation verletzt würde. Wie schon vorher, zeigt sich auch an dieser Stelle, daß Führung einen ständigen Prozeß der Gratwanderung impliziert, um partiell widersprüchlichen Anforderungen ausgleichend gerecht zu werden (vgl. Latham u.a., 1991).

3.3.6.2. Persönliche berufliche Ziele

Die unstrittig in der Regel leistungsfördernde Wirkung von Zielsetzung bzw. Zielvereinbarung hat Locke und Latham (1990) dazu angeregt, einen sog. »High Performance Cycle« zu postulieren. Dieses Modell macht Aussagen über die Wirkung von Zielen über eine reine Leistungserbringung hinaus. Den High Performance Cycle zeigt Abbildung 55.
Anforderungen, die den zuvor beschriebenen Zielkriterien der Herausforderung und der Spezifität entsprechen, steigern die Leistung, was wiederum – vermittelt über internale oder externale Belohnungen – Zufriedenheit, organisationale Verbundenheit und die Akzeptanz zukünftiger Herausforderungen bedingen kann. Gerade diese Akzeptanz der in den Zielen liegenden Herausforderung deutet auf Moderatorvariable des Zusammenhan-

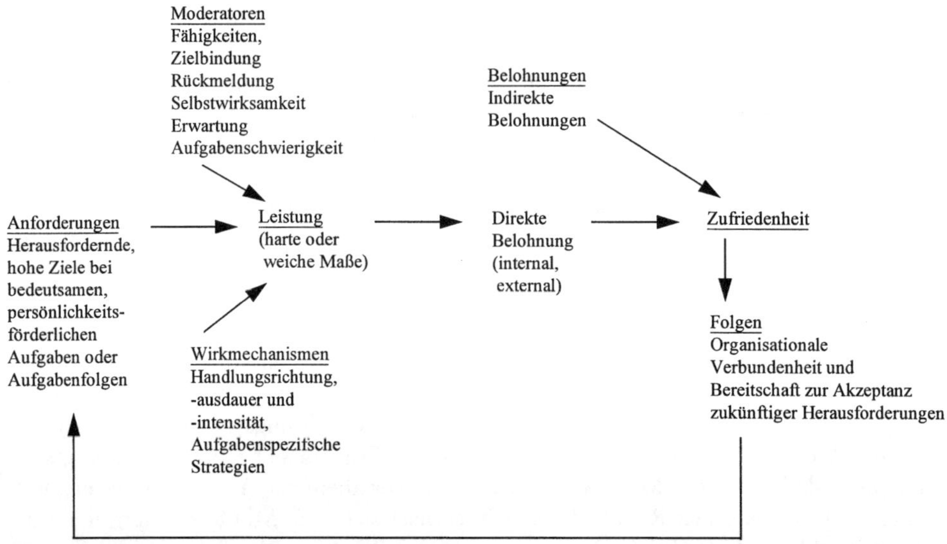

Abb. 55 High Perfomance Cycle (nach Locke u. Latham, 1990a, S. 4; Übersetzung durch den Verfasser)

ges zwischen dem Ziel und der Leistung hin (Kaschube, 1997). Als solche Moderatorvariablen kann man nennen:

- die Aufgabenkomplexität,
- die Fähigkeit, den Anforderungen gerecht zu werden,
- die hohe Akzeptanz eines Zieles bzw. die Zielbindung, durch die die Gleichbehandlung von selbst- und fremdgesetzten sowie partizipativ festgelegten Zielen durch Mitarbeiter erlebt wird,
- Selbstwirksamkeit und Erfolgserwartung, die sowohl die Akzeptanz schwieriger Ziele als auch die Leistung fördern und eng mit der Zielbindung verknüpft sind,
- das Ausmaß erreichter Fortschritte und Rückmeldung drüber.

In all diesen Modellen sowie in der gesamten durch Locke und Latham (1984) angestoßenen Diskussion um die Verhaltenswirksamkeit von Zielen bei der Arbeit wird davon ausgegangen, daß diese Ziele weitgehend durch die Organisation bestimmt werden. Es geht um das, was die Organisation erreichen will. Dabei wird vielfach vergessen, daß auch das Individuum ganz bestimmte Ziele verfolgt, und zwar einerseits im Rahmen der privaten Lebensgestaltung, aber auch im Beruf. Darauf hatten bereits Argyris (1957), McGregor (1967) oder Fein (1976) hingewiesen, doch fand die vertiefte Beschäftigung mit persönlichen beruflichen Zielen erst in jüngerer Zeit stärkere Beachtung (Cantor u. Zirkel, 1990; Brunstein u. Maier, 1996; Emmons, 1996). Dabei lassen sich derartige persönliche Ziele als Anliegen, Vorhaben, Projekte oder Bestrebungen einer Person verstehen, die sie gegenwärtig in ihrem Alltag oder in der Zukunft realisieren möchte (Brunstein u. Maier, 1996). Es läßt sich aus dem Stand der Forschung ableiten, daß derartige Ziele zwar bewußtseinsfähig aber keineswegs bewußtseinspflichtig sind.
In Längsschnittstudien an Hochschulabsolventen der Wirtschafts-, Natur- und Ingenieurwissenschaften (v. Rosenstiel, Nerdinger u. Spieß, 1998) sowie jüngerer Fachspezialisten, die an Hoch- oder Fachhochschulen ausgebildet worden waren (Maier, 1996), wurde ge-

prüft, wovon es abhängt, ob ein Mitarbeiter in der Organisation seine persönlichen beruflichen Ziele erreicht, um welche inhaltlich spezifizierbaren Ziele es sich dabei handelt und welche Auswirkungen es hat, wenn diese Ziele erreicht werden. Maier (1996) konnte in Übereinstimmung mit der vorliegenden Literatur (zusammenfassend Brunstein u. Maier, 1996) zeigen, daß Zielfortschritte sowohl von persönlichen als auch von organisationalen Bedingungen abhängig sind. Als zentrale Personenvariable wurde die »Entschlossenheit« operationalisiert, und zwar über Items zur Verbindlichkeit und Dringlichkeit der Ziele sowie zur Einsatzbereitschaft, während die in der Organisation liegenden Ressourcen über die Komponenten Realisierbarkeit und soziale Unterstützung bestimmt wurden.
Es zeigte sich erwartungsgemäß (Maier, 1996), daß zu T_2 (fünf Monate nach der Ersterhebung) und T_3 (neun Monate nach der Ersterhebung) die Zielfortschritte, wie sie von der betroffenen Person selbst skaliert wurden, dann am größten waren, wenn die Entschlossenheit hoch und die Ressourcen günstig waren, wie Abbildung 56 verdeutlicht.

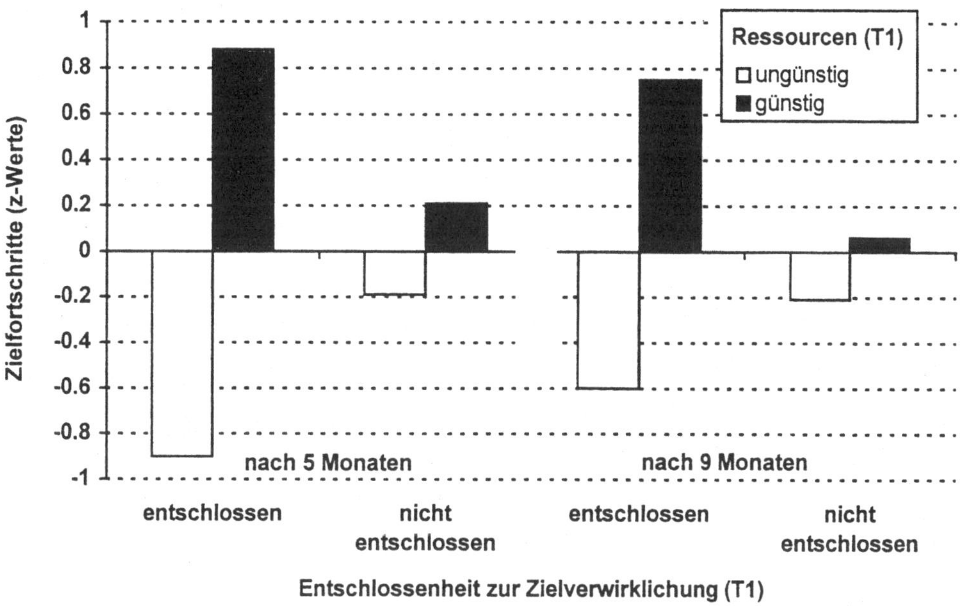

Abb. 56 Zielfortschritte bei T_2 und T_3 für Personen mit hoher bzw. geringer Entschlossenheit (± 1 *SD*) und günstigen bzw. ungünstigen Ressourcen (Maier, 1996, S. 136)

Die zunächst überraschende negative Sicht der Zielfortschritte bei hoher Entschlossenheit und ungünstigen Ressourcen ist wohl daraus zu erklären, daß die hoch entschlossenen Fachkräfte, die wegen ungünstiger Ressourcen scheitern, besonders enttäuscht sind.
Kaschube (1997) untersuchte im Rahmen der anderen genannten Längsschnittstudie (v. Rosenstiel, Nerdinger u. Spieß, 1998), welche inhaltlichen Zielbereiche sich bei den Hochschulabsolventen in den ersten Jahren ihrer Organisationszugehörigkeit voneinander abheben lassen. Der Autor stieß dabei auf sieben Inhaltsgebiete:

- Entwicklung (z.B. »... Seminare zu besuchen, die meine Führungsqualität fördern«),
- Mikropolitik (z.B.»... einen fachlichen Vorsprung gegenüber meinen Kollegen zu erreichen«),

- Kooperation (z.B. »... die Zusammenarbeit mit den Kollegen zu verbessern«),
- Konsolidierung (z.B. »... mir einen festen Arbeitsplatz zu sichern, mit dem ich gut zurecht komme«),
- Innovation (z.B. »... eingefahrene Arbeitsabläufe zu ändern«),
- Aufstieg/Wechsel im Unternehmen (z.B. »... die Chance auf eine frei werdende Stelle im Unternehmen wahrzunehmen«),
- Organisationswechsel (z.B. »... die Organisation zu wechseln, wenn sich mir keine Perspektiven bieten«).

Nachfolgende Analysen zeigten, daß die Bedeutung der jeweiligen Ziele nur relativ gering mit dem zu einem späteren Zeitpunkt gemessenen Grad der Zielrealisierung korrelieren.
Wovon hängt es ab, ob jemand seine persönlichen beruflichen Ziele erreicht? Dieser Frage ging Rappensperger (1996; 1998) im Rahmen der gleichen umfangreichen Längsschnittstudie nach. Dabei bestätigte sie weitgehend die von Maier (1996) gefundenen Ergebnisse zu den organisationalen Bedingungen der Zielfortschritte. Als wesentliche zielförderliche Ressourcen (Einarbeitungshilfen) stellte Rappensperger heraus:

- Handlungsspielraum bei der Tätigkeit,
- soziale Unterstützung,
- realistische Tätigkeitsvorschau, d.h. eine valide Information bei der Einstellung darüber, was bei der Tätigkeit auf einen zukommen wird.

Als zentrale abhängige Variable erwiesen sich die miteinander korrelierende Größen Arbeitszufriedenheit, Bindung an die Organisation (Commitment) sowie Kündigungsgedanken. Handlungsspielraum, soziale Unterstützung und realistische Tätigkeitsvorschau (Einarbeitungshilfen) haben bereits unabhängig vom Grad der Zielfortschritte bei den persönlichen beruflichen Zielen die erwartete Wirkung auf Arbeitszufriedenheit, Bindung an die Organisation und Kündigungsgedanken; zugleich aber befördern sie die Zielfortschritte. Diese Zielfortschritte ihrerseits wirken in signifikanter Weise als Mediatoren, d.h., die genannten Ressourcen haben eine besonders intensive positive Auswirkung auf

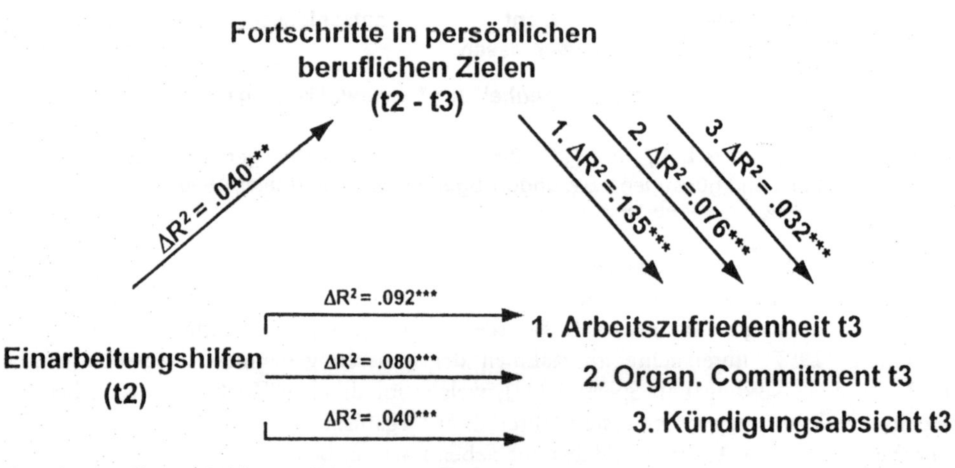

Abb. 57 Zusammenhang zwischen Einarbeitungshilfen, Zielfortschritten und Gelingen der Integration neuer Mitarbeiter (Rappensperger, 1996)

Arbeitszufriedenheit, Bindung an die Organisation und Kündigungsgedanken, wenn zuvor Fortschritte bei den persönlichen beruflichen Zielen erreicht wurden. Abbildung 57 verdeutlicht dies.

Ist es das personalpolitische Ziel, zufriedene Mitarbeiter langfristig an das Unternehmen zu binden, so sollte nicht nur dafür gesorgt werden, die Mitarbeiter für die Unternehmensziele zu gewinnen (Comelli u. v. Rosenstiel, 2001), sondern es sollte ebenfalls gesichert werden, daß auch die Mitarbeiter das im Unternehmen realisieren können, was ihnen beruflich wichtig ist. Zielfortschritte der Mitarbeiter dienen dann mittelbar oder unmittelbar auch der Organisation und den von ihr angestrebten Zielen.

3.3.6.3. Pay for Perfomance-Effekte

Während früher, auf der theoretischen Ebene bezugnehmend auf die Erwartungs-Wert-Theorie von Vroom (1964), in der Regel empfohlen wurde, höhere Zielerreichungsgrade auch (extrinsisch) monetär zu belohnen, um so über die Steigerung der Valenz des Leistungsergebnisses (E1) den zukünftigen effort zu verstärken, wird die Koppelung monetärer Belohnungen an Zielerreichungsgrade in den letzten Jahren in der wissenschaftlichen (z.B. Frey u. Osterloh, 1997), aber auch in der populär-psychologischen Literatur (z.B. Sprenger, 1993) problematisiert.
In der wissenschaftlichen Literatur begann diese Diskussion mit den Arbeiten von Deci (1975). Deci (1975) hat in seiner Theorie der kognitiven Bewertung die These aufgestellt, daß extrinsische (monetäre) Belohnungen gegenüber einer bisher intrinsisch motiviert ausgeübten Tätigkeit Gefahr laufen, die intrinsische Motivation zu beeinträchtigen. Für die (potentiell) dysfunktionale Wirkung ist dabei nicht die monetäre Belohnung an sich, sondern die Weise ihrer Interpretation maßgebend (Deci u.a., 1999, S. 628). Wird die Belohnung primär als eine die eigene Leistungsfähigkeit bestätigende Information erlebt, so verstärkt die monetäre Belohnung die intrinsische Motivation; wird die extrinsische Belohnung dagegen überwiegend als von außen kommende Fremdsteuerung empfunden, so beeinträchtigt dies die intrinsische Motivation.
Die These, intrinsische und extrinsische Belohnungen würden additiv zusammenwirken, sich also in ihren Effekten ergänzen, kann dann, wenn die Hypothese von Deci (1975) zutrifft, nicht mehr als generell gültig angenommen werden. Wird damit auch im Rahmen der Führung durch Zielvereinbarung die monetäre Belohnung von Zielerreichungssgraden, die in der Praxis eine übliche Strategie darstellt, die bis dahin vorhandene intrinsische Motivation beeinträchtigen, die doch gerade durch das Prinzip der dezentralen Selbstregulation freizusetzen versucht wurde?
Es ist notwendig, zunächst die empirische Befundlage genauer zu beschreiben. Ein Experiment von Deci (1975) sieht typischerweise wie folgt aus: Personen (Kinder) werden in der Phase 1 mit einem anregenden Puzzle-Spiel beschäftigt. In der Phase 2 werden die Kinder der Gruppe A für ihr Engagement oder für ihre Lösungen (Menge/Güte) materiell belohnt; die Kinder der Gruppe B werden nicht oder nichtkontingent (unabhängig von der Lösungsmenge/Güte) belohnt. In der Phase 3 wird beobachtet, wie lange sich die Kinder weiterhin von sich aus dem Puzzle-Spiel in einer Situation zuwenden, die sie als free-time wahrnehmen, in der sie also auch andere Dinge tun dürfen und sich anderen Dingen zuwenden könnten. Die Länge der Zeit der Zuwendung zu dem Puzzle-Spiel in der Phase 3 (free-time-Phase) gilt als Operationalisierung des Grades der intrinsischen Motivation gegenüber dem Puzzle-Spiel.

Im Ergebnis zeigt sich bei derartigen Experimenten tendenziell, daß sich die Kinder der Gruppe A in der Phase 3 weniger langanhaltend als die Kinder der Gruppe B dem Puzzle-Spiel zuwenden. Nach Deci (1975) liegt dies daran, daß die Kinder das Spiel nicht mehr als ihr Spiel erleben, sondern sich fremdgesteuert fühlen.
In einer Metaanalyse an N = 20 Studien (mit Erwachsenen) konnte Wiersma (1992) zeigen, daß sich die Deci-Befunde replizieren lassen, wenn man die intrinsische Motivation im Sinne von Deci in dem free-time-setting über die Zeitdauer der freiwilligen Zuwendung zu der fraglichen Tätigkeit operationalisiert.

Eine additive Beziehung läßt sich dagegen dann nachweisen, wenn man den Grad der intrinsischen Motivation über die (quantitativen/qualitativen) Leistungsergebnisse (!) der Personen während der Phase 2 (!) operationalisiert; für diesen Fall leisten die Personen der Gruppe A mehr als die Personen der Gruppe B (Wiersma, 1991, S. 107).
Hält man die free-time-Operationalisierung der intrinsischen Motivation von Deci (1975) für die inhaltlich angemessenere Operationalisierung, so verdient die Möglichkeit dysfunktionaler Ausstrahlungen extrinsischer Belohnungen doch eine größere Aufmerksamkeit, als dies bisher der Fall war. Dieser Eindruck verstärkt sich auf der Basis einer von Deci u.a. (1999) vorgelegten vergleichenden Diskussion der bisher vorliegenden vier Metaanalysen, die in bezug auf das free-time-Maß in ihren Ergebnissen weitgehend übereinstimmen. In einer erneuten Metaanalyse an ca. 100 Studien bestätigt sich dieser Ergebnistrend (Deci u.a., 1999, S. 647), wobei aber zugleich erkennbar wird, daß eine Reihe von Moderatorvariablen zu berücksichtigen ist.
Die Beantwortung der Frage, ob die Praxis, die derzeit zunehmend ausgeprägter zu Strategien des pay for performance tendiert (Frey u. Osterloh, 2000, S. 65; Frey, 2000), hier einen Irrweg beschreitet, hängt – unabhängig von den empirischen Befunden – wesentlich davon ab, wie gut sich die These der Beeinträchtigung der intrinsischen Motivation auf der theoretischen Ebene fundieren läßt. Gerade hier gibt es nach wie vor Unklarheiten, die sich in der Forschung in unterschiedlichen Operationalisierungen der Schlüsselvariablen und damit in widersprüchlichen Befunden dokumentieren.
Unabhängig von der diskutierten Fremdbestimmtheit könnten Führungskräfte pay for performance-Systeme im Rahmen der Führung durch Zielvereinbarung als eine Steuerungsstrategie interpretieren, die im Kern Mißtrauen auch gegenüber Führungskräften zum Ausdruck bringt. Die Unternehmensleitung unterstellt aus Sicht der Führungskräfte offenbar, daß noch nicht alle Leistungsreserven ausgeschöpft sind oder Leistungspotentiale sogar zurückgehalten werden, die Führungskräfte also noch nicht ihr Bestes geben würden. Die Attribution eines derartigen Mißtrauens bringt pay for performance-Systeme in der Sicht von Führungskräften in die Nähe von Kontrollstrategien, die die Arbeitgeberseite ergreift, um von ihr angenommene Interessenkonflikte zu ihren Gunsten dadurch auszubalancieren, daß unterstelltes opportunistisches Verhalten (auch von Führungskräften) eingegrenzt wird.
Eine derartige Interpretation von pay for performance-Systemen beeinträchtigt die intrinsische Motivation nicht allein auf Grund der erlebten Fremdsteuerung, sondern auch deswegen, weil die angenommene Unterstellung opportunistischer Tendenzen und eine entsprechende Fehldeutung der Anstrengungs- und Identifikationsbereitschaft von Führungskräften, die sich in ihrer professionellen Identität als Führungskräfte umgekehrt gerade mit den Unternehmenszielen identifizieren, als das Selbstwertgefühl kränkend erlebt werden. Die Opportunismus-Unterstellung zerstört darüber hinaus den gerade für Führungskräfte spezifischen psychologischen Vertrag (Makin u.a., 1996) der Reziprozität

(Frey u. Osterloh, 1997), also die Annahme des Modells eines langzeitlichen Positivsummenspiels als Vertrauensgrundlage der Beziehung zwischen den Führungskräften und der Unternehmensleitung. Zur Kränkung kommt damit noch das Empfinden einer bedrohlichen Situation hinzu. So interpretierte pay for performance-Systeme könnten entsprechend mit einer Abnahme der Identifikation der Führungskräfte mit dem Unternehmen einhergehen. Eine Absenkung der Einsatzfreude als Folge hiervon wäre plausibel (Deckop u.a., 1999, S.421).

Zugespitzt hieße dies: Eine in der beschriebenen Weise (!) interpretierte pay for performance-Strategie wirkt u.U. kontraproduktiv: Intendiert ist eine Steigerung, mindestens Stabilisierung des leistungsbezogenen efforts; bewirkt wird aber über die Beeinträchtigung der intrinsischen Motivation das Gegenteil. Dieses Paradox ist analog bezüglich der Effekte ausgeprägter Überwachungs- und Sanktionssysteme bereits des öfteren thematisiert worden. In der Prinzipal-Agent-Theorie und der mit ihr verwandten Transaktionskosten-Theorie (Williamson, 1975) wird von vornherein von einem Interessenkonflikt zwischen der Unternehmensleitung und den Organisationsmitgliedern und entsprechend von der Gefahr opportunistischen Verhaltens ausgegangen (Deckop u.a., 1999, S.421), zumal Arbeit – wiederum als ex-ante-Prämisse – tendenziell als Arbeitsleid konzeptionalisiert wird, so daß den Organisationsmitgliedern vor diesem Hintergrund die Tendenz zugeschrieben wird, ihren leistungsbezogenen Einsatz (Input) minimieren zu wollen. Indem als Folge dieser Theorie im Sinne einer Prophylaxe gegenüber opportunistischem Verhalten spezifische Kontrollstrategien (in Form von Anreizen und Sanktionen) empfohlen und praktiziert werden, vermittelt sich ein Zyklus einer sich selbst erfüllenden Prophezeiung:

> Die Annahme, es im Prinzip mit Opportunisten zu tun zu haben, bewirkt Maßnahmen, die gerade das Ergebnis herstellen (Opportunismus), das man beklagt und vorausgesetzt hat (Goshal u. Moran, 1996, S.22). Schreiben Führungskräfte derartige Annahmenbündel, die in der modernen Prinzipal-Agent-Theorie und in der Transaktionskosten-Theorie *explizit* vertreten werden, den Repräsentanten der Unternehmensleitung im Sinne einer subjektiven Theorie bzw. Alltagstheorie zu, so wird der gleiche Zyklus in Gang gesetzt.

(Dies ist eine gute Gelegenheit, um auf ein wissenschaftstheoretisches Problem aufmerksam zu machen: Wenn eine Theorie über ihre Rezeption in der Praxis [erst] die Daten erzeugt, die sie in der Theorie voraussetzt [Opportunismus], was impliziert dies im Hinblick auf die Chance, eine solche Theorie falsifizieren zu können? Immunisieren sich Theorien selbst?)

Nicht also das pay for performance-System an sich, sondern die Art seiner Interpretation (hier vor allem: die Zuschreibung spezifischer Intentionen) scheint für die Wirkweise bedeutsam zu sein. Wie angedeutet, spielt dabei der erlebte Grad an Interessenkonflikt bzw. Interessenharmonie und das damit kovariierende Maß einer negativen/positiven Einstellung zu den Unternehmenszielen eine Schlüsselrolle; dies zeigt eine Studie von Deckop u.a. (1999):

Die Autoren untersuchen das sogenannte »organizational citizenship behavior« (OCB), auf das zunächst eingegangen wird. Mit dem OCB ist ein Zusatzengagement, und zwar dasjenige Verhalten gemeint, das

- außerhalb der normierbaren und vertraglich geregelten Verpflichtungen liegt (und dessen Fehlen damit kaum sanktionierbar ist),
- nur im Einzelfall relevant wird und damit inhaltlich nicht im vorhinein bestimmbar ist,

- insofern inhaltlich auch nicht in Zielvereinbarungen festschreibbar ist,
- häufig keine Vollzugslust vermittelt

und dennoch für den Unternehmenserfolg von größter Bedeutung sein kann (Organ u.a., 1999).
Fragebögen zur Messung des OCB-Verhaltens weisen in der Regel eine zweifaktorielle Struktur auf (Organ u.a., 1999, S. 354): OCB-Verhalten konkretisiert sich in unterschiedlichen Aspekten der Loyalität gegenüber der Organisation (z.B.: akzeptiert vorübergehende Unannehmlichkeiten wie Überstunden, Abwesenheit von der Familie usw.) sowie in unterschiedlichen Aspekten der Hilfsbereitschaft gegenüber Personen (z.B.: hilft Kollegen bei ihrer Arbeit).
OCB bezieht sich auf ein »Mehr« des Einsatzes. Dieses »Mehr« kann sich einerseits auf die Intensität des Tuns beziehen (ein Mitarbeiter wird in einer von ihm als wichtig erachteten Frage immer wieder bei seinen Vorgesetzten vorstellig und investiert dabei viel Zeit und Kraft). Das »Mehr« kann sich auch auf die Breite seines Engagements beziehen (ein Mitarbeiter fühlt sich für viele verschiedene Sachverhalte mitverantwortlich, die offiziell nicht zu seinem delegierten Verantwortungsbereich gehören).
Eine Schwäche des OCB-Konstrukts liegt darin, daß es auf der theoretischen Ebene von bereits eingeführten Konstrukten wie »leistungsbezogener Einsatz« (effort) nicht einfach zu unterscheiden ist und darüber hinaus eine Frage des Grades darstellt: Von welchem Niveau des »Mehr« an kann man von einem OCB-Verhalten sprechen, das gelegentlich auch als »extrarole behavior« bezeichnet wird? Wann geht »role behavior« in »extrarole behavior« über, nachdem (speziell bei Führungskräften) »extrarole behavior« im Sinne des OCB von der Organisation heute üblicherweise erwartet wird, »extrarole behavior« also mit »role behavior« zusammenfällt (Hertel u.a., 2000, S. 133; Organ u.a., 1999, S. 355)?

Fragt man vor diesem Hintergrund warum denn überhaupt die Kategorie OCB in die Literatur eingeführt wurde und seit etwa 10 Jahren zunehmende Aufmerksamkeit findet, so kann dies zum einen mit dem steigenden Innovationsbedarf und den entsprechend notwendigen, aber nicht reglementierbaren innovationsbezogenen Bemühungen der Mitarbeiter sowie andererseits mit der steigenden Aufgabenvernetztheit, die spontane, situativ angepaßte Selbstregulationen erfordert, zusammenhängen.
Bei aller Unklarheit des OCB-Konstrukts auf der theoretischen Ebene gilt offenbar:
Unternehmen leben zentral von diesem nicht regulierungsfähigen freiwilligen Zusatzengagement. Dieses Zusatzengagement stellt, oberflächlich betrachtet, häufig nur Last dar, beinhaltet also Kosten, die das Individuum laut Transaktionskosten-Theorie zu minimieren versucht. Fragt man, warum die Person diese Kosten freiwillig auf sich nimmt, so könnte eine Antwort lauten: Weil die Person den Inhalt ihres Tuns für sinnvoll und notwendig hält. Diese Sinnzuschreibung erfolgt dann eher, wenn die Person die Unternehmensziele teilt bzw. sich mit ihnen identifiziert. Hier erkennt man die Relevanz der transformationalen Führung, die mit dem Auftreten von OCB-Verhalten signifikant positiv verbunden ist (Deluga, 1995). Transformationale Führung erleichtert die Sinn-Zuschreibung und damit den »Sprung« in das OCB-Verhalten. Entsprechend erwarteten Deckop u.a. (1999), daß mit zunehmender positiver Einstellung der befragten Personen zu den Unternehmenszielen die Bereitschaft zum OCB-Verhalten steigt, eine Hypothese, die sich an N = 146 Angestellten verschiedener Industrieunternehmen bestätigt (Deckop u.a., 1999, S. 424). Als Folge ihrer positiven Einstellung zu den Unternehmenszielen sind die Angestellten bereit, Kosten in Form von extrarole behavior zu übernehmen.

In der gleichen Studie von Deckop u.a. (1999) ergab sich außerdem, daß die Einstellung der Befragten zu den Unternehmenszielen zugleich ein Moderator ist, der zwischen pay for performance-Systemen und dem OCB-Verhalten vermittelt: Ein straffes pay for performance-System verbindet sich mit abnehmendem OCB-Verhalten, wenn die Identifikation mit den Unternehmenszielen gering ist; ein straffes pay for performance-Systemen besteht in keiner Beziehung zu dem OCB-Verhalten, wenn die Identifikation mit den Unternehmenszielen hoch ausgeprägt ist (Deckop u.a., 1999, S. 425). Wiederum gilt also: Nicht das pay for performance-System an sich, sondern die Art seiner Interpretation (hier: widergespiegelt im Grad der Identifikation mit den Unternehmenszielen) entscheidet über den Grad an OCB, also über den Grad dieses Zusatzengagements.

Im Fazit heißt dies bis dahin, daß eine Koppelung monetärer Anreize an Zielerreichungsgrade nicht regelhaft, aber unter spezifizierbaren Randbedingungen zur Beeinträchtigung der intrinsischen Motivation sowie des OCB-Engagements führen kann. Dies sind Gefahren, die für die Praxis der Führung mit Zielen bedeutsam sind.

Zu den Randbedingungen, die bei der Prognose der Wirkung von pay for perfomance-Strategien zu bedenken sind, zählt des weiteren der Grad der Fairneß des Verfahrens. Im Anschluß an Greenberg (1986) wird auch im organisationspsychologischen Bereich als Bedingung von Fairneß die Verteilungsgerechtigkeit von der Verfahrensgerechtigkeit unterschieden. Unter 2.2.3. war bereits auf die grundlegende Annahme der Equity-Theorie von Adams (1965) eingegangen. Verteilungsgerechtigkeit liegt vor, wenn das eigene Verhältnis aus Einsatz und Ertrag den gleichen Betrag aufweist wie das Einsatz-Ertrags-Verhältnis einer relevanten Vergleichsperson. Für den Fall subjektiver Unterbezahlung wurde als Folge bereits auf mögliche einsatzsenkende (effort-senkende) Effekte verwiesen, die mit der wahrgenommenen Verteilungsungerechtigkeit erklärt werden können (Nerdinger, 1995, S. 164). Inwieweit die derzeit explodierenden Manager-Gehälter die erlebte Verteilungsungerechtigkeit heute praktizierter pay vor performance-Systeme tendenziell vergrößern und damit die pay for performance-Strategie an sich in Mißkredit bringen, wäre einer gesonderten Untersuchung wert (vgl. Frey u. Osterloh, 2000, S. 66 f.).
Eine pay for performance-Strategie kann, unabhängig von der Verteilungsgerechtigkeit, also unabhängig von der Frage, ob das Ergebnis der Verteilung als gerecht empfunden wird, eine mehr oder weniger große Verfahrensgerechtigkeit aufweisen. Die Verfahrensgerechtigkeit (vgl. die schon erwähnte Kategorie der »Legitimität qua Verfahren«) gilt dann als höher, wenn das Verfahren, das zu einem bestimmten Verteilungsergebnis geführt hat, als gerecht erlebt wird. Dies hängt wesentlich von der Frage ab, ob die Führungskräfte in die Ausgestaltung des Verfahrens integriert werden. Darüber hinaus spielt die Transparenz der Einhaltung der (gemeinsam) festgelegten Regeln für den Grad der erlebten Verfahrensgerechtigkeit eine Rolle. Schließlich wird einer Prozedur eher Verfahrensgerechtigkeit zugeschrieben, wenn die Regeln sowohl über die Zeit als auch über die Personen hinweg in konsistenter Weise angewendet werden.
Wird dem konkreten Verfahren der Zuordnung von Leistungs- zu Belohnungsunterschieden in diesem Sinne Verfahrensgerechtigkeit zugeschrieben, so stützt dies die Entwicklung einer positiven Einstellung gegenüber dem Unternehmen, die aus den oben dargestellten Gründen wichtig ist; entsprechend zeigt sich, das mit zunehmender zugeschriebener Verfahrensgerechtigkeit der Belohnungsverteilung die Tendenz zum OCB-Verhalten signifikant steigt (Deckop u.a., 1999, S. 424; Hertel u.a., 2000, S. 129).

Die Randbedingungs-Sensibilität der Akzeptanz von pay for performance-Strategien wird auch in einer Studie von Kaschube und v. Rosenstiel (2000) analysiert. Die Autoren untersuchten an N = 1600 Nachwuchskräften die Präferenz zugunsten einer leistungs-/erfolgsorientierten Bezahlung bzw. zugunsten einer festen/sicheren Bezahlung in Abhängigkeit verschiedener personaler und organisationaler Variablen. Im Ergebnis zeigte sich, daß männliche, wirtschaftswissenschaftlich vorgebildete und karriereorientierte Nachwuchskräfte signifikant stärker als weibliche, naturwissenschaftlich vorgebildete, eher Kooperationsziele in den Vordergrund rückende Nachwuchskräfte leistungs-/erfolgsorientierte Einkommensmuster bevorzugen (Kaschube u. v. Rosenstiel, 2000, S. 74 f.).
Im Ergebnis sind in Kenntnis spezifischer Randbedingungen die Wirkung von pay for performance-Systemen auch im Bereich der Führung durch Zielvereinbarung im Sinne von Trends durchaus vorhersagbar. Die durch die Untersuchungen von Deci (1975; Deci u.a., 1996) mitausgelöste Diskussion um die möglichen dysfunktionalen Effekte extrinsischer Belohnungen hat vor allem zur Präzisierung von Moderatorvariablen beigetragen, auf deren Wirkweise sich die Forschung in Zukunft konzentrieren sollte.

Weiterführende Literatur

1. Eine Einführung in die bisher vor allem untersuchten Fragestellungen der Führungspsychologie gibt Neuberger, O.: Führung. In: Mayer, A. (ed.): Organisationspsychologie. Stuttgart 1978, S. 272–304.
2. Die bisherigen Ergebnisse zum personalistischen Ansatz werden eingehend diskutiert bei Stogdill, R. M.: Handbook of leadership. N. Y. 1974.
3. Im deutschen Sprachraum wird der personalistische Ansatz vertiefend erörtert bei Neuberger, O.: Führungsverhalten und Führungserfolg. Berlin 1976, S. 19–49.
4. Eine theoretische Gegenüberstellung einschlägiger Führungstheorien in einem gemeinsamen Bezugsrahmen findet sich bei Neuberger, O.: Führungsverhalten und Führungserfolg. Berlin 1976. S. 220–250.
5. Zur Vertiefung der Führungsstilforschung empfiehlt sich eine ausgezeichnete Zusammenstellung der bisherigen Resultate bei Stogdill (1974): Stogdill, R. M.: Handbook of leadership. N. Y. 1974, S. 365–407.
6. Eine verständliche Einführung und zugleich kritische Analyse der Theorie von Fiedler bietet Schreyögg, G.: Kritik situativer Führungstheorien am Beispiel des Fiedlerschen Kontingenzmodells. In: Macharzina, K., Oechsler, W. (ed.): Personalmanagement. Band I, Wiesbaden, 1977. S. 109–144.
7. Zur Einführung in die Theorie von Vroom und Yetton empfiehlt sich: Yetton, P. W., Vroom, V. H.: The Vroom-Yetton-model of leadership. In: King, B., Streufert, S., Fiedler, F. E. (ed.): Managerial control and organizational democracy. N. Y., 1978, S. 133–149.
8. Wichtige klassische Arbeiten der letzten Jahre zur Führungsstilforschung finden sich in dem Reader von Grunwald, W., Lilge, H. G. (ed.): Partizipative Führung. Bern, Stuttgart 1980.
9. Zusammenhänge zwischen Führung und Demokratie diskutiert einführend und sehr anregend Sader, M.: Psychologie der Gruppe. München 1976, S. 188–197.
10. Die ökonomische Relevanz der Abklärung des zielförderlichen Geführtenverhaltens zeigen im einzelnen Gebert, D. und Ulrich, J.: Erfolgreiches Führen im Kreditbereich. Wiesbaden, 1990.

Fragen

40. Die empirischen Untersuchungen zur Beziehung zwischen bestimmten Eigenschaften der Person und dem Führer-Sein (bzw. dem Innehaben von Führungspositionen) haben zusammenfassend welche Resultate erbracht?

41. Bei der Auswahl von Führungsverhaltensweisen zur Prognose spezifischer Erfolgskriterien sollte man wie vorgehen?
42. Die Ergebnisse zur sog. Führungsstilforschung lassen sich wie zusammenfassen?
43. Die Frage nach der Unabhängigkeit der beiden Dimensionen consideration und initiating structure ist inwiefern bedeutsam?
44. Was ließe sich zu dem von Fiedler (1967) berichteten Kurvenzug (in dem die Korrelation zwischen LPC-Wert und Leistung in Abhängigkeit von der situativen Günstigkeit dargestellt ist) kritisch anmerken?
45. Die zentralen Kennzeichen des Prozeßmodells der Führung von Katz u. Kahn (1978) liegen worin?
46. Die Kernaussage des Führungsmodells von Vroom und Yetton (1973) besteht worin?

4. Organisationspsychologie – Ansatzpunkte zum Handeln

Ein Student, der sich als Hauptfachstudierender der Psychologie für den Studienschwerpunkt Organisationspsychologie entscheidet, oder auch ein Studierender der Betriebswirtschaftslehre, der Wirtschaftspädagogik, der Kommunikationswissenschaft, der Soziologie oder auch einer Ingenieurwissenschaft, der das entsprechende Gebiet als Wahl- oder Pflichtwahlfach in sein Studium integriert, wird erwarten, daß er im Rahmen des Studienprogramms befähigt wird, mit spezifischen Technologien das Erleben und Verhalten von Menschen in Organisationen zu stabilisieren oder zu modifizieren. Die Organisationspsychologie oder – älterem Sprachgebrauch folgend – die Betriebspsychologie wird entsprechend auch als ein *Teilgebiet der Angewandten Psychologie* betrachtet (vgl. z.B. Arnold, 1970; Anastasi, 1973; Witte, 1977; v. Rosenstiel, 1992). Diese Bezeichnung ist wenig glücklich. Sie legt die Erwartung nahe, daß Erkenntnisse, die in der theoretischen Psychologie bzw. der »Psychologie als Wissenschaft« (vgl. Herrmann, 1979) in praktisches Handeln umgesetzt, eben angewandt werden. Diese Auffassung findet sich gelegentlich – zumindest akzentuierend – selbst in verbreiteten Lehrbüchern (z.B. Anastasi, 1973), sie entspricht aber nicht derjenigen jener Psychologen, die heute an den Hochschulen oder an Forschungsinstitutionen angewandt-psychologische Fächer – z.B. die Pädagogische Psychologie, die Klinische Psychologie oder auch die Organisationspsychologie – vertreten. Das Bemühen, adäquate Formen der Intervention aufzuzeigen, spielt zwar – und hier deckt sich ihr Handeln mit den Erwartungen Außenstehender – in ihrer Arbeit eine gewichtige Rolle, doch sieht dieses Bemühen nicht so aus, allgemeine psychologische Erkenntnisse, die z.B. aus der allgemeinen Sozialpsychologie stammen, in die spezifische Situation in der Organisation zu übersetzen.

> Das Verhältnis der Allgemeinen Psychologie zur Organisationspsychologie ist nicht das des Allgemeinen zum Speziellen; es soll daher nachfolgend knapp geklärt werden, um auf diese Weise das Verständnis dafür zu steigern, daß die Entwicklung organisationspsychologischer Interventionsverfahren eine relativ eigenständige wissenschaftliche Arbeit ist und daß vor allem das eingreifende Handeln in der Praxis nicht als stringente Umsetzung wissenschaftlichpsychologischer Erkenntnis in Interventionen verstanden werden darf.

Nach der Klärung dieser grundsätzlichen Fragen soll exemplarisch gezeigt werden, welche Strategien der Intervention von der Organisationspsychologie erarbeitet wurden und in welcher Weise sie in einer Organisation angewandt werden können. Dabei wird wiederum deutlich werden, daß die Organisationspsychologie die *Interaktion der Person mit einer spezifischen Umwelt – der Organisation* – thematisiert. Alle Ansätze zu Interventionen müssen also von dieser Wechselwirkung ausgehen. Akzentuierend betonen sie allerdings den Zugang bei der Person oder aber der Situation, weshalb die als Beispiel in den nachfolgenden Abschnitten dargestellten Technologien auch in diesem Sinne klassifiziert wurden.

4.1. Psychologie als Wissenschaft – Anwendungsorientierte Forschung – Forschungsgeleitete Praxis

In den Studienordnungen für Psychologen ist das Studium an den meisten deutschen Hochschulen so geregelt, daß im Grundstudium, ohne Thematisierung eines Anwendungsbezugs, theoretisch orientierte Teilbereiche der Psychologie (z.B. Allgemeine Psychologie, Entwicklungspsychologie, Persönlichkeitspsychologie) gelehrt werden und sodann – nach der Diplomvorprüfung bei bestehenden Möglichkeiten zur weiteren »Grundlagenvertiefung« – die »Anwendung« akzentuiert wird, z.B. als Klinische-, Pädagogische- oder Organisationspsychologie. Herrmann (1979, S. 167) betrachtet dies als »objektive Schädigung einer wissenschaftlichen Disziplin«, die »skandalös« sei, wobei »dieser Skandal ... nur noch von dem anderen übertroffen wird, daß dieser Zustand kaum zur Kenntnis genommen wird«. Aus dieser pointierten Stellungnahme läßt sich folgern, daß der Bezug der psychologischen Grundlagenforschung zu den angewandten Fächern so problemlos und selbstverständlich nicht ist, wie es die Benennung nahezulegen scheint und auch durch das derzeitige Selbstverständnis der meisten Psychologen nahegelegt wird. Ist die Psychologie wirklich als »anwendungsorientierte Wissenschaft vom menschlichen Handeln und Erleben« (Schneewind, 1973) zu verstehen? Dient das Studium der »Grundlagen« primär dem Ziel, die Basis für eine Berufskompetenz zu legen, die dann nach der Diplomvorprüfung vom Studierenden der Psychologie – spezialisiert auf bestimmte Handlungsgebiete – erworben wird? Ist das Studium der Psychologie *berufsqualifizierend,* d.h., wird es oder ist es bereits angesichts der zunehmenden Orientierung der Studierenden auf Anwendung im klinischen Bereich zur »Berufs-Kunde von Heilpraktikern« (Irle, 1979) geworden? Beziehen wir diese Überlegungen auf die sehr viel kleinere Gruppe derer, die sich im Studium auf die Organisationspsychologie spezialisieren wollen: Ist für sie die Beschäftigung mit den psychologischen Grundlagenfächern, mit den Forschungsmethoden, Forschungsergebnissen und Theorieentwicklungen auf diesem Gebiet notwendige und hinreichende Voraussetzung für die Entwicklung und spätere Anwendung von Technologien, deren Ziel es ist, das Verhalten und Erleben von Menschen in den Organisationen zu beschreiben, zu erklären, zu prognostizieren und gegebenenfalls zu kontrollieren? Fast alle Studierenden werden dies verneinen.

> Ein nicht unwesentlicher Teil der Grundlagen wird für die Beschäftigung mit spezifischen organisationspsychologischen Problemstellungen als irrelevant erachtet, dagegen wird schmerzlich bewußt, daß man vielfältige andere Grundkenntnisse dringend benötigen würde, z.B. betriebswirtschaftliche, arbeitsrechtliche, ingenieurwissenschaftliche, arbeitsmedizinische.

Beispiele sollen die Problematik verdeutlichen:

Beispiel 1:

Es wird untersucht, durch welche zentralnervösen und biochemischen Vorgänge eine innerorganismische Auslösung von Gefühlen bedingt wird (Delgado, 1975). Diese und ähnliche Fragestellungen beschäftigen den Studierenden der Psychologie im Grundstudium und im Rahmen der Grundlagenvertiefung. Herrmann (1979) würde Forschung auf diesem Gebiet der psychologisch-wissenschaftlichen Innovation zuzählen, v. Rosenstiel

(1992) der Theoretischen Psychologie. Klages (1967) spricht in solchen Fällen – über die Psychologie hinausgehend im Rahmen genereller wissenschaftstheoretischer Diskussionen – von »g-Innovationen«, bei denen es primär darum geht, in möglichst experimenteller Weise *Erklärungen bzw. Gesetzlichkeiten für Vorgänge in der Natur* zu finden und somit zu Modellen der Realität zu gelangen. Dies ist das Ziel; ob das Erreichen des Ziels darüber hinaus, unter der Perspektive der Anwendung, noch Nützliches abwirft, ist sekundär. Herrmann (1979) zählt nur innovative Forschungstätigkeit, die in dieses Feld einzuordnen ist, der »Psychologie als Wissenschaft« zu.

Beispiel 2:

McClelland (1965) sowie McClelland und Winter (1969) entwickelten ein Trainingsprogramm zur Förderung des Leistungsmotivs und überprüften es in einem Versuchsgruppen-/Kontrollgruppen-Design an indischen Geschäftsleuten. An einer größeren Zahl von Kriterien wurde gezeigt, daß durch dieses Trainingsprogramm die unternehmerischen Aktivitäten der Trainierten deutlich gesteigert worden waren. Von Rosenstiel (1992) würde in diesem Beispiel einen typischen Fall der »Angewandten Psychologie« sehen, die er dadurch gekennzeichnet sieht, daß in ihr die Forschung dominiert, deren Fragestellung aber nicht aus Lücken der psychologischen Theorie, sondern – nach entsprechender Übersetzung – aus den Anwendungsfeldern kommt (vgl. hierzu auch Witte, 1966). Herrmann (1979) spricht bei derartigen Fällen von psychologisch-technologischen Innovations-(Forschungs-)Tätigkeiten.
Er bevorzugt den Ausdruck der »psychologischen Technologie«, um damit zu akzentuieren, daß es sich dabei um etwas durchaus Eigenständiges, Genuines handle und nicht – wie es der Ausdruck Angewandte Psychologie nahelegt – um eine nachgeordnete Auswertung von dem, was die »reine« Wissenschaft bereits geschaffen hat. Herrmann beruft sich dabei auf Münsterberg (1913), der von »Psychotechnik« spricht, innerhalb derer es darum geht, *die psychologisch besten Mittel und Wege für die Beeinflussung der Praxis auf wissenschaftliche Weise aufzuweisen.* Dieses Vorgehen ist danach wissenschaftlich; die Aufgaben selbst dagegen sind nicht von der Wissenschaft gestellt, sondern sie kommen aus der Praxis; das Auftreten und die Art der praktischen Probleme wird also nicht durch die immanente Systematik der Wissenschaft begründet. Dieser Aspekt scheint für Herrmann (1979) ausschlaggebend dafür zu sein, die Technologie von der Wissenschaft (Fall 1) zu trennen, sie also als »nicht wissenschaftlich« zu bezeichnen. Obwohl es sich hier letztlich nur um ein Benennungsproblem handelt, das letztendlich willkürlich gehandhabt werden kann, erscheint es wegen der Prestigehaltigkeit des Begriffes Wissenschaft und wegen des allgemeinen Verständnisses, das mit Wissenschaft sehr wohl ein stringent-systematisches-methodisches Vorgehen verbindet, ratsam, auch hier von Wissenschaft zu sprechen, und zwar von anwendungsorientierter Wissenschaft. Dies entspricht sehr wohl dem allgemeinen Sprachgebrauch, der z.B. weit davon entfernt ist, die Medizin als ein nicht-wissenschaftliches Fach einzustufen, obwohl sie im Sinne Herrmanns sehr wohl der Technologie zuzurechnen ist. Klages (1967) nennt einen Fall wie den hier geschilderten »a-Innovation«, die z.B. auf die *Verbesserung von Alltagssituationen* gerichtet ist. Er kann auf diesem begrenzten Feld sehr wohl innovativ erscheinen, ist aber für das gleichzeitige Auffinden geschlossener Systeme und Gesetzlichkeiten eher irrelevant.
Sieht man allerdings von der Herkunft der Fragestellung ab, so ist die Distanz zwischen der psychologisch-wissenschaftlichen Innovationstätigkeit (Theoretische Psychologie, g-Innovation, »reine« Wissenschaft) und der psychologisch-technologischen Innovationstätigkeit (Angewandte Psychologie, a-Innovation, Psychotechnik) nicht so groß, wie es zu-

nächst vielleicht scheinen mag: In beiden Fällen wird stringent-systematisch-methodisch gearbeitet, und es kann darüber hinaus sehr wohl partiell das, was in der psychologisch-wissenschaftlichen Innovationstätigkeit erarbeitet wurde, in die Technologie eingehen; die Grundlagenforschung brachte als Sekundäreffekt etwas Nützliches hervor, was dann im Sinne von Klages (1967) als »Mittelbaustein« bezeichnet wurde. Derartige Mittelbausteine erhalten innerhalb der Technologie u.U. einen anderen Stellenwert als in der psychologisch-wissenschaftlichen Innovationstätigkeit, können aber dennoch die Technologie ganz entscheidend fördern. Das zuvor dargestellte Beispiel verdeutlicht dies: Die Entwicklung und Prüfung eines Programms zur Förderung eines Leistungsmotivs (Technologie) wäre in der vorliegenden Form ohne die psychologisch-wissenschaftliche Innovationstätigkeit auf dem Gebiete der Leistungsmotivation (vgl. Atkinson, 1958; Heckhausen, 1965) nicht möglich gewesen. Im günstigsten Falle kann dies so aussehen, daß aus einer von der »reinen« Wissenschaft entwickelten Theorie Hypothesen abgeleitet werden, die unter ganz spezifischen und konkreten Rahmenbedingungen Wenn-Dann-Beziehungen erklären sollen.

Im Vordergrund stehen dann allerdings nicht der Wahrheitsgehalt oder der Geltungsbereich, sondern die praktischen Folgerungen. Es werden also Theorien in Techniken, und zwar in ganz spezifische Sozialtechnologien, transformiert (vgl. Irle, 1975, S. 506).

Bedenkt man das hier Angesprochene in der – schwerpunktmäßig – als Technologie zu bezeichnenden Organisationspsychologie in ihrem Verhältnis zur »Psychologie als Wissenschaft«, so wird man allerdings meist vor dem Problem stehen, daß sich aus einer psychologischen Theorie nicht ohne weiteres als Hypothesen zu verstehende Technologien auf die *konkreten Problemsituationen* in der Organisation transformieren lassen. Dies liegt u.a. am unterschiedlichen Grad und der unterschiedlichen Perspektive der Spezialisierung.

Die Psychologie als Wissenschaft ist – akzentuierend gesehen – aspektspezialisiert: Der Mensch interessiert unter dem Gesichtspunkt seines Erlebens und Verhaltens; die Organisationspsychologie dagegen ist stärker problemspezialisiert. Sie muß angesichts der konkreten Fragestellung aus der Praxis die Rahmenbedingungen sehr viel stärker berücksichtigen und somit bei der Entwicklung von Sozialtechniken neben den Theorien über menschliches Erleben und Verhalten auch wirtschaftliche, politische, juristische oder technische Gesichtspunkte in Rechnung stellen (vgl. v. Rosenstiel, 1992; Neubauer, v. Rosenstiel, 1980), da sonst das Ziel und der Zweck der Technologie, in der konkreten Situation etwas hervorzubringen, zu vermeiden, zu ändern oder zu verbessern, nicht erreicht wird.

In der Organisationspsychologie wird man also nur selten die Technologie unmittelbar aus allgemeinen psychologischen Theorien ableiten können; man wird sich auf spezifische »technologische« Theorien (vgl. Bunge, 1967) stützen müssen, in die allerdings sehr wohl psychologische Theorien – oder Bestandteile daraus – als »Mittelbausteine« eingehen können.

Auch wenn in beiden Fällen von Theorien gesprochen wird, ist allerdings das Ziel und damit das Bewertungskriterium ein anderes. Sehr verkürzt dargestellt: die wissenschaftliche Theorie muß sich am Kriterium der »*Wahrheit*«, die technologische Theorie am Kriterium der »Nützlichkeit« messen.

Beispiel 3:

Angeregt durch sozialpsychologische Untersuchungen zur Psychologie der Gruppe, durch normativ orientierte Diskussionen und durch empirische technologischorientierte Untersuchungen zur Auswirkung der Einführung teilautonomer Arbeitsgruppen in Organisationen (vgl. Lattmann, 1972; Bihl, 1973; v. Rosenstiel, 1976; Maier, 1977) versuchte eine Forschergruppe in Kooperation mit einem großen Automobilwerk im Rahmen des Forschungsprojekts der Bundesregierung »Humanisierung des Arbeitslebens« (vgl. Pöhler, 1979), derartige Gruppen im Produktionsbereich zu installieren. Der Versuch scheiterte, da die Übertragung der skandinavischen Erfahrungen angesichts der besonderen Rolle des Betriebsrates aufgrund des Betriebsverfassungsgesetzes in deutschen Unternehmungen erschwert ist; das eher »basisdemokratische« Modell der teilautonomen Arbeitsgruppen wird dadurch nicht begünstigt.

Das Vorgehen dieser Gruppe, die aus Wissenschaftlern und Praktikern bestand, würde Herrmann (1979) als *»psychologiebezogene, nicht-forschende Tätigkeit«* bezeichnen, v. Rosenstiel (1992) als »praktische Psychologie«, während der allgemeine Sprachgebrauch hier möglicherweise den Begriff der Angewandten Psychologie strapazieren würde. Es wird darin durch die Fachliteratur (z.B. Anastasi, 1973) unterstützt, aber auch durch den Berufsverband Deutscher Psychologen (BDP), der in einem von ihm herausgegebenen Handbuch (Hockel u.a., 1980) primär Beispiele praktischer Tätigkeit von Diplompsychologen in einem dreibändigen Werk mit dem Titel »Handbuch der Angewandten Psychologie« darstellt (vgl. auch Sauermann 1979).

Die Grenzen zwischen der psychologiebezogenen nicht-forschenden Tätigkeit und psychologisch-forschender Tätigkeit, ganz gleich, ob sie wissenschaftlich oder technologisch akzentuiert ist, sollte man deutlich sehen; selbst dann, wenn im Einzelfall die Zuordnung zu einem der Bereiche nicht immer möglich ist.

So bleibt etwa bei Münsterberg (1913) durchaus offen, ob nur die wissenschaftliche Entwicklung einer Technologie der Psychotechnik zuzurechnen ist oder auch die routinemäßige Anwendung dieser Technologie im Sinne einer nicht-forschenden Tätigkeit. Dennoch ist – auch in der Organisationspsychologie – vielfach deutlich danach zu unterscheiden, ob mit innovativer Intention eine neue Technologie entwickelt wird – z.B. zur Auslese von Auszubildenden bezüglich ihres mechanisch-technischen Verständnisses (Lienert, 1964), zur Analyse von Arbeitstätigkeit (Frieling u. Hoyos, 1978), zur Förderung des Leistungsmotivs (McClelland u. Winter, 1969), zur Verbesserung des Führungsverhaltens (Berthold u.a., 1980), zur Messung der Arbeitszufriedenheit (Neuberger u. Allerbeck, 1978) oder zur Organisationsentwicklung (z.B. Bowers, 1971, 1973) oder ob diese weitgehend standardisierten Technologien routinemäßig angewandt werden. Während die technologisch orientierte Forschungsarbeit in aller Regel ihren Niederschlag in wissenschaftlichen Publikationen findet, ist dies bei der Applikation dieser Routinetechniken nur in Ausnahmefällen (vgl. z.B. Glasl u. de la Houssaye, 1975; Neubauer u. v. Rosenstiel, 1980) beobachtbar. Sieht man allerdings derartige psychologie-bezogene, nicht-forschende Tätigkeiten etwas sorgfältiger an, so erkennt man, daß die strikte Trennung zwischen der innovativen Technologie-Entwicklung und der routinemäßigen Applikation der Technologien auf dem Gebiet der Organisationspsychologie nur in Ausnahmefällen (z.B. bei der Eignungsdiagnostik; vgl. Maukisch, 1978; 1980) beobachtet werden kann. In sehr vielen Fällen bringen es die besonderen Rahmenbedingungen, die in der Organisation gegeben sind, mit sich, daß ein bestehendes Routineprogramm modifiziert, differenziert, verkürzt oder ergänzt werden muß, um überhaupt Anwendungschancen zu haben. Gerade in der organisationspsychologischen Arbeit wird dies häufig nicht nur als Kompromiß angesehen, der dann die Grenzziehung zwischen forschender und nicht-forschender psychologischer Tätigkeit erschwert, sondern es wird geradezu zum Programm. Beispielsweise wird nicht selten die Humanisierung der Arbeitsbedingungen (vgl. Fricke, 1975; Fricke u. Fricke, 1980; Hoppmann, 1980) oder auch die Organisationsentwicklung (vgl. Sievers, 1977; 1978) im Sinne der sogenannten Aktionsforschung (vgl. Clark, 1976) betrieben.

Im Rahmen der Aktionsforschung ist die in der empirischen Sozialforschung (vgl. z.B. Atteslander, 1971) übliche strikte Trennung zwischen Versuchsleiter und Versuchsperson aufgehoben. Forscher und Forschungsgegenstand bilden ein einheitliches Handlungssystem. Der Wissenschaftler beschränkt sich nicht, wie in der herkömmlichen Sozialforschung üblich, auf die Generierung und Aufbereitung der empirischen Daten, sondern er bezieht sich bewußt unmittelbar in den Handlungsablauf durch Zielsetzung und Lösung konkreter Probleme in Kooperation mit den Betroffenen mit ein.

Im Rahmen der Aktionsforschung verfolgt somit der Wissenschaftler eine zweifache Intention: Seine Arbeit soll zugleich die Entwicklung der – anwendungsbezogenen – Wissenschaft vorantreiben und somit theoretische Aussagekraft haben, sie soll aber auch unmittelbar sozialen Nutzen haben. Der Aktionsforschungsansatz gewinnt zunehmend dort an Bedeutung, wo es um die »Initiierung, Steuerung und Auswertung von Lernprozessen in sozialen Systemen« (Sievers, 1977, S. 27) geht. Dies ist bei organisationspsychologischer Arbeit besonders häufig der Fall, wo dann entsprechend die Grenzziehung zwischen praktischer, nicht-forschender Tätigkeit und forschender Technologie-Innovation obsolet erscheint.

Beispiel 4:

Schließlich sei noch ein für die praktische organisationspsychologische Arbeit sehr typischer Fall betrachtet, der die Beziehung zur forschenden Tätigkeit unter einem wiederum anderen Aspekt beleuchtet. Nicht selten gerät der in einer Organisation arbeitende Psychologe in die Situation, in einer interpersonellen Konfliktsituation vermitteln zu müssen, einen Mitarbeiter beraten zu wollen, der sich von seinem Vorgesetzten unterdrückt fühlt, einen Abteilungsleiter unterstützten zu müssen, der Schwierigkeiten hat, die Arbeit in dem von ihm verantworteten Bereich zu organisieren oder auch Ingenieuren, die in der Arbeitsvorbereitung tätig sind, eine Rat zu geben, wie der Arbeitsablauf am besten zu strukturieren sei. Für all diese sehr spezifischen, von der konkreten Situation geprägten Fälle gibt es keine Routineprogramme, deren Wirksamkeit wissenschaftlich überprüft ist und die der Psychologe aufgrund seiner Fachkenntnisse »abrufen« kann. Hier ist von einer eher vermittelten Auswirkung von Wissenschaft und Forschung auf das praktische Handeln zu sprechen (vgl. Herrmann, 1979, S. 146 f.). Die Beschäftigung mit der Psychologie insgesamt und mit organisationspsychologischen Technologien im besonderen hat dem Organisationspsychologen ein *»Hintergrundwissen«* bereitgestellt, das ihn in höherem Maße als andere befähigt, in spezifischen Problemsituationen Sachkundiges beizutragen, obwohl er nicht in der Lage ist, explizite Handlungsregeln bereitzustellen.
Insgesamt ist die Organisationspsychologie in erster Linie – verwenden wir die Begriffsbildung von Herrmann (1979) – der psychologisch-technologischen Innovationstätigkeit und der psychologiebezogenen, nicht-forschenden Tätigkeit und somit gleichermaßen der Angewandten und der Praktischen Psychologie (vgl. v. Rosenstiel, 1992) zuzurechnen. Bei einigen Forschungsarbeiten im Bereich der Organisationspsychologie scheint es sich aller-

dings um »g-Innovation« im Sinne von Klages (1967) zu handeln – man denke etwa an das zur Sozialisation in Organisationen in diesem Buch Gesagte –, obwohl man hier wieder Zweifel haben kann, ob in diesen Fällen von »Psychologie als Wissenschaft« im Sinne von Herrmann (1979) gesprochen werden soll – sieht doch dieser Autor zu Recht in der Organisationspsychologie eine Disziplin, deren *Zugehörigkeit zur Psychologie durchaus angezweifelt werden kann.* Abgesehen davon, daß sie selbst mit ihrem Gegenstandsbereich durchaus Probleme hat (vgl. Franke, 1978).

Die Abgrenzung von Psychologie als »reiner« Wissenschaft von der Organisationspsychologie als »angewandter« Wissenschaft (Technologie) und praktischem Handeln (nicht-forschender Tätigkeit) verdeutlicht Abbildung 58, die auch die Beziehung der Bereiche zueinander anschaulich macht.

4.1.1. Wissenschaft-Praxis-Probleme in der Organisationspsychologie

Die Beziehung zwischen der Psychologie als Wissenschaft und dem praktischen organisationspsychologischen Handeln ist häufig gestört. Dies kann sehr viele gleichzeitig wirkende Ursachen haben, z.B. die wenig glückliche *Studienordnung* (vgl. Herrmann, 1979), die die Organisationspsychologie als anwendungsbezogene Disziplin mit einem verkürzten wissenschaftlichen Studium der Psychologie kombiniert, ohne zu fragen, welche Mittelbausteine (Klages, 1967) aus anderen wissenschaftlichen Disziplinen für die organisationspsychologische Ausbildung möglicherweise noch bedeutsam wären; es können aber auch die relativ *junge Geschichte* der Organisationspsychologie (vgl. v. Rosenstiel, 1980b), die relativ geringen Ressourcen, die in die organisationspsychologisch-technologische Forschung investiert wurden, oder auch die für den praktisch arbeitenden Organisationspsychologen nicht mehr verständliche *Sprache des Wissenschaftlers* dafür mitverantwortlich gemacht werden. Hier soll nicht weiter nach Gründen gesucht, sondern die Problematik an einem typischen Beispiel aufgezeigt werden:

Zur Arbeit des Organisationspsychologen gehört es in der Regel, Führungskräfte in ihrem Führungsverhalten zu schulen und ihnen die Erkenntnisse der Psychologie auf diesem Forschungsgebiet nahezubringen, um damit nicht nur konkrete Verhaltenskompetenzen zu verbessern, sondern auch durch die Popularisierung dieser Erkenntnisse das Hintergrundwissen der Laien zu differenzieren, damit ihre Entscheidungsgrundlage verbreitert und ihre Entscheidungskriterien differenziert werden (vgl. hierzu Heckhausen, 1976). Man kann nun in derartigen Schulungssituationen nicht selten beobachten, daß der psychologisch ausgebildete Trainer das klassische Experiment von Lewin u.a. (1939) zu den Auswirkungen des autokratischen, demokratischen und laisser-faire-Führungsstils in didaktisch höchst kompetenter Weise referiert, dadurch bei den Geschulten nicht unwesentliche »Aha-Erlebnisse« auslöst und sodann, in dieser Phase gesteigerter Sensibilisierung, den demokratischen Führungsstil propagiert und zugleich – um den Transfer auf die »back-home«-Situation wahrscheinlicher zu machen – Gruppenarbeit anregt, in der an konkreten Beispiel-Fällen aufgezeigt werden soll, wie das bisherige Führungsverhalten in ein demokratisches transformiert werden kann. Es wird dabei nicht problematisiert, daß die *Subjekt-, Umgebungs-, Handlungs- und Erlebnisrepräsentanz* (vgl. Holzkamp, 1964) dieses Experiments für die Führungssituation in der Organisation nicht gegeben ist, und – was noch wesentlicher erscheint – es wird auch nicht bedacht, daß die implizit hinter diesen Vorgehen stehende Frage falsch gestellt ist: »Welche Relevanz hat dieses oder jenes Experiment für die Praxis?«

Benennung	Theoretische Psychologie (v. Rosenstiel), Psychologische Grundlagenforschung (Witte), psychologisch-wissenschaftliche Innovation (Herrmann), Psychologie als Wissenschaft (Herrmann), Theorie-orientierte Forschung (Irle)	Angewandte Psychologie (Witte, v. Rosenstiel), Psychotechnik (Münsterberg), Psychologisch-technologische Innovationstätigkeit (Herrmann), Problemorientierte Forschung (Irle)	Praktische Psychologie (Witte, v. Rosenstiel), Psychologiebezogene, nicht forschende Tätigkeit (Herrmann), Verhaltens- und Sozialtechniken (Irle)
Ziel	»Wahrheit« (Irle) Erklärungen bzw. Gesetzlichkeiten für Vorgänge in der Natur (Klages)	»Wahrheit«/»Nützlichkeit« (Irle), Verbesserung von Alltagssituationen (Klages)	»Nützlichkeit« (Irle) Verbesserung von Alltagssituationen (Klages)
Herkunft der Fragestellung	aus der Theorie	aus dem Anwendungsfeld	vom Auftraggeber (Individuum oder Institution)
Tätigkeit des Psychologen	Forschung (und Lehre)	Forschung (und Lehre)	Systematischer Einsatz wissenschaftlich fundierter Technologien und Problemlösen mit Hilfe psychologischen Hintergrundwissens
Wichtige Beispiele	Allgemeine Psychologie, Persönlichkeitspsychologie, Entwicklungspsychologie, Differentielle Psychologie, Sozialpsychologie	Klinische Psychologie, Pädagogische Psychologie, Forensische Psychologie, Organisationspsychologie, Marktpsychologie, Verkehrspsychologie	Psychologische Tätigkeit in Klinik oder freier Praxis, Schule, Gericht, Industriebetrieb, Marktforschungsinstitut TÜV

Abb. 58 Psychologie »als Wissenschaft«, Technologie und Praxis

Die meisten Ergebnisse theorieorientierter Forschungen sind unmittelbar für die Praxis irrelevant. Der Weg von konkreten Forschungsergebnissen zur Praxis geht über die Theorie, welche durch die Ergebnisse unterstützt oder korrigiert wurde (Irle, 1975, S. 507). Ob allerdings die Theorie Grundlage für das praktische Handeln in der Organisation sein kann, hängt davon ab, ob in der Organisation solche Bedingungen gelten, für die die Theorie ganz bestimmte Effekte erklärt und prognostiziert.

Dies ist, da viele Theorien der psychologischen Grundlagenwissenschaft durch Laborergebnisse unterstützt oder korrigiert wurden, nicht der Fall. Für die Vertreter der »reinen« Wissenschaft wäre eine entsprechende Arbeit auch wenig attraktiv; ihnen geht es darum, in einer die Natur zerlegenden Weise allgemeine Erklärungen aufzuzeigen und auf Gesetzlichkeiten hinzuweisen. Es ist also nicht das Ziel, sehr spezifische Theorien zu entwickeln, die in spezifischen Situationen die Grundlage für die Verbesserung von Alltagssituationen darstellen könnten.
Um solche Theorien muß sich die Organisationspsychologie als anwendungsbezogene Wissenschaft bemühen.

Der besprochene Versuch von Fiedler (1967; mit anderen 1979), eine Kontingenztheorie der Führung zu formulieren, kann als – freilich mißglückter – Versuch in diese Richtung gewertet werden, da hier die für die Organisation bedeutsam erscheinenden Situationsvariablen mit in die technologische Theorie integriert wurden. Um derartige Theorieansätze müßte sich die Organisationspsychologie in verstärktem Maße bemühen, wenn innerhalb ihres Faches die Beziehung zwischen Theorie und somit forschender Tätigkeit und dem praktischen Handeln als nicht-forschender Tätigkeit harmonisiert werden sollte.

Würde es mehr technologisch orientierte organisationspsychologische Theorien geben, so wäre in weit stärkerem Maße als heute die Möglichkeit gegeben, im Sinne von Irle (1975) diese Theorien in Verhaltens- oder Sozialtechniken zu transformieren. Diese Techniken ließen sich sodann als Hypothesen interpretieren, die aus den technologischen Theorien abgeleitet sind. Der Erfolg des praktischen Handelns, der sich durch entsprechende Operationalisierungen objektivieren ließe, könnte wiederum für die Falsifizierung dieser Hypothesen genutzt werden, wodurch – je nach Ergebnis – die technologische Theorie unterstützt, korrigiert oder verworfen werden könnte. Dies wiederum würde eine stärkere Verklammerung zwischen jenen organisationspsychologischen Bereichen bedeuten, in denen nicht-forschende Tätigkeit im Vordergrund steht und in denen es primär um psychologisch-technologische Forschungstätigkeit geht.

Die Forschung könnte Basis für den Praktiker sein, spezifische Technologien für die Problemsituation, vor der er steht, zu entwickeln. Seine Erfahrung bei der Anwendung dieser Technologie, die dann als Hypothesenprüfung interpretiert werden könnte, wäre für den in der anwendungsbezogenen Forschung stehenden Organisationspsychologen eine wichtige Datenbasis, die ihn informiert, ob sein Konzept gestützt wird, der Korrektur bedarf oder gar verworfen werden muß.

Solange eine explizite organisationspsychologische Theorieentwicklung noch fehlt und als theoretische Basis für das praktische Handeln Inhalte der »Psychologie als Wissenschaft«

herangezogen werden, insbesondere solche aus der Sozialpsychologie (vgl. Smith, 1976), kann das praktische Handeln der Organisationspsychologen kaum als die Anwendung von Technologien interpretiert werden, die – hypothesengleich – aus Theorien abgeleitet wurden. Es ist entsprechend dem nicht-forschenden Organisationspsychologen auch kaum zu verübeln, wenn er sich wenig um die Entwicklung der »Psychologie als Wissenschaft« kümmert, diese bestenfalls zur Erweiterung seines Hintergrundwissens nutzt und gelegentlich unkritisch und vorschnell seine Arbeit auf der Grundlage solcher Theorien aufbaut, die auf die besonderen Bedingungen der Organisation hin zentriert zu sein scheinen, jedoch wissenschaftlicher Überprüfung nicht standzuhalten vermögen, wie es beispielsweise für die Führungstheorien von Reddin (1970) oder Hersey und Blanchard (1977) gilt.
Insgesamt muß sich der in der Praxis stehende Organisationspsychologe in den meisten Fällen damit begnügen, sein Handeln in der Organisation auf der Grundlage von kasuistischen Erfahrungen sowie aufgrund von Plausibilitätsannahmen, die durch psychologisches Hintergrundwissen differenziert sind, zu steuern oder aber denen, die in der Organisation handeln, ebenfalls psychologisches Hintergrundwissen zu vermitteln. Dies ist ein Zustand, der sicherlich nicht nur negativ zu bewerten ist, der jedoch der Kooperation zwischen Wissenschaft und Praxis nicht sonderlich dienlich zu sein scheint.

4.1.2. Der Prozeß forschungsgeleiteten Handelns in der Organisation

Schneewind (1973) hat die Psychologie insgesamt als *anwendungsorientierte Wissenschaft vom menschlichen Handeln und Erleben* bestimmt und für das wissenschaftliche Handeln innerhalb dieses Feldes ein Ablaufschema konzipiert, das Abbildung 59 zeigt. Man kann nun mit Herrmann (1979) durchaus Zweifel daran haben, daß alle Bereiche der Psychologie als anwendungsorientiert zu verstehen sind. Es können sehr wohl Felder innerhalb der Psychologie davon abgegrenzt werden, die ihre Legitimation nicht am Kriterium der Nützlichkeit beweisen müssen und ihre Ziele nicht von »außen« erhalten, sondern die Dynamik ihrer Entwicklung aus dem Fortschritt der Wissenschaft selbst ableiten; das sind eben jene Bereiche, die Herrmann – nicht ganz glücklich – mit »Psychologie als Wissenschaft« umschreibt. Dort aber, wo psychologisch technologische Forschung und psychologiebezogene nicht-forschende Tätigkeiten angesprochen sind – und dies gilt zentral für die Organisationspsychologie –, hat das von Schneewind konzipierte Ablaufschema erhebliche Bedeutung. Es ist – wird es als umfassendes Konzept verstanden – für den Organisationspsychologen keineswegs oder doch nur in Ausnahmefällen eine Deskription seines Handelns, sondern vielmehr als Forderung oder Soll-Modell zu verstehen.
Dies sei verdeutlicht: Es gilt – gerade im tradierten und durch Kompetenzgrenzen begründeten Selbstverständnis mancher herkömmlichen Betriebspsychologen – eine Beschränkung organisationspsychologischer Arbeit auf die *Eignungsdiagnostik*. Der Psychologe beschränkt sich in diesem Falle auf die »Beschreibung und Erklärung des Ist-Zustandes menschlichen Handelns und Erlebens«, nämlich auf den der Bewerber. An der Festlegung der Ziele, für deren Erreichen die eignungsdiagnostische Information gebraucht wird, arbeitet er nicht mit; er hat auch keinen Einfluß auf die Intervention, nämlich die Personalentscheidungen (vgl. Hartmann, 1980), und er wird auch nicht zur Evaluation dieser Maßnahme herangezogen. Psychologische Fachkompetenz wird also hier zur Grundlage von Interventionstechniken, an denen der Psychologe kaum oder nicht mitwirkt und auf deren Ziele er ebenfalls keinen Einfluß hatte. Tatsächlich spielt, wie eine Umfrage des BDP aus dem Jahre 1978 zeigte, die Eignungsdiagnostik noch immer eine erhebliche Rolle, doch gewinnen andere Felder, innerhalb derer der Aspekt der *Intervention* stärker betont ist, zu-

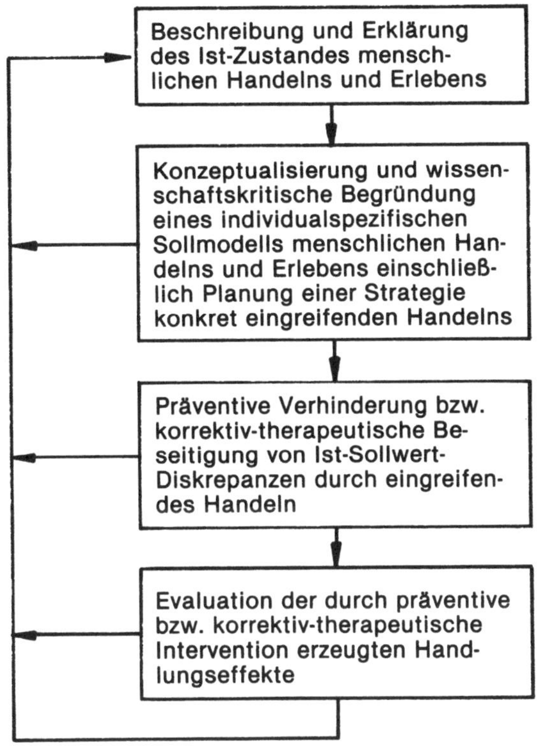

Abb. 59 Psychologie als Handlung

nehmend an Bedeutung. Diese Felder sind in erster Linie die Schulungs- und Bildungsarbeit, das Mitwirken an der Ausarbeitung von Personalbeurteilungssystemen, das Feld der Ergonomie und Arbeitssicherheit, die Organisationsentwicklung und schließlich die Beratung. Auch der von Neubauer und v. Rosenstiel (1980) herausgegebene Band »Arbeit und Organisation«, der die praktische Arbeit der in den Organisationen tätigen Psychologen zu dokumentieren sucht, zeigt deutlich, daß, ähnlich wie in der Klinischen Psychologie, die Intervention – insbesondere auf den Feldern des Trainings und der Organisationsentwicklung – innerhalb der psychologischen Tätigkeiten an Bedeutung gewinnt. Gerade diese Verschiebungen zum Feld der Intervention hin lassen einen aber – hat man das von Schneewind skizzierte Ablaufmodell vor Augen – fragen, ob die kenntnisspezifische Interventionstechnik nicht gelegentlich dazu verführt, eine sorgfältige Diagnostik der Ausgangssituation zu vernachlässigen (vgl. Klages u. Schmidt, 1978), auf eine Reflexion der Interventionsziele zu verzichten und sich eine Evaluation der eingeleiteten Maßnahmen ganz zu schenken.
Der Verzicht auf eine Diagnostik der Ausgangssituation und auf eine Evaluation der Intervention ist wohl u.a. daraus zu verstehen, daß innerhalb der psychologischen Forschung die *Persondiagnostik* zwar weit entwickelt wurde und die dabei konzipierten Technologien inzwischen auch von anderen Wissenschaften, die sich mit der personalen Seite der Organisation auseinandersetzen, übernommen werden (vgl. Reber, 1979), jedoch psychologisch orientierte Meßverfahren zur *Diagnostik der Situation* bislang noch weitgehend fehlen oder sich nur auf sehr eingeschränkte Aspekte der Situation in der Organisation beziehen. Wandel scheint sich hier allerdings anzudeuten. So wird in eher programmatischen Beiträ-

gen (vgl. Brandstätter, 1978) eine Organisationsdiagnostik gefordert. Für Teilbereiche der Organisation, – insbesondere zur Analyse der Arbeitsbedingungen – gibt es bereits deutlich psychologisch akzentuierte sorgfältig konstruierte Meßverfahren (vgl. Hackman u. Oldham, 1974; Frieling u. Hoyos, 1978). Die empirische Organisationsforschung (vgl. Payne u. Pugh, 1976) stellte z.B. mit dem Konzept des Organisationsklimas (vgl. Neuberger, 1980b) einen Ansatz bereit, der unter psychologischem Sichtwinkel die von den Organisationsmitgliedern erlebte Organisation zu erfassen verspricht, was – bei etwas anderer Akzentuierung – bestimmte Verfahren zur Messung der Arbeitszufriedenheit ebenfalls ansatzweise leisten (vgl. z.B. Smith, Kendall u. Hulin, 1969; Neuberger u. Allerbeck, 1978). Ein Blick über den Zaun seines Faches hinaus kann zudem einem in einer Organisation tätigen Psychologen rasch zeigen, daß zur Messung organisatorischer Bedingungen deutlich mehr Verfahren zur Verfügung stehen, als er zunächst vielleicht annahm (vgl. die zweibändige Zusammenstellung der Meßverfahren durch Seifert, 1978). Es ist also zu fordern und zu hoffen, daß der in der Organisation tätige Psychologe vor und nach seinen Interventionsmaßnahmen auf seiten der Person und Situation jene erforderlichen Messungen vornimmt, die zunächst die Intervention begründen und sodann ihren Wert feststellen.
So bleibt die Frage der *Norm.* Sicherlich ist der Psychologe als ein Mitglied der Organisation neben anderen nicht in spezifischem Maße legitimiert, an den Zielsetzungen mitzuwirken. »Durch Absolvierung Verhaltens- und sozialwissenschaftlicher Studiengänge erwirbt sich niemand ein Recht, auf gesellschaftspolitische Zielfindungen kraft Expertentum einen besonderen Einfluß auszuüben« (Irle, 1975, S. 509). Sehr wohl aber sollte der Psychologe beim Zielfindungsprozeß, an dem er als einer unter mehreren mitwirkt, drei Aspekte besonders beachten:

1. In den Organisationen – insbesondere in den Industriebetrieben – dominieren Sichtweisen, die als perspektivische Verengungen des Blickwinkels von Ökonomen und Technikern zu kennzeichnen sind. Der arbeitende Mensch wird dabei implizit als »homo oeconomicus« oder als »homme machine« gesehen. Die Auswirkung derartiger *impliziter Menschenbilder* auf die Strukturierung der Organisationen ist häufig beschrieben worden (vgl. McGregor, 1960; Schein, 1969). Sie bergen die Gefahr in sich (vgl. v. Rosenstiel u.a., 1988), in Teilbereichen zur sich selbst erfüllenden Prophezeiung zu werden. In dieser Situation könnte der Psychologe, der sich wissenschaftlich mit dem Erleben und Verhalten von Menschen auseinandersetzt, seine – sicherlich nur teilweise empirisch fundierte – Sicht vom Menschen einbringen (vgl. Schneewind, 1973), was ihn z.B. in der Organisation nach »Veränderungsmöglichkeiten im Sinne sozial verantworteter persönlicher Entfaltung« (Mayer, 1978) suchen lassen kann. Es wird also dadurch ein bislang vernachlässigter Aspekt neben die anderen in der Organisation vertretenen gestellt.
2. Das Studium der Psychologie, speziell das der Sozialpsychologie und die Beschäftigung mit gruppendynamischen Prozessen, besonders im Rahmen gemeinsamer Entscheidungsfindungen, kann den Psychologen befähigen, eher als andere ein Experte für die *Integration verschiedener Aspekte* zu sein. Er kann Gruppendiskussionen moderieren, Prozesse der Entscheidungsfindung bewußt machen und visualisieren, Barrieren der Kommunikation abbauen und somit als *Moderator* der verschiedensten Situationen dienen (vgl. Knabe u. Comelli, 1980) und so auch im Rahmen eines komplexen Zielfindungsprozesses dazu beitragen, daß unterschiedliche Interessenlagen überhaupt bewußt werden, sich artikulieren und schließlich integriert werden.
3. Zwar darf der Psychologe nicht »versuchen, andere zu lehren, was sie wollen sollen, sondern nur, was sie wollen können« (Irle, 1975, S. 509). Hier aber kann er aufgrund

seiner Fachkompetenz womöglich gewichtige Hinweise geben und eine bedeutsame Hilfe sein. Tatsächlich ist es ja auch aus erfahrungswissenschaftlicher Perspektive nicht unvernünftig, sich mit Normen auseinanderzusetzen. So läßt sich aufgrund von Fachkompetenz in manchen Fällen beurteilen, ob ein – durch einen politischen Prozeß – gestecktes Ziel überhaupt erreichbar scheint, ob bei Zielpluralismus die verschiedenen Ziele vereinbar sind, ob beim Anstreben dieser Ziele Begleiteffekte zu erwarten sind, die man negativ werten würde und die beim Prozeß der Zielfindung nicht beachtet wurden. Es läßt sich auch angeben, ob bestimmte Zwischenziele mehr oder weniger geeignet sind, die hierarchisch höheren Ziele zu realisieren. Psychologische Fachkompetenz kann also im genannten Sinn Grenzen verdeutlichen und *aufzeigen, was man vernünftigerweise überhaupt wollen kann.* Angesichts des eher vagen Wissensstandes der Psychologie ist allerdings die Gefahr nicht gering einzuschätzen, daß der Psychologe – um seine eigenen Interessen mehr oder weniger reflektiert durchzusetzen – sein Wissen falsch akzentuiert, selektiv und somit manipulativ einsetzt, wenn er von Fall zu Fall aufgerufen wird, Zielsysteme zu beurteilen. Es erschiene also empfehlenswert, wenn er durch seine Arbeit allen am Entscheidungsprozeß Beteiligten das in dieser Situation notwendige und adäquate fachliche Hintergrundwissen aufbereiten würde »durch öffentliche Beteiligung an Entscheidungsvorbereitungen« (Heckhausen, 1976, S. 4).

Der in der Organisation tätige Psychologe sollte also seine Interventionsarbeit methodenkritisch und reflektiert betreiben und nicht – wozu die Beherrschung bestimmter Technologien manchmal verführt – in »blinden Aktivismus« verfallen. Durch adäquate Verfahren der Diagnose des Ist-Zustandes (dies müssen nicht immer standardisierte Meßverfahren sein) sollte er prüfen, ob eine Intervention überhaupt ratsam ist und gegebenenfalls welche. Die Ziele der Intervention sollte er nicht unkritisch von jenen übernehmen, die als seine Auftraggeber fungieren; er sollte allerdings auch sein Expertenwissen nicht als Berechtigung dafür ansehen, anderen vorzuschreiben, was sie wollen sollen. Der Prozeß der Zielbildung sollte ein gemeinsames »Abwägen« (Schuler, 1980b) sein, wobei – soweit dies möglich ist – alle beteiligt sein sollten, die direkt oder indirekt von der Maßnahme betroffen sind. Der Intervention selbst kann wiederum die Messung des neu erzielten Ist-Zustandes dienen. Der Organisationspsychologe sollte sich seiner Wissenschaft soweit verpflichtet fühlen, daß er seine Sozialtechnologie jeweils und in jeweilig neu gegebenen Situationen als Hypothesen versteht, die es zu überprüfen und gegebenenfalls zu korrigieren gilt. Die Technologie darf nicht zur Ideologie entarten. Zudem sollte er es als Verpflichtung der Organisation gegenüber, in der er tätig ist, verstehen, daß er den Erfolg seiner Maßnahmen auch für jeden Interessierten transparent darzulegen weiß.

4.1.3. Zielorientierung und Abhängigkeit des Organisationspsychologen

Organisationspsychologen arbeiten – soweit sie in erster Linie anwendungsorientierte Forschung betreiben – an Universitätsinstituten oder an anderen Forschungseinrichtungen, die gelegentlich durch die öffentliche Hand, häufiger durch die privatwirtschaftlich organisierte Industrie finanziert werden. Organisationspsychologen, die in erster Linie nicht-forschende psychologiebezogene Tätigkeiten ausüben, sind vor allem in Institutionen des öffentlichen Dienstes (z. B. Arbeitsamt, Bundeswehr, Bundesbahn), in der Industrie (hier insbesondere in den Personal- und Ausbildungsabteilungen, gelegentlich auch im Bereich der Ergonomie und Arbeitsvorbereitung) oder schließlich als freiberufliche Unternehmensberater tätig (vgl. Gebert, 1978b). Ihre Aufgabe ist es vor allem, durch Analysen eines Ist-Zustandes, also durch diagnostische Tätigkeit, die sich auf die Person (vgl. z.B. Maukisch, 1980) oder auf die Organisation (vgl. Brandstätter, 1978; Neuberger, 1980c) beziehen kann, relevante Informationen als Grundlage für Interventionsmaßnahmen bereitzustellen oder aber selbst Intervention zu betreiben (vgl. die vielfältigen Beispiele in Neubauer, v. Rosenstiel, 1980). Organisationspsychologen entwickeln also Grundlagen für Interventionsmaßnahmen oder diese Interventionsmaßnahmen selbst in anwendungsorientierter Forschung und setzen diese sodann mehr oder weniger routinemäßig ein. Sieht man – z.B. mit Ruch und Zimbardo (1975) – die Aufgabe der Psychologie in der Beschreibung, Erklärung, Prognose und Kontrolle des Verhaltens, so ist im Rahmen der Organisationspsychologie der Aspekt der Kontrolle akzentuiert.

Durch organisationspsychologische Tätigkeit kann die Realität in Organisationen verändert werden. Da in Organisationen keine Interessenharmonie herrscht (vgl. hierzu Presthus, 1966; Argyris, 1970; Luhmann, 1972; Großkurth u. Volpert, 1975), steht die Tätigkeit des Organisationspsychologen – ob ihm dies nun bewußt ist oder nicht – fast stets im Dienste bestimmter Interessen, wobei umstritten ist, ob damit notwendigerweise gegen die Interessen anderer Gruppierungen gehandelt werden muß (vgl. v. Rosenstiel, 1992).

Angesichts der Vielfalt der latenten und manifesten Konfliktsituationen (vgl. Rüttinger, 1977; 1980) zwischen Personen und Gruppen in der Organisation bzw. zwischen Organisationen sei hier nicht weiter problematisiert, daß z.B. die psychologische Hilfe für einen Abteilungsleiter für den mit ihm um den Aufstieg konkurrierenden anderen zum Handicap werden könnte oder daß erfolgreiche psychologisch unterstützte Organisationsentwicklung im Servicenetz eines multinationalen Konzerns (vgl. Knabe u. Comelli, 1980) für konkurrierende Unternehmen zum Nachteil werden kann. Beschränken wollen wir uns auf zwei grundsätzliche Interessenkonflikte, die schon vorher unter 1.1. und 2.4. kurz angesprochen und problematisiert wurden, die Konflikte zwischen

- der *Arbeit* und dem *Kapital* sowie zwischen
- dem *Individuum* und der *Organisation.*

Der Konflikt zwischen der Arbeit und dem Kapital wird insbesondere von marxistisch orientierten Organisationspsychologen thematisiert (vgl. Volpert, 1973; Großkurth, 1975; Großkurth u. Tietze, 1977; Frese, 1977). Das Argument dieser Psychologen geht vor allem dahin, daß die Arbeiten der Psychologen in Organisationen innerhalb der kapitalistischen Wirtschaftsordnung objektiv (ob die Psychologen sich selbst so erleben, ist eine sekundäre Frage) dem Ziel dienen,

- die Arbeit zu *intensivieren,* um die Leistungsziele im Interesse der Kapitaleigner zu garantieren,
- durch Verbesserung der Einstellung der Arbeitenden gegenüber den bestehenden Organisationsformen die gegebenen Strukturen, die der Interessenlage des Kapitals entsprechen, zu *stabilisieren.*

Man wird kaum bestreiten, daß Arbeits- und Organisationspsychologen u.a. auch diesen genannten Zielen dienen, man muß allerdings bezweifeln, ob dies ein Spezifikum organisationspsychologischer Arbeit im Rahmen der kapitalistischen Wirtschaftsordnung ist.

Die wissenschaftliche Arbeit von Psychologen, die in sozialistischen Wirtschaftssystemen tätig waren, dienten – zumindest partiell – auch dem Ziel der Leistungssteigerung (vgl. Hacker, Timpe u. Vorwerg, 1973; Zitat Hacker, 1973, S. 12: »Die Steigerung von Effektivität und Produktivität mit Hilfe der Intensivierung des gesellschaftlichen Produktionsprozesses verlangt von der Psychologie – weil sie sich mit menschlicher Arbeitstätigkeit, nicht mit der Frage des Werkstoffeinsatzes oder energierationellen Technologien befaßt – die Konzentration auf den Weg der sozialistischen Rationalisierung der Arbeitsprozesse«), und auch die realen Formen der Arbeitsorganisation – etwa in der DDR – unterschieden sich nicht prinzipiell von jenen, die bei uns anzutreffen sind (vgl. Arndt, 1976). Es hängt jetzt also vom eigenen politischen Standpunkt ab, ob man Leistungsintensivierung und Systemstabilisierung in einem spezifischen gesellschaftlichen Kontext positiv und in einem anderen negativ bewertet: Die faktische, alltägliche Arbeit der Organisationspsychologen wird dadurch nicht geändert; es kann im Gegenteil derzeit wohl angenommen werden, daß der Inhalt der psychologischen Arbeit in Industriebetrieben, zumindest in Westeuropa, weniger ausschließlich auf das Leistungsziel gerichtet ist (vgl. die Praxisbeispiele in Neubauer u. v. Rosenstiel, 1980), wo zunehmend Ansätze zu beobachten sind, die das betriebliche System labilisieren und Hierarchien abbauen – etwa im Rahmen von Organisationsentwicklungsmaßnahmen (vgl. Sievers, 1977).
Unabhängig von gesellschaftlichen Systemen bleibt in den industrialisierten Gesellschaften der von Argyris (1964, 1970 und 1975) immer wieder thematisierte *Gegensatz zwischen dem Individuum und der Organisation,* wobei es für den Psychologen, der ausdrücklich die Interessen des Individuums wahrnehmen will, relativ sekundär erscheint, ob er in der Organisation die Vertretung von Kapitalinteressen oder anderen Interessen sieht, die mit denen des Individuums nicht übereinstimmen; auf diesen Gegensatz zwischen Individuum und Organisation wurde bereits unter 2.4.2. näher eingegangen.
Es stellt sich für die Arbeit des Organisationspsychologen ganz konkret die Frage, ob er in die *Abhängigkeit* der Organisation gerät. Dies gilt wohl kaum für den Wissenschaftler, der an Forschungsinstituten Technologien entwickelt. Er hat – in gewissem Rahmen – die Möglichkeit, sich die Ziele seiner Arbeit selbst zu setzen; er wird allerdings dort, wo er für seine Forschungsarbeit Drittmittel benötigt, in Abhängigkeit von Institutionen kommen (z.B. Deutsche Forschungsgemeinschaft, Stiftung Volkswagenwerk, BMFT etc.), die allerdings nicht die Interessen der privatwirtschaftlich organisierten Betriebe vertreten, sondern ihre Bewilligung von anderen (wenn auch nicht immer wissenschaftlich begründeten) Kriterien abhängig machen. Hier bleibt die Frage, ob Abhängigkeit in indirekter Weise besteht, ob etwa – was wissenschaftssoziologisch zu untersuchen wäre – sich psychologische Forscher als Personen, die innerhalb des bürgerlichen Mittelstands sozialisiert werden, mit bestimmten Sichtweisen und Interessenlagen eher identifizieren als mit anderen und damit *unrepräsentativ Forschungsfragen auswählen.* Indirekt kann Abhängigkeit auch in der Form vorkommen, daß der Organisationspsychologe seine Forschungsarbeit instrumentell für das Ziel sieht, von Organisationen zu Vorträgen, Fortbildungsmaßnahmen oder zu von Betrieben finanzierten Forschungsprojekten eingeladen zu werden, so daß dies seine Intentionen verstärken dürfte, solche Fragen zu bearbeiten, die der betreffenden Organisation dienen könnten. Dennoch ist insgesamt hier die Abhängigkeit wohl nicht so stark wie bei jenen Organisationspsychologen, die als freie Berater oder Angestellte direkt vom Auftraggeber bzw. Arbeitgeber abhängig sind. Als Auftraggeber bzw. Arbeitgeber fungieren ja meist die Organisationen. Der Fall ist dabei selten, daß der Psychologe direkt in den Dienst einer Institution tritt, die betont die Arbeitnehmerinteressen vertritt (z.B. Betriebsrat). Diese Ausnahmefälle gibt es jedoch auch. Der Regelfall ist, daß ein die Organisationsinteressen vertretendes Management Arbeitgeber bzw. Auftraggeber der Organisationspsychologen ist.

Gerät er dadurch in Abhängigkeit?

Dies ist wohl kaum zu bestreiten, obwohl die Abhängigkeitsformen vielfach subtiler sind, als man zunächst vermuten möchte. Abhängigkeit ergibt sich bereits bei der *Selektion* des Beraters oder des Psychologen, den man einstellt. Schon was den äußeren Habitus oder die generellen Einstellungen betrifft, wird man kaum einen Psychologen rufen, von dem man annimmt, daß er den Organisationsinteressen zuwiderhandelt. Hier allerdings muß gesehen werden, daß die *Organisation nicht als monolithischer Block* dem Psychologen gegenübertritt. Auch an der Organisationsspitze gibt es von Abteilung zu Abteilung bzw. sogar von Person zu Person unterschiedliche Interessenlagen. Wenn der Psychologe z.B. in der Ausbildungsabteilung tätig wird, so hat er es unter Umständen bei seinen Kontakt- bzw. Einstellungsgesprächen mit Partnern zu tun, an denen die Unruhen an den Universitäten in den späten 60er Jahren auch nicht spurlos vorübergegangen sind. Maßnahmen, die aus einer individualistischen Sichtweise begrüßenswert erscheinen (z.B. mehr Chancen zur Selbstverwirklichung) dürften durchaus unterstützt werden, selbst dann, wenn sie herkömmlichen Organisationsprinzipien, die von der Aufbauorganisation hochgehalten werden, widersprechen. Freilich dürften Maßnahmen, die die Solidarität ganzer Gruppen mit dem Ziel anstreben, der Organisationsspitze entgegenzuwirken, kaum mit Tolerierung oder gar mit Unterstützung rechnen.
(Noch immer hält sich bei vielen Führungskräften die Auffassung, daß erhöhte Zufriedenheit in aller Regel zu erhöhter Leistung führt, obwohl dies, wie die empirische Forschung zeigte, nicht unbedingt zutrifft; vgl. Neuberger, 1974a; v. Rosenstiel, 1975b). Welche Möglichkeiten der praktisch arbeitende Organisationspsychologe hat, um sich einen relativen Freiraum bei seiner Arbeit zu erhalten, sei an einem Beispiel gezeigt. Knabe und Comelli (1980) machten die Auftragsannahme für eine Organisationsentwicklungsmaßnahme bei einem multinationalen Konzern von einem Kontrakt abhängig, der mit dem Vorstand ausgehandelt wurde. Zu Bestandteilen dieses Kontraktes gehörte u.a., daß die in der Klausur mit dem Betroffenen zu fällenden Entscheidungen nicht vom Vorstand oder anderen Gremien vorstrukturiert sein dürfen und alle Schritte der Entscheidungsfindung transparent und kontrollierbar sein sollen.

> Was bleibt, ist ein relativer Spielraum der Maßnahmen des Organisationspsychologen. Innerhalb dieser Grenzen hat er die Möglichkeit, sich die Ziele selbst zu setzen, selbst dann, wenn sie nicht unmittelbar aus denen der Unternehmensspitze abgeleitet werden können. Dies liegt vielleicht daran, daß man an der »Spitze« die Arbeit des Organisationspsychologen insgesamt nicht für sonderlich bedeutsam hält, aber der Meinung ist, daß jene Maßnahmen, die mit dem Ziel der Humanisierung durchgeführt werden, letztlich doch der Leistung zugute kommen, auch wenn dies faktisch nicht stimmt.

Schließlich sei, wenn man über die Abhängigkeit des Psychologen von der Organisationsleitung spricht, ein weiterer Punkt bedacht, der geeignet erscheint, angesichts der bei dieser Diskussion häufig gewählten Schwarz-Weiß-Zeichnung zu differenzieren. Ziel der Unternehmensleitung ist es ja keineswegs nur, den Gewinn im Interesse der Kapitaleigner zu maximieren oder aber die Leistung als Selbstzweck zu erhöhen; es geht ja auch um den *Inhalt dieser Leistung,* die selbst wiederum der Bedürfnisbefriedigung in der Gesellschaft dient. Die Organisationspsychologen arbeiten ja auch keineswegs nur in privatwirtschaftlichen Industriebetrieben, sondern auch in Organisationen der öffentlichen Hand. Kaum einer wird sich der Argumentation verschließen können, daß etwa die Organisation eines Krankenhauses im Sinne der dort Heilung Suchenden effektiv funktionieren muß.

Der Organisationspsychologe, der generell Verständnis für die Ziele der Organisation hat, wird auch eher das Verständnis für die von ihm intendierten Maßnahmen in der Organisation finden, im Interesse der in der Organisation Arbeitenden zu wirken.

Weiterführende Literatur

1. Eine erkenntnistheoretisch differenzierte Aufgliederung der Psychologie in »reine Wissenschaft«, anwendungsbezogene Technologieentwicklung und routinemäßige Anwendung psychologischen Wissens in der Praxis findet sich bei Herrmann, Th.: Psychologie als Problem, Stuttgart 1979, im Kapitel 9, »Psychologische Technologie statt Angewandte Psychologie«, S. 128–168.
2. Ein Plädoyer für eine Psychologie als anwendungsorientierte Wissenschaft, die – an einem Phasenmodell orientiert – nach einer Analyse des Ist-Zustandes normativ an Zielen ausgerichtet mit wissenschaftlich begründeten Modifikations- oder Stabilisierungskonzepten den Sollzustand anzustreben habe, hält Schneewind, K. A.: »Zum Selbstverständnis der Psychologie als anwendungsorientierter Wissenschaft vom menschlichem Handeln und Erleben«. In: Psychologische Rundschau, 1973, 24, S. 227–247.
3. Eine differenzierte und kritische Analyse der Aktionsforschung mit dem Versuch einer Abgrenzung zu verwandten Forschungskonzepten nimmt Kappler, E., vor: »Aktionsforschung«. In: Grochla, E. (Hrsg.): Handwörterbuch der Organisation, 2. Aufl., Stuttgart 1980, S. 52–64.
4. Die praktische Tätigkeit des Psychologen in Organisationen der Wirtschaft und Verwaltung wird mit vielen Beispielen beschrieben in: Neubauer, R., und v. Rosenstiel, L. (Hrsg.): Handbuch der Angewandten Psychologie, Band I, Arbeit und Organisation, München 1980, wobei insbesondere die Beiträge von Friedrichs, P. (»Die Rolle des Psychologen im Unternehmen«, S. 22–43), Stiegler, Barbara (»Die Zusammenarbeit des Diplompsychologen mit dem Betriebsrat«, S. 44–51) und Comelli, G. (»Die Rolle des Betriebspsychologen und seine Beziehungen zur Unternehmensleitung«, S. 52–64) die Möglichkeiten aufzeigen, die der Psychologe in der Organisation hat.

Fragen

47. Was versteht Herrmann unter psychologisch-technologischer Innovationstätigkeit?
48. Welche Rolle spielt das »Hintergrundwissen« beim praktischen Handeln des Organisationspsychologen?
49. Was unterscheidet die »Aktionsforschung« von herkömmlichen Formen der empirischen Sozialforschung?
50. Welche Phasen unterscheidet Schneewind in seinem Phasen-Modell psychologisch-wissenschaftlichen Handelns?
51. Welche Rolle kann der Psychologe bei Zielfindungsprozessen in der Organisation spielen?
52. In welche grundsätzlichen Interessengegensätze kann der Organisationspsychologe bei seiner praktischen Arbeit geraten?

4.2. Messung und Intervention bei der Person

Nach der Vormeinung vieler Laien, aber auch vieler Fachkundigen ist es die primäre Aufgabe der in einer Organisation arbeitenden Psychologen, mit Hilfe psychodiagnostischer Testverfahren und unstandardisierter Interviews bei *Ausleseentscheidungen* mitzuwirken: Das perzipierte Kompetenzfeld des Organisationspsychologen reduziert sich auf die Eignungsdiagnostik. Das Vorurteil ist überzogen, hat aber – wie häufig in solchen Fällen – einen wahren Kern. Eine Umfrage der Sektion Arbeits- und Betriebspsychologie des BDP (Friedrichs, 1978) brachte als Ergebnis, daß Beurteilung und Diagnostik als Tätigkeitsbereiche noch immer den relativ größten Anteil an Arbeitszeit des in einer Organisation tätigen Psychologen beanspruchen, wie Abbildung 60 zeigt:

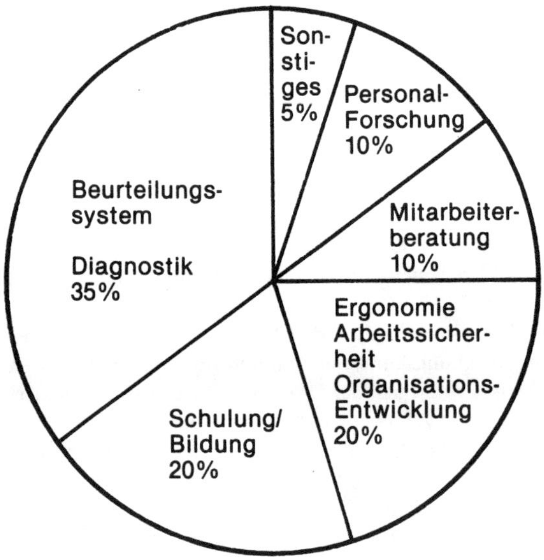

Abb. 60 Gesamtarbeitsaufkommen des Psychologen in Organisationen

Analysiert man die in der Darstellung aufgeführten Tätigkeitsbereiche weiter, so läßt sich festhalten, daß neben der Beurteilung und der Diagnostik zumindest auch die Bereiche Schulung und Bildung sowie Mitarbeiterberatung Meß- bzw. Interventionsverfahren umfassen, die bei der Person ansetzen, womit ca. zwei Drittel der Arbeitszeit des in einer Organisation tätigen Psychologen dem *personalen Ansatz* zuzurechnen sind. Bedenkt man nun, daß das Ziel organisationspsychologischer Tätigkeit die Stabilisierung bzw. Modifikation von Erlebens- und Verhaltensweisen der Menschen in der Organisation ist, und behält man weiterhin im Auge, daß dieses Verhalten sich aus der Interaktion von Person und Situation ergibt, so erkennt man in dieser Verteilung eine von der Sache her wohl kaum gerechtfertigte Akzentverschiebung. Sie ist wohl am ehesten aus der Tradition der Psychologie heraus zu erklären, die – bedingt durch die Laborforschung oder die Standardisierung von Testsituationen etc. – die Varianz situationaler Komponenten künstlich reduzierte, um auf diese Weise das Verhalten als Funktion der Person in bedenklicher Simplifizierung darstellen zu können. Die daraus abgeleiteten Formen des Studiums geben entsprechend den Absolventen mehr Kompetenz auf dem Gebiet der Messung und Intervention bei der Person als bei der Situation mit.

So sind z.B. Taxonomien, die sich auf inter- oder intraindividuell differenzierende Variablen beziehen, in großer Zahl entwickelt worden, während psychologisch relevante Situationstaxonomien fast gänzlich fehlen und noch am ehesten im Bereich der Arbeitspsychologie entwickelt wurden.

Wegen der überproportional großen Anzahl personakzentuierender Meß- und Interventionsverfahren innerhalb der Organisationspsychologie kann im Rahmen dieses Buches nur knapp und in eher exemplarischer Vorgehensweise auf einige von diesen Verfahrensweisen eingegangen werden.

4.2.1. Zielabhängigkeit der Strategien

Die an der Person ansetzenden Meß- und darauf aufbauenden Interventionsverfahren lassen sich akzentuierend u.a. nach den impliziten bzw. expliziten Zielen differenzieren, die mit ihnen verbunden sind. Diese Ziele könnten hypothetisch in ein zweidimensionales Zielsystem, das durch die Dimensionen *Leistungsbezogenheit* und *Humanbezogenheit* gekennzeichnet werden könnte, eingeordnet werden. Dabei steht die eine Dimension meist manifest im Vordergrund, während die zweite Dimension latent als Nebenziel mitgedacht ist. So stehen etwa bei der Eignungsdiagnostik (vgl. Jäger, 1970; Maukisch, 1978, 1980) und den auf ihr aufbauenden Regeln personeller Entscheidungen (vgl. Cronbach u. Gleser, 1965; Hartmann, 1980) der Aspekt der Leistungsprognose bzw. Sicherstellung der Leistung von der personellen Seite her im Vordergrund, was bis zur Berechnung des dadurch zu erreichenden ökonomischen Nutzens (vgl. Brandstätter, 1969) reichen kann. Implizit und gelegentlich auch explizit ist dabei die Humandimension mitgedacht: z.B. als verbesserte Möglichkeit zur persönlichen Entfaltung durch optimalen »Job-fit«, durch Vermeidung von Überforderung bzw. Unterforderung etc.; auf der anderen Seite steht bei Versuchen, z.B. die Ursachen von Streß zu erkennen und abzubauen (primäre Prävention) bzw. Streßreaktionen bei der Person zu reduzieren (sekundäre Prävention), das Humanziel im Vordergrund (vgl. Gardell, 1978; Huber u. Wagner-Link, 1980), implizit aber ist meist mitgedacht, daß damit die Leistungsfähigkeit des Individuums langfristig sichergestellt wird.

4.2.1.1. Anpassung des einzelnen an die Arbeit

Sieht man ältere Textbücher der Arbeits- und Betriebspsychologie durch (z.B. Mayer u. Herwig, 1970), so wird das Feld häufig danach gegliedert, ob es primär um

- die *Anpassung der Arbeit an den Menschen* (Arbeitsgestaltung),
- die *Anpassung des Menschen an die Arbeit* (Auslese, Ausbildung) oder
- die *Anpassung des Menschen an den Menschen* (Sozialpsychologie des Betriebes) geht.

Tatsächlich liegt bis heute der Schwerpunkt der personalen Ansätze in der Organisationspsychologie darin, durch Maßnahmen der Selektion oder Verhaltensmodifikation den einzelnen an die Anforderung der Organisation, insbesondere der dort von ihm geforderten Aufgaben, anzupassen. Die dabei von der Psychologie mitverantworteten Vorgehensweisen sind in der Regel Auslese-, Plazierungs- und Aufstiegsentscheidungen auf der Grundlage der Eignungsdiagnostik oder von Personalbeurteilungssystemen bzw. gezielte Verhaltensmodifikation durch Aus-, Fort- und Weiterbildungsmaßnahmen. In diese Gebiete investieren die in Organisationen tätigen Psychologen mehr als die Hälfte ihrer Arbeitszeit (Friedrichs, 1978). Sie sollen entsprechend nachfolgend auch den breiteren Raum einnehmen.

4.2.1.2. Gesundheit und autonomes Handeln

Während Auslese und Trainingsmaßnahmen seit Anbeginn psychologischer Arbeit in den Organisationen zum Arbeitsinhalt gehörten (vgl. Münsterberg, 1912), sind personale Ansätze, bei denen die Humanziele bzw. psychische Gesundheit und autonomes Handeln im Vordergrund stehen, jüngeren Datums. Zwar haben derartige Gesichtspunkte in der Arbeitspsychologie seit jeher eine nicht unwesentliche Rolle gespielt, doch versuchte man sie durch situationale Maßnahmen – z.B. Abbau von Belastung – zu gewährleisten (vgl. Locke, 1976). In der Organisationspsychologie wird dieser Zielaspekt erst intensiv seit der grundlegenden Arbeit von Kornhauser (1965) diskutiert und auch – unter dem Einfluß neuer Entwicklungen in der klinischen Psychologie – in Deutschland mehr und mehr beachtet (vgl. z.B. Frese, 1977; Frese u.a., 1978).

Neuerdings steht auch bei diesen Arbeiten stärker der Aspekt im Zentrum der Betrachtung, psychische Gesundheit, Handlungsautonomie, Kontrolle über die Ergebnisse des individuellen/kollektiven Handelns durch Veränderung der gesellschaftlichen Strukturen, der organisationalen Gegebenheiten und der Arbeitsbedingungen zu erreichen.

Die Ergänzung dieser sicherlich sehr bedeutsamen situationalen Ansätze durch personale erfolgt bislang kaum durch sonderlich eigenständige Entwicklungen in der Organisationspsychologie. Es handelt sich hier meist um die Übertragung klinisch orientierter Verfahrensansätze auf die spezifischen Bedingungen der Organisation (vgl. z.B. Ullrich u. Ullrich, 1976; Huber u. Wagner-Link, 1980). Wegen der Emanzipation der Organisationspsychologie von den weitgehend betriebswirtschaftlichen Zielen und der daraus zu erwartenden steigenden Bedeutung der Humandimension, die auch durch die Novellierung des Betriebsverfassungsgesetzes 1972 gestützt wird, soll nachfolgend auf einige Beispiele aus diesem Feld eingegangen werden.

4.2.2. Eignungsdiagnostik und Personalentscheidung

Eignungsdiagnostik wird in Organisationen primär als Selektionsstrategie (vgl. Pawlik, 1976) betrieben, bei der es darum geht, für eine spezifische Bedingung aus einer Reihe von Personen passende auszusuchen oder aber für eine Person aus einer Reihe von Bedingungen die passende zu finden.

Die erstgenannte dieser Selektionsstrategien ist die empirisch in den Organisationen häufiger anzutreffende. Beide Vorgehensweisen aber implizieren, daß man Verfahren zur Diagnostik der Situation hat, um die Anforderungen zu erfassen, und Meßverfahren zur Erfassung der Merkmalsausprägungen bei der Person, die diese befähigen, den Anforderungen gerecht zu werden.

4.2.2.1. Anforderungsanalyse

Eignungsdiagnostik ist nur dort sinnvoll, wo – bezogen auf spezifische Anforderungen – nicht jeder ähnlich gute oder schlechte Leistungen erbringen bzw. in ähnlicher Weise zufrieden oder unzufrieden gestellt werden wird (vgl. Maukisch, 1980). Dieser Aspekt wird häufig übersehen, obwohl es angesichts der Anforderungen vieler arbeitsteiliger Tätigkeiten müßig erscheint, die »Besten« auszulesen, da die überwiegende Mehrheit der Population in der Lage zu sein scheint, den Anforderungen gerecht zu werden. Eignungsdiagnostik ist bei solchen Anforderungen nicht erforderlich, bzw. man kann sich mit der Auswahl der »Schlechtesten« begnügen. In den Fällen aber, in denen man annehmen muß, daß die Auseinandersetzung der Personen mit den Anforderungen zu einer deutlichen Streuung bezüglich der Zielkriterien (z.B. Leistung) führen würde, ist als erster Schritt des eignungsdiagnostischen Vorgehens die *Anforderungsanalyse* und somit ein situationsdiagnostisches Verfahren erforderlich. Diese Anforderungsanalyse erfolgt in der Praxis oft wenig differenziert; im Gespräch mit dem Auftraggeber wird im Sinne von Plausibilitätsargumenten ermittelt, welche Merkmalsausprägungen der Stelleninhaber wohl braucht, um den Anforderungen der Stelle gerecht zu werden. Mehr – wenn auch durchaus fragwürdige – Empirie geht in den Versuch ein, die notwendigen Anforderungen dadurch zu ermitteln, daß man mit personbezogenen psychodiagnostischen Verfahren die Merkmalsausprägungen typischer bzw. besonders erfolgreicher Stelleninhaber ermittelt (vgl. z.B. Amthauer, 1973). Eignung wird in diesen Fällen dann angenommen, wenn der Profilverlauf des Bewerbers eine möglichst hohe Korrelation mit dem Gruppenprofil der Erfolgreichen hat. Dem gegenüber fordert Wiggins (1973)

- eine arbeitsanalytische Ermittlung der Anforderungen bzw. der bedürfnisrelevanten Situationsmerkmale der Arbeitsbedingungen sowie
- eine merkmalsanalytische Ermittlung der Persönlichkeitsdimensionen, deren Interaktion mit den Anforderungen den kriteriumsbezogenen Erfolg erwarten lassen.

Es gehört zu den besonders schwierigen Aufgaben, über die Arbeitsanalyse zur Bestimmung der Eignungsanforderungen zu gelangen. Als Beispiel für ein komplexes Vorgehen in diesem Feld sei das Konzept der *»synthetischen Validierung«* nach McCormick u.a. (1969; 1972; vgl. auch Drenth, 1969; Frieling u.a., 1974; Frieling, 1975) knapp dargestellt. Bei der synthetischen Validierung geht es nicht darum, ein relativ diffuses Kriterium wie z.B. dasjenige des Berufserfolgs mit Hilfe einer komplexen Testbatterie zu prognostizieren, wie es – zumindest im Prinzip – der Fall ist, wenn eine Testbatterie danach zusammengestellt wird, daß sie zwischen erfolgreichen und weniger erfolgreichen Stelleninhabern differenziert. Es wird vielmehr das Kriteriumsverhalten auf der Grundlage eines möglichst theoriegeleiteten Klassifikationsverfahrens in Elemente zerlegt; die einzelnen Tests werden danach ausgewählt, ob sie diese Kriteriumselemente zutreffend prognostizieren. Abbildung 61 nach Frieling (1975, S.81) zeigt stark vereinfacht und schematisierend das Vorgehen bei der Bestimmung von Eignungsanforderungen mit Hilfe der synthetischen Validierung.

Steht man z.B. vor der Aufgabe, die Eignungsanforderungen zu ermitteln, die für den Arbeitsplatz eines Radiotechnikers gelten, so ist zunächst eine Analyse seiner Tätigkeit mit Hilfe eines möglichst standardisierten Verfahrens erforderlich (vgl. Trebeck, 1970; Frieling u. Hoyos, 1978). Man stellt dabei u.a. fest, daß an diesem Arbeitsplatz das Unterscheiden von sehr feinen Details und die Differenzierung von Tönen geleistet werden (II). Dies sind Verhaltenselemente, die – wie man aus früheren Analysen weiß – auch vom Uhrmacher bzw. vom Klavierstimmer gezeigt werden (I). Es lassen sich nun aufgrund gut gestützter Hypothesen oder aber auf der Grundlage von Plausibilitätsannahmen die Eignungsanforderungen (III) aus den Arbeitselementen ableiten und Tests zu ihrer Messung (IV) entweder entwickeln oder aber übernehmen, wenn diese zur Prognose des spezifischen entsprechenden Kriteriumsverhaltens anderer Berufe bereits erfolgreich angewandt wurden.

I			II	III	IV	V	
Berufe			Arbeits-Element (Verhaltensweise)	Fähigkeit (Attribut)	Test zur Messung dieser Fähigkeit	zu validierende Tätigkeit	
Uhrmacher	Klavierstimmer	Telefonist				Radiotechniker	Bankangestellter
×			Unterscheiden von sehr feinen Details	Sehschärfe im Nahraum	Landollsche Ringe	×	
	×		Differenzen von Tönen	Auditive Diskim.	Versteckte Melodien	×	
		×	Kurzzeit-Gedächtnis	Gedächtnisumfang	Reproduktion		×
×			Fingertätigkeit	Fingergeschick	O'Connor		×
×			Montagetätigkeit	Regelungsgenauigkeit	Minnesota Rate of M. test		

Abb. 61 Schematische Darstellung der synthetischen Validierung

4.2.2.2. Psychodiagnostische Instrumentarien

Die Verfahren, die zur Messung jener spezifischen Fähigkeiten oder Fertigkeiten erforderlich sind, deren man bedarf, um jene Verhaltensweisen zeigen zu können, die der Arbeitsplatz fordert oder von denen man – bei anderer theoretischer und methodischer Orientierung – annimmt, daß sie in einem globaleren, weniger elementenhaften Sinn zum Berufserfolg beitragen, sind höchst unterschiedlich. Letztlich sind hier all jene Vorgehensweisen zu nennen, die innerhalb der Psychodiagnostik (vgl. Heiss, 1964) Verwendung finden.

Die Verbreitung der Verfahren entspricht dabei keineswegs ihrer empirisch nachgewiesenen Bewährung im Sinne einer prognostischen Validität. So stützen sich bei Einstellungsentscheidungen sehr viele Unternehmungen vor allem auf das Interview oder auch auf die Graphologie, obwohl deren Wert fraglich, zumindest nicht nachgewiesen ist oder im Zusammenhang mit spezifischen Fragestellungen sogar klar verneint werden kann.

Besondere Beachtung verdient in diesem Zusammenhang das Interview, ist es doch – wie viele Untersuchungen zeigen (Schuler u.a., 1993) – die verbreitetste Methode der Personalauswahl in deutschen Unternehmen, was zur Konsequenz hat, daß sich auch viele Bewerber gezielt darauf vorbereiten, um im Sinne des »Impression-Managements« die Organisationsvertreter positiv zu beeindrucken (v. Rosenstiel u.a., 1991). Die hohe Wertschätzung, die das Interview in der Praxis als Verfahren der Selektion findet, überrascht nicht, ist doch das Interview nicht nur ein Prognoseverfahren, sondern zugleich eine Chance, den Bewerber über das Unternehmen zu informieren und auf diese Weise zur Selbstselektion desselben beizutragen, aber auch – und das dürfte wichtiger sein – eine Möglichkeit, sich ein Bild vom Bewerber auch unter der Perspektive zu machen, ob man glaubt, mit der notwendigen zwischenmenschlichen Sympathie künftig mit ihm zusammenarbeiten zu können. Allerdings ist die Hoffnung, zugleich mit diesem Verfahren künftigen Erfolg prognostizieren zu können, nicht begründet. Die prognostische Validität ist gering. Arvey und Campion (1982) zeigen, daß die Validitätskoeffizienten um $r = 0.10$ bei relativ weiter Streuung zwischen $r = 0.005$ bis $r = 0.25$ liegen. Diese niedrigen Werte überraschen, da das biographische Inventar (Schuler u. Stehle, 1990) nicht selten Validitätskoeffizienten von $r = 0.50$ erreicht und es sich doch hierbei letztlich auch um ein Interview – wenn auch in schriftlicher Form mit sorgfältig vorselektierten Fragen – handelt. Was sind nun die Gründe für die geringe Validität des herkömmlichen Interviews innerhalb der Eignungsdiagnostik?
Webster (1982) und Schuler (1989, 1994) sind dieser Frage nachgegangen und kommen zu folgenden validitätssenkenden Gründen:

- Mangelnder Anforderungsbezug der Fragen,
- unzulängliche Verarbeitung der aufgenommenen Information,
- geringe Beurteilungsübereinstimmung,
- dominierendes Gewicht früherer Gesprächseindrücke,
- Überbewertung negativer Information,
- emotionale Einflüsse auf die Urteilsbildung,
- Beanspruchung des größten Teils der Gesprächszeit durch den Interviewer.

Daraus ergibt sich die naheliegende Forderung, das Interview nicht – wie heute meist in der Praxis üblich – ohne expliziten Anforderungsbezug unstrukturiert durchzuführen. Es ist ja auch unmittelbar einleuchtend, daß die Frage eines Interviewers an einen potentiellen

Trainee für die Rechtsabteilung eines Chemieunternehmens, was er denn in jüngster Zeit für ein Buch gelesen habe, mit der darauf folgenden Antwort: »Die ›Schlafwandler‹ von Hermann Broch« für die Urteilsbildung wenig hilfreich ist, wenn es keinerlei empirisch gestützte Regeln darüber gibt, auf welches Eignungsmerkmal diese Antwort hinweist und wenn zugleich entsprechende Information von anderen Bewerbern nicht vorliegt. Tatsächlich zeigen auch Metaanalysen von McDaniel (1986) sowie von Wiesner u. Cronshaw (1988), daß einerseits anforderungsbezogene und andererseits strukturierte Interviews höhere Validitätskoeffizienten aufweisen als die üblichen unstrukturierten, in denen nicht explizit anforderungsbezogen gefragt wird.
Schuler (1989) hat darauf aufbauend Maßnahmen zur methodischen Verbesserung des Einstellungsgesprächs vorgeschlagen:

1. Anforderungsbezogene Gestaltung des Interview; dies kommt sowohl seiner Validität als auch dem Informationsgehalt der Bewerber zugute.
2. Beschränkung auf das Registrieren von Aspekten/Anforderungen/Merkmalen, die nicht anderweitig zuverlässiger gesammelt werden können (z.B. durch Zeugnisse und kognitive Fähigkeitstests).
3. Durchführung des Interviews in strukturierter bzw. teil-standardisierter Form (wobei zu beachten ist, daß die Bewerber freie Gesprächsführung bevorzugen).
4. Verwendung geprüfter und verankerter (vorzugsweise verhaltensverankerter) Skalen während des Interviews.
5. Zumindest Ergänzung des Auswahlprinzips von Interviewfragen nach subjektiver Evidenz durch das der empirischen Prüfung von Einzelfragen; validierte Fragen können beispielsweise aus Testverfahren und biographischen Fragebogen übernommen werden.
6. Je geringer die Standardisierung des Interviews, desto größer ist der Nutzen des Einsatzes zusätzlicher Beurteiler, vorzugsweise in Form der Durchführung weiterer, unabhängig geführter Gespräche. Auch bei (teil-)standardisierten Interviews läßt die gemeinsame oder getrennte Gesprächsführung durch Mitarbeiter der Personalabteilung und ergänzend der jeweiligen Fachabteilung Verbesserungen erwarten.
7. Formen von Gruppengesprächen, insbesondere von Gruppendiskussionen, wie sie sich in ähnlicher Form im Assessment-Center bewährt haben, können zusätzliche Beiträge zur Prognose leisten.
8. Trennung von Informationssammlung und Entscheidung, beispielsweise in Form von Notizen oder Skalierungen während des Gesprächs, die erst im Anschluß daran zu einer Gesamtbewertung aggregiert werden.
9. Gestaltung und standardisierte Durchführung der Gewichtungs- und Entscheidungsprozedur nach psychometrischen Prinzipien.
10. Vorbereitung der Interviewer durch sorgfältig konzipiertes und kompetent durchgeführtes Training.

Schuler u. Moser (1995) haben auf dieser Grundlage an der Verbesserung des Interviews gearbeitet und Prinzipien eines »multimodalen Interviews« entwickelt, das sich in der Praxis – gemessen an der prognostischen Validität – bewährte. Das soll an einem Untersuchungsbeispiel nach Schuler (1994) gezeigt werden. Wissenschaftler und Ingenieure sollten für den Forschungs- und Entwicklungsbereich (F+E) von Industrieunternehmen ausgewählt werden. Mit Hilfe von Arbeitsanalyseverfahren wurden die Anforderungen erhoben, danach wurde ein Auswahlverfahren entwickelt, das u.a. das multimodale Interview umfaßte. Es bestand aus biographiebezogenen und aus situativen Fragen, die aus den zentralen Anforderungsdimensionen

- Innovation,
- Kooperation mit dem Vorgesetzten,
- Führung

abgeleitet werden. Die Durchführung des Interviews benötigte eine knappe halbe Stunde. Die prognostische Validität dieses Verfahrens, gemessen am Vorgesetztenurteil zwei Jahre später, erbrachte befriedigende Koeffizienten, wie Abbildung 62 zeigt. Noch allerdings besteht in der Praxis weiterhin ein großer Abstand zu den wissenschaftlich aufgezeigten Möglichkeiten. Es dominiert in der Regel das herkömmliche Interview trotz seiner unzureichenden Gültigkeit.

Anforderungsdimension	Validität
Innovation	.37
Kooperation mit dem Vorgesetzten	.45
Führung	.45
Gesamtwert	.51

n = 89, Zusammenarbeit > 2 Jahre

Abb. 62 Validität des Multimodalen Interviews im F&E-Bereich (Daten aus Schuler u.a., 1994)

Dagegen werden einige Verfahren, deren prognostische Validität für spezifische eignungsdiagnostische Fragestellungen befriedigend empirisch belegt ist, relativ selten verwendet – zum Teil wohl auch deshalb, weil ihre Anwendung unökonomisch ist, der Mitarbeit des Diplom-Psychologen in der Personalabteilung der Organisation bedarf oder aber juristisch nicht unbedenklich erscheint (vgl. Schmid, 1971). Bei den Verfahren, an die hier zu denken ist, handelt es sich in erster Linie um psychodiagnostische Testverfahren, wobei wir – mit Lienert (1967, S. 7) – unter einem Test »ein wissenschaftliches Routineverfahren zur Untersuchung eines oder mehrer empirisch abgrenzbarer Persönlichkeitsmerkmale mit dem Ziel einer möglichst quantitativen Aussage über den relativen Grad der individuellen Merkmalsausprägung« verstehen. Auf die große Zahl bestehender Testverfahren kann hier nicht eingegangen werden. Darüber informieren z.B. Ingenkamp (1963), Brickenkamp (1975) oder Hiltmann (1977). Diese und andere Autoren haben sich bei der Gliederung ihrer Darstellung implizit oder explizit darum bemüht, eine *Taxonomie der vorliegenden Tests* bzw. denkbaren Testverfahren zu entwickeln, um es demjenigen, der vor einer bestimmten diagnostischen Fragestellung steht, zu ermöglichen, rasch und zielsicher die für seine Fragestellung relevanten Verfahren aufzufinden.
Leider sind all diese Klassifikationsansätze wenig befriedigend, weil sie meist einen Aspekt einseitig gegenüber anderen wesentlichen betonen. Würde man dagegen alle bedeutsamen Gesichtspunkte für das Klassifikationssystem heranziehen, so ergäbe sich daraus ein kaum noch überschaubares, mehrdimensionales System, das wegen seiner Komplexität für den praktisch arbeitenden Psychologen kaum noch von großem Nutzen wäre. Zu berücksichtigende Aspekte wären dabei z.B.

- die Testsituation (z.B. Individual- oder Gruppensituation),
- die Sprachabhängigkeit (z.B. verbal oder nonverbal),
- die Requisiten (z.B. Papier und Bleistift- oder Materialbearbeitungstest),

- das Konstruktionsprinzip (z. B. psychometrisch oder nicht-psychometrisch),
- die zugrundeliegende Theorie der Beziehung zwischen Index und Indiziertem (z. B. direkt, kompensatorisch, projektiv),
- die Anzahl der zu erfassenden Persönlichkeitsmerkmale (z. B. eindimensionale oder mehrdimensionale Tests),
- die Abhängigkeit vom Versuchsleiter (z. B. niedrig strukturierte oder hoch strukturierte Tests),
- die Art der Aufgabenbeantwortung (z. B. frei oder gebunden),
- die Art der zu erbringenden Leistung (z. B. repräsentativ oder maximal),
- Art der Zeitbegrenzung (z. B. Niveau- oder Schnelligkeitstests),
- Art der Zielgruppe (z. B. für Jugendliche oder Erwachsene),
- Art des zu erfassenden Persönlichkeitsmerkmals (z. B. kognitive Fähigkeiten, Interessen, Motive) etc. (vgl. Lienert, 1967; v. Rosenstiel, 1992).

Am verbreitetsten sind Klassifikationsansätze nach der Art des zu erfassenden Persönlichkeitsmerkmals. Allerdings sind einige dieser Klassifikationen wie z. B. der Versuch von Lienert (1967), in dem Intelligenz-, Leistungs- und Persönlichkeitstests unterschieden werden, nicht nur sprachlich wenig glücklich, – da fraglos die Intelligenz ebenfalls zur Persönlichkeit zählt –, sondern angesichts der Vielzahl der in der empirischen Forschung evidenten Persönlichkeitszüge viel zu grob. Bedenkt man etwa, daß Guilford (1967) allein für den Bereich der Intelligenz 120 voneinander unabhängige Persönlichkeitszüge unterscheidet, so können an der Art des Persönlichkeitsmerkmals orientierte Klassifikationen dem gar nicht gerecht werden. Sie wären zum einen unübersichtlich, zum anderen willkürlich, da ja verschiedene Autoren zu meist unterschiedlichen Gliederungen relevanter Persönlichkeitsmerkmale gelangen.

Relative Einheitlichkeit der Auffassung besteht nur insofern, als bezüglich der für das Arbeitsverhalten relevanten Merkmale zwischen den Bereichen der kognitiven- und der Antriebsregulation (vgl. Hacker, 1973) unterschieden wird und entsprechend auch in allen eignungsdiagnostischen Verfahren danach differenziert wird, ob die Tests Eigenschaften kognitiver Art (vgl. Brandstätter, 1979) oder motivationaler Art (vgl. v. Rosenstiel, 1979b) erfassen.

Es kann dabei kaum übersehen werden, daß für den Bereich der Eignungsdiagnostik die Verfahren zur Ermittlung personaler Eigenschaften kognitiver Art in größerer Anzahl zur Verfügung stehen und sich zugleich auf einem theoretisch und psychometrisch höheren Niveau befinden. Sie zeigen in der Regel auf den Ebenen der Datenerhebung, der Auswertung und der Interpretation eine befriedigende Objektivität, sind reliabel im Sinne der internen Konsistenz und Stabilität und konnten zudem auch für – allerdings inhaltlich meist enge – Eignungsbereiche eine ausreichende prognostische Validität nachweisen. Im deutschen Sprachraum liegen hier nicht nur mehrdimensionale allgemeine Intelligenztests, wie das Leistungsprüfsystem (Hörn, 1962), der Intelligenz-Struktur-Test (Amthauer, 1973) oder spezielle Intelligenztests wie etwa der Form-Lege-Test (Lienert, 1964), vor, sondern auch Verfahren zur Beantwortung sehr spezifischer eignungsdiagnostischer Fragen, wie es die Namen der als Beispiele herausgegriffenen nachfolgenden Verfahren verdeutlichen: Differentieller Wissenstests (Fürntratt, 1969);
Allgemeiner Büroarbeitstest (Lienert, 1967), Bürotest (Marschner, 1967), Rechtschreibungstest (Althoff u. a., 1968), Mechanisch-Technischer-Verständnis-Test (Lienert, 1964), Test zur Untersuchung des praktisch-technischen Verständnisses (Amthauer, 1972), Kon-

zentrations-Leistungs-Test (Düker, 1965), Aufmerksamkeits-Belastungs-Test (Brickenkamp, 1974).
Dagegen liegen für das Feld der Motivation wenige standardisierte eignungsdiagnostische Verfahren vor. Einige Verfahren, die im Rahmen der Grundlagenforschung für die Erfassung spezifischer Formen der Motivation geeignet erscheinen, wie z.B. das Verfahren zur Erfassung der Leistungsmotivation von Heckhausen (1963), sind für eignungsdiagnostische Fragestellungen nicht brauchbar. So sind es denn in erster Linie Interessentests (vgl. Todt, 1967, Mittenecker u. Toman, 1972; Irle, 1975), die zur Anwendung kommen. Allgemeine Persönlichkeitsfragebogen (z.B. Fahrenberg, Selg u. Hampel, 1973; Brengelmann u. Brengelmann, 1960; Beckmann u. Richter, 1972), biographische Inventare (z.B. Jäger u.a., 1973) oder aber Verfahren zur Erfassung der Risikobereitschaft (vgl. z.B. Hoyos, 1968), die auch unter eignungsdiagnostischem Aspekt interpretierbar erscheinen, werden gelegentlich dafür genutzt, obwohl einige von ihnen mit anderer Intention konzipiert wurden und insbesondere im Bereich der klinischen Psychologie zur Anwendung kommen.

4.2.2.3. Entscheidungsrelevante Information und Entscheidungsregeln

Das Vorhandensein von Testverfahren, die sich als objektiv, reliabel und im Rahmen ganz spezifischer empirischer Untersuchungen auch als valide erwiesen haben, bedeutet noch lange nicht, daß der Organisationspsychologe angesichts der Vielzahl von Fragestellungen, die möglicherweise eignungsdiagnostischer Natur sind, jeweils auf ein altbewährtes Instrumentarium zurückgreifen kann. Häufig gibt es Situationen, in denen der Auftraggeber auf ein eignungsdiagnostisches Urteil hofft, in denen jedoch der Psychologe – wenn er verantwortlich handelt – den Auftrag zurückweisen muß, weil wesentliche Voraussetzungen für eine eignungsdiagnostisch begründete Entscheidung nicht gegeben sind. Diese Verweigerung kann generell oder angesichts ganz spezifischer Problemlagen ethisch oder auch politisch begründet sein; etwa durch das Argument, die Eignungsdiagnostik sei systemstabilisierend und reproduziere die Klassenstruktur des herrschenden Systems (vgl. Grubitzsch u. Rexilius, 1978). Sie kann aber auch – gewissermaßen »systemimmanent« – methodisch begründet sein. Tatsächlich ist ja in der *Auftragssituation* (vgl. Hartmann, 1973) der Psychologe gezwungen, die umgangssprachlich gestellten Fragen des Auftraggebers in die Fachsprache und somit in Untersuchungshypothesen zu übersetzen, die es dann in Untersuchungsverfahren (z.B. Tests) zu übersetzen und damit zu operationalisieren gilt. Die Testergebnisse schließlich müssen dann aus der Test- in die Fachsprache und von dieser wiederum in die Sprache des Auftraggebers zurückübersetzt werden. Bei den Übersetzungsvorgängen kann es sich nun zeigen, daß die Frage des Auftraggebers – obwohl eignungsdiagnostisch gemeint – gar nicht eignungsdiagnostischer Natur ist oder aber mit dem bestehenden psychologischen Instrumentarium nicht beantwortet erscheint. So kann etwa der Auftraggeber Prognosen für ein Bewährungsfeld wünschen, dessen Anforderungsstruktur nicht bekannt ist und derzeit nicht analysierbar erscheint. Ähnlich gelagert ist die Schwierigkeit, wenn angesichts einer spezifischen Fragestellung nicht angenommen werden kann, daß die für die Bewährung relevanten Persönlichkeitsmerkmale über die Zeit konstant sind (vgl. Pawlik, 1976), oder wenn man annehmen muß, daß die Anforderungsmerkmale sich dynamisch entwickeln; sei es, weil die Anforderungen der Stelle selbst sich aufgrund des technologischen oder gesellschaftlichen Wandels modifizieren, oder sei es, weil die zu erwartende Karriere des Stelleninhabers in relativ kurzer zeitlicher Folge jeweils unterschiedliche Anforderungen bringen wird, so daß unklar bleibt, für welche Kombination der kommenden Anforderungen Prognosen angegeben werden sollen.

Es läßt sich feststellen, daß in der Diagnostik der Konstanzgesichtspunkt zunehmend an Bedeutung verliert. Die Prozeßdiagnostik (vgl. z.B. Guthke, 1974) wird gewichtiger. Getestet wird bei derartigen eignungsdiagnostischen Konzeptionen nicht nur einmal, sondern mehrfach, wobei die Personen in den Intervallen unter standardisierten Bedingungen der Bewährungssituation ausgesetzt werden; es handelt sich also gewissermaßen um eine »standardisierte Probezeit«. Nicht die punktuell erhobene Leistungsfähigkeit, sondern der ermittelte Lerngewinn wird dann zum Indikator der zu erwartenden längerfristigen Bewährung.

In der herkömmlichen eignungsdiagnostischen Situation steht allerdings der Psychologe in der Regel vor der Aufgabe, in Auslesesituationen bei einmaliger Messung selbst zu entscheiden oder für die Entscheidung wichtige Informationen zu gewinnen. Derartige *Auslesesituationen* können höchst unterschiedlich sein (vgl. Jäger, 1970). Z. B.

- es sind mehrere freie Stellen vorhanden; der einzige Bewerber soll auf die Stelle kommen, die ihm am besten entspricht;
- bei einer gleichen Anzahl von Bewerbern und offenen Stellen soll eine optimale Zuordnung getroffen werden;
- bei nur einer offenen Stelle und mehreren Bewerbern soll der geeignetste Bewerber ausgewählt werden.

Bei derartigen Fragestellungen wird man selten mit einem Test, dessen Validität für entsprechende Situationen bekannt ist, auskommen. Entsprechend kann nicht nur ein Testwert als Prädikator herangezogen werden. Da man sich auf mehrere Tests stützen muß, bedarf der Eignungsdiagnostiker eines *Modells der optimalen Datenkombination.* Hier sind nun sehr verschiedene Vorgehensweisen bzw. Modellannahmen anzutreffen (vgl. Wiggins, 1973; Maukisch, 1978, 1980). Wird etwa mit der *multiplen linearen Regression* gearbeitet, so nimmt man lineare Beziehungen zwischen Prädiktoren und dem Erfolgskriterium an und setzt voraus, daß sich die gewichteten Ausprägungen der Persönlichkeitsmerkmale additiv verhalten und sich somit kompensieren können. Gerade diese letztgenannte Annahme ist sicherlich für viele eignungsdiagnostische Fragestellungen inadäquat und wird bei der Methodik der *multiplen Selektionenschritte* umgangen.
Bei dieser Vorgehensweise wird für jeden Prädiktor ein kritischer Wert ermittelt, bei dessen Über- bzw. Unterschreiten Ungeeignetheit angenommen wird und entsprechend keine Möglichkeit der Kompensation besteht. Differenziert über diese und andere Modelle referiert Wiggins (1973).
Doch selbst in solchen Situationen, in denen man für die Beantwortung einer eignungsdiagnostischen Fragestellung mit nur einem einzigen Test auszukommen glaubt, ist die Kenntnis der Validität dieses Verfahrens keine ausreichende Information dafür, daß die Anwendung dieses Verfahrens angesichts des erforderlichen Mehraufwands einen nennenswerten Nutzen erbringt (vgl. Cronbach u. Gleser, 1965).

Neben der Validität des Verfahrens ist dieser Nutzen noch abhängig von
- der Selektionsrate, d.h. dem Prozentsatz derer, die aus der Bewerberzahl ausgewählt werden sollen, und
- dem Prozentsatz der Geeigneten in der noch unausgelesenen Population.

So ist leicht nachzuvollziehen, daß auch ein Test mit einer befriedigend hohen Validität in einer eignungsdiagnostischen Situation wenig Nutzen verspricht, wenn die Selektionsrate

hoch und der Prozentsatz der vermutlich Geeigneten in der unausgelesenen Population gering ist. Die Taylor-Russel-Tafeln (1939), die Tabelle 2 zeigt, veranschaulichen die Zusammenhänge.
Vielfach ist es in eignungsdiagnostischen Situationen empfehlenswert, mit Hilfe sogenannter *»sequentieller Entscheidungsstrategien«* zu arbeiten (vgl. Triebe, Fischer und Ulich, 1973). Dabei wird – was einen Minderaufwand für die Organisation und eine Minderbelastung für einen Teil der untersuchten Population bedeutet – der diagnostische Prozeß für leichter zu beurteilende Teilgruppen der Population bereits früher abgebrochen und nur bei jenen Personengruppen über weitere diagnostische Stationen verlängert, bei denen die Entscheidung schwerer fällt und auf zusätzlich zu erhebende Information gegründet werden muß.
Die im eignungsdiagnostischen Prozeß gewonnene Information wird in aller Regel für die *personale Selektion* genutzt. Grundsätzlich ist sie jedoch auch im Kontext anderer Zielsetzungen und Fragestellungen verwendbar, nämlich für Probleme der *Bedingungsselektion*, der *Verhaltensmodifikation* und der *Bedingungsmodifikation* (vgl. Pawlik, 1976; Hartmann, 1980); Abbildung 63 verdeutlicht die Beziehung dieser Strategien zueinander.

		Interventionsstrategie	
		Selektion	Modifikation
Implementierungsrichtung	Personen	**Personalselektion** Auswahl von Personen, ggf. mit Zuweisung vorgegebener Arbeitsplätze (Plazierung), nach Optimierungskriterien	**Verhaltensmodifikation** Ausbildungs- und Trainingsprogramme zur Kompetenz-, Performanz- und Motivationssteigerung
	Bedingungen	**Bedingungsselektion** Auswahl optimaler Bedingungen für vorgegebene Personen (z. B. Berufsberatung)	**Bedingungsmodifikation** Verbesserung des Arbeitsplatzes und der Arbeitsgestaltung (Humanisierung der Arbeitswelt)

Abb. 63 Interventionsstrategien

Wenn man bedenkt, wie häufig sich angesichts der derzeitigen personalpolitischen Situation in den Organisationen der Wirtschaft und Verwaltung die Notwendigkeit ergibt, personspezifisch die Arbeitsplätze im Sinne der Humanisierung des Arbeitslebens zu verbessern oder personspezifisch Verhalten durch Ausbildungs- und Trainingsprogramme zu modifizieren, so könnten gerade auf dem Gebiet der Modifikationsstrategien (Pawlik, 1976) der Eignungsdiagnostik neue Möglichkeiten zuwachsen, die ihrer Bedeutung nach den Selektionsstrategien ebenbürtig sind.

4.2.3. Die Assessment-Center-Technik

Die Eignungsdiagnostik, die mit Hilfe herkömmlicher und standardisierter Testverfahren im Sinne der klassischen Testtheorie arbeitet, geht implizit oder explizit davon aus, daß der prognostizierte Erfolg des Stelleninhabers eine Funktion überdauernder Persönlichkeitsmerkmale ist. Die Bedeutung der Situation wird nur insoweit in Rechnung gestellt, als wesentliche Bestandteile der situativen Anforderungen durch entsprechend ausgewählte oder konzipierte Testverfahren abgebildet werden. Diesen Situationsanforderungen wird dann die zu untersuchende Person unter standardisierten und kontrollierten Bedingungen ausge-

Tab. 2: Taylor-Russel-Tafeln (Auszug)
Erwarteter Anteil »Geeigneter« in der ausgelesenen Stichprobe in Abhängigkeit von Testvalidität, Selektionsrate und dem Prozentsatz P »Geeigneter« in der unausgelesenen Population

	Selektionsrate					Selektionsrate					Selektionsrate				
Validität	.90	.70	.50	.30	.10	.90	.70	.50	.30	.10	.90	.70	.50	.30	.10
	(P = .10)					(P = .20)					(P = .30)				
.95	.11	.14	.20	.33	.78	.22	.29	.40	.64	.97	.33	.43	.60	.85	1.00
.85	.11	.14	.20	.31	.62	.22	.28	.39	.56	.85	.33	.43	.56	.74	.94
.75	.11	.14	.19	.29	.51	.22	.28	.37	.50	.74	.33	.42	.52	.67	.86
.65	.11	.14	.18	.26	.43	.22	.27	.35	.45	.64	.38	.40	.49	.60	.78
.55	.11	.14	.17	.23	.36	.22	.27	.32	.41	.56	.33	.39	.46	.55	.69
.45	.11	.13	.16	.20	.29	.22	.26	.30	.36	.48	.32	.37	.43	.50	.61
.35	.11	.13	.15	.18	.24	.22	.24	.28	.32	.41	.32	.36	.40	.45	.54
.25	.11	.12	.13	.16	.19	.21	.23	.26	.29	.34	.32	.34	.37	.41	.47
.15	.10	.11	.12	.13	.15	.21	.22	.23	.25	.28	.31	.33	.34	.36	.40
.05	.10	.10	.11	.11	.12	.20	.21	.21	.22	.23	.30	.31	.31	.32	.33
Validität	(P = .40)					(P = .50)					(P = .60)				
.95	.44	.57	.77	.96		1.00	.71	.90	.99	1.00	.67	.84	.97	1.00	1.00
.85	.44	.56	.71	.86	.98	.55	.69	.82	.94	.99	.66	.80	.91	.97	1.00
.75	.44	.54	.66	.79	.93	.55	.66	.77	.87	.97	.66	.77	.86	.93	.99
.65	.44	.52	.62	.72	.87	.55	.64	.73	.82	.92	.65	.74	.82	.89	.96
.55	.44	.50	.58	.67	.79	.54	.61	.69	.76	.87	.64	.71	.78	.84	.92
.45	.43	.49	.54	.61	.72	.53	.59	.65	.71	.81	.64	.69	.74	.80	.87
.35	.42	.47	.51	.56	.65	.53	.57	.61	.66	.74	.63	.67	.71	.75	.82
.25	.42	.45	.48	.51	.58	.52	.55	.58	.62	.67	.62	.65	.68	.71	.76
.15	.41	.43	.45	.47	.50	.51	.53	.55	.57	.61	.61	.63	.65	.67	.70
.05	.40	.41	.42	.42	.43	.50	.51	.52	.52	.54	.60	.61	.62	.62	.63
Validität	(P = .70)					(P = .80)					(P = .90)				
.95	.78	.94	.99	1.00	1.00	.89	.99	1.00	1.00	1.00	.98	1.00	1.00	1.00	1.00
.85	.77	.89	.96	.99	1.00	.87	.96	.99	1.00	1.00	.96	.99	1.00	1.00	1.00
.75	.76	.86	.92	.97	1.00	.86	.93	.97	.99	1.00	.95	.98	.99	1.00	1.00
.65	.75	.83	.89	.94	.98	.85	.91	.95	.97	.99	.94	.97	.98	.99	1.00
.55	.74	.81	.86	.91	.96	.84	.89	.92	.95	.98	.93	.96	.97	.99	1.00
.45	.73	.78	.83	.87	.93	.83	.87	.90	.93	.96	.92	.94	.96	.98	.99
.35	.73	.76	.80	.83	.89	.82	.85	.89	.90	.94	.92	.93	.95	.96	.98
.25	.72	.75	.77	.80	.84	.82	.84	.86	.88	.91	.91	.92	.93	.95	.96
.15	.71	.73	.74	.76	.79	.81	.82	.83	.85	.87	.91	.91	.92	.93	.94
.05	.70	.71	.71	.72	.73	.80	.81	.81	.82	.82	.90	.90	.91	.91	.91

setzt. Eine dynamische *Interaktion zwischen Person und Situation,* die heute meist als gewichtigste Determinante des Verhaltens gesehen wird (vgl. z.B. Mischel, 1968; Wakenhut, 1978), ist damit weitgehend ausgeschlossen. Mit der wohl eher impliziten Intention, dies zu korrigieren, hat man sich in den letzten Jahren vor allem in größeren amerikanischen Organisationen der Wirtschaft darum bemüht, für ganz spezifische künftige Aufgaben stärker situative Tests zu entwickeln, d.h. eine Auswahl von zu beobachtenden Situationen zu schaffen, denen die Stellenbewerber ausgesetzt sind, die für deren zukünftige Tätigkeit *repräsentativ* erscheinen (vgl. Neubauer, Hoefner u. Waldschütz, 1978). Derartige Verfahren sind vor allem für die Auswahl künftiger Führungskräfte konzipiert worden und unter dem Namen »Assessment Center« in die Literatur eingegangen. Grundsätzlich erscheint es leicht denkbar, entsprechende Vorgehensweisen auch für andere künftige Stelleninhaber zu konzipieren; daß dies bislang kaum geschah, ist wohl eher mit ökonomischen als mit methodischen Argumenten erklärbar.

> Beim Assessment Center handelt es sich um eine diagnostische Prozedur, die dadurch gekennzeichnet ist, daß mehrere Bewerber über mehrere Tage mit mehreren Verfahren (vor allem Situations-simulationen) untersucht werden und dabei von mehreren Beurteilern hinsichtlich ihrer Eignung für bestimmte Positionen (meist Führungspositionen) beurteilt werden.

Die Verfahrensweise, die durchaus Vorläufer in der deutschen Wehrmachtspsychologie hatte, wurde insbesondere in einigen großen amerikanischen Unternehmen (AT u. T, IBM, New England-Bell Company, Michigan-Bell) entwickelt (vgl. Bray u. Grant, 1966; Bray, Campbell u. Grant, 1974; Moses u. Byham, 1977; Neubauer, 1980). Die Vorgehensweise sieht dabei z.B. wie folgt aus (vgl. Neuberger, 1976a, 1977):

Es werden etwa zehn Kandidaten für eine zwei- bis dreitägige Untersuchung eingeladen, wobei sie sich verschiedenen Verfahren stellen müssen wie Interviews, Leistungstests, biographischen Fragebögen, projektiven Testverfahren, Einstellungsskalen, führerlosen Gruppendiskussionen, Postkorb-Verfahren, simulierten Managemententscheidungen, spezifischen Arbeitsproben, dem Entwurf von Reden oder Stellungnahmen zu Organisationsveränderungen etc. Das dabei von den Bewerbern gezeigte Verhalten wird von Beobachtern registriert. Diese Beobachter sind keine Psychologen; meist handelt es sich um Linienvorgesetzte oder Mitarbeiter aus Stabsabteilungen der einstellenden Organisation, die allerdings von Psychologen bezüglich spezifischer Beobachtungskategorien geschult wurden. Dem Beurteilungsgremium, das bis zu 10 Mitglieder hat, stehen auch die ausgewerteten Testergebnisse für die Urteilsbildung zur Verfügung. Aufgrund der Teilergebnisse und der Beobachtungsdaten der Kandidaten bezüglich einer Reihe von Persönlichkeitsdimensionen wird ein Urteil abgegeben und dieses Urteil sodann zu einer Erfolgsprognose mit Blick auf die vorgesehene Führungsposition verdichtet. Besonders bedeutsam sind daher die sog. »situativen Techniken«.
Derartige *situative Techniken* simulieren die künftige Anforderungssituation recht gut. Als Beispiel eines derartigen Verfahrens soll das wohl bekannteste, der sogenannte »Postkorb«, knapp dargestellt werden. Die »Postkorb«-Technik geht auf Frederiksen u.a. (1957) zurück. Bei diesem Verfahren wird dem Bewerber ein Postkorb mit bis zu 40 Schriftstücken, die für den Posteingang der vorgesehenen Ebene repräsentativ sind, zur Bearbeitung geboten. Er hat die Schriftstücke durchzuarbeiten, die mit der Information verbundenen Probleme zu identifizieren, Prioritäten zu setzen und Entscheidungen zu tref-

fen. Diese werden dann anhand einer entsprechenden Anforderungsdimension ausgewertet und sollen Auskunft geben über Befähigung in den Bereichen Überblick, Entscheiden, Organisieren, konzeptionelles Arbeiten, Delegation, Leistungskontrolle, Belastbarkeit (vgl. Neubauer, 1980).

Das *Assessment Center* hat sich in den vergangenen Jahren in den größeren Unternehmen der Wirtschaft und Verwaltung sowohl als Methode der Personalauswahl als auch der Personalentwicklung durchgesetzt (Schuler u. Stehle, 1987; Maukisch, 1986, 1989; Lattmann, 1989). Obwohl die Zielrichtung in beiden Fällen unterschiedlich ist (es also im ersten Fall darum geht, geeignete Personen aus den eigenen Reihen oder von »außen« für bekannte Anforderungen zu finden, im zweiten Fall dagegen darum, im Unternehmen befindliche Personen auf spezifische oder generelle künftige Anforderungen hin zu qualifizieren), beruht die Bedeutung des Assessment Centers in den beiden genannten Zusammenhängen darauf, daß es verspricht, ein gültiges Bild vom Menschen für die Personalentscheidung zu liefern. Personalentwicklungsmaßnahmen leiten dann aus den diagnostizierten Fähigkeits- und Fertigkeits-, möglicherweise auch Neigungsprofilen der untersuchten Person einerseits und den erschlossenen künftigen Anforderungsprofilen andererseits individualisierte Qualifizierungsprogramme für die einzelnen Personen ab. D. h., es läßt sich mit mehr oder minder großer Sicherheit für den einzelnen sagen, welche Kompetenzen er erwerben muß, um spezifische künftige Aufgaben zu übernehmen. Darüber hinaus läßt sich aufgrund der Beobachtungen während des Assessment Centers vermuten, ob der Kandidat über die Lernbereitschaft und -fähigkeit verfügt, in der gesetzten Zeit die erforderlichen Kompetenzen zu erwerben. Steht dagegen das Selektionsziel im Vordergrund, so wird es letztlich um die klassische eignungsdiagnostische Frage gehen, ob bereits heute das Fähigkeits-, Fertigkeits- und Eignungsprofil dem Anforderungsprofil entspricht. Der Erfolg des Assessment Centers beruht nun darauf, daß die Güte der daraus ableitbaren eignungsdiagnostischen Urteile als hoch gilt, d.h., die Validität des Assessment Centers anderen eignungsdiagnostischen Verfahren überlegen zu sein scheint.

Maukisch (1989) kritisiert nun zu Recht, es sei kaum angemessen, die Validität des Assessment Centers mit der anderer eignungsdiagnostischer Verfahren zu vergleichen, da das Assessment Center ja kein Einzelverfahren sei, sondern als eine aus vielen unterschiedlichen Vorgehensweisen zusammengesetzte Verfahrensbatterie interpretiert werden müsse, die z.T. als Bestandteile jene Verfahren umschließen, mit denen es verglichen werde.

Dennoch bleibt – bei pragmatischer Betrachtungsweise – die Frage nach der Validität des Assessment Centers durchaus legitim, da es letztlich für das Unternehmen zentral ist, ob auf diese sehr aufwendige Weise zutreffende Urteile über jene Personen zustande kommen, die man im Unternehmen entwickeln oder für bestimmte Positionen im Unternehmen gewinnen möchte.

Die meisten Gültigkeitsstudien zum Assessment Center beziehen sich auf dessen prognostische Validität, d.h., es wurde empirisch ermittelt, ob die Aussagen über Teilnehmer des Assessment Centers zum Zeitpunkt der Untersuchung die künftige Bewährung angemessen vorhersagten. Diese künftige Bewährung wurde gelegentlich an harten Leistungskriterien, häufiger an den Beurteilungen durch Vorgesetzte, am häufigsten aber wohl an Kriterien der Karriere (z.B. Häufigkeit der Aufstiegsschritte in der Zeit- bzw. der Gehaltsentwicklung) festgemacht (Maukisch, 1986). Nach einer kritischen Sicht dieser Studie kann von einer befriedigenden prognostischen Validität des Assessment Centers gesprochen werden (vgl. zusammenfassend: Huck, 1973; Moses, 1973; Finkle, 1976; Neuberger, 1976a; Neubauer, 1980; Maukisch, 1986, 1989; Schuler u. Stehle, 1987). Korrelationskoeffizienten zwischen .40 und .70 werden meist referiert. Bei einer Detailanalyse läßt sich zeigen, daß die sog. situativen Techniken, in denen in möglichst verhaltensnaher Weise künftige Anforderungssituationen simuliert werden sollen, für das prognostische Urteil besonders bedeutsam sind. Eine Durchsicht von 35 Studien zur prognostischen Validität erbrachte 93 Korrelationen zwischen Ratings und Bewährungskriterien, von denen 66 signifikant waren. Die mittlere Korrelation lag bei .42 (Thornton u. Byham, 1982).

Noch differenziertere Aussagen ermöglichen die modernen Metaanalysen verschiedener Untersuchungen zur Validität der Assessment-Center-Techniken. Metaanalysen bieten u.a. die Möglichkeit, die in den einzelnen empirischen Studien enthaltenen Informationen besser auszuschöpfen, Fehlerkorrekturen vorzunehmen und Stichprobenfehler zu berücksichtigen. Konkret heißt dies z.B., daß ein mitgeteilter Validitätskoeffizient, der an einer kleinen und wenig repräsentativen Stichprobe gewonnen wurde, mit geringerem Gewicht in das Endergebnis eingeht als ein Koeffizient, der in einer großen und sorgfältig gewonnenen Stichprobe erschlossen werden konnte. Metaanalysen können entsprechend deutlich darüber hinausgehen, verschiedene Einzelstudien unverbunden nebeneinander zu stellen oder lediglich die mittlere Korrelation, die sich dabei zeigte, mitzuteilen. Durch Metaanalysen wird es somit möglich, generalisierend etwas über die prognostische Validität des Assessment Centers auszusagen.

In der wohl sorgfältigsten und umfangreichen Metaanalyse zum Assessment Center (Thornton u.a., 1987) wurden 50 verschiedene Studien berücksichtigt, die über 100 unterschiedliche Validitätskoeffizienten umfaßten. Dabei wurde eine mittlere prognostische Validität des Assessment Centers von .37 ermittelt; die Streuung der Korrelationskoeffizienten war weit und reichte – teilt man die Extreme mit – von –.25 bis +.78.

Obwohl diese Daten zur prognostischen Kraft des Verfahrens als eine gewisse Ernüchterung früherer hochgesteckter Erwartungen wirken, kann doch zusammenfassend gesagt werden, daß ein sorgfältig entwickeltes Assessment Center den Erfolg einer Führungsnachwuchskraft einigermaßen akzeptabel vorhersagen kann, falls man sich mit Erfolgskriterien wie z.B. Karrieregeschwindigkeit oder Gehaltsentwicklung zufriedengibt.

Sehr viel schlechter als um die prognostische Valdität steht es um das Wissen hinsichtlich der Konstruktvalidität (Kleinmann, 1997). Vereinfacht ausgedrückt heißt das, daß selbst in solchen Fällen, in denen die Karriere recht gut prognostiziert wird, weitgehend unklar bleibt, warum das Verfahren brauchbare Vorhersagen liefert. Eine befriedigende, theoretisch begründete und empirisch nachgewiesene Beziehung zwischen einzelnen Bestandteilen des Assessment Centers und spezifischen Anforderungen der künftigen Führungsaufgabe ist nicht belegt. Hier scheinen wesentliche Felder künftiger Führungsforschung zu liegen. Besondere Beachtung müßte in diesem Zusammenhang den sog. situativen Verfahren geschenkt werden. Bilden sie wirklich das ab, was später den Führungserfolg bedingt?

Die vielfältige Erfahrung, über die in der Literatur berichtet wird (Schuler u. Stehle, 1987; Lattmann, 1989), krankt allerdings an einem lange übersehenen Makel; sie beschränkt sich weitgehend auf männliche Führungs- und Führungsnachwuchskräfte innerhalb marktwirtschaftlicher Systeme. Die Nichtgeneralisierbarkeit dieser Erfahrung wurde in dem Maße sichtbar, in dem

- zum einen vermehrt gut qualifizierte Frauen innerhalb des Assessment Centers beurteilt werden sollten und in dem
- aufgrund des Zusammenbruchs der zentral planenden sozialistischen Wirtschaft in Osteuropa auch Personen, die innerhalb dieser Systeme sozialisiert wurden, mit Hilfe des Assessment-Center-Verfahrens eingestuft wurden.

In beiden Fällen zeigten die herkömmlichen Verfahrensweisen ihre Grenzen, was nachfolgend knapp aufgezeigt werden soll:

Neubauer (1990) hat sich theoretisch und empirisch eingehend mit der Rolle von Frauen im Assessment Center auseinandergesetzt, wobei er sowohl Frauen als Bewerberinnen und als Beurteilerinnen berücksichtigte. Der Autor geht von der schlüssigen Annahme aus, daß Beurteiler und Beurteilerinnen über eine sozial induzierte implizierte Eignungstheorie verfügen, d.h., sie haben das Bild der »guten Führungskraft« mit spezifischen Verhaltensbesonderheiten im Kopf. Solche stereotypen Bilder von der »guten Führungskraft« sind vielfach untersucht worden (Friedel-Howe, 1986). Bei derartigen Analysen wird nun offensichtlich, daß das Bild dieser »guten Führungskraft« männlich geprägt ist, d.h., es korreliert deutlich mit dem Stereotyp Mann, was man für das typische oder gar »gute Bild« der Frau nicht sagen kann; vielfach widersprechen die als typisch weiblich eingestuften Verhaltensbesonderheiten jenen, die man bei Führungskräften erwartet. Daraus folgt für die Bewerbungssituation im AC, daß die (meist männlichen) Beurteiler den Beweis dafür suchen, daß sie eine »Führungskraft« und nicht eine Frau im Sinne der impliziten Theorie vor sich haben. Frauen dürften nicht bereit sein, diesen Beweis anzutreten, können es wohl auch gar nicht, da die Beurteiler ihrer Theorie entsprechend wahrnehmen und sich nicht ausreichend vom beobachteten Verhalten beeinflussen lassen. Oder aber – Neubauer (1990) hält diesen Fall für häufiger – der Beurteiler sucht gleichzeitig eine »gute« Führungskraft und eine »gute« Frau, was dann jeweils zu Wahrnehmungskonflikten führt. Beispiele nach Neubauer (1990) verdeutlichen dies:
»Frau« argumentiert faktisch, spricht eigene und fremde Ziele als diskrepant an, vertritt deutliche eigene Standpunkte. Für manche Männer erfüllt dies einen Teil des Führungsbildes; gleichzeitig vermissen sie Teile des Frauenbildes. Zu hören ist dann:
»Die hat Haare auf den Zähnen (bayrisch), ein bißchen arg energisch, da haben die Leute wenig zu lachen.«
»Frau« äußert Angst und Spannung vor der Auswahlsituation, lächelt viel und bemüht sich durch freundliches und aufmerksames Eingehen auf ihre Mitbewerber, ein erträgliches Klima herzustellen.
Für viele Männer sind das Teile der »Frau-Kriterien«, es verstößt aber gegen Teile des Führungsbildes. Zu hören ist dann: »Nettes harmloses Mädchen; wenn es rauh wird, fehlt es ihr natürlich an Belastbarkeit«; »die könnt ich mir gut als Mitarbeiterin vorstellen, zur Führungskraft fehlt ihr sicher der Biß.«
Ausgehend von daraus abgeleiteten Vermutungen analysiert Neubauer (1989) dann das Urteilsverhalten von Beurteilern und Beurteilerinnen über das Sozialverhalten von Bewerbern und Bewerberinnen im Assessment Center. Die statistischen Analysen konnten dabei eine generelle Diskriminierung der Bewerberinnen nicht belegen – weder in bezug auf die männlichen noch auf die weiblichen Beurteiler. Im Vergleich zu gewählten Urteilsdimensionen aus den Jahren 1984/85 einerseits, 1986 andererseits zeigte sich vielmehr, daß diese sich über die Zeit hinweg kontinuierlich zugunsten der Bewerberinnen gewandelt hatten. Der Autor folgert optimistisch (S. 29): »Ein Assessment Center bietet Frauen gute Chancen, in ihren Stärken besser erkannt zu werden; es lohnt sich, männliche und weibliche Beobachter im Assessment Center einzusetzen. Mit fortschreitender Dauer des AC-Einsatzes tritt ein Wandel in den impliziten Eignungstheorien der Beobachter zugunsten der Frauen ein.

»Ganz andersartige Probleme mit dem Assessment Center zeigten sich nach Öffnung der Grenzen im Zuge der Vereinigung der beiden deutschen Staaten. Offensichtlich prägt eine Marktwirtschaft, die auch als offener Personalmarkt zu interpretieren ist, Bewerber anders als eine Planwirtschaft, die adäquate Arbeitsplätze garantiert. Bewerber aus dem Westen gehen von der ungeschriebenen Selbstverständlichkeit aus, daß es gilt, sich in der Bewerbungssituation »zu verkaufen«, sog. »Impresson Management« zu betreiben (v. Rosenstiel, u.a., 1991). Dafür zwei exemplarische Zitate westdeutscher Bewerber:

»... kann bestimmt durchaus nicht schaden, wenn man vielleicht durch die Kleidung auch noch Akzente setzt; ich meine ein Anzug bzw. eine Kombination ist grundsätzlich erforderlich, aber es muß nicht unbedingt eine graue Krawatte sein oder so. Man kann also durchaus mit der Kleidung schon ausdrücken, daß man ein gewisses Maß an Selbstvertrauen mitbringt.«

»Sie sollen forsch und optimistisch auftreten, dabei immer freundlich sein und niemals einen arroganten Eindruck machen. Sie sollten versuchen ihre Qualitäten rauszustellen, ohne zu übertreiben, immer ein bißchen optimistisch ... ganz dezent auf den Putz hauen ... man soll sich so geben, wie man ist.«

Auf die tendenzielle Doppelbödigkeit und Widersprüchlichkeit der Zitate sei nicht eingegangen; sie zeigen exemplarisch für viele, daß das Sich-Darstellen als selbstverständlich in der Bewerbungssituation gelebt und anderen empfohlen wird. Dies sehen Ostbewerber durchaus kritisch (Rappensperger u.a., 1994). Die Aussage eines jungen ostdeutschen Tiefbauingenieurs belegt das:

»... die im Westen müssen sich ja, wie sie meinen, von Geburt an bestens verkaufen, das ist ja das einzige, was dort überhaupt läuft, sich verkaufen und so gut wie möglich. Das geht uns, zumindest mir, noch ein bißchen ab. Man muß nicht alles übernehmen, was die da drüben praktizieren«.

Die Aussage einer jungen Betriebswirtin aus dem Osten geht in die gleiche Richtung:

»Also, ich weiß nicht, ich bin so der Typ, der eher ein bißchen weniger zugeben würde, als er wirklich kann, und das ist vielleicht falsch, das wird einem wahrscheinlich so anerzogen hier; oder daß man eben ein bißchen bescheidener auftritt und dann, na ja, man sagt lieber ein bißchen weniger und kann dann in Wirklichkeit doch ein bißchen mehr als umgekehrt.«

Für das Assessment Center sind die Bereitschaft und die Kompetenz, sich dem Beurteiler positiv zu präsentieren, Erfolgsvoraussetzung. Und hier zeigt sich nun, daß Ostkandidaten den Westkandidaten deutlich unterlegen sind (Stratemann, 1992; 1994). Die darin erkennbar werdenden Handicaps sind allerdings überwindbar, wenn man den Bewerbern aus dem Osten im Sinne von Guthke (1974) eine echte Lernchance innerhalb eines modifizierten Assessment Centers gibt, d.h. die Möglichkeit, das wünschenswerte Verhalten zunächst zu trainieren, um erst dann zu selektieren. Stratemann (1994, S.44) belegt dies durch empirische Studien: »Erfahrungen mit Ostbewerbern im Assessment Center zeigen, daß bei einer objektiven Verrechnung der Teilergebnisse (gewichteter Summenscores) von 120 sorgfältig vorselektierten Bewerbern nur 14 (12%) die für Westbewerber gesetzten Grenzwerte erreichten. Bei einer zweiten Messung nach kurzen Lernphasen genügten weitere 26 Bewerber (21,5%) den Mindeststandards. Insgesamt überschritten daher ca. 33% die Mindeststandards, was der Durchschnittsquote der ähnliche vorselektierten Westkandidaten annähernd entspricht. Durch die eingebaute Übungsphase konnte also ein beachtlicher Teil der Verhaltensdefizite ausgeglichen werden.«

Dies aber sind besondere Fälle. Wie hat sich das Assessment Center am bisherigen »Normalfall«, den männlichen Bewerbern aus marktwirtschaftlichen Gesellschaften, bewährt?

In der Zwischenzeit liegt aus der Praxis solch vielfältige Erfahrung über die Auswirkungen von Assessment-Center-Verfahren in den Betrieben vor, daß eine Zwischenbilanz möglich erscheint. Dabei wird deutlich, daß es kaum angemessen und ratsam ist, sich bei der Beurteilung der Verfahren allein am Kriterium der Validität zu orientieren (Lattmann, 1989; Neuberger, 1989). Insbesondere Neuberger (1989) betont, daß über das Funktionale des

Verfahrens hinaus, das darin besteht, zutreffende Urteile über Personen abzugeben, vielfältige wenig reflektierte Wirkungen zu beobachten sind, die als Symbolisierungen im Sinne der symbolischen Führung (Pfeffer, 1981), aber auch als Beitrag zur Unternehmenskultur (Neuberger, 1985) interpretiert werden können. Bedenkt man diese latenten Wirkungen, so läßt sich bilanzieren, daß einer Reihe von Vorteilen und Chancen teils manifester, teils latenter Art eine gewichtige Reihe von Nachteilen und Gefahren gegenübersteht. Betrachten wir zunächst die *Chancen* (vgl. Liebel u.a., 1996):

- Die Implementierung eines Assessment Centers im Unternehmen gilt als wichtig und bedeutsam. Es wird auch innerhalb der höheren Führungsebene, etwa bei Vorstand oder Geschäftsleitung, heftig darüber diskutiert, was hier oft erstmals eine Auseinandersetzung mit der Problematik der Führung darstellt.
- Ein Leit- und Wunschbild künftiger Führung muß konkret entwickelt werden. Es wird in diesem Zusammenhang gelegentlich erstmals klar danach gefragt, welche Führungsverhaltensweisen man künftig im Unternehmen haben möchte und welche nicht.
- Es geht ja darum, zum gegenwärtigen Zeitpunkt Führungskräfte für Aufgaben auszuwählen, die erst zu einem künftigen Zeitpunkt bewältigt werden sollen. Daraus ergibt sich die Notwendigkeit zu strategischen Überlegungen: »Wo werden wir morgen stehen? Was wird dann von uns gefordert werden?«
- Bei der Entwicklung eines unternehmensspezifischen Assessment-Center-Verfahrens, sollen konkrete situative Übungen entwickelt werden, die künftige Anforderungen repräsentieren. Es gilt also gleichzeitig, Bewertungskriterien für das dabei gezeigte Verhalten zu benennen und zu gewichten. Führungsverhalten wird dadurch in situationsspezifischer Weise sehr viel konkreter als z.B. im Rahmen meist allgemeiner Führungsgrundsätze operationalisiert.
- Die Beurteiler, bei denen es sich mehrheitlich um höhere Linienvorgesetzte des Unternehmens handelt, werden für ihre Beurteilungsaufgaben geschult und diskutieren dann während des Assessment Centers mit gleichgestellten Kollegen, d.h. anderen Beurteilern, über die beobachteten Kandidaten. Sowohl die Schulung als auch die Phase der Beurteilung stellen wesentliche Bestandteile einer Personalentwicklung für höhere Führungskräfte dar.
- Die Kriterien, anhand deren Kandidaten beim Assessment Center bewertet werden, sollen im Unternehmen benannt und auch bekannt werden. Sie entwickeln sich dann zu Zielgrößen, an denen sich Führungsverhalten auch außerhalb dieser spezifischen Beobachtungssituation orientieren kann.

Diesen Chancen, die es zu nutzten gilt, stehen allerdings auch vielfältigen *Gefahren* gegenüber:

- Die Entwicklung und Nutzung eines Assessment Centers ist in hohem Maße zeit-und kostenaufwendig.
- Das Assessment Center ist ein sichtbares Zeichen, das möglicherweise die Rationalität von Personalentscheidungen vortäuscht, Hierarchie stabilisiert und legitimiert, interindividuelle Konkurrenz betont und ein Sich-zur-Schau-Stellen der einzelnen Kandidaten im Sinne eines »impression management« (v. Rosenstiel u.a., 1991) geradezu fordert.
- Kriterium für den Erfolg des Assessment Centers ist meist der spätere Aufstieg in der Organisation. Es ist dabei meist gänzlich offen, ob derjenige, der aufsteigt, auch tatsächlich »besser« führt, wenn man zur Bewertung der Führung andere im Unternehmen relevant erscheinende Kriterien heranzieht.
- Die Aussagen über die beobachteten Bewerber stammen meist von Linienvorgesetzten

der aufnehmenden Organisation. Diese wissen implizit oder explizit, welche »Typen« im Unternehmen vorankommen und wählen dann z.B. »Vielredner mit eindrucksvollem Auftreten und Durchsetzungsvermögen« (Neubauer, 1980) aus. Diese imponieren während des Assessment Centers, und sie imponieren auch, wenn es um spätere Aufstiegsentscheidungen geht.

- Es sollen Bewerber für Anforderungen von morgen ausgewählt werden. Die Auswahl erfolgt aber durch Assessoren von heute. Es muß häufig fraglich bleiben, ob die heute Erfolgreichen wirklich bereit und fähig sind abzuschätzen, was morgen wohl gefordert sein wird.
- Assessment-Center-Techniken sollten ja organisations- oder gar bereichsspezifisch entwickelt und dann auf die jeweilige Organisation beschränkt bleiben. Die große Homogenität der situativen Bedingungen läßt dann Unterschiede zwischen den verschiedenen Bewerbern besonders bedeutsam erscheinen. Dadurch werden zum einen Validitätskoeffizienten überschätzt, zum anderen verlieren die Prognosen an Wert, sobald ein Bewerber den vorgesehenen Karrierepfad wechselt und in einen anderen Unternehmensbereich oder gar in eine andere Organisation hinüberwechselt.
- »Überspezifische Filtereffekte« spielen beim Assessment Center eine besonders große Rolle. So kommt es z.B. immer wieder darauf an, sich verbal klar und prägnant zu äußern. Wer dies nicht kann, wer in seinem Verhalten durch starke Introversion gekennzeichnet ist, hat die »schlechteren« Karten, obwohl später von ihm möglicherweise verbale Kompetenz in nur durchschnittlichem Maße gefordert werden wird.
- Ablehnende Bescheide oder unsensibel oder gar rücksichtslos mitgeteilte Begründungen der Ablehnung können den Bewerber verunsichern oder gar langfristig schädigen (Kirschgen, 1977).

Diese Bilanzierung beinhaltet kein eindeutiges Ja oder Nein für das Assessment Center. Sie enthält aber doch die Aufforderung an ein Unternehmen, das sich positiv entscheidet, die Chancen bewußt zu nutzen und die Gefahren durch gezielte Maßnahmen zu senken.
Da die Organisationspsychologen nur in Ausnahmefällen in direkter Weise an den Entscheidungen beteiligt sind, die sich aus dem Assessment Center ergeben, liegt ihre Aufgabe in erster Linie darin, die Anforderungen der Zielebene zu analysieren, auf der Grundlage dieser Analyse die Techniken zusammenzustellen, die im Rahmen des Verfahrens zur Anwendung kommen sollen, die Beurteiler auszubilden und in erster Linie so in den Beobachtungstechniken zu trainieren, daß ihnen die organisationsspezifischen Anforderungsmerkmale bewußt werden, daß sie sich möglichst ausschließlich auf beobachtbare Verhaltensweisen konzentrieren, die Verhaltensweisen unter dem Aspekt der Anforderungsmerkmale sehen, Informationen aus mehreren Beobachtungsgesprächen zum anforderungsmerkmalspezifischen Urteil kombinieren und sie in die Lage versetzt werden, kooperativ mit den anderen Beobachtern ein Gesamturteil zu formulieren (Neubauer, 1980). Schließlich sollte der Organisationspsychologe, gemeinsam mit einem der Beobachter, die abschließende Beratung der Bewerber übernehmen.

Eignungsdiagnostik auf der Basis komplexer dynamischer Szenarios:

Insbesondere Führungskräfte haben es in ihrem Arbeitsalltag mit der Bewältigung komplexer Problemsituationen zu tun. Statt also den Umweg über die stärker eigenschaftszentrierte klassische Eignungsdiagnostik zu wählen, liegt es nahe, analog zum Assessment Center, die Person mit einer komplexen Situation zu konfrontieren und nach Indikatoren der Qualität der Handhabung dieser komplexen Situation zu suchen. Wegbereitend für diesen Denkansatz sind im europäischen Sprachraum die Arbeiten von Dörner (1989).

Es handelt sich dabei um computergestützte Szenarios, wobei der Kandidat Informationen abfragen kann, um dann über definierte Eingriffsvariablen (Operatoren) auf das System einzuwirken und den Systemzustand, gesteuert über entsprechende Ergebnisrückkoppelungen, fortlaufend im Hinblick auf gegebene Zielparameter zu verbessern. Es liegen inzwischen mehrere solcher Szenarios vor, von denen einige inhaltlich auf die künftigen Aufgabenstellungen von Führungskräften in der Wirtschaft zugeschnitten sind. Bekannt ist z.B. das Szenario »Textilfabrik«, in dem der Kandidat in der Rolle des Geschäftsführers das Kapital über zwanzig Entscheidungsrunden hinweg interaktiv am PC maximieren soll. Forschungsstrategisch kommt es nun zum einen darauf an, zu präzisieren, was ein komplexes Problem zu einem komplexen macht, also die Kriterien für Komplexität zu definieren, und darüber hinaus Verhaltensqualitäten zu bestimmen, die prognostisch in bezug auf den Umgang mit Komplexität gehaltvoll sind (Putz-Osterloh, 1993). Komplexitätskriterien sind u.a.

a) Situationsmerkmale:
   - Komplexität: Menge unterscheidbarer entscheidungsrelevanter Systemvariablen.
   - Dynamik: Das System verändert sich auf der Zeitachse auch ohne Eingriffe des Handelnden.
   - Vernetztheit: Wechselwirkungen zwischen den Variablen mit netzwerkartigen Effektausbreitungen.
   - Intransparenz: Nichtbeobachtbarkeit der Prozesse, die erst vergleichsweise spät an Systemänderungen erkennbar werden.
   - Vage Ziele: Unscharf definierte Globalziele mit partiell konfliktären Unterzielen.
   - Nicht-lineare Zusammenhänge: exponentielles Wachstum (Bevölkerung, Ozonloch).

b) Operatorenmerkmale:
   - Wirkungsbreite: Maßnahmen haben ungeplante Sekundäreffekte.
   - Geringere Reversibilität: Getroffene Maßnahmen bzw. Entscheidungen können nicht ungeschehen gemacht werden.
   - Wirkungsunsicherheit: Effekte sind nur begrenzt voraussagbar.
   - Hohe Kosten: Entscheidungen haben oft investiven Charakter mit hohen Aufwendungen.

Vertritt man die These, daß genau diese Aspekte für die Entscheidungssituation von Führungskräften typisch sind, so weisen entsprechende Szenarios, diagnostisch eingesetzt, zugleich eine hohe Inhaltsgültigkeit auf.

(Dörner, 1989) hat im Rahmen seiner Forschungen festgestellt, daß sich Führungskräfte, mit derartigen komplexen Problemen konfrontiert, der Komplexität durchaus nicht immer gewachsen zeigen, sondern z.B. bei der Ursachenanalyse vergleichsweise monokausal vorgehen, in der Regel von linearen Zusammenhängen ausgehen, bei vagen Zielen mehr oder weniger willkürlich Teilziele einseitig herausgreifen, sich schwertun, Langzeitwirkungen abzuschätzen und ungeplante bzw. ungewollte Rückkoppelungen mit zu bedenken. Diese in dem programmatischen Titel »Die Logik des Mißlingens« von Dörner (1989) herausgearbeiteten Trends stellen zugleich erste Annäherungen zur Beschreibung von Verhaltensqualitäten dar, die prognostisch für die spätere Bewältigung von komplexen Problemen bedeutsam sein könnten. Vor allen Fragen der Messung konzentriert sich die Forschung derzeit entsprechend auf die Frage, welche Verhaltenseigentümlichkeiten diejenigen sind, anhand derer »bessere« von »schlechteren« Problemlösern unterscheidbar sind.

Damit ist bereits die Frage nach der Validität der Scenarios angeschnitten. Hierzu liegen inzwischen erste Untersuchungen vor:

Aus einer Zusammenstellung von Funke (1993) ist zu entnehmen, daß man als Kriterium für bessere bzw. schlechtere Problemlöser einerseits Vorgesetztenurteile über die berufliche Problemlöseleistung bzw. Problemlösefähigkeit, andererseits aber auch, wie im Assessment Center, die klassischen Kriterien des (selbst- oder fremdeingestuften) Berufserfolgs (Zahl unterstellter Mitarbeiter, erreichte Positionen, Einkommen) herangezogen hat. Als Prädiktor wurde in einigen Studien stärker die sogenannte Steuerleistung berücksichtigt (Grad der Verbesserung des Systemzustands anhand definierter Zielparameter); in anderen Studien wurden als Prädiktor Verhaltensbeschreibungen im Rahmen der Handhabung komplexer Situationen eingesetzt (vergleiche hierzu die Studie von Streufert u.a., 1988). In der zusammenfassenden Würdigung der bisher vorliegenden Validierungsstudien kommt Funke (1989) zu dem Ergebnis, daß die Validität des Umgehens mit den beschriebenen komplexen dynamischen Szenarios in bezug auf die genannten Erfolgskriterien den Validitätskoeffizienten etwa des Assessment Centers nicht nachsteht.

In den letzten Jahren ist allerdings wieder verstärkt die Frage nach der Konstruktgültigkeit derartiger Szenarien aufgeworfen worden. Nach dem in früheren Studien über Null-Korrelationen zwischen Intelligenzmaßen und Maßen für die Bewältigung komplexer Probleme berichtet wurde (Kluwe u.a., 1991), lag die Folgerung nahe, in dem Konstrukt »Problemlösefähigkeit« eine von der Intelligenz weitgehend unabhängige Disposition zu sehen, die ein eigenständiges, auch nicht-kognitive Faktoren (der emotionalen Selbstregulation) einschließendes Konstrukt darstellt. Diese Einschätzung hat sich in den 90er Jahren deutlich verändert (Müller u.a., 1995).

Es wird inzwischen nicht mehr bezweifelt, daß vor allem die Verarbeitungskapazität als Intelligenzfaktor mit den Steuerungsleistungen in verschiedenen Szenarien systematisch positiv in der Größenordnung von $r = .30$ bis $r = .50$ verbunden ist (Kersting, 1999, S. 128; Müller u.a., 1995, S. 75; Süß, 1999, S. 225). Damit ist die These der Intelligenzunabhängigkeit der Problemlösefähigkeit in Frage gestellt.

Zweifel an einem eigenständigen Konstrukt »Problemlösebefähigung« ergaben sich darüber hinaus durch die Beobachtung, daß die Steuerungsleistungen, in unterschiedlichen Szenarien erhoben, untereinander nur niedrig (oder gar nicht) korrelieren (Kersting, 1999, S. 113 ff.). Und vor allem zeigte sich das Folgende: Steuerungsleistungen in komplexen Szenarien sind nicht nur eine Funktion der Intelligenz, sondern auch eine Funktion der zur Bewältigung eines spezifischen Szenarios erforderlichen Wissensstände. Empirisch konnte die Varianz der Steuerungsleistungen über die Kombination aus »Verarbeitungskapazität« und »szenario-relevantem Wissen« so gut aufgeklärt werden, daß kein Raum mehr für die Notwendigkeit eines zusätzlichen Konstrukts »Problemlösefähigkeit« verblieb (Süß, 1999, S. 224). Intelligenz und Wissen sind dabei funktional u.a. insofern aufeinander bezogen, als die für die Bewältigung eines komplexen Problems erforderliche Aneignung, Verarbeitung und Speicherung des Wissens durch Intelligenz gefördert wird. Insofern scheint sich das Konstrukt »Problemlösefähigkeit« auf Verknüpfungen von Intelligenz und Wissen reduzieren zu lassen.

Damit stellt sich praktisch die Frage, ob die Messung der Problemlösefähigkeit den vergleichsweise aufwendigen Einsatz computergesteuerter Planspiele (Strauß u.a., 1995) überhaupt erforderlich macht, oder ob man sich nicht (ohne Informationsverlust und weniger aufwendig) auf die Messung der Verarbeitungskapazität und die Messung spezifischer Wissensbestände beschränken sollte. Es kommt hinzu, daß die Inhaltsgültigkeit der bisher zum Einsatz kommenden Computerplanspiele für die von Führungskräften abzuarbeitenden Praxisprobleme angezweifelt wird (Kersting, 1999, S. 54).

Andererseits gibt es Beobachtungen dahingehend, daß computergestützte Planspiele eine relativ zu anderen Verfahren höhere Verfahrensattraktivität und Akzeptanz aufweisen.

Der Befund dürfte für die prognostische Validität des Verfahrens nicht unwichtig sein. Darüber hinaus ist auch die These der Reduzierbarkeit des Konstrukts »Problemlösefähigkeit« auf die Teilkonstrukte »Intelligenz« und »Wissensbestände« hinterfragungswürdig. Es gibt gute Argumente dafür, daß es bei den komplexen, mehrstufigen, und damit auch eine längere Zeitdauer implizierenden Problemlöseprozessen neben der Intelligenz und den Wissensbeständen auf

- kognitive Selbstregulationsprozesse (»Wo stehe ich? Was war das Ausgangsproblem?«) und
- emotionale Selbstregulationsprozesse (Aufbau von Antizipationsmotivation, Freisetzung von Volition)

ankommt (Dörner, 1989).

4.2.4. Systematische Personalbeurteilung

Im Rahmen der herkömmlichen Eignungsdiagnostik wird eine Verhaltensstichprobe des Bewerbers in einer standardisierten Situation, die eine zeitlich kurze Erstreckung hat (meist weniger als ein Tag), in aller Regel vom Psychologen aufgenommen und ausgewertet, der darauf seine Entscheidung bzw. seine Entscheidungsempfehlung gründet.
Beim Assessment-Center-Ansatz wird die Verhaltensstichprobe für eine Situation aufgenommen, die in wichtigen Dimensionen der künftigen Anforderungssituation ähneln soll und bereits eine größere zeitliche Erstreckung zeigt (ca. drei Tage). Die Beobachter sind nur in Ausnahmefällen mit den Psychologen identisch. Der Psychologe schult sie in Beobachtungsverfahren und den Prozessen der gemeinsamen Beurteilung.

Bei der systematischen Personalbeurteilung ist die dem Urteil zugrundeliegende Verhaltensstichprobe das reale Verhalten von Mitgliedern der Organisation (die allerdings sehr selten der untersten und der obersten hierarchischen Ebene angehören), wobei dieses Verhalten über eine längere Zeit registriert wird (der Beobachtungszeitraum ist häufig ein Jahr oder länger). In aller Regel werden die Urteile vom Linienvorgesetzten abgegeben, der dafür allerdings ein häufig standardisiertes Instrument benutzt, das nicht selten unter Mitwirkung des Organisationspsychologen konzipiert wurde; auch der Umgang mit dem Instrument und die Eröffnung der Beurteilung einschließlich des nachfolgenden Gesprächs werden von den Linienvorgesetzten im Rahmen von Schulungen erlernt, an denen meist Psychologen mitwirken.

Urteile über andere Menschen werden in Organisationen ständig gefällt. Aus der hierarchischen Struktur einer Organisation ergibt sich nun, daß jene Urteile, die von den Inhabern hierarchisch höherer Positionen über solche gefällt werden, die hierarchisch niedriger stehen, in der Regel größere Verhaltenskonsequenzen zeigen als Urteile auf gleicher Ebene oder aber von unten nach oben. Diese beständig anzutreffenden Urteile von Menschen über Menschen in der Organisation sollen hier nicht als Personalbeurteilung bezeichnet werden, sondern ausschließlich jene planmäßigen und systematischen Beurteilungen von Mitarbeitern, die nach meist vorgegebenen Zeitabständen vorgenommen werden und sich auf Beobachtungen innerhalb der alltäglichen Berufspraxis und nicht auf die Information aus psychologischen Untersuchungsverfahren stützen. Dabei beurteilt in der Regel der Linienvorgesetzte seine Mitarbeiter (vgl. Brandstätter, 1970). Personalbeurteilungen auf der gleichen Ebene oder aber von unten nach oben sind sehr viel seltener, jedoch in der Praxis auch anzutreffen (vgl. z.B. Bebermeyer, 1979).

Ähnlich wie die herkömmliche Eignungsdiagnostik oder ihre Weiterentwicklung im Rahmen der Assessment-Center-Verfahren dient die systematische Personalbeurteilung Ausleseentscheidungen, die allerdings, da Mitglieder der Organisation beurteilt werden, nicht das Problem der Einstellung, sondern häufiger das der Versetzung oder des Aufstiegs thematisieren. Die denkbaren *Ziele* der systematischen Personalbeurteilung reichen aber weit darüber hinaus und lassen sich mit Schuler (1978, 1980a) wie folgt gliedern:

a) Personelle Entscheidungen auf individuellem und kollektivem Niveau
   - individuell: Plazierung, Beförderung, Versetzung, Arbeitsplatzgestaltung
   - kollektiv: Personalplanung
b) Ausbildung und Weiterbildung
   - individuell: Erhöhung der individuellen Bewährungswahrscheinlichkeit durch gezielte Schulungsmaßnahmen
   - kollektiv: Ausbildungsplanung
c) Gehalts- und Lohnbestimmung
d) Individuelle Beratung und Förderung von Mitarbeitern
e) Feed-back für den Beurteilten, Motivierung, Verhaltenssteuerung
f) Evaluierung von Selektionskonzepten, personellen Entscheidungen, Ausbildungsmaßnahmen, Organisationsentwicklungsprogrammen, Anreiz- und Verstärkersystemen.

Neben diesen *manifesten* und von vielen Organisationen auch offengelegten Zielen sind auch *latente* Funktionen (vgl. Grunow, 1976; Neuberger, 1979b) zu nennen. Diese latenten Funktionen müssen keineswegs immer negativ bzw. dysfunktional sein, wie Neuberger (1979b) meint, sondern können etwa dadurch auch erwünschte Effekte haben, daß sie – zumindest teilweise – das Zielsystem der Unternehmung operationalisieren und für alle Beurteilten transparent machen: Die zu beurteilenden Organisationsmitglieder kennen den Beurteilungsbogen, wissen, unter welchen Aspekten sie beurteilt werden, und können somit ein entsprechendes Verhalten zeigen. Neben diesen latenten, eher positiv zu wertenden Wirkungen sollte man die unbeabsichtigten dysfunktionalen Effekte der Personalbeurteilung ebenfalls sehen, die Neuberger (1979b) betont hat: Sie bestehen u.a. darin, daß die Beziehung zwischen Vorgesetztem und Mitarbeiter belastet wird, daß eine Beunruhigung der Mitarbeiter erfolgt und sie insbesondere darauf achten, einen guten Eindruck zu machen. Der Vorgesetzte selbst kann durch Beurteilungsverfahren zeitlich stark belastet werden und zudem Schwierigkeiten bei der Gestaltung der zwischenmenschlichen Beziehungen in seiner Gruppe haben. Durch die Beurteilungsprozesse werden Hierarchieaspekte überpointiert; die EDV-Verarbeitung der Beurteilungen häuft Macht in der Personalabteilung an und begünstigt die Tendenz zur Zentralisierung; da meist die Bereitschaft und die Fähigkeit fehlt, hier förderliche Konsequenzen aus den Beurteilungen zu ziehen, sind Enttäuschung und Frustration bei Beurteilenden und Beurteilten die Folge. Diese Konsequenzen sollte man allerdings als – sehr ernstzunehmende – Gefahren sehen; sie müssen allerdings bei einer gründlichen und sinnvollen Entwicklung der Verfahren sowie einer adäquaten Durchführung der Beurteilungen nicht eintreten.

Die Verfahrensweisen, die im Rahmen der systematischen Personalbeurteilung eingesetzt und nicht selten unter Mitwirkung von Psychologen entwickelt wurden, hat u.a. Brandstätter (1970) klassifiziert und beschrieben. Sie lassen sich danach unterteilen, ob sie vom Beurteilenden eine freie Beschreibung des Beurteilten fordern oder ob er auf gebundene Beurteilungsverfahren zurückgreifen muß. Obwohl die *freie Beschreibung* unter günstigen Umständen der Individualität des einzelnen Beurteilten in besonderer Weise gerecht werden könnte, ist offensichtlich, daß diese Verfahren von der Darstellungsfertigkeit des Beurteilers abhängen und die Urteile zudem weder inter- noch intraindividuell vergleichbar sind, sobald verschiedene Beurteiler beteiligt werden. Es sind daher – bedenkt man die zuvor genannten expliziten Ziele der Personalbeurteilung – die gebundenen Beurteilungsverfahren vorzuziehen. Bei diesen handelt es sich – folgen wir weiterhin Brandstätter (1970) – um

- Kennzeichnungsverfahren,
- Rangordnungsverfahren,
- Einstufungsverfahren.

Bei dem Kennzeichnungsverfahren steht der Beurteiler vor der Aufgabe, zutreffende Merkmalsbeschreibungen des Beurteilten anzukreuzen, wobei dies, was die Anzahl der Kennzeichen betrifft, frei oder nach einem Wahlzwang (z.B. fünf Merkmale ankreuzen, die am ehesten zutreffen, oder drei Merkmale ankreuzen, die besonders zutreffen, drei weitere, die ganz und gar nicht zutreffen etc.) erfolgen kann.
Bei dem Rangordnungsverfahren wird der Beurteiler vor die Aufgabe gestellt, die zu Beurteilenden hinsichtlich der Beurteilungskategorien (z.B. Fachkenntnisse, Pünktlichkeit, Belastbarkeit etc.) in eine Rangreihe zu bringen.
Beim Einstufungsverfahren wird vom Beurteiler die Intensität skaliert, mit der das Merkmal beim Beurteilten ausgeprägt ist. Da derartige Verfahren besonders »computerfreundlich« sind, finden sie zunehmende Verbreitung.

Schon bei der Entwicklung derartiger Verfahren wird erkennbar, daß die Differenzierungsfähigkeit der meisten Beurteiler bezüglich verschiedener Beurteilungsaspekte sehr gering ist. Faktorenanalysen der Vorgesetztenurteile zeigen, daß selbst bei einer großen Zahl von Skalen meist nicht mehr als drei bis fünf interpretierbare voneinander unabhängige Faktoren übrig bleiben (z. B. Tüchtigkeit, Gewissenhaftigkeit, Freundlichkeit).

Selbst bei relativ sorgfältig entwickelten Verfahren, bei denen in der Entwicklungsphase eine Reihe voneinander unabhängiger Beurteilungsaspekte entwickelt und operationalisiert werden konnten, muß man nach einigen Jahren der »Bewährung« in der Praxis gelegentlich feststellen, daß die Urteilsdimensionen auf eine einzige (»guter Mann – schlechter Mann«) zusammengeschrumpft sind (Neuberger, 1979c).
Dies weist darauf hin, daß *Beurteilungsfehler,* die generell im Zusammenhang mit der Analyse der sozialen Urteilsbildung erkannt und beschrieben wurden (vgl. Kaminski, 1959; Kelley, 1950; Rosenthal und Jacobsen, 1968), in einer systematischen Personalbeurteilung eine erhebliche Rolle spielen.
Der Organisationspsychologe kann auf zwei verschiedene Weisen versuchen, derartigen Fehlertendenzen, die vielfach beschrieben wurden (vgl. Brandstätter, 1970; Schuler, 1972; v. Rosenstiel, 1992; Füllgrabe, 1980), entgegenzuwirken. Der eine der hier zu empfehlenden Wege, ist derjenige der adäquaten Konstruktion der Beurteilungsverfahren. Hier ist darauf zu achten, daß die Beurteilungsaspekte eindeutig formuliert sind und gut differenzieren; es ist zudem bezüglich der Wahl der Abstraktionsebene der zu beurteilenden Merkmale darauf zu achten, daß diese nicht zu hoch ist. Die Fehlerwahrscheinlichkeit ist sehr viel größer, wenn eigenschaftsbezogen (»der Mitarbeiter ist zuverlässig«) als wenn verhaltens- oder ergebnisbezogen (»der Mitarbeiter kommt im Monat weniger als zweimal zu spät«) geurteilt wird (vgl. Schuler, 1972).

Der zweite Weg, Beurteilungsfehlern entgegenzuwirken, besteht darin, die Beurteiler zu trainieren. Die Information über typische Arten von Beurteilungsfehlern, der Hinweis auf die Dynamik, die in der sozialen Urteilsbildung liegt, die Rückmeldung über die eigenen Urteile und der Vergleich dieser Urteile mit den Urteilen anderer über die gleichen oder andere Personen sowie andere vergleichbare Maßnahmen können dazu führen, daß die Urteile differenzierter ausfallen, eine höhere Objektivität beinhalten und besser diskriminieren (vgl. Schuler, 1972; Preiser, Gasch u. Kugemann, 1973; Füllgrabe, 1980).

Selbst dann, wenn aufgrund des Beurteilungstrainings erreicht werden kann, daß die Urteile verschiedener Beurteiler über den gleichen Beurteilten übereinstimmen und zwischen den verschiedenen Beurteilten differenzieren, bleibt die Frage, ob sie auch valide sind. Für die meisten in der Praxis üblichen Beurteilungsverfahren ist die Frage unbeantwortet. Letztlich werden darum – falls die Validität überhaupt überprüft wird – als Außenkriterium Urteile anderer Mitglieder der Organisation (meist auch Vorgesetzte) herangezogen. Die Überprüfung der Validität verkürzt sich somit zu einer spezifischen Form der Objektivitätskontrolle.

Zu fordern sind entsprechend als Außenkriterium für die Prüfung der Validität der systematischen Personalbeurteilung Informationen über die Leistung, die unabhängig von der Beurteilung erhoben werden und – wenn möglich – auf Informationen über gleichzeitige oder künftige Leistungen beruhen, die nicht durch subjektive Urteile von Linienvorgesetzten zustande kommen.

Ansatzweise könnte auf diesem Feld eine Orientierung an den Validierungsversuchen erfolgen, die im Bereich der Eignungsdiagnostik – speziell auch bei den Assessment-Center-Verfahren – üblich sind. Im Gegensatz zur Eignungsdiagnostik, für die die prognostische Validität wohl zu Recht als gewichtigstes Gütekriterium gilt, darf man fragen, ob man der Validität der Personalbeurteilung eine ähnlich hohe Bedeutung zugestehen sollte. Die Beurteilung dieses Problems hängt von den Zielen des Verfahrens ab. Es kann etwa als Mittel der Personalführung wirken (vgl. Lattmann, 1975), indem es implizite Ziele der Personalführung über die Skalenbenennung explizit macht; man kann in der Personalbeurteilung aber – alternativ oder ergänzend – in erster Linie ein Mittel der *Personalförderung* sehen. Eine solche Förderung wird ganz generell dadurch erfolgen, daß die Beurteilungen, die als Bestandteil der Personalakte aufgrund des neugefaßten Betriebsverfassungsgesetzes für die Beurteilten ohnehin zugänglich sind, regelmäßig zur Grundlage eines ausführlichen *institutionalisierten Gesprächs* zwischen den Vorgesetzten und den Mitarbeitern genommen werden (vgl. Schuler, 1977; Neuberger, 1973), wobei spezifisch durch die Anlage des Beurteilungsverfahrens dafür gesorgt werden kann, daß dieses Gespräch und die sich daran anschließenden Maßnahmen in erster Linie der Weiterqualifikation und Förderung des Beurteilten dienen (vgl. Capol, 1965). Dies kann etwa dadurch geschehen, daß die Verhaltensweisen des Beurteilten spezifisch vor dem Hintergrund der zuvor analysierten Anforderungen gesehen, dem Mitarbeiter die dabei feststellbaren Defizite verdeutlicht und Möglichkeiten zum Abbau dieser Defizite – z.B. durch Trainingsmaßnahmen – besprochen werden.

Angesichts der Vielzahl denkbarer Ziele der systematischen Personalbeurteilung verwundert es nicht, daß z.B. Schuler (1980a) neben der *Validität* auch die *Akzeptanz* und *Ökonomie* als wesentliche Beurteilungskriterien für die Verfahren nennt. Die Akzeptanz ist nicht nur gesetzlich geboten, da die Einführung eines Beurteilungsverfahrens von der Zustimmung des Betriebs- bzw. Personalrates abhängig ist (BetrVG § 94.1; BPersVG

§ 76.II), sondern auch deshalb, weil beim Widerstand der Beurteiler und Beurteilten ein noch so sorgfältig konzipiertes Verfahren keine Chance hat, zum Erreichen jener Ziele beizutragen, die Anlaß für die Einführung waren. Es dient sowohl der Akzeptanz als auch – was davon nicht unabhängig ist – der Anpassung des Verfahrens an die besonderen Erfordernisse der Organisation, wenn nicht vom Organisationspsychologen im relativen »Alleingang« das Beurteilungsverfahren entwickelt wird, sondern die Arbeit von einer *Projektgruppe* getragen wird, der der Psychologe angehört. Eine derartige Projektgruppe könnte z.B. folgende personelle Struktur haben (vgl. Schuler, 1972, S. 122):

- ein im Beurteilungswesen erfahrener Mitarbeiter der Personalabteilung (mit Entscheidungskompetenz),
- ein weiterer Mitarbeiter der Personalabteilung,
- ein bis zwei Vertreter des Betriebsrats bzw. der Mitarbeiter, die später mit dem zu entwickelnden Verfahren beurteilt werden,
- ein Vertreter der Gruppe, die das Verfahren zu Beurteilungen verwenden wird,
- ein EDV-Spezialist,
- ein bis zwei Fachleute für betriebliches Beurteilungswesen.

Sowohl bei zumindest einem der Mitarbeiter der Personalabteilung als auch bei den Spezialisten für Beurteilungswesen, die als externe Berater gewonnen werden können, kann es sich um Psychologen handeln, die auf Organisationsfragen spezialisiert sind. Durch eine Projektgruppe, wie die soeben skizzierte, kann nicht nur die Validität und Akzeptanz, sondern auch die erforderliche Ökonomie des Verfahrens gewährleistet werden. Dem bzw. den Psychologen kommt im Zuge der gesamten Implementierung die Aufgabe zu, die Ziele explizit zu machen, denen das Verfahren dienen soll, in der Projektgruppe und später im Kreis der Beurteiler und Beurteilten das Hintergrundwissen zu vermitteln, das erforderlich erscheint, wenn zum einen soziale Urteilsbildung betrieben wird und zum anderen ein sozialwissenschaftliches Meßverfahren konzipiert wird; darüber hinaus ist es eine wesentliche Aufgabe des Psychologen, die Konstruktion des Verfahrens nach den Regeln der Testkonstruktion voranzutreiben, die Beurteiler im Umgang mit dem Verfahren zu schulen, zum einen, um dabei die Wahrscheinlichkeit gravierender Urteilsfehler zu reduzieren, und zum anderen, um das Bewußtsein zu vermitteln, daß die Urteile sehr wohl fehlerbehaftet sein können und relativiert werden müssen und daß schließlich das Gespräch über die Urteile und die wünschenswerten Beurteilungskonsequenzen in einer psychologisch sachgemäßen Form durchgeführt werden (vgl. Preiser, Gasch u. Kugemann, 1973; Franke, Hoffmann u. Kamphaus, 1974).

4.2.5. Training: Aus-, Fort- und Weiterbildung

Etwa 20 % der Arbeitszeit von Psychologen, die in Organisationen tätig sind, wird der Trainingsarbeit gewidmet; zählt man das Gebiet der Organisationsentwicklung dazu, so erhöht sich dieser Prozentsatz noch einmal beträchtlich (vgl. Friedrichs, 1978). Training wird in diesem Zusammenhang als übergreifender Begriff verwendet; er umfaßt – obwohl der Sprachgebrauch von Organisation zu Organisation unterschiedlich sein mag – die *Aus-, Fort- und Weiterbildung*. »Ausbildung führt zu einem Basisberuf, Weiterbildung baut auf einem Basisberuf auf und führt zu einer Spezialisierung im Basisberuf. Fortbildung soll Kenntnisse im Basisberuf aktualisieren und auf den jeweils neuesten Stand bringen oder das Wissen in einer durch Weiterbildung erreichten Spezialisierung vertiefen« (Bieling, 1980, S. 256).

Aus-, Fort- und Weiterbildung sind neben anderen ein Bestandteil dessen, was seit relativ kurzem als Personalentwicklung (PE) bezeichnet wird (Conradi, 1983; Gebert u. Steinkamp, 1990; Sonntag, 1999; Neuberger, 1991; Scholz, 1993, v. Rosenstiel u.a., 1995). Meist wird die Personalentwicklung relativ weit verstanden. Sie bezieht sich nicht nur auf Maßnahmen, die an der Person unmittelbar ansetzen und an der klassischen Subjektpsychotechnik (Giese, 1927) orientiert sind, sondern schließen solche strukturalen Maßnahmen ein, die qualifikationssteigernd und persönlichkeitsfördernd wirken, d.h. spezifische Ausschnitte der Objektpsychotechnik (Giese, 1927) einschließen. Dies wird in Definitionen, die nachfolgend zitiert werden, erkennbar. So versteht Schuler (1989, S. 3) die Personalentwicklung als »Gesamtheit der Maßnahmen in Leistungsorganisationen zur Förderungen der berufsbezogenen Qualifikation der Beschäftigten«. Drumm (1989, S. 208) setzt den Akzent etwas anders: »Personalausbildung und Personalentwicklung sind Personalbeschaffung in anderer Form. Die Unternehmung rekrutiert nicht bereits fertig ausgeformte Fähigkeitspotentiale durch Beschaffung von außen oder innen, sondern sie baut die benötigten Fähigkeitspotentiale selbst auf.« Die Weite des Konzepts der Personalentwicklung wird bei Berthel (1989, S. 202) besonders deutlich: »Unter Personalentwicklung ist eine Summe von Tätigkeiten zu verstehen, die für das Personal nach einem einheitlichen Konzept systematisch vollzogen werden. Sie haben in bezug auf einzelne Mitarbeiter aller Hierarchie-Ebenen eines Betriebes eine positive Veränderung ihrer Qualifikationen und/oder Leistungen durch Bildung, Karriereplanung und Arbeitsstrukturierung zum Gegenstand. Sie geschehen unter Berücksichtigung des Arbeits-Kontextes, wobei ihre Orientierungsrichtung die Erreichung (Erhöhung des Zielerreichungsgrades) von betrieblichen und persönlichen Zielen ist.«
In dieser zuletzt wiedergegebenen Definition wird explizit auf die betrieblichen und persönlichen Ziele von Personalentwicklungsmaßnahmen verwiesen; sie sind somit gleichermaßen den unternehmerischen Interessen und jenen der Mitarbeiter verpflichtet. Dies wird von der Mehrheit der Autoren, die sich mit der Thematik auseinandersetzen, so gesehen (Conradi, 1983; Jung, 1988; Münch, 1990; Sonntag, 1992). In den Ausführungen von Jung (1988, S. 43 f.) wird dies ganz explizit aufgezeigt: »Personalentwicklung (ist) immer zwei Zielkomponenten, die einander u. U. widersprechen und die es zu optimieren gilt, verpflichtet: (1) Aus Sicht des Unternehmens soll Personalentwicklung den qualitativen Bedarf dauerhaft sicherstellen; (2) Aus Sicht der Mitarbeiter hat sie die Aufgabe, deren Interessen und Eigenverantwortungspotential zu erkennen, zu erhalten und zu fördern.«

Neuberger (1991, S. 3) widerspricht derartigen Auffassungen entschieden und sieht Personalentwicklungsmaßnahmen ausschließlich den betrieblichen Interessen verpflichtet, was dann auch eine modifizierte Definition zur Folge hat: »PE ist die Umformung des unter Verwertungsabsicht zusammengefaßten Arbeitsvermögens. Damit soll folgendes deutlich gemacht werden:

a) Es geht nicht (nur) um den einzelnen Menschen und seine Qualifikationen, sondern um das Aggregat Personal.
b) Es handelt sich nicht um manifeste Arbeits-Leistung, sondern um Arbeits-Vermögen.
c) Zielsetzungen des Unternehmens (v. a.: Verwertungsabsicht) und nicht des Mitarbeiters stehen im Vordergrund.
d) Weil nicht nur systematisch geplante und hierarchisch kontrollierte Veränderungen erfaßt werden sollen, muß auch Selbst-Entwicklung des Arbeitsvermögens berücksichtigt werden, die nicht nur der Eigenaktivität der Subjekte, sondern auch der Dynamik sozialer Beziehungen und komplexer Strukturen entstammt.«

Es kann wohl – darf man bilanzierend sagen – nicht in Abrede gestellt werden, daß betriebliche Personalentwicklungsmaßnahmen auch dem betrieblichen Ziel dienen. Ob konkret bei der Planung und Durchführung derartiger Aktivitäten – auch und unabhängig davon – die Interessen der betroffenen Mitarbeiter berücksichtigt werden, wird von Fall zu Fall, von Unternehmen zu Unternehmen unterschiedlich sein und von den jeweils bei den Verantwortlichen diagnostizierbaren Wertorientierungen mitbestimmt werden. So ist es z.B. offensichtlich, daß Maßnahmen, die der Vorbereitung auf den Ruhestand der Mitarbeiter dienen und vom Betrieb finanziert werden, kaum in »Verwertungsabsicht« erfolgen. Dennoch gibt es eine größere Zahl von Unternehmen (Reimann u. Reimann, 1994), die aus Verantwortung für die Mitarbeiter derartige Maßnahmen anbieten.

Es existiert eine Vielzahl von Versuchen, Personalentwicklungsmaßnahmen zu klassifizieren und zu ordnen (Neuberger, 1991; Holling u. Liepmann, 1993; Scholz, 1993). Besonders häufig zitiert und diskutiert wird der nachfolgend wiedergegebene Klassifikationsansatz von Conradi (1983). Der Autor unterscheidet:

- PE-into-the-job; dies sind Qualifizierungsmaßnahmen, die auf eine künftige berufliche Tätigkeit vorbereiten.
- PE-on-the-job; dies sind Maßnahmen, die – insbesondere in der Phase der Einarbeitung – unmittelbar am Arbeitsplatz innerhalb des Prozesses der Arbeitstätigkeit durchgeführt werden.
- PE-near-the-job; worunter solche Qualifizierungsmaßnahmen fallen, die wörtlich oder im übertragenen Sinne große inhaltliche, räumliche oder zeitliche Nähe zur Arbeitstätigkeit aufweisen.
- PE-of-the-job; worunter klassische Fort- und Weiterbildung zu verstehen ist, wie sie im folgenden besprochen werden soll.
- PE-along-the-job schließt Maßnahmen der Laufbahn- und Karriereplanung ein.
- PE-out-of-the-job kennzeichnen solche Vorgehensweisen, die auf den Austritt aus dem Berufsleben vorbereiten (Reimann u. Reimann, 1994).

Aus-, Fort- und Weiterbildungsmaßnahmen sind die für die Tätigkeit des Organisationspsychologen wohl wichtigsten Methoden der Organisationsentwicklung. Hier liegt der Blick auf dem Individuum und betrachtet Maßnahmen des Lehrens und Lernens, die am Individuum ansetzen und seine Eignung und Neigung so modifizieren sollen, daß sie den Anforderungen der Organisation besser entsprechen. Dabei wird vorausgesetzt, daß Qualifikation nachhaltig gesteigert werden kann; (Belege hierfür finden sich bei Gebert u.a., 1990).
Im Hintergrund steht also die Anlage-Umwelt-Kontroverse (vgl. hierzu generell Merz u. Stelzl, 1977, und spezifisch zur hier angesprochenen Problematik v. Rosenstiel, 1992). Damit allerdings sind in überpointierter Weise gewissermaßen die Endpunkte der Skala dargestellt; in der Realität trifft man dagegen meist vielfältige Mischformen an. Dies zeigt sich nicht nur bei Tätigkeitsanalysen von Organisationspsychologen, die häufig sowohl auf den Gebieten der Eignungsdiagnostik als auch auf denen des Trainings tätig sind. Es zeigt sich auch in dem bereits angesprochenen Konzept der Modifikationsstrategien (vgl. Pawlik, 1976; Krapp, 1979), bei dem es u.a. darum geht, durch spezifische diagnostische Vorgehensweisen Personen ganz bestimmten Trainingsprogrammen zuzuordnen.

Zwischen den verschiedenen psychologisch begründeten Verfahren der Urteilsbildung, die mit dem Ziel der Selektion oder Plazierung durchgeführt werden, auf der einen Seite und den unterschiedlichen Trainingsmaßnahmen auf der anderen Seite besteht ein gewisser Antagonismus. Während die verschiedenen Selektionsstrategien zumindest implizit davon ausgehen, daß ein Merkmalsträger, der den Anforderungen entspricht, deshalb gefunden werden muß, weil die Merkmale nicht oder schwer und unökonomisch durch Verfahren der Verhaltensmodifikation aufgebaut werden können, gehen jene Fachleute, die das Training betonen, zumindest implizit davon aus, daß die Eignungsvoraussetzung durch entsprechende Bildungsmaßnahmen gewonnen werden könne.

Insgesamt aber darf man – obwohl auf diesem Gebiet wirklich überzeugende empirische Belege fehlen – annehmen, daß bei der derzeitigen Relation von Selektions- zu Trainingsmaßnahmen innerhalb der organisationspsychologischen Tätigkeit die Selektionsstrategien überbetont sind. Bedenkt man die Anforderungen der überwiegenden Mehrzahl der Positionen in den arbeitsteiligen Organisationen, so kann man davon ausgehen, daß die meisten Bewerber nach einem entsprechenden Training diesen Anforderungen gewachsen sind. Die Selektion könnte sich in diesen Fällen auf eine sehr gezielte Beratung beschränken, durch die gewährleistet werden sollte, daß die Besonderheiten der Tätigkeit auch mit den Interessen des Bewerbers übereinstimmen, um auf diese Weise die künftige *Berufszufriedenheit* (vgl. Bruggemann, Groskurth u. Ulich, 1975) wahrscheinlicher zu machen. Die Anpassung der Fertigkeiten an die Anforderungen kann dann durch gezielte Trainingsmaßnahmen erfolgen. (Auf die Abhängigkeit der Interessen von den bei sich selbst wahrgenommenen Fähigkeiten und Fertigkeiten soll hier nicht mehr eingegangen werden [vgl. hierzu Vroom, 1964; v. Rosenstiel, 1975a]).

4.2.5.1. Bildungsbedarfsanalyse

Ziel von Trainingsmaßnahmen ist es, möglichst schnell und ökonomisch ein optimales Verhalten des Lernenden zu bewirken (vgl. Hinrichs, 1976). Welche Verhaltensweisen dabei als optimal zu gelten haben, wird gelegentlich in unreflektierter Weise als selbstverständlich vorausgesetzt, in dem Maße aber, wie Trainingsmaßnahmen wissenschaftlich begründet werden, auch expliziert. Die Formulierung der *Lernziele* kann dabei auf der Grundlage empirischer Analysen der Arbeitstätigkeit erfolgen (vgl. Hinrichs, 1976; Stokker-Kreichgauer, 1978) oder aber an den zu erwartenden zukünftigen Anforderungen orientiert sein (vgl. Manstetten, Nibbig u. Toemmers, 1977). Ziel derartiger empirischer oder spekulativer Analysen ist es, den *Bildungsbedarf* zu ermitteln und auf der Grundlage des Festgestellten ein Curriculum zu entwickeln, mit dessen Hilfe die ausformulierten Ziele ökonomisch erreicht werden können.
Grundlage der Bildungsbedarfsermittlung ist also das Auffinden von Ist-Soll-Diskrepanzen in bezug auf Handlungskompetenzen, die durch organisierte Bildungsmaßnahmen behebbar erscheinen. Es hängt dann vom jeweiligen Bewußtseinsstand derer, die von den Bildungsmaßnahmen erfaßt sein sollen, ab, ob der Bildungsbedarf auch zum Bildungsbedürfnis wird, d.h., ob die Ist-Soll-Diskrepanz auch subjektiv erlebt wird. Es wird nun allerdings entscheidend vom Zielsystem der jeweiligen Organisation bestimmt (vgl. Heinen, 1971), ob bei der Ermittlung der Ist-Soll-Diskrepanzen lediglich von der konkreten Aufgabe ausgegangen wird, also leistungsbezogene Sollwerte ermittelt werden, oder ob aber darüber hinaus auch gesellschaftliche Sollwerte und persönliche Zielvorstellungen Beachtung finden (vgl. Gassner, 1980). Es gibt verschiedene Ansätze zur Klassifikation des Vorgehens bei der Bildungsbedarfsermittlung (vgl. z.B. Schönfeld, 1967; Hinrichs, 1976;

Stocker-Kreichgauer, 1978); wobei es für die konkrete psychologische Analysenarbeit vor allem bedeutsam erscheint, ob man

- für den Zweck der Bildungsbedarfsermittlung neue Information erhebt (Primärerhebung) oder bereits vorliegende Informationen unter dem Aspekt der spezifischen Fragestellung neu analysiert (Sekundärerhebung) und
- ob man sich auf Aussagen von Stelleninhabern, deren Vorgesetzten etc. stützt (subjektive Methode) oder aber Funktionsbeschreibungen, betriebliche Kennziffern etc. heranzieht (objektive Methode).

Behält man vor Augen, daß das Ziel des Trainings die Beseitigung von Ist-Soll-Differenzen ist, so geht es – ganz gleich, welche Methoden der Analyse man wählt – darum, eine *Analyse des sozialen Potentials* (»manpower analysis«, »man analysis«) und auf der anderen Seite eine *Aufgabenanalyse* (»Job analysis«, »operations analysis«) durchzuführen (vgl. McGehee u. Thayer, 1961; Bass u. Vaugham, 1966; Stocker-Kreichgauer, 1978, sowie die umfassende Darstellung bei Humm 1978, in der die relevante Literatur gut dokumentiert ist).

Die Analyse des sozialen Potentials erfolgt auf die Weise, daß verhaltens- und/oder ergebnisorientiert bei den Stelleninhabern die Ausprägungen jener Merkmale ermittelt werden, die für das Bewältigen der gestellten Aufgaben bedeutsam erscheinen (vgl. Porter, Lawler u. Hackman, 1975). Die Anforderungen selbst können – ähnlich wie bei der Planung eignungsdiagnostischer Untersuchungen – mit Hilfe der Aufgabenanalyse (vgl. Hackman, 1969; Miller, 1971; Frieling, 1975) ermittelt werden.

In der Praxis allerdings überwiegen meist weniger komplexe Vorgehensweisen. Viele Organisationen stellen – nicht selten nach Gutdünken der Mitglieder der Ausbildungsabteilung – ein umfassendes Trainingsprogramm zusammen und empfehlen dieses – nach Rücksprache mit den betreffenden Vorgesetzten – bestimmten Gruppen der Organisation oder aber stellen das Programm insgesamt den Organisationsangehörigen zur freien Disposition. Dort, wo das Curriculum fest auf der Grundlage systematisch erhobener empirischer Information zusammengestellt wird, zieht man es häufig vor, diese Information mit Hilfe eines standardisierten Fragebogens, mit Hilfe von Interviews oder durch Auswertung der einschlägigen Skalen der systematischen Personalbeurteilung zu gewinnen (vgl. Gassner, 1980). Bei Rückgriff auf objektives sekundärstatistisches Material begnügt man sich – um dies am Beispiel zu verdeutlichen – gelegentlich damit, festzustellen, daß Führungskräfte einen Großteil ihrer Arbeitszeit mit Kommunikation ausfüllen, obwohl die Mehrheit der Führungskräfte keine spezifische Schulung in Kommunikationsverfahren erhalten hat. Daraus wird dann ein entsprechender Bildungsbedarf zur Verbesserung kommunikativer Fertigkeiten abgeleitet (vgl. Berthold u.a., 1980).

Bedeutsam erscheint, daß bei wissenschaftlich begründeten Trainingsmaßnahmen nicht nur die Lernziele aus möglichst sorgfältigen Analysen von Ist-Soll-Diskrepanzen abgeleitet werden, sondern darüber hinaus zielbezogen Kriterien zur Überprüfung des Lernerfolgs ermittelt werden, ein auf die Lernziele abgestimmtes zeitliches, inhaltliches und methodisches Lernprogramm erarbeitet und wenn möglich empirisch überprüft wird und daß schließlich nach der Durchführung dieses Programms eine Überprüfung des Lernerfolgs an den zuvor festgelegten Kriterien erfolgt (vgl. z.B. Blum und Naylor, 1968).

Die Trainingsprogramme, die aufgrund derartiger Analysen erarbeitet werden, können auf unterschiedliche Weise klassifiziert werden – z.B. nach dem Gegenstandsbereich (Wissens-

vermittlung, Einstellungen ändern, Fertigkeiten verbessern etc.), nach der Trainingsdauer (Abendveranstaltung, Dreiwochen-Seminar, etc.), nach dem Ausbildungsort (Arbeitsplatz, Lehrwerkstatt, externes Seminar etc.), nach der Ausbildungsmethode (inhaltsorientierte Techniken: z.B. Vortrag, prozeßorientierte Techniken: z.B. Rollenspiel etc.), nach Merkmalen der Klienten (»Führungstraining«, »Verkäuferschulung«, »Lehrlingsausbildung« etc.) u.a.m.
Hier soll – gerade wegen der Willkür derartiger Klassifikationen – von einer systematischen Darstellung der verschiedenen psychologisch begründbaren und häufig von Psychologen durchgeführten Trainingsprogramme abgesehen werden, sondern lediglich exemplarisch verdeutlicht werden, wie das Training in Organisationen, das maßgeblich von Psychologen mitgestaltet wird, häufig begründet und strukturiert wird.

4.2.5.2. Aufbau motorischer Fertigkeiten

Die Industrialisierung und die extrem mit ihr verbundene Arbeitsteilung (Taylor, 1911) brachte es mit sich, daß relativ einfache und in kurzer Taktzeit zu wiederholende Tätigkeiten minutiös vorgeplant wurden (System vorbestimmter Zeiten, MTM, Refa), um auf diese Weise die Quantität und Qualität der Leistung in Relation zum Kapitaleinsatz zu maximieren. *Komplexe Berufsausbildung* wurde für einen großen Teil der Lohnabhängigen *überflüssig.* Es bedurfte nur noch kurzer Anlernzeiten, um die für die Arbeitstätigkeit benötigte rein fachliche, prozeßgebundene Qualifikation zu vermitteln. Allerdings betonen Kern und Schumann (1970), daß durch die fortgeschrittenen technologischen Systeme zunehmend auch prozeßunabhängige Qualifikationen erforderlich werden, wie z.B. die Fähigkeit der schnellen Anpassung an neue Arbeitsgegebenheiten, Verständnis für technische Zusammenhänge etc. In der Psychologie ist eine nicht unerhebliche Forschung der Frage gewidmet, wie relativ rasch jene motorischen Fertigkeiten erlernt werden können, durch die die prozeßgebundene Qualifikation für eine Vielzahl insbesondere manueller Tätigkeiten erworben werden kann (vgl. zusammenfassend Rohmert, Rutenfranz u. Ulich, 1974; Ulich u. Wunderli, 1980).
Eine Analyse der in der Praxis auffindbaren Anlernmethoden zeigt, daß dort eine »Vierstufen-Methode« vorherrscht (vgl. Rohmert u. Kirchner, 1969). Sie besteht darin, daß

1. der Lernende vorbereitet wird,
2. ihm die Arbeitsaufgabe vorgemacht wird,
3. der Lernende danach die Arbeitsaufgabe nachmacht und dann schließlich
4. die Unterweisung abgeschlossen wird.

Die bis zur Verabsolutierung gehende Hochschätzung der »Vierstufen-Methode« hat in jüngerer Zeit vielfältige Kritik erfahren (vgl. zusammenfassend: Ulich u. Wunderli, 1980), da das in den Stufen 2 und 3 geforderte Vormachen bzw. Nachmachen vom Lernenden als einem weitgehend passiven Objekt ausgehen. Diese Konzeption ist mit modernen *handlungstheoretischen Ansätzen* (vgl. Hacker, 1973,1976; Wunderli, 1978) kaum vereinbar. Die in der Person ablaufenden Vorgänge bleiben dabei unbeachtet. Insbesondere leistet ein so konzipiertes Training kaum Hilfe für den Aufbau einer adäquaten antriebsmäßigen und kognitiven Regulation der geforderten Arbeitstätigkeit.
Eine zentrale Rolle bei der »Vierstufen-Methode« spielt – nach der Beobachtung des Vorgemachten – das aktiv-motorische Training, bei dem die zu erlernende Tätigkeit wiederholt ausgeführt wird. Kognitive Prozesse werden dabei nicht gezielt gefordert oder gar gefördert.

Dies sieht anders aus, wenn motorische Fertigkeiten mit Hilfe des mentalen, kognitiven, imaginativen oder verbalen Trainings erlernt werden (vgl. Ulich, 1964,1974; Galperin, 1966). Die zu leistende Arbeitstätigkeit wird dabei bewußt von Denk-, Vorstellungs- oder spezifischen Sprachprozessen begleitet bzw. im Bewußtsein und konzentrierter Vorstellung wiederholt, durchdacht und nachvollzogen. Dadurch können gelegentlich bessere Lernfortschritte als durch das bloße Nachvollziehen einer vorgemachten Tätigkeit erreicht werden, was am Aufbau adäquater operativer Abbilder liegen dürfte. (vgl. Hacker, 1976).

Kontrovers diskutiert wurde – insbesondere auf das Training motorischer Fertigkeiten bezogen – die Frage, ob die analytische Methode, bei der einzelne Lernelemente getrennt trainiert und bestenfalls in einem letzten Lernschritt zusammengefaßt werden, der Ganzheitsmethode überlegen sei, bei der die komplexe Tätigkeit jeweils als Einheit eingeübt wird, wie Tabelle 3 zeigt.

Tab. 3 Schematische Darstellung der Ganzheitsmethode und der analytischen Methode

	Lernschritt 1	Lernschritt 2	Lernschritt 3	Lernschritt 4
Ganzheitsmethode	$E_1 + E_2 + E_3$	$E_1 + E_2 + E_3$	$E_1 + E_2 + E_3$	$E_1 + E_2 + E_3$
analytische Methode	E_1	E_2	E_3	$E_1+E_2 + E_3$

Eine generelle Antwort auf diese Frage läßt sich beim derzeitigen Forschungsstand nicht geben (vgl. Blum u. Naylor, 1968; Ulich u.a., 1980). Vielmehr scheint es so zu sein, daß die analytische Methode dann vorzuziehen ist, wenn schwierige und komplexe Aufgaben erlernt werden sollen, bei denen die einzelnen Lernelemente unabhängig voneinander sind und zudem unterschiedliche Schwierigkeitsgrade aufweisen, während die Ganzheitsmethode dann empfehlenswert zu sein scheint, wenn die Einzelelemente stark miteinander verflochten sind und die Aufgabe ein relativ einheitliches sensomotorisches Ablaufschema zeigt (vgl. Naylor u. Briggs, 1963; Briggs u. Waters, 1958; Salvendy u. Seymour, 1973).
Weniger Diskussion hat dagegen die Frage ausgelöst, ob unmittelbares Feedback des eigenen Tuns – insbesondere über den Lernfortschritt bzw. beim Lernen gemachte Fehler – empfehlenswert sei. Die Rückmeldung der Ergebnisse eigenen Tuns ist nicht nur unter dem Aspekt der operanten und kognitiven Lerntheorien hypothetisch empfehlenswert, sondern auch aufgrund empirischer Untersuchungen zum Training ratsam, wobei allerdings die Menge der Rückmeldung aufgrund der gegebenen *Informationsverarbeitungskapazität* richtig dosiert werden sollte (vgl. Ammons, 1956). Die positive Wirkung der Kenntnis der Ergebnisse eigenen Tuns kann dabei unterschiedlich interpretiert werden (vgl. Vroom, 1964; Neuberger, 1973; v. Rosenstiel, 1975c):
Man kann die informierende Wirkung hervorheben, die eine unmittelbare Fehlerkorrektur ermöglicht. Man kann den Aspekt des Lernens am Erfolg – im Sinne des instrumentellen bzw. operanten Konditionierens – betonen; man kann die aktivierende bzw. motivierende Wirkung in den Vordergrund rücken oder schließlich auch im Sinne der sozialpsychologisch orientierten Rollentheorie die Wirkung der Rückmeldung auf den Aufbau eines eigenen Rollenkonzepts, erhöhter Selbstsicherheit und eines adäquaten Selbstbildes betonen.

4.2.5.3. Erweiterung kognitiver Möglichkeiten

Die vielbeklagte *Trennung von »Kopf«- und »Hand«*-Arbeit ist einerseits mit Recht kritisch diskutiert worden, wobei andererseits innerhalb dieser Diskussion allerdings oft vergessen wurde, daß von karikaturhaften, übervereinfachten Konzepten ausgegangen wurde. Tätigkeiten, die als Extrembeispiele für ausschließliche Handarbeiten gelten wie z.B. Montagearbeiten, erfordern kognitive Regulationsprozesse und können auf diese Weise – wie zuvor angesprochen – trainiert werden. Auf der anderen Seite bringen Tätigkeiten, die gerne als Paradebeispiele für Kopfarbeit genannt werden wie etwa die Tätigkeit des Lehrers, körperliche Belastungen mit sich, die denen eines Baggerführers z.B. durchaus vergleichbar sind (vgl. Müller-Limroth, 1980). Dennoch darf man akzentuierend davon ausgehen, daß – anforderungsbezogen – bestimmte Trainingsprogramme stärker motorische, andere stärker kognitive Lernziele hervorheben. Das Betonen kognitiver Lernziele erfolgte gelegentlich aus der relativ naiven Auffassung heraus, daß das Wissen um bestimmte Zusammenhänge auch zu einer Modifikation des offenen Verhaltens führt, was insbesondere auf dem Gebiet des Führungstrainings empirisch untersucht und als nicht haltbare Annahme gewiesen wurde (vgl. Gebert, 1976). Dennoch gibt es in Arbeitsorganisationen eine Reihe von Zielen, für die tatsächlich die Verbreiterung bzw. das Vertiefen der Kenntnisse primäres Ziel ist (Warenkenntnisse, neue gesetzliche Vorschriften, REFA-Normen etc.). Für das Erreichen derartiger Lernziele werden in erster Linie *inhaltsorientierte Techniken* (vgl. Hinrichs, 1976; Stocker-Kreichgauer, 1978) angewandt, wobei Verfahren des Frontalunterrichts wie Vortrag, Vorlesung oder Referat im Vordergrund stehen, aber auch Techniken der Selbstinstruktion wie Bücher oder Skripten zur Anwendung gelangen. Derartige Lernmethoden können relativ naiv angewandt werden, jedoch auch mit psychologischer Hilfe optimiert werden (vgl. Bass u. Vaughan, 1966). Dies sei am Beispiel einer spezifischen Technik zur Selbstinstruktion, der programmierten Unterweisung, dargestellt.

Bei der programmierten Unterweisung, die in erster Linie auf der Theorie des operanten Konditionierens (vgl. Skinner, 1938) beruht, wird der Lernstoff in kleine Schritte aufgelöst. Der Lernende kann das Tempo des Lernfortschritts selbst bestimmen und erhält dabei unmittelbar Rückmeldung über den Lernerfolg.

Technisch erfolgt dies meist so, daß im fortlaufenden Text Lücken ausgefüllt werden müssen, die man nur aufgrund der zuvor erworbenen Kenntnisse adäquat bearbeiten kann. Unmittelbar nach dem Ausfüllen der Lücke erhält man dann z.B. nach Umblättern auf die nächste Seite Rückmeldung darüber, ob die Bearbeitung richtig oder falsch erfolgte. Der Lernende wird dadurch zum einen aktiviert und erhält zum anderen – bei adäquaten Prozessen – eine Verstärkung. Man findet in der Praxis sowohl *»lineare« Programme* (Skinner, 1954) und komplexere *»verzweigte« Programme* (Crowder, 1959), die es ermöglichen, im Sinne der Individualisierung – z.B. bei partiell bereits gegebenen Kenntnissen – bestimmte Lernschritte zu überspringen, die für andere, die einen geringeren Kenntnisstand haben, durcharbeitenswert sind.
Empirische Untersuchungen zum Vergleich zwischen programmierter Unterweisung und herkömmlichen Unterrichtsmethoden erbrachten z.T. ermutigende Ergebnisse. Tabelle 4 aus Foss zeigt dies (1966).

Tab. 4 Wirkungen des Programmierten Unterrichts

Verwendetes Maß	Anzahl der Untersuchungen	Ergebnisse des programmierten Unterrichts		
		besser	gleich	schlechter
unmittelbares Behalten	54	35	17	2
langfristiges Behalten	10	5	4	1
Lernzeit	26	24	1	1

(Hartley: »Some Guides for Evaluating Programmes« – Published by the Association for Programmed Learning, 1963; zit. n.: »New Horizons in Psychology« – ed. by Brian M. Foss; Penguin-Books 7/6; Harmondsworth Middlessex, England, 1966)

Derartige Erfolgsberichte führten dazu, daß in relativ vielen Unternehmen von Psychologen für bestimmte Gebiete programmierte Unterweisungen erarbeitet (vgl. Triumph-Fortbildungs-Centrums 1967; 1968) und mit Erfolg eingesetzt wurden.

Allerdings erkennt man heute mehr und mehr (vgl. Blum u. Naylor, 1968; Hinrichs, 1976; Stocker-Kreichgauer, 1978), daß den häufig genannten Vorteilen der programmierten Unterweisung, die darin bestehen, daß der Stoff gut strukturiert wird, daß sie eine Aktivierung des Lernenden fördert, unmittelbares Feedback über den Lernfortschritt ermöglicht, für alle Lernenden unabhängig vom Lernzeitpunkt und vom Lernort gleiche Information gewährleistet und rasch abläuft, auch vielseitige Nachteile gegenüberstehen, die insbesondere darin zu sehen sind, daß die Beantwortung von Fragen, die über den Text hinausgehen, nicht möglich ist, die Individualisierung fast nur in bezug auf die zeitliche Strukturierung, nicht aber auf die inhaltliche Strukturierung gegeben ist, die Programmentwicklung zeit- und kostenaufwendig ist sowie bei nur sehr strukturierten Wissensgebieten möglich erscheint, der Kontakt zwischen Trainer und Trainierten minimiert wird und die Aufteilung in kleine Lernschritte langfristig keine Erfolgserlebnisse ermöglicht, sondern zur Langeweile führt.

So wird denn gelegentlich auch die Auffassung geäußert, daß herkömmliche Lehrmethoden, wenn sie mit ähnlicher Sorgfalt wie programmierte Unterweisungen entwickelt werden, genauso erfolgreich sind wie diese.

4.2.5.4. Entwicklung interkultureller Kompetenz

Im Zuge der Globalisierung der Wirtschaft (Haller u.a., 1993) wird es in den Unternehmen zunehmend zur Selbstverständlichkeit, daß mit Menschen Kontakt gesucht und gepflegt werden muß, die aus einem anderen Sprach- und Kulturraum stammen. Sieht man aufmerksam, in welchem Maße deutsche Unternehmen im Ausland investieren, um dort Produktionsstandorte, Verkaufsniederlassungen oder »Joint ventures« zu gründen, so läßt sich allein daran abschätzen, wie häufig der Einsatz deutscher Fach- und Führungskräfte jenseits der Grenzen künftig sein wird (Kumar u. Haussmann, 1992). Begegnungen mit fremden Kulturen haben allerdings für die Organisation noch vielfältige andere Akzente. Man denke nur daran, in welchem Maße durch die verstärkten internationalen Wanderungen (Faßmann u. Münz, 1993) z.B. arbeitsuchende Menschen aus Osteuropa, Südostasien und Afrika nach Europa dringen. Dies bedeutet für die unterschiedlichsten Ebenen der Organisation, daß es zum nahezu selbstverständlichen Fall werden wird, unterstellte Kollegen und mittelfristig wohl auch Vorgesetzte zu haben, die in einem anderen kulturellen Lebensraum sozialisiert worden sind. Bedenkt man darüber hinaus, in welchem Maße die Unternehmen Deutschlands, das auf eine hohe Exportquote angewiesen ist (Kumar u. Haussmann, 1992), Kontakte zu Kunden aus anderen Sprach- und Kulturräumen suchen, so wird offensichtlich, daß die Kompetenz auf diesem Felde zu den Voraussetzungen des ökonomischen Überlebens sowohl in einzel- als auch in gesamtwirtschaftlicher Hinsicht zählt. Diese Notwendigkeit zur interkulturellen Kooperation, mit der auch faktische Trends korrelieren, ist bislang – sieht man von Ausnahmen ab (Thomas, 1993) – von der Organisationspsychologie als eine zentrale Herausforderung noch kaum aufgenommen worden (Kühlmann, 1995). Dabei liegen innerhalb eines für die Organisationspsychologie zentralen Feldes, der Personalentwicklung, beim Aufbau interpersonaler Kompetenz wesentliche Chancen.

Schlußfolgernd läßt sich dazu sagen (Hall u. Hall, 1984; Adler, 1991; Podsiadlowski, 1994):

- Menschen – auch Mitarbeiter des Unternehmens – sind kulturell geprägt. Um den Erfolg der arbeits- oder handelsorientierten Kommunikation im internationalen Bereich zu sichern, müssen die Einflüsse der verschiedenen Kulturen auf das Verhalten der in ihnen lebenden Menschen berücksichtigt werden.
- Die Internationalisierung der Unternehmen stellt Personalauswahl und Personalentwicklung in international tätigen Unternehmen vor spezifische Anforderungen.
- Die Kompetenz von Mitarbeitern, sich mit fremden Kulturen auseinanderzusetzen und in ihnen erfolgreich agieren zu können, wird zunehmend zu einem hochgeschätzten Persönlichkeitsmerkmal, das als Selektionskriterium und/oder als Personalentwicklungsziel betrachtet werden kann.

Was sollte bedacht werden, wenn die Kompetenz spezifisch ausgewählter Personen auf dem Feld der interkulturellen Fähigkeiten entwickelt werden soll?

Hier ist zunächst von einem spezifischen Grundverständnis von Kultur auszugehen, die sich als ein von Menschen geschaffenes Handlungsfeld bestimmen läßt, das zum einen Bedürfnisbefriedigung bietet und zum anderen über wenig reflektierte Basisannahmen vermittelte Orientierungsziele des Handelns bereitstellt. Im Zuge der Enkulturation wird dies den in der Kultur lebenden Menschen früh vermittelt; das Leben in der Kultur wird ihnen damit zu einer kaum reflektierten Selbstverständlichkeit, zu einer zweiten Natur (Schein, 1985; Bischof, 1989; v. Rosenstiel, 1993). In diesem Sinne wird in der Kindheit Gesellschaft vermittelt (Erikson, 1971). Allerdings ist es nun offensichtlich, daß die Prinzipien der Enkulturation – den Basiswerten der jeweiligen Kultur entsprechend – höchst unterschiedlich sind. So werden etwa in Nahrungsmittel hortenden Gesellschaften Erziehungsziele wie Verantwortlichkeit, Gehorsam oder Unterordnung betont, während in den von Fischfang und Jagd lebenden Gesellschaften mehr Wert auf Selbstverantwortlichkeit und Unabhängigkeit gelegt wird (Barry, Child u. Bacon, 1959). Kultur ist also nicht gleich Kultur, und in diesem Sinne läßt sich auch kaum generalisierend von interkultureller Kompetenz oder von einem Training, das dies zum Lernziel erklärt, sprechen. Es muß differenziert werden. Wer als deutscher Geschäftsmann erfolgreich in einem südamerikanischen Staat agieren kann, muß noch lange nicht die Fähigkeit besitzen, sich sicher und souverän in Ostasien zu bewegen.

Es spricht zwar vieles dafür, daß es einige Grundhaltungen und Basiskompetenzen gibt, die generell wünschenswert erscheinen, wenn mit Menschen aus anderen Kulturen kooperiert werden soll. Kealey u. Ruben (1983) nennen hier:

- Einfühlungsvermögen,
- Achtung vor der Fremdkultur,
- Interesse an der Kultur des Gastlandes,
- Beweglichkeit und
- Toleranz.

Es ist jedoch offensichtlich, daß trotz des Vorliegens derartiger Merkmale spezifische Kompetenzen hinzukommen müssen, falls jemand intensive Verhandlungen mit einer Delegation aus Korea mit dem Ziel aufnehmen soll, eine langfristige Kooperation auf den Weg zu bringen, oder falls er als Abteilungsleiter für fünf Jahre mit einer Familie nach Brasilien ziehen soll. Entsprechend hat sich eine breite und vielfältige Forschung entwickelt, um die für die Unternehmen relevanten Kulturdimensionen unterschiedlicher Kulturräume aufzufinden (Haire, Ghiselli u. Porter, 1966; Hofstede, 1980). Ergebnisse seien an Beispielen aufgezeigt (vgl. Smith u.a., 2001; Brodbeck, u.a., 2000):
Während es z.B. in angelsächsischen Ländern angestrebt wird, Konflikte offen auszutragen, sucht man dies in asiatischen Ländern gezielt zu vermeiden, um einen »Gesichtsverlust« des Untergebenen zu umgehen. Auch Entscheidungsprozesse laufen von Kultur zu Kultur unterschiedlich ab; so dominiert in Nordeuropa etwa die individuelle Entscheidung durch dafür vorgesehene Rollenträger, während wiederum in den ostasiatischen Staaten ein gruppenzentriertes Vorgehen dominiert. Aber auch die Entscheidungsbegründungen sind unterschiedlich; sie fußen etwa in Europa stärker auf bewußtgemachten vergangenen Erfahrungen, während in Lateinamerika Intuition und Improvisation durchaus akzeptiert werden. In ganz ähnlicher Weise hat man Differenzen hinsichtlich der Art der Leistungskontrolle, der Arbeitsmotivation, der Ursachen und der Qualität der Arbeitszufriedenheit diagnostiziert.
Angesichts der Vielzahl vorliegender Befunde scheinen Kategoriensysteme hilfreich, die Ordnung und Übersichtlichkeit in diese Vielzahl bringen und geeignet erscheinen, die verschiedenen Kulturen in für die Unternehmen relevanten Perspektiven voneinander zu unterscheiden. Thomas (1990) hat versucht, ein derartiges Raster zu entwickeln, das Abbildung 64 zeigt.
Hat man die kulturellen Normen, mit den künftig kooperiert werden soll, nach den genannten Kategorien beschrieben und vergleichend mit den eigenen kulturspezifischen Ausprägungen bewußt gemacht, so lassen sich aus den Differenzen Lernziele entwickeln. Dabei allerdings sollte man vor Augen halten, daß es ja nicht generell um Auslandseinsatz, Aufnahme ausländischer Mitarbeiter oder Kooperation mit einem spezifischen Kulturraum geht, sondern stets um Zusammenarbeit mit Unternehmungen, die in einem bestimmten Kulturraum agieren und wiederum selbst ihre kulturellen Standards haben. Inwieweit z.B. ein multinational tätiges Unternehmen bei seinen ausländischen Töchtern, im Umgang mit ausländischen Mitarbeitern im Heimatland oder in einem anderen kulturellen Kontext auf häufig beobachtbare Verhaltensunterschiede mit den Menschen aus verschiedenen Kulturen Rücksicht nehmen will, hängt von expliziten, häufig aber impliziten Zielsetzungen ab. Adler (1986) differenziert mit Blick auf verschiedene Leitkonzepte der Unternehmen zwischen

- einem kulturellen Dominanzmodell,
- einem kulturellen Kompromißmodell,
- einem kulturellen Synergiemodell.

Das kulturelle Dominanzmodell ist durch die Neigung gekennzeichnet, das Führungskonzept der Muttergesellschaft auf Auslandstöchter zu übertragen und dabei kulturelle Unterschiede weitgehend zu ignorieren. Höhere Führungspositionen werden meist von Füh-

rungskräften aus dem Heimatland besetzt, wodurch im Gesamtunternehmen eine Tendenz zur Einheitlichkeit von Kultur und Struktur angestrebt wird, die allerdings die Gefahr interpersoneller Konflikte in sich birgt und es Mitarbeitern des Gastlandes schwer macht, sich mit dem Unternehmen zu identifizieren.
Das kulturelle Kompromißmodell sucht nach der Vereinbarkeit von Managementkonzepten und Führungsstilen. Es soll einerseits die Identität der Muttergesellschaft und ihre Kultur bewahren, andererseits aber auch Rücksicht auf die Besonderheiten des Verhaltens innerhalb des Gastlandes genommen werden. Manifeste Konflikte werden auf diese Weise zwar häufig vermieden, doch ist die Durchsetzung von Maßnahmen, die außerhalb der Kompromißlinie liegen, schwerer.

Traditionalismus (orientiert am Vergangenen, Traditionellen)	vs.	Modernität (Aufgeschlossenheit für Neues, auf Impulse von außen mit Veränderungsbereitschaft reagieren)
Partikularismus (Betonung von freundschaftlichen Verpflichtungen und zwischenmenschlichen Beziehungen ohne Rücksicht auf die Organisationsziele)	vs.	Universalismus (Verpflichtung der Gesamtorganisation und der Gesellschaft gegenüber)
Pragmatismus (Orientierung an dem, was begründet mit erhöhter Wahrscheinlichkeit zum Erfolg führt, ohne Rücksicht auf übergeordnete Prinzipien)	vs.	Idealismus (Orientierung des Denkens und Verhaltens an Prinzipien und Idealvorstellungen)
geringe Machtdistanz (schwache Betonung des Status und der hierarchischen Differenzen)	vs.	große Machtdistanz (Betonung des hierarchischen Gefälles und Neigung zur autokratischen Entscheidung durch Vorgesetzte)
Akzeptanz von Unsicherheit (Bereitschaft, sich auf eine instabile widersprüchliche Situation einzulassen sowie ohne Stützung durch vorgegebene Regeln eigener Urteilssicherheit zu vertrauen)	vs.	Vermeidung von Unsicherheit (sich an vorgegebene Richtlinien und formale Regeln halten bei einer Neigung, abweichende Ideen und Verhaltensweisen negativ zu sanktionieren)
Maskulinität (Betonung von Gewinn, Leistung, Dominanz und Besitzstreben)	vs.	Androgynität (Neigung zu einem beziehungs-, kooperations- und vermittlungsorientierten Verhalten)
Individualismus (Achten auf den individuellen Vorteil und die individuellen Interessen bei geringer Berücksichtigung anderer Personen und der Gruppenbeziehungen)	vs.	Kollektivismus (Verpflichtung sozialen Netzen und anderen Personen vor allem aber auch Bezugs- und Mitgliedsgruppen gegenüber, insbesondere auch Rücksichtnahme auf eigene Angehörige)

Abb. 64 Kulturdimensionen nach Thomas (1990)

Innerhalb des kulturellen Synergiemodells wird angestrebt, eigene Verhaltensrichtlinien des Unternehmens bei Beachtung der kulturellen Orientierungen der Mitarbeiter zu entwickeln. Hier hat die Kultur des Gastlandes starken Einfluß auf die Entwicklung von Orientierungswerten und Verhaltensnormen im Unternehmen, die durch die Akzeptanz bei den Mitarbeitern gesteigert wird. Bei diesem Konzept werden Führungspositionen meist mit Managern des Gastlandes besetzt.
Hat man geklärt, welche Besonderheiten die Kultur des Gastlandes hat und wie sich vor diesem Hintergrund die Kultur des eigenen Unternehmens bzw. die desjenigen, mit dem man kooperieren möchte, darstellt, so können Personen – häufig Führungskräfte oder qualifizierte Fachkräfte – auf die vorgesehene Kooperation vorbereitet werden. Dazu zählen in der Regel drei Aspekte:

- Rahmenbedingungen schaffen, innerhalb derer das erwünschte Verhalten der Führungskräfte und ihrer Angehörigen möglich ist.
- Personen auswählen, die den Anforderungen mit höherer Wahrscheinlichkeit gewachsen sind.
- Ausgewählte Personen durch gezielte Personalentwicklungsmaßnahmen auf die neuen Anforderungen vorbereiten.

Während das Schaffen von Rahmenbedingungen keine explizit organisationspsychologische Aufgabe ist, gilt es, organisationspsychologische Fachkompetenz zu nutzen, um geeignete Personen für die Personalentwicklungsmaßnahmen und schließlich für den Einsatz im Ausland vorzubereiten. Als günstige Voraussetzung (Redden, 1975; Detweiler, 1980) gelten z.B. kognitive Beweglichkeit, Flexibilität im zwischenmenschlichen Handeln, im Aufbruch von Sozialbeziehungen, das Fehlen ethnozentrischer Denk- und Einstellungsmuster, Aufgeschlossenheit für die Kultur des Gastlandes und für dessen ungewohnte Denk- und Verhaltensweisen, Empathie im Sinne eines sich Einfügens und Eindenkens in den anderen sowie die Fähigkeit und Bereitschaft zur Aufnahme von sozialen Kontakten mit Menschen des Gastlandes (Ivancevich, 1969; Hawes u. Kealey, 1980). Spezifische Assessment-Center-Verfahren können hilfreich sein, die geeigneten Personen zu erkennen.
Analysen herkömmlicher Personalentwicklungsmaßnahmen, die für die Auslandskooperation qualifizieren sollen, berücksichtigen in erster Linie

- die fachliche Kompetenz,
- Sprachkenntnisse,
- Informationen über ökonomische, technische, politische etc. Besonderheiten des Gastlandes bzw. des dortigen Unternehmens.

Es muß zweifelhaft erscheinen, ob eine derartige Schwerpunktsetzung eine optimale Vorbereitung darstellt. Negandhi (1987) fand die folgend wiedergegebene Reihung der Ursachen des Scheiterns, aus denen sich Lernziele ableiten ließen:

- Anpassungsfähigkeit von Ehepartner und Familie,
- Arbeits- und Führungsverhalten,
- Sprachkenntnis,
- Landeskenntnis,
- Beachtung der Gesetze des Gastlandes,
- Berücksichtigung der kulturellen Eigenarten der Menschen im Gastland.

Es läßt sich folgern, daß Kurzseminare mit weitgehend kognitiver Orientierung beim Stelleninhaber allein den Erfolg des Auslandseinsatzes nicht sichern können. Eingehende Vorbereitung der betroffenen Personen und ihrer Angehörigen auch auf dem Felde der Einstel-

lungen und Verhaltensweisen scheinen erforderlich, wobei dies langfristig mit begleitenden und stützenden Entwicklungsmaßnahmen während des Auslandsaufenthaltes und einer Nachbereitungsphase, falls wiederholte Auslandsaufenthalte vorgesehen sind, ratsam und erforderlich erscheint (Stahl, 2001; Kühlmann, 1995).
Die konkreten Vorbereitungsmaßnahmen sollten – folgen wir Argyle (1982) – neben einer adäquaten sachlichen und fachlichen Information über das Gastland, seine Geschichte, seine Wirtschaft, seine Gesetze und das Unternehmen im Gastland folgendes beinhalten:

- Sprache;
- nicht sprachliche Formen der Kommunikation wie Mimik und Gestik;
- Verhaltensregeln im Bereich der interpersonalen und Intergruppenbeziehung (Sozialverhalten bei der Begrüßung und Verabschiedung, beim Schenken und Sich-Beschenken-Lassen, bei der Bestechung, beim Essen und Trinken, beim Kaufen und Verkaufen, beim Bitten und Danken, bei der Ablehnung von Wünschen etc.);
- zwischenmenschliche Beziehungen innerhalb der Familie, zwischen den Geschlechtern, innerhalb der formellen und informellen Hierarchie, innerhalb und zwischen Kasten und Klassen;
- Motive und Orientierungen z.B. unter den Gesichtspunkten dessen, was individuell oder gesellschaftlich akzeptiert ist, sowie welche Selbstkonzepte sich daraus ergeben;
- Wertkonzepte und Ideologien; z.B. wie sehen die jeweiligen Welt-, Natur- und Menschenbilder aus; welche Auffassung besteht von der Kultur, wie werden gesellschaftliche Ereignisse erklärt?

Angesichts erlebter Selbstverständlichkeiten der meist ins Auge gefaßten Zielgruppen erleichtert ein kognitiver Einstieg das interkulturelle Training. Hier kann mit einem Methodenmix über Vorträge, schriftliche Texte, Tonbänder und Filme gearbeitet werden. Dabei ist es allerdings wichtig, daß die Information von kompetenten und akzeptierten Quellen stammt und – z.B. anhand von Fällen – konkrete Hinweise über die Verhältnisse im Gastland für den Stelleninhaber und seine Familienangehörigen bereithält.
In Folgeschritten kann man dann näher an die Bereiche der Emotion, der Motivation und des Verhaltens durch ein kulturbezogenes Verhaltenstraining herankommen. Das Lernziel besteht nun darin, bewußt zu machen, wie das Verhalten eines Menschen, seine Wahrnehmungen und Wünsche, seine Bewertungs- und Urteilskriterien, wie seine Selbstverständlichkeiten den Alltag prägen. Kultursimulationsspiele sind dabei typisch. Die Teilnehmer handeln dabei als Mitglieder verschiedener Kulturen miteinander, ohne deren Spielregeln zunächst zu kennen. Ihre Aufgabe ist es, aus dem Verhalten der anderen, die jeweils eine spezifische Rollenvorgabe haben, zu erschließen, wie diese Regeln aussehen. Dadurch soll ein sensibles, für die Verhaltensweisen der anderen offenes hypothesengeleitetes Explorationsverhalten gefördert werden.
Ähnlich sieht das beim »Culture-assimilations-Training« aus. Meist handelt es sich hier um ein Lernprogramm, das in schriftlicher Form oder als Softwareprogramm im PC angeboten werden kann. Interaktionssituationen zwischen Mitgliedern einander fremden Kulturen werden gezeigt, die nur bei Kenntnis der bei den jeweils anderen bestehenden Selbstverständlichkeiten, Normen und Kulturstandards adäquat interpretiert werden können. Es werden nun jeweils verschiedene Erklärungsmöglichkeiten angeboten, wobei nur eine als richtig gilt. Warum diese richtig, die übrigen Reaktionen aber falsch sind, wird dem Lernenden durch das Programm jeweils erklärt. Inzwischen liegt das Programm für verschiedene Zielgruppen und für verschiedene Kulturen vor (Albert, 1983; Thomas, 1989).
Noch stärker ist die Aktivierung bei einem interaktionsorientierten Verhaltenstraining. Hier werden in Rollenspielen kritische Interaktionen, die im Gastland auf die Zielperso-

nen zukommen können, simuliert, wobei die Rollen typische Anforderungssituationen abbilden sollen wie z.B. Einladung zu einem Fest, Besuch einer Behörde, Einkaufen auf dem Markt, Konflikt mit einem Kollegen etc. Partner und Rollenspiel können dabei durchaus besonders geschulte Personen aus dem künftigen Gastland sein, die dann nachträglich die Verhaltensweise des Lernenden kritisch kommentieren und in diesem Sinne als Trainer oder Co-Trainer agieren.
Das Training kann durch zeitlich begrenzte Versuche der Lernenden im Gastland unterstützt werden bzw. an erste Vorbereitungsphasen angeschlossen werden, was die Analyse und Interpretation der dort gesammelten Erfahrungen ermöglicht. Dabei sind sog. »Ressource Persons« hilfreich, d.h. Angehörige des Gastlandes, die in beiden Kulturen beheimatet sind und die auf diese Weise befähigt erscheinen, kontrastierende Interpretationen anzubieten und mit dem notwendigen Grad an Empathie vornehmen zu können.
All diese Verfahren sind natürlich nicht nur bei der Vorbereitung von Führungskräften auf den Auslandseinsatz empfehlenswert, wie es die hier gewählten Beispiele nahezulegen scheinen, sondern sie sind bei entsprechender Modifikation auch für andere Formen der Kooperation mit anderen Kulturräumen geeignet.

4.2.5.5. Messung und Modifikation des Führungsverhaltens

Orientiert man sich mit Blick auf die Führungsschulung an dem bereits zuvor beschriebenen Phasenmodell von Schneewind (1973), dem zufolge der Intervention die Ermittlung des Ist-Zustandes und die Begründung des Soll-Zustandes vorausgehen sollten, so fehlt innerhalb der meisten in der Praxis anzutreffenden Vorgehensweisen auf dem Gebiet des Führungstrainings die Ermittlung des Ist-Zustandes. Dies überrascht aus zweierlei Gründen: Zum einen gehört das Training des Führungsverhaltens – neben der Eignungsdiagnostik – wohl zu den wichtigsten Tätigkeitsfeldern der praktisch arbeitenden Organisationspsychologen (vgl. Beispiele derartiger Trainingskonzepte bei Neubauer u. v. Rosenstiel, 1980); zum anderen stehen gerade auf dem Gebiet der Messung des Führungsverhaltens standardisierte Verfahren auch in deutscher Sprache zur Verfügung.
Der Grund dafür, daß man meist auf die Ermittlung des Ist-Zustands verzichtet, wenn es darum geht, den Bildungsbedarf in bezug auf Führungsverhalten zu ermitteln, dürfte darin zu sehen sein, daß hier ein Defizit geradezu als selbstverständlich vorausgesetzt wird. Wenn beispielsweise Beobachtungsmethoden oder die Tagebuch-Methode das Ergebnis bringen, daß Führungskräfte 50 bis 80 % ihrer Arbeitszeit mit kommunikativen Aktivitäten verbringen (vgl. Guest, 1956; Neuberger, 1976a), und auf der anderen Seite nachgewiesen werden kann, daß sie im Rahmen ihrer beruflichen Ausbildung – z.B. während des Betriebswirtschaftslehre- oder Ingenieurstudiums – keine Kommunikationsschulung erfahren haben, so ist daraus ein entsprechender Bildungsbedarf ableitbar (vgl. Berthold u.a., 1980). Dennoch sei zunächst am Beispiel auf die Möglichkeiten zur Messung des Führungsverhaltens hingewiesen, da hier zumindest potentiell die Möglichkeit gegeben ist, spezifische Verhaltensweisen – im Vergleich zum Soll-Modell – als defizitär zu diagnostizieren und sodann diese Defizite durch spezifische Trainingsangebote zu beseitigen.
Die gebräuchlichen Verfahren zur Messung des Führungsverhaltens gehen im wesentlichen auf die bereits dargestellten (s. 3.3.2.) Forschungen der »Ohio-Gruppe« (vgl. Fleishman, 1953, 1973; zusammenfassend Neuberger, 1976a) zurück. In dieser Forschungsgruppe wurden möglichst konkrete Vorkommnisse im Führungsverhalten beschrieben und zu ca. 1800 Fragebogenitems verdichtet, die von den Geführten auszufüllen sind. Sie beschreiben auf diese Weise das Verhalten ihres unmittelbaren Vorgesetzten. Selbstverständlich wurde die Anzahl der Items für die verschiedenen in der Praxis angewandten Verfahren reduziert,

wobei insbesondere eine Fragebogenform mit 48 Items (Fleishman, 1953), der sog. Leader-behavior-description-questionnaire (LBDQ), große Verbreitung fand. Er mißt zwei faktoriell voneinander unabhängige Dimensionen des Verhaltens, und zwar

- »Consideration« und
- »Initiating structure«

Auf den LBDQ gehen auch deutschsprachige Verfahren zur Messung des Führungsverhaltens zurück (Fittkau-Garthe, 1970; Fittkau-Garthe u. Fittkau, 1971; Tscheulin u. Rausche, 1970). Die Arbeiten von Fittkau-Garthe führten zum »Fragebogen zur Vorgesetztenverhaltensbeschreibung« (FVVB), der durch fünf Faktoren gekennzeichnet ist:

- F: Freundliche Zuwendung und Respektierung,
- A: Mitreißende und zur Arbeit stimulierende Aktivität,
- M: Ermöglichung von Mitbestimmung und Beteiligung,
- K: Kontrolle,
- F/A: Freundlichkeit und Aktivität.

Die beiden ersten Faktoren des FWB entsprechen weitgehend den Faktoren consideration und initiating structure des LBDQ. Es gibt eine Reihe von Untersuchungen zu der Frage, welche Dimension des Führungsverhaltens mit welchen Kriterien des Führungserfolgs korreliert (vgl. Stogdill, 1974; Neuberger, 1976a). Derartige Untersuchungen weisen in den meisten Fällen darauf hin, daß consideration mit der Zufriedenheit der Geführten, initiating structure mit der Leistung der Gruppe positiv korreliert sind, doch müssen sich diese Ergebnisse den Vorwurf gefallen lassen, daß sie zum einen nicht generalisierbar erscheinen und zum anderen die zu ihnen führenden Untersuchungen undifferenziert angelegt worden sind. Die fehlende Möglichkeit zur Generalisierung zeigt sich darin, daß je nach Führungssituation andere Korrelationen anzutreffen sind – im Extremfall bis zur Umkehrung des Vorzeichens (vgl. hierzu Fleishman u.a., 1955; Baumgarten, 1977; Seidel, 1978); der Vorwurf der mangelnden Differenziertheit ist darin begründet, daß Interaktionen zwischen den verschiedenen Dimensionen des Führungsverhaltens in den empirischen Untersuchungen kaum berücksichtigt wurden.

> Die Kritik an den Fragebögen zur Erfassung des Führungsverhaltens reicht inzwischen allerdings noch weiter (vgl. Lennerlöf, 1965; Neuberger, 1976a, 1977, 1978b; Allerbeck, 1977; Nachreiner, 1978): Wichtige Kritikpunkte gehen dahin, daß die postulierte Unabhängigkeit der gefundenen Führungsdimensionen nicht gegeben sei (Weissenberg und Kavanagh, 1972), daß die beschriebenen Führungsdimensionen viel zu grob seien, um der Differenziertheit und Situationsspezifität des Führungsverhaltens, die auf andere Weise empirisch ermittelt wurde (vgl. Wilpert, 1977), gerecht zu werden, und schließlich, daß die Fragebögen für die Geführten kein brauchbares Instrument sind, das Führungsverhalten ihrer Vorgesetzten objektiv zu beschreiben.

Dieser letztgenannte Punkt hat besonders heftige Diskussionen ausgelöst. Tatsächlich zeigten empirische Untersuchungen, daß die Varianz der Beurteilung innerhalb einer Gruppe, in der also nur ein Vorgesetzter beurteilt werden sollte, meist größer war als die Varianz zwischen verschiedenen Gruppen, wobei also mehrere Vorgesetzte zu beurteilen waren. Aus diesen und ähnlichen Forschungsergebnissen folgert Nachreiner (1978), daß der FVVB und ähnliche Verfahren in erster Linie die Charakteristika des beschreibenden Mitarbeiters und nicht die Verhaltensmerkmale des Führenden erfassen; entsprechend vermu-

tet Allerbeck (1977), daß z.B. ein auf entsprechende Weise ermittelter hoher Wert in »consideration« nicht so sehr das Führungsverhalten des Vorgesetzten als vielmehr die Zufriedenheit der Betroffenen mit dessen Führungsverhalten widerspiegelt. Offen bleibt dabei natürlich die Frage, ob die geringe Übereinstimmung der Urteile über einen gleichen Vorgesetzten tatsächlich Schwächen des Meßinstruments anzeigt oder sich daraus ergibt, daß der Vorgesetzte unterschiedlichen Mitarbeitern gegenüber *unterschiedliche Verhaltensweisen* zeigt. Obwohl also die Fragebögen zur Messung des Führungsverhaltens heute eher skeptisch gesehen werden, gab und gibt es nach wie vor Formen des Führungsverhaltenstrainings, die implizit oder explizit auf diesen Verfahren aufbauen, die z.B. das Ziel haben, Verhaltenskompetenz von Vorgesetzten auf den Dimensionen »consideration« oder »initiating structure« zu verbessern. Der bekannteste Ansatz dieser Art geht auf Blake und Mouton (1968) zurück. Es handelt sich dabei um das sogenannte »managerial-grid-Seminar«, das das Ziel verfolgt, Vorgesetzte in den beiden Führungsdimensionen Mitarbeiterorientierung (vergleichbar mit consideration) und Leistungsorientierung (vergleichbar mit initiating structure) zu optimieren, d.h., auf den höchstdenkbaren Skalenwert von 9 zu bringen, so daß der Sollwert das Führungsverhalten »9,9« ist (vgl. Abbildung 44).
Bei diesem Training wird eine kleine Gruppe von weniger als zehn Vorgesetzten zusammengefaßt, die die Konsequenzen verschiedener innerhalb des Verhaltensgitters möglicher Führungsformen an konkreten Beispielen diskutieren und dabei ihr eigenes Führungsverhalten – mit Hilfe der *Rückmeldung durch die anderen* – diagnostizieren, wobei auf diese Weise eine Annäherung an das Ziel »9,9« angestrebt wird. In der Zwischenzeit ist dieses Trainingsprogramm Bestandteil einer spezifischen Form von Organisationsentwicklung geworden, über die noch zu sprechen sein wird (vgl. Glasl u. de la Houssaye, 1975).
Das »managerial-grid-Seminar« ist freilich nur ein Beispiel für die vielfältigen Formen des Führungstrainings. Tatsächlich gibt es auf diesem Gebiet eine große Zahl »handgestrickter« Trainingsinhalte und Trainingsmethoden, die sich über lange Zeit schwerpunktmäßig damit begnügten, im Sinne inhaltsorientierter Techniken das Wissen über Führungsverhalten – z.B. »kooperatives Führen« – zu verbessern. Die Inhalte derartiger Vorträge oder Referate waren dabei von modischen Tendenzen, die zum Teil von der wissenschaftlichen Entwicklung beeinflußt waren, geprägt. Einer »human relations-Ideologie« folgte die Betonung kooperativer und partizipativer Verhaltensweisen, während heute – beeinflußt durch die Situationstheorien der Führung – Verhaltensflexibilität propagiert und somit in spezifischen Situationen auch autoritäres Führen empfohlen wird.

Da die Analyse des Erfolgs derartiger Maßnahmen (vgl. Gebert, 1976; Petz, 1976) zeigte, daß durch derartige Trainingsformen zwar das Wissen über Führung gesteigert wird, Verhaltensmodifikationen jedoch kaum oder gar nicht eintreten, gewannen prozeßorientierte Trainingsmethoden innerhalb der Führungsschulung zunehmend an Gewicht (vgl. Gebert, 1972).

Die prozeßorientierten Vorgehensweisen, die zur Anwendung kamen, waren unterschiedlich aufwendig – vom einfachen Rollenspiel innerhalb herkömmlicher Seminare (vgl. Stokker-Kreichgauer, 1978) bis zu gruppendynamischen Trainingsformen reichend, die zwei oder mehr Wochen in Anspruch nehmen (vgl. Hoepfner, 1975). Auch der inhaltliche Anspruch der Trainingsprogramme streut weit. Er bezieht sich z.B. auf einzelne Führungsfunktionen wie: Probleme erkennen, Ziele setzen, Alternativen ausarbeiten, entscheiden, organisieren, informieren, kommunizieren, motivieren, koordinieren, kontrollieren etc.

(Albach u. Gabelin, 1977). Manche haben das Ziel, weitgehend umfassend das Verhalten des Führenden in seiner Rolle als Vorgesetzter und darüber hinaus im privaten Bereich grundlegend zu verändern, was z.B. für bestimmte gruppendynamische Trainingsformen gilt (vgl. Gebert, 1972; Anger, 1980).
Um einen Einblick in die Vielfältigkeit und Unterschiedlichkeit psychologisch orientierter Führungsschulung zu geben, seien nachfolgend einige inhaltlich recht unterschiedliche Beispiele genannt. Insbesondere soll dabei auf die Frage des Trainingseffekts eingegangen werden, da sich Schulungsprogramme sehr häufig dem Vorwurf gegenübersehen, daß der *Transfer* von der Seminarsituation in die reale Arbeitssituation nicht stattfindet.

- Fleishman (1953) berichtet über den Versuch, Führungskräfte durch herkömmliche Inhalts- und prozeßorientierte Vorgehensweisen in der Verhaltensdimension »consideration« zu schulen. Nachuntersuchungen machten deutlich, daß die Trainingsmaßnahmen keineswegs gänzlich ineffektiv »verpufft« sind. Ob allerdings die intendierten Wirkungen – bezogen auf Einstellungen und Verhalten – eintraten, hing von der *betrieblichen Situation* ab, in die die Vorgesetzten nach dem Trainingsende zurückkehrten. In den Fällen, in denen die Vorgesetzten der Trainierten ein Führungsverhalten im Sinne von consideration positiv werteten, hatte das Training Erfolg im Sinne der Zielsetzungen; standen die Vorgesetzten der Trainierten dem trainierten Führungsverhalten skeptisch oder gar negativ gegenüber, so blieben die intendierten Effekte aus; es kam sogar zu »Bumerangeffekten«.
- Berthold u.a. (1980) trainierten Vorgesetzte der unteren Führungsebene eines deutschen Unternehmens der metallverarbeitenden Industrie im Rahmen eines sogenannten »instrumentierten« Trainings. Dabei wurden spezifische Trainingsziele (z.B. Ideen einprägsam und überzeugend vorbringen oder Kritik verarbeiten und aufnehmen) formuliert und das Erreichen dieser Ziele mit bekannten Trainingsübungen wie z.B. dem »NASA-Spiel« oder dem »Turmbau« (vgl. zu entsprechenden Übungen Antons, 1973) angestrebt. Das Training erstreckte sich über sechs Halbtage (jeweils von 13–19 Uhr), wobei in den Intervallen zwischen den Trainingssitzungen die Trainierten das Erlernte unmittelbar in der Praxis erproben sollten. Der Erfolg des Trainings wurde u.a. durch ein spezifisches Kontrollgruppen-Versuchsgruppen-Design und mit Hilfe von Vorher- und Nachher-Messungen mit unterschiedlichen Verfahren (FVVB, Interviews und Befragungen der Trainierten, Interviews von Kollegen und Unterstellten der Trainierten) ermittelt. Dabei zeigte sich u.a., daß acht bzw. vier Monate nach Trainingsende nach Auffassung von Unterstellten, Gleichgestellten und Vorgesetzten noch Trainingseffekte festzustellen waren, die Tabelle 5 zeigt. Zu ähnlichen Untersuchungen vgl. zusammenfassend Campbell (1971) und Goldstein (1980) und Mathieu (1987).

Besonders heftige kritische Diskussionen hat das sogenannte »sensitivity training« ausgelöst. Bei dieser gruppendynamischen Trainingsform (vgl. Gebert, 1972, 1974) treffen sich ca. zehn bis zwölf Personen fern von ihrer Arbeitsstätte für ein bis zwei Wochen. Die Teilnehmer sind einander fremd; sie sollen keine gemeinsame Vergangenheit und keine gemeinsame Zukunft haben. Die Grundregel des Trainings ist das »Hier und Jetzt«, d.h., es darf – darauf achtet der Trainer – über alles gesprochen werden, soweit es sich auf das Hier und Jetzt der Gruppe bezieht. Die Situation ist somit durch eine große Unstrukturiertheit gekennzeichnet; die Gespräche müssen sich auf die ablaufenden Gruppenprozesse beziehen, wodurch die einzelnen Teilnehmer, – mitunter erstmalig – »Feedback« über ihr Verhalten in Gruppensituationen bekommen. Empirische Untersuchungen zu den Auswirkungen derartiger Trainingsmaßnahmen (vgl. die »klassischen« Studien von Miles, 1965; Bunker, 1965, sowie Sammelreferate von Gebert, 1972; Campbell, 1971; Goldstein, 1980) bestätigen, daß die Verhaltenseffekte derartiger Trainingsmaßnahmen nicht unwesentlich sind. So lernen die Teilnehmer

1. die Konsequenzen eigenen Verhaltens präziser wahrzunehmen,
2. die Eigendynamik ihres Verhaltens in bestimmten Situationen zu verstehen,
3. größere Bereitschaft zu kooperativem Führungsverhalten,
4. genauer zuzuhören und sich direkter in den Kommunikationsprozeß einzuschalten,
5. sich in die Gefühle und Bedürfnisse der Partner einzufühlen,
6. gruppendynamische Konstellationen und Prozesse adäquater wahrzunehmen,
7. im Verhalten aufgabenangepaßter und weniger stereotyp zu sein.

Entscheidendes Problem des sensitivity trainings ist neben der z. Teil erheblichen emotionalen und physischen Belastung der Trainingsteilnehmer die Frage, inwieweit Transfer in die »back-home«-Situation stattfindet. Ein solcher Transfer ist abhängig von Merkmalen des Trainierten und Merkmalen der Organisation, in der er tätig ist. Generalisiert man, so ist er eher für *passive Verhaltensweisen*, (z.B. zuhören können) als für *aktive Verhaltensweisen* (z.B. Konflikte offen ansprechen) gegeben. Sehr viel günstiger sieht es bezüglich des Trainingstransfers aus, wenn nicht einander Fremde dem Training unterzogen werden, sondern der Kreis der Trainierten eine Gruppe umfaßt, deren Mitglieder auch künftig zusammen verbleiben (vgl. Gebert, 1976). Mit derartigen Konzepten ist allerdings bereits das Feld dessen verlassen, das üblicherweise als Führungstraining bezeichnet wird; wir nähern uns hier den Ansätzen der Teamentwicklung bzw. Organisationsentwicklung, über die erst später (4.3.2.2.1. bzw. 4.3.2.2.2.) gesprochen werden soll.

Tab. 5 Wirkungen instrumentierten Trainings

	nach vier Monaten	nach acht Monaten
sie unterbrechen weniger	–	–
sie hören besser zu	+	–
sie stellen mehr Rückfragen	+	+
sie erfragen die Meinung anderer	+	+
sie zeigen mehr Eigeninitiative in Konferenzen und Besprechungen	+	+
sie sprechen häufiger Konflikte an	+	+
sie äußern mehr Anerkennung	+	–
sie äußern mehr Kritik	+	+
sie vertragen mehr Kritik	+	+
sie beziehen Mitarbeiter in ihre Entscheidungen mit ein	+	–
sie suchen das Gespräch	–	–
sie geben mehr Informationen weiter	+	–
sie urteilen behutsamer	+	–
sie zeigen mehr Ruhe und Gelassenheit	+	–

+ = Veränderung nachweisbar
– = Veränderung nicht nachweisbar

Noch weiterreichende Ziele als das soeben besprochene Sensitivity Training hat das »outdoor-Training« für Führungskräfte, in dem es, meist an humanistischen Konzepten der Persönlichkeitsentwicklung orientiert (vgl. Maslow, 1977), darum geht, die *Selbstverwirklichung der Führungskraft* zu fördern, was dann wiederum in nicht präzisierter Weise dem Führungsverhalten in der gegebenen Berufsrolle zugute kommen soll. Die Ziele des Trainings leiten sich also aus den Werten des Wachstums oder der Selbstverwirklichung ab.
Beim »out-door-Training« werden die Trainierten als Gruppe in eine Situation gestellt, die ihrer beruflichen Realität sehr unähnlich ist, aber geeignet erscheint, sie erlebnismäßig in »Grenzsituationen« oder zu »Gipfelerlebnissen« (vgl. Maslow, 1973) zu führen. Derartige Situationen können beim Bergsteigen, Wildwasserfahren, Drachensegeln oder gar bei Himalaya-Expeditionen bestehen (vgl. Fischof, 1980). Als Erfolge derartiger Trainings werden gelegentlich vergrößerte Kontaktfähigkeit, mehr Offenheit und Gelassenheit, vertiefte Fähigkeit zum Einfühlen in andere genannt, obwohl es derzeit keineswegs als einigermaßen gesichert angesehen werden darf, ob derartige Ergebnisse generalisierbar sind und ob sie stärkere Transfereffekte zeigen, als dies vom sensitivity-Training her bekannt ist. Zu Möglichkeiten, die Erfolgskontrolle methodisch in den Griff zu bekommen, vgl. Cook und Campbell (1976) sowie Weinert (1981, S. 251–257).

In einem sorgfältigen Sammelreferat, das sich auf Publikationen stützt, die in den »Psychological Abstracts« genannt werden, gelangen Fisch und Fiala (1984) zu einer sehr skeptischen Beurteilung des Erfolgs von Maßnahmen des Führungstrainings und zu einem geradezu vernichtenden Urteil über die Versuche, diese Erfolge methodisch einwandfrei zu ermitteln. Fast ausnahmslos genügen die Evaluationsstudien jenen Qualitätsstandards nicht, die innerhalb der empirischen Sozialforschung für derartige Untersuchungen gefordert werden. Dennoch wagen die Autoren bei vorsichtig zusammenfassender Interpretation der Ergebnisse den Schluß, daß derartige Trainingsmaßnahmen, die möglichst unterschiedliche und verschiedenartige Methoden miteinander verknüpfen, die besten Chancen haben, das Führungsverhalten tatsächlich nachhaltig zu modifizieren.
Zu deutlich günstigeren Schlußfolgerungen gelangen einige aktuelle Metaanalysen von Evaluationsstudien von Trainings- oder umfassenden Personalentwicklungsmaßnahmen (Neuberger, 1991; Holling u. Liepmann, 1992). Die einzelnen Metaanalysen (Guzzo, Jette u. Katzell, 1985; Burke u. Day, 1986; Neumann u.a., 1989), obwohl sie im Detail zu nicht ganz identischen Ergebnissen gelangen, lassen durchaus den Schluß zu, daß direkt am Verhalten ansetzende Maßnahmen keineswegs weniger wirksam sind als solche, die Verhaltensänderungen durch Modifikation »harter« Bedingungen, wie z.B. der Organisationsstruktur, der Technik oder des Lohnsystems, erreichen wollen. Analysiert man diese Metaanalysen im Detail, so scheinen ganz besonders wirksam solche Trainingsverfahren zu sein, die eine Verhaltensmodifikation mit Hilfe des Modell-Lernens anstreben oder aber auf bewußt genutzten Zielsetzungs- bzw. Zielvereinbarungsverfahren beruhen.

4.2.5.6. Training der Motivation

Bedenkt man, daß das Leistungsverhalten, wie andere Verhaltensweisen auch, von situativen und personalen Komponenten abhängt (v. Rosenstiel, 1975a; Campbell u. Pritchard, 1976) und daß sich dabei die personalen Komponenten in Fähigkeiten und Motive (vgl. Vroom, 1964) klassifizieren lassen, deren Verknüpfung das Leistungsverhalten ergibt, so überrascht es, daß Trainingsmaßnahmen in den Organisationen schwerpunktmäßig die Fähigkeiten bzw. Fertigkeiten zu beeinflussen suchen, jedoch Maßnahmen weitgehend fehlen, die gezielt auf die Motivation abzielen. Zwar wirkt man dort, wo komplexe Verhaltensweisen – wie z.B. das Führungsverhalten – modifiziert werden sollen, in nicht differenzierender Weise gleichermaßen auf Fähigkeit und Motivation ein, doch bleibt der Überraschungseffekt, der darin liegt, daß spezifische Formen der Entwicklung von Motivation durch Training in den Arbeitsorganisationen kaum verbreitet sind, obwohl es zumindest Ansätze zu standardisierten Trainingsprogrammen auf diesem Gebiete gibt.

> Ähnlich wie auf dem Gebiet der Messung von Persönlichkeitsmerkmalen in der Eignungsdiagnostik kommt also auch auf dem Gebiete des Trainings die Motivation zu kurz.

Es dürfte daher besonders interessant erscheinen, sich mit einem Beispiel für ein gezieltes Programm zur Förderung eines spezifischen Motivs auseinanderzusetzen. Ein derartiges Programm wurde in der Nachfolge der theoretischen Arbeiten McClellands (1965) von verschiedenen Autoren für unterschiedliche Verhaltensgebiete entwickelt und erprobt (vgl. Kolb, 1965; McClelland u. Winter, 1969; Florin u. v. Rosenstiel, 1976; Krug, 1976). Ziel all dieser – in Details voneinander unterschiedenen – Trainingsprogramme ist es nicht, generell das Aktivierungsniveau zu steigern, sondern spezifisch das Leistungsmotiv zu fördern, wobei Nachanalysen von Heckhausen (1971) wahrscheinlich machen, daß bei erfolgreichen Trainingsprogrammen spezifisch eine Komponente des Leistungsmotivs gefördert und aufgebaut wird: die Hoffnung auf Erfolg. Die theoretischen Grundannahmen McClellands, die zur Konzeption von Trainingsprogrammen führten, widersprechen eigentlich den früheren Auffassungen des gleichen Autors (1958), nach denen Motive relativ früh gelernte Verbindungen zwischen Reizen und Affekten sind, die sich dann als stabil erweisen.

> Demgegenüber nimmt McClelland (1965) an, daß die Verstärkung des Leistungsmotivs dann möglich ist, wenn
> - der Ausbau des bestehenden Netzwerkes affektiv getönter Assoziation gelingt,
> - eine begriffliche Konkretisierung des Netzwerkes zu einem bewußten Konzept gewährleistet werden kann,
> - dieses Netzwerk mit alltäglichen Gegebenheiten – insbesondere des Berufslebens – verbunden werden kann und
> - eine Beziehung des neuentwickelten Netzwerks mit übergeordneten Assoziationsmustern wie z.B. Akzeptieren von kulturellen Werten, herausgearbeitet wird.

Ausgehend von diesen Überlegungen werden zwölf Grundannahmen formuliert (vgl. McClelland, 1965; deutsch: Krug, 1976), aus denen das Trainingsprogramm unmittelbar abgeleitet wird:

1. Das neue Motiv wird sich um so eher entwickeln
   a) je vollständiger ein Individuum das neue Netzwerk aufbaut und je besser es das Netzwerk begrifflich faßt,
   b) je besser es das neue Netzwerk mit den entsprechenden Handlungen verbinden kann und
   c) je besser der neue Vorstellungs-Handlungs-Komplex mit Ereignissen des täglichen Lebens verbunden ist.
2. Das neue Motiv wird um so eher künftige Vorstellungen und Handlungen beeinflussen
   a) je mehr es in Übereinstimmung mit den Anforderungen der Realität gesehen wird,
   b) je mehr es als Verbesserung des Selbstbildes und
   c) je mehr es als Bereicherung der kulturellen Werte erlebt wird.

3. Das Training wird um so eher zum Erfolg führen
   a) je mehr ein Individuum glaubt, daß es das neue Motiv entwickeln kann und sollte,
   b) je mehr es sich verpflichtet fühlt, konkrete Lebensziele zu erreichen, die mit dem neuen Motiv in Zusammenhang stehen, und
   c) je öfter es Rückmeldung über die Fortschritte erhält, die es auf dem Wege zu dem selbstgesteckten Zielen gemacht hat.
4. Motivveränderungen treten um so eher auf
   a) je mehr das Individuum sich von anderen unterstützt und respektiert fühlt,
   b) je mehr das Selbststudium betont und aus der Normalroutine des Alltags herausgehoben wird und
   c) je mehr das Motiv als Zeichen der Mitgliedschaft in einer neuen Bezugsgruppe angesehen wird.

Auf diesen Grundannahmen aufbauend wurden unterschiedliche Trainingsprogramme durchgeführt, wobei die bekannteste Studie von McClelland und Winter (1969) im organisatorischen Kontext an indischen Geschäftsleuten durchgeführt wurde. Den Teilnehmern wurde dabei das Programm – um hohe Erwartungshaltungen zu erzeugen – als sorgfältig entwickelte und wissenschaftlich begründete Trainingsmethode vorgestellt; sie füllten sodann verschiedene Fragebogen aus, bearbeiteten u.a. einen TAT zur Messung des Leistungsmotivs und beantworteten verschiedene offene Fragen, u.a. »Warum nehme ich an diesem Kurs teil?«. Im Anschluß daran wurde unter Verwendung verschiedener didaktischer Hilfsmittel die Beziehung zwischen dem Leistungsmotiv und unternehmerischem Verhalten verdeutlicht und dabei insbesondere auf das Setzen von mittelschweren Zielen eingegangen. Es wurde weiterhin – u.a. mit Hilfe von TAT-Geschichten – ein Assoziationstraining in der Form vorgenommen, daß die Trainingsteilnehmer selbst möglichst viele leistungsbezogene Phantasien entwickelten und lernten, diese von Phantasien zu anderen Themenschwerpunkten zu unterscheiden. Darauf folgend wurden die so entwickelten Phantasien in bezug zum offenen Verhalten gesetzt, indem leistungsbezogene Spiele durchgeführt wurden. Im Anschluß daran wurden die leistungsbezogenen Gedanken auf Vorkommnisse des eigenen beruflichen Lebens bezogen. Danach prüften die Teilnehmer, ob die so entwickelten Vorstellungen und beruflichen Ambitionen mit den gegebenen kulturellen Werten in Übereinstimmung gebracht werden können. Für jene, die dies bejahten,

Tab. 6: Vergleich der Teilnehmer der Trainingsgruppe (TG), mit denen der Kontrollgruppe (KG) bei einzelnen unternehmerischen Aktivitäten in der Zeit vor und nach dem Kurs (zusammengestellt nach McClelland u. Winter, 1969)

	vor dem Kurs 1962–1964		nach dem Kurs 1964–1966	
	TG	KG	TG	KG
Unternehmerisch aktiv	18%	22%	51%	25%
mehr als 8 Stunden Arbeitszeit/Tag	7%	11%	20%	7%
Konkurse	–	–	25%	7%
Neugründung von Geschäften	4%	7%	22%	8%
Neue Kapitalinvestitionen	32%	29%	74%	40%
Einkommensverbesserungen	75%	57%	80%	76%
Anstieg der Beschäftigtenzahl	35%	31%	59%	33%

folgte als Konkretisierung die Übung eines Zielsetzungsverhaltens, das bis zur Aufstellung beruflicher Ziele für die nächsten Jahre reichte. Die Kursteilnehmer schlossen sich sodann in einer Art »Club« zusammen, um sich dadurch wechselseitig soziale Unterstützung und ein gemeinsames elitäres Bewußtsein zu verschaffen sowie sich Rückmeldung über eigene Erfolge zu vermitteln.
Für den Erfolg dieses Trainingsprogramms spricht der Vergleich unternehmerischen Verhaltens vor und nach dem Kurs bzw. der Vergleich mit einer nichttrainierten Kontrollgruppe, wie Tabelle 6 zeigt.
Die Tabelle macht aber auch deutlich, daß nicht spezifisch »Erfolgsverhalten« durch das Training wahrscheinlicher gemacht wurde, sondern insgesamt unternehmerische Aktivität, die u.a. auch zur Folge hatte, daß beispielsweise mit der deutlich gesteigerten Bereitschaft, Geschäfte zu gründen, die Wahrscheinlichkeit von Konkursen zunahm.
Überraschend ist, daß Leitideen, die dem Leistungsmotivationstraining zugrunde liegen, auch Maxime des Handelns erfolgreicher Unternehmer sind, die wegen ihres Herkommens wohl kaum mit den Ideen McClellands in Berührung gekommen waren. So schreibt z.B. Soichiro Honda (1980) in seiner Autobiographie, daß die Kernpunkte seines Arbeitens gewesen seien

- stets mit Ehrgeiz und jugendlichem Schwung zu handeln,
- gute Theorien zu achten, neue Ideen zu finden und die jeweilige Zeit für die besten Ergebnisse zu nutzen,
- Freude an der Arbeit zu finden und angenehme Arbeitsbedingungen zu schaffen,
- einen harmonischen Arbeitsrhythmus zu suchen und
- stets an den Wert der Forschung und des Trainings zu denken.

Obwohl die Bedeutung des Trainings für die überdauernde Veränderung und Förderung von Motiven nicht verkannt werden soll, darf doch als wahrscheinlich gelten, daß Motive intensiver, wenn auch kurzfristiger, durch spezifische Motivaktivierung zu beeinflussen sind (vgl. v. Rosenstiel, 1975a, 1981). Das kann keineswegs nur über finanzielle Anreizsysteme (vgl. Opsahl u. Dunnette, 1971) gewährleistet werden, sondern auch durch spezifische Gruppenbildungen oder aber durch Arbeitsstrukturierung, wie es etwa im Konzept des Motivationspotentials bei Hackman und Oldham (1974) zum Ausdruck kommt, worüber noch gesprochen werden wird (4.3.1.3).

4.2.5.7. Training der Volition

Nicht nur das Leistungsmotiv als überdauerndes Persönlichkeitsmerkmal läßt sich durch spezifische Trainings stärken, sondern auch die Volition. Diese sei verstanden als eine willentliche Kraft, die dazu beiträgt innere Barrieren bei der Handlungsumsetzung zu überwinden. Derartige Hinweise spielen beim Handeln in Organisationen eine erhebliche Rolle, weil ja Handlungen des einzelnen vielfach nicht motivational getragen sind, sondern als instrumentell im Sinne der Zweckrationalität erscheinen oder – aus anderer Perspektive gesehen – lediglich als aus der Position ableitbares Rollenverhalten verstanden werden können. Es muß also z.B. der öffentlich reden, dem es vor Menschenmengen graut; es muß der ein hartes Kritikgespräch führen, der sehr viel lieber in Harmonie und freundschaftlichem Einverständnis mit allen und jedem lebt; es muß jener, der in seinem privaten Leben zum Mitleid neigt, Außenstände beim Kunden eintreiben, der am Rande der Zahlungsunfähigkeit steht etc. Willensstärke muß also das Erreichen eines gesetzten Zieles sichern.

Trainingsmaßnahmen helfen dabei, auf diesem Gebiet bestehende Schwächen zu kompensieren. Kehr (2000) hat ein standardisiertes Selbstmanagementtraining (SMT) entwickelt, das dem genannten Zweck dient. Auf einer explizit gemachten theoretischen Basis wurden sechs Trainingsmodule entwickelt:

- Zielsetzung sowie Reduzierung von Zielkonflikten,
- Kennenlernen impliziter Motive,
- Erkennen und Stärken volitionaler Kompetenzen,
- Erkennen und Reduzieren von Überkontrolle,
- Förderung intrinsischer Motivation,
- Überwinden von Handlungsbarrieren.

Vier dieser sechs Bausteine sind explizit auf die Volition bezogen.
In zwei Evaluierungsstudien – einer mit einem einfachen Pretest-Posttest-Design und einer zweiten mit einem entsprechenden Design plus Kontrollgruppe – konnte die Wirksamkeit dieses Trainings an subjektiven Indikatoren wahrscheinlich gemacht werden. Sowohl bei Studenten als auch bei Führungskräften wurde durch das Training sowohl ein erhöhtes subjektives Wohlbefinden als auch eine Steigerung volitionaler Kompetenz nachgewiesen; bei den Führungskräften wurden außerdem Streßsymptome reduziert und Energiedefizite abgebaut, darüber hinaus kam es zu einer Verlagerung von einer Zweck- zu einer Tätigkeitszentrierung. Allerdings wurde bisher noch nicht untersucht, ob sich dies an harten Kriterien des Lerntransfers – z.B. bei Problembewältigungen in der Praxis – niederschlägt. Außerdem blieb aufgrund des Designs ein Grundproblem globaler Evaluierungsstudien erhalten: es konnte nicht gezeigt werden, welches Modul nun zu welchen spezifischen Wirkungen führt.

4.2.5.8. Abbau von Angst und Aufbau von Selbstsicherheit

Bereits das soeben dargestellte, auf McClelland zurückgehende Harvard-Programm zur Förderung der Leistungsmotivation erinnerte an Interventionsstrategien, die in der Klinischen Psychologie angewandt werden. Insbesondere sind solche Interventionstechniken klinischer Provenienz innerhalb der organisationspsychologischen Tätigkeit üblich, die mit relativ geringem Zeitaufwand durchführbar sind. Es wird also entsprechend kaum ein in einem Betrieb tätiger Psychologe auf den Gedanken kommen, einen angstneurotischen Abteilungsleiter einer psychoanalytischen Behandlung zu unterziehen; es kommt dagegen durchaus vor, daß spezifische, innerhalb der Verhaltenstherapie entwickelte Interventionsprogramme (vgl. Kraiker, 1974) auf Individual- oder Gruppenbasis zur Anwendung kommen. Diese Tätigkeiten machen dann einen Teil jener 10 % der Tätigkeit von Arbeits- und Betriebspsychologen aus, den sie der Mitarbeiterberatung widmen.
Obwohl derartige, an der Klinischen Psychologie orientierte individuelle Beratung auch an andersartigen theoretischen Konzepten, z.B. der nondirektiven Gesprächstherapie (vgl. Tausch, 1970), ausgerichtet sein kann, soll hier eher beispielhaft angedeutet werden, welche Möglichkeiten ein Organisationspsychologe bei Angst oder mangelnder Selbstsicherheit von Ratsuchenden hat, wenn er sich verhaltenstherapeutischer Strategien bedient.
Erster Schritt vor der Einleitung von Interventionsmaßnahmen muß dabei ein diagnostisches Vorgehen sein, das dem Konzept der Verhaltensdiagnostik (vgl. Schulte, 1976) entspricht. Die *Verhaltensanalyse* ist dabei am S-0-R-C-Schema orientiert; es geht also darum, jene Stimulusbedingungen (S) aufzufinden, die nach ihrem Einwirken auf den Organismus des Individuums (O) die von der Organisation bzw. dem Individuum nicht erwünschten

Reaktionen (R) auslösen, und die dem folgenden Konsequenzen (C) zu erkennen. Es wird dabei im Prozeß des verhaltensdiagnostischen Vorgehens durch Befragung oder besser noch durch Verhaltensbeobachtung ermittelt, welche Reizbedingungen in der Organisation als diskriminative Reize (S_D) wirken und beim Individuum (O) die unerwünschte Reaktion (R) hervorbringen, und es ist zudem zu prüfen, ob diese unerwünschten Reaktionsweisen durch positive Konsequenzen (C+) stabilisiert werden bzw. ob das erwünschte Verhalten durch negative Konsequenzen (C–) behindert wird. Bei der Diagnostik eines Organisationsmitgliedes, das über Angst klagt, kann sich etwa zeigen, daß diese Angst nur in sehr spezifischen Situationen auftaucht – z.B., wenn der unter Angst Leidende in der Abteilungsbesprechung Lösungsvorschläge für bestimmte Probleme vorlegen und in der Diskussion vertreten muß. Bei einem differenzierten diagnostischen Vorgehen kann sich nun zeigen, daß diese Angst stärker erlebt wird, wenn

- der Vorgesetzte bei der Besprechung zugegen ist,
- eine große Zahl der Kollegen anwesend ist,
- die Thematik kontrovers diskutiert wird,
- das Aufstehen vom Stuhl bei der Diskussion erforderlich ist; z.B. um etwas am Flippchart zu verdeutlichen.

Die Therapie dieser situationsbezogenen Angst kann nun nach dem Konzept der Gegenkonditionierung (vgl. Florin u. Tunner, 1975) vorgenommen werden. Dies beruht darauf, daß die Person zunächst durch ein spezifisches Training lernt, einen Zustand *muskulärer Entspannung* (vgl. Jacobsen, 1938; Florin, 1978) zu erreichen, und sodann allmählich dahin gebracht wird, die Vorstellung der angstauslösenden Situation mit der muskulären Entspannung zu vereinen (Gebert, 1981).

> Da muskuläre Entspannung und Angst inkompatibel erscheinen, führt die Bewältigung der Vorstellung von angstauslösenden Stimulusbedingungen im Zustand muskulärer Entspannung dazu, daß auch die entsprechende Realsituation angstfrei erlebt werden kann.

Die erwünschte Kompetenz muß allerdings – wie bereits betont – allmählich erworben werden. Aus diesem Grunde wird eine personspezifische Angsthierarchie erstellt, die darin besteht, daß Situationen nach dem Grad ihrer angstauslösenden Wirkung in Rangreihe gebracht werden. Ausgehend von den »leichten« Situationen lernt die zu beratende Person die zunehmend »schwereren« im Zustand der Entspannung in der Vorstellung zu vergegenwärtigen, bis schließlich auch die sogenannten »schweren« Situationen angstfrei erlebt werden können.
Im zuvor genannten Beispiel könnte ein »Einstiegs-Item« lauten:
»Sie sitzen mit drei Kollegen am Konferenztisch. Ihr Chef ist abwesend. Sie machen einen Vorschlag. Alle stimmen ihnen zu«.
Das Item an der Spitze der Hierarchie könnte demgegenüber lauten:
»Sie haben in der Abteilungsbesprechung in Anwesenheit des Chefs und aller Kollegen einen von ihnen ausgearbeiteten Problemlösungsvorschlag vorgestellt. Man hat sie zunächst nicht verstanden. Sie erläutern den Vorschlag, am Flipchart stehend, noch einmal. Ihr Chef erklärt den Vorschlag für unsinnig. Viele Kollegen stimmen ihm zu. Sie versuchen, den Vorschlag zu verteidigen«.
Kann die betreffende Person sich auch dieses Spitzen-Item im Zustand der Entspannung vorstellen, so ist die Wahrscheinlichkeit hoch, daß entsprechende Situationen auch in der Realität angstfrei bewältigt werden. Günstig ist es freilich, wenn entsprechende Übungen

nicht nur in der Vorstellung, sondern auch in der lebensechten Situation (»in vivo«) durchgeführt werden.

Waren es beim Abbau der Angst die Stimulusbedingungen, die als auslösende Reize diskriminiert und deren angstfreie Bewältigung erlernt werden sollte, so sind es bei vielen anderen nicht erwünschten Verhaltensweisen in Organisationen die *Konsequenzen des unerwünschten Verhaltens,* die als Grund der Stabilisierung dieser nicht erwünschten Reaktionsformen diagnostiziert werden. Auch dies sei am Beispiel erläutert.

Ein Ratsuchender, der sich als wenig selbstsicher kennzeichnet, beschreibt als typische Verhaltensweise, daß es ihm nahezu unmöglich sei, auf eine ihm lästige Bitte hin »nein« zu sagen. Selbst wenn der Vorgesetzte ihm mehr Arbeiten übertrage als dem Kollegen, bringe er es nicht fertig, auf diese Ungerechtigkeit hinzuweisen und die zusätzlichen Aufträge abzulehnen (vgl. Ullrich u. Ullrich, 1976). Eine Analyse dieser Situation kann nun zeigen, daß eine Konsequenz des Nachgebens in einer freundlichen Zuwendung des Vorgesetzten (C+) beruht, während Widerspruch aggressives oder doch unfreundliches Verhalten des Chefs nach sich zieht (C–). Zudem muß man sehen, daß der Vorgesetzte selbst das Nachgeben eines selbstunsicheren Mitarbeiters als Erfolg (C+) erlebt und dadurch in seinem Verhalten stabilisiert wird, bei anfallender Mehrarbeit immer wieder diesen damit zu betrauen. Auf diese Weise bildet sich ein »Teufelskreis«, der durch spezifische Trainingsprogramme, wie z.B. das Assertiveness-Trainings-Programm (ATP) von Ullrich und Ullrich (1976), durchbrochen werden kann.

Innerhalb eines derartigen Programms kann mit Hilfe des Rollenspiels ein Verhalten erprobt werden, das in der Ernstsituation nicht gezeigt wird. In derartigen Rollenspielen kann der Selbstunsichere z.B. lernen, nein zu sagen, und die für ihn positiven Konsequenzen erkennen, die dieses Nein – zumindest längerfristig – für ihn bringt. Erlernt werden somit zum einen Verhaltenskompetenzen, die bislang nicht gegeben waren, da das für die Person erwünschte Verhalten einfach nicht gezeigt wurde; es können zudem in der Spielsituation Verstärkungen gegeben werden, die die neuerlernten Verhaltensweisen stabilisieren. (Daß anschließend ergänzend auch das obengenannte »C«-Verhalten des Vorgesetzten reduziert werden müßte, versteht sich von selbst.)

4.2.5.9. Erhaltung und Wiederherstellung der psychischen Gesundheit

Arbeit kann krank machen; dies ist eine so lang bekannte Tatsache, daß sie keiner weiteren Begründung bedarf. Gerade die Industriearbeit ist mit einer so großen Zahl von körperlichen Risiken behaftet, daß sich die Unfallpsychologie (vgl. zusammenfassend Burkhardt, 1970) geradezu als ein selbständiges Teilgebiet der Arbeitspsychologie herausgebildet hat und es zwischenzeitlich vielfältige, an der Situation ansetzende oder aber die Person beeinflussende Strategien gibt, die geeignet erscheinen, das Unfallrisiko zu reduzieren (vgl. Zens, 1980). Nicht ganz so selbstverständlich ist es, daß bestimmte Arbeitsbedingungen zu psychosomatischen oder psychischen Störungen führen können, wie es z.B. Kornhauser (1965) am Beispiel der Automobil-Arbeiter in Detroit nachwies. Zur Erfassung derartiger Störungen, die dann in Beziehung zu spezifischen Bedingungen der Arbeitssituation gesetzt werden können, stehen eine Reihe sogenannter »*Befindlichkeitsskalen*« zur Verfügung, mit Hilfe derer z.B. erfaßt werden kann, ob die Person häufig an Kopfschmerzen, Schlaflosigkeit etc. leidet. Da mit Hilfe derartiger Befindlichkeitsskalen vor allem Indikatoren erfaßt werden, die in das Feld der Psychosomatik fallen und somit häufiger dem Arbeitsmediziner als dem Organisationspsychologen Hinweise für Interventionsstrategien liefern, sollen nachfolgend als Beispiele für einschlägige, psychologisch akzentuierte Skalen die

Eigenzustandsskala (EZ-Skala) von Nitsch (1976) und die Skala zur Prädiktion von psychologischem Befinden bei Schichtarbeitern von Frese und Rieger (1980) vorgestellt werden.

Das Ziel der von Nitsch entwickelten Skala besteht darin, nicht überdauernde Zustände bei der Person zu erfassen, sondern situationsspezifische Aussagen von ihr zu erhalten. Das Verfahren fordert, daß die befragte Person ihren – zum Zeitpunkt der Befragung gegebenen – Eigenzustand dadurch skaliert, daß sie angibt, in welchem Grad Eigenschaften wie z.B. gespannt, gut gelaunt, heiter, gelassen für sie zutreffen. Der Grad des Zutreffens wird jeweils auf einer sechsstufigen Skala (kaum, etwas, einigermaßen, ziemlich, überwiegend, völlig) angekreuzt. Die 40 schließlich verbleibenden Eigenschaften wurden aus einem Itempool von 3500 Adjektiven mit Hilfe eines Expertenratings, einer Verteilungsanalyse und einer Faktorenanalyse ausgewählt. Mit Hilfe einer Binärstrukturanalyse gelang es, die Items in eine hierarchische Struktur einzuordnen, die die Interpretation erleichtert, wie Abbildung 65 zeigt.

Hinweise für die Nützlichkeit und Validität der Skalen liegen vor (vgl. Nitsch u. Udris, 1976). Beispielsweise differenziert die Skala in erwarteter Weise zwischen Personen, die sich geistigen bzw. körperlichen Beanspruchungssituationen ausgesetzt haben.

Die Skala von Frese und Rieger (1980) geht auf einen von Folkard u.a. (1979) entwickelten Fragebogen zurück. Sie stellt allerdings diesem gegenüber eine Verkürzung und Vereinfachung dar. Das Verfahren besteht aus 10 Items, die sich zwei verschiedenen Faktoren (»Rigidität« und »Mattigkeit«) zuordnen lassen. Rigidität wäre etwa bei Personen gegeben, die z.B. stets zur gleichen Zeit ins Bett gehen und zur gleichen Zeit aufstehen; Mattigkeit wird u.a. dadurch angezeigt, daß man sich nach einer durchwachten Nacht besonders müde fühlt. Zwei Beispielitems:

- »Fällt es Ihnen schwer, lange an einem freien Morgen zu schlafen, wenn sie die Nacht vorher lange gefeiert haben?
  leicht – ziemlich leicht – mittel – ziemlich schwer – schwer«.
- »Fühlen Sie sich am nächsten Tag schläfrig, wenn Sie die Nacht zuvor nur sehr wenig geschlafen haben?
  sehr schläfrig – ziemlich schläfrig – mittel – ziemlich wenig schläfrig – wenig schläfrig«.

> Eine Skala wie diese könnte geeignet sein, Personen danach auszuwählen, ob sie die belastende Situation der Schichtarbeit mehr oder weniger gut bewältigen, sie könnte aber auch – und dafür plädieren die Autoren – dafür herangezogen werden, psychische Störungen und psychophysisches Befinden von Schichtarbeitern differentialpsychologisch vorherzusagen.

So ist es etwa denkbar, daß sehr rigide und zur Mattigkeit neigende Personen als Folge von Schichtarbeit vermehrt jene Symptome zeigen, die in zunehmendem Maße auch in der organisationspsychologischen Literatur als negative Auswirkungen von Streß beschrieben werden (vgl. Frankenhäuser, 1976; Gardell, 1978; Frese, 1980; Udris, 1980). Derartige Streßauswirkungen – jetzt allgemein und nicht nur als Folge von Schichtarbeit gesehen – können an physiologischen Meßwerten abgelesen und an auffälligen Verhaltenssymptomen wie exzessivem Alkohol- oder Tablettenkonsum erkannt werden. Hinweise bieten aber auch subjektive Äußerungen im Hinblick auf Angstzustände oder verminderte Selbstwertgefühle, aber auch psychosomatische Beschwerden bis hin zum Magengeschwür oder Herzinfarkt (Gebert, 1981).

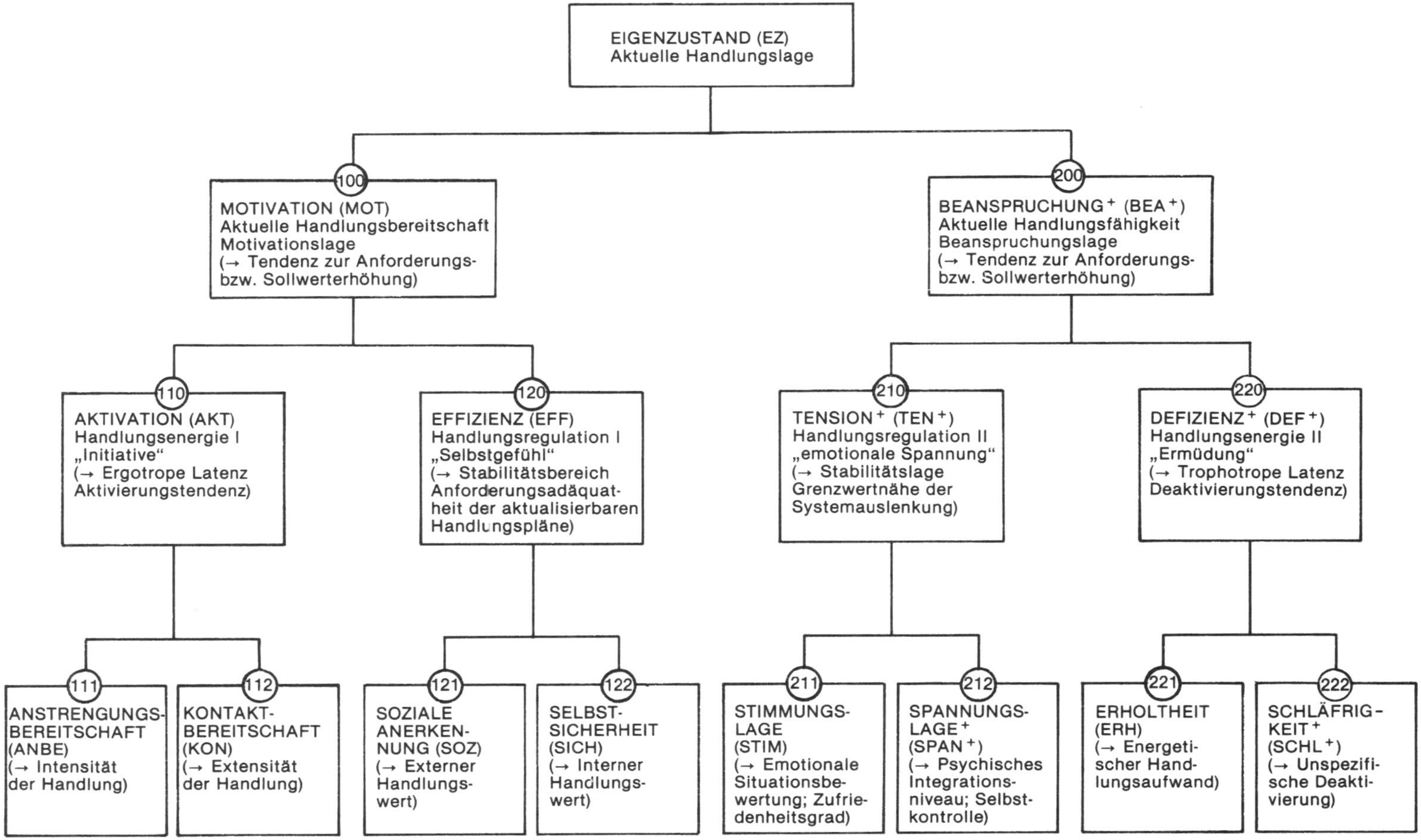

Abb. 65 Faktorenhierarchie der EZ-Skala (Interpretationsschema)

Bei der Bekämpfung derartiger negativ zu wertender Streßfolgen (Disstreß) stehen dem Organisationspsychologen – falls er entsprechende Einflußchancen in der Organisation hat – unterschiedliche Strategien zur Verfügung, wobei bevorzugt wohl an die *primäre Prävention* zu denken ist, d.h. an die Beseitigung solcher Arbeits- oder Organisationsbedingungen, die gehäuft die genannten Streßsymptome im Gefolge haben. Dabei ist (vgl. z.B. McGrath, 1976; Kahn, 1978) an unterschiedliche Faktoren zu denken, etwa an den Schwierigkeitsgrad der Aufgabe, um dadurch aufgabenbedingten Streß durch Über- oder Unterforderung zu vermeiden, an den Abbau von Konfliktpotentialen oder Rollenambiguität, um rollenbedingten Streß herabzusetzen, an die Arbeitsumgebung, um Streß als Folge von Lärm, Hitze oder Staub zu reduzieren, oder auch an die soziale Umgebung, die durch übermäßige Dichte, durch Isolation oder Hetze Streß bedingen kann.
An schwerpunktmäßig personalen Strategien stehen auf der einen Seite *Selektion* und auf der anderen Seite *Immunisierung* bzw. Therapie zur Verfügung.
Selektionsstrategien können so aussehen, daß Personen, die in besonderem Maße streßgefährdet sind, von solchen Arbeitssituationen ferngehalten werden, die für sie ein überdurchschnittliches Risiko beinhalten. So kennt man – um beim zuvorgenannten Beispiel zu bleiben – sogenannte »Morgen-Typen« (vgl. Östberg, 1976), denen es u.a. ausgesprochen schwerfällt, selbst nach einer durchwachten Nacht am Morgen auszuschlafen. Für sie stellt Schichtarbeit ein besonderes gesundheitliches Risiko dar; sie könnten entsprechend nach einem einschlägigen diagnostischen Vorgehen von der Schichtarbeit ferngehalten werden.
Interventionen im Sinne einer sekundären Prävention können in unterschiedlicher Weise bei der Person ansetzen. Von besonderer Bedeutung dürften hier solche Vorgehensweisen sein, die den Stelleninhaber so qualifizieren, daß er erhöhte Kontrolle über seine Arbeitssituation gewinnt und auf diese Weise zu gesteigerter Streßresistenz kommt (vgl. Semmer u. Pfäfflin, 1978). Zu denken ist aber auch an ganz spezifische, typisch therapeutisch ausgerichtete Vorgehensweisen, die z.B. bei bestimmten Formen des sozialen Streß in einem Selbstsicherheitstraining bestehen können, ähnlich dem, das zuvor beschrieben wurde.

Ein Problem derartiger Vorgehensweisen liegt allerdings darin, daß sie sehr »individualistisch« ausgerichtet sind und, als Folge der erzielten Verhaltensmodifikation, den Trainierten in Gegensatz zu seinen Kollegen bringen können (vgl. Frese, 1980). Dadurch wiederum können neue Streßgefahren entstehen: Soziale Unterstützung, die sich u.a. darin zeigt, daß der einzelne emotionale Unterstützung durch die Kollegen erfährt, direkte Hilfe bei der Arbeit erhält und ein Gefühl der Solidarität erlebt, schützt zwar vor Streß (vgl. House u. Wells, 1978; Gardell, 1979), wird aber u. U. durch ein derart »individualistisch« ausgerichtetes Training vermindert.

Das Selbstsicherheitstraining kann natürlich nur als ein denkbares Beispiel therapeutischer Intervention bei Streß gelten. Einen breiteren Überblick über denkbare Vorgehensweisen vermittelt eine Tabelle von Huber und Wagner-Link (1980, S. 717), bei der besonders interessant erscheint, daß die verschiedenen Verhaltensebenen angesprochen werden, an denen die Maßnahmen greifen und zudem danach unterschieden wird, ob es sich um systematische oder um unsystematische Maßnahmen handelt (vgl. Tab. 7).
Zum Teil andere Formen der Intervention werden dort empfehlenswert sein, wo – etwa als Folge der Arbeit – Behinderung gegeben ist und das Ziel der Maßnahmen darin liegt, zur *Rehabilitation* beizutragen. Auch in diesem Bereich ist mit erheblichem Gewicht an objektive Bedingungen zu denken, d.h., es lassen sich Arbeitsplätze in Organisationen so strukturieren, daß der Behinderte in die Lage versetzt wird, an ihnen tätig zu werden. So zeigt

z.B. Brackhane (1980) am Beispiel einer Universität auf, wie architektonische und bauliche Maßnahmen getroffen werden können, damit Behinderte – insbesondere Rollstuhlfahrer – in den Hochschulbetrieb integriert werden können.

Originär psychologische Arbeit kann aber auch an der Person des Behinderten ansetzen (vgl. Semmer, 1978; Seifert, 1980). Insbesondere kann dem Behinderten geholfen werden, die von ihm selbst erlebte Behinderung kognitiv und motivational zu verarbeiten, damit er nicht – etwa im Sinne der gelernten Hilflosigkeit nach Seligman (1979) – in eine depressive und resignative Haltung versinkt, die ein spezifisches Training jener Fertigkeiten vereiteln dürfte, die für die (Wieder-)Ausübung des Berufs erforderlich erscheinen.

Besondere Bedeutung kommt dabei der Förderung der Motivation des Behinderten zu, der – z.B. nach einem Unfall – die Diskrepanz zwischen seinen früheren Fertigkeiten und dem jetzt gegebenen Zustand drastisch erlebt und entsprechend resignieren kann. Ein wesentliches Gewicht kommt hier den therapeutisch arbeitenden Personen zu, die durch ihr Verhalten dazu beitragen können, auch kleine Schritte in Richtung auf die wiederzuerlangende Kompetenz zu bekräftigen (vgl. Michael, 1970; Safilios-Rothschild, 1970) und ihn zudem mit Techniken vertraut zu machen, die ihn von der Fremdverstärkung unabhängig machen, indem sie es ihm ermöglichen, erwünschte Verhaltensweisen durch Selbstverstärkung und Selbstkontrolle zu steigern (vgl. Hartig, 1975).

4.2.5.10. Integration von Frauen in qualifizierte Fach- und Führungsaufgaben

Unternimmt man quantitative Personalanalysen in deutschen Organisationen der Wirtschaft oder Verwaltung, so wird man insgesamt auf stark streuende Frauenanteile stoßen. In manchen Betrieben oder Branchen liegt der Frauenanteil unter 20, in anderen dagegen über 50%. Eines aber läßt sich trotz all dieser Unterschiedlichkeit verallgemeinernd festhalten: Je qualifizierter die zu erledigenden Aufgaben sind und je höher die betrachtete hierarchische Ebene ist, desto geringer ist der relative Anteil der dort tätigen Frauen. Gelegentlich geht dies so weit, daß auf der untersten Ebene 50% der Erwerbstätigen weiblichen Geschlechts sind, der Anteil der Frauen in den »Chefetagen« dagegen schlicht bei 0 liegt (Friedel-Howe, 1986; Domsch u. Regnet, 1990). Dies ist ein – bedenkt man das bei

Tab. 7 Maßnahmen der Erregungsreduktion in ihrer primären Beziehung zu den Verhaltensebenen

Verhaltensebene	Maßnahmen der Erregungsreduktion systematisch	 unsystematisch
motorisch	– systematische Muskelentspannung (SE) – (Hatha-Yoga)	z.B.: Sport, Tanzen, allgemeine körperliche Betätigung
vegetativ	– Autogenes Training (AT) – (Bhakti-Yoga)	Tabletten, Alkohol, Essen (kurzfristig) Sexualität, Zärtlichkeit
kognitiv	– (Systematische Autogene Meditation [SAM]) – (Inana-Yoga)	Konzentrationsversuche/Übungen/Beten »Abschalten«

uns geltende politische Zielsystem – nicht erwünschter Zustand, denn sowohl die Verfassung als auch vielfältige Gesetze untersagen die Benachteiligung von Menschen aufgrund ihrer Geschlechtszugehörigkeit. Chancengleichheit ist also geboten, aber nicht realisiert. Dies wirft die Frage nach den Gründen der Unterrepräsentation von Frauen im Management auf, der in jüngster Zeit vielfach nachgegangen wurde (Friedel-Howe, 1986; Schultz-Gambard u.a., 1991).

Die erste naheliegende Frage ist wohl die nach etwaigen Kompetenzunterschieden zwischen Frauen und Männern. Nicht selten wird man ja mit der Behauptung konfrontiert, daß Frauen für Führung weniger als Männer befähigt seien. Die vorliegende Empirie stützt diese Behauptung nicht. Sammelreferate und Metaanalysen (Friedel-Howe, 1990; Eagly u. Johnson, 1990) kommen übereinstimmend zu dem Ergebnis, daß sich die Verhaltensweisen von Männern und Frauen in Führungspositionen nicht oder nur marginal voneinander unterscheiden. Dieser Befund scheint dafür zu sprechen, daß es keine geschlechtsspezifischen Befähigungsunterschiede gibt. Dennoch ist er nicht ganz beweiskräftig (Friedel-Howe, 1990). Die Daten belegen nur, daß jene Frauen, die Führungspositionen erreichten, ihre Aufgabe ebenso gut erfüllten, wie jene Männer, die in vergleichbaren Positionen sind. Die Selektionsrate aber ist eine gänzlich andere, und auch der Weg, den Frauen zu gehen haben, bis sie Führungspositionen erreichen, unterscheidet sich nachhaltig von dem, den Männer in aller Regel gehen (Parkin u. Hearn, 1987; Kanter, 1977; Gallese, 1986). Demnach darf es als wahrscheinlich gelten, daß Frauen, die Führungspositionen innehaben, weniger typisch und repräsentativ für Frauen generell sind, als dies für führende Männer, bezogen auf die Grundgesamtheit von Männern, gilt. Dies wiederum bedeutet, daß die Frage, ob Frauen in den Organisationen der Wirtschaft und Verwaltung, so wie sie heute beschaffen sind, ebenso erfolgreich wie Männer führen können, bislang ohne befriedigende Antwort geblieben ist.

Es kommt allerdings nicht allein auf das Können, sondern auch auf das Wollen an. Wünschen Frauen in gleichem Maße wie Männer den Aufstieg in Führungspositionen? Viele Praktiker des Personalwesens bezweifeln dies nachhaltig und finden von wissenschaftlicher Seite eine gewisse Bestätigung (Beck-Gernsheim, 1980; Gallese, 1986; Bischof-Köhler, 1990). Unterschiedliche Gründe werden genannt. Aufgrund ihrer Mehrfachrolle müßten Frauen im Falle eines Aufstiegs ihre anderen subjektiv positiv eingestuften und objektiv bedeutsamen Rollen als Hausfrau und Mutter vernachlässigen, was sie häufig nicht wollten. Darüber hinaus sei Karriere gleichbedeutend mit einem Verzicht auf »Weiblichkeit«, da die Karriere in den von Männern geprägten Unternehmen einen »männlichen Verhaltensstil« fordere. Aufgrund genetischer Determination seien Frauen – so wird ferner argumentiert – wenig geneigt, sich in eine starre Hierarchie einzufügen und in dieser Führungspositionen zu übernehmen. Diese letzte Begründung wirft eine weitere zentrale Frage auf. Falls es unter den Aspekten der Eignung und Neigung für Führungspositionen Unterschiede zwischen Frauen und Männern gibt, sind diese dann genetisch oder sozialisationsbedingt? Nun zeigt die vorliegende Forschung zur Verhaltensgenetik (Asendorph, 1988) recht klar, daß eine derartige »Entweder-oder-Frage« zu einfach und damit falsch gestellt ist. Der Einfluß der Sozialisation auf die Herausbildung von Geschlechterrollen ist unbestritten. Unstrittig ist auch, daß es im Erleben und Verhalten genetisch bedingte Geschlechtsunterschiede gibt (Merz, 1979; Omark u.a., 1980). Offen muß allerdings derzeit die Antwort auf die Frage bleiben, ob mögliche genetische determinierte Erlebens- und Verhaltensdifferenzen für die Eignung und Neigung für Führungsrollen von Bedeutung sind. Allerdings gibt es einige gewichtige – wenn auch nicht unumstrittene – Annahmen, die dies bejahen (Bischof, 1989; Bischof-Köhler, 1990). Folgt man diesen Auffassungen, so hat sich im Zuge der Evolution aufgrund der Jahrhunderttausende währenden geschlechtsspezifischen

Arbeitsteilung bei den Männern so etwas wie eine »Hierarchie- und Organisationsfähigkeit« entwickelt, was zum einen darauf zurückzuführen ist, daß sie wegen ihrer geringeren parentalen Investition (Trivers, 1978) beim Kampf um die Gunst des Geschlechtspartners Rangreihenbildung und somit Hierarchie akzeptierten und zugleich bei der offensichtlich den Männern vorbehaltenen Jagd auf Großwild nur eine Erfolgs- und Überlebenschance hatten, wenn sie sich in eine »heilige Ordnung«, eine Hierarchie (Schwarz, 1985), einfügten und die Spielregeln der streng gegliederten und organisierten Gruppen akzeptierten. Hierarchisch gegliederte Organisationen wären somit aus der Arbeitsteilung zwischen den Geschlechtern erwachsen und für Männer kennzeichnend. Diese hätten sich im Evolutionsprozeß auch durch den Jahrtausende langen Prozeß von Mutation und Selektion verhaltensgenetisch daran adaptiert.

Nur ist die Frage, ob die möglicherweise stärker ausgeprägte Fähigkeit und Fertigkeit von Männern, sich an die meist von Männern geschaffene Organisation anzupassen und darin Macht auszuüben, primär genetisch oder sozialisationsbedingt ist, für die Entscheidung zwischen verschiedenen Interventionswegen nicht ausschlaggebend, da genetisch fixiert keineswegs mit unveränderbar gleichzusetzen, aber situationsbedingt auch nicht mit leicht veränderbar zu übersetzen ist. Will man dem Ziel näherkommen, auch Frauen in Organisationen ähnliche Einfluß- und Karrierechancen wie Männern zu ermöglichen, so könnten die Maßnahmen – dies ist eine grundsätzlich auch werthaltige Entscheidung – schwerpunktmäßig so aussehen, die Bedingungen in den Organisationen und im Lebensumfeld der Familie so zu verändern, daß sie den Frauen und ihrer Auffassung von Lebensführung und Weiblichkeit entsprechen oder aber durch Sozialisations- und gezielte Personalentwicklungsmaßnahmen den Frauen jene Kompetenzen zu vermitteln, die für jene Männer kennzeichnend sind, die in von Männern geschaffenen und geprägten Organisationen den Weg an die Spitze finden. Derzeit lassen sich, analysiert man unterschiedliche Wege zur Chancengleichheit zwischen Mann und Frau in den Organisationen (Domsch u. Regnet, 1990), Ansätze in beide Richtungen beobachten, z.B. die Möglichkeit eingeschränkter Berufstätigkeit in der »Familienphase« mit Rückkehrmodellen auf der einen Seite, Selbstsicherheits- und Selbstbehauptungstraining für Frauen auf der anderen Seite.

Sieht man von derartigen grundsätzlichen Erwägungen einmal ab und akzeptiert die durchaus plausible Annahme, daß sehr viel mehr Frauen bereit und fähig sind, in Führungspositionen zu gelangen, als es heute realisiert wird, so sind für diese »Unterrepräsentation der Frauen im Management« (Friedel-Howe, 1986) wohl vor allem die folgenden Gründe zu nennen:

- Das Stereotyp des typischen Managers ist männlich geprägt, d.h., das »Image« einer Führungskraft ist dem eines Mannes sehr viel ähnlicher als dem einer Frau, was im Extremfall zu der Auffassung von Personalentscheidern führt: »Gute Frau gleich schlechte Führungskraft« (Neubauer, 1990). Auswahl- und Aufstiegsentscheidungen werden dadurch mitgeprägt.
- Verhaltensweisen werden im starken Maße in der Gesellschaft durch Vorbilder vermittelt. Da es nur wenige weibliche Führungskräfte gibt, finden jüngere befähigte Frauen kein Modell, an dem sie ihr Verhalten orientieren können.
- Durch das erziehungsbedingte Leitbild typisch weiblicher Berufstätigkeiten geleitet, wählen Frauen relativ selten jene Studiengänge, die in aller Regel als akademische Voraussetzung für Managementtätigkeiten angesehen werden. Konkret heißt dies, daß Frauen innerhalb des betriebswirtschaftlichen Studiums deutlich unterrepräsentiert und innerhalb der ingenieurwissenschaftlichen Studiengänge geradezu als Ausnahme anzusehen sind.

- Die für Personalentscheidungen Zuständigen sind in weit überwiegender Zahl Männer, die – so zumindest ein Argument von feministischer Seite – Frauen eben deshalb um die Aufstiegschancen bringen, weil es sich um Frauen handelt. Diese würden bewußt diskriminiert.
- Unternehmen der Wirtschaft und Verwaltung kalkulieren rational die Kosten für die Personalentwicklung. Da bei Frauen die Wahrscheinlichkeit sehr viel größer als bei Männern ist, daß sie nach der Geburt des ersten Kindes die Berufstätigkeit aufgeben, gehen damit Investitionen für die Qualifikation der jungen Frauen dem Betrieb verloren.
- Frauen können sich wegen des noch immer tradierten Rollenverständnisses (Beck-Gernsheim, 1980) nicht in dem Maße um ihre beruflichen Aufgaben kümmern wie Männer in ihren Positionen, da sie im überdurchschnittlichen Maße die Last der Familienarbeit tragen. Wirkliche Karrierechancen ergeben sich damit fast ausschließlich für jene Frauen, die auf eine Familie verzichten, ein Opfer, das in entsprechender Weise von Männern nicht gefordert wird.
- Da Frauen in qualifizierten Fach- oder gar Führungspositionen Ausnahmen sind, befinden sie sich dort in einer ausgesprochenen Minderheitsposition (Kanter, 1977). Dadurch geraten sie häufig auf den »Prüfstand«, was wiederum heißt, daß ihre Fehler aufmerksamer als diejenigen ihrer männlichen Kollegen registriert werden (Metz-Göckel u. Müller, 1986). Außerdem behindere die Minderheitsposition das Knüpfen informeller Netze, wie es für die Mikropolitik (Neuberger, 1991) männlicher Führungskräfte kennzeichnend ist.

Leitet man nun aus diesen Ursachen der Benachteiligung Interventionen ab, die gezielt zu einer Chancenverbesserung der Frauen im Betrieb beitragen können, so ist entsprechend an die nachfolgenden Maßnahmen, die zum Teil personaler, zum Teil struktureller Art sind, zu denken (vgl. Friedel-Howe, 1987):

- Training von Frauen in typisch »männlichen« Führungsverhaltensweisen wie z.B. Sicherheit des Auftretens, Durchsetzung, Konflikte ansprechen etc.
- Modifikation des Leitbildes der Führungskraft hin auf »weibliche« Anforderungen wie z.B. Konsensfindung, Kommunikationsfähigkeit, Intuition etc.
- Präsentation von weiblichen Führungsmodellen für potentielle weibliche Führungsnachwuchskräfte z.B. an den Hochschulen durch Förderung von Professorinnen oder Einladung von Unternehmerinnen oder Managerinnen in praxisorientierte Seminare; Betriebspraktika von Studentinnen gezielt unter der Anleitung weiblicher Führungskräfte.
- Maßnahmen auf freiwilliger Basis oder auf gesetzlicher Grundlage auf der betrieblichen und überbetrieblichen Ebene gegen die Diskriminierung, eventuell verbunden mit der Einführung dynamischer Quotenregelungen.
- Entwicklung von Arbeitszeitmodellen, die Frauen in der »Familienphase« berufliche Tätigkeit ermöglichen; Arbeitsplatzgarantien für Frauen, die einen Erziehungsurlaub in Anspruch nehmen.
- Adäquate Rückkehrmodelle für Frauen, die nach der Familienphase wieder berufstätig werden; Kindergarten- und Hortplätze bevorzugt für Kinder berufstätiger Frauen.
- Elterliche und schulische Sozialisation von Frauen in der Form, daß auch Studiengänge wie Naturwissenschaft, Technik und Informatik mit dem Leitbild der Weiblichkeit kompatibel werden.
- Erziehung der Jungen auf selbstverständliche Partnerschaft im Haushalt hin, z.B. dadurch, daß diese im gleichen Maße wie die heranwachsenden Mädchen Pflichten bei der Hausarbeit übernehmen.

- Förderung von Teilzeit- und Jobsharing-Modellen für Männer und Frauen.
- »Konzentration« der wenigen im Betrieb tätigen Frauen in Führungspositionen auf bestimmte Abteilungen und Bereiche, um dem erlebten Minderheitenstatus entgegenzuwirken.

Die Liste der Maßnahmen ließe sich erheblich verlängern (Friedel-Howe, 1986,1987; Kanter, 1977; Domsch u. Regnet, 1990). Allerdings verdeutlicht die Liste der soeben angeführten exemplarisch ausgewählten Maßnahmen, daß der Weg zur Chancengleichheit ein zeitlich langer sein wird, da er erheblichen gesellschaftlichen Wandel voraussetzt. Er wird allerdings voraussichtlich dadurch beschleunigt werden, daß aufgrund des Geburtenrückganges und der damit absinkenden Zahl hochqualifizierter männlicher Bewerber die Organisationen der Wirtschaft und Verwaltung auf qualifizierte weibliche Fach- und Führungskräfte angewiesen sein werden. Wenn diese dann in den Betrieben in allen Bereichen und Ebenen eine beachtliche Anzahl darstellen, so wird dies erhebliche Erlebens- und Verhaltensänderungen bei den zuständigen Führungskräften, aber auch bei den Frauen und Männern in den geschlechtsgemischten Arbeitsgruppen erforderlich machen. Ganz gezielte Trainingserfordernisse lassen sich daraus ableiten.
Trainingsmaßnahmen bei den Personalverantwortlichen und bei den betroffenen Frauen alleine dürften allerdings kaum genügen, um die »Unterrepräsentation von Frauen im Management« (Friedel-Howe, 1986) nachhaltig zu korrigieren. Erforderlich sind zum einen Strukturmaßnahmen in den ganz offensichtlich männlich geprägten hierarchischen Organisationen (Schwarz, 1985), aber auch die Modifikation von Einstellungen Personalverantwortlicher, die vermutlich kaum bewußt sein dürften. Darauf weisen Befunde von Rappensperger (1996; 1998) hin. Die Autorin verglich im Rahmen einer Längsschnittstudie an Hochschulabsolventen und -absolventinnen (v. Rosenstiel, Nerdinger u. Spieß, 1998) den Karrierenweg im ersten Berufsjahr bei weiblichen und männlichen Absolventen von ingenieurwissenschaftlichen sowie von wirtschaftswissenschaftlichen Studiengängen. Da die empirischen Analysen zeigten, daß erwartungsgemäß kaum weibliche Ingenieure in der nach dem Zufallsprinzip gewählten Stichprobe waren, mußte sich Rappensperger auf die Teilstichprobe der Betriebswirte und Betriebswirtinnen beschränken.
In den Studienleistungen, wie sie in den Abschlußzeugnissen dokumentiert sind, unterschieden sich die weiblichen von den männlichen Betriebswirten nicht signifikant voneinander. Entgegen der ursprünglichen Erwartung wurden die Betriebswirtinnen bei der Personalselektion von den Organisationen nicht benachteiligt. Es gab keine signifikanten Unterschiede zwischen Frauen und Männern, weder was die Bewerbungswege betrifft, noch die Anzahl der Einladungen zu Vorstellungsgesprächen noch die Zeit bis zur Einstellung in eine adäquate Position. Auch die ihnen zugewiesenen Positionen waren, freilich gemessen an subjektiven Indikatoren, vergleichbar.
Dennoch ließen sich Hinweise für eine Diskriminierung der Frauen finden. Ihnen wurden zu Beginn häufiger als den Männern befristete Arbeitsverträge angeboten, wie die Daten zum zweiten Befragungszeitpunkt ca. ein Jahr nach der ersten Befragung zum Zeitpunkt des Abschlußexamens zeigten. Diese Benachteiligung allerdings relativiert sich ein gutes Jahr später, also zu t_3. Eine andere wirklich gravierende Schlechterstellung ließ sich jedoch zu t_2 als auch – praktisch unverändert – zu t_3 diagnostizieren: Die Frauen verdienten zu t_2 und zu t_3 trotz gleicher Studienabschlüsse ca. DM 800,– weniger als ihre männlichen Kollegen. Sieht man im Gehalt einen Indikator der Wertschätzung, einen Hinweis auf spätere Förderung und Beförderung, so läßt sich hier bereits eine im Unternehmen vermutlich kaum reflektierte Weichenstellung zuungunsten der Frauen vermuten.

Geradezu paradox erscheint es vor diesem Hintergrund, daß trotz ihrer relativen Unterbezahlung die Frauen zufriedener als die Männer waren, eine stärkere Bindung an das Unternehmen aufwiesen und seltener an Kündigung dachten.
Interpretieren muß man diesen überraschenden Befund wohl vor dem Hintergrund eher pessimistischer Einstellungs- und Karriereerwartungen der Frauen. Sie hatten – verglichen mit den Männern – zu t_1, also zum Zeitpunkt ihres Abschlußexamens, die Wahrscheinlichkeit der Einstellung und der späteren Karriere negativer beurteilt. Da nun entgegen ihrer Befürchtung die Einstellungschancen ähnlich gut wie jene der Männer waren, erwiesen sich die Frauen als zufriedener, zeigten die höhere Bindung an das Unternehmen und dachten seltener an Kündigung (v. Rosenstiel, 1997).
Abbildung 66 zeigt wichtige Befunde der Studie.

Vielfältige Hinweise aus der qualitativen und quantitativen Forschung (Dion, 1985; Friedel-Howe, 1990) weisen darauf hin, daß die Kooperationsstile von Männern und Frauen in Arbeitsgruppen sich unterscheiden. So neigen die Männer – was die Grundorientierun-

	Männer		Frauen		Signifikanz	
	M	SD	M	SD	F(df) = Wert	p
Bewerbungswege						
Stellenanzeigen (t_2)	3.31	1.63	3.28	1.71	$F(1.210) = 0.01$	ns
Persönliche Kontakte (t_2)	3.09	1.53	3.16	1.47	$F(1.210) = 0.09$	ns
Eingliederungshilfen						
Realistische Tätigkeitsvorschau (t_2)	4.02	0.61	4.16	0.63	$F(1.204) = 2.61$	ns
Umfang sozialer Unterstützung (t_2)	4.60	1.78	4.70	1.85	$F(1.208) = 0.14$	ns
Qualität sozialer Unterstützung (t_2)	3.82	1.43	3.88	0.77	$F(1.206) = 0.40$	ns
Arbeitsplatzmerkmale						
Entscheidungsspielraum (t_2)	3.95	0.74	3.87	0.82	$F(1.213) = 0.62$	ns
Variabilität (t_2)	3.99	0.73	4.09	0.68	$F(1.213) = 0.33$	ns
Qualifikationseinsatz (t_2)	3.99	0.88	3.26	0.74	$F(1.213) = 0.56$	ns
Verantwortung (t_2)	3.42	0.81	3.55	0.73	$F(1.213) = 1.41$	ns
Zielfortschritte	3.36	0.76	3.49	0.77	$F(1.210) = 1.32$	ns
Indikatoren gelungener Integration						
Arbeitszufriedenheit (t_3)	4.59	1.02	4.89	0.91	$F(1.215) = 4.50^a$	*
					$F(1.180) = 2.69^b$	ns
Organisationale Verbundenheit (t_3)	3.03	0.75	3.21	0.64	$F(1.215) = 3.31^a$	ns
					$F(1.180) = 1.41^b$	ns
Kündigungsabsicht (t_3)	1.51	1.21	1.14	0.98	$F(1.216) = 5.30^a$	*
					$F(1.181) = 1.21^b$	ns

Anmerkung: *: $p<0.5$; [a]Univariate ANOVAs durchgeführt ohne Kontrolle der Unternehmenszugehörigkeit; [b]Univariate ANOVAs durchgeführt mit Unternehmenszugehörigkeit als Kovariate.

Abb. 66 Bewerbungswege, Eingliederung, Arbeitsplatzmerkmale und gelungene Integration im geschlechtsspezifischen Vergleich (Rappensperger, 1996, S. 163; aus Wunderer u. Dick, 1997, S. 280)

gen betrifft – offensichtlich stärker dazu, rasch die Leistungsziele auch auf Kosten von Beziehungsstörungen zu erreichen, während die Frauen die guten Beziehungen seltener zu opfern bereit sind. Im konkret beobachtbaren Verhalten scheinen die Männer eher wettbewerbsorientiert zu sein, einen sachlichen Kommunikationsstil zu pflegen und Mehrheitsentscheidungen auch auf Kosten der unterlegenen Minderheit eher in Kauf zu nehmen, während die Frauen kooperativer eingestellt sind, Gefühle zu kommunizieren suchen und nach Konsensentscheidungen streben. Dazu paßt auch, daß sie im Konfliktfall auf Kompromisse aus und somit eher zum Nachgeben bereit sind, falls sich die Kompromisse nicht finden lassen – im Gegensatz zu den Männern, die als Konfliktstil den Gewinn-, Verlustkampf wählen. Entsprechend setzen sich auch in den geschlechtsgemischten Gruppen Männer eher als Sprecher der Gruppe oder gar als informelle Führer durch. So präsentieren die Männer z.B. weitaus häufiger als Frauen nach einer gemeinsamen Projektgruppenarbeit die Arbeitsergebnisse.
Ein weiteres Problem, das sich aus intensiver Kooperation in geschlechtsgemischten Gruppen ergibt, erwächst aus den bislang von der Forschung eher tabuisierten erotischen und sexuellen Beziehungen (Anderson u. Hunsaker, 1985; Mainiero, 1986; Warfield, 1987). Begünstigt werden derartige Beziehungen durch räumliche Nähe, ähnlichen fachlichen und sozioökonomischen Hintergrund der Partner, Intensität und Dauer der Kooperationsbeziehung sowie durch gemeinsame emotionale Erfahrungen, z.B. das Feiern von Erfolg oder das gemeinsame Tragen des Mißerfolges. Die Auswirkung derartiger sexueller Beziehungen in Arbeitsgruppen wurde bislang nur wenig untersucht (Mainiero, 1986; zusammenfassend Friedel-Howe, 1990). Es scheint allerdings so zu sein, daß die betroffenen Partner selbst durch die Beziehung in ihrer Arbeit nicht selten stimuliert werden, während das Klima in der Gesamtgruppe dadurch irritiert wird. Eifersucht, das Gefühl, ausgeschlossen zu sein, das Vorhandensein eines »natürlichen« Partners bei »verbandelten« Gruppenmitgliedern belastet die sachbezogene Kooperation. Vorgesetzte sind meist relativ hilflos angesichts einer derartigen Situation. Ihnen fehlte sowohl hinsichtlich der Ziele als auch hinsichtlich der Methoden Informationen darüber, wie damit umgegangen werden sollte. Offensichtlich ist die intensive Kooperation zwischen Frauen und Männern im qualifizierten Bereich eine soziale Innovation, für die sich Normen des Verhaltens erst wenig herausgebildet haben.

Weiterführende Literatur

1. Wie man von der psychologischen Arbeitsanalyse zur Ermittlung der Anforderungen, die an den Stelleninhaber zu richten sind, gelangt, zeigt Frieling, E.: Psychologische Arbeitsanalyse, Stuttgart 1975.
2. Einen guten Überblick über die in Deutschland gebräuchlichen Testverfahren, von denen allerdings nur ein Teil innerhalb der Eignungsdiagnostik brauchbar erscheint, bietet Brickenkamp, R. in: Handbuch psychologischer und pädagogischer Tests, Göttingen 1975.
3. Eine knappe und geraffte Darstellung theoretischer Grundlagen von Personalentscheidungen gibt Hartmann, H.: Personalentscheidungen. In: Hoyos, Graf, C. u.a. (Hrsg.): Grundbegriffe der Wirtschaftspsychologie – Gesamtwirtschaft – Markt – Organisation – Arbeit. München 1980.
4. Eine anspruchsvolle Einführung in die Eignungsdiagnostik stellt die Arbeit von Maukisch, H. dar: Einführung in die Eignungsdiagnostik. In: Mayer, A. (Hrsg.): Organisationspsychologie. Stuttgart 1978, S.105–136.
5. Sehr konkret in Probleme und Vorgehensweisen bei der Assessment-Center-Technik führt ein: Neubauer, R.: Die Assessment-Center-Technik. In: Neubauer, R. und v. Rosenstiel, L. (Hrsg.):

Handbuch der Angewandten Psychologie, Bd. I, Arbeit und Organisation. München 1980, S. 122–158.

6. Einen ausgezeichneten Überblick über die systematische Personalbeurteilung bietet noch immer der Aufsatz von Brandstätter, H.: Die Beurteilung von Mitarbeitern. In: Mayer, A. u. Herwig, B. (Hrsg.): Handbuch der Psychologie, Bd. 9, Betriebspsychologie. Göttingen 1970, S. 668–734.
7. Über theoretische Grundlagen und praktische Vorgehensweisen beim Aufbau motorischer Fertigkeiten informieren knapp – bei Berücksichtigung des aktuellen Forschungsstandes – Ulich, E. und Wunderli, B.: Ausbildung und Training. In: Hoyos, Graf C. u. a. (Hrsg.): Grundbegriffe der Wirtschaftspsychologie, Gesamtwirtschaft – Markt – Organisation – Arbeit. München 1980.
8. Über die Probleme der Einführung neuer Führungskonzeptionen in Organisationen informiert auf theoretischer Basis und im Rahmen einer empirischen Untersuchung Gebert, D.: Zur Erarbeitung und Einführung einer neuen Führungskonzeption. Theorie und Empirie. Berlin 1976.
9. Ein knappes, kritisches Sammelreferat zur Frage der Förderung des Leistungsmotivs verfaßte Krug, S.: Förderung und Änderung des Leistungsmotivs. In: Schmalt, H. D. u. Meyer, W. V. (Hrsg.): Leistungsmotivation und Verhalten. Stuttgart 1976.
10. Wie Selbstvertrauen, bezogen auf das Verhalten am Arbeitsplatz, durch ein standardisiertes Trainingsprogramm gesteigert werden kann, stellen dar Ullrich, R. und Ullrich, R.: Einübung von Selbstvertrauen und sozialer Kompetenz. München 1976, S. 115–198.
11. Therapeutische und prophylaktische Möglichkeiten der Streßbewältigung am Arbeitsplatz werden relativ konkret aufgezeigt von Huber, G. und Wagner-Link, Angelika: Streß: Ursachen und Bewältigung. In: Neubauer, R. u. v. Rosenstiel, L. (Hrsg.): Handbuch der Angewandten Psychologie, Bd. I, Arbeit und Organisation. Stuttgart 1980, S. 707–719.
12. Eine Einführung in die Streßforschung gibt Gebert, D.: Belastung und Beanspruchung in Organisationen. Ergebnisse der Streßforschung. Stuttgart 1981.
13. Wie man über die Weiterbildung die Innovativität steigern kann, zeigen Gebert, D. und Steinkamp, T.: Innovativität und Produktivität durch betriebliche Weiterbildung. Stuttgart 1990.

Fragen

53. Was versteht man unter synthetischer Validierung?
54. Nach welchen Gesichtspunkten lassen sich psychologische Testverfahren klassifizieren?
55. Nennen Sie ein Beispiel für die Prozeßdiagnostik!
56. Von welchen Einflußgrößen ist innerhalb der Taylor-Russel-Tafeln der Anteil der Geeigneten in der ausgelesenen Population abhängig?
57. Worin besteht der Unterschied zwischen Selektionsstrategien und Modifikationsstrategien?
58. Stellen Sie an einem Beispiel dar, wie Bewerber mit Hilfe der Assessment-Center-Technik für Führungspositionen ausgewählt werden!
59. Welchen Zielen kann die systematische Personalbeurteilung dienen?
60. Wie klassifiziert man die gebräuchlichen Verfahren der systematischen Personalbeurteilung?
61. Von welcher Untersuchungseinheit geht man bei der Ermittlung des Bildungsbedarfs aus?
62. Beschreiben Sie die in der Praxis häufig antreffbare »Vierstufenmethode« im Rahmen des Anlernens!
63. Was unterscheidet die Ganzheitsmethode von der analytischen Methode?
64. Worin bestehen die Vor-, worin die Nachteile der programmierten Unterweisung?
65. Nennen Sie ein deutschsprachiges Verfahren zur Messung des Führungsverhaltens! Welche Dimensionen dieses Verhaltens erfaßt es?
66. Welche Verhaltensänderungen werden durch ein Sensitivity-Training erzielt?
67. Aus welchen Bestandteilen setzt sich ein Trainingsprogramm zur Steigerung der Leistungsmotivation zusammen?
68. Was versteht man unter systematischer Desensibilisierung?
69. Was muß im Rahmen einer Verhaltensanalyse erfaßt werden?
70. Welche Maßnahmen gibt es, um negativen Streß-Effekten zu begegnen?

4.3. Messung und Intervention bei der Situation

Die bisherigen Überlegungen waren fast stets davon ausgegangen, daß – im Sinne der klassischen Lewinschen Formel – das *Verhalten eine Funktion der Person und der Situation* ist. Ziel organisationspsychologischer Diagnostik und Intervention ist das Verhalten und Erleben der Menschen in Organisationen. Dabei muß man die Interaktion zwischen Person und Situation bei der Analyse der Verhaltensbedingungen stets vor Augen haben. Wenn hier akzentuierend auf die Situation eingegangen wird, so sollte dies vor dem Hintergrund des zuvor über die Person Gesagten gesehen werden. Situation wird in diesem Zusammenhang weit verstanden: Sie umfaßt alles, was den einzelnen in der Organisation umgibt und somit – um bei der Klassifikation von Leavitt (1965) zu bleiben – nicht nur *Aufgaben* und *Technologien,* sondern auch andere *Menschen* und *Strukturen.* Es wird daher nachfolgend von organisationspsychologischen Verfahren zur Diagnose und Intervention die Rede sein, die sich auf die Aufgabe, die Arbeitsgruppe und die Organisationsstruktur beziehen.

4.3.1. Messung und Intervention bei der Aufgabe

Menschen, die in Arbeitsorganisationen tätig sind, sind in ihrem Handlungsvollzug durch bestimmte implizite oder explizite *Ziele* bestimmt. Diese Ziele, die sich meist aus den Oberzielen der Organisation ableiten und somit, zumindest partiell, Fremdbestimmung beinhalten, verleihen der Arbeitstätigkeit den Aufgabencharakter (vgl. Hacker, 1973). Es sind allerdings nicht die Ziele allein, die eine Aufgabe definieren, sondern auch die spezifisch damit verbundenen Informationen über die Situation, wie z.B. Durchführungsvorschriften, Werkzeuge, technische Einrichtungen (vgl. Frieling, 1980c). Dies führt dazu, daß Aufgaben unter dem Aspekt der verschiedenen Wissenschaften analysiert wurden, wobei die verhaltenswissenschaftliche Perspektive lediglich eine neben anderen ist. Innerhalb des Spektrums verhaltenswissenschaftlicher Sichtweisen lassen sich wiederum betriebswirtschaftliche, verwaltungswissenschaftliche, soziologische oder psychologische Ansätze unterscheiden, wobei es der Psychologie primär darum geht, die Wechselwirkung zwischen dem Menschen und seinen Aufgaben zu untersuchen und dabei aufzuzeigen, welche personellen Leistungsvoraussetzungen auf der *kognitiven und antriebsmäßigen Regulationsebene* (vgl. Hacker, 1973) erforderlich sind, wie der Aufgabenvollzug realisiert wird und wie er sich längerfristig auf die Person auswirkt.

4.3.1.1. Die Aufgabe – psychologisch gesehen

Es gibt verschiedene Ansätze, die Aufgabe unter dem Aspekt der Psychologie zu beschreiben (vgl. Gagné u. Fleishman, 1959; Hackman, 1969; Miller, 1971; Hacker, 1973; zusammenfassend Hoyos, 1974; Frieling, 1975). Als Beispiel sei hier die Sichtweise von Hackman (1969) referiert (siehe hierzu auch unter 3.1.1.). Der Autor sieht in der Aufgabe einen Reizkomplex und eine Reihe von Instruktionen, die angeben, welche Operationen durch den Handelnden im Hinblick auf die Reize durchgeführt werden müssen und welche Ziele zu erreichen sind. In diese Definition gehen also die verhaltensauslösenden Bedingungen und das Verhalten selbst ein, wobei man sich den Ablauf so vorstellen muß, wie es Abbildung 67 zeigt. Wesentlich erscheint innerhalb dieses Schemas, bei dem das S-0-R-Paradigma als Hintergrund erkennbar wird, daß von den objektiven Arbeitsbedingungen deren kognitive Verarbeitung durch die Person im Sinne der *Redefinition* der Aufgabe unter-

schieden wird, wodurch der Ansatz seine explizit psychologische Akzentuierung erhält. Die Redefinition löst dann nach entsprechenden Hypothesenbildungen den eigentlichen Arbeitsprozeß aus, dessen Ergebnis auch von außen bewertet wird, woraus – zumindest andeutungsweise – die Arbeit auch als gesellschaftliches Phänomen erkennbar wird. Bedeutsam erscheint ebenfalls, daß dieser Prozeß vor dem Hintergrund spezifischer Persönlichkeitsfaktoren gesehen wird, die als zeitkonstante und zeitvariable Leistungsvoraussetzungen (vgl. Hoyos, 1974) interpretiert werden können. Von diesen Leistungsvoraussetzungen hängt es ab, in welchem Maße die objektiv mit der Aufgabe verbundenen Belastungen für die Person zur Beanspruchung werden.
Die Belastungen können dabei *aufgabenbezogen* oder aber *unspezifisch* sein. So ist etwa die Informationsmenge, die eine Sekretärin zu verarbeiten hat, eine aufgabenspezifische Belastung, während der im Schreibbüro herrschende Lärm unspezifisch ist.

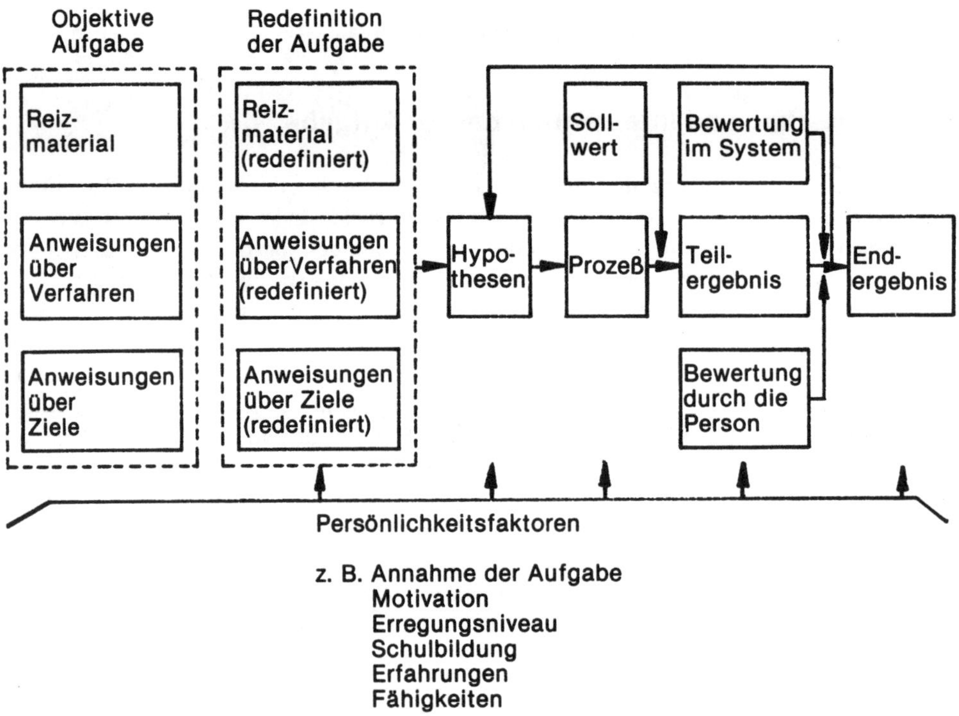

Abb. 67 Aufgabenschema von Hackmann

Aufgrund der intra- und interindividuell streuenden Leistungsvoraussetzungen werden Menschen durch die Belastung unterschiedlich in Anspruch genommen; d.h., es steht der Belastung eine bestimmte Belastbarkeit gegenüber. Rohmert (1973) interpretiert entsprechend die Beanspruchung als unterschiedlich starke Ausschöpfung der unterschiedlichen Leistungsfähigkeit durch die gegebenen Belastungen.

Eine Analyse von Aufgaben nicht nur unter dem Aspekt der objektiven Arbeitsbedingungen, sondern auch unter dem der Arbeitstätigkeit kann also z.B. sehr wohl dazu beitragen, die Belastungen durch die Aufgaben in einer Weise zu modifizieren, daß es nicht zu einer Überbeanspruchung kommt; sie kann aber auch erkennen, daß der Arbeiter durch die Belastungen der Aufgabe einseitig beansprucht wird, so daß Dequalifikation (vgl. z.B. Greif, 1978) die Folge sein kann.

4.3.1.2. Psychologische Arbeitsanalyse

Fast alle psychologischen Meßverfahren zur Diagnostik der Arbeitstätigkeit beziehen sich auf den Arbeitsplatz. Dieser ist in der Regel durch eine Mehrzahl von Aufgaben definiert. Es wird deshalb meist nicht von Aufgabenanalyse, sondern von Arbeitsanalyse oder von Arbeitsplatzanalyse gesprochen. Es stellt sich dabei heraus, daß die Abgrenzung verschiedener Aufgaben, die z.B. einen Arbeitsplatz kennzeichnen, schwierig ist. Tatsächlich ist – trotz vielfältiger Ansätze dieser Art – bislang keine befriedigende Taxonomie der Aufgaben entwickelt worden (vgl. Frieling, 1980c).

Es gibt inzwischen eine große Zahl von Analyseverfahren (Ulich, 1991), die man auf unterschiedliche Weise klassifizieren kann, z.B. danach, was diagnostiziert werden soll (Matern, 1983) oder nach dem Grad der Standardisierung, die die Verfahren aufweisen (Frieling, 1975).

Differenziert man nach dem Inhalt, so gelangt man – folgt man Martern (1983) – zur Unterscheidung zwischen einer a) psychologischen Auftrags- und Bedingungsanalyse und einer b) psychologischen Tätigkeitsanalyse.

Dabei ist, thematisiert man die Vorgehensweise, entscheidend, daß bei der Auftrags- und Bedingungsanalyse unabhängig von den einzelnen handelnden Personen analysiert wird. Es geht um die Untersuchung von Aufträgen und Bedingungen der Tätigkeit, wie sie ohne Rücksicht auf den jeweils Handelnden bestehen. Die Tätigkeitsanalysen sind im Gegensatz dazu personenorientiert und haben das Ziel, konkrete Verhaltensweisen bei der Arbeit, d.h. Gesetzmäßigkeiten der psychischen Tätigkeitsregulation zu erfassen.

Wichtige personenunabhängige Verfahren der Auftrags- und Bedingungsanalyse sind das »Verfahren zur Ermittlung von Regulationserfordernissen in der Arbeitstätigkeit (VERA)« von Volpert u.a. (1983) sowie die »Analyse der Regulationshindernisse in der Arbeitstätigkeit (RHIA)« von Leitner u.a. (1987). Mit Hilfe des VERA soll erkundet werden, mit welchem Ausmaß die Arbeitstätigkeit nicht nur die Ausführung einzelner Verrichtungen, sondern auch vorausschauendes Denken und Planen des Stelleninhabers erfordert. RHIA dient dem Ziel, solche Bedingungen der Tätigkeit zu erkunden, die eine selbständige Regulation des Arbeitshandelns behindern. Zu denken wäre hier beispielsweise an unzureichende Information, inadäquate Werkzeuge etc. Derartige Behinderungen ziehen zusätzlichen Handlungsaufwand nach sich, der zu gesteigerten aufgabenbezogenen psychischen Belastungen führt, die, weil sie personenunabhängig sind, für jede Person gelten.

Ein prominentes exemplarisches Beispiel für ein personenbezogenes Verfahren ist die »subjektive Arbeitsanalyse (SAA)« von Udris und Alioth (1980). Es handelt sich dabei um ein Fragebogenverfahren, dessen Items vom Stelleninhaber selbst auf fünfpunktigen Skalen beantwortet werden. Die Fragen lassen sich sechs Bereichen zuordnen, nämlich dem Handlungsspielraum, der Transparenz, der Verantwortung, der Qualifikation, der sozialen Struktur der Arbeitssituation und schließlich der Arbeitsbelastung. Allerdings sind keineswegs alle personenbezogenen Tätigkeitsanalyseverfahren so strukturiert, daß der Stelleninhaber selbst im Rahmen eines Interviews oder Fragebogens seine subjektive Stellungnahme abgibt. Personenbezogene Verfahren können durchaus auch die Form eines reinen Beobachtungsverfahrens oder eines Beobachtungsinterviews annehmen (Frieling, 1975; Ulich, 1991). Differenziert man die Verfahren nach dem Grad ihrer Standardisiertheit, so wird der Blick eher auf methodische Unterschiede zwischen den einzelnen Vorgehensweisen gelegt. Beispiele für unstandardisierte Analyseverfahren wären die freien, meist schriftlichen Berichte durch die Stelleninhaber, die – wegen der größeren Schreibgewandheit – bei Angestellten häufiger als bei Arbeitern Verwendung finden (vgl. Jones u. De Cotis, 1969), oder aber die Arbeitsausführung durch den Arbeitsanalytiker selbst, was etwa durch das berühmt gewordene Vorgehen von Zavala u.a. (1965) demonstriert wird, in dem die Arbeitsanalytiker vor ihrer Analyse des Helikopterfliegens zunächst einmal selbst die entsprechende Fertigkeit erwarben. Die Bedeutung derartiger unstandardisierter Vorgehensweisen für die Hypothesengenerierung und die Konstruktion standardisierter Meßverfahren auf der einen, die Begrenztheit der Vorgehensweisen für systematische Vergleiche auf der anderen Seite sind so offensichtlich, daß hier nicht gezielt darauf eingegangen werden muß.

Das wohl bekannteste Beispiel für ein halbstandardisiertes Verfahren ist die Methode der kritischen Ereignisse (CIT = Critical Incident Technique), die von Flanagan (1954) entwikkelt wurde. In standardisierter Weise wird hierbei nach ganz bestimmten Arbeitsschritten vorgegangen, wobei die Arbeit, die man bei jedem dieser Schritte durchführt, unstandardisiert ist. Die einzelnen Schritte lassen sich wie folgt kennzeichnen:

1. Das Ziel der Tätigkeit wird bestimmt, um beurteilen zu können, ob beobachtbares Verhalten effektiv oder nicht effektiv für die Zielerreichung ist.
2. Auswahl und Training von Beobachtern, die das Arbeitsverhalten in bezug auf das Arbeitsziel beurteilen.
3. Erhebung der sogenannten »kritischen Ereignisse«, was konkret so aussieht, daß der Beobachter Ereignisse schildert, die zu einer guten bzw. schlechten Ausführung des Auftrags führen.
4. Auswertung.
5. Interpretation, in deren Folge z.B. ein spezifisches Trainingsprogramm erstellt oder ein standardisierter Erhebungsbogen konstruiert werden kann.

Ein in Deutschland besonders bekanntes standardisiertes Analyseverfahren ist der FAA (Fragebogen zur Arbeitsanalyse) von Frieling und Hoyos (1978), der auf den von McCormick u.a. (1969) entwickelten PAQ (Position Analysis Questionnaire) zurückgeht. Beim FAA handelt es sich um ein sogenanntes Beobachtungsinterview, d.h., die einzelnen Items können – mit unterschiedlicher Akzentuierung – nur auf der Grundlage von Beobachtungen von Experten und aufgrund von Befragungen der Stelleninhaber beantwortet werden. Ziel des FAA ist es, explizit das *»Was« der Tätigkeit* zu analysieren. Der FAA besteht aus 221 Items, die sich über vier inhaltliche Bereiche verteilen, die wie folgt benannt sind:

1. Informationsaufnahme und Informationsverarbeitung,
2. Arbeitsausführung,
3. Arbeitsrelevante Beziehungen,
4. Umgebungseinflüsse und besondere Arbeitsbedingungen.

Je nach erfragtem Arbeitselement werden innerhalb des Bogens vom Analytiker verschiedenartige Einstufungen verlangt, z.B. Alternativeinstufungen (trifft zu – trifft nicht zu), Häufigkeitseinstufung (trifft nicht zu/sehr selten/selten/mittel/häufig/sehr häufig), Zeitdauereinstufungen und Wichtigkeitseinstufungen. Das Verfahren arbeitet sehr detailliert und sucht möglichst facettenreich die objektive Arbeitssituation zu erfassen (Beispiel für ein Item: »Wie häufig gelten optische Anzeigen – Lichtsignale, Oszillographen, Radarschirme,

Tachometer, Papierschreiber usw. – als Quelle der Arbeitsinformation«). Dies hat dem FAA den Vorwurf eingetragen, elementaristisch zu sein, ganzheitliche Bezüge aus dem Auge zu verlieren und den psychologisch bedeutsamen Sinnzusammenhang der Tätigkeit nicht zu erfassen. Dennoch hat sich das Verfahren auf verschiedenen Gebieten bewährt; z.B. auf dem Gebiet der Bestimmung von Eignungsanforderungen (vgl. McCormick u.a., 1972) oder bei der Analyse von Über- oder Unterforderungen auf spezifischen Arbeitsplätzen bezüglich spezifischer psychologisch zu kennzeichnender Funktionsbereiche (vgl. Frieling, 1980a).

Mit gänzlich anderer Intention versucht der von Hackman und Oldham (1974) entwickelte JDS (Job Diagnostic Survey), Arbeitsplätze zu analysieren. Das Verfahren ist im klassischen Sinne als standardisierter Fragebogen aufgebaut, der vom Stelleninhaber auszufüllen ist. Die detaillierte Analyse der objektiven Gegebenheiten am Arbeitsplatz tritt als Zielsetzung zurück, die *subjektiven Reaktionen* des Stelleninhabers auf den Arbeitsplatz dagegen treten stärker in den Vordergrund. Dies wird erkennbar, wenn man die verschiedenen Dimensionen, zu denen der Bogen Auskunft geben soll, betrachtet:

I. Dimensionen der Stelle: Objektive Eigenschaften

a) Varietät: das Ausmaß, in dem die Stelle den Einsatz unterschiedlicher Fähigkeiten erforderlich macht, indem sie die Ausführung unterschiedlicher Tätigkeiten verlangt.
b) Identität: das Ausmaß, in dem die Stelle die Ausführung einer ganzheitlichen, identifizierbaren Aufgabe verlangt.
c) Aufgabensignifikanz: das Ausmaß, in dem die Stelle einen Einfluß auf die Arbeiten anderer Personen innerhalb oder außerhalb der Organisation hat.
d) Autonomie: das Ausmaß, in dem die Stelle Entscheidungsfreiheit, Unabhängigkeit und Spielraum für den Stelleninhaber läßt, seine Arbeit einzuteilen und die Verfahren zu wählen.
e) Feedback durch die Aufgabe: das Ausmaß, in dem der Stelleninhaber durch die Erledigung einer Aufgabe Rückkopplung für seine Arbeit erhält.
f) Feedback durch Personen: das Ausmaß, in dem der Stelleninhaber Rückkopplung über seine Arbeit durch Vorgesetzte oder Mitarbeiter erhält.
g) Kontakt mit anderen: das Ausmaß, in dem die Stelle ein enges Zusammenarbeiten mit anderen Personen erforderlich macht.

II. Psychologische Auswirkungen der Stelle auf den Stelleninhaber.

a) Der empfundene Sinngehalt der Arbeit: das Ausmaß, in dem der Stelleninhaber seine Arbeit als sinnvoll, wertvoll und gehaltvoll empfindet.
b) Der empfundene Verantwortungsgehalt der Stelle: das Ausmaß, in dem der Stelleninhaber sich verantwortlich für die Ergebnisse seiner Arbeit fühlt.
c) Kenntnis der Ergebnisse: das Ausmaß, in dem der Stelleninhaber sich kontinuierlich über seine Effizienz informiert fühlt.

III. Affektive Reaktionen auf die Stelle: Gefühle oder affektive Reaktionen, die der Stelleninhaber durch die Arbeit erfährt.

a) Generelle Arbeitszufriedenheit.
b) Intrinsische Arbeitsmotivation: das Ausmaß, in dem der Stelleninhaber aus sich selbst motiviert ist, effizient zu arbeiten.
c) Spezifische Arbeitszufriedenheit: mit dem Entgelt, der Arbeitsplatzsicherheit, den sozialen Beziehungen, den Vorgesetzten, den Entwicklungsmöglichkeiten.

IV. Individuelles Wachstums- oder Entwicklungsbedürfnis: Bedürfnis, eine herausfordernde, interessante, intrinsisch motivierende Arbeit zu verrichten.

V. Motivationspotential: Anreizwert der Stelle für intrinsische Motivation bei Personen mit hohen Wachstumsbedürfnissen.

Während z.B. die Skalen II und III auch Subskalen eines komplexer konzipierten Arbeitszufriedenheitsbogens sein könnten, erscheinen die unter I genannten Dimensionen für eine psychologisch orientierte Arbeitsanalyse von besonderem Interesse. Ziel dieser Skalen ist es allerdings kaum, Aufgaben zu klassifizieren, Eignungsvoraussetzungen zu ermitteln oder Belastungen, die in der objektiven Situation liegen, abzubauen, wie das beim FAA der Fall ist.
Vielmehr ist es das explizite Ziel des JDS, das sogenannte »Motivationspotential« (vgl. Skala V) zu ermitteln. Dieses Motivationspotential wird wie folgt errechnet:

$$\text{Motivationspotential} = \frac{\text{Varietät} + \text{Identität} + \text{Aufg. signifikanz}}{3} \times \text{Autonomie} \times \begin{array}{c}\text{Feedback durch}\\ \text{die Aufgabe}\end{array}$$

Es ist offensichtlich, daß in diese Konzeption auch Forschungsergebnisse im Bereich der Arbeitsmotivation (z.B. Vroom, 1964; Bruggemann u.a., 1975; v. Rosenstiel, 1975a) integriert wurden. Wesentliche Anreize, die im Aufgabeninhalt (Content) liegen, wurden berücksichtigt, die Kontextvariablen dagegen weitgehend vernachlässigt. Relativ offen, zumindest willkürlich erscheint, wie die einzelnen Komponenten verknüpft wurden. So ist z.B. gänzlich uneinsichtig, wieso – was sich ja aus der Formel ergeben würde – das Motivationspotential 0 werden soll, wenn z.B. Autonomie einen Wert von 0 annehmen würde. Es ist weiterhin äußerst fraglich, ob die multiplikativ miteinander verknüpften Größen voneinander unabhängig sind (vgl. hierzu Ergebnisse bei Jenkins u.a., 1975), wie es die Formel voraussetzt. Wichtiger als diese Kritik dürfte schließlich jene sein, daß die Beschreibung der Aufgaben durch den Stelleninhaber selbst Verfälschungen im Sinne der Ichabwehr höchstwahrscheinlich macht, die in anderem Kontext, z.B. bei der Analyse der resignativen Arbeitszufriedenheit (vgl. z.B. Bruggemann, 1976) oder der Copingmechanismen bei Streß (vgl. Gebert, 1979c) oft nachgewiesen wurden.
Arbeitsanalyseverfahren mit einer ähnlichen Intention wie der JDS wurden auch von Turner und Lawrence (1965) oder von Jenkins u.a. (1975) entwickelt. Sie alle sind unter dem Aspekt kritisiert worden, daß sie zu individualistisch konzipiert seien und die gesellschaftliche Bedingtheit des Bewußtseins der Stelleninhaber zu wenig berücksichtigen, wie dies – im Gegensatz dazu – bei soziologischen Analysen sehr wohl der Fall ist (vgl. z.B. Kern u. Schuhmann, 1970, Friedel-Howe, 1980).

4.3.1.3. Arbeitsstrukturierung

Bereits die Analyse der Aufträge und Bedingungen der Tätigkeit sowie die Analyse der Tätigkeiten selbst sind werthaltig. Dadurch, daß auf bestimmte Aspekte geachtet wird, auf andere dagegen nicht, sind implizit Wertentscheidungen gefallen. Derartige normative Orientierungen werden sehr viel expliziter, wenn Arbeit gestaltet und strukturiert werden soll. Entsprechend findet man, seit die Humanisierung der Arbeit auch zum politischen Ziel erklärt wurde (Pöhler, 1979), vielfältige Versuche, bestehende normative Kriterienkataloge kritisch zu diskutieren und neue zu erarbeiten. Sehr bekannt geworden ist der Katalog des Arbeitswissenschaftlers Rohmert (1972). Er fordert:

- Ausführbarkeit,
- Erträglichkeit,
- Zumutbarkeit,
- Zufriedenheit.

Etwas anders sieht die Liste von Ulich (1980) aus, die folgende Kriterien enthält:
- Schädigungsfreiheit,
- Beeinträchtigungslosigkeit,
- Persönlichkeitsförderlichkeit,
- Zumutbarkeit.

Udris und Alioth (1980) klassifizieren differenzierter:
- Entscheidungsmöglichkeiten,
- Abwechslung bei einer Tätigkeit,
- Möglichkeit zu lernen,
- gegenseitige Unterstützung und Respektierung,
- sinnvoller Beitrag für den Betrieb und für die Konsumenten,
- positive Zukunft, persönliche Entwicklungsmöglichkeiten.

Noch weiter geht die Aufgliederung bei Volpert (1990), der allerdings damit auf neue, bislang wenig beachtete Perspektiven hinweist:
- Handlungsspielraum,
- Zeitautonomie,
- Strukturierbarkeit,
- eigene Entwicklungswege als Abwesenheit von Regulationsbehinderung,
- körperliche Aktivität,
- vielfältige sinnliche Erfahrung,
- konkreter Bezug zu realen Gegenständen und sozialen Bedingungen,
- zentrierte Variabilität (unterschiedliche Realisierungsbedingungen),
- Kooperation und unmittelbarer Kontakt.

Zum Teil ganz andersartige Gesichtspunkte ergeben sich aus Überlegungen, die nicht aus der Arbeitswissenschaft oder der Organisationspsychologie stammen. So leitet etwa Hengsbach (1980) aus der katholischen Soziallehre ab, daß die Humanisierung der Arbeit zu betreffen habe

- den arbeitenden Menschen,
- den ganzen Menschen,
- alle Menschen.

Dies heißt letztlich, daß der arbeitende Mensch am Arbeitsplatz humane Arbeitsbedingungen antreffen sollte, daß aber die Arbeit selbst nicht auf Kosten anderer Lebensbereiche zu fördern sei und daß dies schließlich auch nicht auf Kosten anderer Menschen, etwa der Familie oder der Menschen in den Entwicklungsländern, erfolgen dürfe. So betrachtet, sei es inhuman, in den westlichen Industriestaaten Arbeit dadurch zu humanisieren, daß inhumane Arbeit in Billiglohnländer »exportiert« wird.
Man darf wohl annehmen, daß sich kaum jemand diesen Kriterien verschließen wird. Sie alle haben sicherlich im Wertesystem unserer Gesellschaft eine hohe soziale Erwünschtheit. Die Probleme ergeben sich also kaum bei der Formulierung der Kriterien, sondern bei der Umsetzung; hier spezifisch dann, wenn es zwischen den Zielgrößen selbst zu Konflikten kommt oder diese in Konflikt mit den Zielen der Wirtschaftlichkeit oder der Rentabilität geraten. Angesichts dieses Umstandes erscheint es besonders interessant zu analysieren,

welche realen Gestaltungen und Strukturierungen von Arbeit vorgenommen wurden, die psychologisch begründeten Kriterien entsprechen.
Theoretische Ansätze und normative Setzungen, wie sie implizit oder explizit hinter den Meßverfahren von Turner und Lawrence (1965), Hackman und Oldham (1974) oder auch Jenkins u.a. (1975) stehen, führten nicht nur zu spezifischen, theoriegeleiteten diagnostischen Verfahren, sondern auch zu Ansätzen einer Intervention, die häufig als »Arbeitsstrukturierung« bezeichnet wird (vgl. z.B. Rühl, 1973). Bei der Arbeitsstrukturierung, die gelegentlich auch mit dem Stichwort neuere Formen der Arbeitsgestaltung (vgl. Davis u. Taylor, 1972; Ulich u.a., 1973) behandelt wird, steht nicht so sehr die Arbeitsumgebung (vgl. Benda, 1980), sondern der *Arbeitsinhalt* im Vordergrund, der insbesondere durch die Arbeiten von Herzberg u.a. (1959) ein breiteres Interesse fand. Wesentlich erscheint in diesem Zusammenhang, daß im Zuge der Industrialisierung – systematisiert von Taylor (1911) und der von ihm beeinflußten Entwicklung – die Arbeitsinhalte zunehmend verkleinert wurden durch horizontale Arbeitsteilung, also auf der quantitativen Dimension, was z.B. in extrem kurzen Taktzeiten bei der Fließbandfertigung erkennbar wird, und durch vertikale Arbeitsteilung, also auf der qualitativen Dimension, was durch die Trennung von Disposition und Ausführung (Trennung von »Kopf und Hand«) erkennbar wird. Selbstverständlich ist schon lang vor Herzberg erkannt worden, daß die extreme Arbeitsteilung inhuman ist und die Qualifikation des Arbeitenden senkt (Adam Smith, 1786; Karl Marx, 1844). Zudem wurde schon früh auf demotivierende Effekte von derartigen Formen der Arbeitsgestaltung hingewiesen, so daß es nicht an frühen Versuchen gefehlt hat, sich der Verkleinerung der Arbeitsinhalte durch erneute Versuche der Erweiterung der Arbeitsinhalte entgegenzustellen (vgl. z.B. Lang u. Hellpach, 1922; Wyatt u. Fräser, 1928). Erhöhtes systematisches Interesse fanden derartige Ansätze erst in den 50er Jahren (z.B. Walker, 1954; Guest, 1956) und in der Bundesrepublik Deutschland sogar erst in den 70er Jahren, mitbedingt durch die Neufassung des Betriebsverfassungsgesetzes, insbesondere die §§ 90

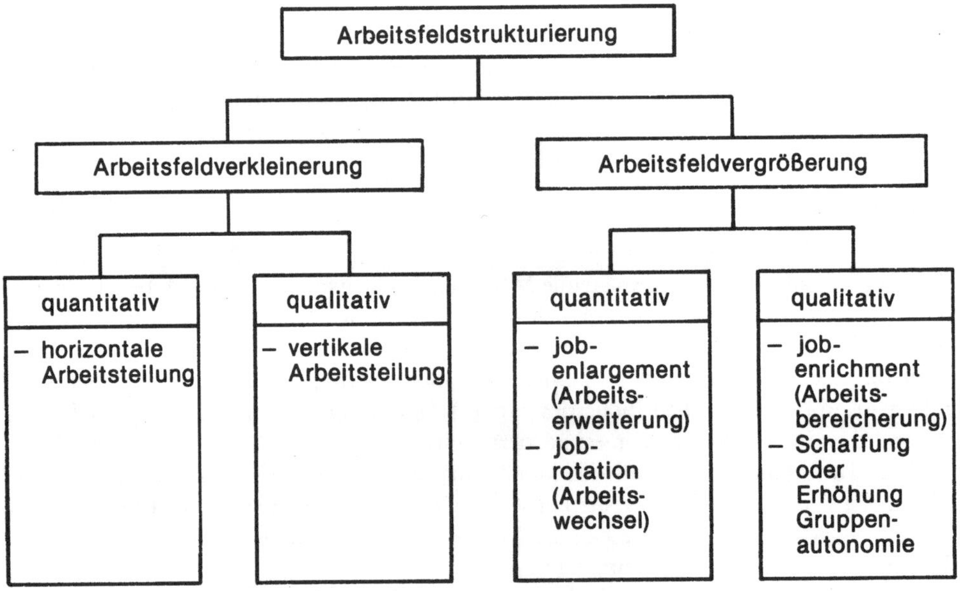

Abb. 68 Grundformen der Arbeitsstrukturierung

und 91, durch die die Berücksichtigung der »gesicherten arbeitswissenschaftlichen Erkenntnisse für die menschengerechte Gestaltung der Arbeit« verbindlich wurde, sowie durch ein im Frühjahr 1974 verabschiedetes Aktionsprogramm »Humanisierung des Arbeitslebens«, das vom Bundesminister für Arbeit und Sozialordnung und vom Bundesminister für Forschung und Technologie vorgelegt wurde (vgl. Pöhler, 1979).
Hahn und Link (1973), die im hier diskutierten Zusammenhang von »Arbeitsfeldstrukturierung« sprechen, haben die Versuche, die Arbeitsinhalte zu verkleinern bzw. zu vergrößern, systematisch einander gegenübergestellt; sie kamen dabei zu einer Gliederungsstruktur, wie sie Abbildung 68 zeigt.
Die quantitative Dimension der Vergrößerung der Arbeitsinhalte ist häufig auch als horizontale Dimension bzw. als Erweiterung des Tätigkeitsspielraums (vgl. Ulich, 1972; Ulich u.a., 1973) beschrieben worden: Es werden – der Anzahl nach – mehr Tätigkeiten ausgeführt als bei der vorherigen, extrem arbeitsteiligen Aufgabe. Die qualitative Dimension bezieht sich auf die Anreicherung auszuführender Arbeitsinhalte um dispositive Komponenten, hat also eine vertikale Dimension, die dann als Entscheidungs- und Kontrollspielraum (vgl. Ulich, 1972) bezeichnet wird. Neben diesen Dimensionen tritt allerdings eine schon früh gesehene sozialpsychologische (vgl. z.B. Trist u. Bamforth, 1951), die von Hahn und Link (1975) – unter weniger psychologischer Sichtweise – als »multipersonales Arbeitssystem« gekennzeichnet wird. Die Autoren gelangen bei Gegenüberstellung der quantitativen und der qualitativen Dimension auf der einen Seite, der unipersonalen und der multipersonalen auf der anderen Seite (vgl. auch Alioth, 1980) zu einer Vielfelder-Tafel, die die nachfolgende Abbildung 69 zeigt.

	UNIPERSONALES ARBEITSFELD	MULTIPERSONALES ARBEITSFELD
QUANTITATIVE VERGRÖSSERUNG	job-enlargement	job-rotation
QUALITATIVE VERGRÖSSERUNG	job-enrichment	Teilautonome Gruppen

Abb. 69 Dimensionen der Arbeitsstrukturierung

Job-enlargement, job-rotation, job-enrichment und teilautonome Gruppen sind die immer wieder genannten – typologisch zu verstehenden – Formen der Arbeitsstrukturierung, zwischen denen es selbstverständlich vielfältige fließende Übergänge gibt. Sie sollen knapp gekennzeichnet werden.

Job-enlargement

Unter job-enlargement versteht man die quantitative Erweiterung der Arbeitstätigkeit im Sinne einer horizontalen Veränderung der Arbeitsteilung; es werden z.B. im Produktionsbereich eine Reihe gleichartiger oder ähnlicher Arbeitselemente zusammengefaßt, wodurch der Arbeitsumfang vergrößert wird.

Die Taktzeit kann dadurch z.B. vom Bruchteil einer Minute auf einige Minuten ansteigen. Als Beispiel sei job-enlargement bei einem deutschen Automobilhersteller genannt

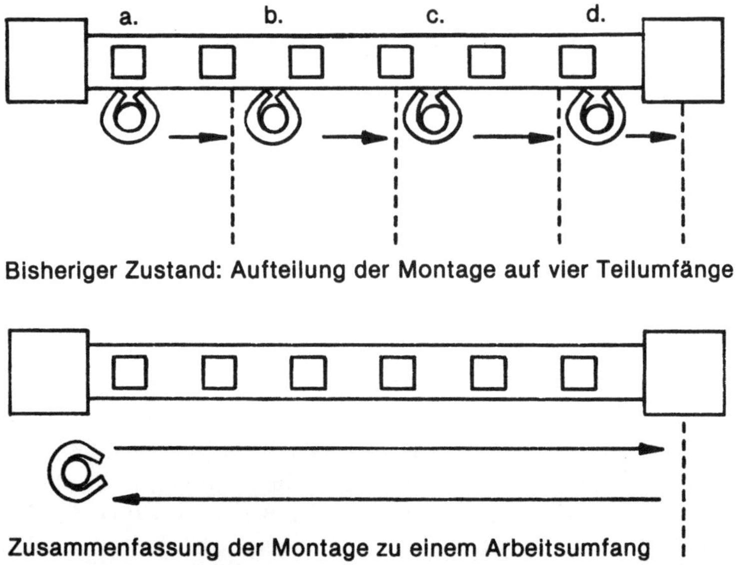

Abb. 70 Beispiel für job-enlargement

(Arbeitskreis »Neue Arbeitsstrukturen in der deutschen Automobilindustrie«, 1976). Während vor Einführung der Maßnahme vier Arbeiter bei der Vormontage von Rückenpolstern getrennt voneinander die vier Tätigkeiten (a) Bereitlegen des Materials, (b) Befestigung der Polsterauflage und der Dämpfung, (c) Überziehen des Polsterbezugs, (d) Montieren der Mittelarmlehne vornahmen, wurden durch job-enlargement diese vier Tätigkeiten zu einer umfassenden kombiniert, wie es Abbildung 70 zeigt.

Fraglich bleibt bei derartigen Zusammenfassungen, ob dadurch ein größerer Sinnzusammenhang der Arbeit hergestellt wird und das Gefühl, die Kontrolle über die eigene Arbeitstätigkeit zu vergrößern, ansteigt. Herzberg (1972) hatte entsprechende Maßnahmen auch mit der lakonischen Formel: »Null + Null = Null« kritisiert. Wenn einem derartige Kritik auch berechtigt erscheinen mag, muß man doch sehen, daß sie aspektisch und somit einseitig ist. Maßnahmen des job-enlargement können sehr wohl dazu führen, daß einseitige physiologische Belastungen reduziert und Monotonieerlebnisse abgebaut werden (vgl. Ulich, 1973), wobei allerdings darauf zu achten ist, daß der Arbeitsinhalt nicht so groß wird, daß der Lernvorgang zu schwierig und die aus dem Arbeitsinhalt erwachsende Belastung zur Überbeanspruchung wird (vgl. Ulich, 1974).

Job-enrichment

Bei job-enrichment tritt neben die horizontale Arbeitserweiterung auch ein Aufbau der vertikalen Arbeitsteilung: Der Entscheidungs- und Kontrollspielraum wird vergrößert; der Arbeitende erhält partiell z.B. die Möglichkeit, seine Arbeitstätigkeit zu planen und die Ergebnisse dieser Tätigkeit zu kontrollieren.

Pfeiffer u.a. (1977) illustrieren dies:

- Der Arbeitende richtet seine Maschine selbst ein und sorgt für die Bereitstellung von Werkzeugen ...
- Die Produktkontrolle wird vom Arbeitenden eigenverantwortlich vorgenommen und der Fehler von ihm selbst beseitigt ...
- Das Arbeitspensum wird vom Arbeitenden individuell festgelegt.

Job-rotation

Unter job-rotation kann man einen planmäßigen Arbeitswechsel verstehen, bei dem in vorgeschriebener oder selbstgewählter Zeit- und Reihenfolge Arbeiter die Arbeit von Kollegen übernehmen, was bis zum Rundum-Wechsel zwischen allen Arbeitskräften in allen Arbeitsbereichen führen kann.

(Vgl. hierzu Ulich, 1972.) Es ist also bei dieser Maßnahme die multipersonale Dimension angesprochen: Mehrere Arbeitspersonen sind betroffen, die in Verbindung mit dem Arbeitsplatz die Tätigkeit wechseln: Die bestehende Arbeitsteilung an den einzelnen Arbeitsplätzen dagegen wird von der reinen Form des job-rotation nicht modifiziert. Entsprechend dient job-rotation auch in erster Linie dem Ziel, eine extreme und einseitige Form der Beanspruchung zu reduzieren. Da zudem verschiedene Aufgaben in Folge übernommen werden müssen, kann damit in zweiter Linie noch das Ziel verbunden sein, die Qualifikation der Arbeitenden zu erweitern bzw. zumindest ein starkes Absinken der Qualifikation zu verhindern (vgl. Gaugier u.a., 1977; Friedel-Howe, 1979).

Teilautonome Arbeitsgruppen

Während mit job-rotation – obwohl jeweils mehrere Personen in Interaktion betroffen sind – nur eine quantitative Erweiterung des Arbeitsinhaltes verbunden ist, bedeutet die Einführung teilautonomer Arbeitsgruppen zugleich eine Erweiterung in qualitativer Hinsicht. Das Konzept der teilautonomen Arbeitsgruppen geht auf das Londoner Tavistock-Institut zurück und wurde vor allem durch Experimente von Thorsrud in kleineren norwegischen Unternehmungen bekannt (vgl. Lattmann, 1972; Bihi, 1973).
Ähnliche Konzepte wurden allerdings bereits sehr viel früher in Deutschland erprobt und analysiert (vgl. Lang u. Hellpach, 1922).

Als teilautonome Arbeitsgruppen werden dabei in der Regel Kleingruppen verstanden, denen ein Aufgabenzusammenhang übertragen wird, dessen Regelung von ihnen selber vorgenommen wird, so daß alle in ihr vorkommenden Tätigkeiten und Aktivitäten von ihnen selbst gesetzten Normen unterstellt sind (vgl. Lattmann, 1972); die »klassischen« Führungs-Funktionen werden also von der einzelnen Arbeitsgruppe selbst oder von ihr gewählten Repräsentanten ausgeübt – die Gruppe führt und strukturiert sich also selbst (vgl. Mayer, 1973).

Da allerdings derartige Definitionen nie operational erscheinen, hat Gullowsen (1972) einen Katalog von Kriterien entwickelt, mit dessen Hilfe es möglich erscheint, die Quantität und Qualität der Autonomie solcher Gruppen zu erfassen, die als teilautonom bezeichnet werden. Diese Kriterien lauten:

A. Kriterien auf der Ebene der Gruppe

1. Die Gruppe hat Einfluß auf die für sie geltenden Zielsetzungen
   a) in qualitativer Hinsicht (was wird gemacht?),
   b) in quantitativer Hinsicht (wieviel wird gemacht?).
2. Innerhalb übergeordneter Rahmenbedingungen kann die Gruppe selbst festlegen
   a) wo sie arbeitet,
   b) wann sie arbeitet,
   c) welche zusätzlichen Tätigkeiten sie ausübt.
3. Die Gruppe entscheidet über die Produktionsmethoden.
4. Die Gruppe regelt die interne Aufgabenverteilung.
5. Die Gruppe entscheidet darüber, wer in ihr Mitglied wird.
6. Die Gruppe entscheidet in den Führungsfragen
   a) ob sie für gruppeninterne Angelegenheiten einen Vorgesetzten haben will und gegebenenfalls welchen.
   b) ob sie zur Regelung von Grenzbedingungen einen Vorgesetzten haben will und gegebenenfalls welchen.

B. Kriterien auf der Ebene des einzelnen Gruppenmitglieds

1. Das Gruppenmitglied entscheidet, wie die von ihm auszuführenden Aufgaben bewältigt werden.

Tatsächlich fand Gullowsen in empirischen Untersuchungen an derartigen Gruppen, daß der Erfüllungsgrad der einzelnen Kriterien höchst unterschiedlich war:
B) 1 – A) 6a – 5 – 4 waren z.B. in den meisten Fällen realisiert; A) 6b – 1b – 1a dagegen in der Minderheit der Fälle bzw. überhaupt nicht (1a). Konkret bedeutet dies, daß häufig den Gruppen die Entscheidung über die Rekrutierung selbst überlassen war, während die Frage, welche Produkte hergestellt bzw. welche Dienstleistungen ausgeführt werden, den Gruppen in keinem Fall überlassen war. Derartige Ergebnisse lassen es uns auch ratsam erscheinen, von »Teil-Autonomie« zu sprechen und den zuvor verwendeten Terminus der »autonomen Gruppen« fallenzulassen.
Teilautonome Arbeitsgruppen wurden im Bereich der *Produktion* häufiger eingeführt als im Bereich der *Verwaltung,* obwohl ihre Implementierung im Produktionsbereich nicht nur ganz erheblichen organisatorischen Aufwand, sondern auch technologische Veränderungen voraussetzt: so wurden z.B. in der schwedischen Automobilindustrie, deren Versuche, teilautonome Arbeitsgruppen einzuführen, besonders stark bekannt wurden, erhebliche Veränderungen der Fließbandtechnologie erforderlich. Statt des herkömmlichen starren Bandes wurden Loren verwendet, auf denen sich z.B. die Automobilkarosserien befinden. Diese Loren können entweder aneinandergekoppelt werden und bilden so, falls die Gruppe dies präferiert, ein herkömmliches Fließband; sie können aber auch über Schleifen aus dem Verband herausgeführt werden und ermöglichen sodann Werkstattfertigung durch die Gruppe. Neben der Veränderung dieser Technologie wurde z.B. im Volvo-Werk in Kalmar eine neuartige – und gewiß nicht raumökonomische – Architektur gewählt, die den neuen Arbeitsstrukturen adäquat war. Die Abbildung 71 aus Vilmar (1973) skizziert dies.

Aktuelle Formen der Gruppenarbeit: vom »Volvoismus« zum »Toyotismus«

Gruppenarbeit in den verschiedenen Bereichen der Produktion, Dienstleistung und öffentlichen Verwaltung hat in rapider Weise zugenommen (Antoni, 1994), doch gilt es dabei zu beachten, daß sich unter dem gleichen Namen höchst unterschiedliche Formen der Arbeitsverrichtung verbergen, die auch mit verschiedenartigen Zielsetzungen konzipiert wurden (Frieling u. Freiboth, 1997).

Dabei hat die Diskussion um die Gruppenarbeit durch eine in der Wissenschaft intensiv beachtete und in der Praxis äußerst einflußreiche Studie des MIT (Womack, Jones u. Roos, 1990) eine Wende erfahren. Die Autoren verglichen verschiedene Formen der Arbeitsorganisation in der Automobilindustrie und zeigten dabei, daß Teamarbeit im Sinne des »Toyota Production Systems« zu erheblichen Einsparungen und Produktivitätssteigerungen

Die Skizze zeigt die Arbeitsstationen im Erdgeschoß des geplanten Montagewerkes:
1. Eingangskontrolle
2. Polsterwerkstatt
3. Wareneingang
4. Karosserie-Aufnahme
5. Karosserie-Lift zur oberen Produktionsebene
6. Motoren- und Achsenmontage
7. Karosserie-Lift zur unteren Produktionsebene
8. Chassis-Herstellung
9. Bremsen und Räder-Montage
10. Motorenabteilung
11. Sitze und Bodenbelag-Einbau
12. Probelauf-Stand
13. Funktionskontrolle
14. Mechanische Kontrolle
15. Karosserie-Nachbearbeitung
16. Lack-Nachbehandlung
17. Endkontrolle
18. Fertige Wagen
19. Personalräume
20. Bürotrakt

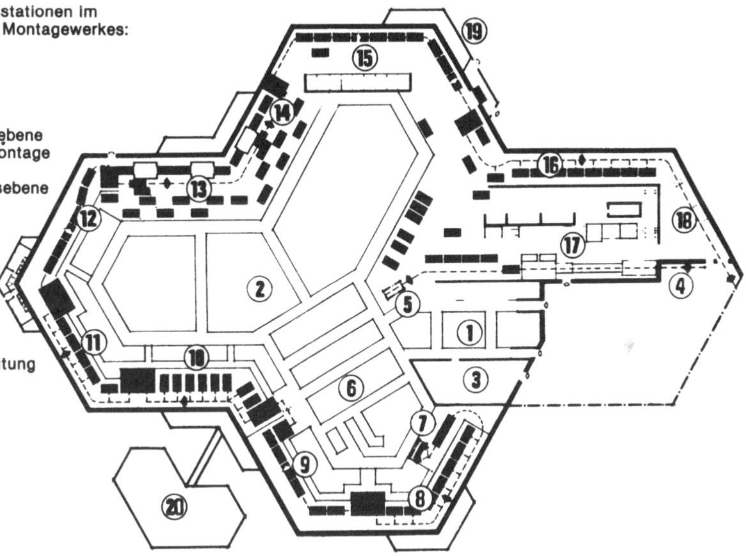

Die kleine „Werkstätte" in der großen Fabrik; hier ist eine schematische Beschreibung zweier Teams und deren Umgebung:
1. Lagerraum
2. Pufferlager für Karosserien
3. Materialausgabe an Elektrokarren
4. Vormontage
5. Materialien
6. Karosserien (links stehend, rechts in Bewegung)
7. Pausenraum
8. Wasch- und Toilettenraum
9. Umkleideraum

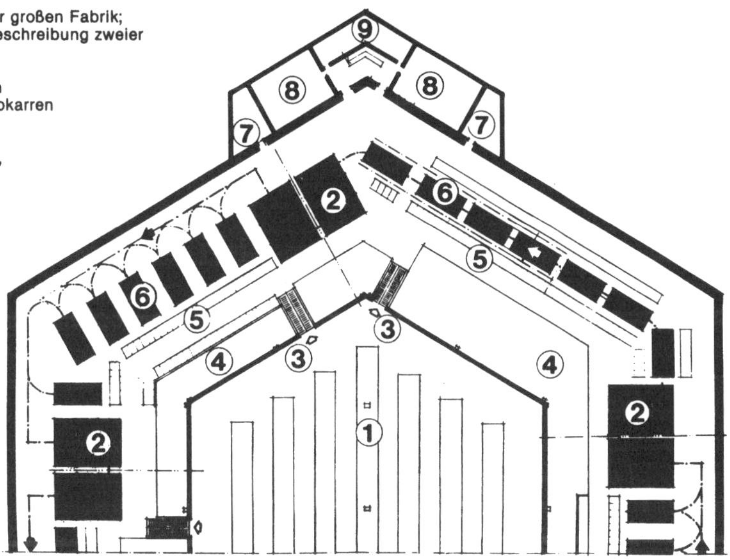

Abb. 71 Arbeitsstrukturierung und technisches System am Beispiel Kalmar

führt. Diese Argumentation wurde durch eine vergleichende Analyse von Adler u. Cohen (1993) unterstützt, in der ein von Toyota und General Motors gemeinsam betriebenes Werk in Kalifornien mit dem Volvo-Werk in Uddevalla verglichen wurde. Es zeigt sich dabei nach den meisten von den Autoren herangezogenen Kriterien die Überlegenheit des Toyota-Konzerns, z.B. hinsichtlich der Produktivität, der Arbeitsorganisation etc. Zielgrößen der Bewertung, die im Rahmen der Diskussion um die Humanisierung der Arbeit eine große Rolle spielten, wurden jedoch nicht berücksichtigt, etwa der Umstand, daß die Teamarbeit im Toyota/General Motors-Werk konventionelle Bandarbeit mit einer Taktlänge von ca. 60 Sekunde beinhaltet, während bei Volvo Komplettmontagen mit Taktzeiten zwischen 1,5 bis 3,5 Stunden bestehen (vgl. 4.3.1.6.).

Angesichts der sich verschärfenden internationalen Konkurrenz im Zuge der Globalisierung (Beck, 1997; Steger, 1998) wurden die im engeren Sinne ökonomischen Kriterien höher bzw. ausschließlich gewichtet. Man spricht daher gelegentlich von einem Gegensatz zwischen »Volvoismus« und »Toyotismus«, wobei nach einer Analyse von Bungard u. Jöns (1997) zumindest in Deutschland Gruppenarbeit verstärkt im Sinne des Lean-Managements, also der Methode der Einsparungen durch Verschlankung, eingeführt wurde und weniger im Sinne einer umfassenden Qualitätsverbesserung, einer Steigerung der Qualifikation der Mitarbeiter oder einer Humanisierung der Arbeitsbedingungen. Dies heißt zwar nicht, daß man vom Konzept der teilautonomen Arbeitsgruppen Abschied genommen hat. Noch immer bleiben diese als eine Form der Arbeitsorganisation erhalten, bzw. werden sie z.B. in Lean-Production-Konzepte integriert (Kashima u. Callan, 1994).

Antoni (1997) untersuchte die Auswirkung moderner, von Rationalisierungsüberlegungen getragener Einführungen teilautonomer Arbeitsgruppen in der Automobilzuliefererindustrie. Der Autor konnte positive ökonomische Auswirkungen der teilautonomen Arbeitsgruppen nachweisen. Produktivität und Fertigungsqualität stiegen deutlich; auch die Persönlichkeitsförderung durch die neu gestalteten Arbeitsplätze wurde verbessert. Dagegen zeigte sich bei den subjektiven Indikatoren nur eine kurzfristige Verbesserung. Die Bewertungen wurden, wie es auch frühere Studien zu den teilautonomen Arbeitsgruppen erwarten lassen (Lattmann, 1972, 1987), nach einiger Zeit wieder schlechter. Antoni (1997) geht bei der Interpretation der verbesserten ökonomischen Indikatoren davon aus, daß eine ganzheitliche selbstregulierende Gruppenarbeit zu einer stärkeren Aufgabenorientierung führt und interne und externe Systemschwankungen auf diese Weise schneller bewältigt werden können, als bei zentralgesteuerten stark arbeitsteiligen Formen der Prozeßor-

	Max. Rating	D1.21 1995	D1.22 1995	D1.4 1995	D1.5 1995	D2.1 1995	D2.2 1994	GB3 1994	F4 1994	F6 1994	D7 1995	J8 1995	D9 1995	M9 1995
Organisation	21	17	17	17	18	15	15	13	14	16	17	15	16	16
Erweiterte Gruppenaufgaben	24	16	11	11	17	12	8	9	6	4	9	5	9	5
Partizipation Autonomie	30	19	8	8	26	10	6	13	3	2	9	5	12	5
Gruppengespräche	15	13	13	13	14	8	8	12	0	0	12	10	8	0
Qualifikation	21	10	9	9	19	10	10	19	7	0	7	7	5	2
KVP	18	10	10	10	15	10	11	10	6	6	6	8	10	5
Total	129	85	68	68	109	65	58	76	36	28	60	50	60	33

Abb. 72 Klassifikation der Gruppenarbeit in exemplarischen Montagebereichen (D = Deutschland, F = Frankreich, GB = Großbritannien, J = Japan, M = Mexiko; Frieling u. Freiboth, 1997, S. 126)

ganisation. Bereits Lang und Hellpach (1922) hatten im Rahmen ihrer frühen Studien zur Gruppenfabrikation Ähnliches angenommen.
Frieling u. Freiboth (1997) untersuchten Gruppenarbeit in Montagebereichen verschiedener Automobilwerke in fünf verschiedenen Ländern. Es wurden trotz nahezu identischer technischer Rahmenbedingungen deutliche Unterschiede in der Art der Gruppenarbeit erkennbar. Die Datenerhebung erfolgte mit standardisierten Erhebungsinstrumenten auf der Basis von Tätigkeits- und Organisationsanalysen sowie Mitarbeiterbefragungen in den zwölf Montagewerken. Die dabei deutlich werdenden Unterschiede zwischen den Werken zeigt Abbildung 72.

So erkennt man z.B. beim Kriterium »Partizipation/Autonomie« bei einer maximal möglichen Skalierung von 30 Punkten eine Spannweite zwischen 2 und 26, bei Gruppengesprächen bei einer maximalen Ausprägung von 15 eine Spannweite zwischen 0 und 14 oder bei Qualifikation angesichts einer Maximalausprägung von 21 eine Spanne zwischen 0 und 19. Ganz offensichtlich sind bei nahezu identischen betrieblichen Rahmenbedingungen ganz verschiedenartige Konzeptionen der Gruppenarbeit denkbar.

Entsprechend fallen auch die Beurteilungen der durch die Gruppenarbeit herbeigeführten Veränderungen – etwa nach den Kriterien Betriebsklima, Qualifikation, Zeitdruck, Selbständigkeit, Abwechslung oder Zusammenarbeit – höchst unterschiedlich aus. Wie sich dabei bestimmte Bedingungen der veränderten Arbeitsorganisation auf zentrale subjektive Indikatoren – Zufriedenheit mit den Arbeitsbedingungen sowie subjektive Wahrnehmung von Partizipationsmöglichkeiten – auswirken, macht Abbildung 73 deutlich.

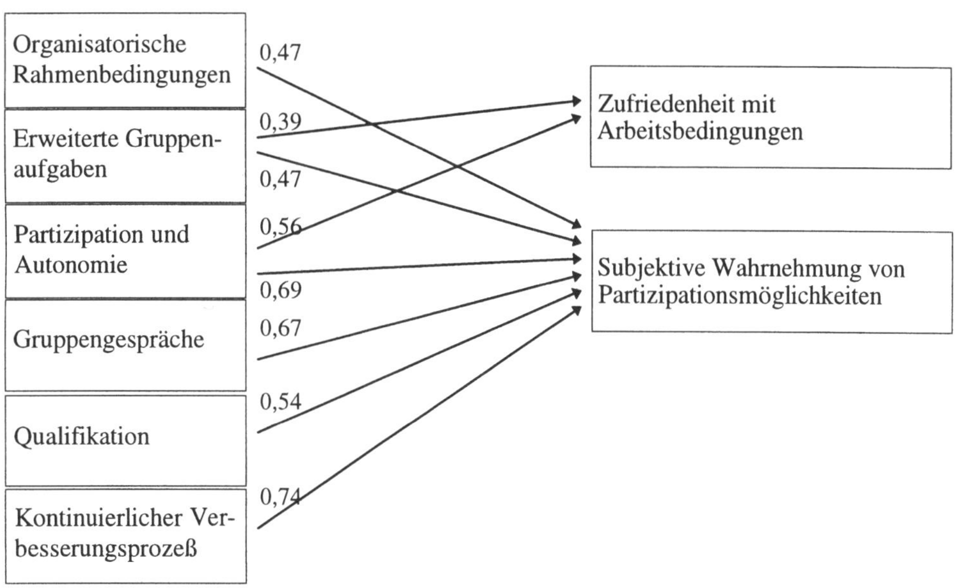

Abb. 73 Zusammenhang zwischen Arbeitsorganisationsrating und subjektiver Beurteilung der Mitarbeiter (Frieling u. Freiboth, 1997, S. 128)

Man erkennt, daß die Zufriedenheit mit den Arbeitsbedingungen primär von den Partizipations- und Autonomiemöglichkeiten sowie von der Erweiterung der Gruppenaufgaben abhängt, während die subjektive Wahrnehmung von Partizipationsmöglichkeiten besonders stark durch einen kontinuierlichen Verbesserungsprozeß, von den von Experten eingestuften Möglichkeiten zur Partizipation und Autonomie sowie von Gruppengesprächen bestimmt wird.
Insgesamt zeigen diese und andere Analysen zur Weiterentwicklung der Gruppenarbeit, daß die dahinterstehende Ideologie und die offensichtliche Zielsetzung sich verschoben haben. Es geht kaum noch um basisdemokratische politische Vorstellungen (Thorsrud u. Emery, 1964) oder um eine Humanisierung der Arbeit (v. Rosenstiel u. Weinkamm, 1980), sondern primär um Produktivitätssteigerung durch schlankere und flexiblere Arbeitsorganisationen. Zugleich aber zeigen die Analysen, daß dies kein Gegensatz zu Humanisierungszielen sein muß. Auch dort, wo es aufgrund moderner Gruppenkonzepte zu Produktivitätssteigerungen kam, wurden Ziele realisiert, die im Rahmen der Humanisierungsdebatte eine erhebliche Rolle spielten. Es gibt aber auf der anderen Seite durchaus moderne Gruppenkonzepte, die mit verkürzten Taktzeiten und extremer Arbeitsteilung einhergehen und geradezu als Rückfall in einen modernen Taylorismus verstanden werden können (siehe auch unter 4.3.1.6.).

4.3.1.4. Grenzen für die Psychologie

Umfangreiche Arbeiten zur Arbeitsstrukturierung wurden in relativ vielen Unternehmen durchgeführt. Gaugler u.a. (1977, S. 276–324) dokumentieren derartige Maßnahmen in einer 44seitigen Tabelle; weitere Beispiele sind umfangreicher beschrieben in: Partnerschaftsausschuß der Firma Pieroth (1974), bei Lilge und Grunwald (1980) oder bei v. Rosenstiel und Weinkamm (1980). Es fällt – wie bereits betont – dabei auf, daß fast ausschließlich Beispiele aus dem Produktionsbereich genannt werden. Im Verwaltungsbereich sind eher gegenläufige Maßnahmen zu beobachten; es scheint, daß dieses Arbeitsgebiet, dessen Rationalisierung mit der des Produktionsbereichs nicht parallel lief, derzeit unter besonderem Rationalisierungsdruck steht, wobei versucht wird, diese Rationalisierung mit jenen tayloristischen Maßnahmen zu erreichen, die im Produktionsbereich derzeit eher relativiert werden (vgl. Gaugler u.a., 1979).
Sieht man von den Bereichen, aus denen die Beispiele für Strukturierungsmaßnahmen stammen, einmal ab, so läßt sich unschwer erkennen, daß sie in unterschiedlichem Maß den Tätigkeitsspielraum, den Entscheidungs- und Kontrollspielraum und den Spielraum der zwischenmenschlichen Kontakte betreffen, jedoch in einigen Fällen – bei weitgehenden Versuchen, mit teilautonomen Gruppen zu arbeiten, wie in einem Projekt bei Opel-Hoppmann (Hoppmann, 1980) – mit erheblichem Gewicht alle drei Dimensionen berührten. Deshalb soll hier nachfolgend insbesondere auf die teilautonomen Gruppen eingegangen werden, da die dort genannten Probleme, wenn auch in schwächerer Ausprägung, ebenfalls für andere Strukturierungsmaßnahmen gelten.

Sieht man die empirisch orientierte Literatur zu den teilautonomen Arbeitsgruppen durch (vgl. Thorsrud u. Emery, 1964; Lattmann, 1972,1979; Bihi, 1973; Ulich, 1973, 1974; Ulich u.a., 1973; Lindestad u. Nordstedt, 1973; Weil, 1974a, 1974b; Vilmar, 1973; v. Rosenstiel, 1976; Maier, 1977; Friedel-Howe, 1980; Ulich, 1991), so läßt sich feststellen, daß durch derartige Maßnahmen eine Reihe durchaus wünschenswerter Effekte erzielt wurde: Die Einstellung zur Arbeit wurde besser, die Leistung stieg – insbesondere auf die

Dimension der Qualität bezogen –, Fehlzeiten und Fluktuation gingen zurück, der Grad der Qualifikation stieg an, die Zahl der hierarchischen Ebenen wurde geringer, die Attraktivität des Unternehmens auf dem Personalmarkt verbesserte sich etc. Dies gilt zumindest vorübergehend (siehe oben).

Es lassen sich vielfältige Grenzbedingungen nennen, die der Einführung teilautonomer Arbeitsgruppen im Wege stehen. Es sind dies – um einige Beispiele zu bringen –

- die *Technologie* (erhebliche technologische Veränderungen, die zeit- und kostenintensiv sind, werden erforderlich),
- die *Aufgabe* (viele Aufgaben z.B. im Bereich der staatlichen Verwaltung erlauben wegen der Vielfalt der Vorschriften und der Notwendigkeit z.B. der Gleichbehandlung aller Kunden keine Teilautonomie),
- die *Organisationsstruktur* (Teilautonomie in verschiedenen Bereichen, die zusammenarbeiten müssen, erschwert die Koordination dieser Bereiche),
- die *Lohnstruktur* (die Arbeit innerhalb teilautonomer Gruppen beinhaltet erhöhte Qualifikation, die die Einstufung in höhere Lohngruppen erforderlich macht),
- die *Unternehmensziele* (die Zielsetzungen der teilautonomen Gruppen stehen gelegentlich im Gegensatz zu den Unternehmenszielen und werden abgeblockt, wenn Mitbestimmung auf Unternehmensebene oder andere Formen der Mitwirkung der »Basis« an der »Spitze« nicht gegeben sind),
- das *Management* (die Einführung teilautonomer Gruppen kann mit der Einflußverringerung der unmittelbaren Vorgesetzten einhergehen, die entsprechend Widerstand gegen die intendierten Maßnahmen aktivieren),
- die *Gruppenmitglieder* (die Arbeit in teilautonomen Gruppen erfordert die fachliche und soziale Qualifikation aller Mitglieder, die aufgrund bisheriger Sozialisationsbedingungen nicht gewährleistet ist),
- *Vorbereitung* (die Komplexität der teilautonomen Gruppen erfordert eine spezifische Vorbereitung unter vielerlei Aspekten, die häufig nicht gewährleistet werden kann),
- *Soziale Normen* (Teilautonomie paßt sich unterschiedlich gut in die sozialen Normen und die mit ihnen verbundenen Sozialisationsbedingungen ein; so lehnten z.B. US-amerikanische Industriearbeiter aus Detroit die Arbeitsstrukturierung ab, nachdem sie die Gelegenheit erhalten hatten, diese im Volvo-Werk in Kalmar kennenzulernen),
- *gesetzliche Regelungen* (das Konzept der teilautonomen Gruppen ist basisdemokratisch; es widerspricht partiell unserem Betriebsverfassungsgesetz, das eine repräsentativ-demokratische Einflußnahme fordert),
- *Einstellung der Gewerkschaft* (die Gewerkschaften befürchten, daß es durch die teilautonomen Gruppen zu einer Identifikation der Arbeitnehmer mit ihrem Betrieb kommt, die eine Entsolidarisierung mit der Arbeiterschaft zur Folge haben kann).

Der Organisationspsychologe, der in den teil-autonomen Gruppen eine Möglichkeit zu intensivierter Selbstverwirklichung am Arbeitsplatz sieht und sich dementsprechend für diese Form der Arbeitsstrukturierung einsetzt, wird – besten Willen vorausgesetzt – gänzlich überfordert sein, angesichts der Komplexität des Problems allein die Bewältigung zu versuchen. Er kann dies nur in Kooperation mit anderen tun. Allerdings gibt es einige spezifische Fragen, auf die er Antwort geben kann bzw. Probleme, zu deren Lösung er beitragen kann, um damit anspruchsvollere Konzepte der Arbeitsstrukturierung zu gewährleisten. Dies sei an drei Beispielen aufgezeigt:

1. Blood und Hulin (1967) sowie Hulin und Blood (1968) zeigten in vieldiskutierten empirischen Untersuchungen und kritischen Zusammenfassungen, daß Maßnahmen zur Ausweitung des Arbeitsinhaltes – gemessen an Kriterien der Zufriedenheit – keineswegs bei allen Betroffenen zu positiven Effekten führen, sondern nur bei solchen, die an den Normen des bürgerlichen Mittelstandes orientiert sind und z.B. in der Arbeit einen wesentlichen Lebensbereich sehen. Bei Personen, die stärker an den Normen der städtischen Arbeiterschaft orientiert sind, eine instrumentelle Einstellung zur Arbeit haben und sie stärker als »notwendiges Übel« sehen, seien auch stärker gegenläufige Effekte anzutreffen; Abbildung 74 zeigt die Forschungsergebnisse von Hulin und Blood in modellhafter Vereinfachung.

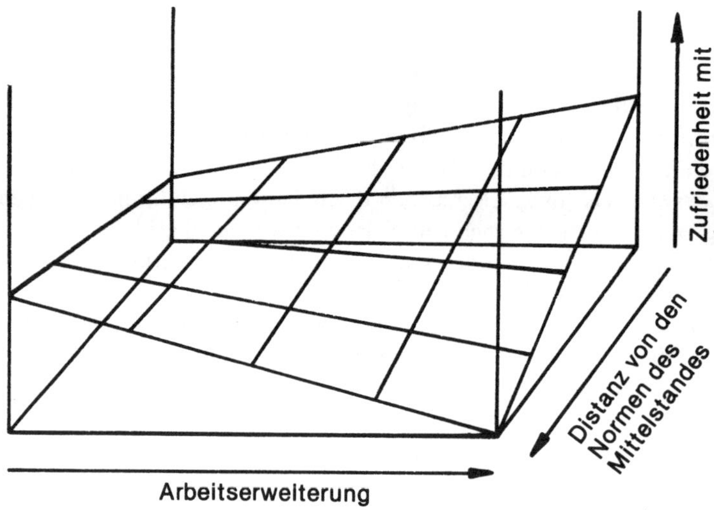

Abb. 74 Beziehung zwischen Niveau der Arbeit, Arbeitszufriedenheit und Distanz zu den Normen des Mittelstandes bei Arbeitern

Dieses Modell findet in der Praxis große Zustimmung; es scheint sich mit den Erfahrungen vieler, die in Organisationen Verantwortung tragen, zu decken: sie bestätigen, daß viele Arbeitnehmer an einem erweiterten Handlungsspielraum gar nicht interessiert seien, sondern lediglich auf Kontextbedingungen – Entlohnung, äußere Arbeitsbedingungen, Arbeitszeit, Arbeitsplatzsicherheit etc. – achteten. Dies führt dazu, daß gelegentlich Arbeitsstrukturierung nur für ausgewählte Gruppen vorgenommen wird. Selbstverständlich ist das Argument berechtigt, daß man Menschen nicht eine Arbeitsstruktur aufzwingen sollte, die sie ablehnen. Es ist jedoch andererseits zu sehen, daß für viele Arbeitende aufgrund ihrer familiären, schulischen und bisherigen betrieblichen Sozialisation Handlungsspielraum etwas ist, mit dem sie nicht umzugehen gelernt haben. Die Wahl zwischen Alternativen, von denen man einige gar nicht kennt, ist somit keine echte Wahl. Tatsächlich zeigt die psychologische Forschung, daß bei gründlicher Vorbereitung und entsprechender Schulung der Betroffenen selbst solche Personen, die bislang nicht gelernt haben, ihre Interessen zu artikulieren, dazu geführt werden können. Fricke (1975) hat sich intensiv mit diesen Problemen auseinandergesetzt; Projekte, die mit dem Ansatz der Aktionsforschung operierten und durch das Aktionsprogramm »Humanisierung des Arbeitslebens« der Bundesregierung finanziert wurden, lieferten, soweit man diesen Forschungsansatz akzeptiert, auch den empirischen Nachweis dafür (vgl. Fricke, 1979; Fricke u. Fricke, 1980; Hoppmann, 1980). Der Organisationspsychologe kann also mit Aussicht auf Erfolg dazu beitragen, daß Arbeitnehmer von der *fachlichen und sozialen Qualifikation* her bereit und in der Lage sind, unter anspruchsvolleren Formen der Arbeitsstrukturierung zu arbeiten, und er kann somit das Argument, daß Arbeitsstrukturierung von den Arbeitern abgelehnt wird, zumindest relativieren.

2. Das Implementieren teilautonomer Arbeitsgruppen bringt es gelegentlich mit sich, daß der bisherige unmittelbare Vorgesetzte seine Funktion verliert (vgl. Ulich u.a., 1973), ausscheidet oder in eine Stabsfunktion gerät. Daraus erwächst nicht nur der denkbare und schon angesprochene Widerstand dieser Führungsebenen, sondern darüber hinaus die Gefahr, daß die *Regelung sozialer Konflikte* und die Machtausübung in der Gruppe härter und unkooperativer (vgl. v. Rosenstiel, 1976) erfolgt als bisher. Dies überrascht nicht, wenn man bedenkt, daß bisherige Arbeitsstrukturen kaum im Sinne eines »learning on the Job« (Schneewind, 1980) eine soziale Qualifikation der Gruppe förderten. Zwischenmenschliche Fertigkeiten am Arbeitsplatz wurden kaum ausgebildet; Bewußtsein für gruppendynamische Prozesse konnte nicht geschaffen werden. Bei der Vorbereitung der Personen auf die neue Arbeitstätigkeit sollte entsprechend nicht nur die fachliche Weiterqualifikation bedacht werden; wesentlich für die Garantie des Erfolges ist – wie bisherige Erfahrungen es auch schon zeigten – ebenfalls die soziale Qualifikation (vgl. Lattmann, 1979). Durch entsprechende Schulungsmaßnahmen, die am Konzept der Teamentwicklung orientiert sein können (vgl. Gebert, 1972, 1974), kann der Organisationspsychologe wesentlich dazu beitragen, daß der Erfolg der Gruppenarbeit nicht an der mangelnden sozialen Qualifikation der Mitglieder scheitert.

3. Anspruchsvolle Konzepte der Arbeitsstrukturierung werden nicht selten abgelehnt, da sie bestenfalls nur kurzfristige Effekte erbrachten. Dabei wird häufig darauf verwiesen, daß das in den Massenmedien vielbeschriebene Volvo-Experiment in Kalmar letztlich doch nur zu ernüchternden Effekten führte. Es ist nun auch faktisch nicht zu leugnen, daß in einigen Fällen, in denen die Arbeitsstrukturierung zunächst sehr günstige Ergebnisse erbrachte, die »follow-up«-Studie zu einer Relativierung der einstmaligen Erfolgsmeldungen führte. Das sei am vielzitierten Beispiel der Arbeitsstrukturierung in der Kunstdüngerabteilung der norwegischen Firma Norsk Hydro aufgezeigt. Tatsächlich ließ sich dort als Folge der Einführung von teilautonomer Arbeitsgruppen zunächst ein deutlicher Rückgang der Fluktuationsrate beobachten, die dann nach einigen Jahren fast wieder die ursprüngliche Höhe erreichte, wie die Abbildung 75 zeigt (aus Lattmann, 1974).
Das Bekanntwerden derartiger Ergebnisse kann sehr wohl dazu führen, von den zeit- und kostenintensiven Maßnahmen der Arbeitsstrukturierung Abstand zu nehmen. Der Psychologe allerdings könnte versuchen, dem entgegenzuwirken, indem er zum einen derartige Ergebnisse antizipiert und davor warnt, in der Arbeitsstrukturierung eine einmalige Maßnahme zu sehen. Das Konzept sollte dynamisiert und in den Kontext der sogenannten Organisationsentwicklung gestellt werden (vgl. Lattmann, 1979).
Es sollte zudem der Blick nicht zu sehr auf nur ein – wenn auch besonders leicht kontrollierbares – Kriterium gerichtet werden. Dies sei am Beispiel der Abbildung 75 gezeigt. Tatsächlich erreichte die Fluktuationsrate 1972 wieder nahezu die zuvor gegebene Höhe. Es ist auf der anderen Seite festzuhalten, daß die Zahl der durchschnittlich von den Gruppenmitgliedern beherrschten Operationen erheblich angestiegen und somit durch die Arbeitsstrukturierung – gemessen am Kriterium der Qualifikation – ein erheblicher Erfolg erreicht worden war. Sowohl durch die *Dynamisierung der Maßnahmen* als auch durch eine ad-

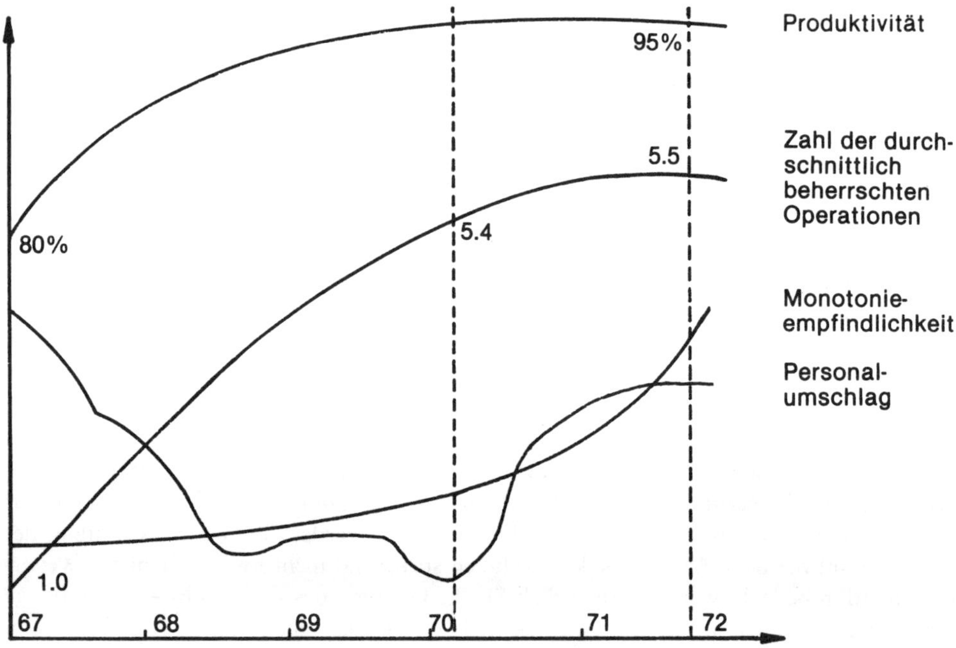

Abb. 75 Entwicklung von Produktivität, Zahl der beherrschten Operationen, Monotonieempfindlichkeit und Personalumschlag nach Einführung teilautonomer Arbeitsgruppen

äquate argumentative Vertretung der Kriterien kann also der Organisationspsychologe zur weiteren Entwicklung der Arbeitsstrukturierungsmaßnahmen beitragen.
Allein freilich kann er dies nicht, da wegen der genannten Vielzahl der Grenzen und Bedingungen seine Kompetenz rasch erschöpft ist. Er sollte sich also bei seinen Bemühungen mit anderen Spezialisten zusammentun und dabei das von Fürstenberg (1975) geforderte Ziel einer interdisziplinär organisierten Arbeitswissenschaft vor Augen haben. Weitere Informationen zu den Effekten neuer Formen der Arbeitsgestaltung finden sich bei Katz u.a. (1985) sowie Wilpert u.a. (1984).

4.3.1.5. Qualitätszirkel und Lernstatt

Das große Interesse, das den teilautonomen Arbeitsgruppen spezifisch in der Bundesrepublik Deutschland in den 70er Jahren entgegengebracht wurde, ist seit Ende der 80er Jahre sichtlich abgeflaut. Obwohl die teilautonome Arbeitsgruppe nach wie vor so etwas wie eine »konkrete Utopie« für neue Formen der Arbeitsgestaltung (Ulich u.a., 1973) darstellt, da hier tatsächlich der Spielraum für den einzelnen auf den Dimensionen der Vielfalt, der Entscheidung und Kontrolle sowie des Kontaktes erweitert wird, haben sich derartige Gruppen in Produktion oder Verwaltung deutscher Unternehmen kaum in nennenswertem Umfang ausgebreitet (Strasmann, 1986). Die Gründe dafür sind vielfältig. Die gesellschaftspolitische Entwicklung, die Konzepte wie Demokratisierung und Humanisierung in den Zielprioritäten eher abstufte (Gebert, 1987), ist für die Akzeptanz teilautonomer Arbeitsgruppen nicht günstig gewesen. Weiterhin waren die materialen Rahmenbedingungen, die es zu verändern galt, vielfach so gewichtig (v. Rosenstiel, 1987; Maier, 1977), daß die

Einführung teilautonomer Arbeitsgruppen mit zu großem organisatorischem Aufwand und zu hohen Kosten verbunden gewesen wäre. Darüber hinaus wird das Betriebsverfassungsgesetz in der Bundesrepublik Deutschland, das von einer repräsentativen Vertretung der Arbeitnehmerinteressen durch die Betriebsräte ausgeht, dem basisdemokratischen Konzept der teilautonomen Arbeitsgruppe nicht gerecht. Auch die meist skeptische Haltung der Gewerkschaften, die als Folge der Implementierung teilautonomer Arbeitsgruppen eine »Entsolidarisierung« der Arbeiterschaft befürchteten, dürfte der Ausbreitung dieser Gruppen nicht förderlich gewesen sein. Schließlich zeigt es sich, daß in derartigen Gruppen, die ja unter vielfältiger Perspektive selbst Führungsaufgaben übernehmen, gruppendynamische dysfunktionale Effekte nicht adäquat beherrscht werden konnten (Strasmann, 1986), was zu erheblichen Inter- und Intragruppenkonflikten führte, so daß die Installation derartiger Gruppen ohne ausreichende gruppendynamische Vorbereitung der Mitglieder für jeden Betrieb ein Risiko darstellt.
In dem Maße allerdings, in dem das Interesse an den teilautonomen Arbeitsgruppen zurückging, stieg die Bereitschaft der Betriebe, Kleingruppenarbeit neben der unangetastet bleibenden hierarchischen Linie zu fördern, bei der sich Personen aus einem oder mehreren Arbeitsbereichen treffen, um aufgabenbezogene Probleme zu diskutieren. Derartige Gruppen werden unterschiedlich bezeichnet (Einsiedler, 1986), sind jedoch bei uns vorzugsweise unter dem Namen Qualitätszirkel (Bungard u. Wiendieck, 1986) und Lernstatt (Riegger, 1983; Dunkel, 1983) bekanntgeworden. Der Grundgedanke ist erstaunlich einfach und sehr viel älter als die Worte »Qualitätszirkel« und »Lernstatt«. Krämer (1982) beschreibt dies wie folgt:

»– Ein Meister trifft sich periodisch mit einer Gruppe seiner Leute.
– Sie ziehen sich in eine ruhige Ecke zurück.
– Sie reden über ihre Arbeit.
– Sie machen Vorschläge, wie man sie besser machen könnte.
– Sie versuchen, diese Verbesserungen selbst zu realisieren.«

Was Krämer so einfach beschreibt, könnte als Qualitätszirkel oder Lernstatt bezeichnet werden, obwohl sich die beiden Konzepte unabhängig voneinander entwickelten und auch – zumindest akzentuierend – verschiedenartige Zielsetzungen verfolgen.
Die Qualitätszirkel wurden insbesondere in japanischen Produktionsunternehmen konzipiert mit dem Ziel, dem schlechten Qualitätsimage japanischer Produkte auf dem Weltmarkt dadurch entgegenzuwirken, daß die Arbeitenden selbst in Kleingruppen die technische Qualität, die Verfahrensqualität, die soziale Qualität und damit schließlich die Qualität des Arbeitsergebnisses verbessern, indem sie gemeinsam in Kleingruppen Probleme analysieren, Lösungsvorschläge entwickeln und umsetzen. Entsprechend besteht auch Qualitätszirkelarbeit (vgl. Rischar u. Titze, 1984) aus einer Serie von freiwilligen, regelmäßig durchgeführten moderierten Gesprächsrunden in Kleingruppen, deren Teilnehmer Probleme bzw. Schwachstellen des eigenen Arbeitsbereiches identifizieren und analysieren, über Lösungsmöglichkeiten diskutieren sowie Empfehlungen erarbeiten und diese mit dem Ziel präsentieren, sie umzusetzen. Die Konzepte wurden in den 50er Jahren von Ishikawa (1976) in Japan entwickelt und führten schließlich geradezu zu einer »Qualitätszirkelbewegung« mit mehr als 1 Mill. derartiger Gruppen, die mehr als 10 Mill. japanischer Arbeitnehmer umfaßt (Bednarek, 1985). Die Erfolge der japanischen Wirtschaft auf verschiedenen Exportmärkten lenkte dann die Aufmerksamkeit nordamerikanischer und westeuropäischer Unternehmen und Sozialwissenschaftler auf japanische Managementkonzepte (vgl. Peters u. Waterman, 1984), wobei man bald auf die Qualitätszirkel stieß und bemüht war, dieses Konzept in die Organisation westlicher Unternehmen zu tragen

(vgl. Zink, 1986). Obwohl angesichts wesentlicher kultureller Unterschiede (vgl. Fürstenberg, 1986; Bihl, 1987) eine unkritische Übernahme des Konzepts nicht möglich erscheint, hat der Grundgedanke in den großen deutschen Unternehmen erhebliche Verbreitung gefunden. Bungard und Wiendieck (1986) teilen mit, daß 40 % dieser Firmen Qualitätszirkelkonzepte – wenn auch z.T. anders bezeichnet – eingeführt haben, 14 % dies planen und 10 % Projektgruppen mit Mitarbeitern der Basis nutzen.
Zu jenen Konzepten, die als ähnlich bezeichnet werden dürfen, zählt die Lernstatt (vgl. Einsiedler, 1986; Antoni, 1986). Dabei war deren Entstehungsgeschichte eine gänzlich andere. Als zu Beginn der 70er Jahre ausländische Arbeiter in die deutschen Unternehmen integriert werden sollten, bemühte man sich darum, sie mit deutschen Kollegen in Kleingruppen zusammenzuführen, damit sie dort die deutsche Sprache, deutsche Verhaltensnormen kennenlernen und sich in die Belegschaft integrieren. Der Name Lernstatt, zusammengesetzt aus Lernen und Werkstatt, leitet sich daraus ab. Man beobachtete dann aber bald, daß in diesen Gruppen über konkrete Probleme des Arbeitsablaufs oder Probleme der Qualität gesprochen und Verbesserungsvorschläge entwickelt wurden, so daß es – zunächst als Nebeneffekt – zu ähnlichen Ergebnissen kam, wie man sie beim Qualitätszirkel, dort allerdings intendiert, erreichte. Dennoch ist Lernstattarbeit von der zentralen Zielsetzung her nach wie vor Personalentwicklungsarbeit (Dunkel, 1983,1987). Die Unterschiede zwischen beiden Konzepten (vgl. Einsiedler, 1986; v. Rosenstiel, 1987) verwischen sich allerdings zunehmend.
Trotz dieser immer mehr verschwimmenden Differenz unterscheiden sich Führungskräfte, die sich stärker für das eine oder andere Konzept einsetzen, nicht selten in ihren Einstellungen und Werten (Einsiedler, 1986) deutlich voneinander. Die Gründe dafür, daß die Konzepte – wie immer sie auch benannt werden – sich so lange halten und weiterverbreiten, dürften allerdings nicht nur in den Einstellungen von Führungskräften liegen, die in der Lernstatt ein adäquates Mittel der Personalentwicklung, im Qualitätszirkel einen Weg zur Effizienzsteigerung sehen, sondern stärker in gesellschaftlichen oder betrieblichen Strukturen, die derartige Gruppenarbeit nahezu zur Notwendigkeit werden läßt, wie immer man sie auch benennt. Bungard (1986) nennt drei Gründe:

- Technologische Innovationen als Folge des verschärften internationalen Wettbewerbs. Durch die Gruppenarbeit kann darauf flexibel reagiert, Reaktanz reduziert und die notwendige Innovationsbereitschaft angeregt werden.
- Verändertes Qualitätsbewußtsein, dem man eher gerecht werden kann, wenn in einer motivierten Gruppe qualitätsbezogene Probleme diskutiert und die Lösungsvorschläge unmittelbar implementiert werden.
- Veränderte Einstellungen zur Arbeit, die im Zuge des Wertewandels in der Gesellschaft die Gefahr einer reduzierten Identifikation (v. Rosenstiel u. Stengel, 1987) mit der Aufgabe und des Rückzugs in das Private beinhalten. Durch Gruppenarbeit kann dem entgegengewirkt werden.

Ähnlich, wie der Erfolg von Organisationsentwicklungsmaßnahmen von der Unterstützung durch das obere Management abhängt, ist auch bei der Implementierung von Qualitätszirkel- oder Lernstattgruppen die Mitwirkung der höheren Führungsebene ratsam. Die übliche organisationale Einbettung verdeutlicht Abbildung 76.
Man erkennt, daß die Qualitätszirkelmitglieder und die Zirkelleiter, die als speziell dafür vorbereitete Moderatoren wirken, aus der Mitarbeiter- und Meisterebene stammen. Die Aktivitäten dieser Zirkel werden koordiniert durch Führungskräfte der mittleren Ebene, die dadurch einen fachlich wesentlichen Beitrag leisten und zudem in die Aktivitäten eingebunden werden. Dies ist deshalb wichtig, weil gerade mittlere Führungsebenen den Zirkel-

aktivitäten gelegentlich skeptisch gegenüberstehen, weil sie sich dadurch übergangen fühlen. Die höheren Führungsebenen steuern die Aktivitäten und geben damit sichtbar zu erkennen, daß sie das Gesamtprojekt unterstützen. Die inhaltlichen Fragen, mit denen sich die Gruppen beschäftigen, unterscheiden sich stark, wobei gelegentlich – vor allem bei der herkömmlichen Lernstatt – die Themenstellungen frei gewählt werden, gelegentlich aber auch – stärker bei klassischen Qualitätszirkelansätzen – vorgegeben werden. Wülser (1986) zeigt an einem Beispiel, daß etwa drei Viertel der Themen auf die Felder Organisation und Zusammenarbeit sowie Produktionsablauf, Produktionsmethoden und Rationalisierungen entfielen.

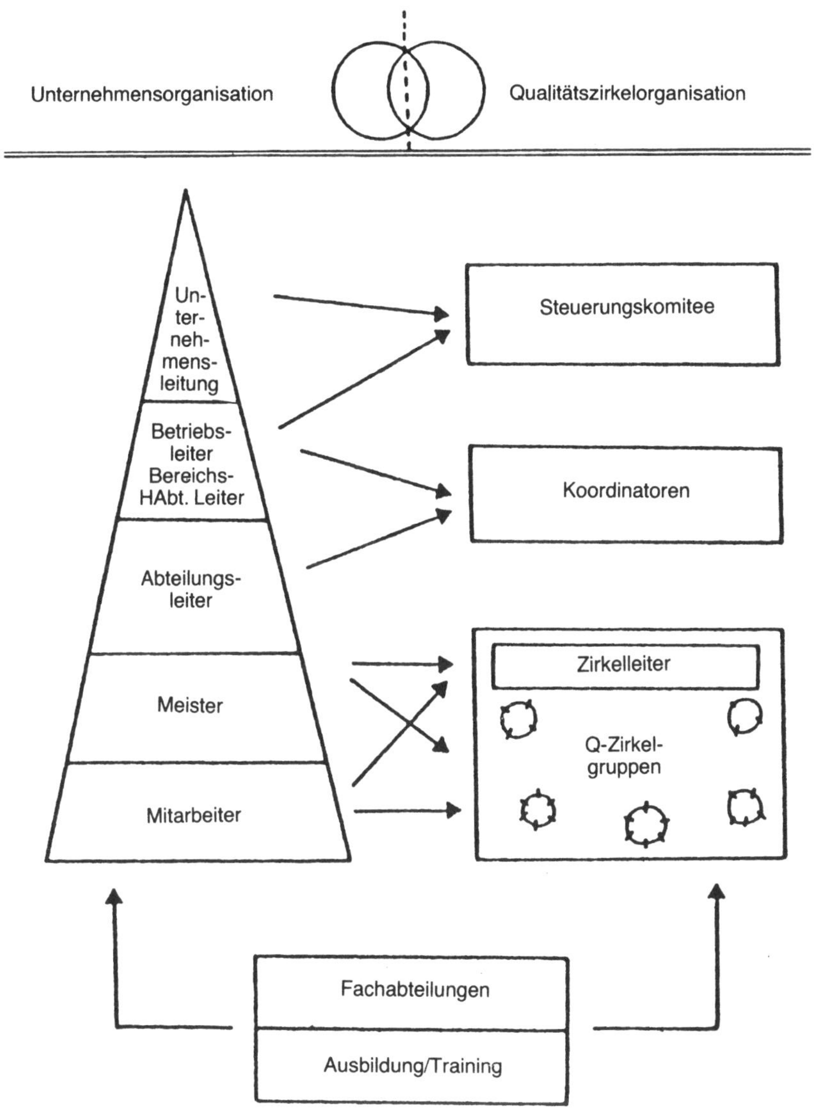

Abb. 76 Verknüpfung der Unternehmensorganisation mit der Qualitätszirkelorganisation

Ob freilich diese Aktivitäten tatsächlich jene ökonomischen Erträge einspielen, die häufig erwartet werden, muß zumindest als unbewiesen gelten. Zwar werden in der Literatur (vgl. Bungard u. Wiendieck, 1986) immer wieder Einzelfallstudien zitiert, in denen aufgrund besonders kreativer Vorschläge aus den Gruppen erhebliche Einsparungen realisiert werden konnten, doch dürfte es sich dabei um untypische Fälle handeln. Auch der von vielen Firmen genannte Quotient, der das Verhältnis von Aufwand und Ertrag in Beziehung setzt (vgl. Bungard u. Wiendieck, S. 283) ist trotz gelegentlich beeindruckender Zahlen (1:10 bei Rolls-Royce) schwer zu interpretieren, da häufig nicht klar wird, was hier jeweils als Aufwand und was als Ertrag verrechnet wurde. Sauber durchgeführte Effizienzstudien fehlen jedenfalls bislang weitgehend und dürften wegen der Langfristigkeit der anzunehmenden Effekte auch nur schwer durchzuführen sein. So sind z.B. einerseits mit der Zeit abnehmende Effekte zu erwarten, da die leicht aufzufindenden Probleme relativ rasch »abgearbeitet« werden können. Andererseits sind langfristige Wirkungen positiver Art darum nicht unwahrscheinlich, weil sich durch die Gruppenarbeit die Qualifikation der Gruppenmitglieder erhöht.
Tatsächlich sind vor allem die sich bei den Mitarbeitern zeigenden psychologischen Wirkungen von besonderem Interesse. So konnte Bednarek (1985) in einer sorgfältigen Studie wahrscheinlich machen, daß durch die Gruppenarbeit die Qualifikation und Kompetenz der Beteiligten ansteigt, ihre Zufriedenheit aber – im Vergleich mit Personen, die derartigen Gruppen nicht angehören – absinkt. Man darf annehmen und aus den Umständen erschließen, daß es sich bei dieser absinkenden Zufriedenheit um eine konstruktive Unzufriedenheit im Sinne von Bruggemann u.a. (1975) handelt. Aufgrund der Beschäftigung mit den Problemen und der Erarbeitung von Verbesserungsvorschlägen steigt das Anspruchsniveau und das kritische Bewußtsein. Wenn dann viele der mit Engagement erarbeiteten Verbesserungsvorschläge nicht oder nur zögernd realisiert werden, ist Enttäuschung oder Kritik nicht unwahrscheinlich.

4.3.1.6. Neuere Trends in der Tätigkeitsgestaltung

Unter 2.1.1. wurde bereits darauf eingegangen, daß motivations- und qualifikationsrelevante Aspekte der Arbeit mit der jeweils vorherrschenden (Fertigungs-)Technologie einer Organisation in einem systematischen Zusammenhang stehen. Spätestens seit dem von Friedrichs und Schaff herausgegebenen Bericht an den Club of Rome (Friedrichs u.a., 1984) ist deutlich geworden, daß die neuen Technologien (Mikroelektronik) für das Erleben und Verhalten von Personen in Organisationen von erheblicher Tragweite sind, womit es gerechtfertigt erscheint, auf diese Frage gesondert in knapper Form einzugehen. Da verallgemeinerte Aussagen zu den Entwicklungstrends im Bereich der neuen Technologien außerordentlich schwierig sind, sei dabei getrennt auf die Bereiche der Fertigung (Produktion) und der Verwaltung (Büro) eingegangen.

a) Fertigung

Kern und Schumann haben 1984 eine Arbeit mit der programmatischen Frage »Das Ende der Arbeitsteilung?« vorgelegt. Auf der Basis von Untersuchungen in der Automobilindustrie, der chemischen Industrie und dem Werkzeugmaschinenbau kommen die Autoren zu dem sehr vorsichtig vorgetragenen Schluß, daß sich unter dem Einfluß neuer Informations- und Fertigungstechnologien die Randbedingungen mehren, unter denen eine Rücknahme der tayloristischen Arbeitsteilung und eine Förderung arbeitsintegrativer Maßnahmen nicht nur unter der Perspektive der Rücksichtnahme auf die Interessen der Beschäftigten,

sondern auch aus der Sicht der Kapitalverwertung günstig sein können (Kern u. Schumann, 1984, S. 19 f.). Die Autoren konstatieren für die chemische Industrie eine Fortsetzung des Trends zur Professionalisierung der Produktionsarbeit und für die Automobilindustrie eine Reprofessionalisierung. Typisch hierfür sei in der Automobilindustrie die Funktion des Straßenführers und in der chemischen Industrie die Funktion des Anlagenführers. Im Zusammenhang mit der arbeitsintegrativen Tendenz im Rahmen der Fertigung ist speziell in der chemischen Industrie eine starke Zunahme des Facharbeiteranteils festzustellen. Im Werkzeugmaschinenbau würde am ganzheitlichen Aufgabenzuschnitt, der sich im Zuge der Einzelfertigung auch in der Vergangenheit bewährt habe, in Zukunft festgehalten werden.
Um zugleich die Spannweite möglicher technologischer Ausgestaltungen der Fertigung innerhalb des Werkzeugmaschinenbaus zu charakterisieren, stellen die Autoren typologisch ein »technokratisch-borniertes« einem »empirisch-unideologischen« Produktionskonzept gegenüber (diese Konzepte entsprechen dem, was in Abbildung 6 als Ideologie bzw. Philosophie bezeichnet wurde). Das »technokratisch-bornierte« Produktionskonzept zielt

	Technikorientierte Gestaltungskonzepte → Technikgestaltung	**Arbeitsorientierte Gestaltungskonzepte → Arbeitsgestaltung**
Mensch-Maschine-Funktionsteilung	Operateure übernehmen nicht automatisierte Resttätigkeiten	Operateure übernehmen ganzheitliche Aufgaben von der Arbeitsplanung bis zur Qualitätskontrolle
Allokation der Kontrolle im Mensch-Maschine-System	Zentrale Kontrolle. Aufgabenausführung durch Rechnervorgaben inhaltlich und zeitlich festgelegt. Keine Handlungs- und Gestaltungsspielräume für Operateure	Lokale Kontrolle. Aufgabenausführung nach Vorgaben der Operateure innerhalb definierter Handlungs- und Gestaltungsspielräume
Allokation der Steuerung	Zentralisierte Steuerung durch vorgelagerte Bereiche	Dezentralisierte Steuerung im Fertigungsbereich
Informationszugang	Uneingeschränkter Zugang zu Informationen über Systemzustände nur auf der Steuerungsebene	Informationen über Systemzustände vor Ort jederzeit abrufbar
Zuordnung von Regulation und Verantwortung	Regulation der Arbeit durch Spezialisten, z. B. Programmierer, Einrichter	Regulation der Arbeit durch Operateure mit der Verantwortung für Programmier-, Feinplanungs-, Überwachungs- und Kontrolltätigkeiten

Abb. 77 Formen der Tätigkeitgestaltung nach Ulich, 1993, S. 202

darauf ab, die menschliche Arbeitsleistung aufgrund spezifischer (vermuteter) Kosten und Risiken aus dem unmittelbaren Fertigungsprozeß zu eliminieren bzw. auf die Wahrnehmung von Restfunktionen zurückzudrängen. Als Folge dieses Produktionskonzepts kommt es zu einer Polarisierungsstrategie: Wenigen in der Zentrale verbleibenden Spezialisten mit hochkomplexen Planungs- und Programmierungsfunktionen stehen viele Jedermann-Arbeitsplätze in der Fertigung gegenüber, die einfach strukturierte Tätigkeiten zu vollziehen haben, sofern diese Tätigkeiten nicht ihrerseits durch Roboter zu übernehmen sind. Obwohl dieses Produktionskonzept auf der Seite der Ingenieurwissenschaft offenbar seine Anhänger hat, stünden der Realisierung dieses Modells so gewichtige Hürden entgegen, daß Kern und Schumann eine Annäherung an das von ihnen so bezeichnete »empirisch-unideologische« Produktionskonzept (Kern u. Schumann, 1984, S. 164) für wahrscheinlicher erachten. In diesem modernen Konzept werden alle produktionsbezogenen Funktionen einschließlich der Nachprogrammierung und vorbeugenden Instandhaltung soweit wie möglich dezentral in der Werkstatt einem Maschinenführer zugeordnet. Die Einzelfertigung sowie die Materialbesonderheiten würden z. B. dezentrale Feinjustierungen von CNC-Maschinen unabdingbar machen. Ausgelagert aus der Werkstatt sind in diesem Konzept lediglich größere komplizierte Reparaturen sowie übergeordnete Rahmenprogrammierungen seitens der Arbeitsvorbereitung.
Ähnlich wie Kern und Schumann (1984) unterscheidet Ulich (1993, S. 202) technik- und arbeitsorientierte Gestaltungskonzepte. Dies illustriert die Abbildung 77.
Der Mechanismus der Dezentralisierung bisher zentral entschiedener Funktionen im Rahmen der arbeitsorientierten Gestaltung bezieht sich u. a. auf Programmierungs-, Feinplanungs- und Kontrolltätigkeiten, die jetzt lokal von den Operateuren entschieden werden. Die gleichzeitige Re-Integration dieser verschiedenen Tätigkeiten, die bisher in hohem Maße arbeitsteilig getrennt vollzogen wurden, zu einem umfassenden Tätigkeitskomplex impliziert eine Anhebung der Aufgabenkomplexität. Zu einer erweiterten Verantwortung wird die erweiterte Aufgabe dadurch, daß den Operateuren zusätzlich die zur Aufgabenbewältigung erforderlichen Entscheidungsvollmachten übertragen werden (Dezentralisierung der Entscheidungskompetenz). In Anlehnung an Wildemann (1992) und unter Bezugnahme auf Ulich (1994), der die beiden Grunddimensionen des Tätigkeits- und Entscheidungsspielraums unterscheidet, kann man die verschiedenen Formen der Tätigkeitsgestaltung wie folgt ordnen (Abbildung 78).

Unter 3.3.6 wurde unter dem Blickwinkel der Führung durch Zielvereinbarung (MbO) herausgearbeitet, daß es in vielen betrieblichen Bereichen darum geht, das früher im Vordergrund stehende Prinzip der inhaltlichen Fremdregulation durch das modernere Prinzip der dezentralen Selbstregulation zu ersetzen. Formen der Tätigkeitsgestaltung, die durch eine ausgeprägte Kombination aus Dezentralisierung und Re-Integration gekennzeichnet sind, stellen die konsequente Anwendung dieses Führungsprinzips auch in der Fertigung dar. Statt den Weg der Arbeitsausführung (von oben) inhaltlich vorzugeben, erfolgt die Steuerung nun über präzise Ziele, wobei der Weg zum Ziel den Operateuren freigestellt ist. Systemtheoretisch ausgedrückt heißt dies: Vorgesetzte Instanzen *ermöglichen* die dezentrale Selbstregulation durch die Ausarbeitung präziser Soll-Werte und dadurch, daß die Operateure jederzeit vor Ort den Ist-Zustand des Systems abrufen können bzw. ein diesbezügliches Feedback erhalten (Sawyer u.a, 1999; Przygodda u.a., 1995). Die Selbstregulation an sich *vollzieht* sich darin, daß die Operateure dezentral entscheiden, wie die jeweils eingetretene Soll-Ist-Differenz zu beseitigen ist. Man sieht damit zugleich, daß die verschiedenen Teil-Aspekte der arbeitsorientierten Tätigkeitsgestaltung (Abbildung 77) u. a. über den Mechanismus der dezentralen Selbstregulation systematisch miteinander verknüpft sind.

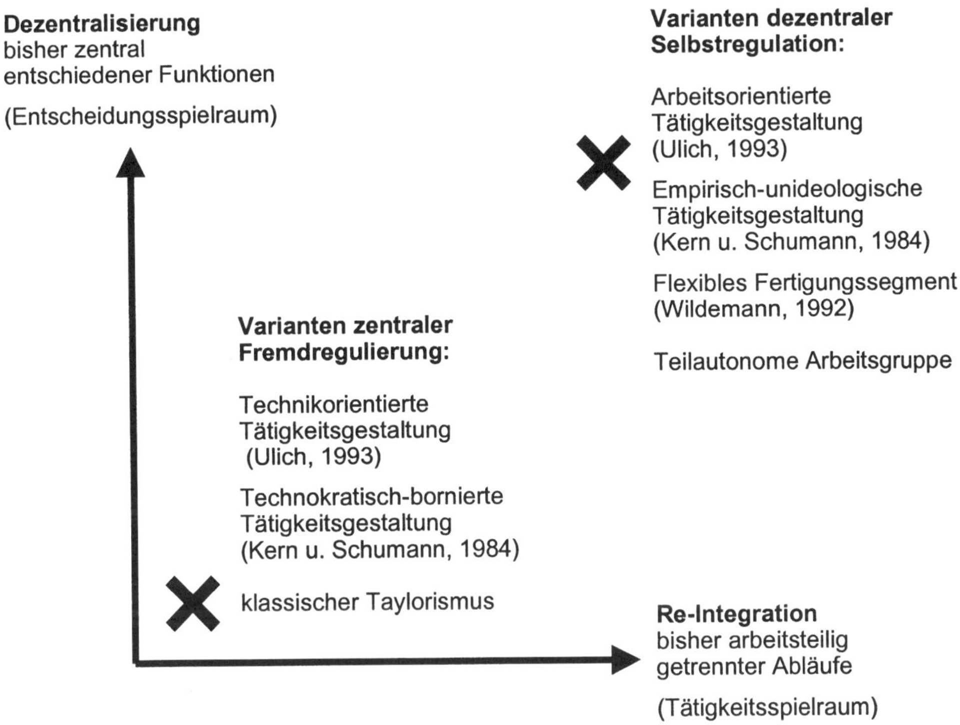

Abb. 78 Formen der Tätigkeitsgestaltung

In den sog. Flexiblen Fertigungssegmenten wird auf diesem Wege eine Arbeitsgruppe gesteuert. Das Flexible Fertigungssegment kann als teilautonome Arbeitsgruppe interpretiert werden, wie sie unter 4.1.3. erläutert wurde. Das Besondere des Flexiblen Fertigungssegments liegt darin, daß hier verschiedene Tätigkeiten aus horizontaler Sicht konsequent entlang der Abfolge der betrieblichen Wertschöpfungskette zu einer Ganzheit zusammengefaßt und einer Gruppe zur Bearbeitung übertragen werden.

Am Beispiel der Flexiblen Fertigungssegmente zeigt Wildemann (1992, S. 777 ff.), daß sich dieses Führungs- bzw. Steuerungsprinzip der dezentralen Selbstregulation mit einer Reihe von Vorzügen verbindet:
- Die Dezentralisierung vorbeugender Instandhaltungsfunktionen minimiert Maschinenstillstände und Unterbrechungszeiten.
- Durch die Dezentralisierung der Kontrollfunktion entfallen die für die Qualitätssicherung ansonsten erforderlichen Zwischenlagerungen von Produkten.
- Durch die Dezentralisierung und gleichzeitige Re-Integration bisher arbeitsteiliger Prozesse entlang der Wertschöpfungskette reduzieren sich Schnittstellen und damit Koordinationskosten. Es erhöhen sich die Durchlaufzeiten.
- Durch die bessere Ausschöpfung der motivationalen und qualifikatorischen Ressourcen der Mitarbeiter erhöht sich die Produkt- und Prozeßqualität, bzw. es sinkt der Ausschuß.

Obwohl insofern Verbesserungen in bezug auf die drei betriebswirtschaftlichen Zielkriterien der Qualität, der Kosten und der Zeit zu erwarten sind, stellt das Flexible Fertigungs-

segment als eine spezielle Variante dezentraler Selbstregulation keine generell überlegene Variante dar. Den obigen Vorzügen stehen bekanntlich spezifische Nachteile gegenüber (z.B.: höhere Lohnkosten für die (qualifizierteren) Operateure, höhere Personalentwicklungs-Aufwendungen usw., und unter bestimmten Randbedingungen (z.B.: stabile Großserienfertigung) können diese Nachteile die obigen Vorzüge sogar überwiegen (auf wichtige Randbedingungen wurde unter 4.3.1.4 bei der Diskussion der teilautonomen Arbeitsgruppe bereits Bezug genommen). Das von Kern und Schumann (1984) so bezeichnete technokratisch-bornierte Produktionskonzept erweist sich also mitnichten überall als borniert und die Redewendung von dem empirisch-unideologischen Produktionskonzept hat insofern ebenfalls wesentlich rhetorischen Charakter.
Der zum Ende der 80er und zu Beginn der 90er Jahre stark diskutierte Trend zur dezentralen Selbstregulation erfährt zum Ende der 90er Jahre bereits wieder eine wesentlichere Relativierung (Übergang vom Volvoismus zum Toyotismus; siehe oben unter 4.3.1.4.). Die im historischen Längsschnitt beobachtbaren Verschiebungen lassen sich in Anlehnung an Springer (1999) wie folgt beschreiben und (partiell) erklären (Abbildung 79):

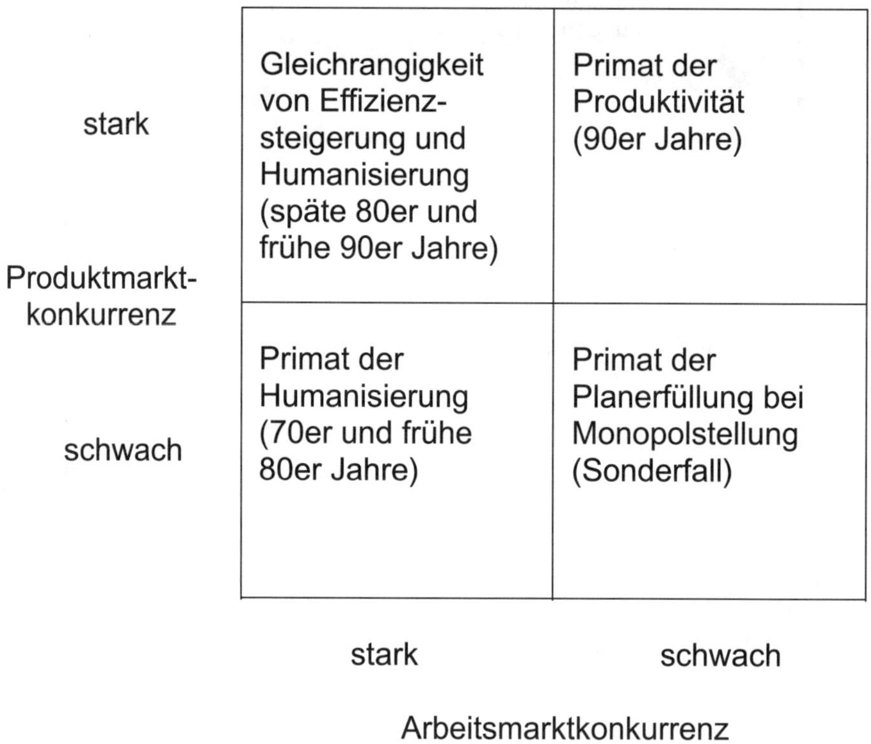

Abb. 79 Kriterien der Tätigkeitsgestaltung im Längsschnitt nach Springer (1999), S. 32

In den 70er und frühen 80er Jahren war die Konkurrenz der Unternehmen auf dem Gütermarkt relativ gering, die Konkurrenz der Unternehmen um qualifizierte Arbeitskräfte dagegen stark ausgeprägt. Unabhängig von dem gesellschaftlichen Wertewandel, also etwa unabhängig von dem Übergang zu tendenziell postmaterialistischen Wertorientierungen (s. unter 2.2.2.), sind die damaligen verstärkten Bemühungen um die Humanisierung des

Arbeitslebens auch vor diesem ökonomischen Hintergrund zu interpretieren. In den späten 80er und frühen 90er Jahren wurde der Wettbewerb zwischen den Unternehmen auf dem Gütermarkt immer ausgeprägter, was sich auch darin dokumentiert, daß neben dem Zielkriterium der Qualität die betriebswirtschaftlichen Kriterien der Kosten und der Zeit immer dominierender wurden. Formen der dezentralen Selbstregulation wurden empfohlen, wenn sie sich ökonomisch rechneten. In bestimmten Branchen (u.a. der Automobilindustrie) kam es trotz der vielen Fusionierungen zu so großen (weltweiten) Überkapazitäten, daß der Produktivitätsdruck immer stärker wurde. Die zeitlich parallel hierzu steigende Arbeitslosigkeit entschärfte den Wettbewerb der Unternehmen um Arbeitnehmer und begünstigt bis heute damit etwas, was Springer (1999) programmatisch in dem Titel seiner Publikation zum Ausdruck bringt: »Rückkehr zum Taylorismus?«

Außer einem solchen Pendelschlag (zurück zum Taylorismus) sind aber noch Kompromisse denkbar:
Die bekannte Kritik an der tayloristischen Tätigkeitsgestaltung aufnehmend, diskutieren Adler und Borys (1996) Möglichkeiten bzw. Wege der Überwindung des klassischen Gegensatzes zwischen Fremd- und Selbstregulation. Im Geist von Adler und Borys (1996) argumentiert, handelt es sich bereits bei der Gegenüberstellung von Fremd- und Selbstregulation, genauer: bei der Annahme einer partiell gegensätzlichen Beziehung zwischen beiden Mustern, weitgehend um einen Irrtum (Adler, Borys, 1996, S. 84). Denkbar sei eine Kombination dieser Muster, wie es die Abbildung 80 veranschaulicht.

		Typ von (bürokratischen) Regelwerken	
		ermöglichend	erzwingend
Detailliertheit von (bürokratischen) Regelwerken	niedrig	organisch	autokratisch
	hoch	helfende/ ermöglichende (bürokratische) Regelwerke	mechanistisch

Abb. 80 Organisationstypologie nach Adler u. Borys (1996), S. 78 (sinngemäße Übersetzung)

Bei ausgeprägten bürokratischen Regelwerken denken wir nach Adler und Borys (1996) vorschnell nur an die mechanistische Organisation, wie sie schon früh von Burns und Stalker (1961) beschrieben wurde. In der mechanistischen Organisation stehen hochspezifizierte Regelungen und deren Überwachung im Vordergrund. Dieses Muster entspricht damit der Fremdregulierung. Als Gegensatz würden wir einseitig an die organische Organisation (Burns u. Stalker, 1961) denken, die durch eine geringe Regelungsdichte gekennzeichnet ist und tendenziell dem Muster der Selbstregulation entspricht.
Von der Dimension der Detailliertheit der Regelungen bzw. der Regelungsdichte läßt sich aber noch die Dimension der Funktion von Regelwerken abheben, da Regelwerke in einem

helfend/ermöglichenden Geist, aber auch in erzwingend/bevormundendem Geist ausgearbeitet und praktiziert werden können. Die Kombination aus hoher Detailliertheit der Regelwerke und ihrer Formulierung/Praktizierung in einem ermöglichenden/helfenden Geist ist diejenige Kombination, die Adler und Borys (1996) als theoretisch denkbar, empirisch vorfindbar und (in vielen Fällen) als empfehlenswert diskutieren. Wie die Abbildung 81 zeigt, konkretisiert sich dieses Ermöglichungs-Kriterium in folgenden vier Aspekten (Adler u. Borys, 1996).

Hohe Detailliertheit von (bürokratischen) Regelwerken

	ermöglichend	erzwingend
1. programmatischer Zweck der Regeln	**Hilfestellung für den Arbeitsprozeß**	Überwachung
2. interaktionale Basis	**Vertrauen**	Mißtrauen
3. Regeln durch wen erarbeitet?	**durch die Arbeitenden selbst (mit Vorgesetzten)**	durch spezielle Refa-Abteilungen
4. individuelle Konsequenz:	**Belohnung für Regeleinhaltung**	Bestrafung für Regelabweichung
	Demokratischer Taylorismus	

Abb. 81 Die Unterscheidung ermöglichender und erzwingender Regelwerke nach Adler u. Borys (1996)

Die Autoren beschreiben, wie diese Kombination, die auch als demokratischer Taylorismus bezeichnet wird, in der schon erwähnten Autofabrik in Kalifornien (Nummi-Werke) im einzelnen praktiziert wird. Die Detailliertheit der Regelungen erreicht im Ergebnis tayloristisches Niveau. Auf der Basis der Ermittlung und Dokumentation exakter Vorgabezeiten werden die einzelnen Arbeitsschritte in der Fertigung im Detail sowie ihre Reihenfolge im einzelnen standardisiert. Im Unterschied zur klassischen Fremdregulierung werden die Regelwerke aber in helfender Absicht in Kooperation mit dem Vorgesetzten durch die Arbeitnehmer selbst erarbeitet und formuliert sowie bezüglich ihrer Einhaltung durch die Arbeitnehmer selbst kontrolliert.

Dieses Prinzip, das man verkürzt als selbstbestimmte Selbstbegrenzung bezeichnen könnte, erweist sich in den Nummi-Werken empirisch als machbar, von den Arbeitnehmern als akzeptiert und (zumindest bisher) als betrieblich funktional. Adler u.a. (1999) berichten, daß die Arbeitszufriedenheit, über mehrere Jahre hinweg erhoben, sogar gestiegen sei, das Engagement in Qualitätszirkeln ebenfalls zugenommen habe und in dieser Fabrik Autos von

anhaltend höchster Qualität produziert würden (Adler u.a., 1999, S. 54). Interessant ist, daß derartige Varianten der Tätigkeitsgestaltung inzwischen auch in deutschen Firmen der Autoindustrie erprobt werden (Springer, 1999).
Die Formen der Tätigkeitsgestaltung befinden sich also in einem Fluß. Es bedarf erneuter arbeits- und organisationspsychologischer Untersuchungen, um die Erklärung der oben berichteten positiven Effekte voranzutreiben, da ohne eine weitere Ausdifferenzierung der Erklärung die Generalisierbarkeit dieser Vorgehensweisen offenbleibt.

b) Verwaltung

Die Wirkungen neuer Technologien im Verwaltungs- und Dienstleistungsbereich diskutieren Baethge und Oberbeck (1986). Während bis zum Anfang der 70er Jahre die elektronische Datenverarbeitung punktuell dort eingesetzt worden sei, wo Standardprobleme in großen Mengen anfallen, verbreite sich ab Mitte der 70er Jahre eine sog. systemische EDV-Gestaltung, die alle betrieblichen Funktionen erfaßt und die Gesamtsteuerung des Unternehmens auszubauen versucht. Ein hoher Grad an systemischer Rationalisierung findet sich im Bereich der Banken und Versicherungen; ein niedriger Grad an systemischer (aber durchaus ein hoher Grad an punktueller) Rationalisierung läge dagegen in der Kommunalverwaltung vor.
Die empirischen Daten von Baethge und Oberbeck (1986) bestehen in (im Zuge des Computerausbaus) berichteten Veränderungen der Arbeit, wobei stark und schwach systemisch rationalisierte Dienstleistungsbereiche einander gegenübergestellt werden. Auf den ersten Blick fügen sich die von Baethge und Oberbeck (1986) berichteten Daten in das von Kern und Schumann (1984) entworfene Bild, als auch im Dienstleistungsbereich mit zunehmender systemischer Rationalisierung und dem Einsatz neuer Technologien eine Tendenz zur Funktionsmischung festgestellt wird. Als Beispiel dienen etwa die Versicherungsagenten, die den Kunden nicht nur in bezug auf einen Typ von Versicherung (z.B. Kfz-Versicherung), sondern in bezug auf alle Versicherungsarten aus einer Hand beraten. Von einer generellen Dequalifizierungstendenz im Bürobereich im Zuge neuer Technologien könne insofern nicht gesprochen werden. Die Daten können allerdings auch keinesfalls im Sinne einer zunehmenden Tendenz zum job-enrichment (wie bisher definiert) verstanden werden. Im Fall hoher systemischer Rationalisierung (also im Bereich der Banken und Versicherungen) zeichnen sich vielmehr zwei gegenläufige Tendenzen ab:
Die Varietät bzw. der Tätigkeitsspielraum scheinen anzuwachsen, der Entscheidungsspielraum dagegen beeinträchtigt zu werden. Die befragten Angestellten berichten über eine größere Verschiedenartigkeit ihrer Arbeitsinhalte, zugleich aber auch über eine zunehmende Standardisierung der Arbeitsabläufe, einen abnehmenden Spielraum für »Individualität« in der Arbeit, über ein zunehmendes Gefühl der leichteren technisch-organisatorischen Ersetzbarkeit der eigenen Person sowie über ein größeres Gefühl der Außengesteuertheit der Arbeitsabläufe, wobei derartige Trendmeldungen bei Banken und Versicherungen stärker ausfallen als in Fällen schwacher systemischer Rationalisierung (Baethge u. Oberbeck, 1986, S. 252 ff.). Stark vereinfachend lassen sich die Befunde eher im Sinne eines zunehmenden job-enlargements, aber nicht im Sinne eines zunehmenden job-enrichments deuten.

Dabei sind allerdings extreme Abweichungen von diesem Trend in Einzelfällen zu konstatieren: Kreditsachbearbeiter gehören z.B. zu den Gewinnern insofern, als bei ihnen der Tätigkeits- und Entscheidungsspielraum zugenommen zu haben scheint. Im Zuge der computerunterstützten Sachbearbeitung beraten Kreditsachbearbeiter den Kunden nicht nur bei einer breiten Palette von Produkten; sie haben zugleich vielmehr auch häufig zunehmende Entscheidungsvollmachten bezüglich der Kreditbewilligungshöhe delegiert bekommen (Baethge und Oberbeck, 1986, S. 188 ff.). Zu den Verlierern zählen dagegen offenbar die Leiter von Handelsfilialen: Sie erleiden eine Einbuße sowohl im Tätigkeits- als auch vor allem im Entscheidungsspielraum, und ihre frühere durchaus unternehmerische Funktion reduziert sich zunehmend mehr auf die eines organisationalen Lückenbüßers.

Unter den Auswirkungen der neuen Technologien betonen Baethge und Oberbeck vor allem in Hinblick auf die Kontrollierbarkeit der Arbeit die erhöhte Wahrscheinlichkeit des Entdeckens von Fehlern. Nicht nur die Ergebnisse, sondern auch die Wege zum Ziel würden transparenter. Speziell auf höherer Managementebene wachse durch die genauere Durchleuchtung der Kosten- und Erlösstrukturen der Zwang zu legitimieren, warum man gerade so und nicht anders vorgehe. Die totale Kontrollierbarkeit und damit Angreifbarkeit schwäche die Position speziell der nachgeordneten Angestellten. Angesichts des Legitimierungszwangs steige zugleich das Konkurrenzempfinden unter den Kollegen.

Generell berichten die befragten Angestellten bei zunehmender systemischer Rationalisierung über eine Tendenz zur zunehmenden Belastung, da die Menge der zu bearbeitenden Fälle pro Zeit steige und eine höhere Konzentration am Arbeitsplatz abverlangt werde, zumal die EDV-Ressourcen meist nur für eine ganz bestimmte Zeit zur Verfügung stehen.
Im Verwaltungsbereich sind in anderen Studien ergänzend speziell unterschiedliche Formen der Schreibdienstorganisation untersucht worden. Dabei wird häufig die klassische dezentral organisierte Sekretärinnenfunktion dem zentral zusammengefaßten Phonotypistinnenarbeitsplatz gegenübergestellt. Das im zentralen Schreibbüro (Phonotypistin) stark abnehmende Motivationspotential der Arbeit spiegelt sich dabei in zunehmenden psychosomatischen Beschwerden wider (Jacobi u. Weitz, 1981, S. 182). U.a. aufgrund der motivational dysfunktionalen Effekte zentraler Schreibdienstorganisationen kommen Picot und Reichwald (1980) zu dem Ergebnis, daß eine zentrale Schreibdienstorganisation bei längerfristiger Betrachtung auch in wirtschaftlicher Hinsicht einer dezentralen Organisation nicht unbedingt überlegen sein muß.
Bereits die Analyse der bisher vorliegenden Berichte zu den Auswirkungen neuer Technologien macht deutlich, daß ein Forschungsansatz mehr an Bedeutung gewinnen wird, der erst in seinen Anfängen steht, nämlich die Technologiefolgenabschätzung (vgl. hierzu Dierkes, 1981; Bungard u. Schultz-Gambard, 1987). Es ist also zu fordern, daß Psychologen auf diesem Gebiet des technology assessment kompetent sein sollten, um auf dieser Basis auch prospektiv beraten zu können und nicht nur im nachhinein (ohnehin angreifbare) »Akzeptanz«-Forschung betreiben zu müssen (v. Rosenstiel, 1986).

4.3.1.7. Weitere Möglichkeiten für die Psychologie

Der Psychologe, der sich in der Arbeitsorganisation mit der Aufgabe auseinandersetzt, sollte nicht nur den Aufgabeninhalt, sondern auch die Kontextbedingungen vor Augen haben.
Er hat die Möglichkeit – wiederum in Kooperation mit anderen Spezialisten – extreme Belastung abzubauen (vgl. Neumann u. Timpe, 1976) und dabei ergonomische Erkenntnisse zu berücksichtigen (vgl. Lanc, 1975). Mit Hilfe der Psychologie können sowohl die Arbeitsplätze (vgl. Schmidt, 1980a; Röbke, 1980) als auch die Arbeitsumgebung (vgl. Schmidt, 1980b; v. Benda, 1980) menschengerechter gestaltet werden. Dies allerdings sind

Interventionen, die zentral in das Feld der Arbeitspsychologie gehören und daher hier – unter organisationspsychologischer Perspektive – nicht vertieft werden sollen.
Gestalterische Maßnahmen können sich schwerpunktmäßig auf den Arbeitsinhalt, aber auch auf die Arbeitszeit beziehen. Diese zweite Dimension der Arbeitsgestaltung ist bisher sowohl in der Theorie als auch in der Praxis in auffälliger Weise vernachlässigt worden (Teriet, 1978).
Im Rahmen der Arbeitszeitgestaltung können zwei Formen unterschieden werden, die der Abbildung 82 zu entnehmen sind.

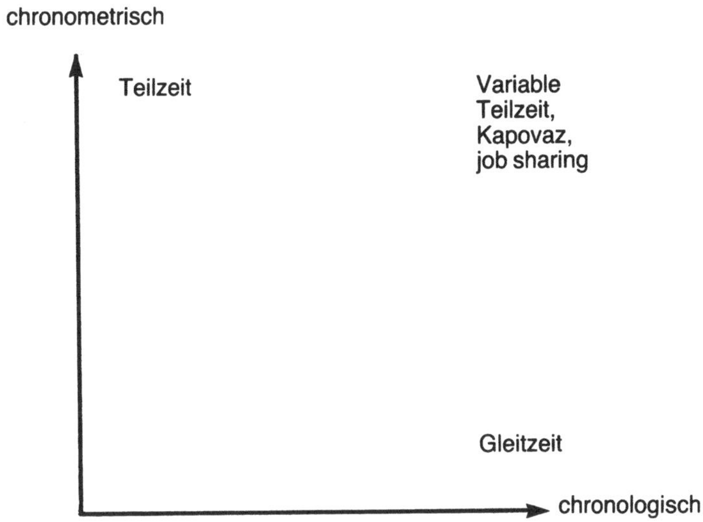

Abb. 82 Formen der Arbeitszeitgestaltung

Ausschließlich »chronologisch« orientierte Arbeitszeitgestaltungen sind solche, in denen bei konstanter Menge der Arbeitszeit die Lage der Arbeitszeit verändert wird; typisches Beispiel hierfür ist die inzwischen recht verbreitete Gleitzeit. Ausschließlich »chronometrisch« sind Arbeitszeitregelungen organisiert, die bei konstanter Lage der Arbeitszeit die Menge der Arbeitszeit variieren; typisch hierfür ist etwa die Teilzeitarbeit, bei der eine Sekretärin regelmäßig lediglich vormittags von 8.00 bis 12.00 Uhr arbeitet.
Chronometrische und chronologische Gestaltungsmaßnahmen können kombiniert werden: So ergibt sich z.B. die variable Teilzeit (bei der z.B. die vier Stunden täglicher Arbeitszeit gelegentlich vormittags und gelegentlich nachmittags zu absolvieren sind) oder das job sharing (zwei Mitarbeiter teilen sich einen Arbeitsplatz und teilen sich dabei zusätzlich ihre Arbeitszeit selbst ein, wobei sie sich (auch variabel) in ihrer Arbeit halbtägig, ganztägig oder wöchentlich abwechseln können) oder z.B. die sog. »Kapovaz« (Kapazitätsorientierte variable Arbeitszeit: Es wird z.B. bei Teilzeitkräften lediglich eine durchschnittliche Zahl der monatlich oder jährlich zu leistenden Arbeitsstunden vereinbart, wobei die Dauer und Lage der Arbeitszeit von Tag zu Tag variieren kann und vom Arbeitgeber bestimmt wird).
Über einige fallstudienartige Erfahrungen zur Arbeitszeitgestaltung auch im Produktionsbereich im deutschsprachigen Raum berichtet die Studie Infratest Sozialforschung (1985).
Über Auswirkungen der Arbeitszeitflexibilisierung im amerikanischen Dienstleistungs-

gewerbe berichtet Beyer (1986): Als Folge der Arbeitszeitflexibilisierung werden überwiegend eine Verbesserung der Arbeitsmenge und Qualität, eine Anhebung der Arbeitszufriedenheit, eine Senkung der Verspätungs- und Fehlzeitenrate und ein höherer organisatorischer Wirkungsgrad insofern berichtet, als (speziell im Dienstleistungsbereich) das Angebot an Arbeitszeit mit der Nachfrage nach Arbeitszeit (durch den Kunden) besser synchronisiert sei. Berücksichtigt man, daß die Frage der Arbeitszeitflexibilisierung unter der Perspektive der berichteten Befunde zum Wertewandel an Bedeutung zunehmen dürfte, und bedenkt man des weiteren, daß in den bisher publizierten Studien die Vorteile einer asynchronen Anwesenheit die Nachteile mehr als auszugleichen scheinen, so verdichtet sich der Eindruck, daß die Dimension der Arbeitszeitgestaltung eine auch organisationspsychologisch relevante Dimension darstellt, die in den nächsten Jahren nicht zuletzt auch aus arbeitsmarktpolitischer Sicht an Bedeutung zunehmen wird. Damit stellt sich die Frage, ob nicht bereits bei der Arbeitsgestaltung (bzw. Aufgabenschneidung) selbst der Gesichtspunkt ihrer zeitlichen Flexibilisierbarkeit bedacht werden sollte, um so das Arbeitszeitvariationspotential einer Stelle zu erhöhen (Schultes-Jaskolla, 1987).
In den letzten Jahren wird verstärkt die Einführung der sogenannten Vertrauensarbeitszeit diskutiert (Hoff u.a., 2000; Hoff u.a., 2001). Verschiedene Betriebe haben mit dem Betriebsrat eine Betriebsvereinbarung abgeschlossen, wonach z.B. auf eine elektronische Zeiterfassung und -kontrolle verzichtet wird. Dies stellt eine interessante Strategie der Förderung von institutionellem Vertrauen (3.2.6.1.) dar.

4.3.2. Messung und Intervention bei der Gruppe und der Organisation

Bereits die Ausführungen zur job-rotation und zu teilautonomen Arbeitsgruppen machten deutlich, daß dort, wo arbeitsteilig spezifische Leistungsziele erreicht werden, die Arbeitstätigkeit auch eine soziale Dimension hat. Diese kann zum einen horizontal gesehen werden: Mehrere hierarchisch gleichgestellte Personen bewältigen ähnlich bewertete unterschiedliche Bestandteile der umfassenderen Aufgabe; sie hat aber auch einen vertikalen Aspekt: Zur Koordination der verschiedenen Tätigkeiten greift man auf hierarchische Strukturen zurück. So kann man denn bei der Bewältigung arbeitsteiliger Aufgaben fast stets soziale Einheiten vorfinden, die aus einer kleineren oder größeren Zahl Gleichgestellter bestehen und die einem hierarchisch Übergeordneten unterstellt sind, wobei größere soziale Einheiten, die quantitativ und qualitativ umfangreiche und komplexe Aufgaben zu bewältigen haben, über eine größere Anzahl derartiger kleiner Einheiten verfügen, die wiederum in hierarchischen Ordnungsverhältnissen stehen. Vroom (1969, S. 223) geht dabei in pointierender Vereinfachung soweit, Organisationen als aus vielen kleinen Arbeitsgruppen zusammengesetzt zu betrachten, die aus je einem Vorgesetzten und seinen unmittelbaren Unterstellten bestehen. Das auch zwischen den kleineren sozialen Einheiten, die Vroom vorschnell als Arbeitsgruppen bezeichnet, bestehende hierarchische Verhältnis wird von Schein (1965, S. 8) angesprochen: »Organisation ist die rationale Koordination der Tätigkeit einer Anzahl von Menschen, um einen gemeinsamen, expliziten Zweck zu erreichen, durch Arbeits- und Funktionsteilung und eine Hierarchie von Autorität und Verantwortung«.
Nun werden Organisationen meist *zweckrational* (vgl. Mayntz, 1968) nach dem Aufgabenprinzip konzipiert, während Gruppen, die man als Mehrzahl von Personen verstehen kann, die in direkter Interaktion stehen und durch Rollendifferenzierung und gemeinsame Normen gekennzeichnet sind, eher von der Person als von der Aufgabe her interpretierbar

erscheinen und eine ganz wesentliche *Instrumentalität für die Bedürfnisbefriedigung ihrer Mitglieder* haben. Es mag verwundern, daß Ansätze zum psychologischen Handeln, die sich auf die Gruppe bzw. auf die Organisation beziehen, unter der gleichen Überschrift abgehandelt werden sollen. Dies ist zum Teil systematisch, zum Teil aber auch historisch begründet. Systematisch ist die Zusammenfassung insofern zu rechtfertigen, als sowohl kleinere Einheiten als auch umfassende Organisationen sich in der Regel nicht spontan bilden, sondern nach Grundsätzen der Zweckrationalität konzipiert werden; häufig, bevor man überhaupt weiß, wer der sozialen Einheit angehört. Erst später werden daraus z.T. – etwa aus Gründen der Häufigkeit der arbeitsbedingten Kontakte und der wahrgenommenen Ähnlichkeit in vielerlei Hinsicht – Gruppen in einem sozialpsychologischen Sinn, deren Struktur, Interaktionsbesonderheit, Normengefüge etc. empirisch ermittelbar ist. Da sich dabei nicht selten Erscheinungsformen feststellen lassen, die deutlich vom ursprünglich Geplanten abweichen, hat sich in der Literatur die Rede von den *formellen* bzw. *informellen* Gruppen durchgesetzt (vgl. Stirn, 1970), obwohl diese Unterscheidung, da verschiedene begriffliche Ebenen angesprochen sind, vielfältige Kritik und Relativierungen erfahren hat (vgl. Irle, 1963; Neuberger, 1977; v. Rosenstiel, 1978a). In ganz ähnlicher Weise lassen sich bei der empirischen Analyse zweckrational konzipierter Organisationen auch Phänomene – z.B. Inter-Gruppenkonflikte – feststellen, die durchaus vom Plan abweichen und so auch eine Unterscheidung zwischen formeller und informeller Organisation (vgl. Grün, 1980) begünstigen. Der Organisationspsychologe scheint – neben anderen Aspektspezialisten – dazu prädestiniert, die realen sozialen Erscheinungsformen auf der Ebene der Gruppe zu diagnostizieren und zu gestalten, um auf diese Weise festzustellen, warum der Plan – der ja nur eine Einflußgröße bei der Entstehung der sozialen Realität neben anderen ist – einen möglicherweise unerwartet geringen oder dysfunktionalen Einfluß auf die Entstehung der sozialen Realität hatte.

Bei derartigen Arbeiten beschränkte sich der Organisationspsychologe – und dies ist der historische Aspekt – bislang weitgehend auf kleine Einheiten, innerhalb derer direkte Interaktion noch möglich erscheint und die daher die Bezeichnung Gruppen verdienen. Selbst dort, wo von Organisationsentwicklung gesprochen wird (vgl. Gebert, 1974; Sievers, 1977), sind die sozialen Einheiten, die in den Veränderungsprozeß miteinbezogen werden, meist so klein, daß die Bezeichnung Gruppen- oder Teamentwicklung angemessener erschiene. In jenen Fällen, wo Psychologen in ihrer praktischen Arbeit tatsächlich Einfluß auf Organisationsstrukturen nehmen, fragt es sich, ob ihre Mitwirkung nicht beim derzeitigen Verständnis über eigentlich organisationspsychologische Aufgaben hinausgeht (vgl. als Beispiel Hahn, 1980) und der Organisationspsychologe nicht zum Unternehmensberater geworden ist.

Vergleicht man die praktische Tätigkeit, die Organisationspsychologen bezogen auf den einzelnen in den Organisationen bzw. auf soziale Einheiten leisten, so läßt sich ein interessanter Unterschied feststellen. Steht der einzelne im Vordergrund, so überwiegt die diagnostische Tätigkeit (z.B. Eignungsdiagnostik, Personalbeurteilung) gegenüber der Intervention (z.B. Training, Beratung), während bezogen auf soziale Einheiten die Diagnostik sozialer Strukturen in Arbeitsgruppen oder aber Organisationsdiagnostik in einem umfassenderen Sinne (vgl. Brandstätter, 1978) im Vergleich zu Interventionsmaßnahmen wie Teamentwicklung (vgl. Gebert, 1976) oder Organisationsentwicklung (vgl. Sievers, 1977) deutlich unterrepräsentiert erscheinen. Orientieren wir uns aber weiterhin an dem bereits vorgestellten Schema von Schneewind (1973), so ist auch auf diesem Gebiet eine ausgewogene Beziehung zwischen diagnostischen und Interventionsverfahren zu fordern, weshalb nachfolgend – wiederum in exemplarischer Weise – organisationspsychologische Handlungsansätze dargestellt werden sollen, die der Diagnostik bzw. der Intervention dienen.

4.3.2.1. Ansätze für die Messung

Psychologisch zentriertes Messen in Gruppen innerhalb einer Organisation oder im Gesamtkonzept der Organisation kann als Teil der empirischen Organisationsforschung (vgl. Witte, 1980; Kubicek u. Kieser, 1980) begriffen werden. Die Grenzen der psychologisch orientierten Vorgehensweisen zu anderen erscheinen dabei fließend (vgl. Payne u. Pugh, 1976). Akzentuierend könnte man sagen, daß bei psychologisch zentrierten Meßverfahren die Frage im Vordergrund steht, wie die Arbeitsgruppe oder die Organisation von den Mitgliedern erlebt wird und auf ihr Verhalten wirkt (vgl. Tagiuri, 1968), während bei anderen Formen der empirischen Organisationsforschung die Frage nach strukturellen Momenten im Vordergrund steht. Dies sei am wohl bekanntesten Beispiel eines derartigen Forschungsansatzes verdeutlicht, den Studien der sogenannten Aston-Gruppe (vgl. Pugh u.a., 1963, 1968; Payne und Pugh, 1976; Kieser und Kubicek, 1977). Ausgehend von Webers (1921) idealtypisch zusammengefaßten Beschreibungsmerkmalen der bürokratischen Organisation entwickelten die Forscher der Aston-Gruppe ein Meßverfahren, dessen Items – wiederum in Anschluß an die theoretischen Analysen Webers – zu fünf Dimensionen zusammengefaßt wurden:

1. Spezialisierung (Grad, in dem Tätigkeiten in spezialisierte Rollen aufgegliedert sind).
2. Standardisierung (Grad der Bestimmung der Tätigkeiten von Routineverfahren).
3. Formalisierung (Grad der schriftlichen Festlegung).
4. Zentralisierung (Grad der Konzentration von Entscheidungsprozessen).
5. Konfiguration (z.B. Zahl der Ebenen zwischen der Leitung und Ausführung, Prozentsatz der Bürokräfte etc.).

Das Meßinstrument wurde – vorwiegend auf Interviewbasis – in 52 größeren Arbeitsorganisationen angewandt, wobei die u.a. von Child (1972) kritisierte Auffassung deutlich wird, daß die berücksichtigten Strukturmerkmale universell seien.

Eine Faktorenanalyse der Ergebnisse erbrachte vier interpretierbare Faktoren:

1. Strukturierung der Aktivitäten (vor allem gebildet aus den ursprünglichen Dimensionen Spezialisierung, Standardisierung, Formalisierung)
2. Konzentration der Autorität (entspricht weitgehend der ursprünglichen Dimension Zentralisierung)
3. Linienkontrolle des Arbeitsflusses (bestimmt durch einen Teil der Items der ursprünglichen Dimension Konfiguration)
4. unterstützende Aktivitäten (gebildet durch andere Items der ursprünglichen Dimension Konfiguration).

Spätere empirische und theoretische Analysen machten deutlich, daß der Ausprägungsgrad dieser empirisch ermittelten Faktoren durch andere objektive Variablen wie Größe der Unternehmung, Technologie, Abhängigkeit von anderen Unternehmungen, geographische Lage, Unternehmenspolitik bestimmt wird und seinerseits wiederum spezifische Erlebens- und Verhaltensweisen der Organisationsmitglieder prägt, die Payne und Pugh (1976) im Begriff des Organisationsklimas zusammenfassen.

Bei der Messung eines so verstandenen Organisationsklimas handelt es sich nun sicherlich um psychologisch akzentuierte Forschung, die allerdings gleich die Frage aufwirft, wie sie sich von anderen Vorgehensweisen unterscheidet, in denen es ebenfalls darum geht, Reaktionen der Person auf die Bedingungen der Organisation zu erfassen, wie dies z.B. für die Arbeitszufriedenheitsforschung (vgl. Neuberger u. Allerbeck, 1978) gilt. Payne et. al

(1976) haben versucht, mit Hilfe einer sogenannten Facettenanalyse Ordnung in den auf diesem Gebiet bestehenden Begriffsdschungel zu bringen. Bei ihrem Klassifikationsansatz differenzieren sie danach, ob

- die Analyseeinheit das Individuum oder ein Aggregat ist,
- das Analyseelement der Job (die Arbeit) oder die Organisation ist, wobei interessant erscheint, daß auch hier die Abteilung bzw. die Arbeitsgruppe mit der Organisation praktisch gleichgesetzt wird,
- die erfaßte Reaktion affektiv oder deskriptiv ist.

Da diese drei Aspekte logisch voneinander unabhänig sind, ergeben sich also – werden sie, wie es bei Payne u.a. der Fall ist, dichotomisiert – 2 x 2 x 2, also 8 Kombinationen und somit 8 voneinander abhebbare Meßkonzepte, wie Abbildung 83 zeigt.
Obwohl es sich bei diesem Klassifikationssystem um einen interessanten Ansatz handelt, ist er doch ungeeignet, die derzeit bestehenden organisationspsychologischen Meßverfahren faktisch zu klassifizieren. Dies liegt vor allem daran, daß diese selbst – bezogen auf die Facettenanalyse – meist heterogen sind. Am Beispiel des verbreitetsten deutschsprachigen Verfahrens zur Messung der Arbeitszufriedenheit, dem Arbeitsbeschreibungsbogen (ABB) von Neuberger und Allerbeck (1978), sei dies verdeutlicht: Die Untersuchungseinheit ist zwar das Individuum, die Elemente der Analyse sind aber in einigen Skalen der Job (z.B. bei »Tätigkeit« oder »Arbeitsbedingungen«) und z.T. die Organisation (z.B. bei den Skalen »Kollegen« oder »Organisation und Leitung«). Die gemessenen Reaktionen des Individuums auf diese Bedingungen sind zwar zum größten Teil deskriptiv (vgl. auch den Namen des Verfahrens: Arbeitsbeschreibungsbogen), z.T. aber auch affektiver Natur.
Schließlich sollte man sehen, daß die Facettenanalyse dadurch, daß sie nur affektive und deskriptive Reaktionen des Individuums erfaßt, im wesentlichen dafür geeignet erscheint, solche Meßverfahren zu klassifizieren, die auf der *Befragung* beruhen. Methoden dagegen, die auf der Beobachtung des Verhaltens der Organisationsmitglieder beruhen, passen nicht in das Klassifikationsschema. Man muß allerdings auch zugestehen, daß es bislang kaum eigenständige Meßverfahren in der Organisationspsychologie gibt, die auf der Verhaltensbeobachtung beruhen. Dort, wo mit entsprechenden Verfahren in Organisationen gearbeitet wird – etwa bei der Analyse von Kommunikationsprozessen (vgl. Rüttinger, 1978) – sind die Verfahren aus der allgemeinen Sozialpsychologie entlehnt, etwa von der von Bales (1970) entwickelten Interaktionsanalyse. Dabei erschiene die Entwicklung eigenständiger Verhaltensbeobachtungsverfahren für die Organisation angesichts der hohen Bedeutung der dort stattfindenden Kommunikationsabläufe (vgl. Irle, 1980) sehr lohnend – wird doch durch die Restriktion von Kommunikation in den Organisationen häufig eine Deformation der relevanten Informationen bewirkt (vgl. Janis und Mann, 1977).
Auch für die Analyse der faktisch anzutreffenden Strukturen in der Organisation, die ja nicht selten von den im Plan vorbestimmten abweichen (vgl. Roethlisberger u. Dickson, 1939; Ghiselli u. Brown, 1955; v. Rosenstiel, 1978a) und die deshalb etwas unglücklich (vgl. Irle, 1963; Neuberger, 1977) als informell bezeichnet werden, haben sich eigenständige organisationspsychologische Beobachtungsverfahren kaum entwickelt (vgl. jedoch Klages u. Schmidt, 1978).

Faktisch arbeitet der Organisationspsychologe auf diesem Gebiet entweder mit herkömmlichen Befragungsinstrumenten, oder er stützt sich auf Beobachtungsverfahren, die aus der Sozialpsychologie entlehnt sind und bis zur teilnehmenden Beobachtung reichen.

Art des Konzeptes	A	B	C	D	E	F	G	H
Facetten								
Analyse-einheit	Individuum	Individuum	Individuum	Individuum	Sozial-kollektiv	Sozial-kollektiv	Sozial-kollektiv	Sozial-kollektiv
Analyse-element	Arbeit	Arbeit	Organi-sation	Organi-sation	Arbeit	Arbeit	Organi-sation	Organi-sation
Art der Messung	affektiv	deskriptiv	affektiv	deskriptiv	affektiv	deskriptiv	affektiv	deskriptiv
Benennung	Arbeits-zufrieden-heit	wahr-genommene Charakte-ristika der Arbeit	Zufrieden-heit mit der Organi-sation	wahr-genommene Charakte-ristika der Organi-sation	Arbeits-(»role«) »Moral«	Arbeits-(»role«) klima	Organisa-tions-»Moral«	Organisa-tions-klima

Abb. 83 Facettenanalyse

Gelegentlich wird als Analyse- und Darstellungsverfahren auch auf die Soziometrie (vgl. Moreno, 1953) zurückgegriffen, wobei allerdings – werden diese Techniken auf Organisationen übertragen – hauptsächlich an die Schulklasse (vgl. z.B. Flanders u. Havumaki, 1960) und kaum an die industrielle Arbeitsorganisation (vgl. jedoch Massarik u.a., 1953) gedacht wird (zusammenfassend Höhn u. Seidel, 1969; Dollase, 1975). So ist denn faktisch die Entwicklung eigenständiger Meßverfahren in der Organisationspsychologie auf die Bereiche der Zufriedenheit (vgl. Neuberger, 1974a) und des »Klimas« (vgl. Fürstenberg, 1980) beschränkt geblieben, weshalb nachfolgend auch Beispiele aus diesen beiden Gebieten dargestellt werden sollen.

4.3.2.1.1. Messung der Arbeitszufriedenheit

Orientiert man sich an der Facettenanalyse (Payne u.a., 1976), so geht es bei der Messung der Arbeitszufriedenheit um affektive Stellungnahmen des Individuums zum Job.

> Analysiert man vorliegende Meßverfahren (vgl. Athanasiou, 1969; Neuberger, 1974a), so läßt sich festhalten, daß die meisten Verfahren sich nicht entsprechend einordnen lassen. Sie beruhen, was bereits angesprochen wurde, auf unterschiedlichen theoretischen Konzepten und definieren explizit oder implizit Arbeitszufriedenheit auf sehr unterschiedliche Weise (siehe unter 2.3.).

Selbst jene Konzepte der Arbeitszufriedenheit, die an der Motivationspsychologie orientiert sind, lassen sich auf unterschiedliche theoretische Ansätze zurückführen – insbesondere auf bedürfnistheoretische, anreiztheoretische, gleichgewichtstheoretische und humanistische Konzeptionen (vgl. Neuberger, 1974b). Verläßt man die Motivationstheorie als klassifikatorische Basis und sucht man in der Literatur – ganz atheoretisch – verschiedenartige Definitionsansätze der Arbeitszufriedenheit, so kann man mit Neuberger und Allerbeck (1978) folgende Typen von Definitionen nennen:

1. Operationale Definitionen,
2. Arbeitszufriedenheit als Bedürfnisbefriedigung,
3. Arbeitszufriedenheit als aufgehobene Soll-Ist-Differenz,
4. Arbeitszufriedenheit als das Erreichen bestimmter Werte,
5. Arbeitszufriedenheit als angenehmer personimmanenter Zustand bzw. affektive Bewertungsreaktion,
6. Arbeitszufriedenheit als Gleichgewichtszustand,
7. Arbeitszufriedenheit als Ergebnis komplexer Informationsverarbeitungsprozesse,
8. Arbeitszufriedenheit als Erwartungshaltung,
9. Arbeitszufriedenheit als Einstellung zur Arbeit bzw. zu Aspekten der Arbeitssituation.

Da viele der soeben genannten Definitionsansätze auch zu – auf ihnen beruhenden – Meßverfahren führten, sind diese entsprechend höchst heterogen. Das sei am Beispiel aufgezeigt: Porter (1961, 1963; Deutsch: Weinert, 1981) hat das von ihm entwickelte Meßverfahren auf einer Konzeption begründet, die in der Arbeitszufriedenheit eine aufgehobene Soll-Ist-Differenz sieht. Orientiert an der Klassifikation der Motive bei Maslow (1943, 1954) wurden motivspezifische organisationsbezogene Items konstruiert, innerhalb derer der Ist-Zustand, der Soll-Zustand und die Bedeutung erfaßt werden, wie nachfolgendes Item zeigt:

»Die Möglichkeit zu selbständigem Denken und Handeln in meiner Position:

a) Wieviel ist aktuell gegeben?
(min.) 1 2 3 4 5 6 7 (max.)

b) Wieviel sollte gegeben sein?
(min.) 1 2 3 4 5 6 7 (max.)

c) Wie wichtig ist mir das?
(min.) 1 2 3 4 5 6 7 (max.)«.

Das Befriedigungsniveau ergibt sich aus der Differenz der Skalierungen zu a) und b); der Beitrag zum Gesamtbefriedigungsniveau kann aus dieser Differenz, multipliziert mit der Bedeutungsgewichtung, errechnet werden. Neuberger und Allerbeck (1978) sehen dagegen in der Arbeitszufriedenheit die *Einstellung zu verschiedenen Aspekten der Arbeitssituation.* Entsprechend erfaßt das von ihnen entwickelte Meßverfahren die Einstellungen der Arbeitenden zu folgenden Aspekten der Arbeit:

1. meine Kollegen,
2. mein Vorgesetzter,
3. meine Tätigkeit,
4. meine Arbeitsbedingungen,
5. Organisation und Leitung,
6. meine Entwicklung,
7. meine Bezahlung,
8. Arbeitszeit,
9. gesicherter Arbeitsplatz.

Dazu kommt noch je ein Item zur Messung der Arbeitszufriedenheit (insgesamt) und der Lebenszufriedenheit.
Die Einstellungen werden so erfaßt, daß zu jedem Aspekt der Grad der Zustimmung zu spezifischen Aussagen (z.B. mein Vorgesetzter ... ungerecht) auf einer vierstufigen Skala (ja ... eher ja ... eher nein ... nein) anzugeben ist.

Die Unterschiedlichkeit der Konzeption der verschiedenen Meßinstrumente zur Erfassung der Arbeitszufriedenheit läßt es dann auch nicht überraschend erscheinen, daß die Interkorrelation der verschiedenen Verfahren relativ gering ist, Korrelationen zwischen 0.2 und 0.4 die Regel und höhere Koeffizienten die Ausnahme sind (vgl. Neuberger, 1974a, S. 194ff.).

Während die geringe Höhe der Korrelationen zwischen Meßverfahren – wegen ihrer unterschiedlichen Konzeption – nicht überrascht, verwundert es, daß die Zufriedenheit mit verschiedenen Aspekten der Arbeitssituation – z.B. mit der Bezahlung, den Kollegen, der Tätigkeit – in aller Regel deutlich positiv korreliert (vgl. Vroom, 1964; v. Rosenstiel, 1977), was es berechtigt erscheinen läßt, die Skalenwerte zu summieren und von einer *Gesamtarbeitszufriedenheit* zu sprechen. Erklärt werden kann allerdings die immer wieder aufgefundene positive Korrelation zwischen verschiedenen Aspekten der Arbeitszufriedenheit auf unterschiedliche Weise (vgl. Vroom, 1964; siehe auch unter 2.3.3.):

1. Personen reagieren aufgrund bestimmter Persönlichkeitsmerkmale spezifisch auf unterschiedliche Situationen. Beispielsweise bewerten Personen mit hohem Anspruchsniveau die Arbeitsbedingungen tendenziell eher kritisch und somit negativ, Personen mit geringem Anspruchsniveau eher positiv.

2. Personen unterscheiden sich hinsichtlich ihrer Beantwortungstendenzen in Meßverfahren; beispielsweise kann bei einigen die Neigung, im Sinne der sozialen Erwünschtheit zu reagieren, stark, bei anderen hingegen schwach ausgeprägt sein.
3. Objektive Bedingungen, die Einfluß auf die Arbeitszufriedenheit haben, sind tatsächlich abhängig voneinander. Es haben etwa diejenigen, die über ihren Aufstieg zufrieden sind, jetzt auch objektiv finanziell, tätigkeitsmäßig, in der Behandlung durch ihren Vorgesetzten und in der Regelung der Arbeitszeit bessere Bedingungen als jene, die nicht aufsteigen.
4. Verschiedene Bedingungen, die Einfluß auf die Arbeitszufriedenheit haben, sind wahrnehmungsmäßig nicht unabhängig voneinander. Beispielsweise kann ein neuer Führungsstil dazu führen, daß jetzt auch andere, objektiv nicht veränderte Bedingungen positiver wahrgenommen werden.

Die bisher zur Messung der Arbeitszufriedenheit gemachten Aussagen betreffen die gebräuchlichen Vorgehensweisen, die schriftlichen Befragungen. Tatsächlich werden die Messungen gelegentlich auch auf andere Weise vorgenommen, und zwar mit Hilfe von mündlichen Interviews und von sogenannten objektiven Verfahren.
Die Interviews, die vom weitgehend unstrukturierten Gespräch bis zur relativ vorstrukturierten mündlichen Befragung reichen, haben zwar den Vorteil, den unmittelbaren Kontakt zwischen den Fragenden und den Befragten herzustellen und auf die konkrete Situation des Befragten einzugehen; sie sind jedoch mit dem Nachteil verbunden, daß Anonymität kaum glaubhaft zugesichert werden kann und die Auswertung unreliabel und unökonomisch erfolgt und zudem zu schwer vergleichbaren Ergebnissen führt. Es kann auch nicht übersehen werden, daß gerade mit Hilfe der Interviewmethode (vgl. z.B. Roethlisberger u. Dickson, 1939; Kornhauser, 1965) wesentliche Einsichten in die Dynamik der Arbeitszufriedenheit gewonnen wurden.
Als objektive Indikatoren der Arbeitszufriedenheit werden insbesondere Informationen über die Fluktuations-, Fehlzeiten- oder Beschwerderate herangezogen (vgl. z.B. Merrihue u. Katzell, 1955). Obwohl durch derartige Verfahrensweisen die Fehler, die auf Selbstaussagen der Befragten zurückgehen, weitgehend ausgeschaltet werden, haben die objektiven Verfahren als Indikatoren der Arbeitszufriedenheit nur eine geringe Bedeutung erlangt, da die diesen Indizes zugrundeliegenden Verhaltensweisen eben nicht nur von der Zufriedenheit abhängen, sondern von vielfältigen anderen Größen – z.B. der Arbeitsmarktlage, Krankheitsepidemien –, die schwer kontrollierbar sind.
Über schriftliche Befragungsverfahren war bereits am Beispiel der von Porter (1961) sowie von Neuberger und Allerbeck (1978) entwickelten Verfahren gesprochen worden. Die Streubreite der Struktur der Items reicht weit; sie umfaßt offene und geschlossene, direkte und indirekte Fragen. Zunehmend werden solche Items verwandt, die die EDV-mäßige Auswertung der Ergebnisse erleichtern. Zu denken ist hier vor allem an Rangreihenbildung, Likert-Skalen und Polaritätenprofil (vgl. v. Rosenstiel, 1977). Derart konstruierte standardisierte Arbeitszufriedenheitsbögen sind in aller Regel nach den Gütekriterien der klassischen Testtheorie überprüft; die einzelnen Skalen zeigen zumeist eine recht hohe interne Konsistenz und eine mäßige, aber noch befriedigende Stabilität.

Sehr viel schwieriger ist die Frage nach der Validität zu beantworten. Als Indikatoren der Validität gelten hier neben den – skeptisch zu beurteilenden – Informationen aus anderen Arbeitszufriedenheitsskalen meist die Fehlzeiten- und die Fluktuationsrate (vgl. Neuberger, 1974a; v. Rosenstiel, 1975b; Bruggemann u.a., 1975). Hier wurden, wie erwartet, in der Regel negative Korrelationen gerunden, die allerdings meist gering sind und nur selten den Wert von minus 0.4 übersteigen.

In der Bundesrepublik Deutschland haben vor allem drei standardisierte Verfahren zur Messung der Arbeitszufriedenheit Verbreitung und Beachtung gefunden. Es sind dies die Skala zur Messung der Arbeitszufriedenheit von Fischer und Lück (1972), der bereits besprochene Arbeitsbeschreibungsbogen von Neuberger und Allerbeck (1978) sowie der Arbeitszufriedenheitskurzfragebogen von Bruggemann (1974, 1976). Die Skala zur Messung der Arbeitszufriedenheit (SAZ) liegt als Langform mit 36 Items und als Kurzform mit 8 Items vor. Beide Verfahren korrelieren um .90 miteinander, so daß die Anwendung der Langform kaum zu rechtfertigen ist. Alle Items wurden in einer einheitlichen Itemanalyse ausgewählt, was anzeigt, daß ein homogenes Konzept der Arbeitszufriedenheit zugrunde liegt und nicht zwischen der Zufriedenheit und Einzelaspekten der Arbeit differenziert wird. Ein Vergleich mit dem ABB (vgl. Neuberger, 1976b) zeigt, daß die SAZ vor allem die Zufriedenheit mit der Tätigkeit mißt.

Der Arbeitsbeschreibungsbogen (Neuberger u. Allerbeck) wurde bereits vorgestellt. Über dieses Verfahren liegen bislang im deutschen Sprachraum die ausführlichsten empirischen Analysen vor; publiziert sind nicht nur Informationen über die interne Konsistenz und die Stabilität der einzelnen Skalen, sondern auch die Beziehung zu den verschiedensten soziodemographischen Größen, Normwerte für bestimmte Gruppen und Interkorrelationen zwischen dem ABB und verschiedenen Persönlichkeitsfragebögen. Angeregt durch den ABB hat Franke (1980) ein weniger »gegenstandbezogenes« Verfahren entwickelt, das vom Bedürfniskonzept ausgeht und inhaltlich bestimmbare Zufriedenheitsaspekte mißt.

Weniger ausgearbeitet, aber theoretisch interessanter erscheint der von Bruggemann (1974, 1976) entwickelte Fragebogen, in dem nicht nur die Ausprägung, sondern auch die Qualität verschiedener Formen von Arbeitszufriedenheit erfaßt werden. Arbeitszufriedenheit ist dabei – wie bereits zuvor unter 3.3. beschrieben – als das *Ergebnis eines komplexen Coping-Prozesses* in der Person zu verstehen. Unterschieden wird zwischen

- progressiver Arbeitszufriedenheit,
- stabilisierter Arbeitszufriedenheit,
- resignativer Arbeitszufriedenheit,
- Pseudoarbeitszufriedenheit,
- fixierter Arbeitsunzufriedenheit,
- konstruktiver Arbeitsunzufriedenheit.

Die Items entsprechen in ihrer Formulierung dem theoretischen Konzept, das den Zufriedenheitsformen zugrunde liegt, z.B. – bei der resignativen Arbeitszufriedenheit – »ich bin zufrieden und erwarte nicht zuviel« oder bei der konstruktiven Arbeitszufriedenheit »ich bin unzufrieden, glaube aber, daß sich einiges ändern wird«. Die bislang vorliegende empirische Forschung läßt allerdings Zweifel daran aufkommen, ob das Verfahren beim derzeitigen Entwicklungsstand geeignet ist, im intendierten Sinne zwischen den verschiedenen Formen der Arbeitszufriedenheit zu differenzieren. So machen Untersuchungen von Schwatlo (1977) wahrscheinlich, daß die Formulierung der Items die Befragten vielfach überfordert. Faktorenanalysen, über die Neuberger und Allerbeck (1978) berichten, lassen die Autoren zu dem Schluß kommen, »daß Bruggemanns Absicht, verschiedene Typen von AZ voneinander abzuheben, im AZK nicht verwirklicht werden konnte. Dies kann zum einen an der spezifischen Form der Itemformulierung liegen, zum anderen aber auch dadurch bedingt sein, daß der Erlebnisverarbeitungs- und Abwägungsprozeß, der der Typisierung zugrunde liegt, in einer einmaligen Befragung nicht angemessen erfaßt werden kann ...«(S. 167). Allerdings ist die Diskussion mit diesem Urteil über das Verfahren nicht abgeschlossen; neuere Untersuchungsergebnisse, über die Fellmann und Oegerli (1981) berichten, lassen ein sehr viel positiveres Urteil zu.

Es erscheint nach wie vor vielversprechend, nicht nur die Ausprägung, sondern auch die Qualität der Arbeitszufriedenheit messend zu erfassen (vgl. Büssing u.a., 1999).

Obwohl – keineswegs nur von psychologischer Seite – die Arbeitszufriedenheit als wichtiges Kriterium der Humanisierung der Arbeit angesehen wird, hat sich in der jüngsten Zeit mit der generellen Kritik an subjektiven Indikatoren (vgl. Werner, 1974) auch die Kritik am Konzept der Arbeitszufriedenheit (vgl. z.B. Groskurth u. Tietze, 1977) verstärkt. Tatsächlich muß man in Arbeitszufriedenheitswerten wohl »relative Indikatoren« (v. Rosenstiel, 1977) sehen, die kaum interpretierbar erscheinen, wenn man den Erlebnisverarbeitungsprozeß nicht kennt, der zu ihnen führte, und wenn man die objektiven Bedingungen der Arbeitssituation nicht erfaßt hat, innerhalb derer die Arbeitszufriedenheit gemessen wird. Neuberger (1980d, S. 867) fordert daher aufgrund seiner Erfahrungen mit herkömmlich angelegten Arbeitszufriedenheitsmessungen:

- »Untersuchungen der Arbeitszufriedenheit sollten nicht einmalige Ereignisse sein, sondern zur Dauereinrichtung werden. Sie könnten dadurch ein betriebliches Bezugssystem zum Vergleich der Ergebnisse aufbauen, zur Wirkungskontrolle ergriffener Maßnahmen herangezogen werden und das Engagement steigern, wenn die Befragten erfahren haben, daß ihre Aussagen Konsequenzen haben.
- Solche Erhebungen sollten betriebsintern konzipiert und durchgeführt werden, wobei alle interessierten und betroffenen Gruppen Mitsprachemöglichkeiten bei der Planung und Ausführung des Fragebogens haben sollten.
- Die Datenerhebung sollte – zumindest in einigen Teilen – dezentralisiert werden, so daß die befragten Gruppen zu hautnahen Problemen Stellung nehmen können. Dennoch sollte zum Vergleich untereinander ein Satz gleicher Fragen für alle vorgesehen werden.
- Die Befragung sollte keine Einweg-Kommunikation sein: Sie sollte zur unmittelbaren Diskussion der Befragten untereinander anregen und diese Diskussion fördern.
- Die Trennung zwischen Diagnose und Aktion sollte aufgehoben werden: Probleme sollten nicht nur genannt werden, sondern direkt vor Ort angegangen werden.
- Zur Koordination von Einzelmaßnahmen und als Informationsquelle und Ansprechpartner sollte allen Beteiligten ein Experte (z.B. in der Personalabteilung) zur Verfügung stehen«.

Doch selbst wenn man ein Vorgehen – wie es Neuberger hier vorschlägt – wählt, sollte einem bewußt sein, daß die Arbeitszufriedenheit nur eines unter vielen bedeutsamen Kriterien für die Humanität von Arbeitsplätzen ist. Die Vielfalt der Kriterien, an die hier zu denken ist, zeigen die Listen bzw. die Diskussion bei Tietze (1974), v. Rosenstiel (1979a), Hengsbach (1980), Neuberger (1980c).

4.3.2.1.2. Messung des Gruppen- und Organisationsklimas

Orientiert man sich an der Facettenanalyse von Payne und Pugh (1976), so sind Arbeitszufriedenheit und Gruppen- bzw. Organisationsklima sehr deutlich voneinander abzuheben. Bei der Arbeitszufriedenheit ist die Analyseeinheit das Individuum, das Analyseelement der Job und die erhobene Reaktion affektiv, während beim Gruppen- bzw. Organisationsklima die Untersuchungseinheit ein Aggregat, das Analyseelement die Gruppe oder Organisation und die Art der erhobenen Reaktion deskriptiv ist.

Angesichts dieser deutlich voneinander abweichenden Bestimmungen überrascht es, daß immer wieder (vgl. die Sammelreferate von Neuberger, 1973b; Payne u. Pugh, 1976) hohe Korrelationen zwischen der Arbeitszufriedenheit und dem Organisationsklima aufgefunden wurden, die gelegentlich sogar Ursache-Wirkungs-Spekulationen auslösten. Bedingt die Arbeitszufriedenheit das Organisationsklima, oder führt ein gutes Organisationsklima zu erhöhter Arbeitszufriedenheit? Empirische Analysen – etwa von Johannesson (1973) – sind geeignet, derartigen Spekulationen ein Ende zu setzen:
Häufig sind die Items von Klimafragebögen von Arbeitszufriedenheitsbögen abgeschrieben, so daß meist – zumindest partiell – mit beiden Meßverfahren letztlich das gleiche Phänomen erfaßt wird; es besteht eine operationale Identität der beiden Konzepte. Zu einem kleineren Teil liegt das daran, daß auch in Arbeitszufriedenheitsbögen deskriptive Reaktionen gefordert werden, relativ häufiger hat es seine Ursache darin, daß auch affektive Reaktionen mit den Klimabögen gemessen werden. Dadurch geht es bei der Organisationsklimamessung nicht mehr um »psychologisch sinnvolle, molare Beschreibungen, die nach übereinstimmender Auffassung der Mitglieder die Praktiken und Prozeduren eines Systems charakterisieren« (Schneider, 1975, S. 474), wie das Organisationsklima häufig definiert wird, sondern eher um die Erfassung dessen, was im deutschen Sprachraum häufig als Betriebsklima (vgl. z.B. Götte, 1962; v. Friedeburg, 1963) beschrieben wird: Das *Betriebsklima* wird dabei als Zustand der Zufriedenheit oder Unzufriedenheit der Mehrheit der Betriebsangehörigen verstanden, der in feststellbaren Merkmalen der betrieblichen Situation seine Ursachen hat und nicht in zufälligen außerbetrieblichen Ereignissen (vgl. v. Rosenstiel, 1972).
Empirische Analysen, bei denen auch operational zwischen der Arbeitszufriedenheit und dem Organisationsklima klar differenziert wird, sprechen für die Nützlichkeit der Trennung der beiden Konzepte. So konzeptualisierten Schneider und Snyder (1975) die Arbeitszufriedenheit als Bewertung der Arbeit auf der individuellen Ebene und das Organisationsklima als Beschreibung der Organisation auf der aggregierten Ebene und fanden – ihren Hypothesen gemäß –, daß die interindividuelle Übereinstimmung bezüglich des Klimas größer war als bezüglich der Zufriedenheit und zudem keineswegs eine besonders hohe Korrelation zwischen den beiden Messungen bestand.

Die Organisationsklimaforschung fragt also danach, wie die Organisation in ihren objektiv gegebenen Strukturmerkmalen in übereinstimmender Weise von ihren Mitgliedern wahrgenommen wird.

Obwohl zur Erfassung des Klimas höchst unterschiedliche Verfahren herangezogen wurden (einen Eindruck von der Vielfältigkeit der Meßinstrumente vermittelt die zweibändige Zusammenstellung von Seifert, 1978), lassen sich, wie Sammelreferate zeigen (vgl. Campbell u.a., 1970; Neuberger 1973b; Payne u. Pugh, 1976), immer wieder Dimensionen nennen, die Tabelle 8 aus Neuberger (1980b) zeigt.

Tab. 8 Dimensionen des Organisationsklimas

1. *Strukturierung*

   Das Ausmaß, in dem Verhaltensspielräume durch organisatorische Regelungen, Vorschriften, Praktiken eingeengt sind. Folgende Begriffspaare lassen sich zur Charakterisierung der Extreme gegenüberstellen:

	⟵⟶	
Planlosigkeit		Bürokratisierung
Durcheinander		Reglementierung
Chaos, Normlosigkeit		Routinisierung
Mehrdeutigkeit		Schematisierung

2. *Autonomie*

   Darunter ist das Ausmaß von Unabhängigkeit, Entscheidungsfreiheit und spontanen Entfaltungsmöglichkeiten zu verstehen. Folgende Begriffspole können zur Kennzeichnung dienen:

	⟵⟶	
Abhängigkeit		Selbständigkeit
Fremdbestimmung		Gestaltungsmöglichkeiten

3. *Wärme und Unterstützung*

   Bei dieser Dimension geht es um das Betriebsklima im engeren Sinn, d.h. um die Qualität der sozialen Beziehungen, um Wärme, Vertrauen, gegenseitige Achtung, Freundlichkeit usw. Die Dimension kann zwischen folgenden polaren Begriffen aufgespannt werden:

	⟵⟶	
Mißtrauen		Vertrauen
Kälte, Ablehnung		Wärme, Achtung
Distanzierung		Nähe, Hilfe
Einweg-Kommunikation		Zweiweg-Kommunikation

4. *Leistungsorientierung*

   Hierbei geht es um das Ausmaß, in dem Leistung, Zielorientierung, Begeisterung, Schwung typisch sind für das Bild, das die Organisation bietet und das in folgenden Gegenüberstellungen veranschaulicht werden kann:

	⟵⟶	
Trägheit		Schwung, Motivation
Desinteresse		Engagement
Lahmheit		Energie, Dynamik
Leistungsablehnung		Leistungsbetonung

5. *Zusammenarbeit*

   In Ergänzung der o. a. 3. Dimension steht hier die Qualität der Arbeitszufriedenheit im Mittelpunkt – ob also innerhalb und zwischen den Arbeitsgruppen ein hohes Maß an Harmonie, Zusammenhalt, Loyalität und konstruktiver Zusammenarbeit erlebt wird oder ob das Gegenteil typisch ist:

	⟵⟶	
Spannung		Solidarität
Cliquenbildung		Integration
Konflikthaftigkeit		Kooperation
Konfrontation		Harmonie
Nebeneinander		Interdependenz

6. *Belohnungshöhe und -fairneß*

Eine Dimension, die vor allem in utilitaristischen Organisationen eine große Rolle spielt, bei denen die Mitglieder ihre »Investitionen« (an Zeit, Einsatz, Erfahrungen usw.) an den »Gegenleistungen« orientieren, die ihnen die Organisation bietet (Einkommen, Status, Entwicklung usw.). Dabei geht es sowohl um die Art und Höhe der jeweiligen Belohnungen oder Bestrafungen wie auch um die Wahrscheinlichkeit, mit der sie erwartet werden können.

Niedrige Belohnungen	⟵⟶	Hohe Belohnungen
hohe Bestrafungen		niedrige Bestrafungen
Ungerechtigkeit		Fairneß
Unausgewogenheit		Gerechtigkeit
Unkalkulierbarkeit		Berechenbarkeit

7. *Innovation und Entwicklung*

Diese Dimension beschreibt die Erwartung, daß alles beim alten bleibt, keine Veränderungen erwünscht sind und keine persönlichen Entwicklungsmöglichkeiten bestehen oder daß im Gegenteil Flexibilität, Wandel, Nonkonformität erwünscht sind und ein großer Aufwand betrieben wird, um Mitarbeiter höher zu qualifizieren:

Starrheit	⟵⟶	Änderungsbereitschaft
Intoleranz		Risikoneigung
Sicherheitsdenken		Flexibilität
Unbeweglichkeit		Offenheit
Dogmatismus		

8. *Hierarchisierung und Kontrolle*

Im Erleben der Mitglieder kann die Betonung von Rang-, Status- oder Einflußunterschieden eine große Bedeutung haben. Dies kann auf folgendem Kontinuum abgebildet werden:

Differenzierung	⟵⟶	Gleichheit
Unterordnung		Partnerschaftlichkeit
Kastendenken, Kontrolle, Überwachung		Selbständigkeit

Bei der Entwicklung der Verfahren zur Messung des Klimas in sozialen Einheiten nimmt der GDDQ (Group Dimension Description Questionnaire von Hemphill, 1956) eine Art Pionierstellung ein; er soll daher als Beispiel beschrieben werden. Der GDDQ umfaßt 13 Skalen:

1. *Autonomie* (Unabhängigkeit der Gruppe von anderen),
2. *Flexibilität* (informelle Regelung der Gruppenaktivität),
3. *Kontrolle* (Überwachung der Mitglieder durch die Gruppe),
4. *Hedonistischer Ton* (Vergnügen, das mit der Gruppenmitgliedschaft verbunden ist),
5. *Homogenität* (Ähnlichkeit der Gruppenmitglieder bezüglich relevanter Merkmale),
6. *Vertrautheit* (Kenntnis der Gruppenmitglieder untereinander),
7. *Zugänglichkeit* (Offenheit der Gruppe für neue Mitglieder),
8. *Partizipation* (Beteiligung der Mitglieder am Gruppengeschehen),
9. *Polarisierung* (Ausrichtung auf ein allen Gruppenmitgliedern bekanntes Ziel),
10. *Potenz* (Bedeutung der Gruppe für die Mitglieder),
11. *Stabilität* (unveränderter Bestand im Zeitablauf),
12. *Schichtung* (Ausprägung von Statushierarchien),
13. *Zusammenhalt* (Agieren der Gruppenmitglieder als Einheit).

Faktorenanalysen der Ergebnisse, die mit dem GDDQ gewonnen wurden (vgl. Hemphill, 1956; Findikyan u. Seils, 1966; Pheysey u. Payne, 1970), führten dann zu Dimensionen, wie sie zuvor als typisch für die Wahrnehmung von Organisationen durch ihre Mitglieder genannt wurden.
Angesichts der sprunghaft wachsenden Bedeutung von Gruppenarbeit in Produktion und Dienstleistung ist der Bedarf an Verfahren zur Diagnostik der Zusammenarbeit in Teams und Arbeitsgruppen deutlich gestiegen, wobei solche Verfahren als besonders relevant erscheinen, deren Items konkret wichtige Bereiche der Kooperation beschreiben und so unmittelbar zur Generierung von Verbesserungsmaßnahmen beitragen können. Für viele derartige Verfahren, muß allerdings gesagt werden, daß sie zwar in der Praxis häufig angewandt werden, jedoch weder theoretisch fundiert noch psychometrisch überprüft sind. Dies gilt z.B. für ein von Papenfuß, Pfeuffer und v. Rosenstiel (1985) entwickeltes Verfahren zur Teamdiagnostik, das aus nur 11 Items besteht, aber auch für das von Belbin (1981) entwickelten »Team-Role Cell-Perception Inventory« sowie den »Myers-Briggs Type Indicator« (Myers u. Briggs, 1962).

Die genannten Schwächen kompensiert im deutschen Sprachraum ein von Kauffeld entwickeltes Verfahren, der »Fragebogen zur Arbeit im Team (F-A-T)« (Kauffeld, 2001; Kauffeld u. Frieling, 2001; Kauffeld, Grote u. Frieling, 2001). Der F-A-T soll daher nachfolgend knapp beschrieben werden. Er ist theoretisch fundiert, psychometrisch überprüft und in der Praxis ökonomisch und generell einsetzbar.

Der Fragebogen geht theoretisch von den beiden Grunddimensionen sozialen Verhaltens, der Aufgaben- und Beziehungsorientierung (Lukasczyk, 1960; Fleishman, 1973; vgl. 3.3.2.), aus und beruft sich dabei auf West (1994), der die beiden fundamentalen Grunddimensionen »Task Reflexivity« und »Social Reflexivity« voneinander abhebt. Zum anderen wird auf die Vorstellungen von Beckhard (1972) sowie von Rubin, Plovnick u. Fry (1978) zurückgegriffen, die den Erfolg bzw. Mißerfolg von Teams in vier nach ihrer Wichtigkeit geordneten Schlüsselvariablen sehen, nämlich in Zielen, Rollen, Verfahren und Beziehungen. An diesen theoretischen Modellen orientiert, wurden in Workshops mit Experten der Teamentwicklung Items generiert und sodann einer Itemselektion unterzogen. Der F-A-T umfaßt in der Endform lediglich 22 Items und kann in der Praxis in gut zehn Minuten ausgefüllt werden. Faktorenanalysen zeigten, daß sich die Items zwei Dimensionen zuordnen lassen, die der Task-Reflexivity und der Social-Reflexivity im Sinne von West (1994) entsprechen. Dem Task-Reflexivity-Faktor lassen sich die Items zu den Zielen, Rollen und zum Teil jene zu den Verfahren im Sinne von Beckhard zuordnen, während die Items zur Beziehung, zur Verantwortungsübernahme und zum Teil zu den Verfahren auf dem Faktor der Social-Reflexivity liegen.
Bei Berücksichtigung der theoretischen Grundannahmen und der innerhalb der Faktorenanalyse erarbeiteten Ergebnisse wurden dann für die Endform jeweils zwei Skalen, zusammengesetzt aus je zwei Subskalen, konzipiert und wie folgt benannt:

1. Skala »Personorientierung«
   Subskalen:
   - Zusammenhalt. Beispielitem: »Es versucht niemand, sich auf Kosten anderer in den Vordergrund zu drängen.«
   - Verantwortungsübernahme. Beispielitem: »In unserem Team fühlt sich jeder für das Gesamtergebnis der Arbeit verantwortlich.«

2. Skala »Strukturierung«
   Subskalen:
   - Zielorientierung. Beispielitem: »Die Anforderungen an unsere Arbeitsergebnisse sind klar formuliert.«
   - Aufgabenbewältigung. Beispielitem: »Wir koordinieren unsere Anstrengungen gut.«

Die Skalen und Subskalen des F-A-T zeigen eine befriedigende interne Konsistenz zwischen 0.67 und 0.90.
Die kriteriumsorientierte Validität des Verfahrens wurde an Produktivitätskennzahlen von 15 Gruppen eines Automobilherstellers sowie an subjektiv eingeschätzten Indikatoren des Arbeitserfolgs und der Arbeitszufriedenheit in 14 Gruppen sozialer Einrichtungen überprüft. Die Produktivitätskennzahlen bei den gewerblichen Arbeitnehmergruppen konnten durch die vier Subskalen zu 34 % ihrer Varianz aufgeklärt werden, wobei die Subskalen Verantwortungsübernahme und Aufgabenbewältigung den größten Anteil hatten. Auch der subjektiv eingeschätzte Erfolg und die Arbeitszufriedenheit in den Gruppen sozialer Einrichtungen konnten durch Skalen des F-A-T gut prognostiziert werden, wobei die Subskalen Aufgabenbewältigung und Zusammenhalt die höchste Vorhersagekraft bewiesen. Das Verfahren ist somit einerseits ein ökonomisches, wissenschaftlich fundiertes Verfahren der Teamdiagnostik und andererseits Ausgangspunkt für Teamentwicklungsmaßnahmen (Kauffeld u. Grote, 2001).

Ein in der Praxis deutscher Unternehmen in der Zwischenzeit relativ weitverbreitetes Verfahren zur Messung des sozialen Klimas wurde im Auftrags eines bayerischen Staatsministeriums entwickelt (v. Rosenstiel u.a., 1983) und durch v. Rosenstiel und Bögel (1992) weiter differenziert. Es handelt sich bei diesem Verfahren um ein Fragebogeninstrument auf der Basis von Likertskalen, wobei auf beschreibenden Statements zu unterschiedlichen Facetten der Organisation der Grad der Zustimmung auf fünfpunktigen Skalen, die zwischen »stimmt« und »stimmt nicht« aufgespannt sind, angegeben werden soll. Damit handelt es sich im strengen Sinne um ein Verfahren zur Messung des Organisationsklimas, obwohl die Autoren – mit Rücksicht auf die Akzeptanz in der Praxis – den dort geläufigeren Begriff des Betriebsklimas verwenden.
Das Verfahren, das im Rahmen anonymisierender Betriebsumfragen eingesetzt wird, hat acht auf der Grundlage von Item- und Faktorenanalysen bestimmte Skalen, wie die nachfolgende Abbildung 84 zeigt (verbunden mit je einem Beispielitem und dem internen Konsistenzwert).
Bemerkenswert erscheint, daß im Anschluß an die Klimafragen zu jeder Organisationsfacette auch jeweils nach der Bedeutung des entsprechenden Bereichs und der insgesamt gegebenen Zufriedenheit gefragt wird. Normwerte auf der Basis von mehr als 60 verschiedenen Unternehmen, die als Prozentrangskalen aufgebaut sind, erleichtern die Interpretation der aufgefundenen Daten. Es wird empfohlen, bei Betriebsuntersuchungen die Daten auf kleine Einheiten hinunter zu brechen, um innerbetriebliche Vergleiche zu ermöglichen, darüber hinaus das Verfahren in regelmäßigen Abständen wieder einzusetzen, um jeder Abteilung die Information zu geben, ob eingeleitete Verbesserungsmaßnahmen Erfolg hatten, und im Längsschnitt das Klima in seiner Dynamik zu beobachten.
Sucht man nach den besonders problematischen Punkten der Operationalisierung des Organisationsklimas, so ist zum einen danach zu fragen, ob die intendierte Trennung zwischen Beschreibung und Bewertung überhaupt gelingt. Für spezifische Items (z.B. Fragen nach der Größe der Organisation) mag dies unproblematisch erscheinen; für andere, die sich auf die Kooperation oder das Entscheidungsverhalten beziehen, ist die Trennung wohl

Bereich	Zahl der Fragen	Fragenbeispiel (Antwortmöglichkeiten jeweils stimmt/stimmt nicht |1|2|3|4|5|)	Zuverlässigkeit
Allgemeiner Teil	6	Unsere Firma legt Wert darauf, daß die Mitarbeiter gern hier arbeiten.	0.80
Kollegen	12	So etwas wie Gemeinschaftssinn fehlt in unserem Betrieb – hier denkt jeder nur an sich selbst.	0.85
Vorgesetzte	14	Die Vorgesetzten versuchen oft, von ihnen selbst gemachte Fehler auf uns abzuwälzen.	0.92
Organisation	12	Es gibt hier sehr viele Regeln und Vorschriften.	0.83
Information und Mitsprache	13	Über Dinge, die unsere Arbeit betreffen, werden wir ausreichend informiert.	0.87
Interessenvertretung	7	Für die Durchsetzung der eigenen Interessen muß sich bei uns jeder selbst einsetzen.	0.73
Betriebliche Leistungen	10	Es gibt hier viele Ungerechtigkeiten im Entlohnungssystem.	0.78
Bogen insgesamt	74	--	0.96

Abb. 84 Skalen, Beispielitems und Kennworte eines Verfahrens zur Messung des Betriebsklimas

problematisch. Wenn sich Beschreiben und Bewerten kaum voneinander trennen lassen, so wird faktisch – wie etwa Guion (1973) annimmt – das Organisationsklima eine bestimmte Form der Arbeitszufriedenheit. Gewichtiger noch erscheint das Problem, ob es sich beim Organisationsklima – der Intention entsprechend – um ein einheitliches Konzept handelt. Die zuvor referierten Ergebnisse von Schneider und Snyder (1975) sprechen zwar dafür, doch liegen vielfältige Forschungsergebnisse vor (z.B. Jones u. James, 1979), die von großen Streuungen der Daten innerhalb einer Organisation berichten. Dies ließe es angemessen erscheinen, im Sinne von James und Jones (1974) statt vom Organisationsklima vom *psychologischen Klima* zu sprechen, wobei man mit Schneider (1975) dann davon ausgehen kann, daß es nicht nur ein solches Klima, sondern viele Klimata gibt, die die individuumspezifische Beschreibung beinhalten.

4.3.2.1.3. Messung der organisationalen Verbundenheit

Menschen arbeiten vermehrt als selbstbewußte, von ihren Vorgesetzten kaum noch kontrollierbare Spezialisten in dezentralen Organisationen, die als Netzwerke, virtuelle Organisationen oder gar fraktale Fabriken konzipiert wurden. Dennoch soll eine Bindung an die Organisation bestehenbleiben oder sogar gesteigert werden, um den gewachsenen Identifikationsbedarf (Wunderer u. Mittmann, 1995) zu decken. Es wird also organisationale Verbundenheit – zu verstehen als das Bestreben der Person, der Organisation lange verbunden zu bleiben und sich für sie zu engagieren – zu einem Ziel der Personalentwicklung (Moser, 1997). Damit wächst auch das Interesse daran, diese Verbundenheit zu messen. Unterschiedliche Instrumente wurden für diesen Zweck entwickelt (Mowday, Porter u. Steers, 1982; Moser, 1997). Das mit deutlichem Abstand am häufigsten eingesetzte Verfahren geht auf Porter u. Smith (1970) zurück. Es wurde von Maier und Woschée (2001) in eine deutschsprachige Fassung übertragen und psychometrisch überprüft. Es handelt sich um den Organizational Commitment Questionnaire (OCQ).

Der Fragebogen besteht aus 15 Items, von denen neun positiv und sechs negativ gepolt sind. Für die amerikanische Originalfassung wurden häufig zwei Faktoren, ein affektiver eher wertbezogener und ein kognitiver eher fortsetzungsbezogener (Luthans, McGaul u. Dodd, 1985) gefunden. Die deutschsprachige Fassung spricht eher für ein eindimensionales Erhebungsinstrument, was von einigen Autoren (Mowday, Steers u. Porter, 1979) auch für das Originalverfahren nahegelegt wurde. Für die Konstruktvalidität des deutschsprachigen Verfahrens spricht, daß sich bei der Anwendung einer 3-Faktoren-Lösung auch Daten, die mit dem OCQ sowie mit der Kurzfassung des Arbeitsbeschreibungsbogens von

Organizational Commitment Questionnaire (OCQ)

1. Ich bin bereit, mich mehr als nötig zu engagieren, um zum Erfolg des Unternehmens beizutragen.
2. Freunden gegenüber lobe ich dieses Unternehmen als besonders guten Arbeitgeber.
3. Ich fühle mich diesem Unternehmen nur wenig verbunden. (R)
4. Ich würde fast jede Veränderung meiner Tätigkeit akzeptieren, nur um auch weiterhin für dieses Unternehmen arbeiten zu können.
5. Ich bin der Meinung, daß meine Wertvorstellungen und die des Unternehmens sehr ähnlich sind.
6. Ich bin stolz, wenn ich anderen sagen kann, daß ich zu diesem Unternehmen gehöre.
7. Eigentlich könnte ich genausogut für ein anderes Unternehmen arbeiten, solange die Tätigkeit vergleichbar wäre. (R)
8. Dieses Unternehmen spornt mich zu Höchstleistungen in meiner Tätigkeit an.
9. Schon kleine Veränderungen in meiner gegenwärtigen Situation würden mich zum Verlassen des Unternehmens bewegen. (R)
10. Ich bin ausgesprochen froh, daß ich bei meinem Eintritt dieses Unternehmen anderen vorgezogen habe.
11. Ich verspreche mir nicht allzu viel davon, mich langfristig an dieses Unternehmen zu binden. (R)
12. Ich habe oft Schwierigkeiten, mit der Unternehmenspolitik in bezug auf wichtige Arbeitnehmerfragen übereinzustimmen. (R)
13. Die Zukunft dieses Unternehmens liegt mir sehr am Herzen.
14. Ich halte dieses für das beste aller Unternehmen, die für mich in Frage kommen.
15. Meine Entscheidung, für dieses Unternehmen zu arbeiten, war sicher ein Fehler. (R)

fünfstufige Skala (1 = stimme überhaupt nicht zu bis 5 = stimme voll und ganz zu).
R = revers kodiert.

Abb. 85 Items des OCQ zur Messung der organisationalen Verbundenheit (Quelle: Porter u. Smith, 1970; deutsche Fassung: Maier u. Woschée, 2001)

Neuberger u. Allerbeck (1978) sowie des job-Involvementbogens von Park (1983) erhoben wurden, organisationale Bindung, Arbeitszufriedenheit und job-involvement gut voneinander trennen lassen. Was die kriteriumsorientierte Validität betrifft, so zeigte der OCQ wie erwartet eine deutliche Korrelation mit der Zielübereinstimmung (v. Rosenstiel u. Stengel, 1987); d.h. mit dem Grad, in dem die Person die wahrgenommenen Ziele der Organisation bejaht; zudem leistete der OCQ, über Arbeitszufriedenheit und job-involvement-Maße hinaus, eine deutliche zusätzliche Varianzaufklärung der Kündigungsabsicht. Die einzelnen Items des OCQ gibt Abbildung 85 wieder.

4.3.2.1.4. Zum Stellenwert psychologischer Organisationsdiagnostik

Psychologisch zentrierte Meßverfahren, für die die Arbeitszufriedenheits- und die Organisationsklimamessung hier als Beispiel vorgestellt wurden, dienen in der Regel dem Ziel, den Ist-Zustand der Organisation im Erleben der Organisationsmitglieder zu erheben, um auf der Grundlage dieser Information Interventionsstrategien anzuwenden, die bei der Person oder der Situation ansetzen und je nach Zieldiskrepanz einen bestehenden Zustand stabilisieren oder modifizieren sollen. Daß die Messung häufig in den Organisationen zum Selbstzweck wird, die Ergebnisse einer Arbeitszufriedenheitsanalyse nach der Diskussion mit den dafür zuständigen Gremien in den Schubladen verschwinden, ohne daß Maßnahmen eingeleitet werden, ist eine häufige, aber nichtsdestotrotz bedauerliche Abweichung von dieser Idealform. Nur am Rande sei angemerkt, daß allein schon die Messung gelegentlich die Funktion einer unintendierten Intervention hat (Hawthorne-Effekt), was sich z.B. daraus ergeben kann, daß die Erfahrung von Problembereichen bei den Betroffenen zu einem veränderten Problembewußtsein führt, oder aber dadurch, daß Erwartungshaltungen ausgelöst werden, die – werden sie enttäuscht – wiederum Verhaltenskonsequenzen zeigen (vgl. Brandstätter, 1978).

Jedoch selbst dort, wo organisationsdiagnostische Maßnahmen als erste Stufe gezielter Intervention eingesetzt werden, bleibt zu fragen, wie sich aus der diagnostischen Information die zieladäquate Intervention ergibt. Stellt man z.B. bei der Messung der Arbeitszufriedenheit fest, daß insbesondere die Zufriedenheit mit dem Vorgesetzten gering ist, so bleibt durchaus offen, ob das Training des Führungsverhaltens zu einer Verbesserung der Arbeitszufriedenheit führt, da es denkbar erscheint, daß andere, die Unzufriedenheit bedingende Variablen personalisiert und dem Vorgesetzten zugeschrieben werden (vgl. Morse, 1953). In ähnlicher Weise werden – wie Euler (1973) zeigte – Strukturprobleme der Organisation nicht selten als Konflikte mit den Kollegen aktuell.
Es bedarf daher eines theoretisch begründeten, empirisch abgesicherten *Veränderungswissens* (Kaminski, 1970), das es gestattet, aufgrund der diagnostischen Information zu adäquaten Interventionsstrategien zu gelangen. Dieses fehlt in der Organisationspsychologie weitgehend, bzw. es ging in dem Maße wieder verloren, wie die Komplexität der Situation in ihrer Bedeutung erkannt wurde. War es beispielsweise zuvor selbst in soliden praxeologischen Abhandlungen häufig, bei der Ermittlung autoritärer Entscheidungsstrukturen die Einführung des kooperativen Führungsstils als Intervention zu empfehlen, so ist dies angesichts der Entwicklung der Situationstheorie der Führung (vgl. Neuberger, 1976a; Baumgarten, 1977) kaum noch zu vertreten. Die Vielzahl der für den Experten meist kaum erfaßbaren Situationsmerkmale läßt es ihm fast unmöglich werden, einen wissenschaftlich begründeten, situationsadäquaten Rat zu geben. U.a. dürfte dieses Dilemma es mit sich gebracht haben, daß häufig gerade jene, die Veränderungen in den Organisationen bewirken wollen, auf diagnostische Maßnahmen ganz verzichten (vgl. hierzu Klages und Schmidt, 1978). Naiv wird davon ausgegangen, daß bei den Mitgliedern der Organisation eine *la-*

tente Änderungsbereitschaft besteht; es gälte diese nur zu wecken, um zugleich ein sachgerechtes und von den Betroffenen gewünschtes Ergebnis zu erzielen. Derartige Auffassungen sind häufig auf erhebliche Skepsis gestoßen (vgl. z.B. Kübler, 1976; Klages u. Schmidt, 1978b). Dennoch bleibt für viele komplexe Interventionsstrategien in der Organisation festzuhalten, daß die Diagnose der Situation allein dem Experten nicht die Möglichkeit eröffnet, sachgerechte Maßnahmen zu ergreifen.

> Die Diagnostik ist deswegen nicht unwichtig; sie scheint jedoch nur dann zur adäquaten Intervention zu führen, wenn diese nicht nur von Experten, sondern auch von den Betroffenen, die die Situation sehr konkret kennen, als Basis für die Entscheidung über Interventionsstrategien gewählt wird (vgl. Friedlander u. Brown, 1974).

Dies wird vor allem bei bestimmten Strategien der Organisationsentwicklung deutlich, auf die im nachfolgenden Kapitel eingegangen werden soll.

4.3.2.2. Ansätze zur Veränderung in Gruppen und Organisationen

Die Struktur und die Interaktionsbeziehungen in Gruppen sowie der diese Gruppen umschließende organisationale Kontext bestimmen das Erleben und Verhalten der Organisationsmitglieder wesentlich mit. Dies wird häufig übersehen. Auftretende Probleme oder Konflikte werden personalisiert (vgl. hierzu die empirischen Studien von Euler, 1973) und die strukturalen Ursachen nicht erkannt, so daß insbesondere der Psychologe in Gefahr gerät, mit ausschließlich an der Person ansetzenden Interventionsstrategien ein Problem anzugehen, das zwar in individuellem Verhalten erkennbar wird, seine Wurzel aber in der Struktur der Gruppe oder der Organisation hat. So kann z.B. eine starke Abweichung der faktischen Interaktionswege von den im Organisationsplan vorgesehenen dazu führen, daß der Vorgesetzte einer mittleren hierarchischen Ebene völlig übergangen wird, dadurch isoliert ist und sich nach »oben« und »unten« dagegen wehrt. Er wird daraufhin übereinstimmend als »schwieriger Mensch« beschrieben und einer individuell zentrierten psychologischen Beratung zugeführt, obwohl die entscheidende Ursache seines aggressiven Verhaltens möglicherweise darin zu suchen ist, daß die beobachtbare Interaktionsstruktur von der im Plan vorgesehenen abweicht, was wiederum darin begründet sein kann, daß in dysfunktionaler Weise zu viele Hierarchieebenen in der Organisation bestehen (vgl. Ghiselli u. Brown, 1955; v. Rosenstiel, 1978a).
Die Erkenntnis derartiger Zusammenhänge hat nun eine größere Zahl von Psychologen dazu geführt, nicht nur auf der Ebene des Individuums, sondern auch auf der aggregierten Ebene mit ihren Interventionen anzusetzen, wobei allerdings personell und inhaltlich die Grenzen psychologischer Tätigkeit zur betriebssoziologischen oder betriebswirtschaftlichen verschwimmen.
Dies wird besonders deutlich, wenn etwa der praktisch arbeitende Organisationspsychologe sich darum bemüht, in einem Unternehmen die Organisationsstrukturen neu zu konzipieren, wobei es dann wohl typisch für die Art des psychologisch zentrierten Arbeitens ist, daß nicht ausschließlich »von der Aufgabe her« gestaltet wird, sondern die spezifischen personalen Probleme berücksichtigt werden (vgl. z.B. Hahn, 1980). Bei der Gestaltung von Organisationsstruktur kann sich der Psychologe auf zum Teil gewichtige Ergebnisse der empirischen Organisationsforschung (vgl. Kieser, 1974; Kubicek, 1974) stützen. So ist etwa aus der psychologisch orientierten empirischen Organisationsforschung bekannt (vgl. Porter u. Lawler, 1965; Ghiselli u. Johnson, 1970), welche Beziehung zwischen dem hier-

archischen Rang, der Steilheit bzw. Flachheit der Organisationsstruktur, der Größe der Organisation und der individuellen Bedürfnisbefriedigung bestehen; ähnliche Befunde liegen für den Vergleich von Linienstrukturen, Stabsstrukturen und Stab-Linienstrukturen vor (vgl. Porter, 1965), wobei allerdings wegen der Komplexität der Umweltbeziehungen und der Unterschiedlichkeit der von der Organisation zu bewältigenden Aufgaben (vgl. Lawrence u. Lorsch, 1969) erhebliche Zweifel daran bestehen dürften, ob die genannten Ergebnisse generalisiert werden können.

Häufig genutzt wird bei der Gestaltung von Gruppenstrukturen in der Organisation auch die – durch empirische Forschung keineswegs abgesicherte – Regel, daß es empfehlenswert sei, den besonders Beliebten in der Gruppe zum Stellvertreter des von den höheren hierarchischen Ebenen eingesetzten Vorgesetzten zu machen, was freilich theoretisch damit begründet werden könnte, daß dadurch das Konzept des Führungsduals (vgl. Bales und Slater, 1969) in der Gruppe realisiert sei, d.h. daß die Kooperation des Tüchtigen mit dem Beliebten formal gesichert sei und nun ein besseres Funktionieren der Gruppe (vgl. Hofstätter, 1971) im Sinne der *Lokomotions- und Kohäsionsfunktion* (vgl. Lukasczyk, 1960) garantiere.
Möglichkeiten stehen dem Psychologen auch offen, wenn im Rahmen der Arbeitsstrukturierung teilautonome Gruppen gebildet werden. Hier kann er nicht nur in bezug auf Größe und personelle Zusammensetzung begründete Ratschläge geben; er kann auch durch spezifische Trainingsmaßnahmen (vgl. Gebert, 1972, 1974) die notwendige Teamfähigkeit der Mitglieder gewährleisten und auf diese Weise zu verhindern suchen, daß die Gruppe gegen Außenseiter autoritärer vorgeht, als dies etwa ein spezifisch vorgebildeter Vorgesetzter tun würde (vgl. v. Rosenstiel, 1976).
Ein schon beinahe traditionelles Feld psychologischer Arbeit in aggregierten Einheiten in der Organisation ist die Mitwirkung bei der Lösung sozialer Konflikte, mögen dies nun Inter- oder Intragruppenkonflikte sein (vgl. Lewin, 1976; Deutsch, 1976; Rüttinger, 1977; Dorow u. Grunwald, 1980).
Ein vielzitiertes und nachgerade beinahe schon klassisches Beispiel für den Versuch, einen Intergruppenkonflikt in einer Organisation zu lösen, schildern Blake u.a. (1965).
Der Konflikt bestand in einer schon seit Jahren schwelenden Auseinandersetzung zwischen der Geschäftsleitung und einer gewerkschaftlichen Untergliederung in einem Unternehmen. Der Versuch der Konfliktlösung umfaßte dabei die folgenden acht Phasen:

1. Orientierung: Der Moderator erklärt das Ziel und die geplante Methodik.
2. Die beiden im Konflikt liegenden Gruppen erarbeiten schriftlich Unterlagen über die wahrgenommenen eigenen Ziele, Motive und Einstellungen sowie über die Ziele, Motive und Einstellungen der gegnerischen Gruppe.
3. Diese Unterlagen werden ausgetauscht und interpretiert.
4. Die Gruppen gehen in eine gemeinsame Diskussionsrunde, um über Unklarheiten zu sprechen.
5. In getrennten Sitzungen werden die Diskrepanzen zwischen den Beurteilungen der eigenen und der gegnerischen Gruppe diskutiert und bewertet.
6. Diese Analysen werden wiederum ausgetauscht und in getrennten Sitzungen diskutiert.
7. Gemeinsam versuchen nun beide Gruppen die wesentlichen Konfliktgegenstände und -ursachen herauszuarbeiten.
8. Das weitere Vorgehen wird geplant.

Es gelang zwar auf diese Weise nicht, den Konflikt zu lösen; die Vorgehensweise machte jedoch die eigentlichen Konfliktursachen bewußt und erlaubte die Planung sachbezogener

Lösungsschritte. Ebenfalls auf Blake u.a. (1964) geht eine Klassifikation typischer Strategien der Konflikthandhabung zurück, die Abbildung 86 zeigt.

	Typ A	Typ B	Typ C	
	Konflikt unumgehbar	Konflikt umgehbar	Konflikt unumgehbar	
	Interessen-ausgleich unmöglich	Interessen-ausgleich unmöglich	Interessen-ausgleich möglich	
Aktiv	Gewinn-Verlust Machtkämpfe	Rückzug	Problemlösen	Hohe Wert-vorstellung
	Drittparteienurteil	Isolation	Teilen des Streitwertes	Mittlere Wert-vorstellung
Passiv	Zufallsurteil	Indifferenz bzw. Ignoranz	Friedliche Koexistenz	Niedrige Wert-vorstellung

Abb. 86 Konflikthandhabungstypen nach Blake u.a. (1964)

Selbstverständlich kann dieses Schema nur als Beispiel gelten; die Klassifikationsgesichtspunkte sind nicht ohne Willkür ausgewählt; viele wichtige Einflußgrößen wie z.B. Machtfragen, der Einfluß Dritter, die unterschiedliche Wahrnehmung der Konfliktsituation durch die beteiligten Parteien, die institutionalisierten Instanzen zur Regelung von Konflikten sind nicht berücksichtigt (vgl. zur Kritik auch Dorow u. Grunwald, 1980).

Die Mitwirkung des Psychologen an der Umgestaltung von Gruppen- oder Organisationsstrukturen ist gelegentlich auch dann gefragt, wenn es darum geht, bei derartigen Gelegenheiten durch eine verbesserte Koordination auftretende Streßfolgen besser zu bewältigen (vgl. Bronner, 1974) oder durch den Abbau der bei der Umorganisation möglicherweise aufkommenden Verunsicherung negative Streßfolgen zu vermeiden (vgl. Gebert, 1980b).
Gefragt ist der Psychologe auch, wenn durch eher strukturale Maßnahmen – z.B. durch Modifikation des Entlohnungssystems (vgl. Wyatt, 1934; Opsahl u. Dunnette, 1971; v. Rosenstiel, 1978 b) – die Leistungsbereitschaft der Organisationsmitglieder intensiviert werden soll. Insgesamt geht es also bei derartigen Fragen dann um eine zielgerechte Gestaltung des Anreizsystems (vgl. v. Rosenstiel, 1975a), was in der praxeologischen Literatur häufig unter dem Stichwort »management by motivation« diskutiert wird (vgl. Nick, 1974).
Auf all diese hier angedeuteten und auf weitere Fragen, die Interventionsmöglichkeiten des Psychologen auf der aggregierten Ebene betreffend, soll hier nicht ausführlicher eingegangen werden.
Es soll eine Beschränkung auf jene Fragen erfolgen, die in jüngster Zeit unter den Stichworten »Teamentwicklung« sowie »Organisationsentwicklung« abgehandelt werden, wo-

bei sich zeigen wird, daß diese Begriffe zum Teil so weit gehandhabt werden, daß sie zumindest potentiell die soeben angesprochenen Problembereiche mit umfassen.

4.3.2.2.1. Teamentwicklung

Gruppen- bzw. Teamarbeit nimmt – wie bereits ausgeführt wurde – vielfach zu. Dabei gibt es keine allgemein verbindliche begriffliche Abgrenzung zwischen Arbeitsgruppe und Team. Häufig allerdings trifft man auf die Begriffsverwendung, daß aus einer Arbeitsgruppe dann ein Team wird, wenn die Mitglieder Bindung an ein gleiches Ziel entwickeln.
In der Praxis ist man vermehrt auf das Einsetzen von Arbeitsgruppen oder Teams angewiesen, weil die zu erledigenden Aufgaben aufgrund ihres Umfangs oder ihrer Komplexität von einem einzelnen Arbeitnehmer nicht bewältigt werden können, so daß eine Vielzahl von Personen bzw. Personen mit ganz unterschiedlicher – sich aber hinsichtlich der Anforderungen ergänzender – Qualifikation nebeneinander oder miteinander arbeiten müssen. In der Praxis stößt man nun häufig auf das ausgesprochene oder unausgesprochene Argument, daß es ausreichend sei, einzelne Personen mit der nötigen fachlichen Qualifikation zusammenzuführen und ihnen die Ziele der Aufgabe vorzugeben oder diese mit ihnen zu vereinbaren, um erfolgreiche Gruppen- oder Teamarbeit zu sichern. Dabei wird die gut fundierte sozialpsychologische Erkenntnis negiert, daß Gruppen mehr sind als die Summe ihrer Mitglieder und daß dieses Mehr sich aus einem gemeinsamen Prozeß ergibt (Brodbeck, 1999). Es bestehen verschiedene Modellvorstellungen davon, welche Prozesse ablaufen, bis ein Team arbeitsfähig wird. Besonders häufig allerdings werden jene Entwicklungsstufen zitiert, die auf Tuckman (1965) zurückgehen:

- »Forming« (man lernt sich kennen),
- »Storming« (man »beißt« die Hackordnung innerhalb der Gruppe aus und weist den Mitgliedern ihre Rollen zu),
- »Norming« (die sich bildende Gruppe entwickelt Spielregeln des miteinander Umgehens, des Bearbeitens der gestellten Aufgaben und gelangt zu unreflektierten Selbstverständlichkeiten des Handelns in der Gruppe),
- »Performing« (erst wenn die zuvor genannten Stufen erfolgreich durchlaufen sind, gelangt die Gruppe zur eigentlichen Leistungserstellung).

Sind in einer Arbeitsgruppe oder in einem Team die Rollen ungeklärt, haben sich keine gemeinsamen Normen entwickelt, so kann es auch nicht erfolgreich um die Zielverfolgung, die eigentliche Aufgabenbewältigung, gehen. Die Mitglieder benötigen also Zeit, um zur Phase des Performing zu kommen. Diese Zeit läßt sich reduzieren, wenn ein Teamentwicklungstraining durchgeführt wird. Teamentwicklungstrainings empfehlen sich allerdings nicht nur, wenn eine Gruppe neu gebildet wird, sondern sie können auch dann angeraten sein, wenn Teamdiagnosen (Kauffeld u. Grote, 2001) zeigen, daß es nachhaltige Störungen der Zusammenarbeit gibt.
Comelli (1999) weist darauf hin, daß in der Praxis – neben der Neukonstituierung von Arbeitsgruppen – vor allem

- Störungen in der Zusammenarbeit untereinander und/oder mit dem Vorgesetzten sowie
- mangelnde kommunikative Fähigkeiten und/oder Methodenkenntnisse bei dem Teammitgliedern die Effizienz behindern und Teamentwicklungsmaßnahmen ratsam erscheinen lassen.

Das Management von Teams (Gemünden u. Högl, 2000) beginnt freilich, bevor ein Teamentwicklungsprozeß überhaupt ansetzen kann. Theoretische und empirische Analysen von Gemünden und Högl (2000) machen dies deutlich. Die Autoren gehen davon aus, daß die

Qualität der Teamarbeit sich positiv auf die Leistung des Teams auswirkt und diese Teamarbeit wiederum von der Teambesetzung und von der Teamführung abhängig ist. Darüber hinaus stellten die Autoren die Hypothese auf, daß die Qualität der Teamarbeit sich positiv auf das Potential für zukünftige Teamarbeit auswirkt. Als wichtige Kriterien der Teambesetzung untersuchten die Autoren

- soziale Kompetenz,
- methodische Kompetenz,
- Präferenz für Teamarbeit,
- Heterogenität im Wissens- und Fähigkeitsstand.

Kriterien für die Teamführung waren
- Zielqualität,
- Teamzielcommitment,
- Feedback,
- Entscheidungsstruktur im Team.

Die Autoren operationalisierten diese Kriterien sowie solche für die Leistung, das Potential für zukünftige Teamarbeit und die Qualität der Zusammenarbeit im Team und überprüften diese auf der Basis aggregierter Daten aus 145 Teams, so daß die Teams und nicht ihre Mitglieder zur Untersuchungseinheit wurden. Die Daten wurden sodann pfadanalytisch berechnet, woraus sich ein Modell der Teamarbeit ergab, das Abbildung 87 zeigt.

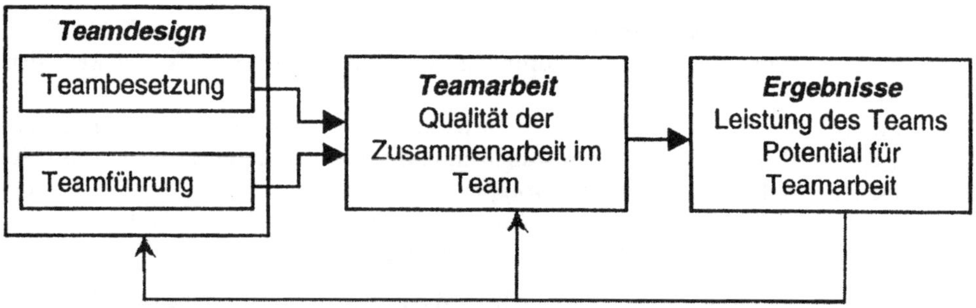

Abb. 87 Bedingungen der Gruppenleistung nach Gemünden und Högel (2000; aus v. Rosenstiel, 2000, S. 315)

Die Qualität der Teamarbeit – operationalisiert durch die Merkmale Kommunikation, Aufgabenkoordination, Ausgewogenheit der Beiträge, gegenseitige Unterstützung, Engagement und Kohäsion – läßt sich also mit einem beachtlichen Varianzanteil durch die Teambesetzung und durch die Teamführung erklären und bestimmt ihrerseits wesentlich die Leistung des Teams und das Potential für künftige Teamarbeit. Soll also ein Team erfolgreich arbeiten, so erscheint es lohnend, die Mitglieder nicht nur nach ihrer fachlichen Kompetenz, z.B. Heterogenität im Wissens- und Fähigkeitsstand, auszuwählen, sondern auch nach ihrer sozialen und methodischen Kompetenz sowie ihrer Präferenz für Teamarbeit. Aber auch der Leiter des Teams sollte danach ausgewählt werden, daß er in angemessener Weise Ziele vereinbaren oder setzen kann, die Mitglieder an diese Ziele bindet, ihnen häufig zeitnah und konstruktiv Feedback gibt und daß er die Teammitglieder an Entscheidungen beteiligt. Neben der Personalauswahl kann selbstverständlich auch ein Führungstraining dazu beitragen, daß dieses wünschenswerte Führungsverhalten gegeben ist.

Da aber trotz sorgfältiger Auswahl der Teammitglieder und des Teamleiters ein »Zusammenwachsen« dieser Personen erforderlich erscheint bzw. Personen, die nicht optimal ausgewählt und/oder zuvor geschult wurden, noch zu guten Teamleistungen geführt werden sollen, ist Teamentwicklungstraining vielfach ratsam.
Ziel des Teamentwicklungstrainings ist es in der Regel, die Zusammenarbeit der Teammitglieder zu verbessern, um auf diese Weise die Leistungen – an welchen Kriterien auch immer definiert – zu steigern. Dieses sehr allgemeine Oberziel aber läßt sich konkretisieren und differenzieren (Varney, 1977; Comelli, 1999; Kauffeld, 2001):

- Verbesserung des Verständnisses für die Rolle eines jeden Teammitglieds innerhalb der Gruppe,
- Verbesserung des Verständnisses für die Beschaffenheit des Teams und seiner Rolle innerhalb der Gesamtorganisation,
- Verbesserung der Kommunikation zwischen den Teammitgliedern in all jenen Bereichen, die die Effektivität der Gruppe betreffen,
- Stärkung der wechselseitigen Unterstützung,
- Klares Verständnis für die ablaufenden Gruppenprozesse,
- Finden von effektiven Wegen, um die in der Gruppe bestehende Sach- und Beziehungsprobleme zu bewältigen,
- Konstruktive Lösung von Konflikten,
- Stärkung der Kooperation der Teammitglieder,
- Verminderung destruktiven Wettbewerbs,
- Verbesserung der Fähigkeit des Teams mit anderen Arbeitsgruppen innerhalb der Organisation zu kooperieren,
- Intensivierung des Bewußtseins des wechselseitigen aufeinander Angewiesenseins im Team.

Als typische Phasen der eigentlichen Teamentwicklung gelten (Dyer, 1977; Comelli, 1997, 1999):,

- die Vorbereitungsphase, die die Kontaktanbahnung und den Kontrakt mit dem Auftraggeber und mit den jeweilig Betroffenen umfaßt,
- die Diagnosephase, innerhalb derer Information über das Team im Vorfeld oder bereits im Prozeß der Teamentwicklung gesammelt wird sowie,
- die eigentlichen Maßnahmen der Durchführung von Teamentwicklungsmaßnahmen, die z. B. darin bestehen können Arbeitstechniken in die Teamarbeit zu implementieren, Spielregeln der künftigen Zusammenarbeit zu entwickeln, bestehende Konflikte bewußt zu machen und sodann mit geeigneten Maßnahmen – z. B. mit der Methode des Rollenverhandelns – zu bearbeiten. Ein »Nachfassen« mit allen Teammitgliedern zu einem späteren Zeitpunkt kann dazu beitragen, die erreichten Erfolge zu stabilisieren.

Comelli (1999) betont, daß für den Erfolg von Teamentwicklungsmaßnahmen vor allem ausschlaggebend sind:,

- die glaubwürdige Unterstützung der Teamentwicklungsmaßnahme durch den unmittelbaren Vorgesetzten,
- das Einhalten vereinbarter Vertraulichkeitsklauseln der am Teamentwicklungstraining beteiligten Personen,
- die Akzeptanz des Trainers bzw. des Moderators durch die betreffende Gruppe und den Vorgesetzten,
- eine gründliche Problemdiagnose und ein eindeutiger Kontrakt der Startphase.

Ein guter Einstieg in Teamentwicklungsmaßnahmen kann die Anwendung des bereits besprochenen Fragebogens zur Arbeit im Team (F-A-T) von Kauffeld (2001) sein. Die Auswertung des Bogens kann z.B. Schwächen und Defizite auf den Feldern der Zielorientierung, der Aufgabenbewältigung, der Zusammenarbeit oder der Verantwortungsübernahme aufzeigen (Kauffeld u. Grote, 2001). Im Sinne der sog. »Kasseler Teampyramide« wird empfohlen zunächst die Schwächen auf der Sachebene zu bearbeiten, nämlich die Mängel bei der Zielorientierung und bei der Aufgabenbewältigung, und erst dann die Beziehungsprobleme zu thematisieren, d.h. den Zusammenhalt in der Gruppe und die Verantwortungsübernahme.

Als Beispiel für eine länger andauernde Teamentwicklung sei ein ca. drei Jahre andauernder Prozeß in der Geschäftsleitung eines größeren Unternehmens der Energiewirtschaft vorgestellt (v. Rosenstiel, 1997). Im Zuge der Vorbereitung wandte sich der Geschäftsführer und Eigner des Unternehmens an den Trainer und stellte gravierende und persönlich belastende Probleme im insgesamt sieben Personen umfassenden Geschäftsführungsteam vor. Der Trainer schlug vor, die Probleme jeweils in größeren Abständen im Rahmen von Wochenendworkshops an ästhetisch und kulinarisch angenehmen Orten vorzunehmen. Trainer und Geschäftsführer einigten sich darauf, daß der Geschäftsführer mit seinen Teamkollegen Akzeptanz für diese Maßnahme im Gesamtteam sichern sollte, wobei der Trainer für telefonische Nachfragen bereitstand.
Am Vorabend des ersten Treffens bestand die Möglichkeit, in einer entspannten Atmosphäre informell Kontakt aufzunehmen, so daß sich Trainer und Teammitglieder näher kennenlernen konnten. Im Rahmen der dann folgenden knapp zweitägigen Arbeit wurden vom Trainer generelle Inputs zu den Kriterien guter Teamarbeit und zu den Bedingungen des Teamerfolgs gegeben. Danach wurde in Form von Kartenabfragen nach den konkreten Stärken und Schwächen der Zusammenarbeit innerhalb der Geschäftsleitung gesucht, nach den Ursachen der Schwächen gefahndet und der Versuch unternommen Spielregeln zu erarbeiten, um die genannten Schwächen zu beseitigen. Zugleich wurden Konflikte, persönliche Spannungen, informelle Koalitionsbildungen und andere Beziehungsprobleme jeweils angesprochen und bearbeitet, die sich im Rahmen der Teamentwicklung zeigten. Am Ende der ersten Sitzung wurde eine Reihe von Spielregeln und »Hausaufgaben« für das Team vereinbart und ein Folgetreffen ein Jahr später ins Auge gefaßt. Dort wurden wiederum mit Hilfe von Kartenabfragen die erreichten Erfolge bzw. die Mißerfolge thematisiert, nach Ursachen gefahndet und gemeinsam nach Lösungsmöglichkeiten für noch bestehende Probleme gesucht. Bei zwei weiteren Folgetreffen wurde ähnlich vorgegangen. Dabei zeigte sich im Zuge der vierten Arbeitssitzung eine so sachliche, konstruktive und von Beziehungsproblemen kaum belastete Arbeit, daß im Konsens die Beendigung der Teamentwicklung vereinbart wurde.
Bei allen Treffen wurde außerdem ein von Papenfuß, Pfeuffer und v. Rosenstiel (1985) entwickelter Fragebogen anonym ausgefüllt. Die durchschnittlichen Bewertungen der Teamarbeit innerhalb dieses Fragebogens zeigt Abbildung 88.
Man erkennt – bis auf die Frage nach der Klarheit des Verhältnisses zum Leiter –, daß jeweils ausgesprochen kritische und zum Teil negative Werte skaliert wurden. Dies zeigt sich z.B. darin, daß der Aussage »wir nehmen uns selten Zeit, einander unsere Zielvorstellungen und Erwartungen mitzuteilen« vollkommen und uneingeschränkt zugestimmt wurde oder daß auch die Aussage »Versuche, Sachverhalte kritisch zu werten, werden oft als negativ und verletzend gesehen« weitgehend bejaht wurde.
Einige der Schwachstellen ließen sich relativ rasch durch einfache Spielregeln beseitigen wie z.B. »wir sprechen kaum über die Qualität unserer Zusammenarbeit«. Hier wurde die

	Verhalten der Gruppe
1	Wir nehmen uns selten Zeit, einander unsere Zielvorstellungen und Erwartungen mitzuteilen.
2	Der Informationsfluß zwischen uns läßt zu wünschen übrig.
3	Wir verhalten uns in dieser Gruppe häufig nicht wirklich frei und offen zueinander.
4	Die Ziele einiger von uns stimmen nicht mit denen der anderen überein.
5	Meinungsverschiedenheiten zwischen uns werden selten restlos geklärt und die individuellen Standpunkte zu wenig berücksichtigt.
6	Versuche, Sachverhalte kritisch zu werten, werden oft als negativ und verletzend gesehen.
7	Manche von uns verfolgen ihre persönlichen Ziele auf Kosten der Gruppe.
8	Wir halten uns oft nicht an getroffene Entscheidungen oder setzen sie nur zum Teil in die Tat um.
9	Wir investieren zu wenig Zeit in die Kontrolle unserer Problemlösungsstrategien.
10	Wir sprechen kaum über die Qualität unserer Zusammenarbeit.
11	Manche von uns sind sich nicht im klaren über ihr Verhältnis zum Leiter.

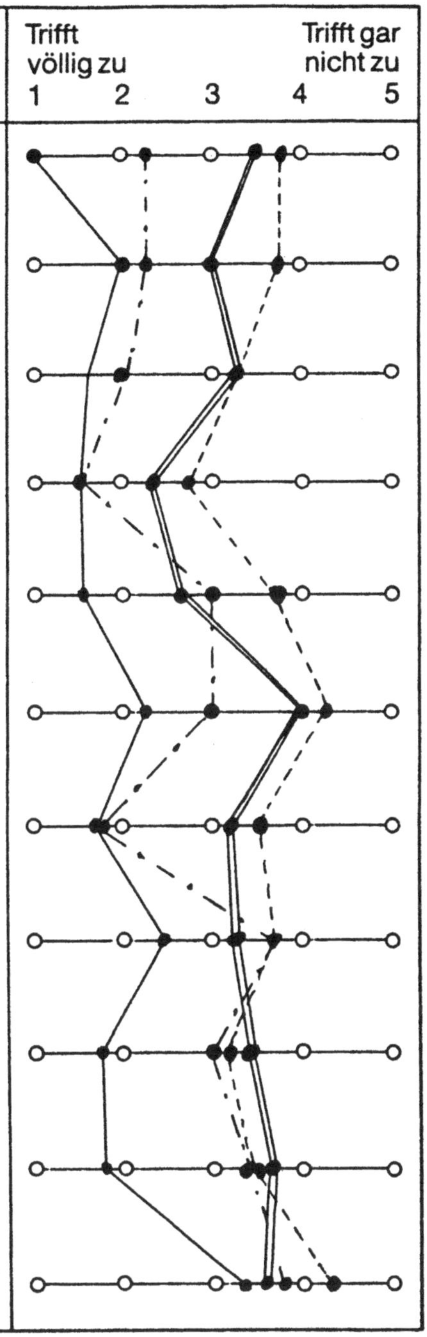

——— = 1989 •——•——• = 1990 ═══ = 1991 - - - - = 1992

Abb. 88 Wirkungen eines Teamentwicklungstrainings auf die zwischenmenschlichen Beziehungen innerhalb einer Geschäftsleitung (Hofmann u. Regnet, 1994, S. 125)

Regel verabschiedet, nach jeder Sitzung als letzten Punkt das Thema »wie ist es heute gelaufen?« zu bearbeiten. Bei einigen Punkten ließen sich gute Werte nicht erreichen, weil sie aufgrund objektiver Gegebenheiten unerreichbar schienen: z.B. »die Ziele einiger von uns stimmen nicht mit denen der anderen überein«. Da die Arbeitsbereiche im Sinne von Profit-Centern organisiert waren, lagen Zielkonflikte in der Struktur der Organisation und wurden entsprechend als eine unabänderliche Gegebenheit akzeptiert. Insgesamt handelte es sich in den Augen aller Betroffenen um eine erfolgreiche Teamentwicklungsmaßnahme, durch die die sachliche Arbeit erfolgreicher und die Kooperation mit den Kollegen weniger belastend und menschlich angenehmer geworden war.

4.3.2.2.2. Organisationsentwicklung

Das Wort Organisationsentwicklung (OE) ist im Verlaufe weniger Jahre in Deutschland so modisch geworden, daß es innerhalb vieler Organisationen mit »negativen Affektbesetzungen« aufgeladen wurde, was neuerdings dazu führt, daß man in diesen Organisationen – selbst wenn man Organisationsentwicklung betreibt – das Vorgehen mit anderen Worten kennzeichnet z.B. Personalentwicklung, Bereichsentwicklung oder »problem- und aktionsorientierte Weiterbildung« (vgl. z.B. Kirch u. Meisick, 1979). Tatsächlich ist der Name Organisationsentwicklung auch irreführend. Es gibt nicht wenige, die sich darunter eine neuartige Vorgehensweise zur Strukturierung von Organisationen vorstellen, für die eigentlich die Organisationsabteilung zuständig sein müßte. Tatsächlich aber handelt es sich dabei um eine Vielzahl von recht unterschiedlichen Maßnahmen, von denen die meisten nicht neu, sondern zum Teil schon ein Vierteljahrhundert alt sind, die sich primär die Veränderung individuellen Verhaltens – wenn auch im sozialen Kontext – zum Ziele setzen und die nur im Ausnahmefall auf einen größeren organisationalen Kontext, im Regelfall dagegen auf kleine soziale Einheiten wie Arbeitsgruppen oder Abteilungen gerichtet sind. Sarkastisch leitet denn auch Kahn (1977, S.281) sein kritisches Sammelreferat zur Organisationsentwicklung mit folgenden Worten ein: »Der Beruf, die Mächtigen dabei zu beraten, wie sie ihre Ziele besser erreichen können, ist sehr alt. Organisationsentwicklung andererseits ist ein neues Etikett für ein Konglomerat von Dingen, die eine wachsende Zahl von Beratern unternehmen, während sie gleichzeitig darüber schreiben«.

Das Laboratoriumstraining oder gruppendynamische Training (vgl. Gebert, 1972; Anger, 1980) verfolgte das explizite Ziel, den Mitgliedern solcher ad hoc zusammengesetzten Gruppen, die nur nach der Regel des »Hier und Jetzt« agieren durften, die sich in der Gruppe abspielenden Prozesse bewußt zu machen und Feedback darüber zu erlangen, wie sie selbst auf andere wirkten. Dieses Training hatte durchaus politische Akzente; es war – gerade auch von Lewin – beabsichtigt, demokratisches Verhalten zu initiieren (vgl. Marrow, 1977).

> Sucht man die historischen Quellen jener Verfahren aufzuzeigen, die heute noch die Vorgehensweisen bei der Organisationsentwicklung entscheidend prägen, so stößt man immer wieder auf den Namen Lewin. Letztlich sind es zwei recht unterschiedliche von ihm angeregte Vorgehensweisen, durch die die Organisationsentwicklung geprägt wurde:
> - die Übertragung der sogenannten Laboratoriumsmethode auf Industriebetriebe und
> - die »survey-research« und »survey-feedback«-Methode (vgl. hierzu French u. Bell, 1977).

Derartige Trainingsgruppen (T-Gruppen) wurden zunehmend (vgl. Bradford u.a., 1972) auch in Kooperation mit großen sozialen Organisationen durchgeführt, wobei sich allerdings – da die trainierten Mitglieder keine gemeinsame Vergangenheit und keine gemeinsame Zukunft hatten – erhebliche Transferprobleme ergaben. Bestenfalls wurden passiv erlernte Verhaltenskomponenten (z.B. zuhören können), nicht aber aktive (z.B. Konflikte offen ansprechen) nach der Rückkehr an den Arbeitsplatz angewandt. Die Bedingungen am Arbeitsplatz waren ja auch objektiv unverändert und die anderen Personen innerhalb der Arbeitsgruppe untrainiert geblieben (vgl. Gebert, 1972,1974). Verstärkt wurde daher der Versuch gemacht, statt des »stranger-trainings« ein sogenanntes »family-training« durchzuführen, d.h., ganze Arbeitsgruppen oder Abteilungen gemeinsam zu trainieren, also Personen zusammenzufassen, die sehr wohl eine *gemeinsame Vergangenheit und eine gemeinsame Zukunft* hatten. Derartige Trainingsmethoden erbrachten zwar bessere Transfererfolge, sie erwiesen sich aber als noch gefährlicher als die »stranger-groups«, wenn man als Kriterium nichtintendierte individuelle Schädigungen der Teilnehmer wählt (vgl. Liebermann, Yalom u. Miles, 1974). Jedenfalls darf man davon ausgehen, daß die von Lewin initiierten Laboratoriumsmethoden, die sich zum einen stärker auf das individuelle Gruppenmitglied und seine Selbstwahrnehmung, zum anderen stärker auf die Gruppe und das Bewußtwerden der Gruppenprozesse richten, und die nach wie vor – häufig unter dem Namen Selbsterfahrungsgruppen oder encounter-Gruppen – auch außerhalb formaler Organisationen eine erhebliche Rolle spielen und Teil des derzeit zu beobachtenden »Psycho-Booms« sind, ihre ursprünglich hochgesteckten Ziele kaum erreichen.

Wenn ursprünglich Zielvorstellungen wie vertiefte Selbsterkenntnis, effizienteres Funktionieren in formalen Organisationen, Verstärkung demokratischer Wertorientierungen (vgl. Anger, 1980) angestrebt wurden, so muß man sehen, daß diese Ziele bestenfalls partiell unter bestimmten Bedingungen erreicht wurden und daneben nicht-intendierte negative Begleiteffekte auftraten.

Die zweite wesentliche Quelle der Organisationsentwicklung sind die Arbeiten innerhalb des 1945 von Lewin begründeten Research Center for Group Dynamics, das im Massachusetts Institute of Technology beheimatet war und nach dem Tode von Lewin an der Universität von Michigan angesiedelt wurde. Innerhalb dieser Gruppe wurde eine spezielle Form der Aktionsforschung begründet, die darauf beruht, daß empirische Daten im Sinne der herkömmlichen Sozialforschung zwar erhoben werden (survey-research), jedoch dann nicht an Experten, sondern an die Betroffenen selbst weitergeleitet werden (Feedback), die auf der Grundlage der so erhaltenen Information ihre Situation selbst zu modifizieren suchen. Auf diese ersten Versuche geht das heute vielfach angewandte survey-feed-back-Modell zurück, das insbesondere von Bowers (1974) systematisch weiterentwickelt und auf seine Effektivität hin überprüft (1973) wurde.

Tatsächlich läßt sich festhalten, daß nicht nur in den Vereinigten Staaten (vgl. Bowers und Hausser, 1977), sondern auch in der Bundesrepublik Deutschland (vgl. Gebert, 1976) die survey-feed-back-Methode oder Abwandlungen daraus die verbreitetsten Verfahren der Organisationsentwicklung sind, die zudem auch, wie z.B. die Vergleichsanalysen von Bowers (1973) zeigten – bezogen auf unterschiedliche Kriterien – die stärksten intendierten Effekte mit sich bringen (vgl. auch Friedlander u. Brown, 1974).

Sievers und Trebesch (1980) nennen neben den beiden soeben genannten, stark von Lewin beeinflußten Quellen der OE – zumindest für europäische Verhältnisse durchaus mit Recht – als dritte Quelle der heutigen OE-Entwicklung die Arbeiten des Londoner Tavistock-Institutes of Human Relations. Wegweisend war etwa eine Feldstudie dieses Instituts (vgl. Trist u. Bamforth, 1951) zu den Konsequenzen der aufgrund vermeintlicher technologischer Notwendigkeiten initiierten Umstrukturierung bestehender Gruppen im Kohlebergbau. Das Zerschlagen der bisherigen Gruppenstrukturen bewirkte ein Emporschnellen vielfältiger psychosomatischer Störungen. Das Tavistock-Institut suchte seither in Vermeidung häufig zu beobachtender Vereinseitigungen, Leistungsorganisationen als »soziotechnische Systeme« zu sehen, die von Sozialwissenschaftlern häufig nicht beachteten technologischen Notwendigkeiten zu erkennen, aber die aus ihrer Umsetzung erwachsenden und häufig von den Technikern nicht gesehenen sozialen Konsequenzen mit zu berücksichtigen. Die Implementierung der sogenannten teilautonomen Arbeitsgruppen, über die bereits gesprochen wurde, geht letztlich ebenfalls auf die Studien des Tavistock-Instituts zurück. Lattmann (1979) hat dementsprechend die Einführung dieser Gruppen als besondere Form des strukturalen Ansatzes der Organisationsentwicklung beschrieben.

Neben diesen drei genannten Quellen lassen sich letztlich all jene Vorgehensweisen in der Praxis oder all jene wissenschaftlichen Untersuchungen den Wurzeln der Organisationsentwicklung zuzählen, bei denen es einerseits darum ging, die *Partizipation der Betroffenen* bei der Gestaltung ihrer sozialen und strukturalen Bedingungen in der Organisation zu erhöhen, und wo zum anderen das Ziel derartiger Vorgehensweisen darin lag, die Selbstbestimmung der Organisationsmitglieder zu steigern und insgesamt demokratischere Strukturen auch in den Leistungsorganisationen zu gewährleisten. Die Aktionsforschung war dann ein (wegen ihrer Verschwommenheit dazu wohl besonders geeignetes) Band, das die unterschiedlichen Ansätze zumindest oberflächlich integrierte.

> Die begriffliche Weite der Konzeption wird denn auch in einer Umschreibung von Kieser u.a. (1979) deutlich, die als kennzeichnend für die Organisationsentwicklung die Idee sehen, »die Organisationsmitglieder in die Lage zu versetzen, ihre Probleme selbst zu erkennen, selbst interpersonelle Beziehungen experimentell zu erproben und selbst organisationelle Bedingungen zu schaffen, die ihren Bedürfnissen und den Leistungserfordernissen der Organisation angemessen sind« (S. 149).

4.3.2.2.2.1. Modelle und Vorgehensweisen der Organisationsentwicklung

Die Weite der Begriffsbestimmung der Organisationsentwicklung bringt es mit sich, daß unter diesem Namen sehr unterschiedliche Vorgehensweisen in der Praxis beobachtet werden können, deren wesentliche Gemeinsamkeit darin besteht, daß sie vorgeben, der Selbstentfaltung des Organisationsmitgliedes und zugleich der Leistungsfähigkeit der Organisation zu dienen, und darin, daß diese Ziele bei einem starken Partizipationsgrad der Betroffenen angestrebt werden. Über die verschiedenartigen Vorgehensweisen berichtet die zusammenfassende Literatur, z.B. Glasl und de la Houssaye (1975), French und Bell (1977), Sievers (1977), Kieser u.a. (1979), Bartölke (1980). Hier soll daher eine Beschränkung auf einige Beispiele erfolgen. Dabei ist es – etwa im Sinne von Bartölke (1980) – ratsam, zwischen umfassenden Modellen der Organisationsentwicklung und spezifischen Interventionstechniken zu unterscheiden, die – je nach Notwendigkeit – innerhalb der umfassenden Vorgehensweisen eingesetzt werden können.

Ein bekanntes Modell der Organisationsentwicklung ist das von Blake und Mouton (1969) vorgestellte »Grid-Organization-Development«. Die innerhalb dieses Modells gewählte Vorgehensweise ist stark systematisiert und instrumentiert, wobei die entsprechenden Beratungs- und Trainingsaktivitäten von den Autoren in höchst kommerzieller Weise vermarktet werden. So rügt denn auch Kahn (1977, S. 288): »... in der Tat hat ihre Firma den Begriff als Warenzeichen bzw. Schutzmarke gesetzlich schützen lassen – ein krasses Gegenstück zu wissenschaftlicher Begriffsbildung«. »Grid-Organization-Development« umfaßt sechs Phasen:

1. *Ein »Grid-Laboratory-Seminar«,*
wie es zuvor bereits besprochen wurde (4.2.5.4.). Hier erhalten Führungskräfte des ratsuchenden Unternehmens beim Versuch der Lösung standardisierter Problemfälle Rückmeldung über ihr eigenes Führungsverhalten. Ihnen wird der »9/9-Führungsstil« als besonders anstrebenswert nahegebracht.

2. *Teamentwicklung.*
Nachdem die Führungskräfte ihr eigenes Führungsverhalten diagnostiziert und bessere Formen des Führungsverhaltens trainiert haben, lernen nun – an der Spitze des Unternehmens ansetzend – die einzelnen Gruppen, ihre Struktur und das Gruppenverhalten zu erkennen, Idealvorstellungen aufzubauen und sich ihnen anzunähern.

3. *Intergruppenarbeit.*
Trainiert werden hier die Beziehungen zwischen den Gruppen, wobei insbesondere Konfrontationstreffen zur Anwendung kommen, innerhalb derer die wechselseitigen Wahrnehmungen verbalisiert, ausgetauscht und diskutiert werden, um so bestehende Probleme abzubauen.

4. *Aufbau eines Idealmodells der Organisation.*
Mit Hilfe standardisierter Instrumente entwickelt die inzwischen trainierte Führungsgruppe des Unternehmens in bezug auf Strukturen, Prozesse und Klima ein Idealmodell der Organisation.

5. *Realisierung des Ideals.*
Innerhalb der verschiedenen Organisationsbereiche arbeiten – ausgehend von der Spitze des Unternehmens – Teams daran, das Idealmodell auf die spezifische Situation des Organisationsbereichs hin zu konkretisieren und in die Tat umzusetzen. Die getroffenen Maßnahmen sind dabei jeweils von der höheren Führungsebene zu billigen.

6. *Erfolgskontrolle.*
Mit Hilfe eines standardisierten Meßinstruments wird der Erfolg bzw. Mißerfolg der bisherigen Maßnahmen festgestellt, auf der Grundlage des Diagnostizierten werden dann eventuell notwendige neue Maßnahmen beschlossen.

Kritik hat das »Grid-Organization-Development«-Modell nicht nur wegen seiner starken Kommerzialisierung (Kahn, 1977), sondern auch wegen der starken Betonung von Autorität und Hierarchie sowie der Verabsolutierung der Effizienz als Kriterium des Erfolgs von Organisationsentwicklung gefunden (Glasl u. de la Houssaye, 1975).
Sehr viel schwächer ausgeprägt ist der Hierarchie-Aspekt in dem vom Niederländischen Pädagogischen Institut (NPI) entwickelten Modell der Organisationsentwicklung, das explizit von einem antroposophisch geprägten Menschenbild ausgeht, die *interpersonalen Prozesse* in der Organisation spezifisch thematisiert und insofern als nondirektiv zu kennzeichnen ist, als der Berater (change agent) lediglich als Entwicklungshelfer verstanden wird, der der Organisation (als Klientensystem) dazu verhilft, die eigene Situation zutreffend zu diagnostizieren. Ist dies erreicht, so ist die Organisation auch in der Lage – davon

wird ausgegangen – ihre Probleme selbst zu lösen (vgl. Glasl u. de la Houssaye, 1975). Das Modell umfaßt fünf Phasen, die sich graphisch veranschaulichen lassen, wie Abbildung 89 zeigt.

1. In der Orientierungsphase wird – z.B. in Seminarveranstaltungen und informellen Treffen – der Kontakt zur Organisation hergestellt, die Rolle des Beraters definiert, das notwendige Vertrauensverhältnis aufgebaut und innerhalb der Organisation eine Initiativgruppe geschaffen, die den weiteren Prozeß vorantreibt.
2. Im Rahmen der Zukunftskonzeption und Situationsdiagnose wird erarbeitet, wie die Organisation künftig – gemessen an den Bedürfnissen der Umwelt und den Erwartungen ihrer Mitglieder – aussehen soll und wie es sich faktisch derzeit darstellt. Die erlebte Diskrepanz soll die Motivation für den weiteren Entwicklungsprozeß liefern.
3. Im Rahmen der operationellen Zielsetzungen und Analysen wird die zuvor erarbeitete allgemeine Zukunftskonzeption innerhalb von Teams, die dabei ihre zwischenmenschlichen Beziehungen auch neu zu entwickeln haben, konkretisiert und operationalisiert. Konkrete Veränderungsprogramme werden erarbeitet.
4. In experimentellen Projekten und Situationen werden die zuvor entwickelten Änderungsprogramme erprobt.

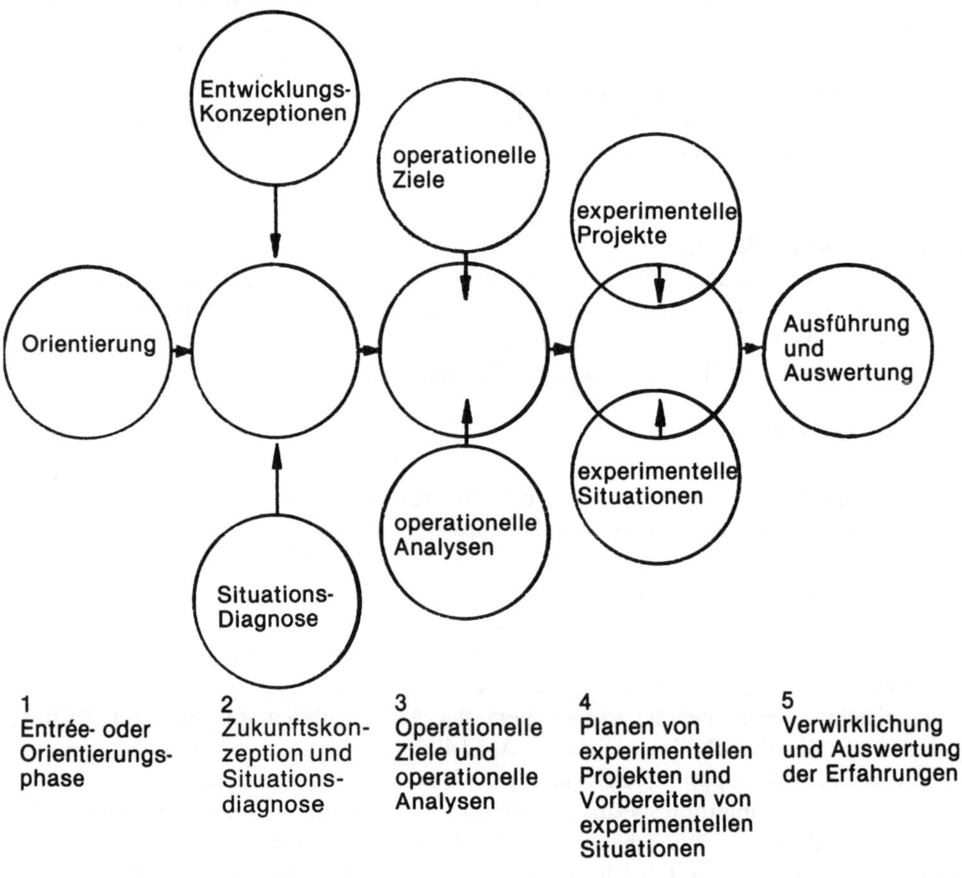

Abb. 89 Das NPI-Modell der Organisationsentwicklung

5. Die bewährten Veränderungskonzepte werden endgültig in die Organisation eingeführt und generalisiert; der Erfolg der Maßnahmen wird gemessen, wobei das Ziel besteht, daß sich in dieser Phase der Soll- und Ist-Zustand, zwischen denen in Phase 2 eine große Diskrepanz bestand, aneinander angeglichen haben.

Innerhalb derartiger »Pakete«, wie sie das Grid-Modell oder NPI-Modell darstellen, können nun – je nach situativer Notwendigkeit, nach Zielsetzung und nach »Philosophie« des Programms – unterschiedliche Interventionstechniken zur Anwendung kommen. Auch hierfür seien einige Beispiele gegeben.

Geht man von dem bekannten Vorschlag Lewins (1947) aus, soziale Veränderungsprozesse in die drei Phasen des

- Auftauens,
- Veränderns,
- Einfrierens

zu unterteilen, so steht zu Beginn von Organisationsentwicklungsmaßnahmen nicht selten ein Laboratoriumstraining im zuvor besprochenen Sinne. Bis zu zehn Personen, die keine gemeinsame Zukunft und keine gemeinsame Vergangenheit haben, lernen unter einer Bedingung des »Hier und Jetzt« eigene und fremde Gefühle zu interpretieren, die Beziehungen dieser Gefühle zu Gruppenprozessen zu erkennen und dadurch ein adäquateres und kooperativeres Eingehen auf den anderen. Sie sollen dadurch bereit gemacht werden, alte, verfestigte Verhaltensweisen aufzulösen und ihre Rolle in der Organisation neu zu definieren. Da nun faktisch der Transfer des dabei Gelernten auf die Situation »back home« gering ist, wird daher nicht selten im Sinne eines »family training« mit existierenden Gruppen oder Abteilungen mit Methoden der Teamentwicklung gearbeitet; eine Vorgehensweise, die heute fast zu allen Organisationsentwicklungsprogrammen gehört (vgl. Beer, 1976) und deren Effizienz – etwa bei der Einführung eines neuen Führungsstils – auch für die Bundesrepublik Deutschland nachgewiesen wurde (vgl. Gebert, 1976).

Wesentlich erscheint, daß bei Teamentwicklungsprogrammen nicht nur die Analyse der wahrgenommenen gruppendynamischen Prozesse im Vordergrund steht, sondern auch die Situation, in der die Gruppe sich befindet, mitberücksichtigt und zum Gegenstand der Veränderungsüberlegungen gemacht wird.

Der für das Laboratoriumstraining berechtigte Vorwurf, man gehe dabei von einer Vorstellung des »Menschen ohne Organisation« aus, trifft hier nicht mehr zu; es werden im Sinne von Leavitt (1965) sehr wohl neben den Menschen auch die Aufgaben, die Strukturen und die Technologie bedacht.
Eine Unterstützung bei der Analyse der Intergruppen-, aber auch der Intragruppenprozesse stellt die sogenannte *»Prozeßberatung«* dar (vgl. Schein, 1969). Dabei hilft der »change agent« der Gruppe, die in ihr ablaufenden Prozesse hinsichtlich des *Wie,* nicht dagegen hinsichtlich des Inhaltes zu interpretieren. Dadurch sollen die interpersonalen Fertigkeiten verbessert werden, was dann wiederum die Grundlage besserer Sachlösungen sein kann. Allerdings betont Beer (1976) in seinem Sammelreferat, daß der Erfolg dieser Maßnahme stark von der Person des Beraters abhängig sei (vgl. die sogenannte Therapeutenvariable in der Klinischen Psychologie) und daß die Vorgehensweise sehr stark auf kleine soziale Einheiten beschränkt bleibe, also kaum für die Entwicklung größerer organisationaler Einheiten ausreiche.

Damit bei der Teamentwicklung oder anderen Ansätzen nicht nur der gruppendynamische Aspekt, sondern auch Strukturen, Aufgaben und Technologien ausreichend berücksichtigt werden, wird häufig auf die schon besprochenen Survey-Feedback-Methoden zurückgegriffen. Hier wird die Situation der Organisation oder des Organisationsbereiches mit meist standardisierten Vorgehensweisen erfaßt; die Ergebnisse werden an die Gruppe zurückgemeldet, die auf der Grundlage dieser Information Veränderungskonzepte entwikkelt.

Die bislang besprochenen Interventionsstrategien gehen letztlich von einem »Harmonie-Modell« aus; d.h., ihnen liegt implizit die Annahme zugrunde, daß die adäquate Erkenntnis der eigenen Situation, der Situation der Gruppe oder der Organisation dazu befähigt. Lösungsstrategien zu entwickeln, die den Interessen der Organisationsmitglieder und der Organisation entspricht. »In all diesen Ansätzen besteht die Tendenz, Konkurrenz, Konflikt und Kampf um Macht und Einfluß wegzuerklären oder zu ignorieren. Sie gehen von der Annahme aus, daß der Mensch kooperativ und produktiv ist, bei dem nur das *Wie* dazu gelehrt wird, oder wie die Hindernisse, die einem solchen Verhalten im Wege stehen, beseitigt werden« (Harrison, 1977, S. 116). Es verwundert daher nicht, daß im Rahmen von Organisationsentwicklungsmodellen auch Interventionstechniken zur Anwendung kommen, die explizit von bestehenden »objektiven« Interessengegensätzen ausgehen. Dazu zählt das Rollenverhandeln, wie es vor allem zur Lösung interpersonaler Konflikte in Gruppen angewandt wird (vgl. Harrison, 1977), oder auch das Konfrontationstreffen, wie es beispielsweise, wie bereits dargestellt, von Blake u.a. (1964) zur Überwindung eines Konflikts zwischen Unternehmensleitung und Gewerkschaft entwickelt wurde und das vor allem zur Lösung von Intergruppenkonflikten herangezogen wird.
Da das Konfrontationstreffen bereits besprochen wurde, soll hier lediglich das Rollenverhandeln knapp skizziert werden. Für den »change agent« besteht der erste Teil seiner Arbeit darin, einen Beratungsvertrag mit den Betroffenen abzuschließen, der beinhaltet, daß Gefühle nicht geäußert zu werden brauchen, Offenheit und Ehrlichkeit allerdings in bezug auf das Verhalten erwartet werden; Erwartungen und Forderungen werden schriftlich fixiert, auch erzielte Kompromisse werden schriftlich niedergelegt. Der Änderungsprozeß ist dabei wesentlich das Ergebnis des Verhandelns und Aushandelns, wobei – im Rahmen dieses Prozesses – Drohungen oder Druck nicht ausgeschlossen werden. Im Rahmen dieser – für das Vorgehen zentralen – Verhandlungen geht es dann um die zuvor von den Konfliktparteien schriftlich niedergelegten Beantwortungen der Fragen, was man von der jeweils anderen Seite

- mehr oder besser,
- weniger oder nicht mehr,
- unverändert

getan wissen möchte. Die Gruppe prüft dann, ob die von den Konfliktparteien ausgehandelten Vereinbarungen auch eingehalten werden. Während beim Rollenverhandeln und bei dem Konfrontationstreffen zwar nicht nur, aber doch schwerpunktmäßig, interpersonale oder Intergruppenprozesse im Vordergrund stehen, gibt es bei Organisationsentwicklungsverfahren auch Vorgehensweisen, die stärker auf die *Struktur* oder die *Technologie* abzielen, wie es beispielsweise beim Basyc-Verfahren der Fall ist (vgl. zusammenfassend Kieser, 1979). Das Basyc-Verfahren umfaßt 10 Schritte:

1. Identifikation von Interessengruppen; hier sind alle Gruppen zu ermitteln und in den Prozeß einzubeziehen, die von den intendierten Maßnahmen betroffen sind.

2. Für jede Interessengruppe wird eine Liste von Zielen erstellt, die von dieser an das System herangetragen wird.
3. Aus dieser Liste werden alle Ziele ausgewählt, die quantifizierbar erscheinen.
4. Jede Interessengruppe vergibt für jedes Ziel, nach der Methode der konstanten Summe, das für sie relevante Gewicht.
5. Der gegenwärtige Erfüllungsgrad bezüglich der Ziele wird abgeschätzt und ein Soll-Wert festgelegt.
6. Systemalternativen werden definiert.
7. Die Auswirkung der Alternativen auf die zuvor definierten Ziele wird prognostiziert.
8. Die Systemalternativen werden in der Form bewertet, daß ihre subjektive Instrumentalität von den einzelnen Interessengruppen für die Zielerreichung eingeschätzt wird.
9. Der Nutzen der verschiedenen Systemalternativen wird durch Multiplikation aus Zielgewichtung und Instrumentalitätswahrnehmung errechnet.
10. Prüfung der Sensibilitäten. Hier verschafft sich die Projektgruppe, der alle Interessenvertreter angehören, Klarheit darüber, inwieweit die sich so ergebende Rangfolge der Alternativen überzeugt bzw. zufällig erscheint. Für die Systemalternativen, die in die engere Auswahl kommen, sind u.U. auch genauere Festlegungen im Rahmen der Systemplanung zu treffen und exakte Prognosen durchzuführen, um eine zuverlässige Bewertung zu erreichen.

Obwohl unverkennbar ist, daß der Aufwand des Verfahrens hoch ist, die Akzeptanz der Vorgehensweise in der Organisation zweifelhaft ist und daß zudem ein sehr rationales Menschenbild der Vorgehensweise zugrunde liegt, werden als Vorteile genannt, daß der Partizipationsgrad hoch und somit die Identifikation mit den Ergebnissen wahrscheinlich sei, daß die Wünsche verschiedener Gruppen koordiniert werden, daß Konflikte bereits im Entwicklungsstadium erkennbar und bearbeitet werden und daß die Betroffenen phasenweise ihre Zustimmung geben und somit an ihre Entscheidungen gebunden werden.

4.3.2.2.2.2. Klassifikation der Vorgehensweisen

Es hat vielfältige Versuche gegeben, die Vorgehensweisen bei der Organisationsentwicklung zu klassifizieren oder systematisch zu ordnen. Der bekannteste dieser Gliederungsansätze geht auf Friedlander und Brown (1974) zurück. Die Autoren schlagen vor, Organisationsentwicklungsmaßnahmen entweder als *humanprozessual* oder aber als *technostrukturell* einzustufen. Humanprozessual wären alle jene Vorgehensweisen, die an der Person ansetzen und durch Organisationsentwicklungsmaßnahmen, wie sie zuvor als Beispiele genannt wurden, deren Interaktion mit anderen zu modifizieren suchen. Technostrukturell sind dagegen jene Maßnahmen, die gezielt die mehr oder minder formalisierten Sozialstrukturen bzw. technologischen Strukturen im Sinne von Leavitt (1965) zu modifizieren trachten. Auch Gebert (1974) differenziert in diesem Sinne bei Organisationsentwicklungsansätzen zwischen personalen und strukturalen Vorgehensweisen.

Porter u.a. (1975) und in Anlehnung daran Kieser u.a. (1979) unterscheiden demgegenüber – bei expliziter Berücksichtigung der früheren, vom Sensitivity Training geprägten Ansätze der Organisationsentwicklung – drei Formen:
- individuumszentrierte Ansätze,
- strukturorientierte Ansätze,
- an den sozialen Beziehungen orientierte Ansätze.

Tab. 9 Klassifikation von Organisationsentwicklungsmaßnahmen

Bezugsebenen für Änderungen	Typische Interventionstechniken	Unmittelbar angestrebte Ergebnisse	Annahmen über Verhalten in Organisationen
Individuum	Laboratoriumstraining	Steigerung sozialer Geschicklichkeit und psychischer Belastbarkeit	Im wesentlichen bestimmt durch Eigenschaften der Menschen, die die Organisation bilden
Organisatorische und technologische Struktur	Änderung von solchen organisatorischen Regelungen und technologischen Bedingungen, die auf das Arbeitsverhalten der Menschen Einfluß haben	Schaffen von (dauerhaften) Bedingungen, in denen funktionales Verhalten honoriert wird und individuelle Bedürfnisse berücksichtigt werden	Im wesentlichen bestimmt durch die organisationale Situation, in der Menschen tätig sind
Soziale Beziehungen der Organisationsmitglieder	Survey-Feedback-Methode, Lab-Training für Arbeitsgruppen, Prozeßberatung, Konfrontationssitzungen	Vertrauen und Offenheit der Organisationsmitglieder untereinander, Abbau dysfunktionalen Konflikts und Wettbewerbs	Im wesentlichen bestimmt durch das Klima in den Beziehungen der Organisationsmitglieder untereinander

Quelle: Kieser u.a. in Anlehnung an *Porter, Lawler, Hackman* (1975), S. 440

Bei Differenzierung zwischen den Bezugsebenen für die Änderung, den typischen Interventionstechniken, den unmittelbar angestrebten Ergebnissen und den Annahmen über das zugrundeliegende Verhalten von Personen in Organisationen gelangen die Autoren zu einer Übersicht, die Tabelle 9 zeigt.

Da freilich die bislang vorliegende empirische Evidenz (vgl. z.B. Friedlander u. Brown, 1974; Gebert, 1972, 1974, 1976; Anger, 1980) recht deutlich zeigt, daß die rein individuumszentrierten Techniken, wie z.B. das herkömmliche Sensibility-Training, kaum Verhaltensänderungen in der Organisation im Sinne der Zielsetzungen bewirken, verwundert es kaum, daß die Differenzierung in Struktur- und Prozeßansätze weiterhin dominiert. Die Problematik derartiger Unterscheidungen ist allerdings in jüngerer Zeit mehrfach nachgewiesen worden (vgl. z.B. Kahn, 1977; Gebert, 1981; v. Rosenstiel, 1980b). Tatsächlich ist ja das, was naiv gelegentlich als Struktur einer Organisation bezeichnet wird, z.B. das Organigramm, lediglich eine Veranschaulichung der Organisation. Die Analyse dieser Darstellungen, Pläne oder Zielvorstellungen ist nicht unwesentlich, da z.B. faktisch beobachtbare Abweichungen davon nicht selten Ursache von Konflikten sind (vgl. Ghiselli und Brown, 1955). Derartige Vergleiche aber so zu deuten, als werde hier Struktur und personales Verhalten gegenübergestellt, erscheint ebenso unglücklich wie die zu Recht kritisierte Differenzierung zwischen formellen und informellen Gruppen (vgl. z.B. Irle, 1963; Neuberger, 1977).

Empirisch sind Struktur und Prozeß in der Organisation nichts voneinander Abhebbares (Gebert, 1978a). »Die sich wiederholenden tatsächlichen Verhaltensweisen sind die Struktur der Organisation«, argumentiert in pointierter Weise Kahn (1977, S. 294) und folgert daraus, daß die Veränderung einer Organisation stets die Veränderung des Musters der sich wiederholenden Verhaltensweisen beinhaltet und dies dann per definitionem eine Veränderung auch der Struktur der Organisation sei. Er folgert weiter, daß Organisationsentwicklung, wenn sie überhaupt Veränderung zum Ziele hat, Verhaltensweisen ändern muß, unabhängig davon, ob man sie nun struktur- oder prozeßorientiert nennt.

Die Argumentation von Kahn kann und will nicht darüber hinwegsehen, daß Organisationsentwicklungsmaßnahmen in unterschiedlich starkem Maße auf die formalisierte oder gar auf die technologische Struktur der Organisation abzielen oder ob sie nicht formalisierte Rollenerwartungen und Rolleninterpretationen thematisieren. Sie macht jedoch deutlich, daß die Übergänge derart fließend sind, daß man bei konkreten Organisationsentwicklungsmaßnahmen keinesfalls danach differenzieren kann, ob es sich nun um einen personalen oder strukturalen Ansatz gehandelt habe, sondern daß bestenfalls die Anteile jeweils unterschiedlich verteilt waren.
Aufgrund des soeben Gesagten kann es kaum verwundern, daß sich mehr und mehr integrative Vorgehensweisen der Organisationsentwicklung herausbilden. Gebert (1980a) hat sich bemüht, das Gemeinsame von Organisationsentwicklungsprozessen bezüglich des

- Objektbereichs,
- der Zielsetzung und
- der Methodik

darzulegen. Für den *Objektbereich* gilt, daß sowohl die Personen als auch die Situation in einen Veränderungsprozeß einbezogen werden, wobei sich diese Veränderung auf der aggregierten Ebene – eben der der Organisation – zeigt. Die *Zielsetzung* geht – der Tradition der Humanistischen Psychologie folgend – spezifisch dahin, für den einzelnen ein Mehr an Autonomie, gesteigerte Chancen zur Selbstverwirklichung und auch einen höheren Grad an Bewußtheit zu schaffen, womit zugleich gewährleistet werden soll, daß die Lernfähigkeit der Organisation sowie ihre Flexibilität und Innovationsbereitschaft steigen (vgl. Kirsch u.a., 1979), was sie in die Lage versetzt, die Anpassung an die sich immer rascher verändernde und komplexer werdende Umwelt (z.B. Markt, gesetzliche Vorschriften, gesellschaftliche Erwartungen, ökologische Bedingungen) zu erreichen. Insgesamt liegt also ein Ziel der Organisationsentwicklung darin, den Gegensatz zwischen dem Individuum und der Organisation (vgl. Argyris, 1970; Kieser, 1980) abzubauen, und zwar in einer Form, die sowohl dem Individuum als auch der Organisation nützt.
Für die *Methodik* der Organisationsentwicklung ist kennzeichnend, daß sie an der Aktionsforschung orientiert ist, das für viele Beratungsprozesse charakteristische Subjekt-Objekt-Verhältnis zu überwinden sucht und die Mitglieder der Organisation durch ein Bereitstellen von Lernchancen zur Partizipation befähigen will und ihnen sodann auch reale Partizipationschancen einräumt.
Freilich ist nicht zu übersehen, daß bei der Bestimmung dessen, was bei der Organisationsentwicklung zu gelten hat, gelegentlich unterschiedliche Bestimmungen dadurch zustande kommen, daß entweder stärker auf die Ziele oder aber stärker auf die Methodik geachtet wird. So wird einerseits gelegentlich von Organisationsentwicklungsmaßnahmen gesprochen, wenn die Arbeitsbedingungen humanisiert und die Flexibilität der Organisation gesteigert wird – auch dann, wenn der Partizipationsgrad der Betroffenen gering war, während auf der anderen Seite, um dies überspitzt zu formulieren, dafür plädiert wird, von

Organisationsentwicklung selbst dann zu sprechen, wenn die Betroffenen angesichts besonderer Umweltgegebenheiten in einem partizipativen Entscheidungsprozeß die Organisation stärker bürokratisieren und für eine autoritärere Führung plädieren.
Derartige Fälle dürften allerdings als Extrembeispiele zu interpretieren sein, die in der Praxis kaum anzutreffen sind. Methode und Ziel von Organisationsentwicklung sind nicht unabhängig voneinander; angesichts der bei uns gegebenen gesellschaftlichen Bedingungen und individuellen Erwartungshaltungen darf man davon ausgehen, daß ein höherer Grad von Einfluß aller Beteiligten beim Veränderungsprozeß auch zu Ergebnissen führen wird, die diesen Einfluß in der Organisation stärken und ausweiten. Die Demokratisierung des Veränderungsvorgehens wird in der Regel zu Situationen führen, in denen die Einflußchance der Beteiligten eher größer als zuvor sind.
Bei den – ursprünglich recht unterschiedlichen – Ansätzen der Organisationsentwicklung ist also Konvergenz feststellbar. Das typische Vorgehen bei der Organisationsentwicklung läßt sich als Prozeßmodell darstellen (vgl. Sievers, 1980), wobei die einzelnen Schritte sich beschreiben lassen, wie Abbildung 90 zeigt.
Sievers weist allerdings darauf hin, daß dieses Modell keineswegs als ein Standardprogramm interpretiert werden dürfe. Ähnlich wie es im Zusammenhang mit der Führung bereits besprochen wurde, wird man auf dem Gebiet der Organisationsentwicklung zu einem *Kontingenzmodell* kommen, das aufzeigen wird, daß je nach Bedingungen der Situation eine andere Strategie empfehlenswert ist.
Nicht zu übersehen ist, daß Phasenmodelle, wie das soeben als Beispiel dargestellte, letztlich in den drei von Lewin genannten Stufen der Veränderung von Organisation – auftauen, verändern, einfrieren – bereits angedeutet sind. Von anderen Autoren konzipierte Phasenmodelle, wie das bereits besprochene NPI-Modell, oder der recht differenzierte Ansatz von Klages und Schmidt (1978), in dem unterschieden werden

- Problem- und Einführungsseminar,
- Expertenexplorationen,
- Basisdatenerhebung,
- Anpassung der Erhebungsinstrumente,
- Datenerhebung,
- Auswertung,
- vorläufige Interpretation,
- Datenrückkoppelung,
- Abschlußbericht
- Präsentation der Ergebnisse
- Maßnahmen der Entwicklung,
- Implementation,
- Erfolgskontrolle,

lassen sich in diesem Sinne interpretieren.

Beachtenswert erscheint allerdings bei diesen Weiterentwicklungen, daß die systematische Datenerhebung und Datenrückkoppelung, die als eine spezifische Form des Auftauens verstanden werden kann, jedoch von Lewin in dieser Form nicht vorgesehen war, heute wesentlicher Bestandteil praktisch aller Organisationsentwicklungsprogramme ist. Dies verwundert nicht, ist doch die systematische Datenrückkoppelungsmethode – überblickt man die vorliegende Forschung – wesentlichste Bestandteil erfolgreicher Organisationsentwicklungsprogramme.

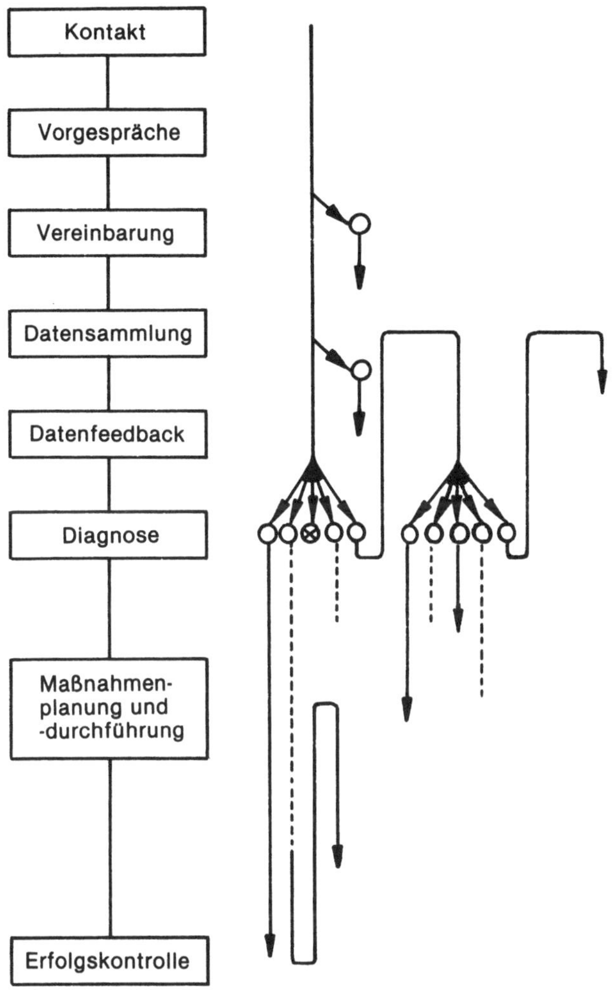

Rechts in der Graphik sei auf mögliche Abweichungen vom theoretischen Grundmodell hingewiesen

Abb. 90 Phasenverlauf der Organisationsentwicklung nach Sievers (1980)

4.3.2.2.2.3. Kriterien und Wirkungen

Obwohl in der praxisorientierten Literatur viel über erfolgreiche Organisationsentwicklungsprogramme nachgelesen werden kann und auch häufig Fallstudien veröffentlicht werden, in denen dieser Erfolg sehr anschaulich konkretisiert wird (vgl. z.B. Glasl u. de la Houssaye, 1975; Sievers, 1977; Schuler u. Stehle, 1981), läßt sich bei kritischer Analyse des vorliegenden Forschungsstandes wenig Generalisierbares und Gesichertes zum Erfolg von Organisationsentwicklungsmaßnahmen sagen. Einer der Gründe dafür liegt im Kriterienproblem.

Erfolg wird – ähnlich wie bei der Bewertung von Führungsmaßnahmen – höchst unterschiedlich bestimmt. Ein Beispiel für typische, in der Organisationsforschung – über die

Organisationsentwicklung hinausgehende – verwendete Bewertungskriterien zeigt das Ergebnis einer Literaturanalyse von Steers (1977):

Tab. 10 Häufigkeit verwendeter Kriterien

Kriterium	Häufigkeit
Anpassungsfähigkeit/Flexibilität	10
Produktivität	6
Zufriedenheit der Organisationsmitglieder	5
Gewinn	3
Fähigkeit, Ressourcen aus der Umwelt zu beschaffen	3
Fehlen von Streß	2
Kontrolle über die Umwelt	2
Personalentwicklung	2
Effizienz	2
»Halten« der Stammbelegschaft	2
Wachstum	2
Integration	2
Freie Kommunikation	2
Überlebensfähigkeit	2
Sonstige Kriterien	1

Häufigkeit der Verwendung von Kriterien in 17 multivariablen Studien

Die aufgezeigten Kriterien lassen sich zwar zum größten Teil den zuvor angesprochenen Leistungs- bzw. Humandimensionen zuordnen, sind aber inhaltlich doch so verschieden, daß die Zusammenfassung in Sammelreferaten kaum zu rechtfertigen ist. Dennoch sollte man sehen, daß Organisationsentwicklung in der Laborforschung kaum simuliert werden kann. Organisationsentwicklungsmaßnahmen stellen für jene Organisationen, die sie einsetzen, ein nicht unwesentliches Risiko dar. Ihr Ziel ist es, akute Probleme zu lösen und nicht so sehr einen Beitrag zur Forschung zu leisten. Publiziert werden daher vermutlich – als Werbung für die Organisationen bzw. ihre Berater – jene Einzelfallstudien, die unter irgendeinem Aspekt als erfolgreich zu gelten haben. Einen repräsentativen Überblick gewinnt man kaum; es gilt also auch hier wohl die gelegentlich angesprochene »Psychologie des Publizierens« (vgl. Athanasiou, 1969; v. Rosenstiel, 1975 b).
Ergänzend sollte man sehen, daß jene Berater, die Organisationsentwicklung initiieren, in der Regel der Aktionsforschung nahestehen und entsprechend wenig geneigt sind, Evaluationsstudien im Sinne herkömmlicher empirischer Sozialforschung durchzuführen. So fehlen etwa Versuchs-Kontrollgruppen-Designs fast völlig. Will man überhaupt etwas über den Erfolg erfahren, so ist man entweder darauf angewiesen, publizierte Einzelfallstudien darauf zu prüfen, welche Vorgehensweise in ihnen beschrieben ist und welche qualitativen Eigenheiten der beschriebene Erfolg hatte (vgl. z.B. Gebert, 1974), oder aber man muß die Unternehmungen, die Veränderungsmaßnahmen initiierten, nach den gewählten Strategien und den vermuteten Erfolgen befragen. Stützt man sich auf derartige eher »weiche« Informationen, so scheint zu gelten, daß insbesondere die Survey-Feedback-Technik Veränderungen in der intendierten Richtung bewirkt, was in deutlich schwächerem Maße auch für die interpersonale Prozeßberatung und noch schwächer für die aufgabenorientierte Prozeßberatung gilt, während reine Laboratoriumstechniken eher als Bumerang wirken (Bowers, 1973). Sucht man dieses Ergebnis, für das inzwischen auch weitere empirische

Evidenz vorliegt (vgl. z.B. zusammenfassend Friedlander u. Brown, 1974; Beer, 1976; Gebert, 1976; Bowers u.a., 1977), inhaltlich zu interpretieren, scheint insbesondere die Kombination aus Survey- und Feedback aktivierend zu wirken, da im Anschluß an einen derartigen Informationsrückkoppelungsprozeß die Motivation der Organisationsmitglieder steigt, sich verändernd mit ihrer eigenen, bewußter gewordenen Situation auseinanderzusetzen.
Für die Analyse der Gründe des Erfolgs scheint allerdings der Vergleich derartiger Methoden, wie sie eben angesprochen wurden, ein wenig zureichendes Mittel zu sein. Zum Teil ergänzen sich die Vorgehensweisen; so ist es etwa höchst plausibel, daß die Kombination von Survey-Feedback-Technik und Prozeßberatung günstig und wechselseitig fördernd wirkt. Darüber hinaus sollte man sehen, daß gerade die Art und Weise, mit der eine Strategie in der Organisation gehandhabt wird, für den Erfolg sehr wesentlich mitbestimmend ist.

So fand z.B. Gebert im Rahmen einer Sekundäranalyse von in der Literatur beschriebenen Fällen (1974), daß z.B. Merkmale wie: Planung beim Klientensystem, Unterstützung durch das Top-Management, Projektgruppenarbeit, Reichweite der Teamentwicklung, interpersonale Orientierung in der Teamentwicklung, mehr organisationsinterne als -externe Trainer und Moderatoren für den Erfolg günstig waren.

Alle bis jetzt zum Erfolg von Organisationsentwicklungsmaßnahmen vorliegenden Ergebnisse können derzeit eher als Hypothesen denn als Resultate interpretiert werden. Die Forschung ist hier vor wichtige, zugleich aber schwierige Aufgaben gestellt worden, da sie vom Forscher verlangt, unter den komplexen und kaum kontrollierbaren Bedingungen im Feld zu arbeiten, eine Aufgabe, die für viele durch »Praxisangst« gekennzeichnete psychologische Wissenschaftler wenig erfreuliche Perspektiven aufwirft.

In den letzten Jahren hat sich die Forschungslage etwas verbessert. Bezugnehmend auf die in der Tabelle 9 vorgenommene Klassifikation von Organisationsentwicklungsmaßnahmen gilt, daß zu den Effekten einzelner Maßnahmen inzwischen Metaanalysen vorliegen. In diesen Metaanalysen, in denen gelegentlich bis zu 100 Originalstudien sekundärstatistisch ausgewertet werden, zeigt sich folgender Trend (Neumann u.a., 1989; Beekun, 1989):
Stärker strukturierte, gruppendynamisch orientierte Trainings, in denen der Arbeitsbezug ausdrücklich herausgearbeitet wird und die interpersonalen Prozesse vor allem auf den arbeitsrelevanten Kontext hin beleuchtet werden, stehen sowohl mit »weichen« Erfolgskriterien wie Verbesserungen des Organisationsklimas, wahrgenommene Verbesserung der Kooperation und Kommunikation, aber auch mit »harten« leistungsbezogenen Kriterien wie etwa der Quantität und Qualität von Arbeitsergebnissen auf dem Gruppenniveau in einem positiven Zusammenhang. Gleiches gilt in bezug auf den strukturalen Ansatz; Maßnahmen der Arbeitsanreicherung, qualitative Verbesserungen im Rahmen des soziotechnischen Ansatzes (Bungard, 1992) sowie verschiedene Formen der Gruppenfertigung (Antoni u.a., 1990) sind zumindest im Trend sowohl mit den zitierten weichen wie auch mit den harten Kriterien positiv verbunden. Auch die dritte Strategie der Interventionen, die die Beziehungen zwischen den Personen thematisiert und vor allem mit Methoden des Survey-Feedbacks, der Teamentwicklung und der Prozeßberatung arbeitet, ist auf der Basis der vorliegenden Metaanalysen mit Verbesserungen sowohl bezüglich der »harten« als auch bezüglich der »weichen« Kriterien positiv korreliert.

Wie schon an anderer Stelle zeigt sich aber auch hier, daß sich die untersuchten Organisationseinheiten zwar im Mittel sehr häufig verbessern, die Resultate aber, über die verschiedenen Originalstudien hinwegbetrachtet, stark streuen. Der im Mittelwert positive Trend darf also nicht darüber hinwegtäuschen, daß die Maßnahmen in Einzelfällen auch wirkungslos blieben bzw. den Ausgangszustand sogar verschlechterten. Stellt man die für den Praktiker entscheidende Frage, warum gleiche Maßnahmen unter unterschiedlichen Randbedingungen Unterschiedliches bewirken, so kann man leider keine endgültige Antwort geben. Bei der Durchführung gruppendynamischer Trainings gilt z.B., daß ihre Wirksamkeit bei eher ängstlichen Menschen sinkt (Gebert, 1972). Die Strategie der Aktionsforschung scheint in stark zentralistischen, bürokratisch organisierten Unternehmen geringere Chancen zu haben. Obwohl hierzu keine systematischen Analysen vorliegen, entsteht insofern zumindest der Eindruck, daß paradoxerweise gerade diejenigen Personen bzw. Gruppen und Organisationen vergleichsweise weniger von den Maßnahmen der Organisationsentwicklung profitieren, die es eigentlich am nötigsten hätten.
Aus den schon vorher im einzelnen erörterten Gründen gibt es nach wie vor wenig Evaluationsforschung (Wottawa u.a., 1990) zu den Wirkweisen und Effekten ganzer Organisationsentwicklungsprogramme (vgl. hierzu aber Gebert, 1976). Da gerade spezifische Maßnahmenkombinationen für den Erfolg entscheidend sein könnten, ist diese Forschungslage bedauerlich.

4.3.2.2.3. Organisationskultur

Da das Konstrukt der Organisationskultur in einem systematischen Zusammenhang mit den Bemühungen um Organisationsentwicklung steht, sei auf das Konzept der Organisationskultur nachstehend knapp eingegangen, wobei sich dieses Konzept in den letzten Jahren aus den verschiedensten Gründen sowohl in der Theorie als auch in der Praxis eines hohen Aufmerksamkeitswertes erfreut. Unter den vielen verschiedenen Ansätzen zur Organisationskultur (siehe hierzu Neuberger u. Kompa, 1987) sei beispielhaft auf den Ansatz von E. H. Schein (1985) eingegangen. Unter Organisationskultur versteht Schein das Muster grundlegender Annahmen und Überzeugungen, die ausmachen, wie die Organisation sich selbst und ihre Umwelt sieht, wobei diese Annahmen und Überzeugungen erlernt seien, von den Organisationsmitgliedern geteilt würden und im Verlaufe der Zeit zur Selbstverständlichkeit geronnen und insofern häufig unbewußt seien (Schein, 1985). Über die Dimension des Inhalts grundlegender Annahmen und Überzeugungen, die ausmachen, wie die Organisation sich selbst und ihre Umwelt sieht, informiert die Abbildung 91.
Das Konstrukt der Organisationskultur steht dabei in einem spezifischen Beziehungsfeld, wie es in der Abbildung 92 illustriert wird.
Unter der Perspektive der Organisationsentwicklung beleuchtet, besagt die Abbildung 92, daß Veränderungen der Führungs- bzw. Kooperationsmuster Veränderungen der Organisationskultur voraussetzen (und zur Folge haben). Da eine Organisationskultur (wie definiert) durch eine bestimmte zeitliche Stabilität gekennzeichnet ist, ergibt sich, daß Veränderungen der Interaktionsmuster durch eine Veränderung der Organisationskultur (oder umgekehrt) einen langfristigen Prozeß implizieren.
Die Abbildung 92 zeigt zusätzlich, daß das Konstrukt der Organisationskultur in zweifacher Weise funktional eingebunden ist: Die grundlegenden Annahmen der Organisationsmitglieder (siehe hierzu Abbildung 91) stehen auch in einer bestimmten inhaltlichen Entsprechung zu den Anforderungen der Umwelt und den internen Integrationserfordernissen; Schein (1985) nimmt an, daß die grundlegenden Annahmen eine erfahrene Instrumentalität bei der Bewältigung dieser Probleme widerspiegeln und insofern zumindest auf der Wahrnehmungsebene der Organisationsmitglieder eine Anpassungsfunktion erfüllen;

1. *Das Verhältnis der Menschen zur Natur.*
   Auf die Ebene der Organisation bezogen: Betrachten Schlüsselmitglieder das Verhältnis der Organisation zu ihrer Umwelt als eines der Dominanz, der Unterwerfung, des Harmonisierens, als eine Suche nach der passenden Nische oder als etwas ganz anderes?
2. *Das Wesen von Realität und Wahrheit.*
   Die Sprach- und Verhaltensregeln, die definieren, was als wirklich gilt und was nicht, was als »Tatsache« gilt; wie Wahrheit letztlich zu bestimmen, ob sie konsensual festzulegen oder zu »entdecken« sei; grundlegende Konzepte von Zeit und Raum.
3. *Das Wesen des Menschen.*
   Was bedeutet es, »menschlich« zu sein, und welche Eigenschaften werden diesbezüglich als immanent oder grundlegend betrachtet? Ist das menschliche Wesen gut, böse oder neutral? Sind die Menschen vervollkommnungsfähig oder nicht?
4. *Das Wesen der menschlichen Aktivität.*
   Was ist das »richtige« Verhalten des Menschen in bezug auf die obigen Annahmen über die Wirklichkeit, die Umwelt und das Wesen des Menschen: aktiv oder passiv zu sein, sich selbst entwickelnd, fatalistisch oder etwas anderes? Was gilt als Arbeit und was als Spiel?
5. *Das Wesen von menschlichen Beziehungen.*
   Was wird für Menschen als die »richtige« Art und Weise betrachtet, miteinander umzugehen, Liebe und Macht zu praktizieren? Ist das Leben kooperativ oder kompetitiv, individualistisch, oder findet es eher gemeinschaftlich in Gruppen bzw. im Gemeinwesen statt? Basiert es auf traditionell überkommener Autorität, dem Gesetz, auf Charisma oder etwas anderem?

Abb. 91 Basisannahmen und Überzeugungen: Wie sieht die Organisation sich selbst und ihre Umwelt (nach Schein, E. H.: Organizational Culture and Leadership, London, 1985, S. 86)

wird die Organisation als erfolgreich wahrgenommen, so werden die grundlegenden Überzeugungen im Sinne einer Problemlösestrategie verstärkt. (Beispiel: Für ein Energieversorgungsunternehmen in der Bundesrepublik Deutschland erscheinen angesichts der fehlenden Konkurrenzverhältnisse möglicherweise eher harmonistische und bürokratisch-orientierte grundlegende Überzeugungen zur Bewältigung einer weitgehend stabilen Umwelt als funktional, während in einer hochpolitisierten Rüstungsindustrie zur Bewältigung extrem dynamischer Umweltveränderungen und zur Bewältigung eines erheblichen Integrationsbedarfs andere [»kämpferische«] grundlegende Überzeugungen als funktional wahrgenommen werden). Unter der Perspektive der Organisationsentwicklung bedeutet dies: Aufgrund der Wechselwirkung zwischen Führung und Organisationskultur sind – aus wel-

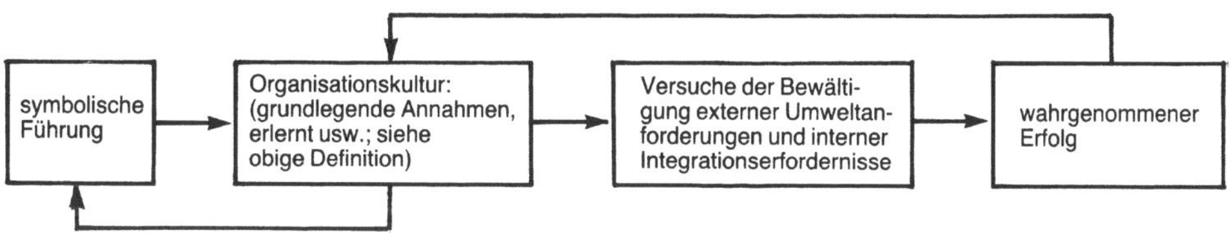

Abb. 92 (Symbolische) Führung und Organisationskultur in Anlehnung an E. H. Schein, 1985

chen Gründen auch immer – eingeleitete Versuche der Veränderung des Führungsverhaltens und damit erforderliche Veränderungen der Organisationskultur dann eher wenig erfolgreich, wenn diese Kultur von den Organisationsmitgliedern gegenüber den Umweltproblemen als anpassungsfunktional interpretiert wird. Bzw.: Entsprechen die grundlegenden Überzeugungen und damit das Selbstverständnis und das Leitbild des Unternehmens den internen und externen Anforderungen nicht mehr, so sind ceteris paribus die Chancen für eine Veränderung der Interaktionsmuster deutlich erhöht.
Auch bei dem heute verbreiteten Bemühen um eine Anhebung der »corporate identity« steht die Frage im Vordergrund, ob das bisherige Selbstverständnis respektive Leitbild des Unternehmens (und damit also im Sinne von Schein die grundlegenden Überzeugungen der Organisationsmitglieder) bezogen auf die veränderten Umweltanforderungen noch als funktional betrachtet werden können oder aber einer Modifikation bedürfen. – Der Prozeß der Organisationsentwicklung muß insofern eine Phase der Diagnose zum Grad *dieses* »fits« einschließen.

Der Vermittlungsprozeß der Bildung grundlegender Überzeugungen über das Medium der Führung verläuft im Sinne von Schein, wie in Abbildung 93 gezeigt:

Abb. 93 Führung als Medium der Übermittlung von basic assumptions (Organisationskultur) nach E. H. Schein, 1985

Unter der Perspektive der Organisationsentwicklung bedeutet dies, daß eventuell erforderliche Einwirkungen auf die Organisationskultur dann ergiebiger sein werden, wenn ganzheitlich in dem Sinne vorgegangen wird, daß neben einer Veränderung der Primärmerkmale auch eine Veränderung der Sekundärmerkmale der Führung berücksichtigt wird und vor allem beachtet wird, daß die primären und sekundären Führungsmerkmale in einer konsistenten Beziehung zueinander stehen müssen. Dabei wird erkenntlich, daß ein erfolgreicher Organisationsentwicklungsprozeß, der letztlich das Verhalten verändern will, auch Inhalte als eventuell zu verändernde im Blickpunkt haben muß, die vorher unter dem Stichwort der symbolischen Führung behandelt wurden (Sprachregelungen, Legenden, Mythen, Interpretationen der Realität usw.). Das Konzept der Organisationskultur als ein System geteilter grundlegender Überzeugungen verweist im übrigen unter dem Gesichtspunkt der Organisationsentwicklung auf den Umstand, daß es nicht allein darum geht,

grundlegende Überzeugungen als individuelle Phänomene zu interpretieren und insofern im Sinne des personalen Ansatzes eine individuelle Biographie aufzuarbeiten; vielmehr kommt es ergänzend darauf an, diese geteilten Überzeugungen als kollektive Erfahrungsbildung zu interpretieren und auf kollektivem Niveau aufzuarbeiten.
Schließlich verweist der enge Zusammenhang zwischen Organisationskultur und Organisationsentwicklung auf die Notwendigkeit, die Spezifika der Organisationskultur überhaupt erst einmal valide diagnostizieren zu können, da anderenfalls der »fit« der Organisationskultur zur Umwelt nicht reflektierbar wird und damit eine wesentliche Teilfragestellung innerhalb des Organisationsentwicklungsprozesses unabklärbar bliebe. Auf die wissenschaftstheoretischen Dilemmata, die sich erheben, wenn ein im Grunde eher ideografisch gemeintes Konstrukt (nämlich das der Organisationskultur) auf dem Boden des klassischen testtheoretischen Verständnisses diagnostiziert werden soll, kann hier nicht näher eingegangen werden. Einige praktische Hinweise in Form von Gruppeninterviews finden sich bei Schein, 1985, Seite 112 ff. Da Mythen, Legenden, Slogans, Witze, Graffitisprüche und ähnliches interessante Hinweise auf die tatsächlich vorhandenen Grundüberzeugungen geben können, sollte es sich lohnen, derartigen stärker auf der emotional-affektiven Ebene liegenden Aspekten bei der Diagnose der Organisationskultur eine besondere Aufmerksamkeit zu widmen.
Dieses Vorgehen schließt nicht aus, ergänzend auch klassisch psychometrisch überprüfte Verfahren zur Messung der Organisationskultur einzusetzen. Einen entsprechenden Fragebogen (FOGO-Fragebogen zur Offenheit und Geschlossenheit in Organisationen) haben Gebert u.a. (1998) entwickelt. Die für die Organisationskultur konstitutiven grundlegenden Überzeugungen beziehen sich im wesentlichen auf drei Fragen (s. Abbildung 94):

- anthropologische Dimension (Voluntarismus versus Determinismus). Die grundlegenden Überzeugungen beziehen sich auf die Frage, ob der Mensch eher als Objekt oder Subjekt zu betrachten sei und damit die soziale Welt eher als unveränderlich oder als veränderungsfähig zu gelten habe. Item-Beispiel: »Die Mitarbeiter haben in diesem Unternehmen das Gefühl, auch fundamentale Unternehmenspraktiken gegenüber der Geschäftsleitung in Frage stellen zu können« (Voluntarismus).
- soziale Dimension (u.a.: Kollektivismus versus Individualismus). Die grundlegenden Überzeugungen beziehen sich auf die Frage, ob letztlich das Individuum oder das Kollektiv schutzbedürftig seien. Item-Beispiel: »In diesem Unternehmen wird erwartet, daß die Mitarbeiter zur Realisierung der gemeinsamen Ideen und Ziele Opfer bringen und dabei auch schon einmal ihre persönlichen Ziele zurückstellen« (Kollektivismus).
- erkenntnistheoretische Dimension (Irrtumsfreiheit versus Irrtumsbehaftetheit von Erkenntnis). Die grundlegenden Überzeugungen beziehen sich auf die Frage, ob der Anspruch angemeldet wird, irrtumsfreie Erkenntnis liefern zu können, oder aber ob die Überzeugung dominiert, Erkenntnisprozesse seien prinzipiell irrtumsbehaftet, so daß Toleranz gegenüber abweichenden Meinungen indiziert sei. Item-Beispiel: »In diesem Unternehmen gibt es viel Besserwisserei und Dogmatik« (Irrtumsfreiheit, Dogmatismus).

Eine konfirmatorische Faktorenanalyse bestätigt die Annahme der Dreidimensionalität des FOGO; Cronbachs α variiert für die drei Dimensionen zwischen 0,76 und 0,90 (Gebert u.a., 1998, S. 19). Der Fragebogen FOGO weist auch eine kriterienbezogene Gültigkeit auf: Theoriekonform differenziert der FOGO zwischen mehr oder weniger im Wettbewerb stehenden Organisationen (im Wettbewerb stehende Organisationen sind offener, tendieren also weniger zu Determinismus, Kollektivismus und Dogmatismus) sowie zwischen mehr oder weniger innovativen Organisationen (innovative Organisationen sind ebenfalls offener).

4.3.2.3. Intervention in der Organisation und Umweltbezug

Dort wo ein Psychologe versucht, auf die Bedingungen in einer Organisation oder in bestimmten Bereichen auf diese Organisation einzuwirken, zeigen sich rasch seine Grenzen. Selbst wenn er und alle Beteiligten, mit denen er kooperiert, besten Willens sind, Veränderung »im Sinne sozial verantworteter persönlicher Entfaltung« (Mayer, 1978, S. VI) herbeizuführen, stoßen sie nicht nur an Grenzen, die in der Organisation selbst liegen, sondern auch an solche, die sich aus der *Struktur des Gesellschafts- und Wirtschaftssystems* ergeben.

Diese liegen etwa in ungeschriebenen Selbstverständlichkeiten, in Zwängen, die sich aus dem Konkurrenzprinzip ergeben, wie es dem Marktprinzip inhärent ist, oder auch in vielfältigen gesetzlichen Vorschriften, Verordnungen oder tariflichen Regelungen. Erfolgreiche organisationspsychologische Arbeit in der Praxis kann also auf noch so gründlicher Kenntnis der Psychologie als Wissenschaft nicht aufgebaut werden. Der Organisationspsychologe muß sich breiter informieren; er muß die Interaktion zwischen der Organisation und dem sie umgebenden Feld kennen, um die Möglichkeiten und Grenzen seiner Interventionsansätze realistisch zu sehen und zu erkennen und um darüber hinaus gegebenenfalls auch politisch so Stellung beziehen zu können, daß es den Wertvorstellungen entspricht, die er in seiner innerorganisatorischen Arbeit zu realisieren trachtet.

In welchem Ausmaß das gesamtgesellschaftliche Umfeld mit seinen juristischen, politischen, sozialen und kulturellen Strukturen (Wilpert, 1993) bestimmend auf das einwirkt,

geschlossene Gesellschaft				offene Gesellschaft
		A.I. Die anthropologische Dimension		
Stabilität, Vorausschaubarkeit	deterministisch	⟺	voluntaristisch	Prinzip Hoffnung, Innovation
		B. Die soziale Dimension II. Vorherrschend ist		
Harmonie	Interessen-homogenität	⟺	Interessen-heterogenität	Pluralität
		III. Die Menschen sind		
stabiles Rollengefüge	ungleichwertig	⟺	gleichwertig	Chancen-gleichheit
		IV. Schutzbedürftig ist		
Sicherheit, Ordnung	das Kollektiv	⟺	der einzelne	Individualität, Freiheit
		C.V. Die erkenntnistheoretische Dimension		
Eindeutigkeit, Sinn	irrtumsfrei	⟺	irrtumsbehaftet	Toleranz, Lernen

Abb. 94 Wertemuster und Bewußtseinsdimensionen der offenen und der geschlossenen Gesellschaft (Gebert u. Boerner, 1995)

was sich innerhalb der Betriebe ereignet, ist historisch in jüngster Zeit am Beispiel der ehemaligen DDR besonders markant offenkundig geworden (vgl. Moeller u.a., 1993; Pollack, 1992; v. Rosenstiel, 1994). Die Analyse der Wechselwirkung zwischen Unternehmen und Gesellschaft wird erleichtert, wenn Unternehmen und Gesellschaft in einem gemeinsamen theoretischen Bezugrahmen gesehen werden.
Gebert u. Boerner (1995) haben hierzu einen Vorschlag unterbreitet:
In Anlehnung an Karl Popper werden typologisch auf der gesellschaftlichen Ebene die beiden Formen der offenen und geschlossenen Gesellschaft unterschieden, wie es die Abbildung 94 zeigt. In den Kästchen der Grafik finden sich die der jeweiligen Gesellschaft zugeordneten Werte; in der Mitte sind kollektive Grundüberzeugungen skizziert, die für eine jeweilige Gesellschaft kennzeichnend sind. Für die offene Gesellschaft ist in diesem Sinne charakteristisch, daß nicht das Kollektiv, sondern der einzelne Referenzpunkt allen Handelns darstellt, so daß Werte wie Individualität und Freiheit in den Mittelpunkt rücken, während in der geschlossenen Gesellschaft das Kollektiv das eigentlich zu Schützende darstellt, dem sich der einzelne unterzuordnen hat; in der geschlossenen Gesellschaft dominieren entsprechend Werte wie Sicherheit und Ordnung.
Dieser typologisch-beschreibende Ansatz enthält im Kern eine dynamische Komponente, wie die Abbildung 95 zeigt.

geschlossene Gesellschaft –	geschlossene Gesellschaft +		offene Gesellschaft +	offene Gesellschaft –
Rigidität Erstarrung Gleichschaltung Verlassenheit	a) statisch: Stabilität Vorausschaubar- keit / Orientierung b) dynamisch Aufgehen in einer Bewegung Geborgenheit	A.I.	Prinzip Hoffnung Innovation Selbstorganisation Flexibilität Aufklärung / Bildung	Instabilität / Chaos / Verantwortung / Scheitern Opportunismen Machergläubigkeit Unzufriedenheit
Stillstand Infantilisierung Manipulierbarkeit Abschottung	Harmonie Bestätigung Vertrauen	B.II.	Pluralität Entwicklungs- potential Schöpferische Spannung	Streit / Konflikte Transaktionskosten Mißtrauen
Diskriminierung Herr und Knecht	Differenzierung	B.III.	Chancengleichheit Gleichbehandlung	Nivellierung
Hierarchie / Zwang Terror / Totalitarismus	Äußere Sicherheit Ordnung	B.IV.	Individualität Freiheit / Autonomie	Egoismen Einsamkeit Anarchie
Dogmatik Ideologie	Eindeutigkeit / Gewißheit Sinn	C.V.	kritische Rationalität Toleranz Lernen	Beliebigkeit Orientierungslosig- keit Vorläufigkeit

Abb. 95 Die Attraktivität und Mühsal der offenen und geschlossenen Gesellschaft

Die wesentliche Hypothese lautet: Die Vorteile der jeweiligen Gesellschaftsordnung erzeugen im Zeitverlauf auch ihre Nachteile. Am Beispiel der offenen Gesellschaft veranschaulicht, bedeutet dies etwa: Mit zunehmender Pluralität der Meinungen, Weltbilder und Interessen (diese Pluralität ist in der offenen Gesellschaft als Folge des Prinzips Toleranz keine Panne, sondern konstitutiv für die offene Gesellschaft) steigt die Wahrscheinlichkeit konfliktärer Auseinandersetzungen und zunehmender Transaktionskosten; die Chance harmonischer vertrauensgestützter Interaktion nimmt ab. Da wir insofern die Vorzüge der offenen Gesellschaft mit dem (partiellen) Verlust der Güter der geschlossenen Gesellschaft bezahlen, steigt die Sehnsucht nach der verlorenen Welt, also die Attraktivität des Gegenmodells. Sehr anschaulich am Beispiel der ehemaligen DDR nachzeichnungsfähig, gelten diese Überlegungen spiegelbildlich selbstverständlich auch für die Dynamik innerhalb der geschlossenen Gesellschaft. Soziale Ordnungen sind in diesem Sinne grundsätzlich unvollendet und im Kern immer labil; statt Stabilität und Stillstand sind damit Wandel und Oszillationen für Sozialordnungen grundlegend (zur Dynamik dieser Oszillationen aus streßtheoretischer und sozialpsychologischer Sicht vgl. Gebert u. Boerner, 1995).
Dieser Beschreibungs- und Erklärungsansatz wird von Gebert u. Boerner (1995) auf den Betrieb bzw. die Organisation übertragen. Auch dort finden sich eher offenheitsnahe Werte und Praktiken, die u.a. der Autonomisierung des einzelnen dienen (z.B.: das Führungsprinzip der Delegation), aber auch solche Praktiken (wie z.B. rangspezifische Casinos), die eher der geschlossenheitsnahen Hierarchiestabilisierung dienlich sind. Die zugrundeliegenden Wertüberzeugungen (schutzbedürftig ist das Kollektiv bzw. der einzelne) können dabei im Sinne der Grundüberzeugungen von Schein (1985), also als inhaltliche Beschreibung der jeweiligen Organisationskultur, verstanden werden. Und auch in bezug auf den Betrieb wird angenommen, daß offenheitsnahe Praktiken Nachteile erzeugen, aufgrund derer die Attraktivität geschlossenheitsnaher Muster steigt, so daß auch sozialer bzw. organisationaler Wandel innerbetrieblich strukturdialektisch erklärbar sein dürfte; die Organisation verändert sich damit nicht nur als Reaktion auf Veränderungen der Umwelt, sondern als Reaktion auf Veränderungen in sich selbst.

Die oben angesprochene Interaktion der Gesellschaft einerseits und der Unternehmen andererseits läßt sich vor diesem Hintergrund an einem Beispiel wie folgt illustrieren:
Die vorher besprochene visionär-charismatische Führung vermittelt Sinn, Orientierung, Sicherheit, vertrauensvolle Beziehungen und befriedigt damit den Bedarf nach wesentlichen Gütern der geschlossenen Gesellschaft. Insofern kann die visionär-charismatische Führung als eine innerbetriebliche bzw. organisationale Antwort auf ein gesamtgesellschaftlich vermitteltes Problem, nämlich u.a. das der Orientierungslosigkeit, interpretiert werden, da die Orientierungslosigkeit ein systematisches Ergebnis der offenen Gesellschaft darstellt (u.a. als Folge der immanenten Tendenz zum Wandel und der grundlegenden Bereitschaft zum kritischen Hinterfragen) und eben diese Orientierungslosigkeit dann auch von den Organisationsmitgliedern innerbetrieblich verspürt wird. Gesamtgesellschaftliche Prozesse liefern aber nicht nur eine Erklärung dafür, was innerbetrieblich derzeit nachgefragt wird. Innerbetriebliche Praktiken können selbstverständlich auch auf gesamtgesellschaftliche Prozesse zurückwirken. Da z.B. die visionär-charismatische Führung, sofern nach Meinung innerbetrieblicher Experten erfolgreich praktiziert, unter Umständen auch als Modellfall für die Abdeckung des gesamtgesellschaftlichen Führungsbedarfs betrachtet wird, können innerbetriebliche Schließungsprozesse die derzeit in der Gesamtgesellschaft beobachtbaren Schließungsprozesse möglicherweise verstärken.
In diesem Sinne sind die Organisationspsychologen und alle anderen, die über die innerbetrieblichen Strukturen und Prozesse in Organisationen nachdenken und gestaltend auf sie

Einfluß zu nehmen versuchen, dazu aufgerufen, die Wechselwirkungen zwischen Organisation und Gesellschaft zu durchdenken, um den eigenen Handlungsbedarf, aber auch Handlungsgrenzen und Handlungspotentiale genauer abzuklären.

Sozialordnungen erweisen sich auf der betrieblichen wie auf der gesamtgesellschaftlichen Ebene vor dem dargestellten Hintergrund als im Kern in einem Dilemma stehend. Unter der Perspektive der Mitarbeiterführung ist dieser Gesichtspunkt von Neuberger (1983) schon einmal mit Nachdruck formuliert worden. Neuberger meint, daß die verschiedenen Antagonismen zwischen Ordnung und Freiheit, Individualismus und Kollektivismus, Kontrolle und Vertrauen usw., die auch in den von Gebert u. Boerner (1995) vorgelegten Gegenüberstellungen eine entscheidende Rolle spielen, im Prinzip nicht auflösbar seien (Neuberger, 1983, S. 22). Statt illusionäre Synthesevorstellungen zu wecken, wäre der Organisationspsychologe insofern besser beraten, wenn er die Grenzen der Austarierbarkeit dieser antagonistischen Ansprüche abzuklären versucht und diesbezüglich innerbetrieblich Aufklärung betreibt, um utopischen Erwartungen bezüglich der Machbarkeit, Kostenlosigkeit und Stabilität spezifischer Wunschstrukturen entgegenzuwirken.
Organisationsentwicklung ist in diesem Sinne nicht mehr (wie noch bei Golembiewski, 1972) als der große normativ legitimierte Aufbruch in das »Heil« zu interpretieren; Organisationsentwicklung hätte vielmehr die Funktion, auf seiten aller Beteiligten Dilemma-Akzeptanz zu fördern und gleichzeitig nach Wegen der Dilemma-Entschärfung zu suchen, um den immerwährenden latenten Oszillationsprozeß innerbetrieblichen Wandels vor heftigen und irreversiblen Ausschlägen zu bewahren.
Bei der Analyse der Wechselwirkung zwischen Unternehmen und Gesellschaft darf der Organisationspsychologe aber nicht nur die gesellschaftlichen bzw. sozialen und kulturellen Prozesse beobachten, (die derzeit in der Bundesrepublik an vielen Stellen auf Schließungsprozesse hinzudeuten scheinen). Daneben muß der Organisationspsychologe die ökonomische Dimension im Auge behalten, die gleichgerichtete, aber auch entgegengerichtete Prozesse mitbedingen kann. Gerade im ökonomischen Feld sehen wir gesamtgesellschaftlich wie betrieblich derzeit Öffnungsprozesse: Die Stichworte Deregulierung und Privatisierung, die Devise »Mehr Markt«, Einschränkungen von Sozialleistungen, Flexibilisierungen der Arbeitszeitordnungen und ähnliches mehr können als gesamtwirtschaftliche Öffnungsprozesse beschrieben werden.
Innerbetrieblich wurde bereits auf die derzeit favorisierte Dezentralisierungspolitik unter Einschluß der flexiblen Fertigungssegmente und des Modells der fraktalen Fabrik (Wildemann, 1992; Warnecke, 1992) verwiesen. Von allen diesen Öffnungsprozessen verspricht man sich auf der gesamtgesellschaftlichen wie auf der betrieblichen Ebene letztlich auch Kostensenkungen bzw. die Erschließung neuer Marktpotentiale sowie die Förderung der ökonomisch bedeutsamen Flexibilität und Innovativität, also letztlich eine Steigerung der Wettbewerbsfähigkeit.
Der Organisationspsychologe ist gut beraten, wenn er immer im Auge behält, daß bei betrieblichen Gestaltungsentscheidungen die ökonomische Kriterientrias »besser, billiger, schneller« bestimmend ist.

4.3.2.4. Change Management – Umgang mit Widersprüchen

In einer als hyperkompetitiv bezeichneten Umwelt (Ilinitch u.a., 1996, S. 211 ff.) werden einerseits zur Förderung von Innovativität, Flexibilität und organisationaler Lernprozesse Öffnungsprozesse (im unter 4.3.2.3. definierten Sinne) in höherer Intensität als früher bedeutsam. Dies zeigt sich empirisch darin, daß Organisationen, die sich in einem ausgeprägten Wettbewerb bewähren müssen, einen signifikant höheren Öffnungsgrad als solche Organisationen aufweisen, die – wie etwa öffentliche Betriebe – noch nicht im Wettbewerb stehen (Gebert, Boerner u. Matiaske, 1998, S. 20). Andererseits steigt aus dilemmatheoretischer Perspektive gerade dadurch (durch den höheren Offenheitsgrad) und zusätzlich aus Gründen kostenorientierter Effizienzziele der parallele Bedarf nach Geschlossenheit.

Wenn sich heute in der Literatur Formulierungen wie »Flexibilität durch Stabilität« (Ilinitch u. a., 1996, S. 214) häufen und immer wieder ausdrücklich auf »paradoxe« Strukturmerkmale verwiesen wird (Funder, 1999), so wird damit die Unvermeidlichkeit dilemmatischer Strukturen unterstrichen (Fontin, 1997), die für das change management in zweierlei Richtungen bedeutsam ist: Müssen Organisationen einen Bedarf nach widersprüchlichen Strukturen abarbeiten, so wirft dies zum einen die Frage auf, wie die zukünftige Struktur im Ergebnis in ihrer Widersprüchlichkeit konkret ausbalanciert sein soll. Zum anderen stellt sich die Frage, ob und in welcher Weise der Prozeß des Veränderns widersprüchlicher Strukturen (hin zu dem neuen Sollwert) gesteuert werden kann. Auf diese zweite Fragestellung wird nachstehend primär eingegangen.
Wenn mit »dilemmatisch« sich (partiell) ausschließend in dem Sinne gemeint ist, daß Öffnungsprozesse mit dem Verlust der Vorzüge geschlossener Strukturen zu bezahlen sind (und umgekehrt; vgl. Abbildung 95), so ist zu betonen, daß verschiedene Autoren das Maß der Unvereinbarkeit offener und geschlossener Strukturen unterschiedlich einschätzen.
Adler und Borys (1996, S. 84) meinen z. B. mit ihrem unter 4.3.1.6. dargestellten Konzept der enabling bureaucracy (Abbildung 81) bzw. mit ihrem Konzept des demokratischen Taylorismus das Dilemma des Gegensatzes zwischen der organischen und der mechanistischen Organisation weitgehend überwinden zu können. Auch Brown und Eisenhardt (1997, S. 6 ff.) gehen mit ihrem Konzept der semi structure von einer weitgehenden Kombinierbarkeit offener und geschlossener Strukturen aus. Andere Autoren (Alderfer, 1980; Brown, 1980; Neuberger, 1983; Bouchikhi, 1998; Funder, 1999) betonen dagegen mit Nachdruck die weitgehende Unauflöslichkeit der Gegensatzpaare, in die Organisationsstrukturen eingespannt sind.
Der Dissens in der Literatur bezieht sich nicht auf das Erfordernis der Parallelität partiell widersprüchlicher Strukturen an sich – dieses Erfordernis wird akzeptiert –, sondern im wesentlichen auf die Einschätzung des Grades, in dem diese widersprüchlichen Strukturen zumindest partiell ausbalanciert werden können. Geht man – umgekehrt formuliert – von einer zumindest partiellen Unauflöslichkeit struktureller Widersprüche aus, so dürfte damit der Minimalkonsens in der Literatur korrekt wiedergegeben sein. Vor diesem Hintergrund soll nachstehend bei den Überlegungen zum change management der Umstand widersprüchlicher Strukturanforderungen in den Mittelpunkt gerückt werden, da das Umgehen mit widersprüchlichen Strukturen im Rahmen des Veränderungsmanagements an Bedeutung gewinnen wird. Zuvor wird knapp auf neue Formen des change managements Bezug genommen, die sich in der Auseinandersetzung mit einer hyperkompetitiven Umwelt entwickelt haben und ihrerseits in sich bereits dilemmatischen Charakter aufweisen.
In der Theorie und Praxis der Organisationsentwicklung zeigt sich derzeit ein wichtiger Wandel. Dem Konzept der »organization development« (OD) wird das Konzept der organization transformation (OT) gegenübergestellt (Porras u. a., 1991; vgl. auch Passmore u. a., 1992). Die zentrale These lautet, OD sei eine vergleichsweise weiche Methode, die zur Bewältigung bisheriger Problemtypen auch durchaus geeignet wäre. Heute befänden wir uns dagegen in einer Zeit radikalen Wandels, die entsprechend auch radikale Veränderungsmethoden voraussetzen würde. Solche radikalen Veränderungsmethoden werden un-

ter dem bezeichnenden Begriff des »business reengineering« zusammengefaßt und machen wesentlich das aus, was heute unter dem Stichwort »organization transformation« (OT) verstanden wird. Während das Konzept der klassischen »organization development« (OD) in Anlehnung an die Tradition der Aktionsforschung ein partizipatives Vorgehen und die Dimension des Lernens betont, versteht sich die OT-Strategie eher als eine top down-Strategie, in der vor dem Hintergrund eines ingenieurwissenschaftlichen Grundverständnisses als gesichert geltendes Expertenwissen in eine Organisation implantiert wird. Dabei besteht das Radikale u.a. darin, daß die Organisation nicht mehr primär hierarchisch aus vertikaler Sicht, sondern prozessual betrachtet wird und sogenannte Kernprozesse zu definieren versucht werden, die für den betrieblichen Wertschöpfungsprozeß entscheidend sind. Der Stützung derartiger Kernprozesse durch Informations- und Kommunikationstechnologien wird dabei besondere Aufmerksamkeit geschenkt.
Die Abkehr von der vertikalen Sicht auf die Definition unabdingbarer Teilprozesse der horizontalen Wertschöpfungskette erfolgt dabei nicht sektoral und kontinuierlich, sondern abrupt und total (die gesamte Organisation auf einen Schlag erfassend); Abbildung 96 gibt eine Übersicht. Selbstverständlich ist zu bedenken, daß in der Realität auch Übergangsformen zwischen OD und OT bzw. Mischformen vorkommen.
Den Risiken des Versandens und des Zeitverlusts herkömmlicher OD-Strategien steht auf der OT-Seite das Risiko irreversibler Schäden gegenüber. Zu denken ist dabei vor allem an die Gefährdung (u.U. Zerstörung) des Vertrauens, das bereits als Sozialkapital gekennzeichnet wurde: Wenn Führungskräfte in einer Befragung zu den Wirkungen von OT-Prozessen kommentieren, sie seien früher die »Problemlöser« des Unternehmens gewesen,

	OD **organization development**	**OT** **organization transformation**
Ziele	Kreativität, Flexibilität, Kooperation	Effizienz, Rationalisierung
Reichweite	sektoral	total
Verlauf	inkremental/ kontinuierlich	abrupt/ diskontinuierlich
Handlungsbewußtsein	lernend/vorläufig	wissend/definitiv
Handlungsqualität	ganzheitlich (personal, struktural)	informations-technologisch zentriert
Machteinsatz	partizipativ	top down (Bombenwurf)
Risiken	versanden	irreversible Schäden

Abb. 96 Unterschiede zwischen organization development und organization transformation

heute dagegen zum »zu lösenden Problem« geworden (Kotthoff, 1997), so impliziert diese Sicht die Aufkündigung des psychologischen Vertrags (Makin u.a., 1996), auf den sich das Sozialkapital abstützt.
Fragt man vor dem Hintergrund dieser gravierenden Risiken nach einer Erklärung für die (dennoch) zunehmende Häufigkeit von OT-Strategien (u.a.: business reingeneering), so wird der OT-Einsatz als Variante sog. transformationalen Wandels einerseits mit den Schwächen von OD-Prozessen (Gefahr des Versandens), andererseits mit der Radikalität und Plötzlichkeit von Umweltveränderungen begründet (Romanelli u. Tushman, 1994, S. 1144). Diese Erklärungen werden in vielen, aber nicht allen Fällen greifen. Neben den externen Bedingungen sind auch organisationsinterne Bedingungen ein möglicher Hintergrund für notwendig gewordene OT-Prozesse (Gebert, 2000, S. 24). Auf diese organisationsinternen Faktoren sei näher eingegangen, um für das change management Handlungsoptionen abzuklären.

Ein organisationsinterner Faktor kann in der mangelnden Bereitschaft von Organisationsmitgliedern liegen, mit hinreichender Offenheit bereits in Phasen des Beginns eines mis-fits zwischen der Organisation und der Umwelt die Gefahren der derzeitigen Unternehmensstrategie nachdrücklich genug gegenüber der Unternehmensleitung zu kommunizieren. Die Bereitschaft zur erforderlichen Aufwärts-Kommunikation ist dabei häufig deswegen eingeschränkt, da eine derartige Kommunikation speziell in bürokratisierten Strukturen Risiken impliziert (entsprechende Hinweise werden u.U. als destruktive »Miesmacherei« abqualifiziert) und derartige Risiken einzugehen Vertrauen voraussetzt, das nicht einfach vorausgesetzt werden kann (Gebert u. Boerner, 1999, S. 145). Werden erkannte Gefahren nicht frühzeitig kommuniziert, so kann es später insofern zu spät sein, als der mis-fit bereits ein Niveau erreicht, auf dem statt »homöopathischer Dosierungen« nur noch »chirurgische Eingriffe« lebensrettend sind (Huff u.a., 1992).

Da OT-Prozesse im Sinne der Abbildung 96 das Sozialkapital substantiell gefährden, gleichzeitig eine prophylaktische Krisenbewältigung (durch Aufwärts-Kommunikation) Sozialkapital voraussetzt, ergibt sich das Paradox, daß eine Krisenbewältigung durch OT bereits das Erfordernis des nächsten OT-Einsatzes vorprogrammiert (Gebert, 2000). Insofern ließe sich im Sinne einer Handlungsoption die These begründen, daß durch kontinuierliche OD-Prozesse, die die innerbetriebliche Diskursfähigkeit abstützen, die OT-Notwendigkeit abgesenkt werden kann.

Neben der unzureichenden Diskursfähigkeit und mangelnder organisationaler Flexibilisierungspotentiale gibt es einen zweiten fundamentalen Grund dafür, daß das (plötzliche) Erfordernis von OT-Prozessen »hausgemacht«, also organisationsintern bedingt sein kann. Dieser Grund besteht letztlich darin, daß Organisationen dazu tendieren, die Tiefenstruktur einer Organisation (Gersick, 1991, S. 15) – Greenwood und Hinings (1996, S. 102 ff.) sprechen von einem Archetyp der Organisation –, also die je spezifische Konfiguration aus basic assumptions (Kultur), Produkt-, Strategie- und Technologie-Eigenheiten sowie der Art der Organisationsstruktur (Macht- und Kontrollverteilung), so auszugestalten, daß alle genannten Teilaspekte »stimmig« bzw. »konsistent« zueinander passen. Die der transformationalen Phase (also OT-Prozessen) folgende sog. Konvergenzphase hat nach Romanelli und Tushman (1994), Gersick (1991) und Greenwood und Hinings (1996) ausdrücklich die Funktion, im Sinne einer Restabilisierung ein neues Gleichgewicht herzustellen, wobei das Kriterium für »Gleichgewicht« in dem Grad der erzielten Stimmigkeit,

Kohärenz bzw. Konsistenz liegt. Eine eingehende Analyse der Frage, was die genannten Autoren mit diesen Begriffen meinen, ergibt, daß als Metakriterium die interne Widerspruchsfreiheit innerhalb einer Tiefenstruktur angestrebt wird und nach Meinung der Autoren auch angestrebt werden soll (Gebert, 2000, S. 26 f.).
Macht man das Kriterium für »im Gleichgewicht befindlich« an dem Grad der internen Widerspruchsfreiheit der Tiefenstruktur fest, so schafft dies dann neue Probleme, wenn Organisationen in nicht auflösbare, sich (partiell) ausschließende und insofern widersprüchliche Gegensätze eingebunden sind, wie z.B. Neuberger (1983, S. 22), Bouchikhi (1998, S. 224) und Funder (1999) annehmen; in einer derartigen Konstellation Widerspruchsfreiheit anzustreben ist ein Widerspruch in sich.
Bezogen auf die sich partiell widersprechenden Muster der offenen und geschlossenen Gesellschaft (s. Abbildung 94) bedeutet die Forderung nach Widerspruchsfreiheit ein Entweder-Oder-Denken. Widerspruchsfrei bleibt man bestenfalls, wenn man in jeder Hinsicht (auf allen Dimensionen der Abbildung 94) die Strukturen und Prozesse in eine Richtung (offen *oder* geschlossen) auszurichten versucht, wie es für dogmatisch-fundamentalistische oder ideologisch geprägte Bemühungen kennzeichnend ist. Vor diesem Hintergrund ist die OT-Strategie bzw. ein so interpretierter transformationaler Wandel ohnehin als eine den geschlossenen Mustern nahestehende Strategie zu kennzeichnen, da in ihr gerade nicht inkremental und lernend im Bewußtsein der Vorläufigkeit des Tuns, sondern abrupt, total und in dem Bewußtsein definitiven Wissens agiert wird.
Da mit zunehmender Konsequenz z.B. von Schließungsprozessen die (auf der personalen und organisationalen Ebene) ohnehin gegebene und durch die konsequente Schließung noch gesteigerte Frage nach Öffnungsprozessen unberücksichtigt bleibt und sich das geschlossene Muster gleichsam im »Entweder« verfestigt, erzeugt ein (organisationskulturelles) Entweder-Oder-Denken eine *entsprechend* intensive Nachfrage nach einem Pendelschlag zur Gegenseite (zum »Oder«) (Hatchuel, 1997, S. 333).

> Während Kompromisse aus offenen und geschlossenen Mustern zur Stabilität einer Organisation beitragen, tragen Bemühungen um Widerspruchsfreiheit und damit implizierte einseitige Entweder-Oder-Strategien – im Gegensatz zu den Annahmen der zitierten Gleichgewichtstheoretiker – gerade nicht zur Restabilisierung, sondern zur latenten Destabilisierung der Organisation bei: In der Praxis beobachtbare Versuche, das »Ruder radikal herumzuwerfen« (turn around), reflektieren statt Widersprüchlichkeiten ausbalancierender Kompromißstrategien die Dynamik der (Widersprüchlichkeiten verstärkenden und damit den nächsten turn around bereits vorbereitenden) Bemühungen um »saubere«, konsequente »Lösungen«.

Radikaler Wandel ist in diesem Sinne auch als Antwort auf organisationsinterne Bedingungen zu interpretieren und insofern (auch) selbst verursacht. Diese Pendeldynamik (Bischof, 1996; Mintzberg u.a., 1992), auf die im gesellschaftlichen Kontext bereits Bezug genommen wurde (4.3.2.3.), ist innerbetrieblich als Phasenabfolge »Zentralisierung – Dezentralisierung – Rezentralisierung« in der Literatur bereits oft beschrieben worden (Blau, 1964) und auf der theoretischen Ebene als spezifische Variante der Selbstregulation (Eigendynamik) sozialer Systeme interpretierbar.
Unter der Perspektive des change management liegt die Handlungsoption also nicht in dem Bemühen um Widerspruchsfreiheit bzw. in dem Bemühen um die Aufhebung von Widersprüchlichkeiten, sondern gerade umgekehrt in dem ausbalancierenden (!) Belassen von Widersprüchlichkeiten. Formen des Balancierens finden sich bei Boerner (1994), Fontin (1997) und Gebert (2000).

Bezugnehmend auf die Abbildung 94 kann man sich eine Balance z.B. in der Weise vorstellen, daß man auf allen Dimensionen die »Mitte« zwischen dem offenen und dem geschlossenen Pol zu praktizieren versucht; dies kann als klassische Form des Kompromisses gedeutet werden. Eine andere Variante der Balance, die z.B. in Japan beobachtbar ist und seltener in Deutschland vorkommt (Gebert, Boerner u. Matiaske, 1998, S. 23), besteht darin, daß sich eine Organisation auf der sozialen Dimension deutlich schließt (durch Betonung von Konsensus usw.), sich zugleich aber auf der anthropologischen und erkenntnistheoretischen Dimension deutlich öffnet (durch Förderung und Forcierung von Lernprozessen usw.); diese Variante der Balance kann als Kombination bezeichnet werden. Auf der theoretischen Ebene ist wichtig anzumerken, daß beide Formen der Balance, die Kombination und der Kompromiß, den prinzipiellen Charakter der Widersprüchlichkeit organisationaler Muster nicht auflösen, sondern nur entschärfen.

Change management wurde in der bisherigen Literatur vor allem als ein Prozeß diskutiert, der, wesentlich durch Umweltveränderungen bedingt, aktiv vom Topmanagement meist gegen den Willen der Organisationsmitglieder durchzusetzen ist, wobei der potentielle Widerstand durch partizipative Strategien abgepuffert werden soll (»die Betroffenen zu Beteiligten machen«). Betont man die dilemmatheoretische Perspektive, also den Umstand, daß Organisationen (nicht auflösbar) in widersprüchliche Strukturen eingespannt sind (Neuberger, 1983, S. 22; Bouchikhi, 1998, S. 224), so ergeben sich für das change management ein Reihe von Folgerungen, die diesen »resistance-to-change«-Focus einerseits präzisieren und andererseits relativieren und erweitern; dies wird nachstehend (exemplarisch) an dem zentralen Gegensatzpaar der offenen und geschlossenen Gesellschaft illustriert (siehe 4.3.2.3.).
Der Umstand, daß sich Organisationen mit widersprüchlichen Handlungsanforderungen konfrontiert sehen, ist u.a. dadurch erklärbar, daß sowohl die Organisationsmitglieder als Personen als auch die Organisation als zweckorientiertes System auf der Zielebene eine Nachfrage nach offenen und geschlossenen Organisationsmerkmalen aufweisen (vgl. Abbildung 94), die sich auf der Handlungsebene partiell ausschließen. Dies veranschaulicht die Abbildung 97.
Während Autonomie und Innovativität eine Erweiterung von Handlungsspielräumen und damit eine Dezentralisierung voraussetzen (Damanpour, 1991), bedingen Ziele wie Zuverlässigkeit und Schnelligkeit Normierungen und damit Begrenzungen von Handlungsspielräumen, die in der Praxis häufig mit bürokratischen Zentralisierungsprozessen einhergehen.

	Begrenzung von Handlungsspielräumen (Ordnung/Regelung)	**Erweiterung von Handlungsspielräumen (Freiheit/Ermöglichung)**
organisationale Ziele	Zuverlässigkeit/ Schnelligkeit, Handlungsfähigkeit	Innovativität, Wandlungsfähigkeit,
individuelle Ziele	Sicherheit, Orientierung	Autonomie, Selbstbestimmung

Abb. 97 Der parallele Bedarf nach Begrenzung und Erweiterung von Handlungsspielräumen

Ein weiterer Grund dafür, daß Organisationen in widersprüchliche Strukturen eingebettet sind, liegt darin, daß eine Verabsolutierung z.B. des Grades der Autonomie/Handlungsfreiheit in dem offenen Muster die Innovativität nicht fördert, sondern gefährdet oder gar senkt, da ungebremste Autonomie- und Freiheitsgrade Desorganisation (»Chaos«) zur Folge haben (Volberda, 1996). Insofern bedingen höhere Offenheitsgrade (auf der Freiheitsdimension) höhere Geschlossenheitsgrade (z.B. auf der Dimension der Orientierung), so daß eine Organisation auch deswegen mit (partiell) widersprüchlichen Strukturmustern konfrontiert ist.
Zentralisierung und Dezentralisierung verbinden sich als Widerspiegelung dilemmatischer Strukturen ihrerseits mit Nachteilen, wie es – stark vereinfacht – die Abbildung 98 zeigt.

Zentralisierung		**Dezentralisierung**	
+	–	+	–
Sicherheit	Bevormundung	Autonomie	Abteilungsegoismus
Orientierung	Erstarrung	Innovativität	Desintegration
Koordination	Hierarchiebetonung/ Kommunikations-barrieren	Flexibilität	Orientierungs-losigkeit
		Kundennähe	

Abb. 98 Ausgewählte Vor- und Nachteile zentraler und dezentraler Strukturen

Dieser Sachverhalt stellt in der betriebswirtschaftlichen Organisationstheorie ein bekanntes Grundlagenproblem dar. Gesucht ist als Folge dieser konfliktären Konstellation im Sinne einer Optimierung und als Kompromiß derjenige Zentralisierungs-/Dezentralisierungsgrad, an dem die Gesamtkosten (Summe der Nachteile) den geringsten Wert aufweisen (Frese, 1998, S. 126).

Es ist sinnvoll, die Querschnittsbetrachtung der Abbildung 98 durch eine Längsschnittbetrachtung zu ergänzen. Die ungeplanten negativen Sekundäreffekte der Zentralisierung (z.B. die Erstarrung oder das Versickern von Informationen in der »Lehmschicht« von Hierarchiestufen) sind nicht einfach gegeben, sondern entwickeln sich im Laufe der Zeit (Huff u.a., 1992), und dies gelegentlich positiv beschleunigt. Mit der Entwicklung der Stabilisatoren (Vorteile) der jeweiligen Tiefenstruktur läuft die Entwicklung von Destabilisatoren (Nachteile) parallel, wobei die Destabilisatoren u.a. als Folge der Stabilisatoren interpretiert werden können. Organisationen befinden sich bereits deswegen in einem *Fließzustand.*
Zu diesen objektiven Destabilisatoren kommen subjektive destabilisierende Prozesse auf der kognitiv-emotionalen Ebene hinzu. Bisher als Vorteil erlebte situative Bedingungen werden immer weniger als Vorteil und bisher als Nachteil erlebte situative Bedingungen immer stärker als Nachteil erlebt (Wottawa u.a., 1995). Die Abnahme der positiven Wertigkeit situativer Bedingungen ist dabei auf die Kategorie Sättigung bzw. Adaption zurückzuführen. In bezug auf die Erklärung des Umstandes, daß die negativen Vorzeichen (etwa am Beispiel der Orientierungslosigkeit festgemacht) subjektiv immer größer werden, kann auf die Dynamik der Deprivation verwiesen werden.

Der Saldo aus Vor- und Nachteilen (Abbildung 98) ist damit nicht nur objektiv, sondern, unabhängig hiervon, auch subjektiv über die beschriebenen kognitiv-emotionalen Prozesse im Fluß (Gebert, 1998).
Dieser Fließcharakter organisationaler Strukturen, der trotz aller Optimierungsversuche, Kompromiß- und Kombinationsbildungen als solcher erhalten bleibt, da die Widersprüche dadurch nicht aufgelöst, sondern nur abgepuffert werden, macht zum einen verständlich, daß selbst grundlegender Wandel nicht abrupt, sondern auch in kontinuierlicher Form denkbar und beobachtbar ist (Mintzberg, 1992). Der Fließcharakter verweist darüber hinaus auf spezifische Chancen des Veränderungsmanagements. Heute im Vordergrund stehende Übergänge von zentralen zu dezentralen Strukturen können sich in diesen Fließprozeß einzuklinken versuchen, in dem die erlebten Nachteile der Zentralisierung und die erhofften Vorzüge der neuen Dezentralisierung als Anknüpfungspunkte dienen. Wandel bedeutet aus dilemmatheoretischer Sicht, systematisch bedingt, immer auch Gewinn und den Abbau von Leidensdruck und beinhaltet insofern (auch) von sich aus motivierende Potentiale, die aus der Substanz des Wandels (und nicht aus dem Procedere der Partizipation) resultieren; damit spiegelt der resistance-to-change-Focus nur einen Teil der Realität wider und ist durch einen motivation-to-change-Focus zu ergänzen (Ford u.a., 1994, S. 764 ff.).
Dieser eher chancenverdeutlichenden Sicht steht gegenüber, daß die Abbildung 98 auch auf ein gravierendes Problem verweist: Wandel bedeutet in dilemmatischen Strukturen immer auch Risiko und Verlust, da mit dem Übergang zur neuen Ordnung die Vorzüge der alten Ordnung (partiell) aufgegeben werden müssen. In diesem Verlust liegt eine ebenfalls systematisch bedingte wesentliche Ursache für das immer wieder beobachtete Phänomen des resistance to change, womit zugleich auch Grenzen partizipativer Strategien zur Überwindung von Widerstand angedeutet sind, die häufig an genau diesem Verlust nichts ändern können.
Change management kann insofern auch als Verlustmanagement interpretiert werden (Gebert u. Boerner, 1999a). Im Rahmen des Übergangs zu dezentralen Strukturen ist der Vorteil der Autonomie mit dem Nachteil des Verlustes von Sicherheit zu bezahlen, was sich in der Führungspraxis etwa darin dokumentiert, daß im Rahmen der Dezentralisierungspolitik in ehemals öffentlichen, jetzt privatisierten Betrieben als Ausdruck der verlorenen Sicherheit immer wieder Versuche der Rückdelegation von Verantwortung beobachtet werden.
Die Wichtigkeit, den Prozeßcharakter der dilemmatischen Strukturen zu beachten, zeigt sich speziell im Übergangsstadium des »Dazwischens«: Osteuropäische Betriebe, die sich von zentralistisch gelenkten Kombinaten in ein dezentral geführtes marktorientiertes Unternehmen zu entwickeln versuchen, leiden in der Übergangsphase des »Dazwischens« sowohl an dem bereits eintretenden Verlust der Vorzüge der alten Ordnung als auch daran, daß die Vorzüge der neuen Ordnung noch nicht greifen (Boerner u.a., 1997). Gerade in dieser Phase kommt es wesentlich auf – glaubwürdig – mutmachende Interventionen an (Gebert, Boerner u. Agafonov, 1999), die aber nur glaubwürdig sind, wenn die dilemmatische Struktur auch der neuen (stärker dezentralen) Ordnung nicht geleugnet wird, da sonst Illusionen aufgebaut und Enttäuschungen vorprogrammiert werden.
Gerade in der Phase des »unfreezing« einer Organisation kommt es insofern auf die Balance zwischen mutmachenden/begeisternden Impulsen einerseits und aufklärenden, die Erwartungshaltung realistisch ausrichtenden Interventionen andererseits an. Die Schwierigkeiten einer derartigen Balancefindung sind erheblich. Grenzen derartiger Balancierungen liegen u.a. darin, daß Führungskräfte wie Mitarbeiter den Tatbestand widersprüchlicher Strukturen kognitiv und emotional zu akzeptieren bereit sein müßten, also Dilemma-Ak-

zeptanz entwickeln müßten, obwohl – dissonanztheoretisch beleuchtet – Dilemma-Leugnung wesentlich wahrscheinlicher ist (Gebert, 1998).
Aus dilemmatheoretischer Sicht ergeben sich schließlich noch die folgenden zusätzlichen Probleme:

- Das Balancieren im Sinne einer Kombination, also das Bemühen um eine parallele Öffnung und Schließung, setzt eine weitgehende Unabhängigkeit der in der Abbildung 94 spezifizierten Dimensionen voraus, um deren Kombination in der Praxis überhaupt realisieren zu können. Es liegen theoretische (Gebert u.a., 1995) und empirische (Gebert, Boerner u. Matiaske, 1998) Hinweise dafür vor, daß diese Unabhängigkeit Grenzen aufweist, also eher von einem mehr oder weniger offenen bzw. geschlossenen Muster auszugehen ist. Dies scheint zumindest in Europa der Fall zu sein. Da dieses Muster aber möglicherweise stärker mental in der impliziten Alltagstheorie der Handelnden als in der Realität selbst verankert ist, käme es darauf an, konkret vorfindbare Kombinationsoptionen zu dokumentieren, um für Balancierungsbemühungen im Sinne der Kombinationsstrategie Hilfestellungen anzubieten.
- Balancieren heißt nicht nur kombinieren, sondern dosieren. Vorsichtige Öffnungsprozesse können durch (abpuffernd gemeinte) hohe Schließungsgrade erstickt werden, so daß die erhofften Innovationseffekte nicht freigesetzt werden. Umgekehrt können ausgeprägte Öffnungen (im Extrem: Künstlich zur Förderung organisationaler Lernprozesse im Unternehmen herbeigeführte, krisenartige Destabilisierungen) bei schwacher Schließung das Unternehmen in existentielle Schwierigkeiten bringen. Insofern erforderliche Dosierungen reiben sich in der Praxis u.a. an der fehlenden Meßlatte für »Grade« von Offenheit und Geschlossenheit, aber auch an der Schwierigkeit der Bestimmung des richtigen Zeitpunktes der abpuffernden Gegenregulierung sowie schließlich an der häufigen Alles-oder-Nichts-Mentalität der Organisationsmitglieder, die sich z.B. mit abgestuften (wohldosierten) Öffnungsgraden nicht zufriedengeben wollen.

Akzeptiert man, daß das Umgehen mit widersprüchlichen Strukturen (Paradoxien) in der Zukunft immer dringlicher wird, so scheint zu gelten, daß das change management, aus dilemmatheoretischer Sicht beleuchtet, mit einer Reihe von Problemen umzugehen hat, deren genaue Struktur bisher erst in Umrissen erkennbar ist.

Weiterführende Literatur

1. Über die historische Entwicklung der psychologischen Arbeitsanalyse sowie die Vielzahl der heute bestehenden methodischen Möglichkeiten informiert knapp und prägnant: Frieling, E.: Arbeitsplatzanalyse. In: Mayer, A. (Hrsg.): Organisationspsychologie, Stuttgart, 1978, S. 72–104.
2. Eine differenzierte – um Vollständigkeit der Literaturverarbeitung bemühte – Darstellung verschiedener Formen der Arbeitsstrukturierung geben Gaugier, E., Kolb, M. und Ling, B.: Humanisierung der Arbeitswelt und Produktivität, Ludwigshafen, 1977.
3. Eingehend über teilautonome Arbeitsgruppen und die Barrieren, die ihrer Ausbreitung im Wege stehen, informiert: Maier, N.: Teilautonome Arbeitsgruppen, Meisenheim/GL, 1977.
4. Einen knappen Überblick über die empirische Organisationsforschung und spezifisch auch die Organisationsklimaforschung bietet Neuberger, O.: Organisation und Führung, Stuttgart, 1977.
5. Eine knappe, aber detaillierte Information über US-amerikanische und deutsche Verfahren zur Messung der Arbeitszufriedenheit findet sich bei Neuberger, O.: Messung der Arbeitszufriedenheit, Stuttgart, 1974.
6. Praxisnah über Ursachen und Lösungsmöglichkeiten sozialer Konflikte in Organisationen informiert Rüttinger, B.: Konflikt und Konfliktlösen, München, 1977.

7. Die Unterschiedlichkeiten der Vorgehensweisen im Rahmen der Organisationsentwicklung werden gut dokumentiert in Sievers, B. (Hrsg.): Organisationsentwicklung als Problem, Stuttgart 1977. Besonders der kritische Aufsatz von Kahn in diesem Buch ist sehr lesenswert.
8. Das besonders in Europa verbreitete NPI-Modell der Organisationsentwicklung im Vergleich zu anderen Verfahren und in seiner praktischen Anwendung wird dargestellt von Glasl, F. und de la Houssaye, L.: Organisationsentwicklung, Bern/Stuttgart, 1975.
9. Die Verzahnung gesellschaftlichen und betrieblichen Wandels zeigen Gebert, D. und Boerner, S.: Management im Dilemma: Abschied von der offenen Gesellschaft? Frankfurt 1995.

Fragen

71. Was kennzeichnet das Aufgabenschema von Hackman?
72. Was unterscheidet die Belastung von der Beanspruchung?
73. Wie geht man bei der Arbeitsanalyse nach Flanagan mit der Methode der kritischen Ereignisse (CIT) vor?
74. Was kennzeichnet das Motivationspotential nach Hackman und Oldham?
75. Was unterscheidet »job-rotation« von »job-enrichment«?
76. Welche Kriterien nennt Gulowsen zur Bestimmung teilautonomer Arbeitsgruppen?
77. Welche faktoriell voneinander unabhängigen Dimensionen der Organisation wies die empirische Organisationsforschung (Aston-Gruppe) nach?
78. Was unterscheidet die Arbeitszufriedenheit vom Organisationsklima?
79. Welche verschiedenen Formen der Arbeits(un)zufriedenheit unterscheidet Bruggemann?
80. Wie könnte man Organisationsentwicklung definieren?
81. Was unterscheidet »Grid-Organization-Development« von der Organisationsentwicklung nach dem NPI-Modell?
82. Was geschieht im Rahmen der Prozeßberatung?
83. Wie könnte man Ansätze der Organisationsentwicklung klassifizieren?
84. Welche Phasen des Organisationsentwicklungsprozesses könnte man unterscheiden?
85. An welchen Kriterien ließe sich der Erfolg von Organisationsentwicklung bestimmen?

Antworten zu den Kontrollfragen

1. Subjektive Zufriedenheitsindikatoren sind Ergebnis spezifischer Coping-Mechanismen, die z.B. zu resignativer Arbeitszufriedenheit oder auch Pseudo-Arbeitszufriedenheit führen und insofern die objektive Situation nur verzerrt widerspiegeln. Objektive Indikatoren (z.B. Maße für den Handlungsspielraum) berücksichtigen nicht die Motivationsunterschiede zwischen den Personen.
2. Die Handlung mit ihren Korrelaten Erleben und Verhalten ist Ursache und Folge von Merkmalen der Person und Situation; zwischen Person und Situation besteht keine direkte Beziehung.
3. Als Ursache des Verhaltens werden nicht mehr allein Merkmale der Person und der wahrgenommenen Situation berücksichtigt; es werden ähnlich wie in der Organisationssoziologie auch objektive Merkmale der Situation und die objektiven Konsequenzen des Verhaltens thematisiert.
4. Das Verhalten wird nicht in einer künstlichen Situation geringen Komplexitätsgrades (Labor) untersucht, sondern in komplexen Situationen mit hoher Umgebungsrepräsentanz, um auf diese Weise eine auch in der Organisationspsychologie erwünschte Generalisierbarkeit der Ergebnisse für die komplexe Realität zu verwirklichen.
5. Das Programm der Aktionsforschung bedeutet, daß die untersuchten Personen von der herkömmlichen Objektrolle in die Subjektrolle gelangen, wodurch – da diese ihre Interessen innerhalb des Forschungsprogramms artikulieren – auch der Forschungsgegenstand sich modifizieren kann.
6. Strukturmerkmale wie z.B. Standardisierung, Zentralisierung, Formalisierung korrelieren sowohl mit der Aufgabengestaltung (wie z.B. der Größe des Handlungsspielraumes) als auch mit den Formen sozialer Interaktion (wie z.B. Filterung des vertikalen Kommunikationsprozesses). Entsprechend korreliert auch die Informations- und Fertigungstechnologie mit spezifischen Charakteristika der Aufgaben und der sozialen Interaktion.
7. In der Empirie sind der Grad der Dezentralisierung sowie der Grad der bürokratischen Kontrolle (letztere operationalisiert über einen höheren Grad an Standardisierung und Formalisierung) positiv korreliert. Diese positive Korrelation drückt keinen deterministischen Zusammenhang zwischen den beiden Variablen aus; vielmehr interveniert zwischen dem Dezentralisierungsgrad und dem gewählten Grad an bürokratischer Kontrolle die Philosophie der Organisationsgestalter, die im konkreten Fall in Anlehnung an die Theorie X von McGregor durch ein erhebliches Mißtrauen gegenüber den Ausführenden gekennzeichnet sein kann.
8. Neue Perspektiven und eine differenziertere Wahrnehmung des Problems können dadurch gewährleistet werden, daß die Organisationsgestalter veranlaßt werden, sekundäre und häufig dysfunktionale Effekte bestimmter organisatorischer Maßnahmen zu erkennen, und zudem dadurch, daß man sie auffordert, die spezifischen Randbedingungen zu definieren, unter denen die intendierten Maßnahmen positive Effekte bewirken sollen. Dadurch können auch die impliziten Theorien der Organisationsgestalter explizit und diskutierbar gemacht werden.
9. Homöostatisch regulierte Motive sind nur im Zustand fehlender Sättigung aktivierbar.
10. Das jeweils hierarchisch höhere Motiv wird nur dann für das Handeln bedeutsam, wenn das darunter liegende befriedigt ist.
11. Spezifische, aus der Ich-Abwehr ableitbare Attributionsprozesse sind vorstellbar: Positive Ereignisse schreibt man sich selber zu; für negative Ereignisse wird die Umwelt bzw. werden andere Personen verantwortlich gemacht.

12. Für Erfolgsmotivierte sind Aufgaben mit einer mittleren Erfolgswahrscheinlichkeit von hohem Anreizwert, für Mißerfolgsmotivierte dagegen sind Aufgaben mit einer sehr niedrigen oder aber sehr hohen Erfolgswahrscheinlichkeit von hohem Anreizwert.
13. Es ist zunächst erforderlich, die Valenz der Handlung aus der Stärke der Valenz von Endzielen (Ergebnis 2) und der wahrgenommenen Instrumentalität einer Handlung zu errechnen. Aus der subjektiven Wahrscheinlichkeit, diese Handlung auszuführen, und der zuvor errechneten Valenz der Handlung ergibt sich die Anstrengungsbereitschaft.
14. Die Voraussetzung für die multiplikative Verknüpfung der Variablen ist meist nicht gegeben, da diese nicht unabhängig voneinander sind. Die vorherzusagende Variable (Anstrengungsbereitschaft) ist unklar definiert und operationalisiert. Den Modellen liegt ein rationalistisches Menschenbild zugrunde. Die Ergebnisse auf der ersten Ebene und die Ergebnisse auf der zweiten Ebene sind nur schwer voneinander abgrenzbar.
15. Die Klassifikation wurde meist methodisch mit Hilfe von Faktorenanalysen vorgenommen, wobei die theoretische Begründung der Abstraktionsebene der dabei operationalisierten Merkmale meist fehlte. Die Merkmale werden dabei zudem als statisch aufgefaßt; weder ihre Entwicklung im Zuge des Handelns noch ihre Interaktion werden ausreichend berücksichtigt. Die Klassifikation dürfte zudem nicht generell, sondern nur situations- bzw. zielspezifisch möglich sein.
16. Die psychische Regulation vollzieht sich auf den Ebenen des Intellektuellen, Perzeptiv-Begrifflichen und Sensumotorischen und orientiert sich über Veränderungs-Rückkoppelungsfolgen an den operativen Abbildsystemen.
17. Motivation und Fähigkeit sind schon begrifflich kaum voneinander trennbar und zudem – selbst wenn man eine begriffliche Trennung vornimmt – weder subjektiv noch statistisch voneinander unabhängig.
18. Die Art der Kausalattribuierung korreliert mit der Erwartung der Zielerreichung sowie mit der Art der affektiven Reaktionen auf Erfolg und Mißerfolg (Valenz) und insofern mit der zukünftigen Intensität der leistungsbezogenen Motivation.
19. Überbezahlung führt bei Stücklohn zu geringerer Quantität bei höherer Qualität, bei Zeitlohn dagegen zu höherer Quantität; Unterbezahlung führt bei Stücklohn zu geringerer Qualität bei höherer Quantität, bei Zeitlohn dagegen zu geringerer Quantität.
20. Es läßt sich einwenden, daß die Zufriedenheit und die Bedeutsamkeit statistisch nicht voneinander unabhängig sind (je höher die Unzufriedenheit, desto höher die Bedeutsamkeit). Zudem konnte aufgezeigt werden, daß die Multiplikation mit der Bedeutsamkeit zu keinen höheren Korrelationen mit Außenkriterien (Fehlzeiten, Fluktuation) führte.
21. Zufriedenheit ist das Ergebnis von Coping-Prozessen; dieses Coping kann auf der subjektiven Ebene (z.B. Uminterpretation der Situation) oder auf der objektiven Ebene (z.B. Umgestaltung der Situation) erfolgen.
22. Sowohl die Leistung als auch die Zufriedenheit wurden von Untersuchung zu Untersuchung unterschiedlich operationalisiert; situative Moderatorvariablen wurden nicht berücksichtigt; sowohl die Leistung als auch die Zufriedenheit sind nicht nur von der jeweils anderen Variablen, sondern vermutlich durch eine Vielzahl weiterer determiniert; die Qualität der Zufriedenheit wurde meist nicht spezifiziert; so steht z.B. die progressive Arbeitszufriedenheit und die resignative Arbeitszufriedenheit in einer systematisch anderen Beziehung zur Leistung.
23. Sensibilität, Automatisierung von Operationen, Grad der Verbalisierung der Tätigkeit, Grad der intellektuellen Durchdringung der Tätigkeit.
24. Hierarchie, Zentralisierung und Strukturierung stehen im Gegensatz zu den Bedürfnissen nach größerer Unabhängigkeit, stärkerer Aktivität, erhöhter Kontrolle über die eigene Situation sowie einer längerfristigen Zeitperspektive.
25. Bekräftigung des erwünschten Verhaltens bei gleichzeitig hoher zeiträumlicher Kontiguität zwischen Verhalten und Verhaltenskonsequenz, wobei diese Bekräftigung auch stellvertretend erfolgen kann (Imitationslernen); Einsicht in die Struktur der Beziehung zwischen Verhalten und Verhaltenskonsequenz.
26. Unklare Rollenerwartungen von seiten der Organisation; zu hohe Erwartungshaltungen des in

die Organisation neu Eintretenden. Problemlösungsansätze: eindeutige Information über die wechselseitigen Rollenerwartungen sowie realitätsgerechte Vorabinformation.

27. Im Vergleich zur Folgezeit ist unmittelbar nach dem Berufseintritt die Kündigungswahrscheinlichkeit sehr viel höher.
28. a) Bei Funktionswechsel oder Veränderung der hierarchischen Position.
    b) Bei Funktionswechsel auf horizontaler Ebene überwiegt die Fähigkeitsvermittlung; bei Wechsel der hierarchischen Position überwiegt Normvermittlung, insbesondere im Sinne der Erwartungshaltung des Top-Managements.
29. Arbeitsaufgabe, situative Rahmenbedingungen, persönliche Fähigkeiten.
30. Ein »Misfit« besteht auf der objektiven Ebene im Auseinanderklaffen von a) Anforderungen zu Fähigkeiten und b) von Bedürfnisbefriedigungsmöglichkeiten zur Art der Motive; subjektiv besteht er darin, daß derartige Diskrepanzen wahrgenommen werden, was für die Person Bedrohungscharakter hat.
31. Notlösungscharakter vor allem deswegen, da auf ausschließlich subjektivem Anpassungsweg die objektive Situation unverändert bleibt und damit gegebenenfalls weitere Coping-Anstrengungen auch in Zukunft erforderlich bleiben, in deren Gefolge sich längerfristig psychosomatische Störungen ergeben können.
32. Zunehmende Beanspruchung führt positiv zu einer Verbesserung der Qualifikation, negativ zu Ermüdung; kurzfristig kann bei höherer Beanspruchung die Leistung zunächst ansteigen, jedoch längerfristig wieder absinken.
33. Zum einen erscheint die Frage nur im Rahmen von Längsschnittstudien sinnvoll beantwortbar, diese aber fehlen z.Z. weitgehend; zum anderen ist der Grad der Streßkontrolle mit der Aversivität der Situation negativ korreliert, kann also schwer isoliert in seiner Wirkung untersucht werden. Die Annahme einer generalisierten Wirkung ist kaum berechtigt; es müßte stressorenspezifisch untersucht werden.
34. Die Gruppenkohäsion ist nicht mit der Leistungshöhe korreliert, sie beeinflußt jedoch die Leistungsstreuung innerhalb der Gruppe. Diese sinkt bei steigender Kohäsion. Bedingungen für die Überlegenheit der Gruppe sind Unabhängigkeit beim Suchprozeß, Mitteilen der Ergebnisse des Suchprozesses und Akzeptieren dieser Ergebnisse durch die Gruppe. Situative Bedingungen, die die Leistungsüberlegenheit der Gruppe begünstigen sind Komplexität der Aufgabe, Mehrstufigkeit des Lösungsprozesses sowie eine kooperative (nichtkompetitive) Haltung der Gruppenmitglieder, die inhaltlich an der Aufgabe interessiert sein sollten, sie jedoch unter verschiedenen Aspekten sehen.
35. Allgemeine Bedingungen: Herstellung der Unabhängigkeits-, Mitteilungs- und Akzeptanzbedingung. Begünstigende Situation: z.B. Gruppengröße $N < 7$; Kommunikationsstruktur des »all-to-all-channel-net«.
36. Die Fertigungstechnologie entscheidet u.a. über den Lärmpegel, den Zwang zur dauernden Anwesenheit am Arbeitsplatz, die räumliche Distanz voneinander sowie die Notwendigkeit schneller Signalübermittlung. Dies bestimmt die Kommunikationshäufigkeit und den -kanal (z.B. verbal oder nonverbal). Zentralisierte Organisationsstrukturen führen zu Angst- und Abhängigkeitserleben auf den tieferen hierarchischen Ebenen; der Informationsfluß wird dadurch inhaltlich sowohl auf der horizontalen als auch auf der vertikalen Ebene gefiltert. Differenzierung bewirkt hohe Spezialisierung, die bewirken kann, daß die fachliche Kommunikation zwischen den Spezialisten unmöglich wird.
37. Soziale Unterstützung bezieht sich auf das subjektive Erlebnis des einzelnen, von anderen als Person akzeptiert zu werden. Dadurch wirkt eine objektiv gleiche Belastung in geringerem Maße als Beanspruchung (Puffereffekt).
38. Knappheit der Güter; Inkompatibilität der Handlungspläne; personale Bedingungen liegen in geringer Frustrationstoleranz und hoher kompetitiver Haltung (Typ A).
39. Wenn die subjektiven Einigungschancen geringer sind, als es den objektiven Gegebenheiten entspricht (z.B. bei Beurteilungskonflikten), sowie wenn die Kontrahenten öffentlich verhandeln bzw. ihrer Bezugsgruppe gegenüber rechenschaftspflichtig sind und infolgedessen ihr Gesicht zu wahren haben.

40. Die Beziehungen zwischen den Persönlichkeitseigenschaften und dem Führersein bzw. dem Führungserfolg sind im Durchschnitt gering und zeigen eine hohe Varianz, wenn man verschiedene Untersuchungen im Rahmen von Sammelreferaten vergleicht.
41. Die für prognostische Zwecke herangezogenen Führungsverhaltensweisen sollten im Rahmen theoretischer Modelle und gestützt durch empirische Untersuchungen mit den Zielkriterien verbunden sein, auf die hin ausgewählt wird.
42. Eine generelle Überlegenheit des kooperativen Führungsstils gegenüber dem direktiven Führungsstil kann auf der Basis der vorliegenden empirischen Studien nicht angenommen werden. Erstens muß gefragt werden, im Hinblick auf welche Kriterien diese Überlegenheit geprüft wird; zweitens sind Situationsvariablen als Moderatoren in Rechnung zu stellen; drittens sind die Einteilungen der Führungsstile in die beiden Klassen kooperativ und direktiv außerordentlich global.
43. Praktisch bedeutsam ist die statistische Unabhängigkeit deshalb, weil darin deutlich wird, daß die beiden Verhaltensweisen kompatibel sind und sich nicht – wie gelegentlich behauptet – ausschließen.
44. Die motivationale Orientierung des Führenden wurde mit nicht reliablen Maßen ermittelt; die drei Parameter der Situation sind willkürlich ausgewählt und statistisch nicht unabhängig voneinander; die einzelnen empirischen Untersuchungen erbrachten recht unterschiedliche Ergebnisse und wurden meist an einer geringen Stichprobengröße festgestellt, so daß die gefundenen Korrelationskoeffizienten im einzelnen meist unsignifikant sind.
45. Im Gegensatz zu anderen Autoren postuliert Katz, daß ein durchgängiges Realisieren des gleichen Führungsstils für den Führungserfolg von Nachteil sein wird; es kommt vielmehr darauf an, daß die Person eine hinreichende Verhaltensvarianz realisiert und damit, auf der Zeitachse gesehen, zwischen verschiedenen Führungsverhaltensweisen oszilliert.
46. Im Modell von Vroom und Yetton wird ausgesagt, daß je nach situativen Bedingungen, die durch Leitfragen zu diagnostizieren sind, autoritäre, konsultative oder Gruppenentscheidungen einen höheren Erfolg versprechen. Der Erfolg ist dabei so operationalisiert, daß mit möglichst geringem Aufwand (Partizipationsgrad) eine möglichst hohe Lösungsqualität und eine möglichst hohe Entscheidungsakzeptanz gewährleistet werden.
47. Im Gegensatz zur Psychologie »als Wissenschaft« wird durch psychologisch-technologische Innovationstätigkeit mit wissenschaftlichen Methoden eine Vorgehensweise entwickelt, die zur Lösung praktischer Probleme geeignet erscheint.
48. Zur Lösung vielfältiger praktischer Probleme verfügt der Organisationspsychologe über keine fundierten Technologien; sein allgemeines psychologisches Wissen hilft ihm jedoch dabei, fundiertere Lösungsvorschläge zu entwickeln, als es dem Laien möglich wäre.
49. Bei der Aktionsforschung wird die in der herkömmlichen empirischen Sozialforschung tradierte Subjekt-Objekt-Beziehung zwischen Untersucher und untersuchter Person zugunsten einer Subjekt-Subjekt-Beziehung aufgehoben.
50. 1. Beschreibung und Erklärung des Ist-Zustandes,
    2. Entwicklung eines Soll-Modells bzw. erwünschten Zielzustandes,
    3. Intervention mit dem Ziel der Modifikation auf den Zielzustand hin bzw. mit dem Ziel der Stabilisierung bei fehlender Abweichung zwischen Ist und Soll,
    4. Evaluation.
51. 1. Bewußtmachen und Relativieren impliziter Menschenbilder bei den Entscheidern,
    2. Bewußtmachen gruppendynamischer Effekte auf den Zielfindungsprozeß bei kollektiver Zielbestimmung,
    3. Hinweise darauf, welche Ziele in einer gegebenen Situation empirisch erreichbar erscheinen und welche nicht.
52. In erster Linie ist hier der Interessengegensatz zwischen der Organisation auf der einen Seite und dem Individuum auf der anderen Seite zu nennen; unter bestimmten Bedingungen kann dieser Interessengegensatz mit dem zwischen Kapital und Arbeit identisch sein.
53. Bei der synthetischen Validierung wird auf der Ebene von »Verhaltenselementen« gearbeitet. Aufgrund der Analyse der Tätigkeiten, die auf dem Arbeitsplatz gezeigt werden, stellt man fest,

aus welchen Verhaltenselementen diese zusammengesetzt sind. Es werden daraus Attribute (Fähigkeiten) abgeleitet, durch die die Eignung bestimmt erscheint. Für die Messung dieser Attribute werden spezifische Testverfahren entwickelt. Entstehen neue Berufe, deren Ausübung aus einer anderen Kombination bekannter Verhaltenselemente zusammengesetzt ist, so lassen sich die schon bekannten Tests entsprechend in der neuen Kombination zusammenstellen (synthetisieren); man verfügt auf diese Weise rasch über eine neue eignungsdiagnostische Testbatterie.

54. Die Klassifikation ist nach vielerlei Aspekten möglich, z.B. der Testsituation, der Sprachabhängigkeit, den benötigten Requisiten, dem Konstruktionsprinzip, der zugrundeliegenden Theorie, der Anzahl der zu erfassenden Persönlichkeitsmerkmale, der Abhängigkeit vom Versuchsleiter, der Art der Aufgabenbeantwortung, der Zeitbegrenzung, der Zielgruppe, der Art des zu messenden Persönlichkeitsmerkmals etc. Sie kann auch nach einer Bündelung mehrerer dieser Aspekte vorgenommen werden. Besonders häufig findet man Klassifikationen unter dem Aspekt des zu erfassenden Persönlichkeitsmerkmals (z.B. Intelligenztest, Leistungsmotivationstest etc.).
55. Gemessen wird – ähnlich wie bei Guthke – zunächst eine spezifische Fertigkeit. Danach werden die Getesteten mit dem Lernziel der Verbesserung der entsprechenden Fertigkeit trainiert. Die Lernbedingungen sind standardisiert. Anschließend wird mit einem Paralleltest die Fertigkeit noch einmal gemessen. Der Lerngewinn wird dabei zur zentralen diagnostisch interessierenden Information.
56. Von der Validität des Tests, der Selektionsrate, d.h. dem Prozentsatz derer, die aus der Bewerberzahl ausgewählt werden sollen, und dem Prozentsatz der geeigneten in der noch unausgelesenen Population.
57. Bei der Selektionsstrategie geht es meist darum, Personen für bestimmte Situationen auszuwählen, während es bei der Modifikationsstrategie darum geht, bestimmte Verhaltensmodifikationsprogramme für bestimmte Personen auszuwählen.
58. Beim Assessment-Center werden mehrere Bewerber über mehrere Tage mit mehreren Verfahren untersucht und sodann von mehreren Beurteilern hinsichtlich ihrer Eignung für bestimmte Positionen beurteilt. Bei den Verfahren handelt es sich vor allem um sogenannte situative Verfahren.
59. Ziele der systematischen Personalbeurteilung – soweit sie manifest sind – sind vor allem die Optimierung der personellen Entscheidungen auf individuellem- und kollektivem Niveau, die Verbesserung der Aus- und Weiterbildung auf individuellem- und kollektivem Niveau, Gehalts- und Lohnbestimmung, die individuelle Beratung und Förderung von Mitarbeitern, Feedback für den Beurteilten, Evaluation von Selektionskonzepten, personellen Entscheidungen, Ausbildungsmaßnahmen, Organisationsentwicklungsprogrammen, Anreiz- und Verstärkersystemen etc.
60. Freie Beschreibung und gebundene Beurteilungsverfahren, die wiederum in Kennzeichnungsverfahren, Rangordnungsverfahren und Einstufungsverfahren klassifiziert werden können.
61. Im Vordergrund steht zum einen die Analyse des sozialen Potentials, zum anderen die Analyse der Aufgabe.
62. Die Vierstufen-Methode besteht darin, daß
    1. der Lernende vorbereitet wird,
    2. ihm die Arbeitsaufgabe vorgemacht wird,
    3. der Lernende danach die Arbeitsaufgabe nachmacht und dann schließlich
    4. die Unterweisung abgeschlossen wird.
63. Bei der analytischen Methode werden die einzelnen Lernelemente getrennt trainiert und im letzten Lernschritt zusammengefaßt, während bei der Ganzheitsmethode die komplexe Tätigkeit jeweils als Einheit eingeübt wird.
64. Vorteile der programmierten Unterweisung bestehen darin, daß der Stoff gut strukturiert und in kleinen Schritten angeboten wird, aktive Mitarbeit und erhöhte Motivation entstehen, unmittelbares Feedback den Lernfortschritt gewährleistet, für alle Lernenden gleiche Information gegeben ist und das Lernen schneller abläuft. Dem stehen als Nachteile gegenüber, daß die Beantwortung von Fragen auf das Programm begrenzt ist, die Programmentwicklung aufwendig ist, Programme nur bezüglich klar strukturierter Wissensgebiete entwickelt werden können, persönlicher Kontakt zwischen Lehrenden und Lernenden minimiert wird und langfristig bei der Durcharbeitung von Lernprogrammen Langeweile entsteht.

65. Das wohl bekannteste deutschsprachige Verfahren ist der FVVB (Fragebogen zur Vorgesetztenverhaltensbeschreibung) von Fittkau-Garthe und Fittkau. Er mißt die fünf Führungsdimensionen
    1. freundliche Zuwendung und Respektierung,
    2. mitreißende und zur Aktivität stimulierende Aktivität,
    3. Ermöglichung von Mitbestimmung und Beteiligung,
    4. Kontrolle,
    5. Freundlichkeit und Aktivität.
66. Durch das Sensitivity-Training lernen die Teilnehmer
    1. die Konsequenzen eigenen Verhaltens präziser wahrzunehmen,
    2. die Eigendynamik ihres Verhaltens in bestimmten Situationen zu verstehen,
    3. größere Bereitschaft zu kooperativem Führungsverhalten,
    4. genauer zuzuhören und sich direkt in den Kommunikationsprozeß einzuschalten,
    5. sich in die Gefühle und Bedürfnisse der Partner einzufühlen,
    6. gruppendynamische Konstellationen und Prozesse adäquater wahrzunehmen,
    7. im Verhalten aufgabenangepaßter und weniger stereotyp zu sein.

    Der Transfer derartiger Lerneffekte in die Arbeitssituation ist allerdings bestenfalls bei den »passiven«, weniger bei den »aktiven« Verhaltensweisen gegeben. Neben den intendierten Effekten kommt es auch häufig zu nicht intendierten dysfunktionalen.
67. Derartige Trainingsprogramme beinhalten häufig ein leistungsbezogenes Assoziationstraining, die bewußte Koppelung von Leistungsphantasien mit dem eigenen Arbeitsverhalten, das bewußte Setzen kurz-, mittel- und langfristiger Leistungsziele und dann schließlich die soziale Verstärkung leistungsbezogener Aktivitäten durch Gleichgesinnte.
68. Systemastische Desensibilisierung wird vor allem zum Abbau von Angst eingesetzt. Sie beruht auf dem Prinzip der Gegenkonditionierung. Angst und muskuläre Entspannung gelten als inkompatibel. Entsprechend wird die Person, die in spezifischen Situationen an Angst leidet, dazu gebracht, sich die angstauslösende Situation im Zustand der muskulären Entspannung vorzustellen.
69. Bei einer Verhaltensanalyse wird festgestellt, welche Stimulusbedingungen (S) bei einem bestimmten Individuum (Organismus = O) bestimmte Reaktionen (R) auslösen und welche Konsequenzen (C) diesem Verhalten folgen, wobei insbesondere danach unterschieden wird, ob die Konsequenzen positiv sind (C+) oder negativ (C–).
70. Zu denken ist in erster Linie an die Beseitigung jener Situationsbedingungen, die Streß bewirken (primäre Prävention). Es ist weiterhin zu denken an die Selektion, d.h. die Auswahl solcher Personen, die die gegebene Bedingung als übermäßig beanspruchend oder überfordernd erleben sowie an therapeutische Bemühungen im Sinne der Immunisierung (sekundäre Prävention).
71. Die objektive Aufgabe ist bestimmt durch das Reizmaterial, Anweisungen über Verfahren und Anweisungen über Ziele. Diese Information wird von der Person redefiniert und führt zu Hypothesen, die einen Arbeitsprozeß auslösen, der zu Teilergebnissen führt; diese werden durch das System und die Person bewertet. Dadurch wird das weitere Vorgehen gesteuert, das dann schließlich zum Endergebnis führt.
72. Die Beanspruchung ist – in Anlehnung an Rohmert – die unterschiedlich starke Ausschöpfung der unterschiedlichen Leistungsfähigkeit durch die gegebenen Belastungen.
73. Das Ziel der Tätigkeit wird bestimmt, um beurteilen zu können, ob das beobachtete Verhalten für die Zielerreichung effektiv ist oder nicht. Beobachter werden für diese Analyse ausgewählt und trainiert. Kritische Ereignisse, die zu besonders guten oder besonders schlechten Arbeitsabläufen führten, werden von den Beobachtern geschildert. Diese Berichte werden ausgewertet und schließlich interpretiert.

$$\text{Motivationspotential} = \frac{\text{Varietät} + \text{Identität} + \text{Aufg. signifikanz}}{3} \times \text{Autonomie} \times \text{Feedback durch die Aufgabe}$$

75. Job-rotation ist eine qualitative Vergrößerung der Aufgaben in einem multipersonalen Arbeitsfeld; job-enrichment ist eine qualitative Vergrößerung der Aufgabe in einem unipersonalen Arbeitsfeld.

76. (A) Kriterien auf der Ebene der Gruppe:
    1. Die Gruppe hat Einfluß auf die für sie geltenden Zielsetzungen
        a) in qualitativer Hinsicht (was wird gemacht?),
        b) in quantitativer Hinsicht (wieviel wird gemacht?),
    2. Innerhalb übergeordneter Rahmenbedingungen kann die Gruppe selbst festlegen
        a) wo sie arbeitet,
        b) wann sie arbeitet,
        c) welche zusätzlichen Tätigkeiten sie ausübt.
    3. Die Gruppe entscheidet über die Produktionsmethoden.
    4. Die Gruppe regelt die interne Aufgabenverteilung.
    5. Die Gruppe entscheidet darüber, wer in ihr Mitglied wird.
    6. Die Gruppe entscheidet in den Führungsfragen,
        a) ob sie für gruppeninterne Angelegenheiten einen Vorgesetzten haben will und gegebenenfalls welchen,
        b) ob sie zur Regelung von Grenzbedingungen einen Vorgesetzten haben will und gegebenenfalls welchen.

    (B) Kriterien auf der Ebene des einzelnen Gruppenmitglieds. Das Gruppenmitglied entscheidet, wie die von ihm auszuführenden Aufgaben bewältigt werden.
77. 1. Strukturierung der Aktivitäten,
    2. Konzentration der Autorität,
    3. Linienkontrolle des Arbeitsflusses,
    4. Unterstützende Aktivitäten.
78. Bei der Arbeitszufriedenheitsmessung ist die Analyseeinheit das Individuum, das Analyseelement der Job und die erfaßte Reaktion affektiv; bei der Organisationsklimamessung ist die Analyseeinheit ein Aggregat, das Analyseelement die Organisation und die erfaßte Reaktion deskriptiv.
79. 1. Progressive Arbeitszufriedenheit,
    2. Stabilisierte Arbeitszufriedenheit,
    3. Resignative Arbeitszufriedenheit,
    4. Pseudoarbeitszufriedenheit,
    5. Fixierte Arbeitsunzufriedenheit,
    6. Konstruktive Arbeitsunzufriedenheit.
80. Organisationsentwicklung will die Organisationsmitglieder in die Lage versetzen, ihre Probleme selbst zu erkennen, selbst interpersonelle Beziehungen experimentell zu erproben und selbst organisationale Bedingungen zu schaffen, die ihren Bedürfnissen und den Leistungserfordernissen der Organisation angemessen sind (vgl. Kieser u.a.).
81. Bei einem »Grid Organization Development« handelt es sich um eine typische »top down«-Strategie, d.h., das Topmanagement trägt und bestimmt das Verfahren weitgehend. Das wichtigste Kriterium des Erfolgs ist die Leistung. Beim NPI-Modell stehen die interpersonalen Prozesse im Vordergrund, die weiterentwickelt werden sollen, um dem einzelnen eine Form der Entfaltung in der Organisation zu gewährleisten, die an einem antroposophischen Menschenbild ausgerichtet ist.
82. Prozeßberatung ist dadurch gekennzeichnet, daß der Berater (change agent) dabei hilft, das Wie der in der Gruppe ablaufenden Prozesse zu interpretieren.
83. Unterschieden wird häufig zwischen human-prozessualen und techno-strukturellen Vorgehensweisen oder aber in dreifacher Gliederung zwischen individuumszentrierten Ansätzen, strukturorientierten Ansätzen und Ansätzen, die an den sozialen Beziehungen orientiert sind.
84. Als derartige Phasen könnte man z.B. (nach Sievers) nennen: Kontaktaufnahme, erste Vorgespräche, Treffen der Vereinbarung, Datensammlung, Datenrückkoppelung, Diagnose, Maßnahmenplanung und -durchführung, Erfolgskontrolle.
85. Als Kriterien könnten z.B. genannt werden: Anpassungsfähigkeit und Flexibilität, Produktivität, Zufriedenheit der Organisationsmitglieder, Gewinn; Fähigkeit, Ressourcen aus der Umwelt zu beschaffen; Fehlen von Streß, Kontrolle über die Umwelt, Personalentwicklung, Effizienz, Halten der Stammbelegschaft, Wachstum, Integration, freie Kommunikation, Überlebensfähigkeit der Organisation.

Literatur

Ach, N. (1910). Über den Willensakt und das Temperament. Leipzig: Quelle & Meyer

Adams, S. J. (1965). Inequity in social exchange. In: Berkowitz, L. (Ed.) Advances in experimental social psychology II, 267–299

Adler, N. (1986/1991). International dimensions of organizational behavior. Boston: Mass.; Kent

Adler, P. S. u. Borys, B., (1996). Two Types of Bureaucracy: Enabling and Coercive, Administrative Science Quarterly, 41, 61–89

Adler, P. S. u. Cohen, R. E. (1993). Designed für leanrning: A tale of two auto plants. Sloan Management Review, 85–94

Adler, P. S., Goldoftas, B. u. Levine, D. I. (1999). Flexibility Versus Efficiency? A Case Study of Model Changeovers in the Toyota Production System, Organization Science, 10, 1, 43–68

Aguren, S., Hansson, R. u. Karlsson, K. G. (1976). The Volvo Kalmar Plant. SAF-LO, Stockholm

Albach, H. u. Gabelin, Th. (1977). Mitarbeiterführung – Text und Fälle, Wiesbaden

Albert, R. D. (1983). The intercultural sensitizer or culture assimilator: A cognitive approach. In: D. Landis u. R. W. Brislin (Eds.) Handbook of intercultural training (Bd. 2), New York: Pergamon Press

Alderfer, C. P. (1969). An empirical test of a new theory of human needs. Organizational Behavior and Human Performance, 4, 142–175

Alderfer, C. P. (1980). Consulting to Unbounded Systems. In: Alderfer, C. P. u. Cooper, C. L. (Eds.): Advances in Experimental Social Processes, Vol. 2, Chichester: John Wiley & Sons, 267–295

Alioth, A. (1980). Entwicklung und Einführung alternativer Arbeitsformen, Bern, Stuttgart

Allerbeck, Mechthild (1977). Ausgewählte Probleme der Führungsforschung, Diss. München

Allport, G. W. (1949). Persönlichkeit, Stuttgart

Althoff, K., Greif, S. u. Henning, G. (1968). Rechtschreibungstests, Göttingen

Altman, I. (1976). Environmental psychology and social psychology, Personality and Social Psychology Bulletin, 2, 96–113

Ammons, R. B. (1956). Effects of knowledge of performance: A survey and tentative theoretical formulation, Journ. of General Psychol., 54, 279–299

Amthauer, R. (1972). Test zur Untersuchung des praktisch-technischen Verständnisses (PTV), Göttingen

Amthauer, R. (1973). Intelligenz-Struktur-Test (IST), Göttingen

Anastasi, A. (1964). Angewandte Psychologie, Weinheim 1973 (amerik. Origin. New York)

Anderson, C. u. Hunsaker, P. (1985). Why there's romancing at the office and why it's everybody's problem. Personnel, Feb., 57–63

Andriessen, J. H. R. u. Roe, R. A. (1994). Telematics and work, Hove: Lawrence Erlbaum

Anger, H. (1980). Gruppendynamisches Training. In: Grochia, E. (Ed.) Handwörterbuch der Organisation, Stuttgart, 804–812

Antoni, C. (1986). Qualitätszirkel und Lernstatt – ein Vergleich soziotechnischer Instrumente japanischer und deutscher Herkunft. In: Bungard, W. u. Wiendieck, G. (Eds.) Qualitätszirkel als Instrument zeitgemäßer Betriebsführung, Landsberg, Moderne Industrie, 163–184

Antoni, C. (1994). Gruppenarbeit im Unternehmen – Konzepte, Erfahrungen, Perspektiven. Weinheim: Psychologie Verlags Union

Antoni, C. (1997a). Soziale und ökonomische Effekte der Einführung teilautonomer Arbeitsgruppen – eine quasi-experimentelle Längsschnittstudie. Zeitschrift für Arbeits- und Organisationspsychologie, 131–142

Antoni, C. (1997b). Teilautonome Arbeitsgruppen. Weinheim: Psychologie Verlags Union

Antoni, C., Bungard, W. u. Kubier, E. (1990). Qualitätszirkel, teilautonome Gruppen und Projektgruppen. Eine Bestandsaufnahme der Gruppenarbeitskonzepte bei den 100 umsatzgrößten bundesdeutschen Industrieunternehmen. In: Methner, H. u. Gebert, A. (Eds.) Psychologen gestalten die Zukunft: Anforderungen und Perspektiven (S. 464–474), Bonn: Deutscher Psychologen Verlag

Antons, K. (1973). Praxis der Gruppendynamik, Göttingen

Aram, J., Morgan, C. u. Esbeck. E. (1971). Relation of collaborative interpersonal relationship to individual satisfaction und organizational performance, Adm. Sci. Quart., 16, 289–297

Argyle, M. (1982). Intercultural communication. In: S. Bochner (Ed.) Cultures in contact (S. 61–79). Oxfort: Pergamon

Argyris, C. (1957). Personality and organization: The conflict between system and the individual. New York: Harper & Row

Argyris, C. (1962). Interpersonal competence and organizational effectiveness, Illinois

Argyris, C. (1964). Integrating the individual and the organization. New York

Argyris, C. (1965). Organization and innovation, Homewood, III

Argyris, C. (1970). Intervention theory and method. A behavioral review, Reading

Argyris, C. (1975). Das Individuum und die Organisation: Einige Probleme gegenseitiger Anpassung. In: Türk, K. (Ed.) Organisationstheorie, Hamburg, 215–233

Argyris, C. (1976). Problems and new directions for industrial psychology. In: Dunnette, M. D. (Ed.) Handbook of industrial and organizational psychology. Chicago, 151–184

Arndt, J. (1976). Im Mittelpunkt steht der Mensch, Arbeiterorganisation in der DDR. In: Kursbuch, Nr. 43, 159–176

Arnold, C. C. u. Bowers, J. W. (1984) (Eds.) Handbook of rhetorical and communication theory, London

Arnold, W. (1970). Angewandte Psychologie, Stuttgart

Arvey, R. D. u. Campion, J. E. (1982). The employment interview: A summary and review of recent research. Personell Psychology, 35, 281–322

Aschauer, E. (1970). Führung. Eine soziologische Analyse anhand kleiner Gruppen, Stuttgart

Asendorph, J. (1988). Keiner ist wie der andere: Wie Persönlichkeitsunterschiede entstehen. München

Asendorph, J. (1999). Psychologie der Persönlichkeit. Berlin: Springer

Athanasiou, R. (1969). Job attitudes and organizational performance: A review of some important literature. In: Robinson, J. R., Athanasiou, R. u. Head, K. B., Meanings of occupational attitudes and occupational characteristics, Survey Research Center, Inst. for Soc. Research, 79–98

Atkinson, J. W. (1958) (Ed.). Motives in fantasy, action, and society, Princeton, N. J

Atteslander, P. (1971). Methoden der empirischen Sozialforschung, Berlin

Avolio, B. J. u. Bass, B. M. (1987). Transformational leadership: A response to critiques

Avolio, B. J., Bass, B. M. u. Jung, D. I. (1999). Re-examining the components of transformational and transactional leadership using the Multifactor Leadership Questionnaire, Journal of Occupational and Organizational Psychology, 72, 441–462

Baethge, M. u. Oberbeck, H. (1986). Zukunft der Angestellten: neue Technologien und berufliche Perspektiven. In: Büro und Verwaltung. Frankfurt/Main: Campus Verlag

Bales, R. F. (1950). Interaction process analysis, Cambridge, Mass

Bales, R. F. (1958). Task roles and social roles in problem-solving groups. In: Maccoby, E. E., Hartley, E. L., Newcomb, T. M. (Eds.) Readings in social psychology, New York, 437–447

Bales, R. F. (1970). Personality and interpersonal behavior. New York

Bales, R. F. u. Slater, P. E. (1969). Role differentation in small decision making groups. In: Gibb, C. (Ed.) Leadership. Penguin Books, Harmondsworth, 255–276

Bandura, A. (1969). Principles of behavior modification, New York

Bandura, A. (1979). Social learning theory. Englewood cliffs, N. J.: Prentice Hall

Barry, H., Child, I. L. u. Bacon, M. K. (1959). Relation of child training to subsistence economy. American Anthropologist, 61, 51–63
Bartlett, A. C. (1967). Changing behavior as a means to increased efficiency, Journ. of Appl. Behav. Sci., 3, 381–403
Bartölke, K. (1980). Organisationsentwicklung. In: Grochla, E. (Ed.) Handwörterbuch der Organisation (2. überarb. Auflage), Stuttgart, 1468–1481
Bass, B. M. (1960). Leadership psychology and organizational behavior. New York
Bass, B. M. (1965). Organizational psychology, Boston
Bass, B. M. (1981). Stogdill's handbook of leadership, New York, Free Press
Bass, B. M. (1990). Bass & Stogdill's Handbook of Leadreship: Theory, Research, and Managerial Applications, 3rd Ed., New York
Bass, B. M. u. Valency, E. R. (1974). Contingent aspects of effective management styles. In: Hunt, J. G., Larson, L. L. (Eds.) Contingency approaches to leadership, London, 130–157
Bateman, T. S. (1984). A longitudinal analysis of the antecedents of the organizational commitment, Academy of Management Journal, 1, 95–112
Batölke, K., Kappler, E., Laske, S. u. Nieder P. (1978). Qualitäten von Arbeitsqualität. In: die gleichen Autoren (Eds.) Arbeitsqualität in Organisationen, Wiesbaden, S. 357–379
Bäumer, J. u. Pawlowsky, P. (1994). Planung und Steuerung betrieblicher Weiterbildung – Ergebnisse einer empirischen Analyse über betriebliche Weiterbildungsaktivitäten (Bd. 1/94). Berlin: Forschungsstelle Ökonomie der Arbeit
Baumgarten, R. (1977). Führungsstile und Führungstechnik, Berlin
Bavelas, A. (1968). Communication patterns in task-oriented groups. Nachgedruckt in: Cartwright, D. u. Zander, A. (Eds.) Group dynamics-research and theory, New York
Bebermeyer, H. (1979). Vorgesetztenbeurteilung als Korrektur des Führungsverhaltens, Verw. u. Fortbildung, 7, 57–70
Beck, U. (1997). Was ist Pluralisierung? Frankfurt: Suhrkamp
Beck-Gernsheim, E. (1980). Das halbierte Leben. Männerwelt: Beruf, Frauenwelt: Familie, Frankfurt/M
Beckhard, R. (1966). An organization improvement program in a dezentralized organization, JABS 2 (1), 3–25
Beckhard, R. (1972). Optimizing team-building efforts. Journal of Contemporary Business, 1, 23–32
Beckmann, D. u. Richter, H. E. (1972). GiessenTest (GT), Bern
Bednarek, E. (1985). Veränderung der Arbeitsmotivation durch Qualitätszirkel und Lernstatt. Diss. TU München
Beekun, R. J. (1989). Assessing the effectiveness of sociotechnical interventions. Human Relations, 42, 877–897
Beer, M. (1976). The technology of organization development. In: Dunnette, M. D. (Ed.) Handbook of industrial and organizational psychology, Chicago, 937–993
Behrend, H. (1953). Absence and labor turnover in a changing economic environment. Occupational Psychology, 27, 69–79
Beishon, R. J. u. Palmer, A. W. (1972). Studying managerial behavior. International Studies of Management and Organization, 2, 38–64
Belbin, M. (1981). Management teams. London: Heinemann
Benda, H. v. (1980). Arbeitsumgebung. In: Hoyos, Graf C., Kroeber-Riel, W., Rosenstiel, L. v. u. Strümpel, B. (Eds.) Grundbegriffe der Wirtschaftspsychology, München, 496–502
Bennis, W. G. u. Nanus, B. (1985). Leaders. The strategies for taking charge, Cambridge
Berkel, K. (1978). Konflikte und Konfliktverhalten. In: A. Mayer (Ed.) Organisationspsychologie, Stuttgart: Poeschel, S. 305–331
Berkel, K. (1980). Konfliktstile von Führungskräften, Problem und Entscheidung, 25, 1–36
Berthel, J. (1989). Personal-Management. Grundzüge für Konzeptionen betrieblicher Personalarbeit, Stuttgart: Poeschel
Berthold, H. J., Gebert, D., Rehmann, B. u. Rosenstiel, L. v. (1980). Schulung von Führungskräften – eine empirische Untersuchung über Bedingungen und Effizienz, Zeitschr. f. Organisation, 49, 221–229

Beyer, H. T. (1986). Betriebliche Arbeitszeitflexibilisierung, München
Bhagat, R. S. u.a. (1985). Total life stress: A multimethod validation of the construct und its effects on organizationaly valued outcomes and withdrawal behavior. Journal of Applied Psychology, vol. 70, 1, 1985, 202–214
Bieling, G. (1980). Bildungsprobleme der Diplompsychologen aus der Sicht der Praxis. In: Stephan, E. Aus- u. Weiterbildung in der Psychologie, Weinheim
Bihl, G. (1973). Von der Mitbestimmung zur Selbstbestimmung, München
Bierhoff, H. W. (1992). Prozedurale Gerechtigkeit: Das Wie und Warum der Fairneß. Zeitschrift für Sozialpsychologie, S. 163–178
Bihl, G. (1987). Unternehmen und Wertewandel: Wie lauten die Antworten für die Personalführung? In: Rosenstiel, L. v., Einsiedler, H. E. u. Streich, K. (Eds.): Wertewandel als Herausforderung für die Unternehmenspolitik, Stuttgart: Schäffer, 53–61
Birbaumer, N. (1977). Wir denken häufig, bevor wir handeln. In: Birbaumer, N.: Psychophysiologie, München, 170–180
Bischof, N. (1985). Das Rätsel Ödipus. Die biologischen Wurzeln des Urkonflikts von Intimität und Autonomie, München
Bischof, N. (1989). Das Rätsel Ödipus. Die biologischen Wurzeln des Urkonflikts von Intimität und Autonomie, München: Piper
Bischof, N. (1996). Das Kraftfeld der Mythen. München: Piper
Bischof-Köhler, D. (1990). Frau und Karriere in psychologischer Sicht, A & O., Zeitschrift für Arbeits- und Organisationspsychologie, 1 (1), 17–28
Blake, R. R. u. Mouton, J. S. (1964). The managerial grid, Houston
Blake, R. R. u. Mouton, J. S. (1968a) (engl. 1964). Verhaltenspsychologie im Betrieb, Düsseldorf
Blake, R. R. u. Mouton, J. S. (1968b). Corporate excellence through grid organization development, Houston, Tex
Blake, R. R. u. Mouton, J. S. (1969). Building a dynamic corporation through grid organization development. Reading
Blake, R. R., Mouton, J. S. u. Sloma, R. L. (1965). The union-management intergroup laboratory: Strategy for resolving intergroup conflict, Journ. of Appl. Behav. Sci., 1, 25–27
Blau, P. M., McHugh, C. u. Falbe, W. (1976). McKinley Technology and organization in manufacturing, Adm. Sci. Quart. 21, 20–40
Bleicher, K. (1972). Organisation als System, Wiesbaden
Bleicher, K. u. Meyer, E. (1976). Führung in der Unternehmung, Reinbek bei Hamburg
Blickle, B. (1994). Kommunikationsethik im Management, Stuttgart: M&P-Verlag
Blickle, G. (Hrsg.) (1997). Ethik in Organisationen: Konzepte, Befunde, Praxisbeispiele. Göttingen: Verlag für Angewandte Psychologie
Blickle, G. u. Gönner, S. (1999). Studien zur Validierung eines Inventars zur Erfassung intraorganisationaler Einflußstrategien. Diagnostica, 45, 1, 35–46
Blood, M. R. u. Hulin, C. L. (1967). Alienation, environmental characteristics and worker responses, Journ. of Appl. Psychol., 51, 284–290
Blum, M. E. u. Naylor, J. C. (1968). Industrial psychology, New York, London
Boerner, S. (1995). Die Organisation zwischen offener und geschlossener Gesellschaft – Athen oder Sparta? Berlin: Duncker und Humblot
Boerner, S. u. Gebert, D. (1997). Unternehmen zwischen Resignation und Hoffnung – Ergebnisse einer Fallstudie in einem Moskauer Betrieb. Journal of Eastern European Management, 2, 305–336
Böhnisch, W. (1989). Führung und Führungskräftetraining nach dem Vroom-Yetton-Modell, Stuttgart
Bossong, B. (1999). Streß und Handlungskontrolle, Göttingen: Hogrefe
Bouchikhi, H. (1998). Living with and Building on Complexity: A Constructivist Perspective on Organizations. Organization, 5, 2, 217–231
Bowers, D. G. (1971). Development techniques and organizational climate. An evaluation of the comparative importance of two potential forces for organizational change, Manuskript, Ann Arbor, Mich.

Bowers, D. G. (1974). Basic concepts of survey feedback. In: Pfeiffer, W. J. u. Jones, J. E. (Eds.) The 1974 annual handbook for group faciliators, 221–225
Bowers, D. G. (1973). OD techniques and their results in 23 organizations: The Michigan ICL study, Journ. of Appl. Behav. Science, 9, 21–43
Bowers, D. G. u. Hausser, D. L. (1977). Work group types and intervention effects in organization development, Admin. Sci. Quart., 22, 76–94
Boyd, D. (1984). Type A behaviour, financial performance and organizational growth in small business firms. Journal of Occupational Psychology, 57, 137–140
Brackhane, R. (1980). Rehabilitation im Betrieb. Eingliederung und Rückgliederung von Behinderten. In: Neubauer, R. u. Rosenstiel, L. v. (Ed.) Handbuch der Angewandten Psychologie, München, 830–842
Bradford, L. P., Gibb, J. R. u. Benne, K. D. (1972). Gruppentraining-T-Gruppentheorie und Laboratoriumsmethode, Stuttgart
Brandstätter, H. (1969). Zum Problem des Nutzens psychologischer Eignungsuntersuchungen, Diagnostica, 15, 117–124
Brandstätter, H. (1970). Die Beurteilung von Mitarbeitern. In: Mayer, A. u. Herwig, B. (Ed.) Handbuch der Psychologie, Band 9, Betriebspsychologie, Göttingen, 668–734
Brandstätter, H. (1978). Organisationsdiagnose. In: Mayer, A. (Ed.) Organisationspsychologie, Stuttgart, 43–71
Brandstätter, H. (1979). Die Ermittlung personaler Eigenschaften kognitiver Art. In: Reber, G. (Ed.) Personalinformationssysteme, Stuttgart, 74–95
Brandstätter, H. (1999). Unternehmensgründung und Unternehmenserfolg aus persönlichkeitspsychologischer Sicht. In: Moser, K., Batinic, B. u. Zempel, J. (Eds.): Unternehmerisch erfolgreiches Handeln. Göttingen: Verlag für Angewandte Psychologie, 155–172
Bray, D. W. u. Grant, D. J. (1966). The assessment center in the measurement of potential for business management, Psychol. Monogr. General u. Apl., whole Nr. 80
Bray, D. W., Campbell, R. J. u. Grant, D. J. (1974). Formative years in business. A longterm AT a. T study of managerial lives. New York
Brengelmann, J. C. u. Brengelmann, L. (1960). Deutsche Validierung von Fragebogen der Extraversion, Neurologischer Tendenz und Rigidität, Zt. f. Exp. und Angew. Psychologie, 7, 291–331
Brickenkamp, R. (1974). Test d-2. Aufmerksamkeits-Belastungs-Test, Göttingen
Brickenkamp, R. (1975). Handbuch psychologischer und pädagogischer Tests, Göttingen
Briggs, G. E. u. Waters, L. K. (1958). Training and transfer as a function of component interaction, Journal of Experimental Psychology, 56, 492–500
Brockner, J. u. Siegel, P. (1996). Understanding the interaction between procedural and distributive justice: The role of trust. In: Kramer, R. M. u. Tyler, T. R.: Trust in Organizations. Thousand Oaks: SAGE Publications, S. 390–413
Brodbeck, F. (1999). Synergy is not for free (Habilitationsschrift). München: Ludwig-Maximilians-Universität
Brodbeck, F., Frese, M. u.a. (2000). Cultural variation of leadership prototypes across 22 European countries. In: Journal of Occupational and Organizational Psychology, 73, 1–22
Bronner, R. (1974). Streß und Leistung, Zeitschr. f. Organisation, 43, 363–368
Brophy, A. L. (1959). Self, role, and satisfaction. Gen. Psychol. Mon., 59, 263–308
Brown, L. D. (1980). Planned Change in Underorganized Systems. In: Cummings, T. G. u. Gieskes, J. (Eds.): Systems Theory for Organizational Development, Chichester, U. K.: Wiley, 181–203
Brown, S. L. u. Eisenhardt, K. M. (1997). The Art of Continuous Change: Linking Complexity Theory and Time-paced Evolution in Relentlessly Shifting Organizations. Administrative Science Quarterly, 42, 1–34
Bruggemann, A. (1974). Zur Unterscheidung verschiedener Formen von Arbeitszufriedenheit, Arbeit und Leistung, 28, 281–284
Bruggemann, A. (1976). Zur Empirischen Untersuchung verschiedener Formen der Arbeitszufriedenheit, Zeitschr. f. Arbeitswissensch., 30, 71–74
Bruggemann, A. (1979). Erfahrungen mit wichtigen Variablen und einigen Effekten beruflicher So-

zialisation in einem Projekt zur »Humanisierung des Arbeitslebens«. In: Groskurth, P. (Ed.) Arbeit und Persönlichkeit, Reinbek bei Hamburg, 146–175
Bruggemann, A., Groskurth, P. u. Ulich, E. (1975). Arbeitszufriedenheit, Bern
Brunstein, J. C. (1996). Entwicklung und Stand der Hilflosigkeitsforschung. In: Kuhl, J. u. Heckhausen, H. (Eds.), Enzyklopädie der Psychologie (Themenbereich C, Serie 4, Band 4: Motivation, Volition und Handlung). Göttingen: Hogrefe, 847–873
Brunstein, J. C. u. Maier, G. W. (1996). Persönliche Ziele: Ein Überblick zum Stand der Forschung. Psychologische Rundschau, 47, 146–160
Buchanan, D. A. (1979). The development of job design theories and techniques, Westmead, Farnborough, Hants., England
Bungard, W. (1986). Zukunftsperspektiven der Qualitätszirkelbewegung in der BR Deutschland. In: Bungard, W. u. Wiendieck, G. (Eds.) Qualitätszirkel als Instrument zeitgemäßer Betriebsführung, Landsberg, Moderne Industrie, 307–325
Bungard, W. (Ed.) (1992). Qualitätszirkel in der Arbeitswelt, Göttingen: Hogrefe/Verlag für Angewandte Psychologie
Bungard, W. u. Jöns, I. (Eds.) (1997). Mitarbeiterbefragung. Weinheim: Beltz
Bungard, W. u. Wiendieck, G. (1986). Zur Effizienz der Qualitätszirkel. In: Bungard, W. u. Wiendieck, G. (Eds.) Qualitätszirkel als Instrument zeitgemäßer Betriebsführung, Landsberg, Moderne Industrie, 281–305
Bunge, M. (1967). Scientific research, Vol. 2, Berlin
Bunker, D. R. (1965). The effect of laboratory education upon individual behavior. In: Schein, E. H. u. Bennis, W. G. Personal and organizational change through group methods, New York, 255–267
Burke, L. J. (1970). Methods of managing superior-subordinate conflict: Their effectiveness and consequences, Canadian Journ. of Behav. Science, 2, 124–135
Burke, M. J. u. Day, R. R. (1986). A cumulative study of the effectiveness of managerial training, Journal of Applied Psychology, vol. 71, 2, 232–245
Burkhardt, F. (1970). Arbeitssicherheit. In: Mayer, A. u. Herwig, B. (Eds.) Handbuch der Psychologie, Band 9. Betriebspsychologie, Göttingen, 385–415
Burns, J. M. (1978). Leadership, New York: Harper u. Row
Burns, T. (1962). Micropolitics: Mechanism of Institutional Change. Administrative Science Quarterly, 6, 257–281
Burns, T. u. Stalker, M. (1961). The Management of Innovation, London: Tavistock
Burt, R. S. u. Knez, M. (1996). Trust and third-party gossip. In: Kramer, R. M. u. Tyler, T. R.: Trust in Organizations. Thousand Oaks: SAGE Publications, 68–89
Büssing, A. (Ed.) (1992). Arbeit und Freizeit (Themenheft). Zeitschrift für Arbeits- und Organisationspsychologie, Göttingen: Hogrefe, 36
Büssing, A., Bissels, T., Fuchs, V. u. Perrar, K.-M. (1999). A Dynamic Model of Work Satisfaction: Qualitative Approaches, Human Relations, 52, 8, 999–1028
Büssing, A., Kunst, R. u. Michel, S. (1994). Teleworking of women on parental leave. A controlled study of multiple demands and qualifikation, München: Technische Universität, Lehrstuhl für Psychologie
Campbell, A., Converse, P. E. u. Rodgers, W. L. (1976). The quality of American life, New York
Campbell, J. (1971). Personnel training and Development. In: Annual review of psychology, 22, 565–602
Campbell, J. P., Dunnette, M. D., Lawler, E. E. u. Weick, K. E. (1970). Managerial behavior performance, and effectiveness, New York
Campbell, J. P. u. Pritchard, R. D. (1976). Motivation theory in industrial and organizational psychology. In: Dunnette, M. D. (Ed.) Handbook of industrial and organizational psychology, Chicago, 63–130
Cantor, N. u. Zirkel, S. (1990). Personality, cognition, and purposive behavior. In Pervin, L. A. (Ed.), Handbook of Personality: Theory and Research (S. 135–164). New York: Guilford
Caplan, R. D., Cobb, S., French, J. R. B., Harrison, R. D u. Pinneau. S. R. (1975). Job demands and

worker health: Main effects and occupational differences, Washington, D. C., U. S. Government Printing Office
Capol, M. (1965). Die Qualifikation der Mitarbeiter, Bern, Stuttgart
Capol, M. (1974). Leistungsbeurteilung als integriertes Führungsmittel, Industr. Organisation, 43, 217–222
Carlson, S. (1951). Executive behavior. A study in the work load and the working methods of managing directors, Stockholm
Cartwright, D. (1959). A field theoretical conception of power. In: Cartwright, D. (Ed.) Studies in social power, Ann Arbor, 183–220
Chacko, T. I. (1983). Research notes: Job and life satisfactions: A causal analysis of their relationships, Academy of Management Journal, 1, 163–169
Child, J. (1972). Organization structure and strategies of control: A replication of the Aston study, Admin. Sci. Quart., 17, 163–177
Child, J. (1973a). Predicting and understanding organization structure, Adm. Sci. Quart., 18, 168–185b
Child, J. (1973b). Strategies of control and organizational behavior, Adm. Sci. Quart., 18, 1–17a
Child, J. u. Mansfield, R. (1972). Technology, size, and organization structure, Soziology, 6, 369–393
Clark, A. W. (Ed.) (1976). Experimenting with organizational life. The action research approach, New York, London
Clegg, C. W. (1983). Psychology of employee lateness, absence and turnover: A methodological critique and an empirical study, Journal of Applied Psychology, 1, 88–101
Cobb, S. (1976). Social support as a moderator of life stress, Psychosomatic medicine, 38, 300–314
Cobb, S. (1978). Rollenbezogene Verantwortung. Die Differenzierung eines Konzepts. In: Freese, M. u.a. (Eds.) Industrielle Psychopathologie, Bern, 34–41
Coch, L. u. French, J. R. P. (1948). Overcoming resistance to change. Hum. Relat., 1, 512–532
Cohen, A. (1993). Organizational commitment and turnover: A meta-analysis. Academy of Management Journal, 36, 1140–1157
Coleman, J. S. (1973). The Mathematics of Collective Action. London: Heinemann
Comelli, G. (1997). Gruppendynamische Turbulenzen im Verlauf einer Umorganisation: Vorbereitung und Moderation eines Teamprozesses. In Reiß, M., Rosenstiel, L. v. u. Lanz, A. (Eds.), Chance Management (S. 399–424). Stuttgart: Schäffer-Poeschel
Comelli, G. (1999). Qualifikation für Gruppenarbeit: Teamentwicklungstraining. In Rosenstiel, L. v., Regnet, E. u. Domsch, M. (Eds.), Führung von Mitarbeitern (S. 405–428). Stuttgart: Schäffer-Poeschel
Comelli, G. u. Rosenstiel, L. v. (2001). Führung durch Motivation. Mitarbeiter für Organisationsziele gewinnen (Bd. 2. Aufl.). München: Vahlen
Conger, J. A. (1989). The charismatic leader. Behind the mystique of exceptional leadership, San Francisco, CA: Jossey-Bass
Conradi, W. (1983). Personalentwicklung, Stuttgart: Enke
Conradi, W. u. Frieling, E. (1978). Arbeitsbedingungen und Arbeitszufriedenheit. Probleme der Analyse und Erfassung. In: Bartölke, K. u.a. (Eds.) Arbeitsqualität in Organisationen, Wiesbaden, 95–102
Cook, T. D. u. Campbell, D. T. (1976). The design and conduct of quasi-experiments and true experiments in field settings. In: Dunnette, M. D. (Ed.) Handbook of industrial and organizational psychology, Chicago, 223–326
Cooper, C. L. (1979). The executive gypsy – the quality of managerial life, London
Cronbach, L. J. (1970). Essentials of psychological testing, New York
Cronbach, L. J. u. Gleser, G. C. (1965). Psychological tests and personnel decisions, Urbana
Cronbach, L. J. u. Payne, R. (Eds.) (1978). Stress at work. New York
Crott, H. u. Müller, G. F. (1978a) Interessenkonflikte und ihre Lösung durch Verhandlung. In: Crott, H., Müller, G. (Eds.) Wirtschafts- und Sozialpsychologie, Hamburg, 99–112
Crott, H., Simon, K. u. Yelin, M. (1978b). Der Einfluß des Anspruchsniveaus auf den Verlauf und

das Ergebnis von Verhandlungen. In: Crott, H., Müller, G. (Eds.) Wirtschafts- und Sozialpsychologie, Hamburg, 113–130
Crott, H., Kutschker, M. u. Lamm, H. (1977). Verhandlungen I., Stuttgart
Crouter, A. C. (1984). Spillover from family to work: The neglected side of the work-family interface. Human Relation, Vol. 37, 6, 425–442
Crowder, N. A. (1959). Automatic touring by means of intrinsic programming. In: Galanter, E. (Ed.) Automatic teaching: The state of the art, New York
Csikszentmihalyi, M. (1975). Beyond boredom and anxiety. The experience of play in work and games, San Francisco: Jossey Bass. Deutsch: (1985). Das flow-Erlebnis. Jenseits von Angst und Langeweile: Im Tun aufgehen. Stuttgart: Klett-Cotta
Csikszentmihalyi, M. (1992). Flow. Das Geheimnis des Glücks. Stuttgart: Klett
Csikszentmihalyi, M. (1997). Learning Flow. The psychology of engagement with everyday life. New York: Basic Books
Csikszentmihalyi, M. u. LeFevre J. (1989). Optimal experience in work and leisure, Journal of Personality and Social Psychology, 56, 815–822
Dahl, R. A. (1957). The concept of power. Behavioral Science, 2, 201–215
Dahrendorf, R. (1972). Konflikt und Freiheit, München
Damanpour, F. (1991). Organizational Innovation: A Meta-Analysis of Effects of Determinants and Moderators. Academy of Management Journal, Vol. 34, 3, 555–590
Davis, L. E. u. Taylor, J. (Eds.) (1972). Job design, Harmondsworth
Davis, L. E. u. Taylor, J. C. (1976). Technology, organization, and job structures. In: Dubin, R. (Ed.) Handbook of work, organization, and society, Chicago, 379–419
Davis, S. A. (1967). An organic problem solving method of organizational change, Journ. of Appl. Behav. Sci., 3, 3–21
Deci, E. L. (1975). Intrinsic motivation. New York
Deci, E. L. u. Flaste, R. (1996). Why we do what we do: Understanding self-motivation. New York
Deci, E. L., Ryan, R. M. u. Koestner, R. (1999). A Meta-Analytic Review of Experiments Examining the Effects of Extrinsic Rewards on Intrinsic Motivation. Psychological Bulletin, Vol. 125, 6, 627–668
Deckop, J. R., Mangel, R. u. Cirka, C. C. (1999). Getting more than you pay for: Organizational citizenship behavior and pay-for-performance plans. Academy of Management Journal, 42, 420–428
Delgado, J. M. R. (1975). Inhibitory systems and emotions. In: Levi, L. (Ed.) Emotions, New York, 183–204
Deluga, R. J. (1995). The relationship between attributional charismatic leadership and organizational citizenship behavior. Journal of Applied Social Psychology, 25, 1652–1669
Detweiler, R. (1980). Intercultural interaction and the categorization process. A conceptual analysis and behavioral outcome. International Journal of Intercultural Relations, 4, 275–295
Deutsch, M. (1973). The resolution of conflict, London
Deutsch, M. (1976). Konfliktregelung, München
Deutsch, M. u. Krauss, M. (1960). The effect of threat upon interpersonal bargaining, Journ. Abnorm. Social Psychol., 181 ff.
Deutscher Gewerkschaftsbund (1993). Neue Entwicklung bei der Gestaltung von Telearbeit, Düsseldorf: DGB
Dierkes, M. (1981). Möglichkeiten der Technologiefolgenabschätzung. In: Schaffke, W. u. Vogel, O. (Eds.) Industriegesellschaft und technische Herausforderung, Köln
Dietrich, G. (1985). Erziehungsvorstellungen von Eltern, Göttingen
Dion, K. L. (1985). Sex, gender and groups: Selected issues. In: O'Leary, V. E., Kesler-Unger, R. u. Strudler-Wallstron, D. (Eds.) Women, gender and social psychology, Hillsdale, N. J., 293–347
Dirrheimer, A., Hartmann, G. u. Sorge, A. (1983). Qualifikationsspielräume bei Anwendung der Mikroelektronik. In: IAB – Mitteilungen aus der Arbeitsmarkt- und Berufsforschung, 1, 64
Doerken, W. (1978). Arbeitszufriedenheit als Indikator für die Qualität des Arbeitslebens. In: Bartöl-

ke, K., Kappler, E., Laske, S. u. Nieder, P. (Eds.) Arbeitsqualität in Organisationen,Wiesbaden, 67–78
Dollase, R. (1975). Soziometrie als Interventions- und Meßinstrument, Gruppendynamik, 6, 82–92
Domsch, M. u. Regnet, E. (1990). Personalentwicklung für weibliche Fach- und Führungskräfte. In: Domsch, M. u. Regnet, E. (Eds.) Weibliche Fach- und Führungskräfte, Stuttgart, 101–123
Dörner, D. (1989). Die Logik des Mißlingens, Reinbek bei Hamburg: Rowohlt
Dorow, W. u. Grunwald, W. (1980). Konflikte in Organisationen. In: Neubauer, R. u. Rosenstiel, L. v. (Eds.) Handbuch der Angewandten Psychologie, München, 509–530
Drenth, P. J. D. (1969). Der psychologische Test. Eine Einführung in seine Theorie und seine Anwendung, München
Drumm, H. J. (1989). Personalwirtschaftslehre, Berlin: Springer
Düker, H. (1965). Konzentrationsleistungstest (KLT), Göttingen
Duncan, R. B. (1973). Multiple decision-making structures in adapting to environmental uncertainty – the impact on organizational effectiveness, Human Relations, 26, 273–291
Dunkel, D. (Ed.) (1983). Lernstatt. Modelle und Aktivitäten deutscher Unternehmen, Köln
Dunkel, D. (1987). Konzept Lernstatt. In: Rosenstiel, L. v., Einsiedler, H. E., Streich, R. K., Rau, S. (Eds.) Motivation durch Mitwirkung, Stuttgart, 119–125
Dunnette, M. D., Arvey, R. D. u. Banas, P. A. (1973). Why do they leave? Personnel, May–June, 25–39
Dunnette, M. D., Arvey, R. D. u. Banas, P. A. (1976). Attitudes, abilities and skills. In: Dunnette, M. D. (Ed.) Handbook of industrial and organizational psychology, Chicago, 473–520
Dyer, W. G. (1977). Team Building: Issues and alternatives. Reading MA: Addison-Wesley
Eagly, A. H. u. Johnson, B. T. (1990). Gender and leadership style: A meta-analysis. Psychological Bulletin, 108, 233–256
Easterlin, R. A. (1973). Does economic growth improve the human lot? In: David, P. A. u. Reder, M. W. (Eds.) Nations and Households in Economic Growth. Essays in Honor of Moses Abramovitz, Academic Press, 89–126
Eberlein, G. u. Kondratowitz, V. (Eds.) (1977). Psychologie statt Soziologie? Frankfurt
Edinger, J. A. u. Patterson, M. L. (1983). Nonverbal involvement and social control, Psychological Bulletin, 93, 36–56
Einsiedler, H. E. (1986). Werthaltungen von Führungskräften zu partizipativen Veränderungsstrategien, Frankfurt/Bern/New York
Elden, J. M. (Dez. 1978). Political efficacy at work: More autonomous forms of workplace organization link to a more participatory politics, Unveröffentlichtes Papier des Institute for Social Research in Industry an der Technischen Universität Trondheim Norwegen
Emerson, R. M. (1962). Power-Dependence Relations. American Sociological Review, 27, 31–41
Emerson, R. M. (1966). Power-dependence relations. In: Backman, C. W., Secord, P. (Eds.) Problems in social psychology. New York, 193–202
Emery, F. u. Thorsrud, E. (1976). Democracy at work, Leiden
Emmons, R. A. (1996). Striving and feeling: Personal goals and subjective well-being. In Gollwitzer, P. M.u. Bargh, J. A. (Eds.), The psychology of action: Linking cognition and motivation to behavior (S. 313–337). New York: Guilford
Erikson, E. H. (1959). Kindheit und Gesellschaft, Stuttgart
Erikson, E. H. (1972). Kindheit und Gesellschaft, Stuttgart: Klett
Esser, W. M. (1975). Individuelles Konfliktverhalten in Organisationen, Stuttgart
Etzioni, A. (1961). A comparative analysis of complex organizations. New York
Euler, H. P. (1973). Arbeitskonflikte und Leistungsrestriktion im Industriebetrieb, Düsseldorf
Euler, H. P. (1977). Das Konfliktpotential industrieller Arbeitsstrukturen, Opladen
Evans, M. G. (1970). The effects of supervisory behavior on the path-goal relationship. Organizational Behavior and Human Performance 5, 277–298
Fahrenberg, J., Selg, H. u. Hampel, R. (1973). Freiburger-Persönlichkeits-Inventar (FPI), Göttingen
Faßmann, H. u. Münz, R. (1993). Europäische Migration und die Internationalisierung des Arbeits-

marktes. In: Strümpel, B. u. Dierkes, M. (Eds.) Innovation und Beharrung in der Arbeitspolitik (S. 11–38), Stuttgart: Schäffer-Poeschel
Fayol, H. (1929). Allgemeine industrielle Verwaltung, München: Oldenbourg
Fein, M. (1976). Motivation for Work (S. 465–530). Chicago: Rand McNally
Fellmann u. Oegerli, K. (1981). Qualitative unterschiedliche Formen der Arbeitszufriedenheit: Probleme ihrer Erfassung und Bedeutung für die Praxis. In: Deutsche Gesellschaft für Psychologie (Ed.) 32. Kongreß der DGfP in Zürich, Abstracts, Teil III, Posters
Fenski, M. (1994). Außerbetriebliche Arbeitsverhältnisse, Heim- und Telearbeit, Frankfurt: Campus
Festinger, L. (1950). Informal social communication, Psychol. Review, 57
Fiedler, F. (1967). A theory of leadership effectiveness, New York
Fiedler, F. (1978). Situational control and a dynamic theory of leadership. In: King, B., Streufert, F., Fiedler, F. (Eds.) Managerial control and organizational democracy, New York, 107–131
Fiedler, F., Chemers, M. M. u. Mahar, Linda (1979). Der Weg zum Führungserfolg, Stuttgart
Findikyan, N. u. Sells, S. B. (1966). Organizational structure and similarity of campus student organizations, Org. Behav. and Hum. Perf., 1, 169–190
Finkle, R. B. (1976). Managerial assessment centers. In: Dunnette, M. D. (Ed.) Handbook of industrial and organizational psychology, Chicago, 861–888
Fisch, R. u. Fiala, S. (1984). Wie erfolgreich ist Führungstraining? Die Betriebswirtschaft, 44, 193–203
Fischer, L. u. Lück, H. E. (1972). Entwicklung einer Skala zur Messung von Arbeitszufriedenheit (SAZ), Psychol. u. Praxis, 16, 64–76
Fischof, G. (1980). Out-Door-Training für Führungskräfte. In: Neubauer, R. u. Rosenstiel, L. v. (Eds.) Handbuch der Angewandten Psychologie, München, 378–394
Fittkau-Garthe, H. (1970). Dimensionen des Vorgesetztenverhaltens und ihre Bedeutung für die emotionalen Einstellungsreaktionen der unterstellten Mitarbeiter, Diss. Hamburg
Fittkau-Garthe, H. u. Fittkau, B. (1971). Fragebogen zur Vorgesetzten-Verhaltens-Beschreibung (FWB), Göttingen
Flanagan, J. C. (1954). The critical incident technique, Psychol. Bull., 51, 327–358
Flanders, N. u. Havumaki, S. (1960). The effect of teacher-pupil contacts involving praise on the sociometric choices of students, Journ. of Educ. Psychol., 65–68
Fleishman, E. (1973). Twenty years of consideration and structure. In: Fleishman, E. A. u. Hunt, J. G. (Eds.), Current developments in the study of leadership (S. 1–37). Carbondale: Southern Illinois University Press
Fleishman, E. A. (1953a). Leadership climate, human relations training, and supervisory behavior, Pers. Psychol., 6, 205–222
Fleishman, E. A. (1953b). The description of supervisory behavior, Journ. of Appl. Psychol., 37, 1–6
Fleishman, E. A. (1966). Human abilities and the acquisition of skill. In: Bilodeau, E. A. (Ed.) Acquisition of skill. New York
Fleishman, E. A. (1973). Twenty years of consideration and structure. In: Fleishman, E. A. u. Hunt, J. G. (Eds.) Current developments in the study of leadership, Carbondale u. Edwardsville, 1–37
Fleishman, E. A. u. Hunt, J. G. (Eds.) (1973). Current developments in the study of leadership, Carbondale u. Edwardsville
Fleishman, E. A., Harris, B. F. u. Burt, H. E. (1955). Leadership and supervision in industry, Ohio
Florin, I. u. Rosenstiel, L. v. (1976). Leistungsstörung und Prüfungsangst, München
Florin, I. u. Tunner, W. (Eds.) (1975). Therapie der Angst, München
Florin, I. (1978). Entspannung – Desensibilisierung, Stuttgart
Folkard, S., Monk, T. H. u. Lobban, M. C. (1979). Towards a predictive test of adjustment to shift work, Ergonomics, 22, 79–91
Fontin, M. (1997). Das Management von Dilemmata. Wiesbaden: Gabler
Ford, J. D. u. Ford, L. W. (1994). Logics of Identity, Contradiction, and Attraction in Change. Academy of Management Review, Vol. 19, 4, 756–785
Foss, B. M. (Ed.) (1966). New horizons in psychology, Harmondsworth Middlessex, Engl
Franke, H. (1975). Das Lösen von Problemen in Gruppen, München

Franke, H. (1976). Problemlösen als soziale Interaktion, Berlin
Franke, H. (1978). Organisationspsychologie als wissenschaftliche Disziplin. In: Mayer, A. (Ed.) Organisationspsychologie, Stuttgart, 332–349
Franke, J. (1976). Psychologie als Hilfsmittel einer personenorientierten Unternehmensführung, Herne, Berlin
Franke, J. (1980). Sozialpsychologie des Betriebes, Stuttgart
Franke, J., Hoffmann, K. u. Kamphaus, G. (1974). Zum Training gegen Überstrahlungseffekte bei der Beurteilung von Personen, Psychol. Beitr., 16, 188–202
Frankenhäuser, M. (1976). The role of peripheral catecholamines in adaption to understimulation and overstimulation. In: Serban, G. (Ed.) Psychopathology of human adaptation, New York
Frankenhäuser, M. u. Gardell, B. (1976). Underload and overload in working life: Outline of a multidisciplinary approach, J. Hum. Stress, 2, 35–46
Frederiksen, N., Saunders, D. R. u. Wand, B. (1957). The in-basket-test, Psychol. Monogr., 71(9) Whole No. 438
French, J. R. P. (1973). Person role fit, Occupational Mental Health, 3, 15–20
French, J. R. P. u. Raven, B. (1959). The bases of social power. In: Cartwright, D. (Ed.) Studies in social power, Ann Arbor, 150–167
French, J. R. P., Rogers, W. u. Cobb, S. (1974). A model of Person-Environment-Fit. In: Coelho, G. V. u.a. (Eds.) Coping and adaptation. New York
French, J. W. L. u. Bell, C. H. (jr.) (1977). Organisationsentwicklung, Bern, Stuttgart
Frese, E. (1998). Grundlagen der Organisation: Konzept – Prinzipien – Strukturen. Wiesbaden: Gabler
Frese, M. u. Rieger, A. (1980). Projektpapier, Berlin
Frese, M. (1977). Psychische Störungen bei Arbeitern, Salzburg
Frese, M. (1978). Partialisierte Handlung und Kontrolle: Zwei Themen der industriellen Psychopathologie. In: Frese, M. u.a. (Eds.) Industrielle Psychopathologie, Bern, 159–183
Frese, M. (1979a). Industrielle Psychopathologie. In: Groskurth, P. (Ed.) Arbeit und Persönlichkeit, Reinbek bei Hamburg, 47–72
Frese, M. (1979b). Arbeitslosigkeit, Depressivität und Kontrolle – eine Studie mit Wiederholungsmessung. In: Kieselbach, T. u. Offe, H.: Arbeitslosigkeit. Darmstadt: 222–257
Frese, M. (1980). Arbeit und psychische Störungen, Manuskript
Frese, M. u. Brodbeck, F. (1989). Computer in Büro und Verwaltung, Berlin: Springer
Frese, M., Greif, S. u. Semmer, N. (Eds.) (1978). Industrielle Psychopathologie, Bern, Stuttgart
Frey, B. S. (2000). Leistung durch Leistungslohn? Grenzen marktlicher Anreizsysteme für das Managerverhalten. Zeitschrift für Betriebswirtschaftliche Forschung, Sonderheft 44, 67–95
Frey, B. S. u. Osterloh, M. (1997). Sanktionen oder Seelenmassage? Motivationale Grundlagen der Unternehmensführung. DBW, 57, 307–321
Frey, B. S. u. Osterloh, M. (2000). Pay for performance – immer empfehlenswert? zfo, 69, 64–69
Fricke, E. u. Fricke W. (1980). Erfahrungen, Probleme und Perspektiven der Umsetzung arbeitswissenschaftlicher Erkenntnisse im Zusammenhang mit dem Aktionsprogramm zur Humanisierung des Arbeitslebens. In: Rosenstiel, L. v. u. Weinkamm, M. (Eds.) Humanisierung der Arbeitswelt – Vergessene Verpflichtung? Stuttgart, 155–164
Fricke, W. (1975). Arbeitsorganisation und Qualifikation, Bonn Bad Godesberg
Fricke, W. (1979). Möglichkeiten der Entwicklung und systematischen Anwendung eines Beteiligungsverfahrens auf betrieblicher Ebene. In: Pöhler, W. (Ed.). ...damit die Arbeit menschlicher wird, Bonn, 84–102
Friedeburg, L. v. (1963). Soziologie des Betriebsklimas, Frankfurt
Friedel-Howe, H. (1979). Entfremdung in der Industriearbeit – Ansatz eines sozialisationstheoretischen Bezugsrahmens der psychischen Vermittlung situativer Entfremdungspotentiale, Diss. Augsburg
Friedel-Howe, H. (1980). Qualifikation durch Arbeitsstrukturierung. In: Neubauer, R. u. Rosenstiel, L. v. (Eds.) Handbuch der angewandten Psychologie, München, 443–459

Friedel-Howe, H. (1986). Die Unterrepräsentation von Frauen im Management (Habilitationsschrift). München: Ludwig-Maximilians-Universität
Friedel-Howe, H. (1987). Frauen in Führungspositionen. In: Brengelmann, J. C., Rosenstiel, L. v. u. Bruns, G. (Eds.) Verhaltensmanagement in Organisationen, Frankfurt a. M., 284–293
Friedel-Howe, H. (1990a). Ergebnisse und offene Fragen der geschlechtsvergleichenden Führungsforschung, A & O, Zeitschrift für Arbeits- und Organisationspsychologie, 34 (N. F. 8), 3—16
Friedel-Howe, H. (1990b). Zusammenarbeit von weiblichen und männlichen Fach- und Führungskräften. In: Domsch, M. u. Regnet, E. (Eds.) Weibliche Fach- und Führungskräfte. Wege zur Chancengleichheit, 16–34, Stuttgart: Schäffer
Friedlander, F. u. Brown, L. D. (1974). Organization development, Ann. Rev. of Psychol., Bd. 25, Palo Alto
Friedman, M. u. Rosenman, R. (1977). The key cause-Type A behavior pattern. In: Monat, A. M., Lazarus, R. S. Stress and coping. New York
Friedrichs, G. u. Schaff, A. (Eds.) (1984). Auf Gedeih und Verderb. Mikroelektronik und Gesellschaft, Reinbek
Friedrichs, P. (1978). Arbeits- und Betriebspsychologie im öffentlichen Dienst der Bundesrepublik Deutschland, BDP (Ed.), 11, 15–36
Frieling, E. (1975). Psychologische Arbeitsanalyse, Stuttgart
Frieling, E. (1978). Arbeitsplatzanalyse. In: Mayer, A. (Ed.) Organisationspsychologie, Stuttgart, 72–104
Frieling, E. (1979). Möglichkeiten der Arbeitsstrukturierung am Beispiel der Volvo-Werke, Unveröffentlichter Vortrag, gehalten im Juli 1979 an der Universität München
Frieling, E. (1980a). Analyse von Managementpositionen in einem Großkonzern. In: Neubauer, R. u. Rosenstiel, L. v. (Eds.) Handbuch der Angewandten Psychologie, München, 175–188
Frieling, E. (1980b). Arbeitsaufgabe und Anforderung. In: Hoyos, Graf C., Kroeber-Riel, W., Rosenstiel, L. v. u. Strümpel, B. (Eds.) Grundbegriffe der Wirtschaftspsychologie, München, 488–495
Frieling, E. (1980c). Verfahren und Nutzen der Klassifikation von Berufen, Stuttgart: Poeschel
Frieling, E. u. Freiboth, M. (1997). Klassifikation von Gruppenarbeit und Auswirkungen auf subjektive und objektive Merkmale der Arbeitstätigkeit. Zeitschrift für Arbeits- und Organisationspsychologie, 41, 3, 120–130
Frieling, E. u. Hoyos, Graf C. (1978). Fragebogen zur Arbeitsanalyse (FAA), Deutsche Bearbeitung des PAQ, Unveröff. Papier der Universität Regensburg
Frieling, E. u. Sonntag, K. (1987). Arbeitspsychologie, Stuttgart
Frieling, E., Hoyos, Graf C. u. Lindberg, R. (1974). Some results with the German form of the position analysis questionnaire (PAQ), J. of Appl. Psychol., 59, 741–747
Frieling, E., Kannheiser, W. u. Hoyos, Graf, C. (1973). Untersuchungen zum Position Analysis Questionnaire (PAW) – Voruntersuchungen zur Erstellung von beruflichen Eignungsprofilen (unveröffentlicht), Regensburg
Fromkin, H. L. u. Streufert, S. (1976). Laboratory experimentation. In: Dunnette, M. D. (Ed.) Handbook of industrial and organizational psychology, Chicago, 415–465
Füllgrabe, U. (1980). Leistungsfaktoren. In: Neubauer, R. u. Rosenstiel, L. v. (Eds.) Handbuch der Angewandten Psychologie, München, 571–608
Funder, M. (1999). Paradoxien der Reorganisation: Eine empirische Studie strategischer Dezentralisierung von Konzernunternehmungen und ihrer Auswirkungen auf Mitbestimmung und industrielle Beziehungen. München: Reiner Hampp
Funke, U. (1993). Computergestützte Eignungsdiagnostik mit komplexen dynamischen Szenarios. Zeitschrift für Arbeits- und Organisationspsychologie, 37, 3, 109–118
Fürntratt, E. (1969). Differentieller-Wissens-Test (DWT), Göttingen
Fürstenberg, F. (1974). Normenkonflikte beim Eintritt in das Berufsleben. In: Scharmann, T. (Ed.) Schule und Beruf als Sozialisationsfaktoren, Stuttgart, 208–223
Fürstenberg, F. (1975). Konzeption einer interdisziplinär organisierten Arbeitswissenschaft, Forschungsbericht für die Kommission für wirtschaftlichen und sozialen Wandel, Nr. 64, Göttingen

Fürstenberg, F. (1978). Kriterien für die Verbesserung der Arbeitsqualität in Organisationen aus soziologischer Sicht. In: Bartölke, K., Kappler, E., Laske, S. u. Nieder, P. (Eds.) Arbeitsqualität in Organisationen, Wiesbaden 61–66
Fürstenberg, F. (1980). Organisationsklima. In: Grochla, E. (Ed.) Handwörterbuch der Organisation (2. Auflage), Stuttgart, 1563–1569
Fürstenberg, G. (1986). Japanische und europäische Organisationen im kulturspezifischen Vergleich. In: Bungard, W. u. Wiendieck, G. (Eds.) Qualitätszirkel als Instrument zeitgemäßer Betriebsführung, Landsberg, 117–128
Gagné, R. M. u. Fleishman, E. A. (1959). Psychology and human performance – an introduction to psychology, New York
Gallese, L. (1986). Von den Folgen des Erfolgs: Gespräche mit Spitzen-Managerinnen, Reinbek
Galperin, P. J. (1966). Die geistige Handlung als Grundlage für die Bildung von Gedanken und Vorstellung. In: Galperin, P. J. u.a. Probleme der Lerntheorie, Berlin (DDR), 33–49
Gardell, B. (1978). Arbeitsgestaltung, intrinsische Arbeitszufriedenheit und Gesundheit. In: Frese, M., Greif, S. u. Semmer, N. (Hrsg.). Industrielle Psychopathologie, Bern, 52–111
Gardner, W. L. u. Avolio, B. J. (1998). The charismatic relationship: A dramaturgical Perspective, Academy of Management Review, 23, 1, 32–58
Gassner, M. (1980). Bildungsbedarfsermittlung: Grundsätze und Methoden. In: Neubauer, R. u. Rosenstiel, L. v. (Eds.) Handbuch der Angewandten Psychologie, München, 250–262
Gaugler, E. u. Martin, A. (1979). Fluktuation und krankheitsbedingte Fehlzeiten als Indikatoren für Arbeitszufriedenheit. In: Wunderer, R. (Ed.) Humane Personal- und Organisationsentwicklung, Berlin, 93–112
Gaugler, E., Kolb, M. u. Ling, B. (1977). Humanisierung der Arbeitswelt und Produktivität, Ludwigshafen, 2. Aufl
Gaugler, E., Kolb, M. u. Mallach, A. (1979). Rationalisierung und Humanisierung von Büroarbeiten, München
Gebert, D. (1972). Gruppendynamik in der betrieblichen Führungsschulung, Berlin
Gebert, D. (1974). Organisationsentwicklung, Stuttgart
Gebert, D. (1976). Zur Erarbeitung und Einrührung einer neuen Führungskonzeption – Theorie und Empirie, Berlin
Gebert, D. (1978a). Organisation und Umwelt – Probleme der Gestaltung innovationsfähiger Organisationen, Stuttgart
Gebert, D. (1978b). Organisationspsychologie – einige einführende Überlegungen. In: Mayer, A. (Ed.) Organisationspsychologie, Stuttgart, 1–15
Gebert, D. (1979a). Mitarbeiterführung. In: Hoefert, H. W. u. Reichard, C. (Eds.) Leistungsprinzip und Leistungsverhalten im öffentlichen Dienst, Stuttgart
Gebert, D. (1979b). Beanspruchung – Nervöse Angespanntheit und subjektive Erschöpfungssymptome am Arbeitsplatz, Problem und Entscheidung, 23, 104–129
Gebert, D. (1979c). Arbeitsunzufriedenheit, Situationskontrolle und Resignation – Ergebnisse einer Befragung, Problem und Entscheidung, 23, 1–33
Gebert, D. (1979d). Dezentralisierung und Entformalisierung aus kontingenztheoretischer Sicht, Zeitschrift für Organisation, 2, 97–104
Gebert, D. (1980a). Organisationsentwicklung. In: Hoyos, Graf C., Kroeber-Riel, W., Rosenstiel, L. v. u. Strümpel, B. (Eds.) Grundbegriffe der Wirtschaftspsychologie, München, 282–291
Gebert, D. (1980b). Humanisierung durch Abbau von Einflußlosigkeit – ein Beitrag aus streß-theoretischer Sicht. In: Rosenstiel, L. v. u. Weinkamm, M. (Eds.) Humanisierung der Arbeitswelt – Vergessene Verpflichtung? Stuttgart, 165–178
Gebert, D. (1981). Belastung und Beanspruchung in Organisationen, Ergebnisse der Streßforschung, Stuttgart
Gebert, D. (1986). Degree and quality of job satisfaction in relation to the degree of identification with the company. In: Debus, R., Schroiff, H. W. (Eds.) The psychology of work and organization, North-Holland, Amsterdam, 425–429
Gebert, D. (1987a). Der personale Ansatz – Änderung des Sozialverhaltens durch Lernprozesse. In:

Rosenstiel, L. v., Einsiedler, H. E., Streich, R. K., Rau, S. (Eds.) Motivation durch Mitwirkung, Stuttgart, 119–125

Gebert, D. (1987b). Führung und Innovation. Zeitschrift für betriebswirtschaftliche Forschung, 39, 10, 941–951

Gebert, D. (1987c). Gruppengröße und Führung. In: Kieser, A., Reber, M., Wunderer, R. (Eds.) Handbuch der Führung, Stuttgart, Spalten 1048–1056

Gebert, D. (1989). Führungsstil und Absatzerfolg. In: Lücke, W. (Ed.) Betriebswirtschaftliche Steuerungs- und Kontrollprobleme, Wiesbaden

Gebert, D. (1995). Ist eine Vertrauensorganisation überhaupt möglich? io Management Zeitschrift, 64, 10, 66–70

Gebert, D. (1998). Dilemma und sozialer Wandel – Von Wandel zu Wandel und von Illusion zu Illusion? In: Rosenstiel, L. v. u. Schuler, H. (Eds.): Person – Arbeit – Gesellschaft. Augsburg, 151–171

Gebert, D. (2000). Zwischen Freiheit und Ordnung: Widersprüchlichkeit als Motor inkrementalen und transformationalen Wandels in Organisationen – eine Kritik des punctuated equilibrium-Modells. In: Schreyögg, G. u. Conrad, P. (Eds.): Organisationaler Wandel und Transformation, Managementforschung , 10, Frankfurt/Main, 1–32

Gebert, D. u. Boerner, S. (1995). Führungskräfte im Dilemma – Zurück zur geschlossenen Gesellschaft? Frankfurt: Campus-Verlag

Gebert, D. u. Boerner, S. (1999a). Krisenmanagement durch Vertrauen? Zur Problematik betrieblicher Öffnungsprozesse in ökonomisch schwierigen Situationen. In: Freimuth, J. (Ed.): Die Angst der Manager. Göttingen: Verlag für Angewandte Psychologie, 137–161

Gebert, D. u. Boerner, S. (1999b). The Open and the Closed Corporation as conflicting Forms of Organization. The Journal of Applied Behavioural Science, Vol. 35, 3, 341–359

Gebert, D. u. Heller, W. (1992). Traditionale Motivationsstrukturen und ökonomischer Erfolg. In: Gebert, D. (Ed.): Traditionsorientierung und unternehmerischer Erfolg. Saarbrücken: Verlag Breitenbach Publishers, 137–180

Gebert, D. u. Steinkamp, T. (1992). Mitarbeiterführung. In: Gebert. D. (Ed.) Traditionsorientierung und unternehmerischer Erfolg, Saarbrücken

Gebert, D. u. Ulrich, J. (1990). Erfolgreiches Führen im Kreditgeschäft, Wiesbaden

Gebert, D. u. Ulrich, J. (1991). Benötigen Theorie und Praxis ein verändertes Verständnis von Führung? DBW, 51, 6, 749–761

Gebert, D., Wendler, E. u. Steinkamp, T. (1987). Führungsstil und Absatzerfolg in Kreditinstituten, Wiesbaden

Gebert, D., Boerner, S. u. Matiaske, W. (1998). Offenheit und Geschlossenheit in Organisationen – zur Validierung eines Meßinstruments (FOGO – Fragebogen zur Offenheit/Geschlossenheit in Organisationen). Zeitschrift für Arbeits- und Organisationspsychologie, 42, 1, 15–26

Gebert, D., Boerner, S. u. Agafonov, J. G. (1999). Attitudes Toward Change Initiatives in Corporate Cultures Undergoing Transformation: Two Examples from Moscow. Eastern European Economics, 37, 6, 5–25

Gemünden, H. G. u. Högl, M. (2000a). Determinanten und Wirkungen der Teamarbeit in innovativen Projekten. In Högl, M. u. Gemünden, H. G. (Eds.), Management von Teams (S. 33–66). Wiesbaden: Gabler

Gemünden, H. G. u. Högl, M. (Eds.) (2000b). Management von Teams. Wiesbaden: Gabler

Gersick, C. J. G. (1991). Revolutionary Change Theories: A Multilevel Exploration of the Punctuated Equilirium Paradigm. The Academy of Management Review, 16, 1, 10–36

Gerum, E. (1978). Gesicherte arbeitswissenschaftliche Erkenntnisse über die menschengerechte Gestaltung der Arbeit (§§ 90, 91 BGV) als Problem wissenschaftlicher Beratung der Praxis. In: Bartölke, K., Kappler, E., Laske, S. u. Nieder, P. (Eds.) Arbeitsqualität in Organisationen, Wiesbaden, 29–40

Ghiselli, E. E. u. Brown, C. W. (1955). Personnel and industrial psychology. New York

Ghiselli, E. E. u. Johnson, D. A. (1970). Need satisfaction, managerial success, and organizational structure, Pers. Psychol., 23, 569–576

Gibb, J. R. (1972). Das Vertrauensklima. In: Bradford, L. P., Gibb, J. R. u. Benne, K. D. (Eds.) Gruppen-Training, Stuttgart
Giddens, A. (1988). Die Konstitution der Gesellschaft. Grundzüge einer Theorie der Strukturierung. Frankfurt a.M., New York: Campus
Giese, F. (1927). Methoden der Wirtschaftspsychologie, Berlin: Urban u. Schwarzenberg
Glasl, F. u. Houssaye, L. de la (1975). Organisationsentwicklung, Bern, Stuttgart
Glass, D. C. (1977). Behavior patterns, stress, and coronary disease. New York
Göbel, S. u. Frese, M. (1999). Persönlichkeit, Strategien und Erfolg bei Kleinunternehmern. In: Moser, K., Batinic, B. u. Zempel, J. (Eds.): Unternehmerisch erfolgreiches Handeln. Göttingen: Verlag für Angewandte Psychologie, 93–113
Gohl, J. (1977). Arbeit im Konflikt: Probleme der Humanisierungsdebatte. In: Wirtschafts- und sozialwissenschaftliche Studientexte. München: Goldmann
Goldberg, L. R. (1993). The structure of phenotypic personality trait. American Psychologist, 48, 26–34
Goldstein, J. L. (1980). Training in work organizations. In: Annual review of psychology, 31, 229–272
Golembiewski, R. T. (1972). Renewing organizations, Illinois
Gollwitzer, P. M. (1996). Das Rubikonmodell der Handlungsphasen. In Kuhl, J. u. Heckhausen, H. (Eds.), Enzyklopädie der Psychologie: Serie IV. Motivation, Volition und Handlung (Bd. 4, S. 531–581). Göttingen: Hogrefe
Goshal, S. u. Moran, P. (1996). Bad for practice: A critique of the transaction cost theory. Academy of Management Review, 21, 13–47
Götte, M. (1962). Das Betriebsklima, Göttingen
Graen, G. (1976). Role-making processes within complex organizations. In: Dunnette, M. D. (Ed.) Handbook of industrial and organizational psychology, Chicago, 1201–1245
Graen, G., Orris, J. B. u. Alvares, K. M. (1971). Contingency model of leadership effectiveness: Some experimental results, Journ. of Appl. Psychol., 55, 196–201
Gray, J. (1971). Angst und Streß, Entstehung und Überwindung von Neurosen und Frustrationen, München: Kindler
Gray, M., Hodson, N. u. Gordon, G. (1993). Teleworking explained, Chichester: Wiley
Green, S. G. u. Mitchell, T. R. (1979). Attributional processes of leaders in Leader-Member-Interactions. Organization behavior and human performance, 23, 429–458
Greenberg, J. (1987). A taxonomy of organizational justice theories. Academy of management journal, 12, 9–22
Greenberg, J. (1993). Justice and organizational citizenship: A commentary on the state of the science. Employee Responsibilities and Right Journal, 6, 249–256
Greenwood, R. u. Hinings, C. R. (1996). Understanding Radical Organizational Change: Bringing Together the Old and New Institutionalism. The Academy of Management Review, 21, 4, 1022–1054
Greif, S. (1978). Intelligenzabbau und Dequalifizierung durch Industriearbeit? In: Frese, M., Greif, S. u. Senner, N. (Hrsg.) Industrielle Psychopathologie, Bern, 232–256
Greif, S. (1979a). Altersabbau intellektueller Fähigkeiten und sozialer Kompetenzen – eine Folge reduzierter Arbeitsbedingungen. In: Groskurth, P. (Ed.) Arbeit und Persönlichkeit, Reinbek bei Hamburg, 73–86
Greif, S. (1979b). Tjänstemännens arbetsmiljöer, Psyko-social arbetsmiljö och hälsa, Rapport Nr. 24, Stockholm, Psykologiska Institutionen
Greif, S. (1983). Konzepte der Organisationspsychologie: Eine Einführung in grundlegende theoretische Ansätze, Bern: H. Huber
Greif, S. u. Semmer, N. (Eds.) Industrielle Psychopathologie, Bern, 52–111, 232–256
Greif, S., Holling, H. u. Nicholson, N. (1989). Arbeits- und Organisationspsychologie, München: Psychologie Verlags Union
Grochla, E. (1972). Unternehmensorganisation, Reinbek bei Hamburg
Grochla, E. u. Kubicek, H. (1976). Einführung in die informationssystemorientierten Ansätze. In: Grochla, E. (Ed.) Organisationstheorie, 2. Teilband, Stuttgart, 428–444

Groeben, W. u. Scheele, B. (1977). Argumente für eine Psychologie des reflexiven Subjekts, Darmstadt
Groskurth, P. (1975). Zur Systemanalyse der »Neuen Formen der Arbeitsgestaltung«. In: Groskurth, P. u. Volpert, W. (Eds.) Lohnarbeitspsychologie, Hamburg, 197–288
Groskurth, P. u. Tietze, B. (1977). Arbeitsteilung und berufliche Sozialisation. In: Gohl, J. (Ed.) Arbeit im Konflikt, München 1977
Groskurth, P. u. Volpert, W. (1975). Lohnarbeitspsychologie, Frankfurt
Grubitzsch, S. u. Rexilius, G. (1978). Testtheorie-Testpraxis, Hamburg
Grün, O. (1980). Informale Organisation. In: Grochla, E. (Ed.) Handwörterbuch der Organisation (2. überarb. Auflage), Stuttgart, 881–889
Grunow, D. (1976). Personalbeurteilung, Stuttgart
Grunwald, W. u. Lilge, H.-G. (Eds.) (1980). Partizipative Führung. Betriebswirtschaftliche und sozialpolitische Aspekte, Bern, Stuttgart: Haupt
Guest, R. (1962). Organizational change: The effect of successful leadership, Illinois
Guest, R. H. (1956). Off time and the foreman. Personnel, 32, 478–486
Guilford, J. P. (1967). The nature of human intelligence, New York
Guion, R. M. (1973). A note on organizational climate, Org. Behav. and Hum. Perf., 9, 120–125
Gullowsen, J. (1972). A measure of work group autonomy. In: Davis, L., Taylor, J. (Eds.) Job design, Harmondsworth, 374–390
Guthke, J. (1974). Zur Diagnostik der intellektuellen Lernfähigkeit, Berlin: Dt. Verl. d. Wiss
Guzzo, R. A., Jette, R. D. u. Katzell, R. A. (1985). The effects of psychologically based intervention programs on worker productivity: A meta-analysis, Personnel Psychology, 38, 275–291
Hacker, W. (1973). Arbeits- und ingenieurspsychologische Beiträge zur sozialistischen Rationalisierung der Volkswirtschaft. In: Hacker, W., Timpe, K.-P. u. Vorwerg, M. (Eds.) Arbeits-, Ingenieur- und sozialpsychologische Beiträge zur Sozialistischen Rationalisierung, Berlin
Hacker, W. (1976). Psychische Regulation von Arbeitstätigkeiten, Berlin (DDR)
Hacker, W. (1976). Psychische Regulation von Arbeitstätigkeiten: Innere Modelle, Strategien in Mensch-Maschine-Systemen, Belastungswirkungen. In: Hacker, W. (Ed.) Psychische Regulation von Arbeitstätigkeiten, Berlin, 21–38
Hacker, W. (1978). Allgemeine Arbeits- und Ingenieurpsychologie, Berlin
Hacker, W. (1986). Arbeitspsychologie. Psychische Regulation von Arbeitstätigkeiten, Bern: Huber
Hacker, W., Timpe, K.-B. u. Vorwerg, M. (1973). Arbeits-, Ingenieur- und sozialpsychologische Beiträge zur Sozialistischen Rationalisierung, Berlin
Hackman, J. R. (1966). Group influences on individuals. In: Dunette, M. D. (Ed.). Handbook of industrial and organizational psychology, Chicago, S. 1506–1518
Hackman, J. R. (1968). Effects of task characteristics on group products. Journal Exp. Soc. Psychol., 4, 162–187
Hackman, J. R. (1969a). The motivated working adult. New York
Hackman, J. R. (1969b). Towards understanding the role of tasks in behavioral research, Acta Psychologica, 31, 97–128
Hackman, J. R. (1970). Tasks and task performance in research on stress. In: McGrath, J. E. (Ed.) Social and psychological factors in stress, New York, 212–237
Hackman, J. R. (1976). Group influences on individuals. In: Dunnette, M. D. (Ed.) Handbook of industrial and organizational psychology, Chicago, 1455–1526
Hackman, J. R. (1978). The design of self-managing work groups. In: King, B. u. Fiedler, F. E. (Eds.) Managerial control and organizational democracy, New York, 61–91
Hackman, J. R. u. Oldham, G. R. (1974). The job diagnostic survey, New Haven
Hackman, J. R. u. Oldham, G. R. (1975). Development of the job diagnostic survey, Journal of App. Psychol., 60, 159–170
Hage, J. u. Dewar, R. (1973). Elite values versus organization structure in predicting innovations, Adm. Sci. Quart., 18, 279–290
Hahn, D u. Link, J. (1973). Motivationsfördernde Arbeitsgestaltung und Investitionsplanung. In: Die Quelle, Funktionärszeitschrift des DGB, 23, 219–221

Hahn, M. (1980). Gestaltung von Organisationsstrukturen. In: Neubauer, R. u. Rosenstiel, L. v. (Eds.) Handbuch der Angewandten Psychologie, München, 907–919

Haire, M., Ghiselli, E. E. u. Porter, L. W. (1966). Managerial thinking. An international study, New York: J. Wiley u. Sons, INC

Hall, D. T. u. Nougaim, K. E. (1968). An examination of Maslow's need hierarchy in an organizational setting. Organ. Behav. hum. Perform., 3, 12–35

Hall, E. u. Hall, M. (1984). Verborgene Signale. Über den Umgang mit Franzosen, Hamburg: Gruner u. Jahr

Hall, J. u. Watson, W. H. (1970). The effects of a normative intervention on group decisionmaking performance, Human Relations, 23, 299–317

Hall, R. H. (1968). Professionalization and bureaucratization, American Sociological Review, 33, 92–104

Hall, R. V. (1971). Managing behavior. Behavior Modification, Lawrence: H. u. H. Enterprises

Haller, M., Bleicher, K., Brauchlin, E., Pleitner, H. J., Wunderer, R. u. Zünd, A. (1993). Globalisierung der Wirtschaft. Einwirkungen auf die Betriebswirtschaftslehre

Hamilton, V. u. Warburton, D. (Eds.) (1979). Human stress and cognition, New York

Harrison, R. (1977). Rollenverhalten: ein »harter« Ansatz zur Team-Entwicklung. In: Sievers, B. (Ed.) Organisationsentwicklung als Problem, Stuttgart, 116–133

Harrison, R. (1978). Person-environment fit and job stress. In: Cooper, C. L., Payne, R. (Eds.) Stress at work, New York, 175, 205

Hartig, M. (Ed.) (1975). Selbstkontrolle, München

Hartley, J. (1963). Some guides for evaluating programmes, Publ. by the Ass. for Program., Learning

Hartmann, H. A. (1973). Psychologische Diagnostik, Stuttgart (2. Auflage)

Hartmann, H. A. (1980). Personalentscheidung. In: Hoyos, Graf C. u.a. (Eds.) Grundbegriffe der Wirtschaftspsychologie, München, 168–176

Harvey (Ed.) Readings in sociobiology (S. 52–97). Reading

Hatchuel, A. (1997). Coordination and Control. In: Sorge, A. u. Warner, M. (Eds.): The IEBM Handbook of Organizational Behavior. London, 330–339

Hawes, R. u. Kealey, D. (1980). Canadians in development. Ottawa: Canadian International Development Agency

Heckhausen, H. (1963). Hoffnung und Furcht in der Leistungsmotivation, Meisenheim

Heckhausen, H. (1965). Leistungsmotivation. In: Thomae, H. (Ed.) Handbuch der Psychologie in 12 Bänden, Bd. 2, Allgemeine Psychologie II. Motivation, Göttingen, 602–702

Heckhausen, H. (1971). Trainingskurse zur Erhöhung der Leistungsmotivation und der unternehmerischen Aktivität in einem Entwicklungsland. Eine nachträgliche Analyse des erzielten Motivwandels, Zt. f. Entwicklungspsychol. und Päd. Psychol., 3, 253, 268

Heckhausen, H. (1976). Relevanz der Psychologie als Austausch zwischen naiver und wissenschaftlicher Verhaltenstheorie, Psychol. Rundschau, 27, 1–11

Heckhausen, H. (1987). Perspektiven einer Psychologie des Wollens. In Heckhausen, H., Gollwitzer, P. u. Weinert, F. (Eds.), Jenseits des Rubikon. Der Wille in den Humanwissenschaften (S. 121–142). Berlin: Springer

Heckhausen, H. (1989). Motivation und Handeln (2. Aufl.). Berlin: Springer

Heckhausen, H. u. Gollwitzer, P. M. (1987). Thought contents and cognitive functioning in motivational versus volitional states of mind. Motivation und Emotion, 11, 101–120

Heider, F. (1958). The psychology of interpersonal relations. New York

Heinen, E. (1971). Grundlagen betriebswirtschaftlicher Entscheidungen, Das Zielsystem der Unternehmung, Wiesbaden (2. Auflage)

Heiss, R. (Ed.) (1964). Handbuch der Psychologie, Band 6, Psychologische Diagnostik, Göttingen

Heller, F. u. Yuki, G. (1969). Participation, managerial decision-making, and situational variables, Organiz. Behav. Human. Perform., 4, 227–241

Hemphill, J. K. (1956). Group dimensions: a manual for their measurement, Columbus

Hendrix, W. H. u.a. (1985). Behavioral and physiological consequences of stress and its antecedent factors. Journal of Applied Psychology, Vol. 70, 1, 188–210

Hengsbach, F. (1980). Vom Mehrhaben zum Mehrsein – Humanisierung der Arbeit in der katholischen Soziallehre. In: Rosenstiel, L. v. u. Weinkamm, M. (Eds.) Humanisierung der Arbeitswelt – Vergessene Verpflichtung? Stuttgart, 67–79

Henry, J. P. u. Stephens, P. M. (1977). Stress, health and the social environment, New York

Herber, H. F. (1976). Motivationspsychologie, Stuttgart

Herrmann, T. (1973). Braucht die Psychologie eine Gegenstandsbestimmung? Zeitschrift für klinische Psychologie und Psychotherapie, 21, 292–297

Herrmann, T. (1979). Psychologie als Problem, Stuttgart

Hersey, P. u. Blanchard, K. H. (1977). Management of organizational behavior. Prentice Hall, Englewood Cliffs

Hertel, G., Bretz, E. u. Moser, K. (2000). Freiwilliges Arbeitsengagement: Begriffserklärung und Forschungsgegenstand. Gruppendynamik, 31, 2, 121–140

Hertog, F. J. den (1978). Arbeitsstrukturierung, Stuttgart

Herzberg, F. (1966). Work and the nature of man, New York

Herzberg, F. (1972). One more time: How do you motivate employees? In: Davis, L. E. u. Taylor, J. Job design, Harmondsworth

Herzberg, F., Mausner, B. M. u. Snydermann, B. (1959). The motivation to work

Hickson, D. J., Pugh, D. S. u. Phesey, D. C. (1969). Operations technology and organization structure – an empirical reappraisal, Adm. Sci. Quart., 14, 378–397

Hill, F., Fehlbaum, R. u. Ulrich, W. (1976). Organisationslehre, Band I und II, Stuttgart

Hiltmann, Hildegard (1977). Kompendium der psychodiagnostischen Tests, Bern, Stuttgart (3. Aufl.)

Hinrichs, J. R. (1976). Personnel Training. In: Dunnette, M. D. (Ed.) Handbook of industrial and organizational psychology, Chicago, 829–860

Hirschmann, A. O. (1970). Exit, voice, and loyality: Responses to decline in firms, organizations, and states. Cambridge, MA: Harvard University Press

Hockel, M., Molt, W. u. Rosenstiel, L. v. (Eds.) Handbuch der Angewandten Psychologie in 3 Bänden, München 1980/81

Hoepfner, F. G. (Ed.) (1975). Gruppendynamik, München

Hoff, A., Schlottfeld, C. (2001). »Vertrauensarbeitszeit« und arbeitszeitrechtliche Aufzeichnungspflicht nach § 16 II ArbZG. Neue Zeitschrift für Arbeitsrecht, 10/2001, 530–533

Hoff, A., Hermann, L. u.a. (2000). Formen flexibler Arbeitszeit. In: Flexibel Arbeiten. Der sparsame Umgang mit der Ressource Arbeitszeit. Stuttgart: Deutscher Sparkassen Verlag, 7–79

Hoffmann, F. (1973). Entwicklung der Organisationsforschung, Wiesbaden

Hofmann, L. M. u. Regnet, E. (Eds.) (1994). Innovative Weiterbildungskonzepte. Trends, Inhalte und Methoden der Personalentwicklung in Unternehmen. Schriftenreihe Psychologie für das Personalmanagement. Göttingen: Hogrefe – Verlag für Angewandte Psychologie

Hofmann, M. (1979). Personalentwicklung und mittlere Lebenskrise von Mitarbeitern. In: Wunderer, R. (Ed.) Humane Personal- und Organisationsentwicklung, Berlin, 171–187

Hofstätter, P. R. (1957). Gruppendynamik, Kritik der Massenpsychologie, Reinbek bei Hamburg (2. Auflage 1971)

Hofstätter, P. R. (1967). Sozialpsychologie, Berlin

Hofstätter, P. R. u. Tack, W. H. (1967). Menschen im Betrieb – Zur Sendung »Rädchen im Getriebe«, Stuttgart

Hofstede, G. (1980). Culture's consequences, Beverly Hills: Sage Publ

Höhn, G. u. Seidel, G. (1969). Soziometrie. In: Graumann, C. F. (Ed.) Handbuch der Psychologie, Band 7, Sozialpsychologie 1. Halbband, Göttingen

Holahan, C. J. (1978). Environment and behavior – a dynamic perspective, New York

Holdaway, E. A., Newberry, J. F., Hickson, D. J. u. Heron, R. P. (1975). Dimensions of organizations in complex societies – The educational sector, Adm. Sci. Quart. 20, 1975, 37–58

Hollander, E. P. (1987). Führungstheorien – Ideosynkrasiekreditmodell. In A. Kieser (Ed.), Handwörterbuch der Führung (S. 790–803). Stuttgart: Poeschel

Hollander, E. P. (1993). Legitimacy, power, and influence: A perspective on relational features of leadership. In M. M. Chemers u. R. Ayman (Eds.), Leadership theory and research: Perspectives and directions (S. 29–47). New York: Academic Press
Hollander, E. P. u. Julian, J. W. (1968). Leadership. In: Borgatta, E. F. u. Lambert, W. W. (Eds.), Hanbook of personality theory and research (S. 890–899). Chicago: Rand McNally
Holling, H. u. Liepmann, D. (1992). Personalentwicklung. In: H. Schuler (Ed.) Lehrbuch Organisationspsychologie, Bern
Holling, H. u. Liepmann, D. (1993). Personalentwicklung. In: H. Schuler (Ed.) Lehrbuch Organisationspsychologie, Bern: Huber
Hollingworth, L. S. (1926). Gifted Children: their nature and nurture, New York
Holm, K. (1969). Zum Begriff der Macht, Kölner Zeitschrift f. Soz. und Soz. Psych., 21, 269–288
Holzkamp, K. (1964). Theorie und Experiment in der Psychologie, eine grundlagenkritische Untersuchung, Berlin
Homans, G. C. (1960). Theorie der sozialen Gruppe, Köln
Honda, S. (1980). Honda über Honda, Stuttgart
Hope Pelled, L. (1996), Demographic Diversity, Conflict, and Work Group Outcomes: An Intervening Process Theory, Organization Science, Vol. 7, 6, 615–631
Hoppmann, K. (1980). Mitwirkung von Arbeitsgruppen beim betrieblichen Entscheidungsprozeß. In: Rosenstiel, L. v. u. Weinkamm, M. (Eds.) Humanisierung der Arbeitswelt – Vergessene Verpflichtung? Stuttgart, 95–106
Horn, W. (1962). Leistungsprüfsystem (LPS), Göttingen
House, J. S. u. Wells, J. A. (1978). Occupational stress, social support, and health. In: Proceedings »Reducing Occupational Stress«, Washington, NIOS, U. S. Departm. of Health, Education and Welfare
House, R. J. (1971). A path goal theory of leader effectiveness. Administrative Science Quarterly 16, 321–338
House, R. J. (1977). A theory of charismatic leadership. In: Hunt, J. G. u. Larson, L. (Eds.) Leadership: The cutting edge, 189–207, Carbondale: Southern Illinois University Press
House, R. J. u. Shamir, B. (1993). Toward the integration of transformational, charismatic and visionary theories. In: Chemers, M. M. u. Ayman, R. (Eds.): Leadership theory and research. Perspectives and direction. San Diego u.a., 81–107
House, R. J., Spangler, W. D. u. Woycke, J. (1991). Personality and charisma in the U. S. presidency: A psychological theory of leader effectiveness. In: Administrative Science Quarterly, 36(3), 364–396
Hoyer, H. u. Knuth, M. (1976). Die teilautonome Gruppe – Strategie des Kapitals oder Chance für die Arbeiter? In: Kursbuch 43: Arbeitsorganisation – Ende des Taylorismus? Rotbuch Verlag Berlin, 118–132
Hoyos, Graf C. (1968). Test für Risiko-Verhalten (Manuskript)
Hoyos, Graf C. (1974). Arbeitspsychologie, Stuttgart
Hoyos, Graf C. (1978). Problematik der Stressoren in der Arbeitswelt. In: IfaA (Ed.) Stress in der Arbeitswelt, Köln, 53–76
Huber, G. u. Wagner-Link, A. (1980). Streß: Ursachen und Bewältigung. In: Neubauer, R. u. Rosenstiel, L. v. (Eds.) Handbuch der Angewandten Psychologie, München, 707–719
Huck, J. R. (1973). Assessment-Centers: A review of the external and internal validities, Personnel Psychology, 26, 191–212
Huff, J. O., Huff, A. S. u. Thomas, H. (1992). Strategic Renewal and the Interaction of Cumulative Stress and Inertia. Strategic Management Journal, 13, 55–75
Hulin, C. L. u. Blood, M. R. (1968). Job enlargement, individual differences, and worker responses, Psychol. Bulletin, 69, 41–55
Humm, F. A. (1978). Die Ermittlung von Ausbildungsbedürfnissen für Führungskräfte auf der Grundlage von Schulungsmaßnahmen, Diessenhofen 1978
Huse, E. F. u. Bowditch, J. L. (1973). Behavior in organizations, London

Ilinitch, A. Y., D'Aveni, R. A. u. Lewin, A. Y. (1996). New Organizational Forms and Strategies for Managing in Hypercompetitive Environments. Organization Science, Vol. 7, 3, 211–220

Infratest Sozialforschung (1985). Flexible Arbeitszeiten. Reihe: Humanisierung des Arbeitslebens, Band 68, Frankfurt

Ingenkamp, K. (1963). Psychologische Tests in der Hand des Lehrers, Weinheim

Inglehart, R. (1977). The silent revolution. Changing values and political styles among western politics, Princeton, N. J

Iris, B. u. Barrett, G. V. (1972). Some relations between job and life satisfaction and job importance, Journ. of Appl. Psychol, 56, 301 ff.

Irle, M. (1963). Soziale Systeme – Eine kritische Analyse der Theorie von formalen und informalen Organisationen, Göttingen

Irle, M. (1970). Führungsverhalten in organisierten Gruppen. In: Mayer, A., Herwig, B. (Eds.) Handbuch der Psychologie, Bd. 9, 521–551

Irle, M. (1975). Lehrbuch der Sozialpsychologie, Göttingen

Irle, M. (1979). Das Instrument der »Täuschung« in der Verhaltens- und Sozialwissenschaftlichen Forschung, Zt. f. Sozialpsychologie, 10, 305–330

Irle, M. (1980). Kommunikation in Organisationen. In: Hoyos, Graf C., Kroeber-Riel, W., Rosenstiel, L. v. u. Strümpel, B. (Eds.) Grundbegriffe der Wirtschaftspsychologie, München, 378–385

Ishikawa, K. (1976). Guide to Quality Control. Asian Productivity Organization

Ivancevich, J. M. (1969). Perceived need satisfactions of domestic, versus overseas managers. Journal of Applied Psychology, 53, 274–278

Jackson, J. (1965). Structural characteristics of norms. In: Steiner. J., Fishbein u. M. (Eds.) Current studies in social psychology, New York

Jackson, J. (1966). A conceptual and measurement model for norms and roles, Pacific Soziological Review, 9, 37–47

Jacobi, U. u. Weltz, F. (1981). Zum Problem der Beanspruchung beim Maschinenschreiben. In: Frese, M. (Ed.) Streß im Büro, 180–198

Jacobsen, E. (1938). Progressive relaxation, Chicago

Jäger, A. O. (1967). Dimensionen der Intelligenz, Göttingen

Jäger, A. O. (1970). Personalauslese. In: Mayer, A. u. Herwig, B. (Eds.) Handbuch der Psychologie, Band 9, Betriebspsychologie, Göttingen, 613–667

Jäger, R., Berbig, E., Geisel, B., Gosslar, H., Hagen, I. u. Liebich, W. (1973). Mannheimer Biografisches Inventar (MBI), Göttingen

James, L. R. u. Jones, A. P. (1974). Organizational climate: A review of theory and research, Psychol. Bull., 81, 1096–1112

James, L. R. u. Jones, A. P. (1976). Organizational structure – a review of structural dimensions and their conceptual releationships with individual attitudes and behavior, Org. Behav. u. Hum. Perf., 16, 74–113

Janis, I. L. u. Mann, L. (1977). Decision making – a psychological analysis of conflict, choice, and commitment, New York

Jarvenpaa, S. L. u. Leidner, D. E. (1999). Communication and trust in global virtual teams. Organization Science, 10, 6, 791–815

Jehn, K. A. (1995). A Multimethod Examination of the Benefits and Detriments of Intragroup Conflict, Administrative Science Quarterly, 40, 2, 256–282

Jenkins, C. D. (1977). Epidemiological studies of the psychosomatic aspects of coronary heart disease. In: Kasl, S. (Ed.) Advances in psychosomatic medicine, München, 1–19

Jenkins, G. D., Nadler, D. A., Lawler, E. E. u. Cammann, C. (1975). Standardized observations: An approach to measuring the nature of jobs, Journ. of Appl. Psychol., 60, 171–181

Johannesson, R. E. (1973). Some problems in the measurement of organizational climate, Org. Behav. and Hum. Perf., 10, 118–144

Jones, A. P. u. James, R. R. (1979). Organizational climate: Dimensions and relationships of individual and aggregated work environment perceptions, Org. Behav. and Hum. Perf., 23, 201–250

Jones, J. J. u. DeCotis, T. A. (1969). Job analysis. National survey findings, Pers. Journ., 48, 805–809

Judge, T. A., Higgins, C. A., Thoresen, C. J. u. Barrick, M. R. (1999). The big five personality traits, general mental ability, and career success across the life span. Personnel Psychology, 52, 621–652

Jung, P. (1988). Die Konzeption der Personalentwicklung in der Allianz-Versicherungs-AG. Wirtschaft und Gesellschaft im Beruf, Sonderheft, Oktober, 42–48

Junge, K. (1998). Vertrauen und Grundlagen der Sozialtheorie – Ein Kommentar zu James S. Coleman. In: Müller H. P. u. Schmid, M. (Hrsg.) Norm, Herrschaft und Vertrauen. Opladen: Westdeutscher Verlag, 26–63

Jurgenson, C. (1948). What job applicants look for in a company, Pers. Psychol., 1, 433–445

Kahn, R. L. (1977). Organisationsentwicklung: Einige Probleme und Vorschläge. In: Sievers, B. (Ed.) Organisationsentwicklung als Problem, Stuttgart, 281–301

Kahn, R. L. (1978). Konflikt, Ambiguität und Überforderung: Drei Elemente des Streß am Arbeitsplatz. In: Frese, M., Greif, S. u. Semmer, S. (Eds.) Industrielle Psychopathologie, Bern, Stuttgart, 18–33

Kaminski, G. (1959). Das Bild vom Anderen, Berlin

Kaminski, G. (1970). Verhaltenstheorie und Verhaltensmodifikation, Entwurf einer integrativen Theorie psychologischer Praxis am Individuum, Stuttgart

Kaminski, G. (1976). Nachlese und Ausblick. In: Kaminski, G. (Ed.) Umweltpsychologie, Stuttgart, 237–263

Kanfer, F. H. u. Goldstein, A. P. (1977). Möglichkeiten der Verhaltensänderung, München, Wien

Kanter, R. M. (1977). Men and women of the corporation, New York: Basic Books

Kaplan, S. (1972). The challenge of environmental psychology: A proposal for a new functionalism, American Psychologist, 27, 140–143

Kappler, E. (1980). Partizipation. In: Grochla, E. Handwörterbuch der Organisation, Stuttgart: Poeschel, Sp. 1845–1855

Karasek, R. (1978). Job socialization, A longitudinal study of work, political und leisure activity, Revised working paper Nr. 59, March 15, Swedish Institute for Social Research, Stockholm, Schweden

Karasek, R. (1979). Job Demands, job decision latitude and mental strain: Implications for job redesign, Adm. Sci. Quart., 24, 285–308

Kaschube, J. (1997). Ziele von Führungsnachwuchskräften. München: Hampp

Kaschube, J. u. Rosenstiel, L. v. (2000). Motivation von Führungskräften durch leistungsorientierte Bezahlung. zfo, 69, 70–76

Kashima, Y. u. Callan, V. J. (1994). The japanese work group. In Dunnette, M. D. u. Hough, L. M. (Eds.) Handbook of industrial and organisational psychology (S. 609–645). Palo Alto: Consulting Psychologists Press

Kasl, S. (1978). Epidemiological contributions to the study of work stress. In: Cooper, C. L. u. Payne, R. (Eds.) Stress at work, New York, 3–50

Katschnig, H. (1980). Lebensverändernde Ereignisse als Ursache psychischer Erkrankungen – Eine Kritik des globalen Ansatzes in der Life-Event-Forschung. In: Katschnig, H. (Ed.) Sozialer Stress und psychische Erkrankung, München, 1–93

Katz, D. (1960). The functional approach to the study of attitude change, Publ. Opin. Quart., 24, 163–204

Katz, D. u. Kahn, R. L. (1978). The social psychology of organizations, zweite Auflage, New York

Katz, H. C., Kochan, T. A. u. Weber, M. R. (1985). Assessing the effects of industrial relations systems and efforts to improve the quality of working life on organizational effectiveness. Academy of Management Journal, Vol. 28, 3, 509–526

Kauffeld, S. (2001). Teamdiagnose. Göttingen: Vlg. für Angewandte Psychologie

Kauffeld, S. u. Frieling, E. (2001). Der Fragebogen zur Arbeit im Team (F-A-T). Zeitschrift für Arbeits- und Organisationspsychologie, 45, 26–33

Kauffeld, S. u. Grote, S. (2001). Teams in Organisationen: Diagnose und Entwicklung. Zeitschrift für Personalführung, 1, 26–33

Kauffeld, S., Grote, S. u. Frieling, E. (2001). Diagnose der beruflichen Handlungskompetenz bei der Bewältigung von Optimierungsaufgaben in Gruppen. Zeitschrift für Arbeitswissenschaft, 54, 3–4, 211–219

Kealey, D. u. Ruben, B. (1983). Cross-Cultural Personnel Selection Criteria. Issues and Methods. In: Landis, D. u. Brislin, W. (Eds.) Handbook of intercultural Training (Bd. 1, S. 155–175), New York: Pergamon-Press

Kehr, H. (2000). Motivation und Volition. Habilitationsschrift Fak. für Psychologie und Pädagogik LMU

Kehr, H. M. (2000). Zur Legitimation von Führung. Berlin: Duncker & Humblot

Kelly, H. H. (1950). The warm-cold variable in first impressions of persons, J. of Pers., 18, 431–439

Kelman, H. C. (1961). Processes of opinion change, Publ. Opin. Quart., 25, 57–81

Kern, H. u. Schumann, M. (1970). Industriearbeit und Arbeiterbewußtsein, Teil I, Frankfurt

Kern, H. u. Schumann, M. (1984). Das Ende der Arbeitsteilung? Rationalisierung in der industriellen Produktion, München: Beck

Kern, H., Brumlop, E., Heine, H., Kern, B., Müller, M. u. Sperling, H. (1976). Neue Formen betrieblicher Arbeitsgestaltung, Bonn

Kernan, M. C. u. Lord, R. G. (1990). Effects of valences, expectancies and goal-performance discrepancies in single and multiple goal environments. In: JAP, S. 194–203

Kerr, S., Schriesheim, C. A., Murphy, C. J. u. Stogdill, R. M. (1974). Toward a contingency theory of leadership based upon the consideration and initiating structure literatur, Org. Behav. u. Hum. Pert., 12, 62–82

Kersting, M. (1999). Diagnostik und Personalauswahl mit computergestützten Problemlöseszenarien? Zur Kriteriumsvalidität von Problemlöseszenarien und Intelligenztests. Göttingen: Hogrefe

Kieser, A. (1974a). Klassische Organisationslehre, empirische Organisationsforschung und Organisationspraxis, WiSt, 11, 510–514

Kieser, A. (1974b). Zur Messung der Organisationsstruktur, Arbeitspapier Nr. 4 des Seminars für Allgemeine Betriebswirtschaftslehre und Organisationslehre der Universität zu Köln

Kieser, A. (1979). Der strukturale Ansatz der Organisationsentwicklung aus betriebswirtschaftlicher Sicht, Universitäts-Seminar der Wirtschaft, Erfstadt-Liblar

Kieser, A. (1980). Person und Organisation. In: Hoyos, Graf C., Kroeber-Riel, W., Rosenstiel, L. v. und Strümpel, B. (Eds.) Grundbegriffe der Wirtschaftspsychologie, München, 467–476

Kieser, A. (1991). Von der Morgensprache zum »gemeinsamen HP-Frühstück«. In: Dülfer (Ed.) Organisationskultur, 253–271, Stuttgart: Poeschel-Verlag

Kieser, A. u. Kubicek, H. (1977). Organisation, Berlin

Kieser, A. u. Kubicek, H. (1978). Organisationstheorien, Bd. 2, Stuttgart

Kieser, A. u. Nagel, R. (1986). Die Gestaltung von Eingliederungsprogrammen für neue Mitarbeiter. Zeitschrift für betriebswirtschaftliche Forschung, 38, 11, 956–962

Kieser, A., Kruger, M. u. Röhrer, M. (1979). Organisationsentwicklung: Ziele und Techniken, WiSt, 4, 149–155

Kiesler, S. u. Sproull, L. (1986). Response effects in the electronic survey. Public Opinion Quarterly, 50, 402–403

King, A. (1982). Einleitung: Eine neue industrielle Revolution oder bloß eine neue Technologie? In: Friedrichs, G. u. Schaff, A. (Eds.) Auf Gedeih und Verderb. Mikroelektronik und Gesellschaft, Wien, Europaverlag, 11–47

King, A. u. Scholl, W. (1983). Was bringt die Mitbestimmung: Eine Gefährdung der Handlungsfähigkeit und/oder Nutzen für die Arbeitnehmer? – Ergebnisse einer empirischen Untersuchung – Die Betriebswirtschaft, 4, 541–562

Kipnis, D., Schmidt, S. M. u. Wilkinson, I. (1980). Intraorganizational influence tactics: Explorations in getting one's way. Journal of Applied Psychology

Kirch, H. J. u. Meisick, H. (1979). Problem- und aktionsorientierte Weiterbildung bei BASF, Personalführung, 12, 252–257

Kirsch, W. (1984). Wertorientierungen im Wandel: Rückblick, Gegenwartsanalyse, Prognosen, Frankfurt a. M., Campus

Kirsch, W. (1987). Strategische Führung. Unveröffentlichtes Manuskript, Universitätsseminar der Wirtschaft
Kirsch, W., Esser, W.-M. u. Gabele, E. (1979). Das Management des geplanten Wandels in Organisationen, Stuttgart
Kirschgen, W. (1977). Assessment Center. Personalenzyklopädie, München: Moderne Industrie
Klages, H. (1967). Rationalität und Spontanität, Gütersloh
Klages, H. (1984). Wertorientierungen im Wandel: Rückblick, Gegenwartsanalyse, Prognosen, Frankfurt/Main, Campus
Klages, H. (1987). Indikatoren des Wertewandels. In: Rosenstiel, L. v., Einsiedler u. Streich (Eds.) Wertewandel als Herausforderung für die Unternehmenspolitik, Stuttgart: Schäffer, S. 1–16
Klages, H. u. Kmieciak, P. (1979) (Eds.) Wertwandel und gesellschaftlicher Wandel, Frankfurt/Main, Campus
Klages, H. u. Schmidt, R. W. (1978a). Methodik der Organisationsentwicklung – Ein kurzgefaßter Überblick, Baden-Baden
Klages, H. u. Schmidt, R. W. (1978b). Organisationsanalyse als Vorbedingung der Organisationsentwicklung, Vortragsmanuskript 1. Europ. Forum über Organisationsentwicklung, Aachen
Klee, E. (1977). Gefahrenzone Betriebe – Verschleiß und Erkrankungen am Arbeitsplatz, Frankfurt
Klein, L. (1975). Die Entwicklung neuer Formen der Arbeitsorganisation, Göttingen
Kleinbeck, U. (1977). Berufszufriedenheit. In: Seifert, H., Eckhard, H. u. Jaide, W. (Eds.) Handbuch der Berufspsychologie, Göttingen
Kleinbeck, U. u. Wegge, J. (1996). Fehlzeiten in Organisationen: Motivationspsychologische Ansätze zur Ursachenanalyse und Vorschläge für die Gesundheitsförderung am Arbeitsplatz. In: Zeitschrift für Arbeits- und Organisatinspsychologie, 40, 161–171
Kleinmann, M. (1997). Assesment Center. Stand der Forschung – Konsequenzen für die Praxis. Göttingen: Hogrefe
Klipstein, M. v. u. Strümpel, B. (1984). Der Überdruß am Überfluß, München, Olzog
Klipstein, M. v. u. Strümpel, B. (1985). Gewandelte Werte – Erstarrte Strukturen. Wie die Bürger Wirtschaft und Arbeit erleben, Bonn, Neue Gesellschaft
Kluckhohn, C. (1951). Values and value-orientation in the theory of action: An exploration in definition and classification. In: Parsons, T., Shils, E. (Eds.) Toward a General Theory of Action. Cambridge (Mass.), Harvard Univ. Press, (1967: 6. Aufl.), 388–433
Kluwe, R., Schilde, A., Fischer, C. u. Oellerer, N. (1991). Problemlöseleistungen beim Umgang mit komplexen Systemen und Intelligenz, Diagnostica 37, 291–313
Kmieciak, P. (1976). Wertstrukturen und Wertwandel in der Bundesrepublik Deutschland. Grundlagen einer interdisziplinären empirischen Wertforschung mit einer Sekundäranalyse von Umfragedaten, Göttingen, Schwartz
Knabe, G. u. Comelli, G. (1980). Psychologische Unterstützung bei der Neuordnung des internationalen Service-Netzes eines multinationalen Konzerns. In: Neubauer, R. u. Rosenstiel, L. v. (Eds.) Handbuch der Angewandten Psychologie, München, 920–947
Kohn, M. L. u. Schooler, C. (1973). Occupational experience and psychological functioning, An assessment of reciprocal effects, American Soc. Rev., 38, S. 97
Kohn, M. L. u. Schooler, C. (1977). Reciprocal effects of the substantive complexity of work on intellectual flexibility, Bethesda: National institute of mental health
Kolb, D. (1965). Achivement motivation training for undeachieving highschool boys. In: Journal of personality and social psychology. Vol. II, 783–792
Korman, A. K. (1966). Consideration, initiating structure, and organizational criteria: A review, Personel Psychol. 166, 19, 349–361
Korman, A. K. (1968). The prediction of managerial performance: A review, Personnel Psychology, 21, 295–322
Kornhauser, A. (1965). Mental health of the industrial worker, New York
Kossakowski, A., Köppler, E. F., Ludwig, H. u. Stannieder, G. (1978). Entwicklung der Handlungsregulation in der kollektiven Tätigkeit, Berlin

Kotthoff, H. (1997). Führungskräfte im Wandel der Firmenkultur. Berlin: Edition Sigma

Kraiker, C. (1974). Handbuch der Verhaltenstherapie, München: Kindler

Krämer, K. (1981). Kritische Aspekte der Organisationsentwicklung. In: Bachmann, C. H. (Ed.) Kritik der Gruppendynamik, Frankfurt, 312–339

Krämer, R. J. (1982). Referat (als Manuskript vervielfältigt) vor dem Ausschuß für Betriebliche Personalpolitik der Deutschen Arbeitgeberverbände

Krapp, A. (1979). Prognose und Entscheidung. Zur theoretischen Begründung und Differenzierung der pädagogisch-psychologischen Prognose, Weinheim

Krech, D., Crutchfield, R. u. Ballachey, E. L. (1962). Individual in society. New York

Krohne, H. W. (1976). Theorien zur Angst, Stuttgart

Krug, S. (1976). Förderung und Änderung des Leistungsmotivs. Theoretische Grundlagen und deren Anwendung. In: Schalt u. Meyer, W. U. (Eds.) Leistungsmotivation und Verhalten, Stuttgart: Klett, 221–247

Krüger, W. (1972). Grundlagen, Probleme und Instrumente der Konflikthandhabung in der Unternehmung, Berlin

Kubicek, H. (1974). Der ASO-(LPC)-Wert im Kontingenzmodell effektiver Führung, Kritischer Überblick und Vorschlag einer alternativen Interpretation, Köln. Zeitschr. f. Soziol. u. Sozialpsychologie, 26, 115–137

Kubicek, H. (1975). Informationstechnologie und organisatorische Regelungen, Berlin

Kubicek, H. (1976). Ein Ansatz zur Operationalisierung der Organisationsphilosophie, Institut für Unternehmensführung im Fachbereich Wirtschaftswissenschaft der FU Berlin, Arbeitspapier Nr. 14, Berlin

Kubicek, H. (1980). Messung der Organisationsstruktur. In: Grochla, E. (Ed.) Handwörterbuch der Organisation, Stuttgart, 1778–1795

Kubicek, H. (1983). Glasfasernetze als Autobahnen zum elektronischen Büro und zum elektronischen Heim. In: DGB-Landesbezirk Rheinland-Pfalz (Ed.) Medientag 1982 (S. 131–168), Mainz

Kubicek, H. u. Kieser, A. (1980). Organisationsforschung, vergleichende. In: Grochla, E. (Ed.) Handwörterbuch der Organisation, 2. Aufl., Stuttgart, Spalten 1533–1557

Kübler, H. (1976). Organisation und Führung, Ein praxisorientiertes Studienbuch, Stuttgart, Berlin

Kuhl, J. (1983). Motivation, Konflikt und Handlungskontrolle. Berlin: Springer

Kuhl, J. (1994). A theory of action and state organisations. In Kuhl, J. u. Beckmann, J. (Eds.), Volition and Personality: Action versus state organisation (S. 9–46). Seattle: Hogrefe & Huber

Kuhl, J. (1996). Wille und Freiheitserleben: Formen der Selbststeuerung. In: Kuhl, J. u. Heckhausen, H. (Eds.): Motivation, Volition und Handlung. Göttingen: Hogrefe, 665–765

Kühlmann, T. M. (1995a). Mitarbeiterentsendung ins Ausland: Auswahl, Vorbereitung, Betreuung und Wiedereingliederung. Göttingen: Verlag für Angewandte Psychologie.

Kühlmann, T. M. (1995b). Arbeits- und Organisationspsychologie: Gedanken zu ihrer Lage und zu ihren Zukunftschancen. Report Psychologie, 20, 10–19

Kumar, B. N. u. Haussmann, H. (Eds.) (1992). Handbuch der Internationalen Unternehmenstätigkeit. Erfolgs- und Risikofaktoren; Märkte; Export-, Kooperations- und Niederlassungs-Management, München: Beck

Lanc, O. (1975). Ergonomie – Psychologie der technisierten Welt, Stuttgart

Lang, R. u. Hellpach, W. (1922). Gruppenfabrikation. Berlin: Springer

Larson, L. L. u. Vaughan, J. A. (1966). Training in industry: The management of learning, Belmont, Calif

Latham, G. P. u. Locke, E. A. (1991). Self-regulation through goal setting. In: Organizational behavior and human decision processes, 50, S. 212–247

Lattmann, C. (1972). Das norwegische Modell der selbstgesteuerten Arbeitsgruppen. Bern: Haupt

Lattmann, C. (1974). Die Humanisierung der Arbeit und die Demokratisierung der Unternehmung, Bern

Lattmann, C. (1975). Leistungsbeurteilung als Führungsmittel, Stuttgart

Lattmann, C. (1977). Motivierung in Organisationen, Stuttgart

Lattmann, C. (1979). Die selbstgesteuerte Arbeitsgruppe als Mittel strukturaler Organisationsentwicklung, Manuskript
Lattmann, C. (1987). Der sozio-technische Ansatz. In Rosenstiel, L. v., Einsiedler, H., Streich, R. u. Rau, S. (Eds.) Motivation durch Mitwirkung (S. 60–84). Stuttgart: Schäffer
Lattmann, C. (1989). Das Assessment-Center-Verfahren der Eignungsbeurteilung. In: Domsch, M., Hoffmann, M. u. Lattmann, C. (Eds.) Management Forum, Heidelberg: Physica
Lattmann, C., Porter, L. W. u. Tannenbaum, A. (1968). Managers attitudes toward interaction episodes, Journ. of Appl. Psychol., 52, 432–439
Lawler, E. E. (1976). Control system in organization. In: Dunnette, M. D. (Ed.) Handbook of industrial and organizational psychology, Chicago, 1247–1291
Lawrence, P. R. u. Lorsch, J. W. (1967). Organization and environment: Managing differentiation and integration, Cambridge, Harvard University Press
Lawrence, P. R. u. Lorsch, J. W. (1969). Developing organization: Diagnosis and action, London
Lawrence, P. R. u. Lorsch, J. W. (1972). Organization and environment, Homewood Illin
Lazarus, R. S. (1965). Applied organizational change in industry: Structural, technological, and humanistic approach. In: Lowe, K. B., Kroeck, K. G. u. Sivasubramaniam, N. (1996). Effectiveness correlates of transformational and transactional leadership: a meta-analytic review of the MLQ Literature. Leadership Quarterly, 7, 385–425
Lazarus, R. S. (1966). Psychological stress and the coping process, New York: McGraw-Hill
Lazarus, R. S. (1974). Cognitive and coping processes in emotion. In: Weiner, B. (Ed.) Cognitive views of human motivation, New York, 21–32
Lazarus, R. S. u. Blackfield-Cohen, J. (1977). Environmental Stress. In: Altmann, Wohlwill (Ed.) Human Behavior and Environment Vol. I., 89–127
Lazarus, R. S. u. Launier, R. (1978). Stress-related transactions between person and environment. In: Pervin, A., Lewis, M. (Eds.) Perspectives in interactional psychology. Plenum Publishing Corporation, New York, 287–327
Lazarus, R. S., Averill, J. R. u. Opten, E. M. (1977). Ansatz zu einer kognitiven Gefühlstheorie. In: Birbaumer, N. (Ed.) Psychophysiologie der Angst, München, 182–207
Leavitt, H. J. (1951). Some effects of certain communication patterns on group performance, Journ. Abnorm. Soc. Psychology, 46, 38–50
Lehr, U. (1977). Psychologie des Alterns, Heidelberg
Leitner, K., Volpert, W., Greiner, B., Weber, W. G. u. Hennes, K. (1987). Analyse psychischer Belastung in der Arbeit. Das RHIA-Verfahren, Köln: TUV Rheinland
Lempert, W. (1979). Zur theoretischen und empirischen Analyse von Beziehungen zwischen Arbeiten und Lernen – Grundprobleme und Lösungsstrategien. In: Groskurth, P. (Ed.) Arbeit und Persönlichkeit, Reinbek bei Hamburg, 87–111
Lennerlöf, L. (1965). Consideration and structure: Two dimensions of supervisory behavior, Psychol. Research Bull., 1965, 5 (1) Stockholm
Lersch, Ph. (1964). Aufbau der Person, München
Levi, L. (1972). Stress und distress in response to psychosocial stimuli, Oxford
Levitt, E. E. (1973). Die Psychologie der Angst, Stuttgart (5. Aufl. 1987)
Lewicki, R. J., McAllister u. Bies, R. J. (1998). Trust and distrust: New Relationships and Realities. Academy of Management Review, 23, 3, 438–458
Lewin, K. (1947). Frontiers in group dynamics: II. Channels of group life: social planning and action research, Hum. Rel., 1, 143–153
Lewin, K. (1976). Das Lösen sozialer Konflikte, Bad Nauheim
Lewin, K., Lippit, R. u. White, R. K. (1939). Patterns of aggressive behavior in experimentally created social climates, Joum. Soc. Psychol., 10, 271–299
Leymann, H. (1993). Ätiologie und Häufigkeit von Mobbing am Arbeitsplatz: eine Übersicht über die bisherige Forschung. Zeitschrift für Personalforschung, 7, (2), 271–284
Liebel, H. J., Meyer, H. K. u. Schoon, D. (1996). Das Assessment Center bei der Auslese von Führungskräften. In: DBW, 6, 743–758

Liebermann, M. A., Yalom, I. D. u. Miles, M. B. (1971). The group experience project. In: Blank, M. v., Gottesegen, M. u. Gottesegen, G. B.: Encounter, confrontations in self and interpersonal awareness, New York

Liebermann, M. A., Yalom, I. D. u. Miles, M. B. (1974). Die Wirkung von Encouter-Gruppen auf ihre Teilnehmer. In: Gruppendynamik 5, S. 231–248

Lienert, G. A. (1964a). Mechanisch-Technischer-Verständnis-Test (MTVT), Göttingen

Lienert, G. A. (1964b). Form-Lege-Test (FLT), Göttingen

Lienert, G. A. (1967). Testaufbau und Testanalyse, Weinheim

Lilge, H. G. u. Grunwald, W. (1980). Humanisierung der Arbeit durch Job Enlargement und Job Enrichment. In: Neubauer, R. u. Rosenstiel, L. v. (Eds.) Handbuch der Angewandten Psychologie, München, 761–791

Lindestad, H. u. Nordstedt, J. P. (1973). Autonomous groups and payment by results, Falkopping

Lindworsky, J. (1923). Der Wille: Seine Erscheinung und seine Beherrschung. Leipzig: Johann Ambrosius Barth

Lippmann, C. (1977). Aspekte einer psychoanalytisch orientierten Betriebspsychologie, Berlin

Locke, E. A. (1976). The nature and causes of job satisfaction. In: Dunnette, M. D. (Ed.) Handbook of industrial and organizational psychology, Chicago, 1297–1349

Locke, E. A. u. Latham, G. P. (1984). Goal setting: A motivational technique that works. Englewood Cliffs, N. J.: Prentice Hall

Locke, E. A. u. Latham, G. P. (1990a). A theory of goal setting and task performance. Englewood Cliffs, N.J.: Prentice-Hall

Locke, E. A. u. Latham, G. P. (1990b). Work motivation: The high performance cycle. In Kleinbeck, U., Quast, H.-H., Therry, H. u. Häcker, H. (Eds.) Work motivation (S. 3–26). Hillsdale: Erlbaum

Lorge, J. u. Solomon, H. (1955). Two models of group behavior in the solution of eureka-type problems, Psychometrika, 20, 139–148

Lorsch, J. W. u. Morse, H. J. (1974). Organization and their members – a contingency approach, New York

Lowe, K. B. Kroeck, K. G. u. Sivasubramaniam, N. (1996). Effectiveness correlates of transformational and transactional leadership: a meta-analytic review of the MLQ Literature. Leadership Quarterly, 7, 385–425

Lowenstein, E. R. (1971). Group size and decision-making committees: some inferences form the behavioral sciences. Appl. Soc. Studies, 3, 107–115

Lück, H. E. (1970). Soziale Aktivierung, Köln

Luhmann, N. (1972). Funktionen und Folgen formaler Organisation, Berlin

Lukasczyk, K. (1960). Zur Theorie der Führer-Rolle. Psychologische Rundschau, 11, 179–188

Lupton, T. (1976a). Best fit in the design of organizations. In: Miller, E. J. (Ed.) Task and organization, New York 121–149

Lupton, T. (1976b). Shop floor behavior. In: Dubin, R. (Ed.) Handbook of work, organization, and society, Chicago, 171–203

Luthans, F. u. Larsen, J. K. (1986). How managers really communicate. Human Relations, 39, 161–178

Luthans, F., McGaul, H. S. u. Dodd N. G. (1985). Organizational commitment: A comparision of American, Japanese, and Korean employees. Academy of Management Journal, 28, 213–219

Luthans, F., Hodgetts, R. M. u. Rosenkrantz, S. A. (1988). Real managers, Cambridge: Mass

Mahoney, A., Frost, P., Crandall, F. u. Weitzel, W. (1972). The conditioning influence of organization size upon managerial practice, Org. Behav. u. Hum. Perf., 8, 230–241

Maib, J. (1981). Fehlzeiten, (Diss.) Göttingen

Maier, G. W. (1996). Persönliche Ziele im Unternehmen. Ergebnisse einer Längsschnittstudie bei Berufseinsteigern. München: Dissertation

Maier, G. W. (1998). Die erfolgreiche Eingliederung neuer Mitarbeiter: Das Ergebnis von Stellensuche und Einarbeitung. In: Rosenstiel, L. v., Nerdinger, F. u. Spieß, E. (Eds.), Von der Hochschule in den Beruf (S. 99–114). Göttingen: Verlag für Angewandte Psychologie

Maier, G. W. u. Rappensperger, G. (1999). Eintritt, Verbleib und Aufstieg in Organisationen. In: Hoyos, Graf, C., u. Frey, D. (Eds.) Arbeits- und Organisationspsychologie. Ein Lehrbuch (S. 50–63). Weinheim: Beltz – Psychologie Verlags Union
Maier, G. W. u. Woschée, R. M. (2001). Die affektive Bindung an das Unternehmen: Psychometische Überprüfung einer deutschsprachigen Fassung des Organizational Commitment Questionnaire (OCQ) von Porter u. Smith (1970). Zeitschrift für Arbeits- und Organisationspsychologie, 45, im Druck
Maier, N. (1977). Teilautonome Arbeitsgruppen, Meisenheim
Maier, N. R. F. (1963). Problemsolving discussions and conferences: Leadership methods and skills, New York
Mainiero, L. (1986). A review and analysis of power dynamics in organizational romances. Accademy of Management Review, 11, 750–762
Mainiero, L. A. (1994). Liebe im Büro – Flirts, Intrigen und Karrieren am Arbeitsplatz, Stuttgart: Kreuz
Makin, P., Cooper, C. u. Cox, C. (1996). Organizations and the psychological contract. St. Andreas House
Mann, R. D. (1959). A review of the relationship between personality and performance in small groups, Psychol. Bulletin, 56, 241–270
Manstetten, R. u.a. (Eds.) (1977). Zukunftsbedeutsame Lehrziele, Studienbücher zur Wirtschafts- und Berufspädagogik, Band 1, Trier
March, J. (Ed.) (1965). Handbook of organization, Chicago, 1144–1170
March, J. u. Simon, H. A. (1958). Organization, New York
Marmot, G. M. u. Syme, S. L. (1976). Acculturation and coronary heart disease in Japanese Americans, Am. Jour. Epidemiol., 104, 225–247
Marrow, A. J. (1977). Kurt Lewin – Leben und Werk, Stuttgart
Marrow, A. J., Bowers, D. G. u. Seashore, S. E. (1967). Management by participation. New York
Marschner, G. (1967). Bürotest, Göttingen
Marstedt, G. u. Schahn, K. (1977). Eine Analyse des Zusammenhangs von Arbeitsbedingungen und psychischen Störungen, Psychologie und Praxis, 1, 21, 1–12
Marx, K. (1966). Ökonomisch-philosophische Manuskripte (1844). In: Marx-Engels II, Politische Ökonomie, Frankfurt
Maslow, A. H. (1943). A theory of human motivation, Psych. Rev., 50, 370–396
Maslow, A. H. (1954). Motivation and personality, New York
Maslow, A. H. (1973). Psychologie des Seins, München
Maslow, A. H. (1977). Motivation und Persönlichkeit, Olten
Massarik, F., Tannenbaum, R., Kahane, M. u. Weschler, J. (1953). Sociometric choice and organizational effectiveness, Sociometry, 16, 211–238
Matern, B. (1983). Psychologische Arbeitsanalyse. Spezielle Arbeits- und Ingenieurspsychologie, Lehrtext 3, Berlin: Deutscher Verl. der Wissenschaften
Mathieu, J. E. (1987). Applying utility concepts to a training program in supervisory skills: A time-based approach. Academy of Management Journal, Vol. 30, 2
Mathieu, J. E. u. Zajac, D. M. (1990). A review and meta-analysis of the antecedents, correlates, and consequences of organizational commitment. Psychological Bulletin, 108, 171–194
Matiaske, W. (1992). Wertorientierungen und Führungsstil, Frankfurt: Lang
Matiaske, W. (1999). Soziales Kapital in Organisationen: eine austauschtheoretische Studie. München, Mering: Rainer Hampp Verlag
Maukisch, H. (1978). Einführung in die Eignungsdiagnostik. In: Mayer, A. (Ed.) Organisationspsychologie, Stuttgart, 105–136
Maukisch, H. (1980). Eignungsdiagnostik. In: Hoyos, Graf C. u.a. (Eds.) Grundbegriffe der Wirtschaftspsychologie, München
Maukisch, H. (1986). Erfolgskontrollen von Assessment Center-Systemen. Psychologie und Praxis. Zeitschrift für Arbeits- und Organisationspsychologie, 30 (N. F. 4), 86–91

Maukisch, H. (1989). Informationswert und Ökonomie der diagnostischen Prinzipien von Assessment Center Systemen zur Erfassung von Management Potential. In: C. Lattmann (Ed.) Das Assessment-Center-Verfahren der Eignungsbeurteilung (S. 251–290), Heidelberg: Physica
Mayer, A. (1970). Die Betriebspsychologie in einer technisierten Welt. In: Mayer, A. u. Herwig, B. (Eds.) Handbuch der Psychologie, Band 9, Betriebspsychologie, Göttingen, 3–55
Mayer, A. (1973). Vorwort zu G. Bihl, Von der Mitbestimmung zur Selbstbestimmung, München
Mayer, A. (Ed.) (1978). Organisationspsychologie, Stuttgart
Mayer, A. (1978). Vorwort S. V – VI. In: Mayer, A. (Ed.) Organisationspsychologie, Stuttgart
Mayer, H. (1979). Das Stress-Modell als Erklärungsprinzip. In: Hahn, P. (Ed.) Die Psychologie des 20. Jahrhunderts, Ergebnisse für die Medizin, Band 9, 233–260
Mayer, A. u. Herwig, B. (Eds.) (1970). Handbuch der Psychologie, Band 9, Betriebspsychologie, Göttingen
Mayntz, R. (1962). Versuch eines Vergleichs. In: Presthus, R., Individuum und Organisation – Typologie der Anpassung, Frankfurt, 295–330
Mayntz, R. (1968). Bürokratische Organisation, Köln, Berlin
Mayntz, R. u. Ziegler, R. (1977). Soziologie der Organisation. In: König, R. (Ed.) Organisation-Militär, Handbuch der empirischen Sozialforschung Band 9, Stuttgart, 2. Auflage, 1–141
McClelland, D. C. (1958). Methods of a measuring human motivation. In: Atkinson, J. W. (Ed.) Motives in fantasy, action, and society, Princeton, 7–42
McClelland, D. C. (1965). Toward a theory of motive aquisition. Am. Psychol., 20, 321–333
McClelland, D. C. u. Winter, D. G. (1969). Motivation economic achievement. New York
McCormick, E. J., Jeanneret, P. R. u. Mecham, R. (1969a). The development and background of the Position Analysis Questionnaire (PAQ), Rep. Nr. 5 Lafayette, Indianapolis: Occupational Research Center, Purdue University
McCormick, E. J., Jeanneret, P. R. u. Mecham, R. (1969b). A study of job characteristics and job dimensions as based on the position analysis questionnaire (PAQ), Occup. Res. Center. Purdue Univers
McCormick, E. J., Jeanneret, P. R. u. Mecham, R. (1972). A study of job characteristics and job dimensions as based on the position analysis questionnaire (PAQ), Journ. of Appl. Psychol., 56, 347–368
McDaniel, M. A. (1986). The validity of employment interviews: a review and meta-analysis, Washington: US Office of Personnel
McGehee, W. u. Thayer, P. W. (1961). Training in business and industry. New York
McGrath, J. E. (1976). Stress and behavior in organization. In: Dunnette, M. D. (Ed.) Handbook of industrial and organizational psychology, Chicago 1976, 1351–1396
McGregor, D. (1960). The human side of enterprice. New York
McGregor, D. (1967). The professional manager. New York: McGraw-Hill
McKelvey, B. (1975). Guidelines for the empirical classification of organization, Adm. Sci. Quart., 20, 509–525
McKnight, D. H., Cummings, L. L. u. Chervany, N. L. (1998). Initial trust formation in new organizational relationships. Academy of Management Review, 23, 3, 473–490
McMichael, A. J. (1978). Personality, behavioral and situational modifiers of work stressors. In: Cooper, C. L. u. Payne, R. (Eds.) Stress at work., New York, 127–147
Mead, G. H. (1975). Geist, Identität und Gesellschaft, Frankfurt
Meindl, J. R., Ehrlich, S. B. u. Dukerich, J. M. (1985). The romance of leadership. Administrative Science Quarterly, 30, 78–102
Meissner, M. (1976). The language of work. In: Dubin, R. (Ed.) Handbook of work, organization, and society, Chicago, 205–279
Meißner, W. (1988). Innovation in Organisationen. Zeitschrift für Arbeits- und Organisationspsychologie (A & O), 4
Mento, A. J., Steel, R. P. u. Karren, R. J. (1987). A metaanalytic study of the effects of goa setting on task performance: 1966–1984. In: Organizational behavior and human decision processes, 39, S. 52–83

Merrihue, W. V. u. Katzell, R. A. (1955). ERI-Yardstick of employee relations, Harv. Bus., 33, 91–99
Merz, F. (1979). Geschlechterpsychologie, Göttingen: Hogrefe
Merz, F. u. Stelzl, I. (1977). Einführung in die Erbpsychologie, Stuttgart
Metz-Göckel, S. u. Müller, U. (1986). Der Mann, Dortmund: sfs
Meyer, J. P. (1997). Organizational commitment. International Review of Industrial and Organizational Psychology, 12, 175–228
Meyer, J. P. u. Allen N. J. (1991). A three-component conceptualization of organizational commitment. Human Resource Management Review, 1, 61–89
Meyer, J. P. u. Allen N. J. (1997). Commitment in the workplace: Theory, research, and application. Thousand Oaks: Sage
Meyerson, D., Weick, K. E. u. Kramer, R. M. 1996). Swift trust and temporary groups. In: Kramer, R. M. u. Tyler, T. R.: Trust in Organizations. Thousand Oaks: SAGE Publications, 166–195
Michael, J. C. (1970). Rehabilitation. In: Neuringer, Ch. u. Michael, J. C. (Eds.) Behavior modification in clinical psychology, Appleton century Crofts, New York
Miles, M. B. (1965). Learning processes and outcomes in human relations training: A clinical experimental study. In: Schein, E. H. u. Bennis, W. G.: Personal and organizational change through group methods. New York, 244–254
Miles, R. E., Snow, C. C. u. Pfeffer, J. (1974). Organization – Environment: Concepts and issues, Industrial Relations, 13, 244–264
Miller, G., Galanter, E. u. Pribram, K. H. (1973). Strategien menschlichen Handelns, Pläne und Strukturen des Verhaltens, Stuttgart
Miller, R. B. (1971). Development of a taxonomy of human performance: Design of a system task vocabulary, American Institute for Research, Washington
Mintzberg, H. (1973). The nature of managerial work, New York
Mintzberg, H. u. Westley, F. (1992). Cycles of Organizational Change. Strategic Management Journal, 13, 39–59
Mischel, W. (1968). Personality and assessment. New York
Mishra, A. K. (1996). Organizational responses to crisis: The role of trust. In: Kramer, R. M. u. Tyler, T. R.: Trust in Organizations. Thousand Oaks: SAGE Publikations, 261–287
Mittenecker, E. u. Toman, W. (1972). Persönlichkeitsinteressen-Test (PIT), Bern
Moberg, D. J. u. Koch, J. L. (1975). A critical appraisal of integrated treatments of contingency findings, Academy of Management Journ., 1975, 18, 109–124
Moeller, M. L. u. Maaz, H.-J. (1993). Die Einheit beginnt zu zweit. Ein deutsch-deutsches Zwiegespräch, Reinbek bei Hamburg: Rowohlt
Moos, R. H. (1973). Conceptualization of human environments, American Psychologist, 28, 652–665
Moreno, J. L. (1953). Who shall survive? New York
Morse, N. C. (1953). Satisfactions in the white-collar job, Ann Arbor
Morse, W. H., Herd, J. A., Kelleher R. u. Grose, S. A. (1971). Schedulecontrolled modulation of arterial blood pressure in squirrel monkey. In: Kimmel, H. D. (Ed.) Experimental psychopathology. New York
Moser, H. (1977). Methoden der Aktionsforschung, München
Moser, K. u. Schuler, H. (1999). Die Heterogenität der Kriterien unternehmerischen Erfolgs. In: Moser, K., Batinic, B. u. Zempel, J. (Eds.) Unternehmerisch erfolgreiches Handeln. Göttingen: Verlag für Angewandte Psychologie, 31–42
Moser, K. (1997). Commitment in Organisationen. Zeitschrift für Arbeits- und Organisationspsychologie, 41, 160–170
Moses, J. L. (1973). The development of an assessment center for the early identification of supervisory potential, Pers. Psychol., 26, 569–580
Moses, J. L. u. Byham, W. C. (1977). Applying the assessment center method. New York
Motowidio, S. (1983). Predicting sales turnover from pay satisfaction and expectation. Journal of Applied Psychology, 3, 484–489

Mowday, R. T. (1984). The Psychology of the withdrawal process: A cross-validational test of mobley's intermediate linkages model of turnover in two samples. Academy of Management Journal, Vol. 27, Nr. 1, 79–94

Mowday R. T., Steers, R. M. u. Porter, L. W. (1979). The measurement of organizational commitment. Journal of Vocational Behavior, 14, 224–247

Mowday R. T., Porter, L. W. u. Steers, R. M. (1982). Employee-organization linkages: The psychology of commitment, absenteeism, and turnover. New York: Academic Press

Müller, B. u. Funke, J. (1995). Das Paradigma »Komplexes Problemlösen«. In: Strauß, B. u. Kleinmann, M. (Eds.) Computersimulierte Szenarien in der Personalarbeit, Göttingen: Hogrefe, 57–102

Müller, G. F. (1998). Prozedurale Gerechtigkeit in Organisationen. In: Blickle, G. (Hrsg.) Ethik in Organisationen. Göttingen: Verlag für Angewandte Psychologie, 57–70

Müller, G. F. u. Bierhoff, W. (1994). Arbeitsengagement aus freien Stücken – psychologische Aspekte eines sensiblen Phänomens. Zeitschrift für Personalforschung, 8, 367–379

Müller, G. F. u. Irle, M. (1978). Das Kontingenzmodell von Fiedler und Aspekte seiner Anwendbarkeit für betriebliche Personalentscheidungen. In: Crott, H. W. u. Müller, G. F. (Eds.) Wirtschafts- und Sozialpsychologie, Hamburg, 164–175

Müller, W. R. u. Hill, W. (1980). Die situative Führung. In: Grunwald, W. u. Lilge, H. G. (Eds.) Partizipative Führung, Stuttgart, 129–161

Müller-Fohrbrodt, G., Cloetta, B. u. Dann, H. D. (1978). Der Praxisschock bei jungen Lehrern. Formen, Ursachen, Folgerungen, Stuttgart: Klett

Müller-Limroth, W. (1980). Arbeitsphysiologische Bewertung der Belastung der Pädagogen unter Berücksichtigung der Arbeitszufriedenheit, im Auftrag der GEW, Frankfurt

Münch, H. J. (1990). Qualität, Kosten und Finanzierung betrieblicher Bildungsarbeit. In: Hoppenstedt Technik Tabellen Verlag (Ed.) Innerbetriebliche Weiterbildung (S. 223–250), Darmstadt: Hoppenstedt

Münsterberg, H. (1912). Psychologie und Wirtschaftsleben, Leipzig

Münsterberg, H. (1913). Grundzüge der Psychotechnik, Leipzig

Murphy, G. C. u. Athanasou, J. A. (1999). The effect of unemployment on mental health. In: Jorunal of Occupational and Organizational Psychology. 72, 83–89

Murray, H. A. (1938). Explorations in personality, New York: Oxford University Press

Myers, I. B. u. Briggs, C. K. (1962). Myers-Briggs Type Indicator. N. J. Princeton: Educational Testing Services

Nachreiner, F. (1978). Die Messung des Führungsverhaltens, Stuttgart

Naylor, J. C. u. Briggs, G. E. (1963). The effect of task complexity and task organization on the relative effeciency of part and whole methods, J. Exp. Psychol., 65, 217–224

Negandhi, Q. (1987). International management, Boston: Allyn u. Bacon

Nerdinger, F. W. (1994). Zur Psychologie der Dienstleitung. Stuttgart: Schäffer-Poeschel

Nerdinger, F. W. (1995). Motivation und Handeln in Organisationen. Eine Einführung. Stuttgart: Kohlhammer

Nerdinger, F. W. (2000). Extra-Rollenverhalten. In: Gruppendynamik, 31, 2, 155–167

Nerdinger, F. W., Rosenstiel, L. v., Spiess, E. u. Stengel, M. (1988). Selektion und Sozialisation potentieller Führungskräfte im Zeichen gesellschaftlichen Wertwandels. Ergebnisse einer Längsschnittstudie des Übergangs vom Bildungs- ins Beschäftigungssystem. Zeitschrift für Arbeits- und Organisationspsychologie, 32, 22–33

Neubauer, R. (1989). Implizite Eignungstheorien im Assessment Center. In: Lattmann, C. (Ed.) Das Assessment-Center-Verfahren der Eignungsbeurteilung (S. 191–222), Heidelberg: Physica

Neubauer, R. (1990). Frauen im Assessment Center – ein Gewinn? A u. O, Zeitschrift für Arbeits- und Organisationspsychologie, 1(l), 29–36

Neubauer, R., Hoefner, E. u. Waldschütz, S. (1978). Kompendium über Eignungsfeststellungsverfahren für den öffentlichen Dienst, Baden-Baden

Neubauer, R. u. Rosenstiel, L. v. (1980). Die Assessment Center Technik. Ein verhaltensorientierter Ansatz zur Führungsauswahl. In: Neubauer, R. u. Rosenstiel, L. v. (Ed.) Handbuch der Angewandten Psychologie, München, 122–158

Neuberger, O. (1972). Experimentelle Untersuchungen von Führungsstilen, Gruppendynamik, 3, 192–219
Neuberger, O. (1973a). Das Mitarbeitergespräch, München
Neuberger, O. (1973b). Organisationsstruktur und Organisationsklima, Zur Beschreibung der Situation in Organisationen, Problem und Entscheidung, 10, 26–87
Neuberger, O. (1974a). Messung der Arbeitszufriedenheit. Stuttgart: Kohlhammer
Neuberger, O. (1974b). Theorien der Arbeitszufriedenheit, Stuttgart
Neuberger, O. (1976a). Führungsverhalten und Führungserfolg, Berlin
Neuberger, O. (1976b). Der Arbeitsbeschreibungs-Bogen, Ein Verfahren zur Messung der Arbeitszufriedenheit, Problem und Entscheidung, 15, 1–129
Neuberger, O. (1977). Organisation und Führung, Stuttgart
Neuberger, O. (1978a). Motivation und Zufriedenheit. In: Mayer, A. (Ed.) Organisationspsychologie, Stuttgart, 201–235
Neuberger, O. (1978b). Führung. In: Mayer, A. (Ed.) Organisationspsychologie, Stuttgart, 272–304
Neuberger, O. (1979a). Die Ermittlung personaler Eigenschaften von Führungskräften. In: Reber, G. (Ed.) Personalinformationssysteme, Stuttgart, 125–142
Neuberger, O. (1979b). Rituelle Selbsttäuschung, Kritik der irrationalen Praxis der Personalbeurteilung. In: Probl. u. Entsch., 23, 58–103
Neuberger, O. (1979c). Erfahrungen bei der Einführung eines neuen Beurteilungssystems in einem Industriebetrieb. In: Problem u. Entscheidung, 23, 34–57
Neuberger, O. (1980a). Arbeitszufriedenheit als Einstellung zur Arbeitssituation. In: Hoyos, Graf C., Kroeber-Riel, W., Rosenstiel, L. v. u. Strümpel, B. (Eds.) Grundbegriffe der Wirtschaftspsychologie, München, 137–150
Neuberger, O. (1980b). Organisationsklima als Einstellung zur Organisation. In: Hoyos, Graf C. u.a. (Eds.) Grundzüge der Wirtschaftspsychologie, München, 128–136
Neuberger, O. (1980c). Führungsforschung: Haben wir die Jäger- und Sammlerzeit schon hinter uns? DBW
Neuberger, O. (1980d). Arbeitszufriedenheit und Organisationsklima. In: Neubauer, R. u. Rosenstiel, L. v. (Eds.) Handbuch der Angewandten Psychologie, München, 847–868
Neuberger, O. (1983). Führen als widersprüchliches Handeln, Psychologie und Praxis. Zeitschrift für Arbeits- und Organisationspsychologie, 27 (1), 22–32
Neuberger, O. (1985). Unternehmenskultur und Führung, Augsburg: Uni. Augsburg
Neuberger, O. (1986). Spiele in Organisationen, Organisationen als Spiele (Manuskript), Augsburg: Universität Augsburg
Neuberger, O. (1988). Führung (ist) symbolisiert (Manuskript), Augsburg: Universität Augsburg
Neuberger, O. (1989). Assessment Center – Ein Handel mit Illusionen? In: Lattmann, C. (Ed.) Das Assessment-Center-Verfahren der Eignungsbeurteilung, 291–307), Heidelberg: Physica
Neuberger, O. (1990). Führen und geführt werden, Stuttgart: Enke
Neuberger, O. (1991). Personalentwicklung, Stuttgart: Enke
Neuberger, O. (1995a). Führen und geführt werden. Stuttgart: Ferdinand Enke Verlag
Neuberger, O. (1995b). Mikropolitik: der alltägliche Aufbau und Einsatz von Macht in Organisationen. Stuttgart: Ferdinand Enke Verlag
Neuberger, O. (1999). Mobbing – Übel mitspielen in Organisationen, München: Rainer Hampp-Verlag
Neuberger, O. u. Allerbeck, M. (1978). Messung und Analyse von Arbeitszufriedenheit, Stuttgart
Neuberger, O. u. Kompa, A. (1987). Wir, die Firma – der Kult um die Unternehmenskultur, Weinheim: Beltz
Neumann, G. A., Edwards, J. E. u. Raju, N. S. (1989). Organizational development interventions: A meta-analysis of their effects on satisfaction and other attitudes. Personnel Psychology, 42, 461–483
Neumann, J. u. Timpe, K. (1976). Psychologische Arbeitsgestaltung, Berlin (DDR)
Newcomb, T. M. (1959). Sozialpsychologie, Meisenheim
Nick, F. R. (1974). Management durch Motivation, Stuttgart

Nieder, P. u. Naase, C. (1977). Führungsverhalten und Leistung, Stuttgart

Nieder, P. (1978). Entstehung, Beurteilung und Abbau von Fehlzeiten-Probleme einer arbeitnehmerorientierten Aktionsforschung. Arbeitspapiere des Fachbereichs Wirtschaftswissenschaft, Gesamthochschule Wuppertal, Nr. 29

Nitsch, J. R. (1976). Die Eigenzustandsskala (EZ-Skala). Ein Verfahren zur hierarchisch-mehrdimensionalen Befindlichkeitsskalierung. In: Nitsch, J. u. Udris, I., Beanspruchung im Sport, Bad Homburg

Nitsch, J. R. (1981) (Ed.) Streß, Bern

Nitsch, J. R. u. Udris I. (1976). Beanspruchung im Sport. Beiträge zur psychologischen Analyse sportlicher Leistungssituation, Bad Homburg: W. Limpert-Verlag GmbH

Noelle-Neumann, E. (1978). Werden wir alle Proletarier? Zürich, Interform

Noelle-Neumann, E. u. Strümpel, B. (1984). Macht Arbeit krank? Macht Arbeit glücklich? Eine aktuelle Kontroverse, München, Piper

Oesterreich, R. u. Volpert, W. (Eds.) (1999). Psychologie gesundheitsgerechter Arbeitsbedingungen. Bern: Huber

Omark, D., Strayer, F. u. Freedmann, D. (1980). Dominance relations: An ethnological view of human conflict and socialinteraction, New York: Garland

Opsahl, A. L. u. Dunnette, M. D. (1971). The role of financial compensation. In: Domm, D. R., Blakeney, R. N., Matteson, R. S. u. Scofields, R. S. (Eds.) (1971). The individual and the organization, Dubuque, 193–213

Organ, D. W. u. Paine, J. B. (1999). A New Kind of Performance for Industrial and Organizational Psychology: Recent Contributions to the Study of Organizational Citizenship Behavior. In: Cooper, C. L. u. Robertson, I. T. (Eds.): International Review of Industrial and Organizational Psychology, Vol. 14, 337–414

Osborn, A. F. (1957). Applied imagination, New York

Östberg, O. (1976). Zur Typologie der circadianen Phasenlage, Ansätze zu einer praktischen Chronobiologie. In: Hildebrandt, G. (Ed.): Biologische Rhythmen und Arbeit, Wien

Osterloh, M. (1983). Handlungsspielräume und Informationsverarbeitung, Stuttgart

Otto, J. (1978). Die historische Entwicklung der Streß-Forschung in der Berkeley-Gruppe. In: Bösel, R. u.a. (Eds.) Stress, Hamburg, 74–83

Palmore, E. (1969). Predicting longevity: A follow-up controlling for age, The Gerontologist, 9, 247–250

Papenfuß, K., Pfeuffer, E. u. Rosenstiel, L. v. (1985). Selbst- und Fremdwahrnehmung bei Führungskräften der höchsten Ebene. Psychologie und Praxis, Zeitschrift für Arbeits- und Organisationspsychologie, 3, 128–130

Park, K. K. (1983). Führungsverhalten in verschiedenen Kulturen. Mannheim: Forschungsstelle für BWL und Sozialpraxis

Parkin, P. W. (1974). Partnerschaftsausschuß der Firma Pieroth (Ed.) Die 8 Stunden am Tag, München

Parkin, P. W. u. Hearn, J. (1987). Frauen, Männer und Führung. In: Kieser, A., Reber, G. u. Wunderer, R. (Eds.) Handwörterbuch der Führung (Enzyklopädie der Betriebswirtschaftslehre; Bd. 10) (S. 322, Sp. 326–339), Stuttgart: Poeschel

Passmore, W. A. u. Woodman, R. W. (Ed.) (1992). Research in organizational change and development, London: Jai Press

Paulson, S. K. (1974). Causal analysis of interorganizational relation – An axiomatic theory revised, Adm. Sci. Quart., 19, 319–337

Pawlik, K. (1976). Modell- und Praxisdimensionen psychologischer Diagnostik. In: Pawlik, K. (Ed.) Zur Diagnose der Diagnostik, Stuttgart

Pawlowsky, P. u. Bäumer, J. (1993). Funktionen und Wirkungen beruflicher Weiterbildung. In: Strümpel, B. u. Dierkes, M. (Eds.) Innovation und Beharrung in der Arbeitspolitik (S. 69–120). Stuttgart: Poeschel

Payne, R. L. u. Pugh, D. S. (1976). Organizational structure and climate. In: Dunnette, M. D. (Ed.) (1976) Handbook of industrial and organizational psychology, Chicago, 1125–1176

Payne, R. L., Fineman, S. u. Wall, T. D. (1976). Organizational climate and job satisfaction: A conceptual synthesis, Org. Behav. and Hum. Perf., 16, 45–62
Peters, T. J. u. Waterman, R. H. (1984). Auf der Suche nach Spitzenleistungen, Landsberg: Moderne Industrie
Peterson, R. B. (1975). The interaction of technological process and perceived organizational climate in Norwegian Firms, Academy of Management Journal, 18, 288–299
Petz, B. (1976). Ausbildung und Tätigkeit jugoslawischer Betriebspsychologen. Als Manuskript vervielfältigt. Leibnitz
Pfeffer, J. (1981a). Management as symbolic action; the creation and maintenance of organizational paradigms. In: Cummings, L. u. Staw, B. (Eds.), Research in Organizational Behavior (S. 1–52), Greenwich, Conn.: JAI Press
Pfeffer, J. (1981b). Power in Organizations, Massachusetts: Pitman
Pfeffer, J. (1992). Power-Management: endlich wieder wirkungsvoll führen. Wien: Wirtschaftsverlag Carl Ueberreuter
Pfeffer, R. J. (1992). Managing with Power, Boston: Harvard-Business-Scool Press
Pfeiffer, E. (1974). Survival in old age. In: Palmore, E. (Ed.) Normal aging, Duke Univ. Press, Durham, N. C., 269–280
Pfeiffer, W. u.a. (1977). Menschliche Arbeit in der industriellen Produktion, Göttingen
Phares, E. J. (1976). Locus of control in personality. New Jersey
Pheysey, D. C. u. Payne, R. L. (1970). The Hemphill group dimensions description questionnaire: A British industrial application. Hum. Rel., 23, 473–497
Picot, A. u. Reichwald, R. (1980). Zur Wirtschaftlichkeit von Schreibdienstorganisationen. VOP, Okt., 5, 308–315
Podsakoff, P. M. u. Schriesheim, C. A. (1985). Field studies of French and Raven's bases of power: Critique, reanalysis, and suggestions for future research. Psychological Bulletin, 97, 387–411
Podsiadlowski, A. (1994). Training interkultureller Kompetenz – Effektivitätssteigerung in Projektgruppen mit deutschen und amerikanischen Teilnehmern in einem multinationalen Unternehmen, München: Diplomarbeit, Universität München, Institut für Psychologie
Pöhler, W. (Ed.) (1979). Damit die Arbeit menschlicher wird. Fünf Jahre Aktionsprogramm Humanisierung des Arbeitslebens, Bonn: Verlag Neue Gesellschaft
Pollack, D. (1992). Sozialstruktur und Mentalität in Ostdeutschland. In: Meyer, H. (Ed.) Soziologen-Tag Leipzig 1991. Soziologie in Deutschland und die Transformation großer gesellschaftlicher Systeme, 272–285, Berlin: Akademie-Verlag
Porras, J. I. u. Silvers, R. C. (1991). Organization development and transformation, Annual Review of Psychology 42, 51–78
Porter, L. W. (1961). A study of perceived need satisfaction in bottom and middle management, Journ. of Appl. Psychol., 45, 1–10
Porter, L. W. (1962). Job attitudes in management: I. Perceived deficiencies in need fulfillment as a function of job level, Journ. of Appl. Psychol., 46, 375–384
Porter, L. W. (1963a). Job attitudes in management: II. Perceived importance of needs as a function of job level, Journ. of Appl. Psychol., 47, 141–148
Porter, L. W. (1963b). Job attitudes in management: III. Perceived deficiencies in need fulfillment as a function of line versus staff type of job, Journ. of Appl. Psychol., 47, 267–275
Porter, L. W. (1963c). Job attitudes in management: IV. Perceived deficiencies in need fulfillment as a function of size company, Journ. of Appl. Psychol., 47, 386–397
Porter, L. W. (1965). Personnel management, Ann. Rev. Psychol., 17, 395–422
Porter, L. W. u. Hackman, J. R. (1975). Behavior in organizations, New York: McGraw-Hill, S. 157
Porter, L. W. u. Lawler, E. E. (1965). Properties of organization structure in relation to job attitudes and job behavior. Psychol. Bull., 64, 23–51
Porter, L. W. u. Lawler, E. E. (1968). Managerial attitudes and performance, Homewood
Porter, L. W. u. Roberts, K. H. (1976). Communication in Organization. In: Dunnette, M. D. (Ed.) Handbook of industrial and organizational psychology, Chicago, 1553–1589

Porter, L. W. u. Smith, F. J. (1970). The etiology of organizational commitment (unveröff. Manuskript)
Preiser, S., Gasch, B. u. Kugemann, W. (1973). Training von Führungskräften in Personalbeurteilungen. In: Psychol. u. Praxis, 17, 1–15
Preiß, C. (1977). Humanisierung der Arbeitswelt, Köln
Presthus, R. (1966). Individuum und Organisation – Typologie der Anpassung, Frankfurt
Pross, H. u. Böttcher, K. W. (1971). Manager des Kapitalismus, Frankfurt
Przygodda, M., Beckmann, J., Kleinbeck, U. u. Schmidt, K.-H. (1995). Produktivitätsmessung und -management. Eine Überprüfung des Managementsystems Partizipatives Produktivitätsmanagement (PPM). In: Zeitschrift für Arbeits- und Organisationspsychologie, 39, 157–167
Pugh, D. S., Hickson, D. J., Hinings, C. R., McDonald, K., Turner, C. u. Lupton, T. (1963). A conceptual scheme for organizational analysis, Adm. Sci. Quart., 8, 289–315
Pugh, D. S., Hickson, D. J., Hinings u. Turner, C. (1968). Dimensions of organization structure, Adm. Sci. Quart., 13, 65–105
Putz-Osterloh, W. (1993). Complex problem solving as a diagnostic tool. In: Schuler, H., Farr, J. L. u. Smith, M. (Eds.) Personel selection and assessment: Individual and oganizational perspectives, S. 289–301, Hilsdale, New Jersey: Erlbaum
Ramme, I. (1989). Die Arbeit von Führungskräften eines Forschungsinstituts. Dortmund: Universität: Arbeitsbericht Nr. 22
Ramme, I. (1990). Die Arbeit von Führungskräften. Köln
Rappensperger, G. (1996). Berufseinstieg, Integration und Förderung von Führungsnachwuchskräften. München: Univ. München, unveröffentlichte Dissertation
Rappensperger, G. (1998). Berufseinstieg unter geschlechtsspezifischer Perspektive. In L. v. Rosenstiel, F. Nerdinger u. E. Spieß (Eds.) Von der Hochschule in den Beruf (S. 127–144). Göttingen: Verlag für Angewandte Psychologie
Rappensperger, G., Rosenstiel, L. u. Zwarg, I. (1994). Erwartungen an die berufliche Tätigkeit bei Hochschulabsolventen aus den neuen Bundesländern. In: G. Trommsdorff (Ed.) Psychologische Aspekte des soziopolitischen Wandels in Ostdeutschland (S. 183–199), Berlin: De Gruyter
Raststetter, D. (1994). Sexualität und Herrschaft in Organisationen, Opladen: Westdeutscher Verlag
Raven, B. H. (1992). A Power/Interaction Model of Interpersonal Influence: French and Raven Thirty Years Later. Journal of Social Behavoir an Personality, 7, 2, 217–244
Raven, B. u. Kruglanski, A. (1970). Conflict and power. In: Swingle, P. (Ed.) The structure of conflict, New York
Rawls, J. (1992). Die Idee des politischen Liberalismus. Aufsätze 1978–1989, Frankfurt a. M.: Suhrkamp
Reber, G. (1979). Personalinformationssysteme, Stuttgart
Redden, W. (1975). Culture shock inventory. New Brunswick (Canada): Organizational Texts
Reddin, W. J. (1970). Managerial effectiveness. New York
Ree, M. J. u. Carretta, T. R. (1998). General cognitive ability and occupational performance. In: Cooper, C. L. u. Robertson, I. T. (Eds.): International Review of industrial and organizational psychology, Vol. 13, 159–184
Regnet, E. (1991). Konflikte in Organisationen, Göttingen: Verlag für Angewandte Psychologie
Regnet, E. (1992). Konflikte in Organisationen: Formen, Funktion und Bewältigung, Göttingen: Verlag für Angewandte Psychologie
Reichwald, R. u. Goecke, R. (1994). Bürokommunikationstechnik und Führung. In: Kieser, A. (Ed.) Handwörterbuch der Führung (S. 164–182), Stuttgart: Poeschel
Reimann, B. C. (1973). On the dimensions of bureaucratic structure, An empirical reappraisal, ASQ, 18, 462–476
Reimann, H. u. Reimann, H. (Eds.) (1994). Das Alter (3. Aufl.), Stuttgart: Enke
Rheinberg, F. (1996). Flow-Erleben, Freude an riskantem Sport und andere »unvernünftige« Motivationen. In: Kuhl, J. u. Heckhausen, H. (Eds.) Motivation, Volition und Handlung. Göttingen: Hogrefe, 103–116

Riegger, M. (1983). Lernstatt erlebt. Praktische Erfahrungen mit Gruppeninitiativen am Arbeitsplatz. Ein Modell aus der Produktion, Essen, Windmühle GmbH

Rischar, K. u. Titze, C. (1984). Qualitätszirkel – effektive Problemlösung durch Gruppen im Betrieb, Grafenau

Robertson, I. T., Baron, H., Gibbons, P., MacIver, R., Nyfield, G. (2000). Conscientiousness and managerial performance. Journal of Occupational and Organizational Psychology, 73, 171–180

Röbke, R. (1980). Arbeitsgestaltung. In: Hoyos, Graf C., Kroeber-Riel, W., Rosenstiel, L. v. u. Strümpel, B. (Eds.) Grundbegriffe der Wirtschaftspsychologie, München, 316–327

Rodgers, R. u. Hunter, J. E. (1991). Impact of management by objectives on organization productivity. In: JAP, S. 322–336

Roethlisberger, F. J. u. Dickson, W. J. (1939). Management and the worker, Cambridge

Rohmert, W. (1972). Aufgaben und Inhalt der Arbeitswissenschaft. Die berufsbildende Schule, 24, 3–14

Rohmert, W. (1973). Psychische Beanspruchung. In: Schmidtke, H. (Ed.) Ergonomie I, München, 225–255

Rohmert, W. (1977). Arbeitsbelastung und -beanspruchung des Menschen. In: Institut für angewandte Arbeitswissenschaft (Ed.) Taschenbuch der Arbeitsgestaltung, Köln, 64–77

Rohmert, W. u. Kirchner, J.-H. (1969). Anlernung sensumotorischer Fertigkeiten. Ergebnisse einer Industriebefragung. In: Schriftenreihe Arbeitswissenschaft und Praxis, 10

Rohmert, W. u. Rutenfranz, J. (1975). Arbeitswissenschaftliche Beurteilung der Belastung und Beanspruchung an unterschiedlichen industriellen Arbeitsplätzen, Bonn

Rohmert, W. u. Weg, F. J. (1976). Organisation teilautonomer Gruppenarbeit, München

Rohmert, W., Rutenfranz, J. u. Ulich, E. (1974). Das Anlernen sensumotorischer Fertigkeiten, Frankfurt

Romanelli, E. u. Tushman, M. L. (1994). Organizational Transformation as Punctuated Equilibrium: An Empirical Test. Academy of Management Journal, 37, 1141–1166

Rosenman, R. H., Friedman, M. u.a. (1964). A predictive study of coronary heart disease, Journ. of Americ. Med. Assoc., 189, 103–110

Rosenman, R. H., Brand, R., Jenkins, C. D., Friedman, M., Straus, R. u. Wurm, M. (1975). Coronary heart diesease in the western collaborative group study: Final follow up experience of 8½ years. Journal of American Medical Association, 233, S. 872–877

Rosenstiel, L. v. (1972). Motivation im Betrieb, München (10. Auflage 2001)

Rosenstiel, L. v. (1974). Psychische Probleme des Berufsaustritts. In: Reimann, H. u. Reimann, H. (Eds.) Das Alter, München, S. 123–142

Rosenstiel, L. v. (1975a). Die motivationalen Grundlagen des Verhaltens in Organisationen – Leistung und Zufriedenheit, Berlin

Rosenstiel, L. v. (1975b). Arbeitsleistung und Arbeitszufriedenheit, Zt. für Arbeitswissensch., 29, 72–78

Rosenstiel, L. v. (1975c). Anerkennung und Korrektur. In: Gaugier, E.: Handwörterbuch des Personalwesens, Stuttgart, Sp. 22–32

Rosenstiel, L. v. (1976). Wandlungen der Personalführung durch die »autonomen Arbeitsgruppen«? In: Schriften des Vereins für Sozialpolitik: Die Bedeutung gesellschaftlicher Veränderungen für die Willensbildung in Unternehmen, Berlin

Rosenstiel, L. v. (1977). Messung der Arbeitszufriedenheit. In: Pfohl, H. C. u. Rürup, B. (Eds.) Materialien zur Betriebs- und Volkswirtschaftslehre – MBV, Band 2, Köln, 109–127

Rosenstiel, L. v. (1978a). Arbeitsgruppe. In: Mayer, A. (Ed.) Organisationspsychologie, Stuttgart, 236–271

Rosenstiel, L. v. (1978b). Folgewirkungen einer funktionsbezogenen Bezahlung. In: Siedentopf, H. (Ed.) Bewertungssysteme für den öffentlichen Dienst, Baden-Baden, 141–158

Rosenstiel, L. v. (1979a). Humanisierung der Arbeit. In: Bundesanstalt für Arbeit (Ed.) Handbuch der Berufswahlvorbereitung, Nürnberg, 249–254

Rosenstiel, L. v. (1979b). Die Ermittlung personaler Eigenschaften motivationaler Art. In: Reber, G. (Ed.) Personalinformationssysteme, Stuttgart, 71–73

Rosenstiel, L. v. (1980a). Humanisierung der Arbeit – Schlagwort, Alibi, Programm? In: Rosenstiel, L. v. u. Weikamm, M. (Eds.) Humanisierung der Arbeitswelt – Vergessene Verpflichtung, Stuttgart: Poeschel. S. 11–22
Rosenstiel, L. v. (1980b). Organisationspsychologie. In: Grochla, E. (Ed.) Handwörterbuch der Organisation, Stuttgart, 1758–1769
Rosenstiel, L. v. (1980c). Gruppen und Gruppenbeziehungen. In: Grochla, E. (Ed.) Handwörterbuch der Organisation, Stuttgart, 793–804
Rosenstiel, L. v. (1981). Motivänderung in Organisationen. In: Schuler, H. u. Stachle, W. (Eds.) Sozialwissenschaftliche Konzeption im Personalwesen, Stuttgart
Rosenstiel, L. v. (1984). Wandel der Werte – Zielkonflikte bei Führungskräften? In: Blum, R., Steiner, M. (Eds.) Aktuelle Probleme der Marktwirtschaft in gesamt- und einzelwissenschaftlicher Sicht. Berlin, Duncker u. Humblot, 204–234
Rosenstiel, L. v. (1986a). Die neuen Technologien und ihre Auswirkungen auf den arbeitenden Menschen. In: Schuberth, V. (Ed.) Der Mensch und seine Arbeit, 331–362
Rosenstiel, L. v. (1986b). Wandel in der Karrieremotivation – Verfall oder Neuorientierung? In: Rosenstiel, L. v., Einsiedler, H. E., Streich, R. K., Wertewandel als Herausforderung für die Unternehmenspolitik. Schärfer, Stuttgart, 35–52
Rosenstiel, L. v. (1986c). Das Betriebsklima. Zur Praxis der Diagnose und Intervention in Organisationen. Wirtschaftswissenschaftliches Studium, 15, 83–91
Rosenstiel, L. v. (1986d). Führungskräfte nach dem Wertwandel: Zielkonflikte und Identifikationskrisen? Zeitschrift Führung und Organisation, 55, 89–96
Rosenstiel, L. v. (1987). Was »bringen« partizipative Veränderungsstrategien? In: Rosenstiel, L. v., Einsiedler, H. E., Streich, R. K., Rau, S. (Eds.) Motivation durch Mitwirkung, Stuttgart: Schäffer, 12–38
Rosenstiel, L. v. (1990). Werthaltungen. In: W. Sarges (Ed.) Management-Diagnostik (S. 264–269), Göttingen: Hogrefe
Rosenstiel, L. v. (1991). Arbeitet man nur in Organisationen? Wird in Organisationen nur gearbeitet? – Überlegungen zu einer spannenden Beziehung. In: 7. Zürcher Symposium Arbeitspsychologie (Ed.) Selbstverständnis der Arbeits- und Organisationspsychologie: Zwei Disziplinen? Zwei Hälften eines Ganzen? Ein und dasselbe? Zürich: ETH
Rosenstiel, L. v. (1992). Grundlagen der Organisationspsychologie: Basiswissen und Anwendungshinweise (3. Aufl.), Stuttgart: Schäffer-Poeschel (4. Aufl. 2000)
Rosenstiel, L. v. (1993). Interkulturelle Managemententwicklung. In: Haller, M., Bleicher K., Brauchlin E., Pleitner, H. J., Wunderer, R. u. Zünd, A. (Eds.) Globalisierung der Wirtschaft. Einwirkungen auf die Betriebswirtschaftslehre (S. 171–192), Bern: Haupt
Rosenstiel, L. v. (Ed.) (1994). Führung im Systemwandel, München, Mering: Hampp-Verlag
Rosenstiel, L. v. (1997). Teamentwicklung in der Geschäftsleitung. Zeitschrift für Arbeits- und Organisationspsychologie, 3/1997, 163–167
Rosenstiel, L. v. (2000). Grundlagen der Organisationspsychologie: Basiswissen und Anwendungshinweise. Stuttgart: Schäffer-Poeschel
Rosenstiel, L. v. u. Bögel, R. (1992). Betriebsklima geht jeden an, München: Bayerisches Staatsministerium für Arbeit, Familie und Sozialordnung
Rosenstiel, L. v. u. Stengel, M. (1987). Identifikationskrise? Zum Engagement in betrieblichen Führungspositionen. Bern: Huber
Rosenstiel, L. v. u. Weinkamm, M. (1980). Humanisierung der Arbeitswelt – vergessene Verpflichtung? Stuttgart: Poeschel
Rosenstiel, L. v., Falkenberg, T., Hehn, W., Henschel, E. u. Warns, I. (1983). Betriebsklima heute. Bayerisches Staatsministerium für Arbeit und Sozialordnung, Ludwigshafen: Kiehl Verlag
Rosenstiel, L. v., Nerdinger, F., Spieß, E. u. Stengel, M. (1989). Führungsnachwuchs im Unternehmen, München: Beck
Rosenstiel, L. v., Nerdinger, F. u. Spieß, E. (1991). Was morgen alles anders läuft, Düsseldorf: Econ
Rosenstiel, L. v., Molt, W. u. Rüttinger, B. (1995). Organisationspsychologie (1. Auflage 1972) (8. Aufl.), Stuttgart: Kohlhammer

Rosenstiel, L. v., Nerdinger, F. u. Spieß, E. (Eds.) (1998). Von der Hochschule in den Beruf. Göttingen: Verlag für Angewandte Psychologie
Rosenthal, R. u. Jacobsen, L. (1968). Pygmalion in the classroom: Teacher expectation and pupil's intellectual development, New York
Rost-Schaude, E., Kunstek, R. u. Klatt, G. (1979). Einführung neuer Arbeitsstrukturen im Betrieb – Die Gestaltung von bildungsförderlichen Arbeitsbedingungen. In: Groskurth, P. (1979) (Ed.) Arbeit und Persönlichkeit, Reinbek bei Hamburg, 113–145
Rotter, J. B. (1966). Generalized expectancies for internal versus external control of reinforcement. Psychological Monographs 80, S. 1–28
Rousseau, D. M., Sitkin, S. B., Burt, R. S. u. Camerer, C. (1998). Not so different at all: A crossdiscipline view of trust. Academy of management review, 23, 3
Rubin, I., Plovnick, M. u. Fry, R. (1978). Task-oriented team development. New York: McGraw-Hill
Ruch, F. L. u. Zimbardo, P. G. (1975). Lehrbuch der Psychologie, Berlin
Rühl, G. (1973). Untersuchungen zur Arbeitsstrukturierung, Industrial Engineering, 3, 147–197
Rüttinger, B. (1977). Konflikt und Konfliktlösen, München
Rüttinger, B. (1978). Friendliness and group consensus: A field study. In: Brandstätter, H., Davis, J. H. u. Schuler, H. (Eds.) Dynamics of group decisions, Beverly Hills, London, 149–153
Rüttinger, B. (1980). Konflikte in Organisationen. In: Hoyos, Graf C. u.a.: Grundbegriffe der Wirtschaftspsychologie, München, 559–568
Rüttinger, B., Rosenstiel, L. v. u. Molt, W. (1974). Motivation des wirtschaftlichen Verhaltens, Stuttgart
Sader, M. (1976). Psychologie der Gruppe, München
Safilios-Rothschild, C. (1970). The sociology and social psychology of disability and rehabilitation, New York
Salvendy, G. u. Seymour, W. D. (1973). Prediction and development of industrial work performance, New York
Sandner, K. (1992). Prozesse der Macht: zur Entstehung, Stabilisierung und Veränderung der Macht von Akteuren in Unternehmen (2. Aufl.). Heidelberg: Physica-Verlag
Sarges, W. (1974). Empirische Untersuchung zum Zusammenhang zwischen Führungsstil und Leistung in Arbeitsgruppen, Diss. Hamburg
Sauermann, P. (1979). Betriebspsychologie, Stuttgart
Sawyer, J. E., Latham, W. R., Pritchard, R. D. u. Bennet, W. R. (1999). Analysis of Work Group Productivity in an Applied Setting: Application of a Time Series Panel Design. Personnel Psychology, 52, 927–967
Schallberger, U. u. Pfister, R. (2001). Flow – Erleben in Arbeit und Freizeit. Eine Untersuchung zum »Paradox der Arbeit« mit der Experience Sampling Method (ESM), Zeitschrift für Arbeits- und Organisationspsychologie, 4, 176–187
Scharmann, Th. (1972). Leistungsorientierte Gruppen. In: Graumann, C. F. (Ed.) Sozialpsychologie, Handbuch der Psychologie, Bd. 7, Göttingen
Schein, E. H. (1965). Organizational psychology, New York
Schein, E. H. (1969a). Process-consultation: Its role in organization development, London
Schein, E. H. (1969b). The mechanisms of change. In: Bennis, W. G., Benne, K. D., Chin, R. The planning of change, New York, 98–107
Schein, E. H. (1971). Organizational socialization and the profession of management. In: Kolb, D. A., Rubing, I. M. u. McIntyre, J. M. Organizational psychology, Englewood Cliffs
Schein, E. H. (1972). Individuum, Organisation und Karriere, Gruppendynamik, 2, 139–156
Schein, E. H. (1984). Coming to a new awareness of organizational culture. Sloan Management Review, 3–16
Schein, E. H. (1985). Organizational culture and leadership, London
Scheller, R. (1976). Psychologie der Berufswahl und der beruflichen Entwicklung, Stuttgart
Schiefele, H. (1974). Lernmotivation und Motivlernen, München
Schilit, W. K., Locke, E. A. (1982). A study of upward influence on organization, Administrative Science Quarterly, 27, 304–316

Schirmer, F. (1991). Aktivitäten von Managern: Ein kritischer Review über 40 Jahre »Work Activity«-Forschung. In: Stachle, W. H., Sydow u. U. K. (Eds.) Managementforschung 1 (S. 205–253), Berlin: De Gruyter

Schlicksupp, H. (1977). Kreative Idealfindungen der Unternehmung. Methoden und Modelle, Berlin: de Gruyter

Schmale, H. (1976). Probleme der Umweltpsychologie. In: Kaminski, G. (Ed.) Umweltpsychologie, Stuttgart, 99–106

Schmid, K. H. (1971). Psychologische Testverfahren im Personalbereich, Köln

Schmidt, F. L. u. Hunter, J. E. (2000). Meßbare Personenmerkmale: Stabilität, Variabilität und Validität zur Vorhersage zukünftiger Berufsleistung und berufsbezogenen Lernens. In: Kleinmann, M. u. Strauß, B. (Eds.) Potentialfeststellung und Personalentwicklung. Göttingen: Verlag für Angewandte Psychologie, 15–43

Schmidt, W. (1980a). Arbeitsplatzgestaltung. In: Neubauer, R. u. Rosenstiel, L. v. (Eds.) Handbuch der Angewandten Psychologie, München, 609–631

Schmidt, W. (1980b). Gestaltung der Arbeitsumgebung. In: Neubauer, R. u. Rosenstiel, L. v. (Eds.) Handbuch der Angewandten Psychologie, München, 651–668

Schmidtchen, G. (1984). Neue Technik – neue Arbeitsmoral. Eine sozialpsychologische Untersuchung über Motivation in der Metallindustrie, Köln, Deutscher Institutsverlag

Schmidtke, H. (1977). Ermüdung und Erholung. In: Institut für Angewandte Arbeitswissenschaft (Ed.) Taschenbuch der Arbeitsgestaltung, Köln, 77–81

Schmidt-Rodermund, E. u. Silbereisen, R. K. (1999). Erfolg von Unternehmern: Die Rolle von Persönlichkeit und familiärer Sozialisation. In: Moser, K., Batinic, B. u. Zempel, J. (Eds.): Unternehmerisch erfolgreiches Handeln. Göttingen: Verlag für Angewandte Psychologie, 115–143

Schneewind, K. A. (1973). Zum Selbstverständnis der Psychologie als anwendungsorientierter Wissenschaft vom menschlichen Handeln und Erleben. In: Psychol. Rundsch., 24, 227–247

Schneewind, K. A. (1980). Learning on the job. In: Neubauer, R. u. Rosenstiel, L. v. (Eds.) Handbuch der Angewandten Psychologie, München, 460–486

Scholl, W. (1992). Politische Prozesse in Organisationen. In: Frese, E. (Hrsg.) Handwörterbuch der Organisation, 3. Aufl., Sp. 1993–2004

Schneider, B. (1975). Organizational climates: An essay, Pers. Psychol., 28, 447–479

Schneider, B. u. Snyder, R. (1975). Some relationship between job satisfaction and organizational climate, Journ. of Appl. Psychol., 60, 318–328

Schneider, P. (1970). Die Frauen bei Bosch, Kursbuch 21, 83–109

Scholz, C. (1991). Visionäres Personalmanagement. Vision oder Illusion? In: Die Unternehmung, 45 (4), 241–253

Scholz, C. (1993). Personalmanagement. Informationsorientierte und verhaltenstheoretische Grundlagen, München: Vahlen

Schrader, S. (1990). Zwischenbetrieblicher Informationstransfer, Berlin: Duncker u. Humblot

Schönbach, P. (1971). A partial replication of »models of group problem solving« by Thomas and Fink, Europ. Journ. Soc. Psychol., 1, 141–142

Schönfeld (1967). Die Führungsausbildung im betrieblichen Funktionsgefüge

Schönpflug, W. (1987). Beanspruchung und Belastung bei der Arbeit – Konzepte und Theorien. In: Kleinbeck, U. u. Rutenfranz, J. (Eds.) Arbeitspsychologie, Göttingen, 130–184

Schreyögg, G. (1977). Kritik situativer Führungstheorien am Beispiel des Fiedlerschen Kontingenzmodells. In: Macharzina, K. u. Oechsler, W. (Eds.) Personalmanagement, Bd. I, Wiesbaden, 109–144

Schreyögg, G. (1978). Kontextbedingungen als Determinanten der Organisationsstruktur, Diss. Universität Erlangen-Nürnberg

Schroder, H. M., Driver, M. J. u. Streufert, S. (1967). Human information processing, New York

Schuler, H. (1972). Das Bild vom Mitarbeiter, München

Schuler, H. (1975). Sympathie und Gruppenentscheidung, Zeitschrift für Sozialpsychologie, Beiheft 1

Schuler, H. (1977). Die Mitarbeiterbeurteilung. In: Macharzina, K. u. Oechseler, W. A. (Eds.) Personalmanagement Band II, Organisations- und Mitarbeiterentwicklung, Wiesbaden, 161–200

Schuler, H. (1978). Leistungsbeurteilung in Organisationen. In: Mayer, A. (Ed.) Organisationspsychologie, Stuttgart, 137–169
Schuler, H. (1980a). Mitarbeiterbeurteilung und Leistungsbewertung. In: Hoyos, Graf C. u.a. (Eds.) Grundbegriffe der Wirtschaftspsychologie, München, 177–187
Schuler, H. (1980b). Ethische Probleme psychologischer Forschung, Göttingen
Schuler, H. (1989). Die Validität des Assessment Centers. In: Lattmann, C. (Ed.) Das Assessment-Center-Verfahren der Eignungsbeurteilung (S. 223–250), Heidelberg: Physica-Verl.
Schuler, H. (Ed.) (1993). Lehrbuch Organisationspsychologie, Bern: Huber
Schuler, H. (1994). Selektion und Selbstselektion durch das multimodale Interview. In: Rosenstiel, L., Lang, T. u. Sigl, E. (Eds.) Auswahl des Fach- und Führungsnachwuchses in den alten und neuen Bundesländern, Stuttgart: Poeschel
Schuler, H. (1998). Psychologische Personalauswahl. Göttingen: Verlag für Angewandte Psychologie
Schuler, H. u. Moser, K. (1995). Die Validität des multimodalen Interviews, Göttingen: Hogrefe
Schuler, H. u. Stehle, W. (Eds.) (1981). Sozialwissenschaftliche Konzepte im Personalwesen, Stuttgart
Schuler, H. u. Stehle, W. (Eds.) (1987). Assessment Center als Methode der Personalentwicklung, Stuttgart: Verl. f. Angewandte Psychologie
Schuler, H. u. Stehle, W. (1990). Biographische Fragebogen als Methode der Personalauswahl, Göttingen: Hogrefe
Schuler, H., Frier, D. u. Kauffmann, M. (1993). Personalauswahl im europäischen Vergleich, Göttingen: Hogrefe
Schulte, D. (Ed.) (1976). Diagnostik in der Verhaltenstherapie, München, Berlin
Schultes-Jaskolla, G. (1987). Möglichkeiten und Grenzen der stellenbezogenen Arbeitszeitvariation. In: Marr, R. (Ed.) Arbeitszeitmanagement, Berlin, 301–316
Schultz-Gambard, J. u.a. (1991). Frauen in Führungspositionen – eine kommentierte Bibliographie, Ludwigshafen: Ehrenhof
Schumacher, E. F. (1977). Die Rückkehr zum menschlichen Maß. Alternativen für Wirtschaft und Technik, Reinbek: Rowohlt
Schwarz, G. (1985). Die »heilige Ordnung« der Männer. Patriarchalische Hierarchie und Gruppendynamik. Opladen: Westdeutscher Verlag
Schwatlo, U. (1977). Untersuchung der Arbeitszufriedenheit bei einem Unternehmen der Druckindustrie, Problem u. Entscheidung, 19, 59–91
Seashore, S. E. (1954). Group cohesiveness in the industrial work group, Ann Arbor
Seidel, E. (1977). Die Frage nach der betrieblichen Effizienz direktiver und kooperativer betrieblicher Führungsformen – Ergebnisse empirischer Forschung, Zeitschrift für betriebswirtschaftliche Forschung, 2, 89–111
Seidel, E. (1978). Betriebliche Führungsformen, Stuttgart
Seifen, M. J. (1978). Indikatoren zur quantitativ vergleichenden Organisationsforschung. Eine Dokumentation von Meßinstrumenten, Speyerer Forschungsberichte, Band 1 und 2
Seifert, K. H. (1977). Theorien der Berufswahl und der beruflichen Entwicklung. In: Seifert, K. H., Eckhard, H. u. Jaide, W. (Eds.) Handbuch der Berufspsychologie, Göttingen, 173–279
Seifert, K. H. (1980) (Ed.). Rehabilitation. In: Hoyos, Graf C. u.a. (Eds.) Grundbegriffe der Wirtschaftspsychologie, München
Seligman, M. E. P. (1979). Erlernte Hilflosigkeit, München
Selye, H. (1956). The stress of my life, New York; Deutsch (1957). Stress beherrscht unser Leben, Düsseldorf
Semmer, N. (1978). Psychologische Aspekte der beruflichen Rehabilitation. In: Frese, M., Greif, S. u. Semmer, N. (Eds.). Industrielle Psychopathologie, Bern, Stuttgart 257–281
Semmer, N. u. Pfäfflin, M. (1978). Interaktionstraining, Weinheim
Shaw, M. E. (1964). Communication networks. In: Berkowitz, L. (Ed.) Advances in experimental social psychology. Vol. 1, New York, 111–147
Shepard, H. A. (1965). Changing interpersonal and intergroup relationships in organizations. In: March, J. G. (Ed.) Handbook of organizations, Chicago
Shepard, H. A. (1972). Innovation – unmöglich gemacht, Gruppendynamik, 2, 157–158

Sheppard, H. L. (1978). Phasen des Arbeitsleben. In: Die menschlichen Lebensalter-Kontinuität und Krisen, München, 343–353
Sherif, M. (1951). A preliminary experimental study of inter-group relations. In: Rohrer, J. H. u. Sherif, M., Social psychology at the Crossroads, New York
Sherif, M. (1970). Group conflict and cooperation, London
Sievers, B. (1977). Organisationsentwicklung als Problem, Stuttgart
Sievers, B. (1978). Organisationsentwicklung als Aktionsforschung, zu einer sozialwissenschaftlichen Neuorientierung der betriebswirtschaftlichen Organisationsforschung, Zeitschr. f. Organisation, 47, 209–218
Sievers, B. (1980). Das Phasenmodell der Organisationsentwicklung, Industr. Organisation, 49, 5–8
Sievers, B. u. Trebesch, K. (1980). Bessere Arbeit durch OE: Offenheit und Effizienz, Psychologie Heute, 7, 37–44
Skinner, B. F. (1938). The behavior of organism: An experimental analysis, New York
Skinner, B. F. (1954). The science of learning and the art of teaching, Harv. Educ. Rev
Smith, A. (1950). An Inquiry Into the Nature and Causes of the Wealth of Nations (Erstveröffentlichung 1786), London
Smith, P. C., Kendall, L. M. u. Hulin, C. L. (1969). The measurement of satisfaction in work and retirement, Chicago
Smith, P. P. (1976). Kleingruppen in Organisationen, Stuttgart
Smith, P. B. (1984). The effectiveness of Japanese styles of management: A review and critique. Journal of Occupational Psychology, 57, 121–136
Smith, P. B., Fischer, R. u. Sale, N. (2001). Cross-cultural industrial/organizational psychology. In: International Review of Industial and Organizational Psychology, Vol. 16, 147–193
Snyder, B. F. u. Glueck, W. F. (1980). How managers plan – The analysis of managers activities. Long Range Planning, 13, 70–76
Sokolowski, K. (1996). Wille und Bewußtsein. In Kuhl, J. u. Heckhausen, H. (Eds.), Enzyklopädie der Psychologie – Serie IV. Motivation, Volition und Handlung (Bd. 4, S. 485–530). Göttingen: Hogrefe
Sonntag, K. H. (Ed.) (1992). Personalentwicklung in Organisationen, Göttingen: Hogrefe (2. Aufl. 1999)
Spence, K. W. (1960). Behavior theory and learning, New York
Spies, U. (1976). Grundlagen, Determinanten und situationsbezogene Gestaltung der optimalen Arbeitsaufgabe, Berlin
Spieß, E., Rosenstiel, L. v., Nerdinger, F. W. u. Stengel, M. (1987). Wertkonflikte und Sozialisierungseffekte. Ergebnisse einer Längsschnittstudie über den Berufseintritt von Akademikern. Zeitschrift für Arbeitswissenschaft, 41, 69–76
Sprenger, R. K. (1993). Mythos Motivation. Frankfurt am Main
Springer, R. (1999). Rückkehr zum Taylorismus? Frankfurt/Main: Campus
Staehle, W. H. (1973). Organisation und Führung soziotechnischer Systeme, Stuttgart
Staehle, W. H. (1981). Management, München (3. Auflage 1986)
Stahl, G. K. (2001). Management der soziokulturellen Integration bei Unternehmenszusammenschlüssen und -übernahmen. In: DBW, 1, 61–80
Starbuck, W. H. (1976). Organizations and their environments. In: Dunnette, M. D. (Ed.) Handbook of industrial and organizational psychology, Chicago, 1069–1123
Steers, R. M. (1977). Organizational effectiveness, Santa Monica
Steger, U. (Ed.) (1998). Wirkmuster der Globalisierung. In Gottlieb Daimler- und Karl Benz-Stiftung (Ed.) Bericht des Ladenburger Kollegs »Globalisierung verstehen und gestalten«. Ladenburg: Stuttgart
Steiner, I. (1966). Models for inferring relationship between group size and potential productivity, Behav. Science, 11, 273–283
Steinmann, H. (1977). Betriebswirtschaftslehre und konstruktive Wissenschafts-Theorie. Zu wissenschaftstheoretischen Grundlagenproblemen der Betriebswirtschaftslehre, Arbeitspapier Nr. 55 des Betriebswirtschaftlichen Instituts der Friedrich-Alexander-Universität Erlangen-Nürnberg, Nürnberg

Stewart, R. (1967). Managers and their jobs, London
Stewart, R. (1979). Diary-keeping. In: Weinshall, Th. D. (Ed.) Managerial communication (S. 33–54), London
Steyrer, J. (1999). Charisma in Organisationen – zum Stand der Theorienbildung und empirischen Forschung. In: Schreyögg, G. u. Sydow, J. (Eds.) Managemantforschung, 9, Berlin: de Gruyter, 143–197
Stinson, J. W. u. Tracy, L. (1974). Some disturbing characteristics of the LPC-Score, Personnel Psychol., 27, 477–485
Stirn, H. (1970). Die Arbeitsgruppe. In: Mayer, A. u. Herwig, B. (Eds.) Handbuch der Psychologie, Band 9, Betriebspsychologie, Göttingen, 495–520
Stocker-Kreichgauer, G. (1978). Ausbildung und Training in der Unternehmung. In: Mayer, A. (Ed.) Organisationspsychologie, Stuttgart, 170–200
Stogdill, R. M. (1948). Personal factors associated with leadership: A survey of the literature, Journ. of Psychology, 25, 35–71
Stogdill, R. M. (1974). Handbook of leadership, New York
Strasmann, J. (1987a). Gruppendynamische Aspekte der Qualitätszirkel – Erfahrungen mit Qualitätszirkeln in der Praxis. In: Bungard, W. u. Wiendieck, G. (Eds.) Qualitätszirkel als Instrument zeitgemäßer Betriebsführung, Landsberg, Moderne Industrie, 101–113
Strasmann, J. (1987b). Qualitätszirkel und die sogenannten »Neuen Formen der Arbeitsorganisation«. In: Bungard, W. u. Wiendieck, G. (Eds.) Qualitätszirkel als Instrument zeitgemäßer Betriebsführung, Landsberg, Moderne Industrie, 89–99
Stratemann, I. (1992). Psychologische Aspekte des wirtschaftlichen Wiederaufbaues in den neuen Bundesländern, Stuttgart: Verlag für Angewandte Psychologie
Stratemann, I. (1994). Personalauswahl und -entwicklung in den neuen Bundesländern. Zeitschrift für Arbeits- und Organisationspsychologie, 38, 41–45
Strauß, B. u. Kleinmann, M. (Eds.), (1995). Computersimulierte Szenarien in der Personalarbeit, Göttingen: Hogrefe
Streufert, S., Streufert, S. C. u. Castore, C. H. (1968). Leadership in negotiations and the complexity of conceptual structure, Journ. of Appl. Psychol., 52, 218–223
Streufert, S., Pogash, R. u. Piasecki, M. (1988). Simulation-based assessment of managerial competence: Reliability and validity. Personal Psychology, 41, 537–557
Strümpel, B. (1985). Arbeitsmotivation im sozialen Wandel. Die Betriebswirtschaft, 45, 42–50
Süß, H.-M. (1999). Intelligenz und komplexes Problemlösen: Perspektiven für eine Kooperation zwischen differentiell-psychometrischer und kognitionspsychologischer Forschung, Psychologische Rundschau, 50, 4, 220–228
Tagiuri, R. (1968). The concept of organizational climate. In: Tagiuri, R. u. Litwin, G. H. (Eds.) Organizational climate. Explorations of a concept, Boston, 11–32
Tannenbaum, A. S. (1974). Hierarchy in organizations, San Francisco
Tausch, R. (1970). Gesprächspsychotherapie, Göttingen
Tausch, R. u. Tausch, A. M. (1970). Erziehungspsychologie, Göttingen
Taylor, F. W. (1911). The principles of scientific management. New York
Taylor, H. C. u. Russel, J. T. (1939). The relationship of validity coefficients to the practical effectiveness of tests in selection: Discussion and tables, J. of Appl. Psychol., 23, 565–578
Teriet, B. (1978). Zeitökonomie, Zeitsouveränität und Zeitmanagement. Zeitschrift für Arbeitswissenschaft, 2, 112–118
Terry, D. J. u. Jimmieson, N. L. (1999). Work Control and Employee Well-being: A Decade Review. In: Cooper, C. L. u. Robertson, I. T. (Eds.): International Review of Industrial and Organizational Psychology, Vol. 14, 95–148
Tett, R. P. u. Meyer, J. P. (1993). Job satisfaction, organizational commitment, turnover intention, and turnover: Path analyses based on metaanalytic findings. Personnel Psychology, 46, 259–293
Tett, R. P., Jackson, D. N. u. Rothstein, M. (1991). Personality measures as predictors of job performance: a meta-analytic review. Personnel Psychology, 44, 703–742

Thomas, A. (1989). Kulturelle Bedingungen. In: E. Roth (Ed.) Organisationspsychologie (Enzyklopädie der Psychologie; Bd. 3) (S. 186–201), Göttingen: Hogrefe
Thomas, A. (1990). Training interkultureller Kompetenz (Manuskriptdruck), Regensburg: Universität
Thomas, A. (1993). Kulturvergleichende Psychologie, Göttingen: Hogrefe
Thomas, E. J. u. Fink, C. F. (1961). Models of group problem solving, Journ. Social Psychol., 63, 53–63
Thomas, K. (1976). Conflict and conflict management. In: Dunnette, M. D. (Ed.) Handbook of industrial and organizational psychology, Chicago, 889–935
Thornton, G. C. u. Byham, W. C. (1982). Assessment centers and managerial performance, New York: Academic Press
Thornton, G. C., Gaugler, B. B., Rosenthal, D. B. u. Bentson, C. (1987). Die prädiktive Validität des Assessment Centers als Methode der Personalentwicklung. In: Schuler, H. u. Stehle, W. (Eds.) Assessment Center als Methode der Personalentwicklung (S. 36–60), Stuttgart: Angewandte Psychologie
Thorsrud, E. u. Emery, F. E. (1964). Industrielt Demokrati. Oslo: Universitet Forlaget
Thorsrud, E., Sorensen, B. A. u. Gustavsen, B. (1976). Sociotechnical approach to industrial democracy in Norway. In: Dubin, R. (Ed.) Handbook of work, organization and society, Chicago
Tietze, B. (1974). Humanisierung der Arbeitswelt, Theoretisches Programm und politische Praxis, Arbeit und Leistung, 28, 309–315
Todt, E. (1967). Differentieller-Interesse-Test (DIT), Bern
Tomaszewski, T. (1978). Tätigkeit und Bewußtsein, Weinheim
Trebeck, R. (1970). Die Arbeitsanalyse als Grundlage der Arbeitsgestaltung, der Auswahl und Ausbildung von Mitarbeitern und Arbeitsbewertung. In: Mayer, A. u. Herwig, B. (Eds.) Handbuch der Psychologie, Band 9, Betriebspsychologie, Göttingen, 210–243
Trebesch, K. (1980). Ursprung und Ansätze der Organisationsentwicklung (OE), Industrielle Organisation, 49, 9–12
Triebe, J. K., Fischer, H. u. Ulich, E. (1973). Auswahl von Bewerbern für den öffentlichen Dienst, Baden-Baden
Trist, E. L. u. Bamforth, K. W. (1951). Some social psychological consequences of the longwall methhod of coal-getting, Hum. Rel., 1951, 4, 3–38
Triumph-Fortbildungs-Centrum (1967). Refa für Werksleiter, München
Triumph-Fortbildungs-Centrum (1968). Rechenschieber leicht gemacht I, II, München
Trivers, R. (1978). Parental investment and sexual selection. In: Clutton-Brock, T. H. u. Harvey, P. H. (Hrsg.) Reading in sociobiology (s. 52–97). Reading, New York
Tscheulin, D. u. Rausche, A. (1970). Beschreibung und Messung des Führungsverhaltens in der Industrie mit der deutschen Version des OHIO-Fragebogens, Psychol. u. Praxis, 14, 49–64
Tubbs, M. E. (1986). Goalsetting: A meta-analytic examination of the empirical evidence. In: JAP, S. 474–483
Tuckman, B. W. (1965). Development sequence small companies. Group and Organizational Studies, 2, 419–427
Türcke, C. (1994). Wo Charisma schwindet, ist die Perspektivlosigkeit besiegelt und aller Tage Abend. Die Zeit, 23. Juni
Türk, K. (1978). Soziologie der Organisation, Stuttgart
Turner, A. N. u. Lawrence, P. R. (1965). Industrial jobs and the worker, Boston
Turnley, W. H. u. Feldmann, D. C. (1999). The impact of psychological contract violations on exit, voice, loyalty and neglect. Human Relations, 52, 7, 895–922
Tyler, T. R. u. Degoey, P. (1996). Trust in organizational authorities: The influence of motive attributions on willingness to accept decisions. In: Kramer, R. M. u. Tyler, T. R. Trust in Organizations. Thousand Oaks: SAGE Publications, 331–356
Udris, I. (1979). Ist Arbeit noch länger zentrales Lebensinteresse? Psychosozial, 2, 1. Bd., 100–120
Udris, I. (1980). Streß in Organisationen. In: Hoyos, Graf, C. et al. (Eds.) Grundbegriffe der Wirtschaftspsychologie, München

Udris, I. (1981). Streß in Organisationen. In: Nitsch, J. R. (Ed.) Streß, Bern
Udris, I. u. Alioth, A. (1980). Fragebogen zur »subjektiven Arbeitsanalyse« (SAA). In: Martin, E. (Ed.) Monotonie in der Industrie (Schriften zur Arbeitspsychologie; Bd. 29) Bern, 61–68, 204–207
Udris, I. u. Grote, G. (1991). Psychologie und Arbeit, Weinheim: Psychologie Verlags Union
Ulich, E. (1964a). Das Lernen sensumotorischer Fertigkeiten. In: Bergios, R. (Ed.) Handbuch der Psychologie, Band 1, Allgemeine Psychologie, Göttingen, 326–346
Ulich, E. (1964b). Untersuchungen über sensumotorisches Lernen. In: Bericht über den 24. Kongreß der Deutschen Gesellschaft für Psychologie, Wien
Ulich, E. (1972). Arbeitswechsel und Aufgabenerweiterung, REFA-Nachrichten, 25, 4, 265–275
Ulich, E. (1973). Aufgabenerweiterung und autonome Arbeitsgruppen, Industrielle Organisation, 42, 355–357
Ulich, E. (1974a). Neue Formen der Arbeitsstrukturierung. In: Fortschrittliche Betriebsführung, 23, 187–196
Ulich, E. (1974b). Über verschiedene Formen des Trainings für das Erlernen und Wiedererlernen psycho-motorischer Fertigkeiten, Rehabilitation, 13, 105–110
Ulich, E. (1980). Psychologische Aspekte der Arbeit mit elektronischen Datenverarbeitungssystemen. Schweizerische Technische Zeitschrift, 75, 66–68
Ulich, E. (1991). Arbeitspsychologie, Stuttgart: Poeschel
Ulich, E. (1993). Gestaltung von Arbeitstätigkeiten. In: Schuler, H. (Ed.) Organisationspsychologie. Göttingen: Huber, 189–208
Ulich, E. (1994). Arbeitspsychologie, Zürich-Stuttgart: Hochschulverlag AG an der ETH und Schäffer-Poeschel
Ulich, E. u. Wunderli, R. (1980). Ausbildung und Training. In: Hoyos, Graf C. u.a. (Eds.) Grundbegriffe der Wirtschaftspsychologie, München
Ulich, E., Groskurth, P. u. Bruggemann, A. (1973). Neue Formen der Arbeitsgestaltung, Frankfurt
Ullrich, R. u. Ullrich, R. (1976). Einübung von Selbstvertrauen und sozialer Kompetenz, München
Van Maanen, J. (1976). Breaking in: Socialization to work. In: Dubin, R. (Ed.) Handbook of work, organization and society, Chicago, 67–130
Vance, R. J. u. Colella, A. (1990). Effects of two types of feedback on goal acceptance and personal goals. In: JAP, S. 68–76
Varney G. H. (1977). Organization development for managers. Reading (Mass.): Addison Wesley
Vilmar, F. (1973a). Menschenwürde im Betrieb, Reinbek: Rowohlt
Vilmar, F. (1973b). Strategien der Demokratisierung, Darmstadt: Luchterhand
Vinchur, A. J., Schippmann, J. S., Switzer, F. S. u. Roth, P. L. (1998). A Meta-Analytic Review of Predictors of Job Performance for Salespeople. Journal of Applied Psychology, 83, 4, 586– 597
Volberda, H. W. (1996). Toward the Flexible Form: How to Remain Vital in Hypercompetitive Environments. Organization Science, Vol. 7, 4, 359–374
Volkart, E. H. (1965). Soziales Verhalten und Definition der Situation. In: Volkart, E. H. (Ed.) Wiliam J. Thomas – Person und Sozialverhalten, Neuwied, 11–51
Volpert, W. (1973). Möglichkeiten und Probleme einer Handlungsstrukturanalyse industrieller Tätigkeiten, Projektbericht für das BBF in Berlin, Berlin
Volpert, W. (1975). Die Lohnarbeitswissenschaft und die Psychologie der Arbeitstätigkeit. In: Groskurth, P. u. Volpert, W., Lohnarbeitspsychologie, Hamburg, 11–96
Volpert, W. (1979). Der Zusammenhang von Arbeit und Persönlichkeit aus handlungspsychologischer Sicht. In: Groskurth, P. (Ed.) Arbeit und Persönlichkeit, Reinbek bei Hamburg, 21–46
Volpert, W. (1985). Zauberlehrlinge – Die gefährliche Liebe zum Computer, Beltz Verlag, Weinheim
Volpert, W. (1987). Psychische Regulation von Arbeitstätigkeiten. In: Kleinbeck, U. u. Rutenfranz, J. (Eds.) Arbeitspsychologie, Göttingen, 1–42
Volpert, W. (1988). Zauberlehrlinge, München: Deutscher Taschenbuch Verlag
Volpert, W. (1990). Welche Arbeit ist gut für den Menschen? Notizen zum Thema Menschenbild und Arbeitsgestaltung. In: Frei, F. u. Udris, I. (Eds.) Das Bild der Arbeit (S. 23–40), Bern: Huber

Volpert, W., Oesterreich, R., Gablenz-Kolakovic, S., Krogoll, T. u. Resch, M. (1983). Verfahren zur Ermittlung von Regulationserfordernissen in der Arbeitstätigkeit (VERA). Handbuch und Manual, Köln: Verl. TÜV Rheinland

Vroom, V. H. (1964). Work and motivation. New York: Wiley

Vroom, V. H. (1969). Industrial social psychology. In: Lindsay, G. u. Aronson, E. The handbook of social psychology, Reading: Addison-Wesley, 5, S. 196–268

Vroom, V. H. (1976). Can Leaders learn to lead? In: organizational dynamics, 4, S. 17–28

Vroom, V. H. u. Jago, A. G. (1988). The new leadership. New York: Englewood Cliffs

Vroom, V. H. u. Yetton, P. (1973). Leadership and decision-making, Pittsburgh: University of Pittsburgh Press

Wachtler, G. (1979). Humanisierung der Arbeit und Industriesoziologie, Stuttgart

Wacker, A. u. Kolobkova, A. (2000). Arbeitslosigkeit und Selbstkonzept – ein Beitrag zu einer kontroversen Diskussion. Zeitschrift für Arbeits- u. Organisationspsychologie, 44, 69–82

Wakenhut, R. (1978). Über die Einbeziehung von Situationen in psychologische Messung, Frankfurt a. M

Walker, C. R. (1954). Work methods, working conditions and morale. In: Kornhauser A., Dubin, R. u. Ross, A. M. (Eds.) Industrial conflict, New York

Walker, H. M. (1954). Statistische Methoden für Psychologen und Pädagogen. Eine Einführung, Weinheim, Berlin: Verlag Julius Beltz

Walker, H. M. u. Guest, R. H. (1952). The man on the assembly line, Cambridge

Walton, E. (1973). Interpersonal peacemaking: confrontations and third party consultation, London

Warfield, A. (1987). Co-worker romances: Impact on the work group and on career-oriented women. Personnel, May, 22–35

Warnecke, H. J. (1992). Die fraktale Fabrik: Revolution der Unternehmenskultur, Berlin u.a.: Springer

Weber, M. (1980). Wirtschaft und Gesellschaft. Grundriß der verstehenden Soziologie, Tübingen: J. C. B. Mohr

Webster, E. C. (1982). The employement interview, Schomberg: SIP Publications

Weil, R. (1974a). Veränderung der Arbeitsformen in der Metallindustrie. In: Schlaffke, W., Rühl, G. u. Weil, R., Qualität des Lebens am Arbeitsplatz, Köln, 99–126

Weil, R. (1974b). Neue Arbeitsstrukturen bei Volvo, Mitteilungen des IfaA, 47, 7–58

Weiner, B. (1974). An Attributional interpretation of expectancy-value theory. In: Weiner, B. (Ed.) Human Motivation, New York, 51–70

Weiner, B. (1975). Die Wirkung von Erfolg und Mißerfolg auf die Leistung, Berlin

Weiner, B. (1976). Theorien der Motivation, Stuttgart

Weiner, B. (1986). An attributional theory of motivation and emotion, New York

Weinert, A. B. (1981). Lehrbuch der Organisationspsychologie, München

Weinert, A. B. (1985). Menschenbilder in Organisations- und Führungstheorien. Erste Ergebnisse einer empirischen Überprüfung. Zeitschrift für Betriebswirtschaft, 54, 1, 30–62

Weinert, A. B. (1998). Organisationspsychologie. Weinheim: Psychologie Verlags Union

Weissenberg, P. u. Kavanagh, M. (1972). The interdependence of initiating structure and consideration, A review of evidence, Pers. Psychol., 25, 119–130

Wenninger, G. (1972). Systematische Zusammenstellung von Attributen für die Beschreibung von psychischen und physischen Anforderungen innerhalb des Arbeitsgeschehens, Unveröff. Diplom-Arbeit, Universität Regensburg

Werner, R. (1974). Zur Problematik subjektiver Indikatoren. In: Zapf, W. (Ed.) Soziale Indikatoren II, Frankfurt, New York, 264–275

West, M. (1994). Effective teamwork. Exeter: BPC Wheatons

Wichmann, U. (1978a). Streß, Streßforschung: Konzepte in einem interdisziplinären Problemfeld. In: Bösel, R. u.a., Hamburg, 12–34

Wichmann, U. (1978b). Streß, Emotion und Aktivierung. In: Bösel, R. u.a. (Ed.) Streß, Hamburg, 35–44

Wiendick, G. (1994). Arbeits- und Organisationspsychologie, München: Quintessenz

Wiersma, U. (1992). The effects of extrinsic rewards in intrinsic motivation: A meta-analysis. Journal of occupational and organizational psychology, 65, 101–114
Wiesner, W. H. u. Cronshaw, S. F. (1988). A meta-analysis investigation of the impact of interview format and degree of structure on the validity of the employment interview. Journal of Occupational Psychology, 72, 484–487
Wiggins, J. S. (1973). Personality und prediction, Reading, Meass
Wildemann, H. (1992). Gestaltungsaspekte indirekter Funktionen in Fertigungssegmenten: Die Bestimmung des Autonomiegrades. Die Betriebswirtschaft, 52, 6, 777–801
Williamson, O. E. (1975). Markets and hierarchies: Analysis and antitrust implications. A study in the economics of internal organization. New York
Wilpert, B. (1977). Führung in deutschen Unternehmen, Berlin, New York
Wilpert, B. (1993). Organisation und Umwelt. In: Schuler, R. H. (Ed.) Organisationspsychologie, Bern: Huber-Verlag, 495–511
Wilpert, B. u. Quintanilla, S. A. R. (1984). The German humanization of work programme: Review of its first twenty publications. Journal of Occupational Psychology, 57, 185–195
Wimmer, P. (1980). Der Zusammenhang zwischen Arbeitssituation und gesundheitlichen Störungen. Eine kritische Analyse vorliegender Ansätze und Ergebnisse, Diss. Universität Augsburg Wirtschaftswoche: »Selbstgesteuert«, Nr. 26 vom 31. 8. 1973
Witte, E. (1980). Methodik der empirischen Organisationsforschung. In: Grochla, E. (Ed.) Handwörterbuch der Organisation, 2. überarb. Auflage, Stuttgart, 614–623
Witte, E. H. (Ed.) (1977). Psychologie als empirische Sozialwissenschaft, Stuttgart
Witte, E. H. (1979). Das Verhalten in Gruppensituationen, Göttingen
Witte, W. (1966). Zu den Beziehungen zwischen Praktischer Psychologie, Angewandter Psychologie und politischer Grundlagenforschung, Psych. Beiträge, 9, 368–377
Wollert, A., Bihl, G. (1983). Werteorientierte Personalpolitik. Personalführung, 8, 1–4
Womack, J. P., Jones, D. T. u. Roos, D. (1990). The machine that changed the world. New York: Macmillan
Woodward, J. (1965). Industrial organization – Theory and practice, London
Woschée, R. M. (2001). Fluktuation von Führungskräften. Ergebnisse einer Längsschnittstudie. Vortrag am Arbeits- und Organisationspsychologischen Kolloquium im WS 2000/2001 in der LMU
Wottawa, H. u. Gluminski, I. (1995). Psychologische Theorien für Unternehmen. Göttingen: Verlag für Angewandte Psychologie
Wottawa, H. u. Thierau, H. (1990). Lehrbuch Evaluation, Göttingen: Hogrefe
Wright, P. M. (1990). Operationalization of goal difficulty as a moderator of the goal difficulty performance relationship. In: JAP, S. 227–234
Wülser, R. (1986). Arbeitskreise bei der Firma Gebr. AG in Winterthur. In: Bungard, W. u. Wiendieck, G., Qualitätszirkel als Instrument zeitgemäßer Betriebsführung, Landsberg, Moderne Industrie, 43–52
Wülser, R. (1987). Arbeitskreise bei der Firma Gebr. Sulzer AG in Winterthur. In: Bungard, W. u. Wiendieck, G., Qualitätszirkel als Instrument zeitgemäßer Betriebsführung, Landsberg, Moderne Industrie, 43–52
Wunderer, R. (1979). Das Leader-Match-Concept. In: Wunderer, R. (Ed.) Humane Personal- und Organisationsentwicklung, Berlin, 219–251
Wunderer, R. (1993). Führung und Zusammenarbeit: Beiträge zu einer Führungslehre, Stuttgart: Poeschel
Wunderer, R. u. Dick, P. (Eds.) (1997). Frauen im Management: Kompetenzen – Führungsstile – Fördermodelle, Neuwied: Luchterhand
Wunderer, R. u. Mittmann, J. (1995). Identifikationspolitik. Stuttgart: Schäffer-Poeschel
Wunderli, R. (1978). Psychoregulativ akzentuierte Trainingsmethoden, Felduntersuchung zum Einsatz von observativem, mentalem und verbalem Training in einer Lehrwerkstatt, Zeitschr. f. Arbeitswissenschaft, 32, 106–111
Wundt, W. (1907). Grundriß der Psychologie. Leipzig: Engelmann

Wyatt, S. u. Fräser, J. A. (1928). The comparative effects of variety and uniformity in work, Indust. Fatigue Res. Board, 52, London

Wyatt, S. (1934). Incentives in repetitive work: A practical experiment in a factory, Industr. Health Res. Board 69, London

Yetton, P. W. u. Vroom, V. H. (1978). The Vroom-Yetton-model of leadership: An overview. In: King, B., Streufert, F. u. Fiedler, F. (Eds.) Managerial control and organizational democracy, New York

Yukl, G. (1971). Toward a behavioral theory of leadership, Org. Behav. Hum. Perform., 6, S. 167, 175, 414–440

Yukl, G. (1998). Leadership in Organizations, 4th ed. Upper Saddle River, N. J.: Prentice Hall

Zaheer, A., McEvily, B. u. Perrone, V. (1998). Does trust matter? Exploring the effects of interorganizational and interpersonal trust on performance. Organization Science, Vol. 9, 2, 141–159

Zajonic, R. (1965). Social facilitation, Science, 149, 269–274

Zand, D. E. (1977). Vertrauen und Problemlösungsverhalten von Managern. In: Lück, H. E. (Ed.) Mitleid, Vertrauen, Verantwortung, Stuttgart, 61–74

Zapf, W. (1965). Die deutschen Manager, Sozialprofil und Karriereweg. In: Zapf, W. (Ed.) Beiträge zur Analyse der deutschen Oberschicht, München, 136–160

Zavala, A., Locke, E. A., Van Cott u. Fleishman, E. A. (1965). The analysis of helicopter pilot performance, Am. Inst. for Research, Washington (DC)

Zempel, J. (1999). Selbständigkeit in den neuen Bundesländern: Prädiktoren, Erfolgsfaktoren und Folgen. In Moser, K., Batinic, B. u. Zempel, J. (Eds.): Unternehmerisch erfolgreiches Handeln. Göttingen: Verlag für Angewandte Psychologie, 69–92

Zens, H. H. (1980). Psychologie in der Unfallverhütung. In: Neubauer, R. u. Rosenstiel, L. v. (Eds.) Handbuch der Angewandten Psychologie, München, 792–829

Zimmermann, L. (Ed.) (1985). Humane Arbeit. Leitfaden für Arbeitnehmer. Band: Computereinsatz. Auswirkungen auf die Arbeit, Reinbek b. Hamburg

Zink, K. J. (1986). Zur Übertragbarkeit des japanischen Quality-Circle-Konzeptes auf deutsche Unternehmen. In: Bungard, W. u. Wiendieck, G. (Eds.) Qualitätszirkel als Instrument zeitgemäßer Betriebsführung, Landsberg, Moderne Industrie, S. 149–161

Autorenregister

Sachregister